uma relação
perigosa

CAROLE SEYMOUR-JONES

uma relação
perigosa

Tradução de
CÁSSIO DE ARANTES LEITE

1ª edição

EDITORA RECORD
RIO DE JANEIRO • SÃO PAULO
2014

CIP-BRASIL. CATALOGAÇÃO NA FONTE
SINDICATO NACIONAL DOS EDITORES DE LIVROS, RJ

Seymour-Jones, Carole
S53r   Uma relação perigosa: [Simone de Beauvoir e Jean-Paul Sartre] /
Carole Seymour-Jones; tradução de Cássio de Arantes Leite. – 1ª ed. –
Rio de Janeiro: Record, 2014.

        Tradução de: A dangerous liaison: Simone de Beauvoir and Jean-Paul Sartre
        ISBN 978-85-01-08518-4

        1. Beauvoir, Simone de, 1908-1986. 2. Sartre, Jean-Paul, 1905-1980. 3. Escritores franceses –
Século XX – Biografia. 4. Escritores franceses – Sec. XX – Biografia. 5. Filósofos – França –
Biografia. I. Título.

                                     CDD: 928.4
12-4431   CDU: 929:821.133.1

Título original em inglês:
A DANGEROUS LIAISON

Texto revisado segundo o novo Acordo Ortográfico da Língua Portuguesa.

Direitos exclusivos de publicação em língua portuguesa para o Brasil
adquiridos pela
EDITORA RECORD LTDA.
Rua Argentina, 171 – 20921-380 – Rio de Janeiro, RJ – Tel.: 2585-2000
que se reserva a propriedade literária desta tradução

Impresso no Brasil

ISBN 978-85-01-08518-4

Seja um leitor preferencial Record.
Cadastre-se e receba informações sobre nossos
lançamentos e nossas promoções.

EDITORA AFILIADA

Atendimento direto ao leitor:
mdireto@record.com.br ou (21) 2585-2002

Para Geoffrey

Sumário

Parte três: Écrivains Engagés, 1945-1956

Parte quatro: Falsos Deuses, 1952-1968

Parte cinco: A Cerimônia do Adeus, 1969-1986

Agradecimentos

Tenho uma particular dívida de gratidão para com as seguintes pessoas: Sylvie Le Bon de Beauvoir, por sua generosa permissão e perspicaz erudição; Oleg Gordievsky, Bianca Bienenfeld Lamblin, Laurence Nguyen, Olivier Todd, Michèle Vian, Macha Zonina, por suas lembranças inestimáveis e permissão; meu inspirador colega biógrafo, Nel McKenna, por tornar este livro possível; Ania Corless, pelo generoso apoio; meu colega Geoffrey Parkinson, a quem este livro é dedicado, e meus filhos, Emma, Edward e Lucy, por sua paciência e bom humor; Kim Witherspoon, minha infatigável agente em Nova York; e Hannah Black, a melhor editora do mundo, por acreditar neste livro desde o início.

Estou em dívida para com as seguintes pessoas pela ajuda, conselhos e encorajamento de diversas formas: Lisa Appignanesi, Marchesa Amalia Gionori Bornini, Gérard e Xialong Coutin, Anne-Marie Coutin, Frank Dabell e Jay Weissberg, Peter Day, Dominique Desanti, Margaret Drabble, Carl Djerassi, Ophelia Field, Sarah Glazer, Robert Gallimard, Rina Gill, Pat Grayburn, Madeleine Gobeil-Noël, Shusha Guppy, Jonathan Heawood, Sarah Hirschmann, Michael Holroyd, Bruce Hunter, Robert Jones, Deirdre Lay, Virginie Lay, Chip Martin, Jean Mattern, Ann Maugham, a falecida Diane Middlebrook, Mary Sebag Montefiore, Simon Sebag Montefiore, Trevor Mostyn, Dr. Jonathan Pimm, Michaela Prunus, Camille Plutarque, Diana Reich, Anne Salter, Jean-Claude Sauer, Elaine Showalter, Frances Stopnor Saunders, Julia Stonor, Tricia e Julian Sotrey, Gillian Tindall, Moira e Michael Williams; dr. Lyuba Vinagrodova, pela tradução do russo; pela assistência editorial, David Smith e, na Random House, Katie Duce e Annie Lee.

Para meu pesar, Arlette Elkaïm-Sartre e Gisèle Halimi recusaram meu pedido de uma entrevista.

Sou grata à English PEN por me proporcionar um período sabático de meu cargo como presidenta do Comitê dos Writers in Prison, e a Ania Corless por me substituir nessa função.

Gostaria de agradecer aos seguintes bibliotecários, arquivistas e instituições por sua ajuda: Mauricette Berne, Bibliothèque Nationale de France, Paris; Liliane Phan, Archives Gallimard; Nicole Fernández-Ferrer, Centre Audiovisuel Simone de Beauvoir; British Library; London Library; Ohio State University Libraries; The Society of Authors.

A autora e os editores agradecem aos seguintes detentores de direitos pela permissão de republicar trechos das obras de Simone de Beauvoir: HarperCollins Publishers por *She Came to Stay*, publicado originalmente na França como *L'Invitée*, © Librairie Gallimard 1943, traduzido por Yvonne Moyse e Roger Senhouse (Fontana, 1984); *The Mandarins*, publicado originalmente na França como *Les Mandarins*, © Librairie Gallimard 1954, traduzido por Leonard M. Friedman (Fontana, 1957); *When Things of the Spirit Come First*, publicado originalmente na França como *Quand prime le spirituel*, © Editions Gallimard 1979, traduzido por Patrick O'Brian (Fontana, 1982); Random House Group and the Estate of Simone de Beauvoir por *The Second Sex*, publicado originalmente como *Le Deuxième Sexe*, © Librairie Gallimard 1949, traduzido por H. M. Parshley (Jonathan Cape, 1953) e *Letters to Sartre*, publicado originalmente na França como *Lettres à Sartre*, © Editions Gallimard 1990, traduzido por Quintin Hoare (Vintage, 1991); Penguin Books pelas *Memoirs of a Dutiful*

9

Daughter, publicado originalmente na França como *Mémoires d'une feune fille rangée*, © Editions Gallimard 1958, traduzido por James Kirkup (Penguin 1963), tradução publicada originalmente por André Deutsch e Weidenfeld & Nicolson, 1959; *The Prime of Life*, publicado originalmente como *La Force de l'âge*, © Editions Gallimard 1960, traduzido por Peter Green, essa tradução publicada originalmente nos Estados Unidos em 1962, copyright da tradução © The World Publishing Company, 1962 (Penguin 1965); *Force of Circumstance*, publicado originalmente na França como *La Force des choses*, © Editions Gallimard 1963, traduzido por Richard Howard, tradução inglesa © G. P. Putnam's Sons, Nova York; *All Said and Done*, publicado originalmente na França como *Tout compte fait*, © Editions Gallimard 1972, traduzido por Patrick O'Brian (André Deutsch e Weidenfeld & Nicolson, 1974); *Une morte très douce* (Editions Gallimard 1964); *The Blood of Others*, publicado originalmente como *Le Sang des Autres*, traduzido por Yvonne Moyse e Roger Senhouse (Penguin 1964); *Woman Destroyed*, publicado originalmente como *La Femme Rompue*, © Editions Gallimard 1968, traduzido por Patrick O'Brian (G. P. Putnam's Sons, Nova York, 1974); *Adieux: A Farewell to Sartre*, publicado originalmente na França como *La Cérémonie des Adieux*, © Editions Gallimard 1981, traduzido por Patrick O'Brian, © Patrick O'Brian (André Deutsch e Weidenfeld & Nicolson 1984); *Correspondance croisée: Simone de Beauvoir et Jacques-Laurent Bost* © Editions Gallimard 2004; *Journal de Guerre*, © Editions Gallimard 1990; e *Beloved Chicago Man: Letters to Nelson Algren 1947-1964*, publicado pela primeira vez em tradução francesa, © Editions Gallimard 1997 (Phoenix 1999).

Também agradecemos aos seguintes detentores de direitos pela permissão de republicar trechos das obras de Jean-Paul Sartre: Penguin Books por *Náusea*, publicado originalmente como *La Nausée*, © Editions Gallimard 1938, traduzido por Robert Baldick, esta tradução © Penguin Books 1965; *Words*, publicado originalmente na França como *Les Mots*, © Editions Gallimard 1964 (Penguin 1967); *The Age os Reason*, publicado originalmente como *L'Âge de Raison*, © Editions Gallimard 1945, traduzido por Eric Sutton (Penguin 1961); e *Iron in the Soul*, publicado originalmente como *La Mort dans l'Âme*, traduzido por Gerard Hopkins (Penguin 1963); Verso, por *War Diaries: Notebooks from a Phoney War 1939-1940*, publicado originalmente como *Les Carnets de la drôle de guerre*, © Verso Editions 1984; Hamish Hamilton por *Witness to My Life: The Letters of Jean-Paul Sartre to Simone de Beauvoir 1926-1939*, publicado originalmente na França como *Lettres au Castor et à quelques autres*, © Editions Gallimard 1983, copyright da tradução © Lee Fahnstock e Norman MacAfee 1992; *Quiet Moments in a War: The Letters of Jean-Paul Sartre to Simone de Beauvoir, 1940-1963*, traduzido por Lee Fahnstock e Norman MacAfee (Nova York: Scriben's Sons, 1993); e a Editions Gallimard por *Les Écrits de Sartre*, © Editions Gallimard 1970, e *Témoins de Sartre*, © Editions Gallimard 2005; para New Directions Publishing Corporation por *The Wall and Other Stories*, publicado originalmente como *Le Mur*, © Editions Gallimard 1939), traduzido por Lloyd Alexander, © Lloyd Alexander; a Routledge por *Being and Nothingness*, publicado originalmente como *L'Être et Le Néant* (Gallimard 1943), traduzido por Hazel E. Barnes, tradução inglesa © 1958 Philosophical Library (Routledge 1989); também a Northeastern University Press, Boston, pelas citações de Bianca Lamblin, *A Disgraceful Affair*, traduzido por Julie Plovnick, copyright da tradução © Julie Plovnick 1996, e a HarperCollins por citações de Liliane Siegel, *In the Shadow of Sartre*, traduzido por Barbara Wright (Collins 1990).

Prefácio

UMA NOTA INTRIGANTE, que veio à tona entre os papéis pessoais de Jean-Paul Sartre após sua morte. "*Je peux me tromper*",[1] ele rabiscara em um pedaço de papel, "*mais cela n'est pas exprès.*" Ele errou, mas "não de propósito". A nota estava datada de 29 de junho de 1971, nove anos antes de sua morte. Ela sugeria um raro momento de contrição pelo maior erro de sua vida política, seu caso de amor, dele e de Simone de Beauvoir, com a União Soviética, que durou até o momento em que as esteiras dos tanques rolaram sobre Praga, em 1968. Para inúmeros estudiosos, da época e de hoje, o comportamento de Sartre constitui o exemplo máximo no século XX de *la trahison des clercs*, a traição da liberdade por parte dos intelectuais.

Por que ele fez isso? Que segredos se ocultavam por trás da "má-fé" dele e de Beauvoir, seus comprometimentos morais conforme se tornavam os mais famosos *compagnons de route* de seu século, companheiros de viagem, ao contrário dos antigos amigos, que, um a um, dolorosamente deram as costas à URSS quando relatos sobre o gulag começaram a emergir: Raymond Aron, Albert Camus e, antes ainda, o grande André Gide? Claro que Sartre e Beauvoir não estavam sozinhos como vítimas de sedução do comunismo. Muita gente da geração de Auden, de ambos os lados do Canal da Mancha, havia se apaixonado pelo "paraíso" socialista e ficado cega para suas atrocidades. Sidney e Beatrice Webb, sobre quem já escrevi, haviam celebrado a "terra do leite e do mel" de Stalin, em 1932. E em sua defesa, Sartre foi um escritor, por definição, talvez, avesso às coisas mundanas. A política nunca foi seu hábitat natural. Entretanto, sua ingenuidade parecia estranhamente voluntariosa. Quando comecei a pesquisar sua vida e a de Simone de Beauvoir, sentia estar buscando a peça desaparecida de um quebra-cabeça, aquela que explicaria sua determinação de regressar repetidamente à Rússia, até chegar o dia em que Soljenítsin se recusou a apertar sua mão, e ele se tornou, nas palavras de Bernard-Henri Lévy, "a encarnação da desonra".

Havia muitas questões desconfortáveis para enfrentar. "A questão biográfica preponderante",[2] escreve Lévy em seu *Le Siècle de Sartre* (2000), é: "qual a atitude concreta em relação ao fascismo [...] de Sartre e, em menor medida, de Beauvoir" durante a França ocupada. Em outras palavras, o que ele fez durante a guerra? Numa tentativa de responder a essa pergunta, Lévy foi o mais longe que pôde para isentar Sartre. Mas outros estudiosos forneceram persuasivas evidências em contrário, notadamente Ingrid Galster, em seu *Sartre, Vichy et les intellectuels* (2001), e Gilbert Joseph, em seu *Sartre et Simone de Beauvoir: Une si douce Occupation*, uma fria acusação contra o casal por não atuar na "resistência intelectual", como alegavam fazer, mas sim como *collaborateurs*. Gerhard Heller, censor nazista em Paris durante a Ocupação, em seu livro de memórias, *Un Allemand à Paris 1940-44*, confirmou o parecer de Joseph de que durante as *années noires* Sartre e Beauvoir enriqueceram à custa dos judeus. É difícil evitar a conclusão de que o autor de *Réflexions sur la question juive* não fosse ele próprio, nesse período, um antissemita. A questão se impôs a mim de forma contundente em entrevistas com Bianca Bienenfeld Lamblin, a estudante judia que Beauvoir alcovitou para Sartre antes que o casal a abandonasse, durante a guerra. Lamblin vive até hoje com a profunda mágoa da traição.

Em anos recentes, portanto, *la légende noire*, a lenda negra sartriana, obscureceu gradualmente a lenda "boa" criada e rigorosamente controlada por Simone de Beauvoir, a memorialista do casal. Uma mudança de maré ocorreu desde a morte dos dois, em 1980 e 1986. Nessa época, Jean-Paul Sartre e Simone de Beauvoir eram figuras públicas cuja prolífica produção como romancistas, filósofos e memorialistas parecia deixar os biógrafos com pouco a dizer. Acrescentem-se a isso entrevistas e perfis jornalísticos e tinha-se uma indústria acadêmica formada em torno das duas celebridades mundiais que era em si mesma um obstáculo a qualquer escrutínio adicional. Dois monumentos biográficos, de Sartre por Annie Cohen-Solal e de Beauvoir por Deirdre Bair, pareceram cristalizar os dois escritores numa aura de ícones intocáveis do século XX.

Mas na Exposição Sartre de 2005 em Paris, a abrangente mostra comemorativa de seu centenário, passeei quase que solitária entre os objetos expostos. "Não veio muita gente na exposição", observou uma amiga francesa: "Sartre e Beauvoir fizeram umas coisas ruins, eu acho. As pessoas não acreditam mais neles". A fama pareceu ter se transmudado em infâmia desde o filme de Marcel Ophuls, *Le Chagrin et la pitié* (A tristeza e a piedade), de 1972, que abriu as comportas para o interesse represado pela França de Vichy. Robert Paxton, Henri Rousso, Robert Gildea, Rod Kedward e outros historiadores descobriram evidências que desafiam antigos pressupostos sobre a natureza e extensão da resistência francesa aos nazistas e o tratamento dado pelos franceses aos judeus. À luz desse novo material, uma reavaliação do papel desempenhado por Sartre e Beauvoir durante esse sombrio período parecia mais do que na hora. E sinto uma ligação pessoal: minha avó por parte de mãe, de família huguenote, fugiu para Cullompton, Devon, no século XVII. Se tivesse ficado por lá, como haveríamos nos conduzido, me perguntava eu, durante a Ocupação?

Mas ao lançar um olhar renovado à parceria Sartre/Beauvoir, eu pisava em um campo minado historiográfico. Eu queria focalizar o relacionamento entre dois escritores: aquela cumplicidade assombrosamente produtiva que durou meio século, uma "geminidade" tão profunda que um completava as frases do outro. Sua lendária união livre tornou-os pioneiros da revolução sexual, mas era também um vínculo imutável que os amantes do casal comparavam a um Jano de pedra com dois rostos, em cujo altar as necessidades do Outro eram sempre sacrificadas.

A *liaison* entre Beauvoir e Sartre, tema deste livro, tinha um potencial para o bem: era uma bigorna de onde voavam fagulhas intelectuais. No Café de Flore, ou no Deux Magots, eles flertavam, fumavam, bebiam e produziam livros juntos. Mas tinha também um perigoso potencial para o mal, na medida em que os "gêmeos" encorajavam e justificavam um ao outro dentro de seu mundo privado, cujas fundações eram não só a iconoclastia intelectual como também uma feroz necessidade mútua, enraizada parcialmente em suas infâncias feridas. O fascínio do relacionamento de Beauvoir com Sartre é que ele sobreviveu sem sexo, redefinindo o amor como um compromisso para a vida toda, baseado antes em laços firmes do que no desejo físico, que poderia ser encontrado — e descartado — em qualquer lugar. Acima de tudo, Sartre ansiava pela intimidade que conhecera quando criança com a mãe: o sujeitinho estrábico que cresceu incapacitado pela percepção vacilante de si mesmo, com a confiança solapada pela autoconsciência da deformação, sentiria uma necessidade obsessiva por mulheres.

Ao seguir Sartre e Beauvoir na jornada de suas vidas, fui leal mais que tudo às fontes primárias. Desde a morte de Beauvoir, importantes documentos pessoais revolucionaram nossa visão do casal-modelo da contracultura. Beauvoir, ao escrever suas memórias, tinha seus motivos para ocultar os fatos enquanto estava viva: não só para proteger seus amantes e Sartre, como alegava, mas para ocultar a natureza de sua própria sexualidade, encobrir o histórico político e se vingar das demais mulheres dele.

Não foi senão após a morte de Sartre que a portadora da chama sartriana decidiu permitir que novas evidências vazassem pouco a pouco. Com o tempo, um dilúvio se seguiria. Em 1983, Beauvoir publicou as cartas de Sartre para ela (*Lettres au Castor*). Os amigos dela ficaram perplexos, escreve Sylvie Le Bon de Beauvoir, parceira de Beauvoir, filha adotiva e testamenteira literária. "*Mais les vôtres, Castor?*"[3] E as suas? eles queriam saber. Mas Beauvoir dava sempre a mesma resposta: as cartas dela para Sartre se perderam. Desencaminhadas na guerra, ou destruídas quando o apartamento dos dois foi bombardeado. Não era sem motivo que um de seus antigos amantes, Jacques-Laurent Bost, considerava Beauvoir uma mentirosa compulsiva. Em novembro de 1986, sete meses após sua morte, Le Bon abriu um armário no estúdio de Beauvoir na rue Schoelcher e topou com um "pacote maciço" de cartas com a letra dela, muitas ainda dentro dos envelopes, endereçadas a "Monsieur Sartre".

Le Bon publicou as cartas sem cortes, acreditando que era preferível "contar tudo para contar a verdade [...] rejeitar os clichês, os mitos, as imagens — todas essas mentiras —, de modo que a pessoa real, como ela realmente era, aparecesse".[4] As cartas abriram uma lata de vermes saltadores. Pela primeira vez, leitores chocados puderam ver o véu cor-de-rosa que protegia a união de Beauvoir e Sartre sendo rasgado para revelar a verdade da exploração sexual de seus pupilos. Para seus vulneráveis parceiros, essas relações eram perigosas como as de Valmont e Madame de Merteuil. A reinvenção das regras fora um gesto mais ousado, anárquico e amoral do que os leitores de Beauvoir jamais teriam imaginado.

Censurando e purgando a memória, Beauvoir havia pregado uma peça irônica e pós-moderna em seus biógrafos, conquistando-os com sua aparente confiança, tapeando-os e, como Quentin Hoare, tradutor das *Lettres à Sartre* de Beauvoir, escreveu, "tornando até os mais capacitados dentre eles em hagiógrafos involuntários. Superados em esperteza, eles subestimaram sua obstinação e habilidade. Como ela devia dar risada ao levar o copo de uísque à boca, à noitinha, após suas crédulas visitas terem ido embora".[5]

Outros importantes documentos não publicados se seguiram: as extraordinárias cartas de Sartre para a namorada soviética, Lena Zonina, generosamente disponibilizadas para mim pela filha dela, Macha, o material inédito no arquivo particular de Sylvie Le Bon de Beauvoir, os diários de juventude de Simone de Beauvoir na Bibliothèque Nationale de France, bem como a história oral dos que conheceram e amaram — ou odiaram — Sartre e Beauvoir. Tudo isso de valor inestimável na tentativa de compor um retrato dual do casal que entremearia os fios díspares de suas vidas, literárias e filosóficas, pessoais e políticas. Senti que era essencial recuperar a obra de ambos: os contos, romances e ensaios, esquecidos nas empoeiradas prateleiras das bibliotecas, as brochuras puídas de *Les Chemins de la liberté* e *L'Invitée*, os tomos de autobiografia e memórias, e os diários de guerra de publicação póstuma: *Cadernos de uma guerra fajuta*, de Sartre, e o *Journal de Guerre*, de Beauvoir. Em seus romances Beauvoir muitas vezes disse verdades que se sentiu compelida a ocultar em suas memórias, cujos últimos volumes tornaram-se construções largamente ficcionais. Mas mesmo quando ela não ousa revelar as causas de seu desespero — em geral, a infidelidade de Sartre —, atribuindo sua depressão ao processo de envelhecimento e seu medo do vazio existencial, Beauvoir é dolorosa e comoventemente honesta acerca de suas emoções, por exemplo no terceiro volume de sua memória, *Força das circunstâncias*, em que ela admite que seus sonhos de infância se desmancharam como água na areia.

A desilusão compartilhada tanto por Sartre como por Beauvoir ganhava ínfimas proporções comparada à de tantas vítimas suas. No rastro da trilha biográfica, fiquei perplexa com a profundidade do abismo entre a lenda pública e as vidas privadas do casal. Mito e realidade eram espelhos móveis, nos quais eu relanceava brevemente figuras que, tão rapidamente quando surgiam, sumiam; nas memórias de Beauvoir seus nomes não apareciam, ou o faziam apenas brevemente, disfarçados por pseudônimos. Mas nas fotocópias cinzentas de antigas cartas suas vozes se faziam ouvir em alto e bom som, reclamando piedade, absolvição. Obstruídas, perdidas para o registro, eles eram os amantes derrotados, rejeitados, às vezes suicidas, do lado masculino e feminino, sacrificados aos interesses da parceria Sartre/Beauvoir, cujo "contrato" de 1929 tornou todos os demais amantes descartáveis em face de seu próprio amor "essencial".

Novas evidências, assim, abriram um novo espaço para uma biografia revisionista de Sartre e Beauvoir, e impuseram a pergunta: quão grande fora a influência da vida privada sobre a pública, do sexo sobre a política? Arthur Koestler observou que quando você raspa um político, encontra uma mulher. Teria Sartre, assim como Dora Maar ironizou sobre Picasso, mudado de estilo toda vez que mudava de mulher? E qual fora o impacto da celebridade, o novo monstro pós-guerra que o casal tão avidamente cortejara até chegar o momento de começar a ser devorado por ele? Sartre adorava a ribalta, mas ele se queimava ali, mesmo quando passou a gozar da sinecura internacional. Rixas com outros homens célebres, alavancadas pela mídia, particularmente com Camus e Arthur Koestler, tiveram a capacidade de deixá-lo isolado e exposto à ilusão, maduro para a armadilha soviética. A intensa rivalidade de

Sartre com outros escritores e filósofos foi, segundo meu ponto de vista, um fator vital para os "equívocos" que cometeu, em particular no perigoso apoio ao Partido Comunista numa época em que sua influência global era imensa. Foi quando trocou os amigos homens é que ele mudou sua política.

E como os injustiçados amantes omitidos da autobiografia "autorizada" de Beauvoir a influenciaram? Determinada a fazer justiça póstuma a Jacques-Laurent em particular, em 2004 Le Bon publicou cerca de mil páginas de cartas entre Beauvoir e seu jovem amante (*Simone de Beauvoir, Jacques-Laurent Bost, Correspondance croisée 1937-1940*); dessa vez, os dois lados da correspondência estavam disponíveis para criar um retrato vívido de um apaixonado romance em tempos de guerra. Ao publicar as cartas de Beauvoir para Nelson Algren, Le Bon também trouxe o amante americano de Beauvoir de volta ao cenário. As duas correspondências coligidas são importantes para a controvérsia ainda viva a respeito de onde situar Beauvoir no espectro da sexualidade, indicando como é insatisfatório o procedimento de rotulá-la como "bissexual" ou "lésbica". Sua fluidez sexual lhe permitia usufruir de um amplo leque de experiências, hétero ou gays, em diferentes períodos de sua vida. E fico imensamente agradecida a Sylvie Le Bon de Beauvoir por sua generosidade em me deixar ver material inédito e por compartilhar comigo suas lembranças de Beauvoir e Sartre, e *la famille Sartre*. Sem ela, este livro não teria sido possível.

As vozes sussurrantes que ouvi entre os manuscritos silenciosos e as fotografias esvanecidas das exposições de Sartre tornaram-se ainda mais clamorosas com a publicação de memórias escandalosas, como as *Mémoires d'une jeune fille dérangée*, de Bianca Lamblin, ou *La Clandestine*, de Liliane Siegel. Mas a amante mais importante de todas continuava envolta em sombras: Lena Zonina, a intérprete russa com quem Sartre queria se casar. As novecentas páginas de efusão amorosa de Sartre por Lena constituíram uma janela para seu relacionamento. Conversas com Oleg Gordievsky, ex-coronel do KGB e o agente duplo de mais alta patente a ter trabalhado tanto para a inteligência britânica como para a União Soviética antes de fugir para a Inglaterra, em 1985, deram materialidade ao lado soviético da história. A peça final do quebra-cabeça veio com a localização dos relatórios inéditos de Zonina, sepultados nos arquivos estatais em Moscou e nunca traduzidos antes. Zonina teria sido uma espiã, e será que Sartre suspeitava? Estaria ele fazendo *le double jeu*? Ou será que ele estava tapando o sol com a peneira? Os relatórios de Zonina e as cartas de Sartre forneceram-me a resposta.

Seria um erro, contudo, supor que minha admiração tanto por Sartre como por Beauvoir, que está na gênese desta biografia, sofreu algum tipo de desgaste. Pelo contrário. Paradoxalmente, quanto mais descobria sobre o casal, mais simpatia sentia pelos dois e sua corajosa tentativa de "viver contra" a sociedade burguesa. Beauvoir, uma feminista icônica do século XX, escritora por seus próprios méritos, me atraíra como tema devido ao contraste que oferecia em relação a meu último tema biográfico, a frágil Vivienne Eliot. A busca existencial do próprio Sartre, de examinar todas as consequências lógicas que se seguiam de uma postura de ateísmo, pareceu mais relevante do que nunca numa era que debatia *The God Delusion* (no Brasil, *Deus, um delírio*), de Richard Dawkins. Sem dúvida Sartre e Beauvoir vivenciaram uma angústia com a "morte de Deus", à medida que, juntos, encaravam a desolação do vazio existencial. Como Le Bon enfatizou para mim, Sartre acreditava que cabia ao artista sofrer e de muitos modos ele representa a visão romântica do gênio atormentado com o qual ele se comparava, mais notadamente Keats, Baudelaire e Flaubert. Sua peregrinação era solitária. O ateísmo, escreveu, é uma tarefa cruel e de longo fôlego. *L'athéisme est une entreprise cruelle et de longue haleine*,[6] o profundo ritmo respiratório da perda da fé, como o empuxo da maré vazante em "Dover Beach", de Matthew Arnold. *Je crois l'avoir menée jusqu'au bout*, creio que busquei isso até o fim. Mas não sem sofrimento: um homenzinho, como ele disse, contando histórias para extrair sentido da existência.

Ligados um ao outro em sua missão de toda a vida para encontrar sentido em um mundo sem Deus, aleatório e absurdo, Sartre e Beauvoir criaram arte com suas ideias revolucionárias. Ferozmente criticados como niilistas e anti-humanistas, a luta dos dois para assumir a liberdade que acreditavam ser nosso direito inato enquanto seres humanos, e traduzi-lo para a arena política, foi inspiradora mesmo quando se desencaminharam, *égarés*. Foi, acredito, por estar procurando um substituto para o cristianismo que Sartre encontrou o comunismo, a grande ilusão do século XX, ao qual se agarrou com todo o fervor de um convertido. E a despeito de seus erros, Sartre deixou um duradouro legado político com sua contribuição para as lutas pela libertação do século XX. Suas ideias forneceram a base ética e filosófica para a revolta argelina, suas ações, uma liderança vital durante a própria guerra, quando, desposando a causa árabe, ele tentou seguir os passos de Voltaire e Gide ficando do lado dos oprimidos. O pensamento radical de Beauvoir, por sua vez, ao tomar a ideia existencial do Outro e aplicá-la às relações entre os sexos foi seu maior legado. *O segundo sexo*, bíblia do movimento feminista, pôs em marcha um trem irrefreável, até que seus conceitos de igualdade, escolha e autodeterminação se tornaram a moeda corrente das vidas de muitas mulheres. Quão presciente foi ao deixar de lado a diferença biológica é algo que só hoje está se tornando evidente, quando os eruditos debatem a crise da masculinidade e o fim do cromossomo Y.

Na velhice, Sartre e Beauvoir levaram a política para as ruas. Sua devoção mútua e interdependência ao longo de 51 anos se mostrou mais forte que muitos casamentos. A despeito de seus erros, a coragem deles nunca foi questionada. Humanos, falíveis, crédulos, sim; mas eles quebraram os parâmetros de seu século.

Carole Seymour-Jones,
Londres, dezembro de 2007

Parte Um

A Busca da Felicidade

1905-1938

1

Transformação

On ne naît pas femme; on le devient.
Não se nasce mulher, torna-se.

Simone de Beauvoir, *O segundo sexo*

JEAN-PAUL SARTRE APERTAVA o passo para acompanhar Simone de Beauvoir conforme ela caminhava junto ao tanque dos Jardins de Luxemburgo, em Paris, onde algumas corajosas crianças ainda brincavam com seus barquinhos. Era outubro de 1929. Folhas mortas moviam-se pela superfície da água e se enroscavam em volta dos barcos; um sol pálido iluminava as estátuas de pedra de antigas rainhas francesas. Mas a cabeça de Sartre não estava no passado, e sim no futuro. Pela terceira vez, ele insistia com a jovem Simone, de 21 anos, a casar-se com ele.

Ele estava com 24 anos, mais do que na hora de se casar, para um burguês em idade universitária; seus dois melhores amigos já haviam se casado. E havia ainda vantagens financeiras com o matrimônio. Ele estava prestando o serviço militar em Saint-Cyr e, caso se casasse, passaria a ganhar mais.

Simone acelerou o passo. Pela terceira vez, recusava. A seus olhos, o casamento era uma armadilha da classe média que deformava o caráter e atrofiava a independência. *"Elle a dit 'non'"*,[1] recorda Sylvie Le Bon de Beauvoir, sua filha adotiva. "Ela queria escrever, não queria filhos; entretanto, precisava de Sartre." Ansioso para não deixar escapar a encantadora Mlle de Beauvoir, Sartre propôs uma alternativa: "O que temos aqui", disse, "é um amor *essencial*; mas será bom se nós dois vivermos casos *contingentes*."[2]

Ele expressara sua proposta em termos filosóficos astutamente planejados para seduzir a aluna mais brilhante de sua geração. O pacto que lhe oferecia estava mais ao gosto dela. Simone se comprometeu na mesma hora com Jean-Paul, o único homem que conhecia que estava a sua altura, intelectualmente. O que se seguiria seria um envolvimento mais duradouro do que a maioria dos casamentos. Ligados um ao outro por infâncias difíceis, pela pirotecnia intelectual que geravam e por uma necessidade profunda, visceral, que Beauvoir chamou de "geminidade", os dois juntos iam iluminar seu século. O contrato notório dos dois ia romper com os moldes do casamento respeitável ao admitir a liberdade para os casos extraconjugais mesmo permanecendo devotados um ao outro. Ia durar mais de cinquenta anos e se tornar notavelmente simbólico para várias gerações de pessoas que se seguiram a eles.

Nada disso foi conseguido sem sofrimento, cuja ocultação exigiu que se construísse uma lenda. A disparidade entre o mito e a verdade sombria aumentou com o passar dos anos, à medida que a fama do "casal modelo" se espalhou pelo mundo.

Mas Sartre nunca apagou suas primeiras impressões de Simone. "Eu a acho linda",[3] contou a Madeleine Gobeil em uma entrevista para a *Vogue* americana em 1965. "Sempre a achei linda, mesmo com aquele chapeuzinho horroroso que usava quando a conheci. Fiquei determinado a conhecê-la porque ela era linda, porque tinha na época, e ainda tem, o tipo de rosto que me atrai. O milagre de Simone de Beauvoir é que ela tem a inteligência de um homem e a sensibilidade de uma mulher. Em outras palavras, ela é tudo que eu poderia querer."

Para Beauvoir, também, a despeito da decepção em muitos níveis, Sartre permaneceu o objeto de seu amor. Ele "correspondia exatamente ao companheiro dos meus sonhos que eu esperava desde que tinha 15 anos",[4] escreveu em *Memórias de uma moça bem-comportada*. "Ele foi meu igual, em quem todo o fogo de minhas aspirações encontrou um auge de incandescência." Nesse verão de 29, "quando o deixei, no início de agosto, eu sabia que ele nunca mais sairia da minha vida".

Stépha, a governanta polonesa, observou Simone de Beauvoir entrar abruptamente na sala de estar. Todo mundo sabia que a desajeitada garota de 20 anos cujo pai perdera todo o dinheiro e os haveres era o "caso de caridade" de mademoiselle Lacoin. Os Lacoin, por sua vez, eram estupidamente ricos: moravam na elegante rue de Berri, em Paris, e tinham um imóvel em Gagnepain, no País Basco. Madame Lacoin se apiedara da amiga de sua filha Zaza e a convidara para ficar. Como todo mundo rira quando a garota chegou com suas meias-calças de fibra de algodão e o velho vestido de verão, desbotado pelo sol. Zaza, é claro, usava um vestido de tussor, com uma faixa cor-de-rosa na cintura. Stépha ouvira dizer que Mademoiselle Zaza tinha um dote de 250 mil francos, uma pequena fortuna.

Pobre Simone, pensou Stépha:

> Sua aparência não me parecia das melhores, embora não tenho dúvida de que pensasse o contrário, pois me contou de seu vestido novo — horrível, segundo me lembro, com um corte péssimo e uma cor pavorosa. Sua pele não era bonita, o cabelo parecia ensebado [...]. Tinha o aspecto de uma pessoa negligenciada a vida toda [...]. Conheci muita gente pobre entre minhas colegas estudantes em Paris e a pobreza delas nunca me comoveu tanto quanto a de Simone.[5]

Ao voltar para Paris vinda de Gagnepain, Stépha Awdykovicz tentou cuidar pessoalmente da aparência de Simone: "Tire esse vestido horroroso: vamos experimentar um dos meus — esse verde fica maravilhoso em você".[6] Simone sentia vergonha de se despir, sabendo o estado de sua roupa de baixo, mas permitia a Stépha pinçar suas sobrancelhas e limpar suas unhas sujas com um pauzinho de laranjeira. Depois de aplicar delineador, ruge e pó de arroz, ter o cabelo lavado com éter, Simone era uma pessoa, se não transformada, melhorada. Isso foi uma cena de flerte que ela usou em um conto escrito em 1935, carregada de entrelinhas sexualizadas:

> "Você tem um corpo lindo", disse ela. "Faz muito bem em não apertá-lo com uma cinta." Sorriu com malícia. "Eu também não uso", acrescentou. "Veja." Agarrou minha mão e a levou a sua barriga [...]. "Sei quem você parece com esse peito pequeno empinado e esse abdômen suavemente arredondado", disse ela. "As mulheres pintadas por Cranach. Não a beleza comum, mas muito melhor. Um corpo sem falhas é [...] menos atraente."[7]

Como jovem aluna na Sorbonne, começando a sentir o gosto de se libertar dos pais, mas carecendo de benesses pecuniárias e sociais, Simone ficava agradecida a Stépha por levá-la a sério e demonstrar uma amizade protetora: "Desde o início gostei muito dela",[8] disse a governanta. Encontravam-se quase diariamente para o almoço e Stépha trazia bolos e tortas para Simone, porque seu dinheiro dava apenas para o pão e o café. Ela abraçava e beijava Simone, que, vinda de uma família onde recebia o mínimo contato físico de seus pais, ficava atônita com isso. Em 1928, Stépha tornou-se a líder de uma turma de garotas composta de Simone, sua irmã Hélène e Gégé Pardo, uma amiga da escola de arte de Hélène em Montparnasse, oriunda da classe trabalhadora e que as acompanhava em suas aventuras pelos bares do *quartier*. Clubes noturnos, com as luzes fracas, alaranjadas, corpos dançando espremidos, seus odores sedutores de suor, tabaco e perfume barato, exerciam um poderoso fascínio em Simone; para onde quer que olhasse, sexo era a moeda. Gigolôs espreitavam das sombras, de olho em suas mulheres. A violência espreitava sob uma tênue superfície. No Jockey, decorado como um saloon do Velho Oeste, Hemingway e seus amigos bebiam uísque e escutavam as canções imorais de *canaille* cantadas por Kiki, modelo e amante do fotógrafo Man Ray. O Monocle, no boulevard Edgar-Quinet, um templo do amor sáfico, era administrado por Lulu de Montparnasse. "Da proprietária à atendente do bar, da garçonete à atendente da chapelaria, todas as mulheres se vestiam de homem",[9] lembrava o fotógrafo Brassaï. "Um furacão de virilidade varrera o lugar [...] transformando mulheres em rapazes, gângsteres, policiais." Vestindo smokings pretos, as mulheres dançavam apertando seios contra seios, com os cabelos "sacrificados ao altar de Safo". O clube era, disse o fotógrafo, a capital de Gomorra.

Simone ficava alternadamente chocada e excitada. Seus sentimentos em relação a Stépha foram ficando mais calorosos. "Amo Stépha como um homem ama uma mulher",[10] escreveu em seu diário secreto, em 31 de dezembro de 1928. Entretanto, continuava a ser a exemplar menina católica. Era embaraçoso aparecer à porta de Stépha, que morava em um hotel na place Saint-Suplice, perto da esquina da rue de Rennes, e encontrá-la posando nua para o namorado espanhol, um pintor chamado Fernando Gerassi. O casal obviamente costumava ter relações sexuais. Simone tapava os olhos com as mãos: "O amor físico era [...] uma queda trágica em desgraça e eu não tinha coragem de tentá-lo". [11]

La vie de Bohème ao mesmo tempo a repelia e atraía. Perambulando pelo boulevard Barbes, olhando para as prostitutas e gigolôs, Simone começou a perder a sensação de horror com a visão de mulheres de uma classe inferior, e começou em vez disso a "sentir uma espécie de inveja". Havia uma honestidade e uma liberdade em suas vidas que a deixavam impressionada. Ela ficou surpresa com os próprios sentimentos:

> Existe dentro de mim um anseio desconhecido [...] uma luxúria monstruosa, talvez, onipresente, por barulho, brigas, violência selvagem e, acima de tudo, pela sarjeta. [...] Eu quero a vida, toda ela.[12]

Entretanto, tudo começara de forma tão diferente.

Beauvoir nasceu às 4h da manhã em 9 de janeiro de 1908 no quarto dos pais, no número 103 do boulevard du Montparnasse. A jovem mãe de 21 anos, Françoise, exibiu a recém-nascida para o marido. Georges Bertrand de Beauvoir fitou aqueles olhos azuis como porcelana de Delft, e escolheu um nome composto apropriado para uma jovem de boa família: Simone Lucie Ernestine Marie. Ela parecia destinada a uma vida de privilégios.

O elegante apartamento no primeiro andar dos Beauvoir dava para o boulevard Raspail, a altamente respeitável rua burguesa na Rive Gauche. O apartamento em si era um oásis de valores de classe média alta: Françoise cuidava para que fosse. A decoração, excetuando o quarto principal, com móveis laqueados de branco, era preponderantemente em vermelho e negro. "O tapete era uma *moquette* vermelha, a sala de jantar em estilo renascentista era vermelha, os reposteiros de seda decorados nas portas de vitrais eram vermelhos e as cortinas de veludo do gabinete de papai também eram vermelhas",[13] lembrava-se Simone. Acolhedores, uterinos, reconfortantes, os sofás escarlate e a mobília negra de pereira eram tão sólidos quanto sua rotina; toda manhã, Louise, sua babá, vestia Simone, tirava os pedaços de pano de seu cabelo e escovava suas escuras madeixas em uma cascata de cachos, dizendo-lhe como tinha sorte de possuir aquela cor incomum de olhos azuis e cabelos castanhos. De noite, Louise dormia no quarto das crianças.

Quanto a Georges, Simone o via pouco. Ele saía todo dia para o tribunal, a pasta sob o braço, mas quando chegava em casa à noite fazia moedas de francos surgirem por mágica do nariz da filha e presenteava a jovem esposa com um ramalhete de violetas de Parma. Nesses primeiros dias o jovem casal ria e se beijava, depois sumia no quarto.

Dois anos e meio mais tarde, uma irmã mais nova nascia, Hélène, loira, dócil e bonita. Simone apelidou a irmã de "Poupette", Bonequinha. A família estava completa, mas pequenas brechas já apareciam nesse tecido.

Estas eram simbolizadas pelo apartamento, que, como Jano, olhava para duas direções. O balcão de ferro trabalhado sustentado por mísulas, no qual Simone se aboletava com uma luneta espiando os transeuntes lá embaixo, dava vista não apenas para o elegante boulevard Raspail, mas para o lendário Carrefour Vavin, o cruzamento na extremidade mal-afamada do boulevard du Montparnasse. Na verdade, o número 103 ficava ao lado de um depósito de carvão de onde homens seminus enegrecidos de fuligem saíam com sacos nas costas. Para piorar as coisas, apenas dois anos após o nascimento de Simone, abriu um barulhento café sob o apartamento: La Rotonde. Era cheio de estrangeiros, "pretos imundos e pacifistas", como seu reacionário pai chamava os pintores imigrantes como Pablo Picasso, que pagava a conta do bar com uma de suas telas. À noite, o som de música e de fregueses acalorados subia pelas escadas; russos quebravam copos, americanos caíam no chão.

E Georges de Beauvoir não era o aristocrata que todos pensaram quando aparecera para fazer a corte a Françoise Brasseur, filha de um rico banqueiro. No século XVII, um certo Sébastien, Baron de Murat e Seigneur de Beauvoir,[14] fora um conselheiro do rei e superintendente de construções no castelo de Fontainebleau. Portava orgulhosamente um timbre com um leão dourado em um campo prateado, sob uma flor-de-lis dourada. Outro de Beauvoir fora guilhotinado durante a Revolução, mas não havia qualquer relação entre esses aristocratas e Georges. Como escreveu Simone com dolorosa honestidade: "Nas fileiras da alta sociedade em que reclamara admissão, ele descobriu que era um zé-ninguém; o 'de' em de Beauvoir revelava haver um título nobiliárquico em seu nome, mas o nome era obscuro e não abriu automaticamente para ele as portas dos melhores clubes e dos salões mais aristocráticos".[15] Mas mesmo não sendo nenhum lorde, Georges de Beauvoir estava determinado a viver como um.

Nascido em 25 de junho de 1878, Georges era neto de um inspetor fiscal, François-Narcisse Bertrand de Beauvoir, cujo filho mais velho, Ernest-Narcisse, também funcionário público, casou-se com uma herdeira de Arras, Léontine Wartelle. O casal morou no número 110 do boulevard Saint-Germain e Georges estudou no aristocrático Collège Stanislas até a morte da mãe, quando estava com 13 anos. Ele se tornou um dândi, passando o tempo com atrizes da Comédie Française e fazendo teatro amador.

Tendo entrado na Faculdade de Direito, Georges não se deu ao trabalho de apresentar a tese exigida. Em vez disso, empregou-se como secretário de um renomado advogado, Alphonse Deville.

> Ele tinha desprezo pela ideia de que o sucesso é obtido à custa de trabalho duro e esforço. Se você "nascia" para ser alguém, automaticamente possuía todas as qualidades essenciais — inteligência, talento, beleza, educação.[16]

O teatro lhe abriu as portas para os salões da aristocracia e o legado dos pais facilitou seu caminho. Enquanto o irmão mais velho, Gaston, vivia de apostar em corridas, Georges comprava seu ingresso na alta sociedade.

Em 1907, a herança começou a minguar. Georges não se mexeu para aprender o ofício. Sua carreira legal permanecia estagnada. Estava na hora de encontrar uma esposa rica.

Em Houlgate, uma elegante estância à beira-mar, foi arranjado um encontro entre Georges e Françoise. Tudo que ele sabia era que ela era filha de Gustave Brasseur, um belga fundador do Banco do Meuse, assim chamado em homenagem ao rio que atravessa Verdun, na Lorraine ocidental. Françoise, alta, morena e amante de música, o produto de uma opulenta criação, cultivara esperanças de se casar com seu primo em primeiro grau, Charles Champigneulles, herdeiro de um próspero comércio de vitrais, mas quando boatos de corrupção no banco se espalharam por Verdun, ele desapareceu. Georges, recém-chegado de Paris e ignorando que Brasseur se encontrava às margens da bancarrota, foi atraído pela promessa de um polpudo *dot* a cortejar a morena relutante e provinciana que sempre desempenhara o papel de coadjuvante para a irmã loira, Lili. Françoise, uma católica devota educada no prestigioso Couvent des Oiseaux, para sua surpresa ficou súbita e apaixonadamente enamorada do encantador advogado de nome que soava nobre, uma chance de fugir da infeliz vida familiar. Meses depois estavam casados.

Mas enquanto Georges fazia sua fezinha de lua de mel no turfe de Nice, investidores em pânico retiravam seu dinheiro. Em julho de 1909, o banco foi a liquidação. Brasseur foi mandado para a prisão. Ao ser solto, fugiu para os cortiços em torno da estação Montparnasse, acabando por se mudar com a esposa e Lili para um apartamento na rue Denfert, no lado leste do cemitério local. Velhos amigos o lançaram no ostracismo. Françoise ficou profundamente perturbada. "Ela se acreditava desonrada, a ponto de ter rompido todas as relações em Verdun",[17] lembrava Simone. "O prometido dote de papai nunca foi pago." Embora Georges não reprovasse abertamente a esposa, ela sempre pareceu se culpar pela queda da família na relativa pobreza.

Simone negava o impacto do escândalo, protestando: "Eu era muito feliz. Minha infância nunca foi de fato afetada por esse drama",[18] mas suas consequências foram imensas. Ela muitas vezes se recusava a comer. "Uma colherada para a mamãe, outra para a vovó", insistia sua mãe, mas a criança começava a chorar ao ver pudins de leite e berrava diante de carne gordurosa; a viscosidade de mariscos a fazia vomitar. Quando a babá, Louise, a levava para passear, Simone pressionava o nariz conta a vitrine do confeiteiro, os olhos arregalados para as frutas cristalizadas e as balas azedas, e se recusava a seguir até o parque. Desesperada, Françoise moía amêndoas açucaradas em um pilão e adicionava creme batido para a filha louca por doces, até Simone consentir em mergulhar sua colher na mistura e terminar o pote. Nas noites em que os pais recebiam visita, e a mãe sentava diante do piano de cauda, o perfil dela, iluminado pelos candelabros de cristal, refletindo uma miríade de imagens nos espelhos da sala de estar, Simone se escondia atrás do sofá. Mastigando pensativamente um damasco cristalizado, sentiu a explosão de doçura em sua boca. Comer era tanto uma ato exploratório como de conquista.

Talvez por causa de sua falta de apetite, Simone crescia pouco. Mas a constituição diminuta ocultava uma vontade de ferro. O avô por parte de pai, Ernest-Narcisse de Beauvoir, que era o senhor da propriedade de Meyrignac e de 500 acres de castanheiros no Limousin, seu filho mais velho, Gaston, e a esposa Marguerite, sua filha, Hélène, e o marido dela, Maurice, no castelo vizinho, La Grillère, todos a mimavam. Tia Lili, que morava perto com os pais, copiou com sua esmerada letra de convento a primeira história de Simone, escrita aos 7 anos: "L'Histoire de Jeannot Lapin" (A história de Joãozinho Coelho).

Mas a garotinha explodia de raiva se não pudesse ter as coisas a seu modo: "Deram-me uma ameixa vermelha e comecei a descascá-la. 'Não', disse mamãe; joguei-me no chão, aos prantos".[19] Nos Jardins de Luxemburgo, a fúria de Simone atraía a solidariedade equivocada de outras mães e babás. "*Pauvre petite*",[20] dizia uma senhora, oferecendo um docinho. "Coitadinha." A título de agradecimento, vinha um chute na canela. Caindo em desgraça, Simone era trancada no armário de vassouras, chutando e gritando, até a hora de dormir. Sua violência deixava a mãe assustada. Françoise ralhava com ela, mas raramente batia. "Se você apenas ergue um dedo para Simone, seu rosto fica roxo",[21] disse, em desespero. "Simone é teimosa como uma mula", concordava o pai, sem esconder uma ponta de orgulho.

Ninguém contou a Simone e a Poupette que o mundo delas estava se desintegrando: só sabiam que seus pais começavam a brigar. O temperamento de Simone talvez se devesse em parte à atmosfera doméstica deteriorada, ampliado pela reprovação muda, lábios franzidos e a visão de Françoise angustiada olhando para o livro-caixa da família enquanto o marido se mandava para o Café de Versailles, prometendo ganhar nas cartas o dinheiro para pagar as contas. A criança se escondia sob a escrivaninha do pai em seu gabinete, agachada no tapete vermelho com seu livro favorito, buscando conforto na visão ordenada e limpa das canetas e mata-borrões arrumados sobre a superfície reluzente.

Françoise não se enquadrava na sociedade parisiense, embora fizesse o melhor que podia, juntando-se ao marido todo verão quando ia se apresentar no cassino em Divonne-les-Bains com uma trupe de atores amadores. Pelas costas, o sofisticado grupo de amigos de Georges ria dela. "Ela era provinciana, simples; naquele ambiente bem parisiense, as pessoas sorriam ao ver como era desajeitada",[22] escreveu Beauvoir em *Une morte très douce*, seu livro de memórias da mãe. Françoise era forçada a suportar sussurros maldosos e duplos sentidos enquanto recebia as amantes do marido, pois Georges tinha o hábito de dormir com as esposas de seus amigos. Certa vez, ela tirou chorando da escrivaninha dele a fotografia de sua amante mais recente, que costumava visitar a casa. "Você escondeu a foto", acusou-a Georges. Françoise curvou-se sobre sua costura: "Eu não mexi". O marido dissoluto ria e torcia a ponta do bigode.

No início, Georges se pautava pela regra de Marcel Prévost, de que "o homem deve tratar a jovem esposa com o mesmo fervor de uma amante". Simone nunca se esqueceu de uma manhã, quando, com 6 ou 7 anos de idade, viu a mãe usando uma diáfana camisola branca, os pés descalços flutuando sobre o tapete vermelho; a garotinha ficou espantada com o sorriso voluptuoso nos lábios da mãe, ligado de algum modo misterioso ao quarto de onde acabara de emergir. À noite, Françoise, uma figura mais distante e caprichosa que a babá de Simone, surgia com um vestido de tule verde enfeitado com uma única flor cor de malva, ou, majestosa em um cintilante veludo negro de azeviche, agarrava a filha com os braços macios e perfumados e lhe dava um beijo de boa noite. Mas à medida que o tempo passou, Françoise perdeu o frescor e Georges ficou indiferente. Com a idade de 35 anos era forçada a dormir ao lado do homem que amava, mas que não mais a tocava. Sua personalidade mudou; seguiram-se tapas, gritos, cenas, até em público. "Lá vão o Monsieur e a Madame brigar outra vez",[23] dizia Louise. "Françoise tem um temperamento de cão", dizia Georges aos amigos. Espalhou-se o rumor de que a esposa de Georges era neurótica, histérica.

"Comecei a mergulhar no caos que precede a criação", escreveu Simone. Ela adorava o galante pai *boulevardier* com seu fervor romântico, e ficou do seu lado: "Não culpo meu pai",[24] escreveu, esboçando uma conclusão dessas brigas dos pais que ia acompanhá-la para sempre: "*Chez l'homme, l'habitude tue le désir*".[25] Para os homens, o hábito mata o desejo.

Para reavivar o apetite sexual, Georges recorreu a profissionais. Com 15 anos Simone trombava com Papa, recendendo a álcool, cambaleando pela casa após uma noite no Sphinx, o bordel mais luxuoso de Paris, às 8h da manhã. Na cozinha, ela o ouvia murmurar desculpas para Françoise de que estivera jogando bridge, e ouvia a mãe fingir que acreditava. O exemplo dos pais, escreveu Simone, "foi o suficiente para me convencer de que o casamento de classe média é contra a natureza".[26]

A espiral descendente do casamento dos Beauvoir caminhou de mãos dadas com sua derrocada financeira. Convocado para o exército como cabo em 1914, aos 38 anos Georges teve um ataque cardíaco. Ao ser dispensado, mais uma vez foi tapeado pelo sogro. Brasseur o convenceu a investir o que lhe restava de capital numa fábrica de sapatos, mas ela quebrou em 1919. O preço das ações russas de Georges despencaram, e ele se viu rebaixado a vender espaço em jornais financeiros. Em outubro desse ano, quando Simone estava com 11 anos, a família se mudou para um apartamento menor e mais barato no número 71 da rue de Rennes, perto do quartel. Haviam se alistado nas fileiras dos recém-empobrecidos, dizia Georges.

Françoise decidiu se virar sem criadagem. Fazer todo o trabalho doméstico numa época em que uma cozinheira-chefe era o mínimo obrigatório entre a classe média foi um passo chocante para uma mulher criada em meio a bailes e caçadas nos parques de Verdun. Suas cunhadas, Marguerite e Hélène, seus sogros em Meyrignac, tinham empregados tanto para o interior da casa como para o lado de fora. Não longe dali, na rue le Goff, outra criança precoce chamada Jean-Paul Sartre, nascida três anos antes de Simone, tinha cada capricho seu atendido por três criados, além da mãe devotada e dos avós.

"*Je me sacrifie*"[27] se tornou o mantra de Françoise. Mas o martírio traz o ressentimento. Ela apagou a mácula que o marido trouxera a sua casa, mas não conseguiu apagar sua fúria. Para Simone ela se tornou uma boca voraz, enquanto ela e Poupette se escondiam das *criailleries* maternas, sua gritaria constante, suas explosões súbitas de raiva. Sair para trabalhar era algo fora de questão para Françoise; as convenções sociais o proibiam, de modo que se dedicava a nutrir as jovens vidas a seu encargo. "Nunca fui egoísta",[28] justificava-se para a filha mais velha. "Vivi para os outros." Mas, também, *por meio dos* outros, observou Simone com amargura a respeito da mãe dominadora e possessiva que nunca permitia a nenhuma das garotas um pouco de privacidade ou solidão.

Certo verão em La Grillère, quando Simone estava assando lagostim com seus primos, Robert e Madeleine, cinco e três anos mais velhos do que ela, a figura de sua mãe, a única adulta, apareceu diante do trio: "Tenho o direito de comer com vocês",[29] anunciou com ar sombrio. Os adolescentes ficaram paralisados, como que transformados em pedra pelo olhar da górgona; mas Françoise ficou, por mais indesejada que fosse sua presença. "*J'ai bien le droit*" tornou-se uma ameaça temida por Simone, quando sua mãe a acompanhava ao colégio católico particular, o Cours Adeline Désir, na rue Jacob (admoestando-a a olhar sempre para a frente e ignorar as *putains* nas calçadas ou as piscadelas e troncos suados dos carvoeiros), sentava-se com ela nas aulas, aprendia latim de modo a ajudar Simone com o dever de casa e abria suas cartas. E para que Françoise fosse uma boa mãe católica, era necessário Simone ser uma filha exemplar. Suas lições de moral eram de que deveria ser pura como o quarto branco com o crucifixo do apartamento que haviam perdido. Os padrões, ao menos, podiam ser salvos, já que o dinheiro não podia. Françoise vivia repetindo para Simone que elas eram iguais: de cabelo escuro, difíceis, ao contrário de suas irmãs loiras e de temperamento alegre. Em pouco tempo a filha mais velha desistiu das birras; ela não mais vomitava ao sentir o gosto de mariscos, pois mariscos se tornaram uma iguaria rara na casa. Agora seria uma boa menina, o mais boazinha que fosse capaz.

Não havia banheiro nem água corrente no novo apartamento, que ficava no quinto andar de um prédio sem elevador. No inverno, o lugar era gelado e a família se enrodilhava em torno da lareira de ferro fundido do gabinete. Cortando despesas e guardando, Françoise travava uma batalha constante para manter as aparências: "Em casa, nada era desperdiçado: nem uma côdea, nem um sabão no fim, nem um pedaço de barbante", lembrava Simone. Ingressos gratuitos, refeições gratuitas eram disputados a tapa. As garotas usavam suas roupas até ficarem puídas, e até depois disso. As mãos de Françoise estavam sempre ocupadas, cerzindo, costurando, remendando; nem no metrô as agulhas sossegavam, e ela emendava "rendas" na barra das anáguas das meninas. O ócio era pecado, trabalhar um dever.

Certa tarde, Simone, a contragosto, ajudava na cozinha:

[Mamãe] lavava os pratos e eu secava; pela janela, dava para ver o muro do quartel, e outras cozinhas em que mulheres esfregavam panelas ou descascavam legumes. Todo dia almoço e jantar; todo dia lavando louça; todas aquelas horas, aquelas horas infinitamente recorrentes, todas levando a lugar algum: como era possível viver daquele jeito? [...] Não, disse para mim mesma, arrumando uma pilha de pratos no armário; minha vida levaria a algum lugar.[30]

Foi um momento seminal que atiçou sua feroz determinação de escapar. O ódio das maçantes tarefas domésticas de Simone aparece com frequência em um conto em que ela pinta a si própria como "Marguerite", uma doméstica Cinderela entre cascas de batata. Essa criança, empobrecida não só financeiramente, como também emocionalmente, habitou o coração de Beauvoir pelo resto da vida:

> Morávamos no quinto andar, e toda noite, após o jantar, era meu dever descer com a lata de lixo. Ela era pequena demais — durante anos, Mama viveu prometendo comprar outra em breve — e papéis engordurados, tocos de repolho e cascas de batata geralmente caíam pelos degraus; eu os empurrava de volta para a lata com o pé, embora às vezes fosse obrigada a usar a mão: até isso era menos revoltante do que a sensação do metal frio e engordurado da alça em meus dedos [...].[31]

No quintal, nos fundos do 71 da rue de Rennes, empilhando o lixo nas latas maiores, com o pó amarelado de cinzas soprando em seu rosto, Simone calculava como se libertar dos pais que haviam lhe dado um trabalho masculino, levar o lixo para fora, que se queixavam de que, se ao menos ela tivesse nascido homem, poderia ter entrado para a Politécnica, que diziam que ela tinha "cabeça de menino", mas ainda assim se aferravam à fantasia de um "bom" casamento para a filha. Será que aquilo convinha ao filho que eles desejavam?

A pobreza aguçou a ambição acadêmica. Simone começou a chegar ao portão da escola meia hora mais cedo, só para ouvir os colegas caçoarem da cê-dê-efe. Na classe, estudava obsessivamente, cobrindo cada milímetro do papel em um minuto de escrita até seus professores perguntarem a Françoise se sua filha tinha algum "traço maldoso" nela. A lição de que "a pessoa deve fazer uso de tudo, e de si mesma, ao máximo"[32] permaneceu indelevelmente gravada em sua personalidade. Ela fazia cursos extras de inglês, piano e catecismo. O triunfo elevava, o fracasso aterrorizava.

O quarto minúsculo que Simone e Poupette dividiam não tinha espaço para uma mesa: "Fora minha cama, não havia um único canto que eu pudesse chamar de meu", lembrava-se Simone. "Para mim, era doloroso nunca poder estar sozinha." Fazendo o dever de casa enquanto sua mãe recebia as amigas, Simone aprendeu a trabalhar com o ruído de vozes constantes. Isso se tornou um hábito, de modo que no futuro ela raramente escreveria em seus próprios aposentos, mas preferiria trabalhar na mesa de algum café, o calor do aquecedor e o burburinho dos fregueses fornecendo o fundo sonoro tranquilizador para a escrita.

"Meu pai estava totalmente arruinado",[33] lembrava-se Beauvoir. Mas quanto mais difícil ficava a vida de Georges, mais pena a filha mais velha sentia. Ele não esquecera a arte de *jouer la comédie*. Quando desempenhava o papel de um estropiado jornalista pé de chinelo acachapado pelos problemas financeiros e a esposa extravagante, ela ia às lágrimas. A resignação melancólica de seu pai só o fazia crescer aos olhos da filha, e ela se convenceu de que ele era dono de um caráter superior, acima do dinheiro ou do sucesso, que deliberadamente havia ignorado. Ela ficava grata a ele pelas explosões de alegria, as histórias malucas que a transportavam para longe da atmosfera cinzenta do apartamento. Apenas Georges, que ensinara Simone a ler e escrever, que ditava Victor Hugo para ela e lia as peças de Rostand em voz alta, respondia suas inquirições penetrantes sem condescendência. Ele a tratava como igual. "Papa costumava dizer com orgulho: 'Simone tem a cabeça de um homem; ela pensa como homem; ela *é* um homem'."[34]

Era um fato amplamente aceito a superioridade do cérebro de um homem: constituía a sede do raciocínio e do rigor, qualificando-o naturalmente para a vida pública. O cérebro feminino, um débil órgão de sentimentos e emoções, adequava-a somente para o domínio privado, onde o melhor a que podia aspirar seria tornar-se um "anjo do lar". Mas era frustrante descobrir que, a despeito de sua precocidade, todo mundo ainda tratava Simone como uma garota. Apenas por intermédio dos homens da família, seu pai e seu primo, Jacques Champigneulles, as tantalizantes histórias do mundo fechado da literatura e da política entravam na casa. "Como eu queria explorar esse mundo!",[35] escrevia ela, sonhadora, ouvindo-os discutir Montaigne ou La Rochefoucauld.

Georges e Jacques desprezavam a Terceira República e rezavam pela restauração da monarquia. Georges não assinava efetivamente o jornal realista, *L'Action française*, mas tinha muitos amigos entre os Camelots du Roi, seguidores de Charles Maurras. Ele compartilhava sua opinião de que não havia lugar na França para os judeus como Dreyfus, cuja culpa era um fato tão indubitável para Georges quanto a existência de Deus era para a mãe de Simone. Quanto a seu patriotismo, "É minha única religião", disse o ultranacionalista a Simone, que escutava hipnotizada o pai pagão introduzindo-a à magia das palavras. Juntos, eles abriam a capa dura dos livros que Simone trazia da biblioteca e viravam as páginas brancas e enrugadas. A devota filha da Igreja que fizera sua primeira comunhão de vestido branco, a cabeça engrinaldada em rosas, absorvia ideias proibidas.

Em vão Françoise tirava *Claudine à l'école* das mãos de Simone ou prendia com um grampo todo um capítulo da *Guerra dos mundos*, de Wells: a filha desenvolvia estratagemas próprios. Ela escondia os romances de Colette sob o travesseiro e separava para ler romances ingleses, que sua mãe considerava de valor, pois que levava mais tempo para Simone destrinchá-los com a ajuda de um dicionário. Sua primeira heroína foi a levada Jo March, das *Mulherzinhas* de Louisa Alcott, que também se desiludia por não ter nascido homem. Como Simone e Poupette, as irmãs March eram pobres e moravam em uma casa modesta. Elas eram protestantes, obrigadas a ler o *Pilgrim's Progress* em vez de *A imitação de Cristo*, mas, como as irmãs Beauvoir, aprendiam que a mente culta e a probidade sincera contavam mais que dinheiro. Como Simone sofria por Jo e Meg quando elas tinham de ir à matinê de vestidinhos de popelina marrom, quando todas as demais meninas usavam seda; era exatamente a mesma tribulação pela qual passava. Enfiadas em roupas que mal lhes serviam, herdadas das primas, Madeleine e Jeanne, Simone e Poupette frequentemente coravam de vergonha nas festas das colegas da escola, meninas ricas. Estas desfilavam ataviadas em cetim e tafetá; enquanto ela e Poupette compareciam deselegantemente trajadas com seus vestidos de lã cor de lama. A suprema humilhação de Simone aconteceu no dia em que, deixada pela mãe com uma meia-calça toda desalinhada na aula de ginástica, em que as outras garotas vestiam malhas de jérsei azul-claro com saias plissadas, escutou tia Marguerite sussurrar: "Simone parece um macaco".[36]

> De repente, senti como eu era desajeitada, feia [...] um macaquinho; que era sem dúvida como aquelas crianças deviam me enxergar; elas me desprezavam; pior ainda, me ignoravam. Eu era a testemunha desamparada [...] de minha própria extinção.

Simone estava com 13 anos. Não era mais bonitinha: pipocavam espinhas em sua pele e ela começou a desenvolver tiques nervosos. Seu pai transferiu a afeição para Poupette. Nenhuma ajuda podia se esperar por parte de Françoise, que cada vez mais desprezava o corpo e os desejos carnais, negligenciando até a higiene básica. Estalando a língua de impaciência, apertava com faixas os peitos incipientes de Simone a fim de fazê-la entrar em um vestido muito pequeno, para o casamento de uma prima. As fotos confirmavam o que a deselegante adolescente já suspeitava: não era apenas que estivesse malvestida, ela era sem graça.

"*Ne gratte pas tes boutons*"[37] — não coce as espinhas; não enfie o dedo no nariz, dizia Georges. "Coitada da minha filha, como você é feia!"

2

O príncipe Sapo

Odeio minha infância e tudo que me restou dela.[1]

Jean-Paul Sartre, *As palavras*

PARA SIMONE DE BEAUVOIR, o medo de ser fisicamente pouco atraente foi algo que, acometendo-a brevemente na infância, regrediu à medida que ela emergia da "idade difícil" e descobria, para sua surpresa, que não enfrentava dificuldades em atrair a atenção de ambos os sexos — embora jamais tenha perdido a reputação de se vestir mal. Para Jean-Paul Sartre, o processo inverso se provaria verdadeiro.

As primeiras lembranças de Sartre eram de ser uma criança bonita. Bochechudo, de cabelos dourados, ele olha para a câmera em antigas fotografias com toda a confiança de um filho adorado. "Sou rosado e bonito, com cachos, minhas bochechas são gorduchas, e minha expressão é de deferência amigável à ordem estabelecida; faço beicinho com arrogância hipócrita; sei de meu valor."[2]

Nascido em 21 de junho de 1905, Sartre, como Beauvoir, parecia fadado a um caminho de privilégio. Seu pai, Jean-Baptiste Sartre, gozava de mobilidade ascendente. Sartre, de *sartor*, "alfaiate" no dialeto local, é um nome campesino do Périgord: homenzinhos trigueiros ligados à terra, como o irmão mais velho intelectualmente pouco dotado de Jean-Baptiste, Joseph, que nunca se afastou muito da fazenda familiar em Puifeybert, uma aldeola nos arredores de Thiviers, na Dordogne. Mas Jean-Baptiste puxou ao pai, Eymard, que cursou medicina em Montpellier antes de se tornar o único médico de Thiviers; e embora o menino obedientemente acompanhasse o dr. Sartre nas visitas a seus pacientes em uma charrete, suas ambições logo se estenderam bem além da casa da família, na rue du Thon, que o médico adquirira após ter se casado com uma herdeira local, Elodie Chavoix, a filha do boticário. O filho escapou para Paris e a École Polytechnique, berço da elite militar e política da França.

Jean-Baptiste era baixinho, 1,57 metro, e vinha de uma região sem acesso ao oceano, Périgord, mas, ao contrário dos alunos mais ambiciosos da Politécnica, sonhava em se aventurar no mar. Em 1º de outubro de 1897, entrou para a marinha francesa. Isso se revelou uma escolha perigosa. Servir na Indochina arruinou sua saúde, assim como levou desgraça às guerras coloniais francesas. "Eu teria preferido uma viagem para o Japão",[3] escreveu aos familiares. "A campanha no Extremo Oriente é um desastre." Dois anos mais tarde, foi mandado de volta à França com uma licença para se recuperar. Certo dia, em Cherbourg, um colega de patente, Georges Schweitzer, apresentou-o a sua irmã, Anne-Marie, com 21 anos de idade. Poucas semanas depois Jean-Baptiste lhe propunha casamento.

Em 5 de maio de 1904, Jean-Baptiste Sartre e Anne-Marie Schweitzer se casaram em Paris. A noiva, uma cabeça mais alta que o marido, trazia um dote de 40 mil francos, o que deve ter encorajado Jean-Baptiste em sua decisão de deixar a marinha. Ele pediu uma dispensa de seis meses sem soldo e se mudou para o apartamento da família da esposa, na rue de Siam, no 16º *arrondissement* de Paris. Meses depois Anne-Marie ficou grávida, mas antes que o bebê nascesse a marinha voltou a chamar o futuro pai, que não conseguira se transferir para outro posto. Em maio de 1905, ele se apresentou como primeiro oficial no destróier *La Tourmente*, com destino a Creta. Mas em 5 de novembro a saúde precária o trouxe de volta ao lar para conhecer seu recém-nascido.

"Pisamos sobre o mesmo chão por algum tempo, só isso", escreveria Jean-Paul sobre o pai. A reação de Jean-Baptiste era mais efusiva: "Meu pequeno Paul é adorável",[4] disse aos pais. "Ele grita a plenos pulmões, suas risadas são uns rugidos, nunca chora. Tem olhos curiosos, inteligentes e muito doces [...]. Ele é muito precoce". Menos de um ano mais tarde, em 17 de setembro de 1906, o pai morria de enterocolite e tuberculose. Apenas 15 meses após o nascimento de Jean-Paul, Anne-Marie Sartre ficava viúva.

A mulher alta de 24 anos, trajada em luto, voltava para a casa dos pais, em Meudon. "As famílias naturalmente preferem viúvas a mães solteiras, mas é pouca coisa",[5] recordou amargamente Sartre em 1963, quando escreveu sua autobiografia, *As palavras*. Anne-Marie, a filha mais nova de Chrétien-Charles Schweitzer, um professor de alemão da Alsácia, e sua esposa Louise, tinha poucas habilidades a oferecer. Fora criada para se entediar, disse seu filho: costurar, tocar piano, cultivar as tradicionais virtudes femininas da quietude e submissão. Voltando para casa, dependente, com "Poulou" (pronuncia-se "pu-lu"), seu franguinho, nos braços, foi tratada como culpada. Escolhera um marido incapaz de sustentá-la. Nada era dito. Charles, aos 64, prestes a se aposentar, silenciosamente voltou ao trabalho. Mas Anne-Marie sabia que era um fardo. Humildemente, arrumava a casa para os pais, fazia companhia e servia de empregada para a mãe, mas voltara a uma condição inferior: uma virgem sem lustro. Não tinha renda própria; suas roupas ficaram puídas; e quando velhas amigas a convidavam para jantar, tinha de prometer que estaria de volta às dez. O pai, vestindo camisola de dormir, patrulhava o quarto, relógio na mão. "Na última badalada das dez horas, começava a urrar", lembrava-se o neto. Os convites foram escasseando.

A opinião de Jean-Paul sobre a família paterna talvez tenha sido influenciada pela atitude de sua mãe em relação a eles, conforme brigava para receber de volta o que sobrara de seu dote. Mas ele herdara mais do que gostava de admitir do guarda-marinha tampinha e bigodudo cuja fotografia pendia da parede do quarto. Fisicamente, ele e Jean-Baptiste eram idênticos. O filho era apenas um centímetro mais alto que o pai, embora por parte de mãe houvesse escapado da calvície do velho oficial e herdado um cabelo loiro e espesso. E foi por sua mãe que ele se apaixonou:

> Mostraram-me uma jovem gigante e disseram-me que era minha mãe. Se dependesse de mim, era mais provável que eu a houvesse tomado por uma irmã mais velha [...]. Eu a amava: mas como ia respeitá-la se ninguém mais o fazia? Havia três quartos em nossa casa, o de meu avô, o de minha avó e o das "crianças". Nós éramos as "crianças": ambos inferiores, ambos sustentados [...]. A cama de uma jovem fora colocada em *meu* quarto. A jovem dormia sozinha e acordava casta [...]. Era meu dever me casar com ela, para tomá-la sob meus cuidados.[6]

Eram duas corças em um bosque, brincando com as Fadas. Duas crianças perdidas e incestuosas. "Minha mãe e eu tínhamos a mesma idade e nunca saíamos um do lado do outro. Ela costumava me chamar de seu 'cavaleiro acompanhante' e de seu homenzinho."

Esse idílio talvez houvesse durado para sempre, não fosse o avô do Poulou, Charles Schweitzer, uma figura alta, de barbas brancas e presença imponente, que "guardava uma semelhança tão grande com o Deus Pai que eu muitas vezes o tomava por ele",[7] lembrava o temeroso neto. Um luterano, Charles — ou Karl — era o mais velho dos cinco filhos do prefeito de Pfaffenhofen, seu irmão Louis sendo pai do membro mais famoso da família, Albert. Em 1872, após a derrota da França na guerra franco-prussiana, Karl optou pela cidadania francesa e se casou com uma católica, Louise Guillemin. Mas continuava a conversar com seus irmãos no dialeto alsaciano e ensinou o neto a chamar os avós de "Karlémami".

Por mais estranho que pareça, partindo de um professor, Karl não confiava na escola como adequada para o neto. Embora seus dois filhos adultos, Georges e Emile, houvessem sido educados por frades dominicanos, ele decidiu que Poulou era precioso — ou precoce — demais para ser confiado a um *lycée*, e o educou em casa. "Meu jovem pupilo — perdoe por favor um avô coruja — mostra uma inteligência natural e prodigiosa em tudo",[8] escreveu para um amigo, avaliando de forma precisa que "ele é eloquente e combativo". Adotando por modelo Victor Hugo, que escrevera um tratado sobre a arte de ser avô, devotou-se ao menino prodígio. Houve uma única ocasião em que Poulou foi matriculado no Lycée Montaigne. Karl explicou ao diretor que o único defeito de seu neto era ser adiantado *demais* para a idade; o cooperativo diretor colocou Poulou junto com meninos mais velhos, mas apenas para que o iludido avô fosse chamado à escola para ver o resultado do primeiro ditado do neto: uma folha coberta de borrões de nanquim em que "*aime*" estava escrito "*ême*",[9] "*sauvage*" como "*çovache*". Poulou mal se adequava aos padrões de uma escola primária. Anne-Marie não pôde conter as risadinhas quando viu os erros de grafia de seu filho, mas o terrível olhar de Karl fez com que parasse. No dia seguinte, ele tirou Poulou da escola.

O filho único foi moldado pelas expectativas dos três adultos, Karl, a mãe e a avó. "Até a idade de 10 anos, fiquei sozinho entre um homem velho e duas mulheres",[10] lembrou Sartre. A voz retumbante do avô, que até a meia-idade ele ainda escutava em sua cabeça como um rígido Jeová ordenando que sentasse à mesa para escrever todas as manhãs, conformou uma consciência protestante austera.[11] Sozinho com o velho senhor, Jean-Paul se tornou o *wunderkind* de Karl. Os primeiros poemas do menino foram escritos de sua casa de veraneio em Arachon, para o avô ainda dando suas aulas em Paris. Poulou sabia que não tinha saída do dever diário de pegar na pena e escrever, não mais do que o tivera o velho professor no dia em que pegou no giz e voltou a dar aulas para sustentar a filha destituída e seu filho órfão. Nessa idade, certos traços se tornaram fixos em Poulou. Já em 1939, quando estava com 34 anos e prestes a servir seu país contra os invasores nazistas, Simone de Beauvoir observou que ao bater na porta de seu quarto para acordá-lo de manhã, Sartre respondia: "Oui, ma petite maman" ("Já vou, mamãezinha").[12]

Em 1911, a família se mudou para Paris, para o número 1 da rue Le Goff, perto do boulevard Saint-Michel, e Karl abriu uma escola de idiomas. Ficava a apenas uma pedrada de distância da entrada leste dos Jardins de Luxemburgo, e Anne-Marie levava Poulou para passear no parque todo dia. A estatura diminuta começava a ficar aparente. Mesmo aos 7 ou 8 anos, Anne-Marie ainda o carregava: "um camarão que não interessava a ninguém",[13] escreveu Sartre, ainda com amargura aos 55 anos.

Vendo o filho apoiado numa árvore, adivinhando que "Eu corria o risco de me ver como um anão — coisa que não sou, de fato",[14] Anne-Marie fingia impaciência. "O que você está esperando?", perguntava. "Pergunte para eles se não querem brincar com você." Poulou balançava a cabeça. Era uma questão de honra não perguntar. Anne-Marie avançava na direção das mulheres que tricotavam nos bancos de ferro. "Quer que eu vá falar com as mães deles?" "Não", implorava o menininho. Ela pegava em sua mão e os dois iam de grupo em grupo, "sempre pedindo e sempre sendo rejeitado". "Nunca me recuperei disso", disse Sartre.

Cada vez mais buscava consolo na biblioteca do avô, no sexto andar do apartamento, um templo onde o estudo das Humanidades levava ao Divino, como Karl lhe explicou. Bem acima dos telhados de Paris, Sartre ia preferir pelo resto da vida respirar o ar rarefeito das belas-letras de um sexto andar simbólico. Como escreveu, "todo homem tem um lugar natural [...] a infância define tudo". Percorrendo as estantes, Poulou aprendeu longas passagens de *Madame Bovary* de cor, pôs as fábulas de La Fontaine em versos alexandrinos e fez suas primeiras tentativas de escrever histórias, com nanquim roxo, em um caderno de exercícios. A primeira delas, chamada "Pour un papillon" ("Para uma borboleta"), foi tirada de uma revista em quadrinhos que a mãe lhe dera, mas Poulou se rejubilou com o plágio. Só de trocar os nomes dos protagonistas, fazendo pequenas alterações ao longo das pautas, ele transformou os personagens em seus e, sentado à escrivaninha, franzindo o cenho de 7 anos, podia fingir ser *um escritor*.

Mas Karl começou a se incomodar que seu lindo netinho estivesse sendo estragado, recebendo mimos das duas mulheres da casa e fotografado infinitas vezes com roupa de marinheiro, no colo da mãe, na proa de um barco. Para Anne-Marie era um passatempo pintar as fotos com lápis coloridos. "Você está transformando ele numa garota; não quero que meu neto seja efeminado",[15] disse Karl, mas Anne-Marie teimou em continuar. "Eu estava fadado a ter o sexo dos anjos", lembrava Sartre; "indeterminado, mas feminino no contorno". Já nessa época preferia a companhia de garotas e tinha uma ou duas amigas especiais que chamava de suas "noivas".

Como Lucien Fleurier, o menino do conto de Sartre, "L'Enfance de Chef", que é tratado como boneca pelos adultos, ele sentia insegurança em relação a sua masculinidade. Vestido de anjinho, Lucien sente que seu sexo pode mudar de uma hora para outra. Quando um homem o puxa entre os joelhos e esfrega seu braço, perguntando com um sorriso, "Qual é seu nome? Jacqueline, Lucienne…?", Lucien fica vermelho e diz: "Meu nome é Lucien".[16]

> Ele já não tinha certeza de não ser uma garotinha: um monte de gente o havia beijado e chamado de senhorita, todo mundo o achava tão encantador com suas asas de gaze, o camisolão azul, os pequenos braços desnudos e os cachos loiros: tinha medo de que as pessoas de repente decidissem que não era mais um menino; não o deixassem tirar o vestido a não ser para dormir […] e quando queria fazer xixi durante o dia, tinha de erguer a barra como Nanette e sentar sobre os tornozelos […]. Talvez isso já tenha acontecido e eu *seja* mesmo uma garotinha; sentia-se tão delicado por dentro que isso o deixava um pouco nauseado […].

Certo dia, Karl não aguentou mais. Poulou, aos 7 anos, estava grandinho demais para as madeixas douradas. Quando sua mãe saiu, o velho mestre-escola marchou com o neto rumo ao barbeiro, onde o menino assistiu a seus cachos deslizarem pela toalha branca em torno do pescoço e caírem no chão. Voltou para casa tosquiado mas orgulhoso.

A reação de sua mãe foi inesperada. Ela se fechou no quarto, chorando. Não só a garotinha fora transformada em um menino, como também sua feiura fora revelada. A mancha esbranquiçada na vista direita, que acabaria por deixá-lo cego de um olho e estrábico, havia piorado, e sua visão diminuía. Até mesmo Karl ficou desconcertado: "Ele saíra com seu menino prodígio e voltara com um sapo".[17]

Foi um divisor de águas para Poulou. As senhoras não se juntavam mais em torno dele, rindo de suas gracinhas, como costumavam fazer. Como Lucien, ele perdeu seu público: "Continuou a aparecer na sala quando sua Mama recebia visitas, mas a partir do momento em que cortaram suas madeixas os adultos passaram a prestar menos atenção nele […] a menos que fosse para lhe dar alguma lição de moral".[18]

Revelado como um menino, Poulou praticamente deixou de existir.

A magnitude da mudança está registrada em *As palavras*: "Eu […] descobri minha feiura — que foi por um longo tempo meu princípio negativo, a cal viva em que a criança prodígio foi dissolvida". O lindo Poulou se tornou um sapo, a criatura horrorosa diante da qual as outras pessoas se encolhiam. Assim como o poeta bretão Tristan Corbière, que também se caricaturava como "o sapo", ele se sentiu um pária: *"Il s'en va, froid, sous sa pierre* [ele se vai, frio, sob sua pedra].[19]

"*Bonsoir, ce crapaud-là, c'est moi.*"

Foi Anne-Marie que correu em socorro do filho atormentado. Ela comprou para ele um teatrinho de polichinelo e encorajou-o a gastar seu dinheirinho em marionetes. Isolado da companhia de outras crianças, Poulou inventou amigos imaginários. No banheiro da rue Le Goff ele criava peças, ensaiando até as palavras lhe saírem à perfeição. Então Maman e ele saíam, Poulou carregando as marionetes e uma toalha, para os Jardins de Luxemburgo. No "Jardim Inglês", Poulou pegava uma cadeira, se agachava atrás dela, cobria as pernas com a toalha e exibia seus fantoches através das barras do espaldar. O assento da cadeira se tornava seu palco. Ele mexia os atores, dizia suas falas, como que para si mesmo; mas em 15 minutos as crianças interrompiam suas brincadeiras e sentavam em cadeiras para assistir à apresentação gratuita.

Mais uma vez, Poulou tinha amigas mulheres. Havia Nicole, bonita e sardenta, que se tornou sua nova "noiva". Ela é particularmente afeiçoada ao menino raquítico e estrábico, pois ele a conquistou graças a seus "artifícios". Humilde, reconhecia que era impossível para ele ganhar a afeição das garotas, a não ser por intermédio de seu talento como ator e contador de histórias. "Eu teria odiado qualquer pessoa que me amasse por minha aparência ou meu encanto físico", escreveu. "Era necessário que ficassem cativados pelo encanto de minhas [...] peças, minhas falas, meus poemas, e que viessem a me amar por isso". Era uma conexão importante: arte e amor, correspondência que se tornou, disse Sartre, o elemento mais profundo em seu desejo de escrever. Ele seduziria as mulheres: se não pela aparência, então pelas palavras.

Em 1963, do pedestal da fama, Sartre podia negar que algum dia houvesse sonhado em ser amado por sua aparência. Era uma afirmação corajosa, e falsa. Na verdade, ele pensava muito no fardo de sua feiura, identificando-se miseravelmente com a história de Cyrano de Bergerac, rejeitado por Roxane, escrevendo sua própria versão de "A Bela e a Fera" e encontrando um fio de esperança na descoberta de que era no disfarce de Fera que o monstro conquistava o interesse inicial da Bela. Ela reconhecera sua grandeza, assim como talvez outra Bela reconheceria a de Sartre, se ao menos ele trabalhasse com afinco.

Na biblioteca, vivia apartado do mundo natural. Ao contrário de Beauvoir, não tinha ninguém com quem jogar croqué no gramado, ou represar regatos; nada de outros meninos para procurar ninhos de pássaros, ninguém para brincar com castanhas nos bosques de castanheiros: "Os livros eram meus passarinhos e ninhos, meus bichos de estimação, meu estábulo e meu campo; a biblioteca era o mundo aprisionado em um espelho". Mas isso não impediu Poulou de embarcar em suas aventuras, herói dos romances que escrevia na cama em um caderno de capa preta e páginas com bordas vermelhas, quando tinha a "sorte" de ficar doente, pois era uma criança de saúde precária, ou em sua mesa, escrevendo em segredo. Escrevia para seu próprio prazer, sentindo que

> Eu nascera para escrever: antes disso, havia apenas um reflexo em um espelho. Desde meu primeiro romance, eu sabia que uma criança adentrara o palácio dos espelhos. Escrevendo, eu existia, fugia dos adultos; mas existia apenas para escrever e se eu dizia: eu — isso significava o eu que escrevia.[20]

Uma vez mais, Anne-Marie o encorajou. Certa noite, quando Poulou deitava na cama de camisolão, ela deu um forte aperto em seus ombros e disse, sorrindo: "Meu homenzinho vai escrever".[21] E quando alunos alemães apareciam para um jantar na casa, Karl tateava o crânio de Jean-Paul e dizia, articulando cada sílaba, de modo a não perder uma oportunidade de ensinar francês pelo método direto: "Ele tem o calombo da literatura".

Um dia, uma ilustração em uma revista captou o olhar de Jean-Paul. Mostrava uma enorme multidão espremida no cais de Nova York, aguardando a chegada de Charles Dickens; à medida que o navio se aproximava, milhares de chapéus o saudavam. Jean-Paul ficou impressionado com tal importância. Aquilo deixou claro para ele que escritores eram tão heróis quanto cavaleiros errantes, os homens de aço que salvavam belas donzelas. Fossem quais fossem suas imperfeições físicas, sua "feminilidade", até, os livros dos escritores eram seus feitos, capazes de lhes trazer tanta fama quanto as façanhas feitas com a espada. Foi uma conclusão reconfortante com que se deparou, de que "a mente pode se erguer acima da abjeção, pode assumir a responsabilidade pelos sofrimentos do corpo, dominá-los e suprimi-los: manifestando-se por meio do corpo desfavorecido, ela pode brilhar ainda mais intensamente".

Em outubro de 1914, Anne-Marie comprou para o filho outra leva de cadernos pautados, com capas cor de salmão mostrando Joana d'Arc. Era um sinal dos tempos. Jean-Paul começou a escrever um novo romance sobre um certo soldado Perrin que captura o Kaiser. A seu lado havia revistas em quadrinhos com histórias de caubói, compradas em segredo por ele e a mãe, pois ele se cansara das prateleiras de clássicos na biblioteca do último andar: não queria mais ser Corneille, mas um escritor de histórias de suspense. Os anos da guerra foram os mais felizes da infância de Jean-Paul, quando ele e a mãe se tornaram inseparáveis e desenvolveram uma língua própria. Mas em determinada manhã, quando Anne-Marie ia pagar os gibis de segunda mão de *Buffalo Bill* em um *bouquiniste* às margens do Sena, o dono da banca disse para Jean-Paul: "Você é mimado, garoto; você é mimado".[22]

Poulou apertou a mão da mãe com força. Não estava acostumado a ser tratado com toda aquela intimidade. Nesse momento, recordou posteriormente: "Aprendi a reconhecer o odor do macho, a temê-lo e odiá-lo".

Em outubro de 1915, quando Jean-Paul estava com 10 anos e 3 meses de idade, os dias de reclusão finalmente chegaram ao fim. Karl o matriculou no terceiro ano do Lycée Henri IV, a antiga escola de seu pai, em regime de externato. Ele foi o último da classe, e uma ansiosa Anne-Marie correu para conversar com seu professor, Monsieur Ollivier, que lhe prometeu ficar de olho no novo aluno. Em pouco tempo Jean-Paul começou a tirar notas melhores. Para sua própria surpresa, fez amigos, outros meninos que iam brincar de pique com ele na place du Panthéon. Um dia, a porta da sala de aula se abriu e um menino novo muito magrelo entrou; usava óculos de metal e cachecol, e tinha o aspecto de uma criança excessivamente suscetível ao frio. "Nome, profissão do pai?", perguntou o professor.

"Paul-Yves Nizan, filho de engenheiro", foi a resposta. Jean-Paul encarou o novo aluno; atrás dos óculos apoiados no nariz aquilino, ele também exibia um estrabismo.

Os dois se tornaram inseparáveis. Jean-Paul viu seu mundo cindido sendo consertado. Mas a *drôle de famille*, a família esquisita, que por tanto tempo o protegera da realidade e o levara a se sentir estranhamente insubstancial com todo aquele amor sufocante, estava prestes a mudar outra vez. O ano era 1917: Anne-Marie contou ao filho que decidira aceitar a proposta de casamento feita por um antigo colega de classe do ex-marido, Monsieur Joseph Mancy.

3

Jacques

> Eu me confortava [...] com a ideia do casamento: estava para
> chegar o dia em que, vestida em cetim branco, ofuscada por
> velas e sob ruidosos acordes da música de órgão, eu seria
> transformada mais uma vez em uma rainha.[1]
>
> Simone de Beauvoir, *Memórias de uma moça bem-comportada*

FRANÇOISE ENXERGAVA em sua fé católica uma armadura em torno do
corpo que a protegia e ela estava determinada a que sua filha fosse igualmente protegida. Para seu júbilo, Simone parecia feita nos moldes da mãe:
confessava duas vezes por semana para o velho abade Martin, frequentava
a missa três vezes por semana e lia um capítulo de *A imitação de Cristo* toda
manhã. Na escola, ia sempre que podia, entre uma aula e outra, rezar na
capela. Com o início da puberdade, sua devoção aumentou. Na idade de
12 anos, começou a praticar a mortificação da carne, esfregando a pele com
pedra-pomes até sangrar e chicoteando o corpo com a corrente de ouro de
seu rosário. Ajoelhava-se diante do Cristo agonizante, fitando com os "olhos
de uma amante [...] seu rosto grave, terno, belo",[2] e rezava ardentemente
por uma união mística com Deus. Fazia um retiro todo ano, dormindo no
chão de pedra; porém, quanto mais ferozmente sonhava com aspirações e
êxtases, mais elusiva permanecia a presença divina. Um dia, Simone chegou
à conclusão de que era a vida do dia a dia que a separava do sobrenatural.
A solução era simples: ia se tornar freira. Não uma irmã caridosa, pois
Simone não tinha tempo para boas obras, mas uma mendicante de manto
branco: "Vou entrar para as carmelitas", prometeu, informando aos pais
que nunca ia se casar.

Georges sorriu, do modo como sorria quando as tias dela se entusias-
mavam com os milagres de Lurdes: "Vamos ter muito tempo para pensar

nisso quando você estiver com 15 anos de idade".[3] Conhecia a filha melhor do que ela própria.

Um dia, o abade repreendeu Simone: ela era desobediente, barulhenta, respondia na aula. Simone saiu correndo do confessionário e nunca mais voltou; seria Deus como aquela gralha implicante do abade, com o ruge-ruge de sua batina negra farfalhante? Foi para a igreja de Saint-Sulpice para encontrar um novo confessor, mas nenhum padre parecia a exata "encarnação de Deus". Seu pai lhe disse que grandes escritores eram céticos como ele; só mulheres iam à igreja. Ao enumerar as "provas" da existência de Deus, Simone rejeitava a alegoria do relógio e do relojoeiro. Mas sem dúvida as vozes de Joana d'Arc constituíam prova suficiente, ou não?

Suas incertezas aumentavam conforme ela e Françoise, igualmente imperiosas, se batiam pela supremacia da casa. Georges sempre ficava do lado da esposa: "Faça o que sua mãe diz",[4] ordenava. À medida que se identificava mais fervorosamente com o pai ateu, que lhe negligenciava o amor que dedicava a sua irmã, mais feminina, e se rebelava contra sua mãe "espiritual", o conflito mental de Simone se aprofundava. Porque por muito tempo ela se sentira "necessária" para Deus, e para "Sua glória". Como podia acontecer de ela, que aspirava ao Absoluto, não fazer parte de Seu plano? Mas, um dia, debruçada na janela em Meyrignac, a casa do avô nos arredores de Uzerche, ela fitou o céu estrelado e subitamente se deu conta de que não podia ser uma freira. "Não acredito mais em Deus",[5] disse para si mesma. "Ele deixou de existir para mim." O que permaneceu foi uma percepção mística, panteísta, da natureza que tinha raízes em suas experiências de infância, perambulando a esmo pelas arborizadas propriedades da família. A partir de então, Simone encontraria o transcendental nas montanhas e florestas da França, mas não diante de um altar.

Sua natureza obsessiva buscou uma nova válvula de escape. Na escola particular, o Cours Désir, em 1917, Simone conheceu uma garota nova, Elizabeth Lacoin, conhecida por sua família como Zaza, cuja rica família era dona de Gagnepain e empregaria Stépha, a governanta polonesa. Zaza era a segunda de cinco filhas e apaixonadamente ligada à mãe. O corpo da menina de 10 anos tinha cicatrizes de queimaduras, resultado de um acidente, mas seu rosto fino e inteligente e a sarcástica imitação que fazia da professora, Mademoiselle Bodet, levaram Simone a querer conhecê-la. Um abismo social imenso separava os Lacoins, pertencentes à *bonne bourgeoisie* do 16º *arrondissement*, dos educados mas miseráveis Beauvoir, e Simone ficou determinada a tomar uma atitude drástica. A despeito da frase favorita de sua mãe, tirada de Marcel Prévost: "Uma menina tem duas amigas: a mãe e a agulha",[6] Simone não levava o menor jeito para trabalhos de costura, mas fez assim mesmo um bolsa de ráfia forrada de cetim vermelho para Zaza. Quando a presenteou à menina, esta corou até a raiz dos cabelos. Um comportamento desses era embaraçosamente avançado. As duas garotas ficaram olhando uma para a outra, incapazes de encontrar uma palavra ou gesto capaz de expressar a eloquência de suas emoções. No dia seguinte, encontraram-se com suas mães. "Ora, agradeça a Madame de Beauvoir por todo o trabalho que teve",[7] disse Madame Lacoin, numa tentativa de fazer passar o *faux pas* de Simone por um comportamento educado. O comentário confirmou para Simone a antipatia que nutria pela matrona cheia de si e sua irretocável *maquillage*, que contrastava tão flagrantemente com sua própria e *gauche* progenitora.

As duas garotas se tornaram inseparáveis. Para começar, Simone foi antes a discípula do que a líder, a filha exemplar embevecida com a sofisticada Zaza, que apresentou a nova amiga às máximas subversivas de La Rochefoucauld. No Cours Désir, a despeito de serem afiliadas aos jesuítas, as solteironas sem formação que davam aula para as meninas exaltavam as virtudes cristãs, mais do que graus acadêmicos. Mas quando Georges propôs que Simone e Poupette frequentassem um *lycée*, Simone se recusou a separar-se de Zaza.[8] Em vez disso, tornou-se uma autodidata, como o protagonista de *A náusea*, de Sartre, lendo vorazmente em francês e inglês.

A percepção de diferença e isolamento de Simone acalentou uma percepção cada vez maior de singularidade. Embora as professoras criticassem suas composições de francês por serem artificiais, no álbum de uma amiga, com a idade de 15 anos, ela respondeu a questão: "O que você quer ser quando crescer? com 'ser uma escritora famosa' [...] estou empenhada a seguir esse ofício, em detrimento de tudo o mais".[9] Como George Eliot, cujo *Mill on the Floss* era seu romance favorito, como Rosalind Lehmann, cujo *Dusty Answer* tanto ela como Zaza haviam lido, como Stendhal, Flaubert e Alain Fournier, autor de *Le Grand Meaulnes*, em cujo herói taciturno seu primo Jacques se espelhava, ela seria uma romancista. Parecia a estrada mais certa para o sucesso. Zaza ria das ambições da amiga. Para provocar, dizia: "Trazer nove filhos ao mundo como fez mamãe é tão bom quanto escrever livros".[10] Simone discordava; bebês e animais eram repulsivos para ela: "A maternidade era algo que não me passava pela cabeça e eu ficava pasma sempre que Zaza começava a arrulhar para recém-nascidos". No verão de 1926, em Meyrignac, ela deu início a um "vasto romance", cuja heroína viveria as próprias experiências e sofreria um conflito com seu ambiente. Na metade, sem saber como continuar, ela desistiu.

Talvez tenha sido uma sorte para Simone não ter interesse em bebês, pois, à medida que a pobreza dos Beauvoir se agravava, um casamento burguês ficava fora de alcance. Isso não impedia Simone de calcular suas perspectivas. Ela era irremediavelmente feia?, perguntava a Poupette. Poderia vir a ser bonita o suficiente depois de adulta para ser amada? Acostumada a ouvir o pai dizer que Simone era um homem, Poupette não compreendia a pergunta; ela a amava, assim como Zaza. Por que estava preocupada?

O amor de Simone por Zaza foi ganhando intensidade física. Fotografias das duas mostram-nas sentadas lado a lado, com vestidos brancos idênticos, mãos se tocando. A séria e escrupulosa Simone ficava subjugada pelas emoções:

Eu me deixava erguer por aquela onda de alegria que crescia dentro de mim tão violentamente quanto água fresca caindo de uma catarata, exposta, bela e nua como um despenhadeiro de granito.[11]

E quando observava a esmeradamente vestida Marguerite de Théricourt, filha de um dos homens mais ricos da França, sendo levada para a escola em um carro com chofer, e olhou para seus ombros macios e nus cobertos por um véu de *chiffon*, Simone sentiu o mesmo estranho nó na garganta.

O diário que Simone manteve a partir dos 17 anos revela uma garota verde, um "fruto imaturo", termo que usaria mais tarde para se referir a suas próprias amantes virgens, estremecendo no limiar da feminilidade. "Estou a sua espera", escreve sobre um amor imaginário que vai acordá-la para o romance e a paixão. Suas anotações abundam de citações de Claudel, Tagore, Bergson e Mauriac, expressando seus anseios: *Est-ce que j'aime? Ai-je aimé? Je ne sais pas...*" "Estou apaixonada? Já estive apaixonada? Não sei."[12] Desde os 12 anos ela tivera consciência do desejo físico, agitando-se e se contorcendo na cama, "pedindo o corpo de um homem apertado contra o meu, a mão de um homem acariciando minha carne":[13] sua camisola de flanela se tornara uma "blusa de espinhos". Quando sua prima Titite ficou noiva e expressou abertamente impaciência em se casar com seu "arrebatador" pretendente, Simone encheu-se de simpatia. "Seus estudos são *tudo* que você quer da vida?", perguntou Titite, curiosa. "Não quer mais alguma coisa?" Simone abanou a cabeça; não ousava confessar que sua cabeça estava cheia de pensamentos sobre o irmão de Titite, Jacques Champigneulles, filho do pérfido Charles, que dera um fora em Françoise. Titite teria dado risada. Jacques em geral ignorava a prima, a não ser ocasionalmente, quando lhe dava uma surra no tênis. Uma entristecida Simone sonhava com o dia em que ele ia perceber seu verdadeiro valor.

Após Charles ter morrido em um acidente de carro, sua esposa, tia Germaine, casou-se novamente e se mudou para Châteauvillain, onde, com a idade de 8 anos, Simone fora mandada para passar as férias de verão com Jacques, da mesma idade. "Com as maçãs rosadas, o cabelo cacheado brilhante como castanhas-da-índia recém-caídas, era um menininho lindo",[14] lembrou-se Simone, quarenta anos mais tarde. Em Paris, Jacques costumava convidá-la para visitá-lo na velha casa que também servia de fábrica para as janelas de vitrais. Um dia, presenteou Simone com uma delas: uma janela de vitral verdadeiro, feita de losangos azuis, vermelhos e brancos com frisos de chumbo, que ele próprio fizera. Nela, com letras negras, lia-se: "Para Simone". "Eu chamava Jacques de 'meu noivo'", lembrou ela. "Eu levava nosso compromisso muito a sério."

Jacques muitas vezes passava a noite com os Beauvoir em épocas de aula no Collège Stanislas, onde era aluno. Françoise, que jamais esquecera o pai dele, Charles, tinha um cantinho reservado para seu filho e encorajava essas visitas. Simone começou a fantasiar que, como Maggie Tulliver, que se revelou irresistível para Stephen Guest em *The Mill on the Floss*, sua mente brilhante atrairia um namorado igualmente esplêndido para seu lado. "Eu ia me apaixonar",[15] escreveu, "no dia em que surgisse um homem cuja inteligência, cultura e autoridade me levassem à sujeição [...]. Eu não casaria a menos que encontrasse alguém mais dotado que eu mesma, mas meu igual, meu duplo." Apenas um homem desses lhe permitiria "consumar seu destino de mulher".

Em 1926, Simone começava a se transformar numa jovem de dotes intelectuais notáveis, mas confusa sobre o caminho a seguir. Deitada no gramado alto de La Grillère nesse verão, compondo uma extensiva lista de leitura em francês e inglês, ela fazia anotações para si mesma de "terminar Verlaine, ler Mallarmé, Rimbaud [...] continuar Conrad, Joyce, Wilde, Whitman, Blake, Dostoievski, Tolstoi [...]",[16] choramingando ao mesmo tempo por ser demasiadamente intelectual. "Não posso mais mudar [...]. Sem dúvida sou muito singular",[17] escreveu a moça de 18 anos a 12 de agosto, aflita por estar se tornando uma *bas bleu*, uma intelectual: "Mas será isso incompatível com o amor desinteressado de outros?"

A garota que rabiscava em seu diário devaneava sobre um dia ser uma esposa: "*Un jour je me marierai*",[18] escreveu sonhadoramente no dia 17.

Um dia vou me casar. Se não é provável, ao menos é possível [...]. Em todo caso, é a maior felicidade que posso ter nesta vida; acho que é a maior felicidade na vida que qualquer mulher, ou homem, pode conhecer. Quando duas pessoas amam uma à outra, o casamento é, talvez, uma coisa linda e muito boa.

Durante três meses no Limousin, Simone sonhava com seu futuro. Jacques, entretanto, assumia o controle da fábrica no lugar do tio. Tornara-se um jovem admirável: os olhos pontilhados de dourado sob o cabelo cacheado loiro-acastanhado, a boca sensual e a postura autoconfiante compunham uma combinação irresistível, principalmente combinada à vulnerabilidade interior que Simone detectava naquele "pequeno lorde". Ela deveria ter sido mais precavida. Quando tinha 12 anos, brincando de mímica, Jacques improvisara uma situação em que ele era um jovem que se recusava a casar com uma garota sem dote. "Se vou constituir família",[19] explicou justificando-se por esse casamento de conveniência, "preciso ser capaz de garantir para meus filhos condições suficientemente confortáveis."

O relacionamento entre os primos tornou-se assunto de acalorados debates. Françoise e as tias falavam sem parar sobre os dois: "Que ótimo partido para uma garota sem um dote, se ele se casasse comigo!"[20] Avô Brasseur se opunha com firmeza. "O nome de Champigneulles caiu em eterna desgraça",[21] declarava o virtuoso homem falido, severamente. "Nenhuma neta minha vai casar com um Champigneulles, nunca." Françoise e Simone fingiam que não era com elas. Simone jantava frequentemente na casa de Jacques, onde tia Germaine e Titite a recebiam de braços abertos. À tarde, ela costumava sair de fininho para se encontrar com Jacques na comprida galeria, onde, junto a sua bancada de trabalho, sob a luz colorida que filtrava através dos vitrais, ele lia para ela poemas de Laforgue ou Mallarmé, ou os romances de Jacques Rivière. Sentada em um sofá de veludo vermelho, observando Jacques andar de um lado para outro, um cigarro pendendo dos lábios, Simone sentia sua proximidade aumentar. Quando lhe pedia que explicasse o que estava lendo, ele respondia com uma citação de Cocteau: "É como um acidente de trem: algo que você sente mas não consegue explicar em palavras".[22]

Ela imaginava seu vestido: cetim branco, o trovejar do órgão, todos os olhos voltados para ela conforme caminhava pela coxia. A recompensa mais cobiçada era a perspectiva de uma casa só sua. Em La Grillère, construía castelos no ar: "o lindo apartamento [dos Champigneulles], com seus felpudos tapetes de pelos, a sala de visitas arejada, a galeria ensombrecida já era meu lar, minha casa; eu lia lado a lado com Jacques e pensava em 'nós dois', assim como em dias passados havia pensado em 'nós quatro'".[23]

Foi Georges de Beauvoir quem jogou um balde de água fria nos sonhos das meninas: "Vocês duas nunca vão casar; vocês não têm dote; vão ter que trabalhar para viver".[24] Falava com amargura na voz. Nas filhas ele enxergava a encarnação do próprio fracasso, sabendo, mesmo quando folheava as páginas de um manual de casamento para *Jeunes Filles sans Dots* (*Jovenzinhas sem dotes*), que não havia dicas capazes de reparar o mal que fora feito.

De que afinal adiantara Françoise ter ensinado às filhas as regras de boa conduta em sociedade, que uma *lady* não deveria expor demasiadamente o busto, usar saias curtas, tingir o cabelo, modelá-lo com bóbis, maquiar o rosto, beijar o marido no metrô? Agora as garotas eram *déclassées*, mal conseguindo se agarrar com as pontas dos dedos à classe em que haviam nascido. Que havia um abismo de pobreza ainda mais profundo que o delas foi revelado a Simone quando Françoise a levou para visitar Louise, a antiga babá, e seu bebê recém-nascido. A família morava em um sótão de um único ambiente, escuro e sórdido. Pouco depois o bebê morreu. "Chorei por horas", lembrou-se a chocada adolescente.

Mas a pobreza de Simone, que fez brotar nela a férrea determinação de se aperfeiçoar, representou todavia uma ironia do destino com benefícios inesperados. Foi o que permitiu a ela oportunidades negadas a Zaza, cuja família abastada proibiam-na um casamento fora de seu círculo. A geografia também ajudou. Se Simone não vivesse em Paris, suas escolhas teriam sido muito mais limitadas. Conforme se aproximava o fim da vida escolar, Georges aceitou com relutância que ela tinha de encontrar uma carreira: já não estavam mais no século XIX, quando mulheres de boa procedência e má sorte se tornavam governantas. Ele sugeriu o funcionalismo público, uma escolha tradicional entre os Beauvoir, afirmando com amargura: "*Você*, em todo caso, terá uma aposentadoria". Mas uma nova carreira mais ao gosto de Simone surgira desde a aprovação da Lei Camille Sée,[25] que dava às meninas acesso aos *lycées* públicos. A lei também criou uma nova profissão: professora de *lycée*. Simone fixou seus objetivos na qualificação mais elevada de todas, o ferozmente competitivo exame de *agrégation*, que requeria dois anos extras na universidade além da graduação. Mas isso era a chave para a porta de ouro. Um *agregé* gozava de uma profissão para o resto da vida, além de uma aposentadoria. Como *fonctionnaire* privilegiada a pessoa trabalhava menos e ganhava mais do que um professor comum.

O primeiro gostinho que Simone teve da filosofia, no Cours Désir, onde o pai de Zaza, um engenheiro, insistira que sua filha e a amiga dela aprendessem matérias "de menino", como filosofia e matemática, serviram-lhe de inspiração. Aquilo pareceu a ela "buscar a essência", sobretudo quando um artigo sobre uma filósofa chamada Léontine Zanta chamou sua atenção. Mademoiselle Zanta obtivera o doutorado, uma das duas primeiras mulheres na França a fazer tal coisa. Fotografada numa postura séria e pensativa, sentada atrás da escrivaninha, ela morava com uma jovem sobrinha, a quem adotara. "Como eu gostaria de ver essas coisas tão lisonjeiras sendo escritas sobre mim",[26] escreveu Simone. O desafio da filosofia era tanto maior porque, nas palavras de um jornalista, em 1914, "requer muito poder de concentração e experiência em lidar com ideias, coisas consideradas prerrogativas masculinas".[27] Zanta, ativa no movimento feminista francês na década de 1920 e autora de inúmeros romances, tornou-se a heroína da vida real para Simone.

"Eu queria ser uma dessas pioneiras",[28] escreveu Simone. Mas o fraco ensino do Cours Désir resultou em um desempenho pobre na prova de filosofia, com 11 pontos sobre vinte. Seu passo seguinte só foi tornado possível como resultado da mudança histórica desde a Primeira Guerra Mundial, que acarretou a morte lenta do sistema de dotes. A necessidade econômica empurrou as parisienses para a força de trabalho e muitas mulheres que reivindicavam acesso a uma educação universitária estavam ingressando na faculdade para moças em Sèvres, na periferia de Paris, uma instituição irmã da elitista École Normale Supérieure, que era vedada às mulheres. Mas se sua filha era obrigada a integrar a força de trabalho, Georges queria o melhor para ela. O destino de Simone foi a Sorbonne, aberta a ambos os sexos, onde podia obter sua *licence* (graduação superior), seu diploma de professora e, finalmente, a *agrégation*. Ela ia se revelar um prodígio, tirando três *licences*, em literatura, filosofia e matemática.

No outono de 1925, Simone teve mais sorte do que se deu conta. "De um modo geral, havíamos ganhado o jogo",[29] escreveria a respeito das mulheres de sua geração em 1949, em *O segundo sexo*. Mas fosse apenas alguns anos mais velha, teria perdido essas oportunidades. Foi por um triz que pôde prestar exames universitários que até 1924 haviam sido reservados para homens. Nem mesmo Léontine Zanta fora uma *agrégée* em filosofia, e em 1928 apenas sete mulheres haviam triunfado em conseguir essa cobiçada qualificação "masculina". Três anos mais tarde, o governo francês deu outro notável passo para garantir às professoras os mesmos salários de suas contrapartes masculinas. As barreiras institucionais para o sucesso de Simone caíam como dominós bem no momento em que dava início a sua carreira, o que a levou a escrever, com uma falta de percepção assombrosa: "Minha condição de mulher para mim não significou um estorvo nem um álibi".[30]

Enquanto Simone ficava do lado de fora dos portões negros da Sorbonne, sob o grande relógio, observando as estátuas engrinaldadas de deuses e deusas, e contemplando o busto de Augusto Comte na praça pavimentada, onde os pombos voavam entre as árvores úmidas, talvez lhe ocorresse quão longe chegara de sua pequena escola particular. Consciente de suas excepcionais capacidades, ela se pergunta: "Estou orgulhosa?",[31] em 16 de setembro, enquanto aguarda o início de um novo período letivo na Sorbonne. "Sim, no sentido de que me amo apaixonadamente; de que estou interessada em mim mesma e de que tenho certeza de aspirar a alguma coisa, quero dizer aspirar a ser uma mulher com uma vida única e interessante."

No dia 6 de setembro de 1926, os Beauvoir voltaram de La Grillère. Jacques não passara em direito e Simone lhe enviou uma carta em solidariedade. Nenhuma resposta veio e lá no apartamento da rue de Rennes, com seus tapetes puídos, ela aguardou ansiosamente. Sua mãe, cansada do choro, a proibiu de se encontrar com Jacques. Houve noites de "solidão e angústia, *toujours en moi ce même désir*".[32] Ela era uma garota que queria "*un grand amour*" sem dispor dos meios de compreender tal coisa. Humildemente, escreveu que para ela bastava amar sem ser amada em troca.[33] Finalmente, em 20 de outubro, Françoise cedeu. "Mamãe acha que vai me fazer muito feliz me mandando para a casa de Jacques",[34] escreveu uma emburrada Simone. Mas quando efetivamente se encontraram, ele simplesmente estendeu-lhe um envelope. "*Il m'a dit un merci si bref et chuchoté*", registrou ela, desconcertada com seu obrigado murmurado apressadamente. Mas a mensagem de Jacques, escrita com nanquim roxo no alto da resposta, deveria tê-la feito parar para pensar: "Esse assunto é da sua conta?"[35]

"Só estou me torturando",[36] confidenciou Simone ao diário, em um raro momento de consciência. Miseravelmente, copiava passagens das *Intenções* de Oscar Wilde: "A ação é o último refúgio daqueles que só sabem sonhar".[37] Em 29 de outubro, sublinhou a entrada: "É simplesmente necessário buscar a felicidade".[38] "Oito dias sem vê-lo",[39] suspirou, em 6 de novembro. "*Pardon! A toi, Jacques […] toi, je t'aime.*"[40] "É tão cansativo alimentar essa mesma esperança por tanto tempo", admitiu, tristemente.

Escutando rumores de que ele tinha uma namorada chamada Magda, atirou-se no sofá e chorou. Parecia haver algum tipo de conspiração no ar: a família dele e dela via-nos como "praticamente noivos", e contudo Jacques nem sequer a beijara. Pesarosamente, Simone se agarrou ao fato de que Jacques a achava atraente; afinal, dissera para sua mãe, como repetia Françoise com um sorrisinho torto: "Simone é muito bonita; é uma pena que a tia Françoise vista ela tão mal".[41]

Dia após dia a pena de Simone corria pelas páginas de seu diário, uma escrita firme, aguada, às vezes ilegível, com seus pesados sublinhados, percorrendo cada guinada e reviravolta de sua paixão pelo primo. O contraste é dramático entre a emoção febril de seu diário adolescente, com sua efusão de amor por Jacques, cujo nome — assim como o de Zaza — pontilha cada parágrafo, cujos comentários mais casuais provocam paroxismos de alegria, cuja rejeição resulta em tormentas de infelicidade, e o tom frio e ponderado de *Memórias de uma moça bem-comportada*, um relato existencial edificante escrito em 1956, em que a autora nega seu desejo. Beauvoir não consegue resistir à tentação de contar a história de seu primeiro amor, mas assegura aos leitores de que os sentimentos que nutriu por Jacques são como os de uma irmã por um irmão mais velho, um "amor [espiritual] por um anjo [guia]".

> A ideia de me casar com ele me revoltava [...]. Eu queria sair correndo [...]. O pensamento de amor entre nós dois gelava meu coração [...]. Jacques nunca me provocou a mais leve agitação física nem suscitou em mim o mais débil desejo sexual.[42]

Quando Jacques fracassa nos exames pela segunda vez e dá os primeiros passos na estrada para o alcoolismo, ele se desqualifica para o casamento com a implacavelmente séria Simone, que desde a infância quer que "tudo em minha vida seja justificado por uma espécie de necessidade absoluta".[43]

Era essencial repudiar a importância de Jacques, pois isso impediria seus leitores e leitoras de saber quão perto sua condição feminina a levara de desencaminhar sua carreira antes mesmo de começar. Mas dispusesse ela de um dote, a "transformação" de Simone teria assumido uma forma tradicional. A história de sucesso nunca foi simples. Entre os 17 e os 21 anos, anseios acadêmicos e sonhos matrimoniais duelaram pelo domínio dentro dela, e resta pouca dúvida de que, houvesse pedido sua mão, teria sido Jacques, na época "meu destino", quem ela teria escolhido. Simone era ambivalente, ambígua, como acreditava que fossem todas as mulheres. Dividida, em conflito, incapaz de "aceitar sua feminilidade, não de transcendê-la", Simone queria Jacques. Queria ser uma esposa, mais do que integrar o sacerdócio do conhecimento.

4

La Rochelle

O espelho me foi de grande ajuda: incumbi-o da tarefa de me
mostrar que eu era um monstro.[1]

Jean-Paul Sartre, *As palavras*

ANNE-MARIE APRESENTOU POULOU ao novo padrasto em 1917. O menino
detestou o "tio Jo" logo de saída. Não fazia diferença: o tímido rapazinho de
12 anos fora chutado do ninho. Mancy, graduado pela Polytechnique, era um
homem de posses. Ex-gerente geral da marinha, e depois diretor do estaleiro
Delaunay-Belleville em La Rochelle, na mesma hora mudou a família de Paris
para a província e mandou o enteado para o *lycée* local.

"Odeio a França provinciana", escreveu Sartre em 1940. Pelo resto da vida,
ela simbolizou para ele a expulsão do paraíso. Portos, fossem La Rochelle ou
Le Havre, tornaram-se locais de horror, onde a vida burguesa provinciana era
a mais sufocante e cruel possível. Anne-Marie, por outro lado, com o novo
casamento e na idade de 34 anos, recuperou o status e a segurança. Em vez
do quarto dividido com Poulou, tinha uma casa luxuosa toda sua na avenue
Carnot; em vez da dependência econômica do pai velho e autocrático, tinha
criados, roupas novas e o prestígio de ser a esposa de um dos homens mais
importantes da cidade. Deliciada em tomar parte da elite local, ela não perdeu
tempo em remover da parede do quarto a fotografia do guarda-marinha doente
que partira com tamanha desconsideração e substituí-la pelo retrato de seu
novo marido. Nunca mais, a não ser no espelho, Poulou veria a semelhança
com seu pequenino pai.

"Uma coisa é certa, minha mãe não se casou com meu padrasto por amor",[2]
Jean-Paul assegurou a seu amigo John Gérassi. "Além do mais, ele não era
muito agradável. Era um sujeito alto e magro, com um bigode preto, uma
compleição bastante desigual, um nariz muito grande, olhos até bonitos, ca-

belo preto." Mas a evidência de seus ouvidos informava-o de outra coisa. No personagem de Philippe, o sensível jovem burguês que adora Rimbaud e odeia o padrasto, o General, em *Le Sursis*, Sartre destilou seu próprio sofrimento:

Philippe acordou sobressaltado — não — não era um galo cantando, era um gemido suave e feminino, ah-h-h-h; achou no início que estivesse chorando, mas não, ele estava familiarizado com aquele som, escutara-o muitas vezes, o ouvido colado na porta, pálido de raiva e frio.[3]

Ora perplexo, ora enojado, Philippe escuta.

"Ah-h-h! Eu te amo...", dizia a mulher com a voz rouca. "A-h-h... Oh... oh-oh!"
    Um silêncio se seguiu. O anjo de cabelos escuros [...] deitava sobre ela com todo o peso de seu corpo. Ela estava esmagada, saciada. Philippe ergueu-se de repente, sentando, o escárnio nos lábios e o coração agitado pelo ciúme.

No romance, Philippe foge. Na vida real, o enteado não tinha outra escolha a não ser ficar e testemunhar o amor e a gratidão cada vez maiores pelo marido de 43 anos que lhe restituíra a autoestima. Era o início da "luta interior" de Poulou com sua adorada Anne-Marie.

O ciúme do segundo marido, que toda noite exercitava suas prerrogativas conjugais, era ainda mais agudo porque, como Sartre admitiu com a idade de 13 ou 14 anos, "Eu sem dúvida nutria um forte sentimento sexual pela minha mãe".[4] Durante uma de suas inúmeras ausências da escola, ele foi operado de um problema na mastoide e Anne-Marie dormiu em uma cama a seu lado na clínica: "Quando eu ia dormir à noite ela se despia e provavelmente ficava diante de mim seminua. Eu permanecia acordado com os olhos semicerrados de modo a vê-la se despir".

Poulou desejava que a mãe se controlasse, reprimisse a sensualidade aflorada tardiamente. Exibições maternas de emoção dirigidas ao "tio Jo" revoltavam-no, confessou mais tarde a Beauvoir: "Achava a entrega de minha mãe um tanto ou quanto desagradável".[5] Lamentava a intimidade abrangente que compartilhara com Anne-Marie durante aqueles primeiros anos mágicos, agora perdida: um vínculo incestuoso em que a sexualidade proibida desempenhava um papel mais amplo do que ele alegava:

O que me atraía nessa ligação familiar não era tanto a tentação do amor, mas a proibição de fazer amor; eu gostava do incesto, com sua mistura de fogo e gelo, regozijo e frustração, contanto que permanecesse platônico.[6]

E agora o menino que pensava em si próprio como uma espécie de "planta aérea", uma orquídea rara extraindo sustento de livros no isolamento monástico de uma biblioteca no sexto andar, via seu rosto sendo esmagado contra a chã realidade da vida em um *lycée* provinciano. Muitas vezes se viu de nariz sangrando e caído no pavimento sujo de lama, vítima de socos e provocações dos colegas de escola. Eles riam de seu sotaque parisiense, suas roupas elegantes, seus óculos e sua pequena estatura. O pequeno príncipe que já se julgava um gênio, que trabalhava em seu segundo romance, via si mesmo como medíocre nesse brutal mundo novo. Isso não o impediu de erguer a mão na classe para corrigir a pronúncia de seu novo professor de francês, padre Loosdregt, confirmando desse modo sua reputação como o cê-dê-efe da escola.

Os três ou quatro anos que Jean-Paul passou em La Rochelle foram os mais infelizes de sua vida, escreveria posteriormente no prefácio de *Aden-Arabie*. No *lycée* em que ele estudava, a nata de meninos católicos brilhantes já havia sido levada pelo Collège Fénelon, ficando para trás os rudes rapazes protestantes, descendentes dos rebeldes huguenotes que haviam desafiado Richelieu e o rei Luís XIII em 1627. Jean-Paul não estava preparado para a violência gratuita que encontrou. Filhos sem pais, pois muitos pais haviam perecido no front oriental, ameaçavam suas mães. Um garoto puxou a faca para sua *Maman*. Grassavam brigas de gangue entre os rapazes protestantes e os jovens oriundos da classe operária. Poulou tremia ao ver os meninos rolando nas ruas, observando o sangue escorrer. Com as surras, aprendeu a dar o troco. Certa tarde, quando levou seu filho junto para fazer compras após a escola, Anne-Marie ficou atônita, ao deixar a loja, e encontrar Jean-Paul brigando na sarjeta com um desordeiro. "Rolamos no chão, socando e chutando um ao outro [...]. Senti a mão dela me separando do abraço. A gente costumava brigar para valer."[7]

La Rochelle ensinou a Sartre o que era violência, e essa foi uma lição que ele jamais esqueceu. "Nunca mais tive relações carinhosas com meus amigos desde então", explicou a Beauvoir. "Existem sempre ideias de violência entre eles, ou deles em relação a mim ou de mim com eles." Não era falta de amizade, disse; simplesmente sabia que a "violência era imperativa nas relações entre homens". A experiência reforçou sua desconfiança do mundo masculino e sua afinidade com as mulheres, mas também foram as mulheres que despertaram sua consciência para a própria feiura. Nos primeiros dias no *lycée* ele tentara impressionar os colegas afirmando ter uma amante em Paris e que aos sábados e domingos eles iam para um hotel e faziam amor. Chegou até a persuadir a criada de sua mãe a escrever uma carta: "Querido Jean-Paul…". Partindo daquele menino muito baixinho de 12 anos de idade, a história não pegou para ninguém. Sartre virou o bode expiatório da escola, ficando sozinho na hora do intervalo.

Aos 14 anos, sonhando em reconquistar a intimidade feminina que conhecera na infância, passou a cobiçar Lisette Joirisse, a linda filha do fornecedor de provisões para navios. Ela tinha 12 anos. Muitas vezes ele a viu andando sozinha pelo cais e a achava linda. Confidenciou aos colegas que gostaria de conhecê-la. Fácil, disseram. É só se aproximar quando ela estiver passeando. Ela gosta de você. Quando chegou perto de Lisette, ela pulou na bicicleta e se afastou pedalando pelas vielas. Sartre a seguiu, e logo ficou para trás, escutando sua risada ecoar pelas pedras da pavimentação até desvanecer no escuro. No dia seguinte, tentou nova investida. Ao vê-lo se aproximar, ela virou em sua direção e perguntou alto, na frente dos amigos dele: "Quem é esse zé-ninguém com um olho pra cada lado?" — *Vieux con avec un oeil qui dit merde a l'autre!*[8]

Sartre fugiu, as risadas de zombaria ecoando em seus ouvidos. As palavras de Lisette fizeram-no mergulhar no desespero.

> Eu sabia que era feio. Tive um vislumbre disso no dia em que meu avô cortou meus cachos e minha mãe chorou. Mas agora tinha certeza absoluta: eu era realmente feio.

Se na escola ele era o saco de pancadas, em casa Sartre se sentia igualmente traído — não apenas pela mãe, mas pela natureza, que o fizera feio daquele jeito. "A pessoa não nasce feia, ela fica assim." Ele observava seu olhar estrábico no espelho, "a única coisa que estava sempre lá […] o olho vesgo".[9] O espelho lhe mostrou que era um monstro, um Quasímodo. Podia cortar o cabelo, lavar o rosto: "O olho, o olho continuava". O olho era incapaz de encontrar o olho do observador, se direcionava para outro lado; ele vivenciava o mundo tangencialmente, e, assim parecia a Sartre, tornava seu rosto um mapa vazio. Sua percepção sobre si mesmo, já precária, era cada vez mais ameaçada numa situação familiar em que ele se sentia, ainda mais do que quando era uma criança pequena, supérfluo para a existência. "Não tinha um eu verdadeiro",[10] escreveu. "Não encontrei nada dentro de mim a não ser uma insipidez surpreendente. Diante de meus olhos, uma água-viva se debatia contra o vidro do aquário." A imagem espectral de uma criatura marinha mole e translúcida, furtiva nas sombras, representava sua psique amorfa. Na rue Le Goff Sartre se sentira como um brinquedo dos adultos: um objeto, um cachorrinho. Em La Rochelle ele simplesmente estava na frente, atrapalhando.

Uma preciosa ligação continuou a existir entre ele e a mãe: a música, uma poderosa fonte de prazer para os Schweitzer. Jean-Paul tivera aulas de piano, mas agora seu padrasto dera um fim àquilo. À tarde, porém, quando a mãe tocava o piano de cauda na sala de visitas, o menino sentava a seu lado e escutava. Anne-Marie tocava peças difíceis, Chopin, Schumann e Bach. Também tinha a voz treinada e cantava bem. Quando ela subia para se trocar para o jantar, Jean-Paul tentava pegar as notas. "No começo, eu tocava com um dedo só, depois com cinco, e então com os dez."[11] Queria tocar a quatro mãos com a mãe e por algum tempo conseguiu. O progresso era, ele se lembrava, lento e difícil, mas ele se mostrava sensível ao ritmo. Aos 14 anos, contudo, desistiu de tentar.

Mancy, nesse meio-tempo, decidiu fazer um homem de Poulou. Visando instruir o menino na engenharia, assumiu o papel de Charles Schweitzer como professor e introduziu o enteado às ciências. Falava sobre física e fábricas. As aulas muitas vezes terminavam em bofetadas. Forçado a sacrificar a música pela matemática, a infelicidade do menino se intensificou. Suas notas desabaram.

Frustrado em tantos outros aspectos, Jean-Paul no início insistiu com a escrita. Com a idade de 14 anos mostrava à mãe tudo que escrevia, e ela costumava dizer, "Muito bonito, muito bem imaginado".[12] Ela nunca mostrou as histórias dele ao padrasto, que não estava interessado:

Ele sabia que eu escrevia, mas estava pouco se lixando [...]. Não prestava atenção. Então foi sempre a pessoa contra quem eu escrevia. Minha vida toda. O fato da escrita era contra ele.

"Escrever contra"[13] Joseph se tornaria a motivação da vida inteira de Sartre, o único modo de se sentir superior ao padrasto. Mas nessa época o exílio em La Rochelle o paralisava. Desencorajado pela hostilidade dos colegas, que riam alto quando ele lia algumas páginas, começou a sentir que, longe de ser uma celebridade mundialmente famosa como Dickens, um escritor era simplesmente "um pobre-diabo, infeliz e maldito".[14]

Porém, esse foi um importante período de transição. Sartre abandonou as histórias de capa e espada que escrevia sobre o "Capitaine Pardaillon".

Sua próxima obra foi um mordaz estudo de observação do "napa" de coruja, "Jésus la Chouette" (Jesus, a Coruja), seu professor de francês no liceu, um "personagem patético"[15] que morreu no decorrer do ano letivo de Sartre, mas um sujeito manso que mandou o precoce rebelde escolar de volta para casa. O conto exibia um novo realismo. O mestre, com a barba ruiva manchada, "enorme nariz adunco, afiado como um bico de águia, boca vermelho-sangue, tez alaranjada e olhos míopes escondidos atrás de um *lorgnon* de aro de ouro",[16] era atormentado pelos meninos. "Ele nunca sobreviveu ao ridículo. Matou-se dois anos depois",[17] disse Sartre. "Jésus" foi o primeiro anti-herói de Sartre. Desempenhando o papel do menino frágil e tímido, mas muito inteligente, o escritor mirim conservava sua antiga tradição de um herói afirmativo. No martírio de "Jésus", ele dava voz a seu próprio sofrimento.

A morte de "Jésus" na ficção de Jean-Paul fazia eco à igualmente dramática morte de Deus que conheceu com a idade de 12 anos, quando Ele "desabou no céu azul e desapareceu sem explicação [...]. Ele não existe, disse a mim mesmo com educada perplexidade, e pensei que o assunto estava resolvido".[18] A criação religiosa de Sartre fora confusa, dividido como era entre o catolicismo insosso da mãe e da avó, que o levavam à missa em Saint-Sulpice principalmente para escutar boa música, acreditando "em Deus apenas o suficiente para apreciar uma tocata", como observou sarcasticamente Poulou, e o luteranismo terra a terra de Karl Schweitzer. O rude desprezo contra o papa e os santos que Poulou escutara à mesa do jantar com Karl, e que guardava uma notável semelhança com a conversa obscena à mesa do próprio Lutero, predispuseram-no contra o catolicismo e, em última instância, contra o cristianismo. Mas Deus não foi esquecido facilmente. "Eu cresci, uma erva daninha rançosa na pilha de compostagem do catolicismo",[19] escreveu Sartre em *As palavras*. Suas raízes absorveram os humores orgânicos disso e constituíram sua seiva. O menino batizado católico e que certa vez ganhara uma medalha de lata por seu ensaio sobre a Paixão permaneceria um teólogo *à rebours* — às avessas.

A terceira série foi o ponto mais baixo de Jean-Paul. Ele aposentara a pena e sofria "os tormentos do amor não correspondido", dessa vez não por uma garota, mas por dois colegas: Pelletier e Bouteillier. Sartre negou que a atração fosse homossexual, mas os dois meninos mais velhos o forçaram a dançar conforme a música, a deles, e ele se tornou seu lacaio. Começou a roubar, apropriando-se do dinheiro da bolsa da mãe a fim de comprar bolos e *babas* na confeitaria local. Começando com simples moedas de um franco, passou às notas, cinco francos aqui, dois francos ali. Ao contrário de Mme de Beauvoir, Mme Mancy era rica o bastante para não precisar contar dinheiro. Em maio de 1981, portanto, seu filho acumulara 70 francos, uma soma enorme para a época. Mas um dia Jean-Paul cometeu o deslize de pôr o paletó, contendo um bolo de notas e moedas, em cima das pernas, para se aquecer num dia em que estava doente, de cama. "O que é todo esse dinheiro?",[20] perguntou Anne-Marie, apanhando o paletó e ouvindo as moedas tilintarem ali dentro, tlim, tlim, tlim. "É só uma brincadeira", gaguejou Sartre. "É um dinheiro que eu peguei do Cardino de brincadeira." Mas nem bem Sartre "devolveu" o dinheiro para o colega de classe, Cardino, este correu e comprou uma enorme lanterna, e Mme Cardino descobriu a verdade. Uma grande cena se seguiu com Anne-Marie e Monsieur Mancy, em que Poulou, aos 14 anos, levou uma severa surra da mãe.

Karl e Louise Schweitzer vieram correndo de Paris para visitar o neto em desgraça. Poulou pensou que Karl compreenderia que tivera de roubar para comprar amor. Porém, nunca mais esqueceria o momento em que o velho artrítico deixou cair uma moeda de dez centavos no chão do boticário. O menino rapidamente adiantou-se para pegá-la, mas Karl o deteve com a bengala. "Então se curvou, devagar e parecendo sentir muita dor — e eu escutei, ou achei que escutei, ossos estalando —, para apanhar ele mesmo a moeda, dizendo: "Você mostrou que não tem nenhum respeito por dinheiro".

Uma reunião de família foi realizada. Decidiu-se que Jean-Paul devia regressar a Paris assim que se apresentasse uma oportunidade. Embora a média escolar de Jean-Paul fosse sofrível, Karl usou suas ligações para conseguir uma vaga para ele em regime de internato no Lycée Henri IV. Com a idade de 16 anos, Sartre voltou para a capital. Fora uma fuga venturosa, mas ele jamais esqueceu aquela segunda traição dos dois meninos por quem havia roubado, e por quem havia brigado em inúmeras ocasiões. Aquilo instilou nele uma duradoura simpatia pelos ladrões e oprimidos, e por todos os *orphelins* de sua geração, pois a ele parecia que perdera não só um pai, mas também a mãe, sendo ele próprio um órfão sem amor.

Foi um alívio regressar ao mundo da música, comer conserva de cerejas em brande durante o intervalo dos *concerts rouges* na rue de Seine com o avô mais uma vez, mergulhar no mundo das *belles-lettres* e respirar o éter literário da biblioteca de Karl. No *lycée*, Jean-Paul imediatamente ingressou no coro e passou a cantar nas missas de domingo. Nos fins de semana, tocava piano, encorajado pela avó, Louise, voltando às peças que outrora sua mãe tocara com ele quando era pequeno: as *Ballades* de Chopin, as *Variações sinfônicas* de

Franck, a abertura "Gruta de Fingal", de Mendelssohn. "Como um tambor vodu, o piano ia impor seu ritmo sobre mim",[21] escreveu.

Foi um lento restabelecimento. A experiência de La Rochelle deixara cicatrizes profundas em Sartre e o afastara de Anne-Marie. Em *As palavras*, o trauma mal é abordado. A primeira versão de sua autobiografia, iniciada em 1952, era mais honesta. Ele a chamou de *Jean-sans-terre*, um homem sem herança nem posses, que era como Sartre sentia ser: um escritor sem nada além da pena e um cachimbo. Que na infância nunca teve uma casa: "Cuidado! Aqui não é nossa casa!",[22] sussurrava a mãe quando ele fazia algum barulho. "Nunca estávamos em casa: fosse na rue Le Goff, fosse mais tarde, quando minha mãe voltou a se casar", escreveu Sartre com amargura. *Jean-sans-terre* era uma acusação cruel de sua infância instável, e que jamais foi publicada. Era de "uma natureza demasiado perversa", disse seu autor. Em lugar dela, escreveu *Les Mots*, um livro mais retocado, "altamente retrabalhado". Como as *Memórias* de Beauvoir, era cheio de segredos: mesmo assim, sua dor era grande demais para continuar a história após a idade de 12 anos; dizer a verdade teria machucado demais sua mãe. "Como eu poderia continuar?",[23] perguntou a Gerassi.

> Anne-Marie continuava viva. Como eu poderia culpá-la por não ligar o suficiente para mim, por me abandonar, por preferir aquele merda [*un con*] a mim? E contudo, esse foi o verdadeiro motivo de eu tentar com tanto desespero me encaixar naquele vil centro protestante de La Rochelle [...].

Mas La Rochelle significara uma metamorfose que mudaria toda sua vida. Foi "para minha grande desgraça na época, e minha grande sorte futura", escreveu, com sombrio sarcasmo, que se tornara o "saco de pancadas" do *lycée* de La Rochelle. O desajuste e a rejeição deram um toque gelado a seu coração. O príncipe brutalizado agora decidia ser um rei. Assumiu como modelo a comédia do século XIX de Paul Verlaine, *Les Uns et les autres*, em que o líder de um grupo de jovens formosos e belas garotas domina os demais à força de inteligência e charme. O futuro seria diferente. Jean-Paul se vingaria de todos os *salauds*, os filhos da puta, que o haviam humilhado.

Seu primeiro passo foi retomar a antiga amizade com Paul Nizan, agora colega de quarto no Lycée Henri IV. Os dois rapazes, unidos tanto pelo estrabismo como pelas ambições literárias, tornaram-se as inseparáveis estrelas da classe; um alto e elegante, mas oriundo de um ambiente operário, o outro baixinho e geralmente malvestido, mas sem sombra de dúvida um *bon bourgeois*. Foi um novo choque para Sartre, porém, descobrir como ficara para trás intelectualmente. Nizan acorreu em resgate do *petit provinciel*, apresentando-o à literatura moderna nas figuras de Proust, André Gide e o popular dramaturgo Giraudoux. O próprio Sartre lia vorazmente, e ele e sua avó passavam horas discutindo Dostoievski. Foi um sinal de sua rejeição de Anne-Marie e sua afeição por Louise que, quando começou a escrever para o periódico estudantil *Revue sans titre*, adotasse o sobrenome dela como seu primeiro *nom de plume*: Jacques Guillemin. Enquanto isso, estudava latim, grego e filosofia. Sua recompensa foi o *prix d'excellence* concedido ao melhor aluno da classe. Estava agora trilhando a estrada real do sucesso, tendo se qualificado para ingressar no famoso Lycée Louis-le-Grand, fundado em 1563, uma preparação para ascender ao nível universitário da École Normale Supérieure, por sua vez berço dos super-homens que Sartre e Nizan já imaginavam ser.

A mudança na sorte de Jean-Paul fora empolgante. Do extremo oeste da França, ele regressara ao coração de Paris, às ruas míticas que educaram os futuros líderes da nação antes de enterrar o maior dentre eles no Panthéon, ali perto. O Louis-le-Grand, na esquina da rue Saint-Jacques com a place du Panthéon, ficava a uma curta caminhada do Henri IV, que por sua vez era na esquina da rue Clovis com a place du Panthéon, subindo a rua da École Normale. O caminho de Sartre ao voltar para casa, por dentro do Quartier Latin — assim chamado porque era ali que os jovens medievais iam estudar latim quando a primeira universidade de Paris se mudou dos claustros de Notre-Dame para a Rive Gauche —, passava pelo Panthéon e descia a rue Soufflot, rua batizada em homenagem ao arquiteto do mausoléu, até a rue Le Goff. Às vezes, ele perambulava pelo grande templo secular dedicado aos heróis da República, onde, blasonado no altar, sob a figura de Marianne, o espírito da revolução, lia-se o moto: *Vivre libre ou mourir* [Viver livre ou morrer]. Descendo na cripta, parava aos pés dos túmulos de Victor Hugo e Émile Zola, e refletia: poderia ele, o pequeno Jean-Paul, tornar-se um celebrado romancista, como Zola, ou um importante filósofo, como Voltaire?

Parou diante da estátua de mármore iluminada de Voltaire, uma pena de ganso na mão direita e um punhado de papéis na esquerda, o lenço no pescoço amarrado casualmente e caindo por cima do manto, saudado como "*le Prince de l'Esprit*". Do lado oposto ficava o túmulo de Jean-Jacques Rousseau, "*Philosophe de la Nature*": dois homens cuja obra encarnava os princípios da Revolução Francesa. Foi a primeira dessas visões totêmicas que prendeu sua atenção. Voltaire era responsável pela "descristianização" da França desde o Iluminismo, que contagiara a própria família de Jean-Paul. Mas a obra de

Voltaire estava ainda pela metade. A Igreja continuava a deter o poder sobre as almas dos homens. "Um dia terei meu túmulo no cemitério de Père-Lachaise — quem sabe até no Panthéon —, minha avenida em Paris, minhas praças pelo país afora e até no exterior",[24] fantasiava distraído o menino em meio aos numerosos transeuntes, sonhando com a fama sob a luz fraca da cripta.

O professor responsável pelo súbito interesse de Jean-Paul pela filosofia era um homem lendário: o minúsculo e deformado Colonna d'Istria, ainda menor que o espinhento novo pupilo que começara a instruir em *khâgne*, a melhor classe da sexta série. "Leiam isso", ele ordenava, jogando para os rapazes um livro de Bergson sobre consciência. "O dever de casa é escrever um ensaio intitulado 'O que perdurará?'". Para Sartre, foi uma revelação. Em Bergson, descobriu sua própria vida psicológica sendo descrita. "*J'en ai été saisi*",[25] disse. "Fui arrebatado por ele." Decidiu estudar *la philo* na universidade, embora mais tarde admitisse: "O que na época se chamava 'filosofia' era na verdade 'psicologia'."[26] Seu tema seria seu próprio eu perturbado. Seu desejo ia em duas direções: interpretar sua vida interior examinando *le vécu*, ou a experiência vivida, e tornar-se um romancista. Estudar filosofia e se tornar um professor ia, assim calculava, ajudá-lo a compreender a personalidade.

Sartre fizera grandes progressos, mas continuava infeliz. Era gratificante ser parte de uma dupla, tão intimamente ligados que seus amigos os chamavam de "Nitre e Sarzan", mas nenhum dos dois rapazes de 18 anos tinham namorada. Eu "passava o tempo todo desesperado com isso",[27] disse Sartre. "Daquele momento em diante, a coisa mais importante para mim passou a ser amar e ser amado. Sobretudo ser amado. Não conseguia entender como aquele sentimento, que costumava ser tão fácil de obter em minha infância, tornara-se um bem tão raro e precioso." Ele chorava com os poemas simbolistas de Jules Laforgue, lamentando o "*seul oreiller! mur familier!*" (único travesseiro, parede familiar) do quarto em que ele, como outros Pierrôs adolescentes, vivia uma existência de um sexo só. Nizan foi o primeiro a ter sorte: Jean-Paul o apresentou à prima, de quem estava levemente enamorado, Annie Lannes, filha de sua tia Hélène, em Thiviers. Annie estava a caminho de Paris para estudar e nada mais natural do que ser apresentada ao melhor amigo de Jean-Paul, por quem se sentiu instantaneamente atraída. Muitas vezes, Nizan, com quem dividia o quarto, desaparecia por dias seguidos em suas aventuras românticas, deixando o colega aflito. Sartre expressou essa sensação de abandono em um conto, "A semente e o traje de mergulho", sobre o relacionamento deles:

Era mais tempestuoso que um caso amoroso. Eu era duro, invejoso, sem consideração, como um maníaco apaixonado. Lucelles, independente e malicioso, aproveitava toda oportunidade para me passar a perna [...]. Ele ficou caído por um judeu argelino e depois por um sujeito de Marselha. Nessas ocasiões, por vários dias tentava me evitar. Eu não suportava isso. Então, cansado de estranhos, voltava rastejando. Dava comigo agressivo e irritado, ainda que, por dentro, eu estivesse engasgado com uma ternura que era incapaz de expressar.[28]

O adolescente desconsolado se agarrava a um comentário fortuito, profético, feito por uma jovem chamada Mme Lebrun quando ele estava com 10 anos. Ela foi objeto de sua primeira lembrança sexual: "Eu a desejei até onde um menino de 10 anos pode desejar uma mulher: em outras palavras, teria gostado de ver seu busto e tocar em seus ombros".[29] Como outras amigas de Anne-Marie, Mme Lebrun respondera ao interesse do menino fazendo festa em seu cabelo e agraciando-o com carícias. "Quero ver esse menino quando estiver com 20 anos", dissera. "Tenho certeza de que as mulheres vão ser loucas por ele."

Sartre não precisou esperar tanto assim. Tragicamente, aos 19 anos, Annie morreu de tuberculose e seu primo compareceu ao enterro em Thiviers. Ele vestia um terno escuro bem-cortado, gravata e chapéu pretos. Uma fotografia tirada de Sartre com Paul Nizan, em julho de 1925, no terraço dos Jardins de Luxemburgo, revela que sua percepção da própria feiura talvez fosse exagerada. Elegante em um terno caro, gravata e colarinho Eton engomado, chapéu de palha na cabeça, um cigarro nos lábios, Sartre sorri para a câmera; Nizan, a seu lado, de *plus fours*,* tem as mãos enfiadas nos bolsos. Está sem a bengala de cana que costuma carregar. Os dois rapazes usam óculos de aro de chifre e transmitem um ar de privilégio e confiança. Acabaram de completar seu primeiro ano na École Normale. Sartre tinha provavelmente mais a oferecer do que imaginava.

Sem dúvida, causou impressão imediata em uma prima distante chamada Simone Jollivet,[30] que também compareceu ao enterro. Simone, uma futura atriz com interesse em Nietzsche, era filha de um farmacêutico de Toulouse, e Jean-Paul, o neto de uma filha de farmacêutico, mas ambos aspiravam a uma vida de escritor. Jean-Paul explicou-lhe sua extrema ambição: "Quando penso em glória, imagino um salão de baile com os cavalheiros em trajes de noite e as damas em vestidos decotados, todos erguendo as taças para mim".[31]

---

* Calça esportiva folgada, que desce até pouco abaixo dos joelhos. (*N. do T.*)

A glória era uma tentação, disse ele, "porque eu quero estar muito acima das pessoas comuns, que desprezo". Mas o que realmente importava era "a necessidade urgente de criar, de construir [...]. Não consigo olhar para uma pilha de papel em branco sem querer escrever alguma coisa ali". Seu outro traço definidor, confessou, era a covardia.

A feiura de Sartre, disse-lhe Simone mais tarde, teve um "efeito Mirabeau"[32] sobre ela; era uma feiura poderosa, como a do revolucionário do século XVIII, misturada como era com charme e eloquência. Mais tarde, ela o provocou sobre isso.

> "Então, por que ainda me ama?", perguntei.
> "Sua conversa é boa", respondeu ela.
> "E se eu fosse ainda mais feio?", insisti.
> "Daí você teria que conversar a noite toda", respondeu ela.[33]

Nos anos que se seguiram, Sartre o fez muitas vezes.

Na liberada Simone Jollivet, que frequentemente fazia incursões noturnas ao bordel da cidade, acompanhada por sua criada cigana, Zina, Sartre encontrara uma parceira disposta. Ela concordou em fugir com ele. Suas fantasias sexuais estavam prestes a se concretizar gloriosamente.

5

Zaza

Quem acreditaria que eu a amo dessa forma, com tantas lágrimas, com um ser tão apaixonado, com sentimentos tão pungentes.[1]

Simone de Beauvoir, diário, 29 de setembro de 1928

FRANÇOISE DE BEAUVOIR GRITAVA como uma selvagem. Eram três da manhã no boulevard du Montparnasse, mas um a um os vizinhos punham a cabeça para fora da janela para vê-la apertar a campainha de tia Germaine, gritando que Jacques desonrara sua filha. Tia Germaine enfiou a cabeça pela janela. Como Françoise ousava fazer tais acusações? "Onde está Simone?", quis saber a matrona furiosa. "Quero ela aqui agora mesmo." Jacques foi até a janela, esfregando os olhos e afirmando que acompanhara a prima até sua casa no número 71 da rue de Rennes, após terem ido ao cinema. "É mentira!", berrou Françoise, com Georges arrastando-a para casa, suas imprecações ecoando pela rua.

Quando Simone girou a chave e subiu a escada na ponta dos pés, foi recebida com lágrimas raivosas. Em pouco tempo também ela estava gritando com os pais, quando se viu forçada a confessar que Jacques e seu amigo Riquet Bresson haviam-na levado não ao cinema, mas ao Stryx, um bar de má fama.

Nessa noite, Jacques convidara Simone e os pais para jantar, antes de partir para servir o exército na Argélia, no outono de 1928. Dois anos haviam se passado, nos quais ela adotara um ascético regime para atingir seus objetivos, ficando em segundo no *certificat* de filosofia, no verão de 1927; Simone Weil, a inteligente filha de um médico, tirou o primeiro lugar. Em terceiro, na cola das duas mulheres, veio Maurice Merleau-Ponty, aluno da École Normale. O feito de Beauvoir era fenomenal, conquistado em detrimento dos próprios cuidados pessoais. Muitas vezes, ela esquecia de se lavar, ou até de escovar os dentes. Sem água corrente, lavar o cabelo exigia todo um planejamento, e acabava ficando por fazer. Mas ela provara seu brilhantismo, e certamente Maggie fizera por merecer seu Stephen.

E Françoise ficava incomodada que a filha estivesse agora com 20 anos e ainda sem nenhuma proposta de casamento à vista. Relutante, concordara em deixar que Simone saísse com Jacques, sem uma dama de companhia, após o jantar. O que sucedeu a seguir ganhou caráter ficcional pelas mãos de Simone de Beauvoir na história "Marguerite", em *Quando as coisas do espírito vêm em primeiro lugar*, uma coletânea de histórias cujo título original foi tomado emprestado, em um espírito de ironia, de uma obra de Maritain,[2] *Primauté du Spirituel (Primazia do espiritual)*. Ela começou a escrever esses contos sobre mulheres que conhecera em 1935, antes dos 30, com o objetivo de mostrar "o mal provocado pela religiosidade que estava no ar que eu respirava durante minha infância e parte da juventude"[3] e "minha própria conversão ao mundo real". Era, disse ela, "uma pequena obra de iniciante". Mas provavelmente suas opiniões chocantes, seu conteúdo sexual explícito, mais do que qualquer falta de habilidade, é que impediram sua publicação antes de 1979. Beauvoir chegava a ponto de sugerir uma ligação entre a devoção religiosa católica e o masoquismo, escarnecendo do "apetite desavergonhado" de uma tia que pedia ao marido para açoitá-la sem dó à noite. "*Marguerite*", escreve a autora, é "uma sátira sobre minha juventude. Emprestei a Marguerite minha própria infância no Cours Désir, e minha própria crise religiosa da adolescência [...]. Depois disso ela cai no poço do 'maravilhoso', como aconteceu comigo quando fiquei sob a influência de meu primo Jacques [...]. Escrevi aquilo com um sentimento de empatia pela heroína."

As novas experiências e as novas ideias que Jacques mostrava a "Marguerite" foram um aspecto importante do fascínio que ele significou para ela. Ela sonhava em viver no "mundo de Denis — o mundo real que eu nunca vira". Nessa noite, ela estava usando um vestido lilás — Françoise gostava de cores "alegres", que não mostravam a sujeira —, um casaco bege e um chapéu que lhe caía sobre os olhos: "Eu sabia perfeitamente bem que minha aparência era horrível, mas não estava nem aí".[4] Quando o táxi se aproximou do Stryx, seus olhos quase saltaram. Um letreiro azul de néon brilhava diante da porta entreaberta, e "Denis" a puxou em meio à névoa alaranjada para o salão cheio de casais dançando:

Denis usava um longo sobretudo bege: entre as lapelas do colarinho dobrado para cima, seu rosto parecia duro e fechado: eu não tirava os olhos dele [...]. Ele me ajudou a subir em um dos banquinhos do bar. "O que vai beber? Gin fizz?"

O barman serviu um copo cheio de um líquido amarelo diante dela. Marguerite sorveu por um canudo e sua boca se encheu do gosto de limão. Havia bandeirinhas americanas presas ao espelho atrás do bar, acima das fileiras de garrafas. O sorriso de Greta Garbo, o chapéu de Maurice Chevalier e as botas de Charlie Chaplin compunham estranhos mosaicos contra as paredes marrons claras. "Como você bebe rápido!", disse Denis, com admiração bem-humorada. "Michel, prepare outro gin fizz para a senhorita; vamos jogar os dados para pagar."

Alguns dias antes, Denis estivera provocando Marguerite. Ela estava sentada à mesa trabalhando em uma tradução do grego quando o rapaz entrou. Ele sentou na ponta da mesa e acendeu um cigarro. "Você nunca tem vontade de jogar esses livros pela janela?", perguntou, abruptamente. Marguerite arregalou os olhos. "E o que eu ia fazer, então?", disse ela. Ele sorriu, girando uma moeda em seu bolso. "Qualquer coisa."

"Não é nessa busca metódica pela liberdade, como está fazendo agora, que você vai encontrá-la", disse Denis [...].

"Tudo é absurdo, por que não?", prosseguiu ele, com uma espécie de petulância.

"Morrer é tão absurdo quanto viver, e a pessoa pode tanto ficar girando um polegar em volta do outro como disparar um revólver na rua. A gente pode fazer o que quiser, quando não espera coisa alguma. E às vezes você encontra o milagre."

"O milagre?"

"É, uma ação gratuita genuína, uma combinação improvável de palavras e cores, uma mulher de duas cabeças, qualquer coisa. Às vezes, o absurdo faz com que apareça."[5]

A ideia de *acte gratuit*, um ato independente, sem finalidade, sobre a qual Simone lera a respeito quando Jacques lhe emprestou o *Manifesto surrealista*, excitava sua imaginação. As ideias surrealistas, interpretadas por Jacques, davam um novo ardor a sua resolução de deixar de ser uma "burguesinha enfadonha" e olhar para as prostitutas não com repulsa, mas com admiração e inveja e, quando lia romances sobre atos obscenos ou sádicos, ver a violência como um modo de preencher o vazio da alma: parte do "drama eterno do homem na busca do absoluto". Ela emprestava a sua revolta a mesma intensidade que emprestara à prática do catolicismo, e aos seus estudos. Quando Simone entrou no Stryx, estava "à espera de milagres". Após vários dry martinis e gin fizzes, ela criou um, quebrando copos no chão. Milagres explodiram.[6] Um perfeito *happening* surrealista.

Na manhã seguinte, os olhos vermelhos e acalentando a primeira ressaca, Simone encontrou Jacques no terraço do Select, um bar frequentado por homossexuais e viciados em drogas, e ouviu a história da cena de sua mãe diante da casa. Ele não havia tratado Simone com desrespeito, contou a ela: "Minha consideração por você é grande demais",[7] disse Jacques, olhando ternamente dentro de seus olhos. Ao lhe dar uma carona em seu carro até a Sorbonne, ele prometeu que aquilo não era um adeus para sempre. Mas quando Simone subia a escada da biblioteca, seu coração pesava. Ela sabia a verdadeira opinião dele sobre Françoise de Beauvoir, uma mulher tão tola e histérica quanto a sra. Bennet, em *Orgulho e preconceito*, de Jane Austen, cujos ineptos esforços casamenteiros e explosões ruidosas de temperamento similarmente estorvavam as chances de matrimônio das filhas.

Como Jean-Paul Sartre, Simone começou a furtar dinheiro da bolsa da mãe: "Minha mãe costumava contar cada centavo. Não era fácil, mas eu dava um jeito".[8] Determinada a experimentar a poesia dos bares, ela mentia para Françoise, dizendo que estava dando aulas para mulheres operárias em Belleville, um *quartier* pobre de Paris, em que Robert Garric, seu professor de literatura em Neuilly, cuidava de um centro social. Essa tentativa de cruzar a barreira social fracassou, pois Simone descobriu que não tinha nada em comum com as alunas. Uma fonte de renda mais regular do que afanar a bolsa da mãe era o pequeno salário recebido de Mme Mercier pelas aulas de psicologia. Isso bancava os gin fizzes de Simone no Le Jockey, o primeiro clube noturno de Paris, que se tornou seu ponto de encontro etílico favorito: ela bebia tanto que muitas vezes vomitava no metrô. Passava ruge nas maçãs do rosto e se recusava a lavá-lo quando a mãe a acusava de estar usando as marcas de casco fendido de Satã, em meio a bofetadas na orelha. Agora Jacques a convertera ao surrealismo, e as histórias de guerra de comida entre os líderes do movimento, André Breton, Louis Aragon e Michel Leiris, e o romancista Rachilde e seus seguidores no Closerie des Lilas, de trocas de socos no balé, a deixavam deliciada. Violência, excesso, erotismo, tudo para ela era saboroso.

Quando "Denis" desapareceu na Argélia, outro jovem começou a prestar atenção em Beauvoir: Maurice Merleau-Ponty, a quem ela suplantara nos exames de verão do ano anterior. Alto, magro e sério, exibia o pálido rosto comprido e pesados cílios de um esteta. Para alívio de Françoise, ele morava no elegante 16º *arrondissement* e vinha de um bom lar católico. Sem fazer ideia das extravagâncias noturnas da filha, Françoise agora lhe permitia uma liberdade ainda maior.

Maurice (Jean Pradelle, nas *Memórias*) foi o primeiro homem a conduzir Simone através dos portões de ferro da École Normale, na rue d'Ulm, a mais famosa das Grandes Écoles a dominar a academia francesa. Para uma aluna da Sorbonne, inspirava um sentimento de reverência caminhar pelos sagrados jardins e observar as carpas no tanque, uma relíquia da época em que a universidade fora um convento. Mas foram os Jardins de Luxemburgo que se tornaram o ponto de reunião diário dos jovens filósofos: como Beauvoir, Merleau-Ponty estava empenhado na busca da verdade, que segundo ele acreditava lhe seria revelada por intermédio da filosofia. Durante duas semanas os dois intelectuais debateram fervorosamente o assunto, ele acusando-a de optar pelo desespero, enquanto ela atacando-o por se agarrar a quimeras. "Você prefere a busca pela verdade à própria verdade", protestou Maurice. A verdade, para Maurice, suspeitava sua enérgica oponente, ainda residia no catolicismo. Na Normale ele pertencia ao grupo convencional conhecido como *talas* (uma contração de *talapoin*, padre). A descrença de Beauvoir, contudo, continuava "sólida como rocha",[9] e quando ela apresentou Maurice a Zaza, ficou claro que ele tinha mais coisas em comum com a devota Mademoiselle Lacoin do que com a pequena ateia da Sorbonne.

Em setembro de 1928, foi Zaza quem permaneceu o foco da amizade apaixonada de Beauvoir. Em sua visita a Ganepain, a propriedade da família Lacoin, não eram apenas as roupas de Simone que provocavam sobrancelhas erguidas. Os choramingos de Mme Lacoin com a louca "garota arruinada"[10] que perdera a fé e também o dote, as risadinhas das irmãs menores de Zaza com a desmazelada que viera para ficar eram difíceis de aturar. À mesa do jantar, ouviam-se murmúrios chocados dos cavalheiros quando Simone defendia seu ateísmo e justificava Kant e o livre-arbítrio. Mas para a própria Zaza, Simone tornava-se cada vez mais próxima durante os passeios de camisola sob a luz do luar entre os fragrantes flox. Embora Zaza usasse o *"tu"* familiar com outras amigas, Simone e ela permaneciam *"vous"* uma para a outra. Agora isso mudava: em seu regresso, Simone escreveu para Zaza uma carta de amor, confidenciando em seu diário no dia 24 de setembro: "Penso em Zaza com ternura infinita".[11] Cinco dias depois ela recebeu uma carta de

Zaza, "*bouleversée*" (transtornada) pela carta de Simone declarando seu amor. "Ela não fazia a menor ideia de que eu a amava! Mas quem poderia acreditar que eu a amo dessa maneira, com tantas lágrimas, com uma existência tão apaixonada, com sentimentos tão pungentes? [...] Eu tenho tanto para dar. *Le-sais tu, toi?* Sabe disso?"[12]

Zaza respondeu com igual ardor. Na terça-feira, 1º de outubro, Simone atravessou os jardins do Palais-Royale, perto do Louvre, para se encontrar com sua adorada amiga. No dia seguinte, havia outro *billet-doux* a sua espera: "Encontrei uma carta de Zaza, uma Zaza que me ama",[13] escreveu ela em seu diário: "Uma Zaza cuja ternura me enche de tal doçura". Em pouco tempo ela e Zaza estavam jogando tênis aos sábados no Bois de Boulogne, com Merleau-Ponty e seu amigo, Maurice de Gandillac,[14] que também pertencia ao mesmo grupo conservador na École Normale, do qual fazia parte ainda Robert Brasillach (que seria executado em 1945 como colaborador dos nazistas).

Em Zaza, Simone encontrara sua primeira igual, sua alma-gêmea. Ela tentava imitá-la, cortando curto os cabelos escuros. Não ficou grande coisa, assim como a permanente caseira tentada posteriormente por Françoise. Enquanto as roupas caras de Zaza tinham bom caimento em seu corpo anguloso, Simone, mais baixinha, carecia de graça. Entretanto, Zaza, e também Stépha, procuravam Simone diariamente, sentando na beirada de sua cama e levando livros para ela quando estava doente.

Apenas quatro anos mais velha do que Simone, mas muito mais vivida, Stépha ouviu Simone garantir para ela que estava "quase prometida" para Jacques. Delicadamente, Stépha tentou fazê-la enxergar a impossibilidade do casamento. A frívola Françoise havia encomendado um retrato fotográfico de Simone, no estilo que se usava para anunciar um compromisso de matrimônio, em que a filha aparecia baixando os olhos recatadamente para a mão esquerda; mas não havia nenhum anel de casamento em seu dedo, e quando Jacques foi presenteado com o retrato, ele o ignorou.

Em 31 de dezembro, ao fazer um balanço de 1928, Simone reconheceu amargamente que durante os últimos dois anos "desejara apaixonadamente a presença de Jacques";[15] agora seu ardor estava "mais bem direcionado e menos cheio de ilusão". "O antigo desespero está morto", escreveu. "*Je ne le regrette pas.*" Trocando as ruas festivas pelo silêncio de seu quarto, "Eu penso em você, mas muito calmamente, com confiança [...]. Não tenho a menor necessidade de você". A meia-noite se aproximava. Com os sinos anunciando o ano-novo, ela rezou pedindo felicidade para Zaza e Maurice, e *"Jacques, pour toi, le bonheur"*.[16] Fez um desejo para si mesma, também: *"L'amour et le bonheur"* — amor e felicidade.

Quando Simone Weil conhecera Simone, com sua respeitabilidade cafona, a jovem comunista zombara da garota com um "de" no nome: "É fácil perceber que você nunca passou fome!".[17] Na verdade, Simone, trazendo côdeas de pão da cozinha de Françoise para acompanhar seu *café crème*, vivia com fome. Desesperada por obter a própria independência, decidiu completar sua graduação em filosofia em abril de 1928, escrever sua tese e se preparar para o exame de *agrégation* da pós-graduação no mesmo ano. Em 18 meses, "eu estaria livre, e uma nova vida teria início!". Uma proeza assim de uma *sorbonnarde* era considerada impossível, pois ela estaria competindo com os homens da École Normale, que abocanhavam nove de cada dez vagas de *agrégé*. As amigas delas previram sombriamente um fracasso.

Mas Simone avançara muito desde seu primeiro ensaio sobre Descartes. Sua "enorme" dissertação sobre a personalidade impressionara seu orientador. "Se eu *tiver* gênio — como às vezes acredito; como às vezes *tenho certeza* —, então isso simplesmente quer dizer que reconheço sem sombra de dúvida meus dotes superiores",[18] escreveu cheia de si em seu diário. Seu professor de filosofia, Léon Brunschwig — com Henri Bergson, a figura dominante no idealismo francês —, aconselhou-a a escrever uma tese sobre a doutrina lógica de Gottfried von Leibnitz; ao mesmo tempo, ela trabalhava em um novo romance. Sua intensa dedicação assustava os amigos homens. Quando contou solenemente a Jacques que pretendia consagrar sua vida a uma busca pelo significado, e que nesse meio-tempo basearia seus parâmetros de conduta em atos de amor e de livre-arbítrio repetidos indefinidamente, ele deixou escapar uma risada nervosa. O pecado era mais divertido, protestou: o pecado era um bocejo espacial por Deus. Ela devia tentar.

Muitas vezes naquele outono Simone abriu as portas da livraria/biblioteca de Sylvia Beach, Shakespeare & Company, no número 12 da rue de l'Odéon, um segundo lar para os americanos em Paris. A corajosa srta. Beach publicara o *Ulisses* de James Joyce em 1922, e fez a primeira tradução francesa do "Prufrock" de T. S. Eliot, *Le Navire d'argent*. Passeando por entre as estantes os clientes podiam topar com Ezra Pound, Ernest Hemingway, André Gide, um dos primeiros sócios, ou o próprio James Joyce em pessoa. Saindo com pilhas de livros emprestados da Shakespeare & Co, bem como daquele outro pilar intelectual da Paris do entreguerras, a livraria/biblioteca La Maison des

Amis des Livres, de Adrienne Monnier, na rue de l'Odéon, Simone absorvia as ideias dos romancistas modernos tão rapidamente quanto as dos filósofos. Ela lia o hino à liberdade pessoal de Gide, *Frutos da terra*, que conclamava os leitores a rejeitar a família — sua *bête-noire* particular — e a se permitir correr no vácuo do desejo:

> Eu odiava a família, o lar e todos os lugares onde os homens acreditam poder encontrar repouso [...] cada coisa nova deve nos encontrar sempre e inteiramente desapegados [...] Famílias, odeio vocês [...].[19]

O "diabólico" Gide, como era conhecido, pregava o ardor e a espontaneidade: "Quando terminarem de me ler, joguem este livro fora — e saiam. Vou gostar de ter feito com que vocês queiram fugir [...] de sua família, de seu quarto, de seus pensamentos".[20] Ele defendeu a homossexualidade em *Corydon* e levou o egotismo de seu amigo Oscar Wilde a extremos em *Les Faux-monnayeurs* (*Os falsários*), best-seller em 1926. Wilde, o modelo do hedonista Ménalque de *Les Nourritures terrestres* (*Os frutos da terra*), escrevera sobre o livro de Gide: "A nota egotista sem dúvida é e sempre foi para mim a nota primeira e última da arte moderna".[21] Agora, aos 20 e poucos anos, Gide declarava que era incapaz de encontrar uma única frase dita por Cristo que autorizasse a família; sua mensagem era rejeitar a moralidade e "agir sem *julgar* se o ato é bom ou mau". Era um manifesto arrebatador, que empolgou Simone. "'Viva perigosamente. Não recuse nada', diziam Gide, Rivière, os surrealistas e Jacques",[22] ela escreveu em seu diário. Mas as prostitutas de cabelos tingidos de ruivo e lilás, com suas meias-calças de seda e salto alto, riam dela com seus sapatos comportados quando fingia ser uma delas, e quando algum cliente punha a mão em seu joelho, ela o repelia violentamente. Ela se sentia enclausurada em uma prisão murada, fosse da biblioteca, fosse de seu quarto. Zaza estava apaixonada por Merleau-Ponty, Jacques estava em Biskra, e ela não tinha ninguém.

Em Simone Jollivet, Sartre encontrara uma prostituta de verdade. No jantar após o funeral de Annie, cercado pelos maçantes cidadãos insignes de Thiviers, ele buscou a companhia da única outra pessoa jovem ali presente, a filha alta e loira de uma das irmãs do capitão Frédérick Lannes. Após o café, ele a conduziu para um bosque próximo. Pouco depois, os dois primos desapareceram de Thiviers por quatro dias e noites, e só foram descobertos e trazidos de volta graças aos esforços combinados das famílias Sartre e Lannes. Sartre voltou um homem diferente: antes disso, ele havia perdido a virgindade com uma mulher casada de Thiviers que o procurara na École Normale, mas o episódio não mexera com ele. Com "Toulouse", como a chamava, por causa da cidade onde morava, ele se viu nas mãos de uma garota desinibida, que embora com apenas 21 anos, já era quase uma profissional; cujo costume era receber os clientes nua na cama, o longo cabelo loiro descendo pelas costas. Zina, a cigana, que a própria Jollivet havia deflorado, ajudava-a. Quando a janela iluminada do quarto de Jollivet no andar de cima da farmácia do pai, Josehp Jollivet, se abria com um empurrão, seus amantes sabiam que era hora de tocar a campainha.

O erro de Sartre foi se apaixonar por essa primeira Simone. Ele queria um amor "sério como a chuva".[23] Ela queria um namorado rico e uma vida de ator. Quando Sartre, sem um tostão, como de costume, tomou o trem para Toulouse a fim de vê-la novamente, teve de dormir em um banco de praça durante quatro noites. Quando enfim foi admitido na cama de Jollivet, pegou rapidamente no sono. Ela o acordou lendo *Assim falou Zaratustra*, de Nietzsche, dando a entender que ele devia se manter acordado e agir como um super-homem.

Mas a sensualidade tinha apelo apenas limitado para Sartre. Um de seus instintos mais fundamentais era instruir; como seu avô Schweitzer, era um professor nato, que se dirigia a sua correspondente como "minha aluna". Ela devia confiar nele, desenvolver uma atitude mental positiva, e desenvolver sua escrita "de modo a ser não uma Madame Bovary, mas uma artista, sem arrependimentos nem melancolia [...]. Então escreva, não tenha medo das palavras, você vai fazer mais mal a elas do que elas a você".[24] Logo Jollivet estava se queixando de que suas cartas eram "pequenos discursos". Suas respostas minguaram a cartões-postais deplorando a própria inferioridade e infelicidade em Toulouse. Um cartão de 1926 provocou em Sartre "um último discursozinho sobre bem-estar moral", em que mais uma vez a exortava a corrigir o erro da melancolia, assim como ele fizera: "Até o ano passado, eu vivia melancólico, porque era feio e isso me fazia sofrer. Livrei-me inteiramente disso, pois é uma fraqueza".[25]

Fazendo traduções e tomando emprestado, Sartre conseguiu juntar dinheiro suficiente para trazer Jollivet a Paris, para o baile estudantil na École Normale, onde ela causou sensação com um vestido vermelho. No ano seguinte um de seus amantes ricos pagou para que retornasse a Paris, onde ela assistiu ao filme *Le Miracle des loups* e se apaixonou pelo ator e futuro produtor de teatro Charles Dullin. Em 1928, a imagem dominante que Sartre formava de Jollivet era de uma mulher por trás da máscara, uma prostituta disfarçada: "Você se parece com Dorothée Reviers, que faz a prostituta em *Épaves vivantes* [*Farrapos humanos*]".[26] Ele até a compara a uma "velha madame tentando espremer o último vintém" com seus falsos protestos de amor: "Não gosto de ouvi-la dizer que me ama 'apaixonadamente, *como La Marietta*', que afinal de contas não passava de uma piranha caída por Fabrice".[27]

O *affaire* terminou quando Jollivet se tornou, conforme era seu desejo, amante de Dullin. Sartre transpôs sua derrota para Dullin em um romance inacabado, "Une Défaite" (Uma derrota), escrito entre 1927 e 1928. Ele havia, disse, "dominado" seu amor por Jollivet, e o internalizado. Ela se tornou a inspiração para a personagem de Cosima Wagner, esposa de Richard, enquanto o próprio Sartre era motivo de zombaria por sua semelhança com o Friedrich Nietzsche ficcional, tutor das filhas de Wagner. Os três, Richard, Cosima e Friedrich, formam um trio incestuoso, tema recorrente na vida e na obra de Sartre. Ele também usou suas experiências como tutor do filho de Mme Morel, uma rica argentina conhecida como "aquela mulher", por quem o amigo dele Pierre Guille estava apaixonado: "Está vendo, você é igualzinho àquele horrível Frédéric", gostava de provocá-lo Mme Morel, pois "Frédéric", como seu criador, era um lutador de boxe que gostava de socar os oponentes até vê-los subjugados. "Ele adorava o corpanzil daquele atleta curvado",[28] escreveu Sartre. "A visão disso o fazia estremecer de êxtase com a perspectiva de seus futuros embates. O corpo estava sempre lá: ele gostaria de se esfregar nele como se fosse um muro, mas, particularmente, gostaria de lutar com ele, agarrá-lo em todo o seu vigor e tentar derrubá-lo."

Na verdade, Sartre perdera essa batalha particular, e em duas frentes. Seu "lindo romance" foi rejeitado pela editora Gallimard, logo depois que Jollivet rejeitou seu amor. Ele, como Simone de Beauvoir, havia experimentado a humilhação de ser tratado como um "caso de caridade". Seus defeitos físicos, altura diminuta, estrabismo eram menos facilmente superáveis do que sua carência de meios. "Você quer me ver — sim ou não?", havia perguntado à licenciosa primeira Simone: "Não posso mais aceitar [...] a esmola de três dias de intimidade por ano". Tão profunda era sua necessidade de "carinho e ternura tola" que se preparara para vagar pelas ruas de Toulouse, para esperar pelo prazer de Jollivet, "totalmente estupefato" pela dor de saber que sua licenciosa "garota de porcelana" estava no andar de cima, entregue a outro homem.

No início do relacionamento, ele exigiu saber de Jollivet: "Diga-me se você prefere seu Jean-Paul a esse Percy Bysshe Shelley que as mulheres adoram — ou se prefere o Shelley. Ele era muito bonito".[29] Agora tinha sua resposta.

Com esse relacionamento amoroso o rejeitado Jean-Paul aprendeu duas lições sobre as mulheres: dinheiro e aparência fazem toda diferença. Ele não esqueceria da primeira, mas era incapaz de mudar a segunda. *"La laideur m'a été décuouverte par les femmes"*[30] (Minha feiura me foi revelada pelas mulheres), explicou mais tarde a Beauvoir. A crueldade despreocupada de Jollivet enfatizou seu "crime" de ser feio. Parecia que a profecia de seu padrasto, "Você nunca vai saber como agradar as mulheres", estava se concretizando. O sofrimento de Sartre era imenso. É possível até que tenha contemplado o suicídio. Ele continuava a acreditar — sem fundamento — que "Jésus", seu professor cara de coruja, se matara por causa da própria feiura, que levava a classe a ridicularizá-lo.[31] Em *O idiota da família*, sua biografia de Flaubert, Sartre descreve a pequena Marguerite, tão horrorosa que assusta as pessoas: condenada publicamente pelo "crime" de feiura, ela é levada ao suicídio.

Sartre, de algum modo, sobreviveu. Havia se tornado, contou a Jollivet, "duro, frio, desajeitado". Era hora de multiplicar suas máscaras, pois nos corredores da Sorbonne notara outra Simone. Baixa, ao contrário de Jollivet, de personalidade impecável e ascendência aristocrática, ao contrário de Jollivet, e ainda dotada de beleza e espírito. Dessa vez, decidiu-se Jean-Paul, não haveria derrota.

6

Rivais: o Kobra e o Lhama

Eu o amo profundamente — *Oh! Llama si aimé, mon Prince de Llamas.*[1]

Simone de Beauvoir, diário, 10 de setembro de 1929

EM 4 DE ABRIL DE 1929, um novo nome apareceu no diário de Simone de Beauvoir. "Notei Maheu", escreveu ao final de um dia na Bibliothèque Nationale. "*Très sympathique*; esperto!!" Dois dias depois, ela voltou a prestar atenção no aluno alto, loiro, rosto corado que, com Jean-Paul Sartre e Nizan, compunha uma exclusiva e notória "gangue de três" na École, e ele lhe pareceu tão encantador e inteligente quanto da primeira vez. Pegaram o ônibus juntos, como Maurice de Gandillac, já atraído por Simone, observou com inveja. Em casa à noite Simone sublinhou cuidadosamente o nome de Maheu com a caneta-tinteiro — sempre um sinal de importância para essa diarista.

Uma semana mais tarde Simone alegremente registrou o sorriso contrariado de Gandillac quando a viu de mãos dadas com Maheu ("um homem singularmente forte e carinhoso"). O futuro filósofo já se arrependera de tê-la apresentado ao amigo, que rapidamente roubava seu lugar como objeto de afeição. "Como amo vocês, homens!", escreveu Simone, revelando sua popularidade recém-descoberta. Em 23 de abril, Maheu emprestou a ela suas anotações sobre Spinoza. No dia seguinte, pela primeira vez, Simone sublinhou seu nome completo: *René Maheu*. Mas quando, de manhã bem cedo no dia 25 de abril, ela correu para a biblioteca outra vez, querendo fazer crer que era para estudar para a conclusão do curso, não havia sinal dele. Em vez disso, para a decepção de Simone, lá estava Gandillac, que não falava mais com ela.

Mas Maheu tinha planos. "Felizmente, Maheu está sentado perto de mim; então ele me convida para almoçar em um restaurante chique, Le Fleur de Lys", escreve Beauvoir, que abandonou Leibniz para se dedicar ao seu diário na biblioteca. "Ele fala de sua admiração por mim." Duas linhas verticais profundamente riscadas na margem de seu caderno assinalam essa entrada, que precipitou uma nova situação. Gandillac, ao ver Beauvoir sair de fininho, declarou seu amor por ela, insinuando até interesse em um casamento. "Me defendi de Gandillac", escreveu ela em 3 de maio. "Gosto muito dele — mas minha grande alegria é *Maheu*." Eram os modos de Maheu que a atraíam, seus gestos, sua risada gutural, o modo como a chamava de "jovem amiga". Ele era, suspirava Beauvoir, "*bien masculin*".

A rivalidade entre os dois rapazes se intensificou. "Estou cercada de homens", escreveu Beauvoir, feliz. Ela e Maheu saíram juntos uma noite: "Ai! Como gosto de estar com ele!", confidenciou ao diário em 5 de maio. Os dois se tornaram inseparáveis, almoçando juntos, caminhando abertamente juntos. Gandillac, contudo, não arrefecia. "Gandillac! O que vamos fazer com ele?", quis saber Beauvoir três dias depois. No dia seguinte, no pátio da École Normale, Gandillac olhava para ela transbordando ternura, enquanto Maheu exibia "um sorriso maldoso".

Gandillac tinha bons motivos para cortejá-la, pois possuía uma vantagem inestimável sobre o rival: ele era livre, ao contrário de Maheu, que tinha esposa no interior. A primeira entrada de Beauvoir sobre o assunto data de 10 de junho, quando ela escreve que, almoçando com Maheu, "Falamos sobre casamento, e ele me conta do seu [...]. Apenas que, acrescenta ele, um homem não deve deixar de ser livre", mesmo se for casado. No início, Beauvoir aceita o argumento falacioso, lembrando apenas: "Como ele me é querido!".

O casamento de Maheu parecia não importar. Afinal de contas, eles não eram apenas bons amigos? Mas esse Benedick* nada tinha em comum com os demais amigos de Simone. Ele era muito mais bonito do que Merleau-Ponty, ou mesmo Jacques. "O queixo proeminente, o sorriso largo e fácil, as íris azuis cravadas nas córneas brilhantes; sua carne, sua estrutura óssea e até sua pele causaram uma impressão indelével",[2] escreveu ela, empolgada. E Maheu "era mais que um rosto: tinha um corpo indiscutível, também [...]. Como se orgulhava do sangue jovem pulsando em suas veias!". Vendo-o se aproximar com largas passadas em sua direção nos Jardins de Luxemburgo, Simone observava suas orelhas, transparentes sob o sol como um doce açucarado, e sabia que "tinha ao meu lado não um anjo, mas um homem de verdade. Eu estava cansada de santidades e extasiada em ser tratada por ele [...] como uma criatura terrena".

---

* O solteirão convicto que acaba se casando em *Muito barulho por nada*, de Shakespeare. (*N. do T.*)

Maheu já designara Simone como uma "mulher terrena", ou Houmos, na mitologia inventada pelos *petits camarades* e inspirada pelo romance *Le Pontomak*, de Jean Cocteau. No mundo inventado de Sartre, classes diferentes recebiam novos nomes: havia os intelectuais e boêmios Eugenes, a quem Sócrates e, naturalmente, Maheu, Nizan e Sartre pertenciam, ao contrário dos enfadonhos Mortimers. "Um Eugene tenta fazer de sua vida uma obra de arte original",[3] explicava Maheu. Esboçando figuras Eugenes, e rabiscando um poema, sentados lado a lado nas aulas de Brunschvig, o formoso estudante sussurrava para Simone que mulheres terrenas como ela eram as que "tinham um destino". Ele já sentia nela a sensualidade em guerra com sua criação católica. Outras pessoas a levavam a sério, mas Maheu a achava divertida. "Como você anda rápido! Adoro isso",[4] dizia ele alegremente. "Sua voz rouca gozada!", observou outro dia. "Sartre e eu achamos a maior graça." Simone descobriu que tinha um jeito de andar, um jeito de falar: era uma coisa nova. Começou a se preocupar mais com a aparência, e Maheu a recompensou com um elogio: "Esse novo corte de cabelo e essa gargantilha ficaram muito bem em você".

A decepção com o comportamento recente de Jacques aumentou a suscetibilidade de Simone a seu novo admirador. Certa noite, no Stryx, Riquet a convidou para sua mesa. No bar estava uma garota morena embrulhada em peles prateadas; seu cabelo era negro, sua boca, um talho escarlate no rosto pálido, as longas pernas em meias-calças de seda pareciam estender-se ao infinito. Aquela era Magda, amante de Jacques, agora descartada. "Alguma notícia de Jacques?",[5] perguntou ela a Riquet. "Ele não perguntou de mim? *Ce type-là, il a foutu le camp il y a un an et il ne demande pas de nouvelles de moi?*"[6] (Esse filho da puta sumiu faz um ano e nem para perguntar de mim!). Simone passa a noite se lamentando da "pequena ligação sórdida", que revela o Jacques idealizado por ela como um playboy que perdeu a virgindade para uma garota da classe trabalhadora de quem agora está ansioso por se livrar.

Na manhã seguinte, 9 de maio, Simone recebeu uma carta da avó no Limousin: seu avô estava morrendo. Na manhã do dia 14 ela deixa Paris para ir ao enterro, consciente de que o passado começava a ficar para trás. A morte do avô pareceu sinalizar o fim de sua infância. *Au revoir à Meyrignac*, escreveu com tristeza em seu diário, voltando de trem para Paris.

O regresso de luto, em 23 de maio, causou sensação. De repente, aparentava ser a aristocrata que potencialmente era, além de bela mulher, embora não totalmente ciente da própria beleza. Embrulhada em seu *crêpe georgette* do mais profundo negro, Simone pisou na Sorbonne após uma curta e emotiva ausencia; Sartre, Maheu e Pierre Guille conversavam sentados no peitoril da janela em um dos corredores. Sua pequena estatura, os olhos azuis imensos, vermelhos e marejadas no pálido rosto oval, o cabelo escuro e macio oculto sob o chapéu preto envolto em tule causaram forte impressão nos três jovens. Mas para Sartre foi o *coup de foudre*. Ele se apaixonou perdidamente.

Beauvoir, também, notou Sartre. "Maheu está lá, no corredor, ao lado de Sartre", registra ela em seu "Diário de 1929". Mas somente Maheu dá *bonjour* para ela e aperta sua mão. Como ainda não foi apresentada formalmente ao amigo dele, os bons costumes impedem que Sartre se dirija a Simone.

A chegada de Beauvoir foi notável porque ela era, lembrou a esposa de Nizan, Rirette:

> uma garota muito bonita com olhos arrebatadores, um lindo narizinho. Era extremamente linda, e até mesmo aquela voz, aquela mesma voz com que estava agora, um pouco esquisita e alquebrada, levemente rouca, contribuía para a atração que exercia. Acho que nunca mais a vi vestida de outro jeito além de preto, provavelmente porque vinha de uma família distinta e nessas famílias tem sempre alguém morrendo e eles viviam de luto [...]. Era uma garota muito séria, muito intelectual, e essas qualidades e o vestido preto na verdade acentuavam seu glamour, sua beleza espontânea.[7]

"Eu a acho linda. Sempre a achei linda",[8] escreveu Sartre, posteriormente. "Fiquei determinado a conhecê-la." Mas ele era obrigado a esperar até que fossem apresentados. Nos Jardins de Luxemburgo, assistia frustrado a Maheu caminhar ao lado da pequena figura com o discreto *cloche* na cabeça em torno do lago na hora do almoço; em outra ocasião, era Beauvoir quem observava, sentada no terraço no parque fingindo ler *Minha vida* de Isadora Duncan, enquanto Maheu e Sartre passeavam à beira do lago. Nessa época ela também estava curiosa sobre Sartre. Tinha certeza de que Maheu a vira, mas se recusava a dar por sua presença, pois isso o obrigaria a apresentar Sartre. Espiando por cima das páginas de seu livro, Simone sentia uma ponta de irritação. "Quando está com Sartre ele insiste em me tratar como uma estranha", escreveu em 24 de maio. "Maheu era [...] muito ciumento",[9] lembrou Sartre. "Ele a guardava só para si. Quando estávamos juntos, nem sequer acenava com a cabeça para ela, com medo de precisar apresentá-la."

Mas Maheu subestimara seu adversário. Havia bons motivos para o apelido de Sartre, o "Kobra". Sua reputação para o protesto e a subversão crescera durante os quatro anos que passara na École. Com o auxílio de uma barba e da Légion d'Honneur, ele se apresentara no teatro de revista anual dos estudantes como Gustave Lanson, o reitor. Sua imitação rendeu explosões de gargalhadas, mas o propósito de Sartre era mais oculto. Lanson simbolizava o caráter pernicioso da autoridade, pedagogia e valores ultrapassados de Charles Schweitzer. Venenoso e dissimulado, Sartre incubara um esquema para derrubá-lo. Em 1927, Lindbergh voou através do Atlântico, aterrissando em Paris em maio, e Sartre e seus amigos ligaram para a imprensa e disseram que o aviador ia visitar a École Normale. Na manhã seguinte, uma multidão de quinhentas pessoas apareceu. Um dos colegas de Sartre, disfarçado de Lindbergh, desfilou ao som da Marselhesa. Todos os jornais vespertinos deram a notícia e Lanson foi forçado a entregar o cargo. Segundo Sartre, foi "um trote belíssimo".[10]

A brincadeira perdeu a graça quando, um ano depois, os professores reprovaram Sartre no exame de *agrégation* em filosofia, em que se esperava dele um desempenho exemplar. Sartre, que alegadamente tentou ser original demais na prova, teve de assistir ao rival Raymond Aron encabeçar a lista, enquanto ele era banido para as tenebrosas fímbrias da Cité Universitaire, perto da Porte d'Orléans, uma instituição reservada a estrangeiros e franceses provincianos. "Eu simplesmente não conseguia acreditar que ele não fora aprovado", escreveu Simone, perplexa com o fracasso do homem que ouvira dizer ser um gênio. Para piorar as coisas, o noivado recente de Sartre com a filha de um merceeiro de Lyon foi rompido pelos pais dela ao receberem a notícia da desgraça. Dois amigos próximos de Sartre, Nizan e Maheu, já estavam casados, e ele ansiava por trilhar esse mesmo caminho convencional. Agora era duplamente rejeitado: "Peguei uma garrafa e fui para um campo, sozinho, e bebi e chorei".[11]

Esses reveses, contudo, apenas aumentaram a determinação de Sartre. O charmoso "Lhama", como era apelidado Maheu, por seus cabelos lanosos, não se mostraria páreo para o Kobra. Um dia após ter avistado Simone no corredor, Sartre deu a Maheu um desenho que fizera para ela. Intitulado "Leibniz banhando-se com as Mônadas", retratava mônadas, ou as "unidades de ser" descritas por Leibniz, como ninfas d'água nuas, e era um presente implicitamente erótico. "Jean-Paul me pediu para dar-lhe isso", murmurou Maheu, dando-lhe o desenho com relutância.

O interesse de Sartre tornou Maheu, por sua vez, mais possessivo. No início, se dirigia a Simone como "Mademoiselle". Era um sinal de sua intimidade crescente que, certo dia na biblioteca, o Lhama desse a Simone o apelido que ela carregaria pelo resto da vida. Curvando-se sobre o bloco de anotações, ele escreveu em grandes letras maiúsculas, *"BEAUVOIR = BEAVER. Vous êtes un Castor."*[12] A partir daí ela passou a ser Castor. Maheu inventou o nome, disse, não só devido à proximidade do sobrenome dela com a palavra inglesa "*beaver*", mas porque "castores gostam de companhia e têm tendência a construir".[13] Ele poderia ter acrescentado também que, como os lhamas, castores têm pelos macios e sedosos e, quando amansados, gostam de afagos.

Começaram a compartilhar[14] segredos. "Entendemos um ao outro quase instintivamente", lembrou Simone. Maheu dava pouca importância para a religião e quando Simone orgulhosamente lhe emprestou sua dissertação sobre "A Personalidade" para que lesse, ele fez cara feia e devolveu ali mesmo. Recendia a catolicismo e romantismo, disse ele. Hora de acabar com aquilo tudo. "Sou um individualista", contou de repente. "Eu também", concordou Beauvoir. Uma poderosa química começava a se desenvolver entre eles, que se expressava em piadas particulares sobre filosofia e sexo. Certa tarde, Gandillac se aproximou de Simone com um livro na mão e gravemente perguntou se Mlle de Beauvoir concordava com a opinião de Brochard de que o Deus de Aristóteles seria capaz de experimentar prazer sexual. Simone fez tudo que pôde para não explodir numa gargalhada com o lúgubre modo de se expressar de Gandillac, enquanto Maheu o fitava com ar gozador e respondia: "Espero que sim, para o bem Dele".[15]

À medida que o exame escrito que testaria os jovens filósofos se aproximava, Maheu aparecia na Bibliothèque Nationale todos os dias para ver Simone. "É um homem de quem gosto imensamente", confidenciou ao seu diário em 31 de maio, quando sentavam lado a lado na penumbra da biblioteca. Ela lutava contra os próprios sentimentos em relação ao atencioso "rapaz do campo", pois o código moral dele a alarmava. Um homem não precisa se restringir com respeito às mulheres, declarou o Lhama, mas a mulher, por sua vez, deve permanecer virgem até o casamento. "Case-se com Jacques", aconselhou-a. Uma mulher que não se casasse até os 18 anos se tornaria uma neurótica frustrada. Chocada em descobrir que as opiniões de Maheu eram quase idênticas às de seu pai, Simone protestou contra esses critérios sexistas, que permitiam o amor livre para os homens enquanto o negava para as mulheres.

"As mulheres deveriam ser tão livres quanto os homens para perder sua virgindade",[16] argumentou. Maheu sorriu. "Acho impossível respeitar qualquer mulher que tenha dormido comigo",[17] disse. "A sociedade só respeita mulheres casadas."

Simone escutava em confusão. Não conseguia deixar de comparar sua própria situação dolorosa com a de Zaza, que se apaixonara por Maurice Merleau-Ponty. Zaza, com um vestido de seda cor-de-rosa e um pequeno chapéu de palha, nunca parecera tão corada de felicidade como quando se sentava ao lado de Maurice em um bote a remo no lago do Bois de Boulogne. O adorado Lhama de Castor, contudo, ia voltar para os braços de "Madame Maheu" em Bagnoles-de-l'Orne assim que as provas terminassem.

O relacionamento entre Eugenes e mulheres "terrenas" é normalmente difícil, dizia Maheu, porque elas querem "devorar tudo e o Eugene opõe resistência". "Acha que já não descobri isso?",[18] perguntou Simone. Ela sabia que em sua própria vida existia um Eugene, um que nunca lhe pertenceria; entretanto, sonhava em consumar seu amor.

À medida que o relacionamento entre Maheu e Simone ia ganhando caráter mais apaixonado, parece quase certo que ele de fato tirou sua virgindade. Desde os 12 anos, como relata Beauvoir em *Memórias de uma moça bem-comportada*, ela se sentira atormentada pelo desejo físico; excitada por Jacques, viu-se frustrada em suas esperanças de um casamento. Nas *Memórias*, Beauvoir despreza a significação dos precursores de Sartre, mas em seus diários a disparidade entre o que escreveu para consumo público e o que realmente aconteceu é muito clara. O autorretrato criado nas *Memórias* de uma "pequena dama de boa criação"[19] que chegou virgem até Sartre obrigou-a a negar seu relacionamento sexual com Maheu para os biógrafos. "Nunca sequer beijei um homem na boca antes de conhecer Sartre",[20] protestou. Maheu "teria gostado, mas *nunca, nunca, nunca* tentou me seduzir [...]. Eu era de fato a moça bem-comportada". O diário conta uma história diferente.

Entre 15 de abril e 15 de junho, Simone de Beauvoir relata sua sedução por Maheu. Em seu diário ela descreve "o longo desejo, a lenta aproximação" que surgiu entre eles durante esses dois meses. Ao entregar-se inteiramente a ele, corria o risco de perder o respeito de Maheu, conforme sua advertência, mas ela o desejava o suficiente para mandar a precaução às favas. O ardor dele, apimentado pela sensação de que Sartre espreitava das sombras, instigou-a a concretizar seu ousado credo de liberdade, e dormir com seu "Príncipe dos Lhamas". Ao que tudo indica 15 de junho foi o dia em que finalmente perdeu a virgindade. Nesse dia, escreve, finalmente *J'apprends la douceur d'être femme* — Aprendo a doçura de ser mulher.[21]

A frase indica a consumação do profundo amor que sentia por Maheu. Enfim se tornava uma mulher de verdade, e era tudo pelo que ansiara. O *love affair* dos dois duraria todo o verão. "Eu o amo profundamente — *Oh! Llama si aimé, mon Prince de Llamas*", escrevia Simone ainda em 10 de setembro de 1929. Resta pouca dúvida de que o relacionamento físico se prolongou de forma intermitente — Maheu tinha de voltar para a esposa —, embora, quase desde a terna consumação inicial, seu sabor fosse agridoce. Com o passar dos meses, Simone, conforme relata em seu diário, é forçada a encarar o fato de que, mais uma vez, escolhera alguém inatingível.

Perto do fim da vida, Sartre foi ficando mais descuidado em sustentar a história de que Beauvoir era uma virgem quando ele a conheceu. Ele admitiu, em 1971, para Tito Gerassi, filho dos amigos de Simone, Stépha e Fernando, que Maheu fora o primeiro namorado de Castor, e esse era o motivo para sua relutância em apresentá-los. "Maheu estava apaixonado por ela [...]. E ela estava apaixonada por Maheu; na verdade, ele foi seu primeiro amante, de modo que ela não estava particularmente com pressa de nos conhecer."[22] O próprio Maheu, em uma última conversa telefônica com Gerassi, em 1989, também insistiu ter sido o primeiro amante de Beauvoir. "Sartre era incrivelmente generoso, e um gênio",[23] lembrou. "Mas Castor [...]. Que coração! Era tão autêntica, tão corajosamente rebelde, tão genuína [...]. E tão distintamente atraente, seu próprio gênero, seu próprio estilo, nenhuma mulher jamais foi como ela [...]. Mas tiveram de continuar."

Em suas memórias, Beauvoir negou que Maheu foi seu primeiro amor. A construção da lenda exigia que adulterasse a verdade. "Eu via o amor como um envolvimento total; logo", declara, sem convencer, "não estava apaixonada por [Maheu]." Mas dias antes de sua morte Maheu continuava na mente de Beauvoir. Em sua última entrevista com a biógrafa Deirdre Bair, em 4 de março de 1986, repetiu que "As pessoas [que acreditavam que ela e Maheu estiveram fisicamente envolvidos] estão sonhando. Isso é falso".[24]

A questão permanece controversa. Sylvie Le Bon, companheira de Beauvoir e testamenteira literária, continuou a defender a reputação de Simone. "Gerassi é um mentiroso",[25] disse-me Le Bon. "Sartre disse que Simone de Beauvoir era virgem. Ela se sentia atraída por Maheu, mas era '*une jeune fille*'. Sem uma proposta de casamento, a pessoa não ia para a cama com outra. *Cette histoire n'est pas possible.*" Le Bon concorda, contudo, que em 1944, quando Paris foi libertada, Beauvoir e Maheu dormiram juntos. Naquela "explosão de alegria", a antiga paixão renasceu. Era improvável que fosse a primeira vez.

"*Bonne chance, Castor*",[26] sussurrou Maheu ternamente, quando o casal tomou seus lugares na biblioteca da Sorbonne para a prova. Simone pôs uma garrafa térmica de café e uma caixa de biscoitos sobre a mesa. "Seu tema é 'Liberdade e contingência'", anunciou o examinador. Enquanto outros candidatos olhavam para o teto, a caneta dela voava pelas páginas.

No dia seguinte, Maheu fez uma visita surpresa ao número 71 da rue de Rennes: estava de partida para encontrar a esposa em Bagnoles-de-l'Orne.

Quando voltasse, dentro de dez dias, ia se preparar para a prova oral de filosofia com Sartre e Nizan, e tinha uma mensagem para ela: Sartre expressara o desejo de convidar Mlle de Beauvoir para se juntar a eles. Gostaria de conhecê-la: será que poderiam se encontrar um dia desses?

Consciente de que ele provavelmente já fracassara na prova escrita, e desesperado em não perder Simone, Maheu implorou que não se encontrasse com o rival. Estava com medo de que Sartre tirasse vantagem de sua ausência para "monopolizá-la". Simone concordou em mandar sua irmã Poupette em seu lugar, com instruções de dizer que ela fora chamada às pressas para o interior.

Educadamente, Sartre acolheu as desculpas de sua isca, e acompanhou-a ao cinema. Ele nem chegava perto de ser tão divertido quando Maheu dizia, relatou Poupette à irmã: "É pura invenção".[27]

No domingo, 7 de julho, Simone estava muito nervosa. Sartre, o prodígio intelectual, a esperava na manhã seguinte para discutir Leibniz; cheia de ansiedade, ela releu suas anotações sobre o filósofo.

Acho que fiquei sem dormir a noite toda [...]. Estava morrendo de medo de que não me achasse suficientemente brilhante, mas apenas uma garota tola que não sabia muita coisa e não sabia pensar [...].[28]

7

O verão do amor

Preciso de Sartre; mas amo Maheu.[1]

Simone de Beauvoir, diário,
8 de agosto de 1929

O VERÃO DE 1929 foi um dos mais quentes da história. Os *marronniers*, os castanheiros de Paris, explodiram em flor mais cedo, e em maio o aroma de lilases enchia o jardim murado da École Normale, onde os alunos sentavam ociosamente junto à fonte, as folhas de seus livros dobrando-se à luz do sol. Em julho, o tempo ficou mais mormacento: as calçadas tremeluziam sob o céu azul, e somente a brisa de fim de tarde soprando do Sena movimentava o ar. Os parisienses faziam filas nos cinemas para ver Al Jonson em *The Jazz Singer*, o primeiro filme falado, ou dançar ao som inebriante do saxofone. Nos bulevares, prostitutas faziam ponto sob as luzes azuis de néon; Paris pulsava de vida, os ritmos frementes da Era do Jazz expressando a sexualidade da cidade dos sonhos.

Simone bateu na porta do quarto de Jean-Paul Sartre. Estava intrigada com sua reputação: "Um terror, mas absolutamente brilhante". Ouvira dizer que aparecera nu em pelo no baile dos alunos, que ele e seu amigo Pierre Guille haviam jogado bombas de água do teto da École Normale na cabeça dos convidados em seus trajes de noite, gritando "Assim mijava Zaratustra!". Era de conhecimento geral que havia vomitado, bêbado, nos pés do diretor no Lycée Henri IV ao ser aprovado no *baccalauréat*, e se apresentado travestido em *La Belle Hélène*.

Sartre era a cortesia em pessoa quando abriu a porta. Desleixado nas roupas e não muito amigo de um banho, fizera mais esforço que de costume por consideração a sua visita. Com a camisa preta aberta no colarinho, pareceu a Simone um homem vivido, conforme a cumprimentava formalmente e lhe indicava a única poltrona confortável. Seu espesso cabelo louro-escuro estava repartido do lado esquerdo e cuidadosamente escovado. Atrás dos óculos redondos de aro de chifre moviam-se olhos inteligentes, os lábios eram grossos e sensíveis, o nariz, reto. Como uma de suas namoradas recordou mais tarde, tinha uma testa nobre. Apreensiva, Simone olhou em torno, em meio às nuvens de fumaça de tabaco, para as pilhas de livros e cinzeiros transbordando. Pregados nas paredes viam-se os desenhos satíricos de Sartre. Ela estava assustada demais para falar. Sartre, fumando um cachimbo, balançava distraidamente a cabeça. Nizan, tragando um cigarro, inspecionava-a através das lentes de quartzo.

Em breve, Leibniz foi esquecido. "Algo grandioso aconteceu", ela registrou nessa noite. "*Oh! Charme inimaginável.*" Fascinada pela eloquência de Sartre, e seu óbvio interesse, ela pela primeira vez sublinhou o nome dele em seu diário. Para Sartre, também, o encontro foi um episódio marcante. Nessa noite, ele a presenteou com uma gravura japonesa, que o Lhama a ajudou a levar para casa. "*Sartre et moi*", escreveu, "estamos trabalhando juntos, agora."

No dia seguinte, 10 de julho, quando chegou ao quarto de Sartre, escutou os protestos irados do Lhama. "Não, essa noite *sou eu* quem vai levar Mademoiselle de Beauvoir ao cinema",[2] e o "Grande Duque" (Nizan) respondendo, "Certo, certo", enquanto Sartre dizia, "Pode ir, então". Um grupo de acompanhantes foi então proposto, mas Maheu só permitiu a Sartre que seguisse junto dele e Castor até a place Denfert-Rochereau. Nessa noite, ele parecia triste. "Estou feliz de sair com você, Castor", disse-lhe, consciente de que seu idílio estava condenado. Assistindo a um filme do Tour de France, ele falou morosamente sobre a esposa. "*Ah! Mon Llama*", suspirou Beauvoir em seu diário.

Na sexta-feira, 12 de julho, Maheu e Beauvoir se fecharam no quarto de hotel dele, na rue Vanneau. No início, o Lhama ficou sentado em uma poltrona, dizendo-lhe como estava feliz por estar com ela ali. Depois o casal foi até a cama, onde Maheu se mostrou "carinhoso", escreveu Simone, e ela foi "inundada com a doçura de sua presença". Nem mesmo a fotografia acusativa da esposa do Lhama no consolo da lareira impediu-a de se render a suas ternas carícias. Depois disso, Beauvoir fez uma tentativa despropositada de estudar Aristóteles, mas o preguiçoso Lhama afastou os livros com um gesto; tarde demais para se incomodar. Em vez disso mostrou a seu Castor os desenhos dos "animais metafísicos" de Sartre, e gravuras de nus de Michelangelo, e lhe contou anedotas.

Durante todo esse mês, Beauvoir lutou com seus sentimentos. No dia 13, Sartre discorreu sobre o *Contrato social* de Rousseau para o grupo. Aqui e ali, Simone tentou discutir com ele. "Que mocinha mais esperta!",[3] exclamou Maheu quando ela se mostrou com a razão, enquanto Nizan olhava para as próprias unhas. "Sartre sempre leva a melhor sobre mim", lembrou Beauvoir, mas ela ficou impressionada com sua generosidade, pois lhe parecia que ele não extraía aprendizado algum dessas sessões, embora "se entregasse a elas por horas, sem se importar a que preço".

A cabeça dela continuava voltada para *"mon Llama"*. Ele a levou para almoçar após a sessão, e para uma volta em seu carro. *"Que nous sommes gais!"*, escreveu ela. Mas no Dia da Bastilha, 14 de julho, Maheu finalmente se viu forçado a capitular: Sartre teria de ser admitido na fortaleza particular dos enamorados. Todos os quatro *petits camarades* haviam jantado juntos no restaurante alsaciano e assistido aos fogos de artifício do gramado da Cité Universitaire. Quando os últimos foguetes explodiam no céu escuro, Sartre acenou para um táxi e levou o grupo para o Falstaff, na rue Montparnasse, onde manteve Simone "de fogo com coquetéis" até as 2h da manhã. Os três cavalheiros competiam pela atenção de sua nova amiga. "Eu estava no sétimo céu", recordou Simone. "Achei Sartre ainda mais divertido que Maheu."

Dois dias depois Maheu anunciou que permitiria a Sartre ser amigo de Castor. A essa altura, não tinha mais escolha. No Falstaff, Sartre voltava a lhe pagar bebidas, e Beauvoir ficou impressionada. "Porém, não é ele que eu amo", confidenciou a seu diário. "O Lhama! Como sofro por esse homem! [...] Sei o que é sofrer esta noite. Estou nervosa. Tenho uma terrível sensação de dependência dele."

Mas Maheu não tinha futuro algum a lhe oferecer, enquanto Sartre era livre. E também generoso. Nessa época, a prodigalidade de Sartre se tornaria lendária. Anne-Marie não lhe podia negar nada, e ele sempre carregava um grosso rolo de notas no bolso de trás. Em 1929, mais polpudo ainda do que o usual, já que sua avó paterna lhe deixara uma herança que era o que então estava gastando. A munificência de Sartre se mostraria fortemente atraente para Simone, após a criação avara a que fora submetida.

E havia um vazio na vida de Sartre, que emprestava ainda mais ansiedade a sua corte. A ligação entre ele e Nizan enfraquecera após o casamento deste, em 1927. Sartre e Nizan haviam desfrutado de tal intimidade, que na cabeça de Sartre era como se fossem *"Un seul être"*, um único ser. A importante parceria afastava os medos e a insegurança de *"l'homme seul"*.[4] Agora Nizan tinha Rirette, e Sartre sonhava, também, em encontrar uma mulher com quem recriar a incestuosa união com Anne-Marie que marcara sua pré-memória mais antiga.

Um padrão foi rapidamente estabelecido: pelas manhãs, trabalho, depois, diversão. Simone se juntava ao grupo correndo pelos terraços da universidade e cantando entre os tubos das chaminés. Sartre e Maheu compuseram um mote zombeteiro baseado em Descartes: "Concernente a Deus, se ele existe".[5] Em sua agradável voz de tenor, Sartre cantava "Old Man River" e outros sucessos do jazz e spirituals negros. Almoços ruidosos eram seguidos de passeios à feira de diversões na Porte d'Orléans, onde jogavam fliperama ou tentavam a sorte no estande de tiro ao alvo. Uma noite, Simone foi para casa abraçada a um vaso cor-de-rosa que ganhara na Roda da Fortuna.

Ouvindo os *petits camarades* zombar da espiritualidade cristã ou da *vie intérieure*, Castor começou a sentir vergonha de sua própria ligação duradoura com a "farsa burguesa". Na *master class* de Sartre, a alma não tinha lugar. Não havia outra dimensão: o homem estava só, à deriva no universo.

O trio se recusara a passar por um exame de conhecimento religioso, preferindo adotar as ideias de Cocteau, que declarara, "Eu exploro o vazio". "Se Deus não existe e o homem é mortal",[6] disse Sartre, repetindo sua citação favorita de Dostoievski, "tudo é permitido. Uma experiência é tão boa quanto outra; o mais importante é passar por tantas quanto possível." Eles viveriam pelo lema dos surrealistas, trombeteado no manifesto de 1924: *épater les bourgeois*. E como Eugenes, não era seu dever zombar de todos os sistemas morais universais? Empolgada com o convite de Sartre para se juntar a ele naquela "aventura brutal chamada vida",[7] Simone escreveu em seu diário, em 25 de julho: *"Que délicieux soir avec quel délicieux Sartre"*.

Dias depois, Simone correu até a Sorbonne para descobrir os resultados de sua *agrégation* escrita. Na porta, encontrou Sartre. Ambos haviam passado, assim como Nizan. Maheu fora reprovado. "De agora em diante", disse Sartre para Castor, *"je vous prends en main"* — "a senhorita fica aos meus cuidados".[8] A observação era tanto um desafio como um oferecimento de ajuda, pensou ela: "Ele ficou muito satisfeito de me ter só para si". Com Maheu fora de cena, o longo processo de sedução de Simone, tão postergado, podia ter início.

Em duas semanas, Sartre e Simone se tornaram inseparáveis. Eles se socializavam com os Nizan, que moravam na rue Vavin, com os pais de Rirette. "Para esfregar na cara do velho Les Deux Magots", evitavam a place Saint-Germain-des-Prés em favor do Café de Flore. O lugar era escuro e sórdido. Jovens escritores editavam o jornal literário radical, a *Nouvelle Revue Française*, esparramados em poltronas vermelhas, e admiravam a própria imagem em espelhos com moldura de mogno. Conheceram Aron, também simpatizante do socialismo, que estava prestando o serviço militar no Meteorological Corps, e Georges Politzer, um comunista. Muitas vezes, preferiam ficar a sós. Sartre comprava pilhas de livros usados nos *bouquinistes* às margens do Sena. Bebiam gin fizz e martínis no Falstaff e iam ao cinema, onde Sartre apresentou Simone aos faroestes. Ele falava de seus heróis, Capitão Pardaillon, Buffalo Bill e Nick Carter, o detetive nova-iorquino fictício. Escutavam as gravações de Sophie Tucker e Jack Hylton. E, dia após dia, a precoce jovem de 21 anos caía cada vez mais sob o encanto de Sartre, enquanto conversavam sobre o assunto que a ela interessava mais do que tudo: ela mesma.

Timidamente, Simone confidenciou a Sartre seu sonho de se tornar uma romancista. "Aconteça o que acontecer, deve preservar o que existe de melhor em você",[9] insistiu ele: "Seu apego à liberdade pessoal, sua paixão pela vida, sua determinação de ser uma escritora". À exceção de Zaza, ninguém antes encorajara sua ambição solitária. Mas em Sartre ela encontrou um homem que disse, "eu posso ajudá-la", um homem cujo desejo de escrever expunha uma "paixão frenética" ainda maior do que a sua. "Ele vivia apenas para escrever", registrou ela. "Livros são fontes de luz", dizia ele. "Em bibliotecas em ruínas, vão sobreviver ao homem." Simone ficava impressionada. Maheu fazia anotações sobre Spinoza, mas Sartre queria *ser* Spinoza — e Stendhal, também.

Ousadamente, o Kobra expunha sua "teoria da contingência",[10] um tema fascinante no fim dos anos 1920: existem dois tipos de eventos no mundo,[11] os inevitáveis, como a gravidade, pais, seu sistema digestivo, e que são necessários à existência; e os resultantes da sorte ou de acidentes, como perder o ônibus e encontrar o amor de sua vida no ônibus seguinte. O segundo, contingência ou aleatoriedade, havia moldado Sartre: a morte de seu pai, sua reprovação no exame de 1928, ter conhecido Simone. Eventos gratuitos, arbitrários, imprevistos haviam agido sobre sua personalidade, que ele passaria o resto da vida decifrando.

Parecia uma filosofia melancólica. "Na raiz da humanidade, tudo que posso ver é tristeza e tédio", escreveu Sartre. Sem Deus, a divina centelha extinta, Sartre se sentia despossuído. Encontrava algum eco para seu próprio sentimento de solidão e tristeza na obra do filósofo dinamarquês do século XIX Søren Kierkegaard. Kierkegaard identificara o abismo na mente humana que é a ausência de Deus e de qualquer significado, e cunhara a expressão "medo do nada". Isso transmitia a ideia de que o homem se sente aterrorizado com a perspectiva do vazio, *le néant*, o nada que jaz adiante, a morte sem uma vida no além. Kierkegaard é visto como tendo criado o cenário, e fornecido inúmeras ideias, para o existencialismo, e decerto em 1929 o medo do nada de Sartre tinha grande proximidade com a angústia psicológica de Kierkegaard.

A expressão "medo do nada" encontrou particular ressonância no jovem francês, devido aos elos com os temores de infância. Quando tinha 7 anos Sartre havia sonhado que estava em um trem sem bilhete. Quando o cobrador se aproximou, ele não tinha uma passagem para apresentar, e não podia estar viajando; a falta do bilhete de trem simbolizava o fato de que não tinha direito à existência. O sonho se tornou recorrente. O menino que olhava no espelho e via apenas uma água-viva se debatendo debilmente diante do próprio reflexo ainda se sentia inadequado e assustado. A perda da fé arrancara dele uma muleta que talvez o tivesse ajudado. Como Kierkegaard, "o medo do nada penetrara nele", e levara a um temor ainda maior das possibilidades alarmantes de ser livre. "O medo do nada está ligado ao medo da liberdade",[12] escreveu Kierkegaard, que fez o *leap of faith* de volta ao cristianismo. Sartre, por outro lado, sem o farol do catolicismo, seguia seu curso livremente.

"Somos tão livres quanto se quer, mas desamparados",[13] escreveu em um ensaio de juventude. "Tudo é muito fraco: todas as coisas carregam as sementes de sua própria morte." Condenados a ser livres, devemos segurar nosso fardo e criar significado em um mundo sem significado.

Beauvoir ficou impressionada com a tentativa energicamente ética de Sartre de tentar formular uma nova filosofia pela qual viver. Ele, por sua vez, ficou deliciado de encontrar uma discípula envolvida em sua própria busca por um substituto do catolicismo, mas que também trazia consigo hábitos de obediência aprendidos em uma infância devota. Ele nunca precisava corrigir Castor,[14] como acontecera com a primeira Simone.

Certa manhã, contudo, ao lado da fonte dos Medici nos Jardins de Luxemburgo, Simone reuniu coragem para expressar suas próprias ideias. A despeito de aceitar, como muitos pensadores e escritores modernos que andava lendo, de Nietzsche a Dostoievski, que "Deus está morto", ela ainda se agarrava a seu velho sistema pessoal: uma crença no "Absoluto", uma Bondade — ou Deusa — no universo. Sartre escutou em silêncio: depois, calmamente fez sua filosofia em pedacinhos ("*il la mit en pièces*").[15] Simone continuou a teimar; as ideias *dela* lhe permitiam encarar seu "coração como árbitro do bem e do mal". Por três horas ela argumentou, antes de finalmente admitir a derrota:

Eu simplesmente não chegava ao seu nível [...]. Meu raciocínio era falho e minhas ideias confusas. Não tenho certeza mais *do que* eu penso, nem se é possível dizer que eu sequer penso [...].[16]

A humilhação de Beauvoir ao lado da fonte dos Medici foi um episódio crítico no desenvolvimento de sua relação com Sartre. Foi o momento em que ele obteve sua conquista intelectual. E conforme Sartre demolia Deus, ele O punha em Seu devido lugar. Separada do Jesus Cristo que sempre venerara tão apaixonadamente no início da adolescência, Simone começou a idealizar Sartre com igual fervor. Ela o pôs em um pedestal: um mago, guardião de segredos, protetor mágico da verdade. Em suas memórias, escreveu: "*Je ne me demandai plus: que faire? Il y avait tout à faire*"[17] — "Eu não me perguntava mais: o que fazer? Tudo estava por ser feito [...] descobrir a verdade, dizê-la [...] ao mundo, talvez ajudar a mudar o mundo".[18]

Mas seu diário mostra que o processo de se apaixonar foi muito mais gradual do que alegou em suas *Memórias*, que distorcem e romantizam suas primeiras reações a Sartre. "Preciso de Sartre", escreveu Simone a 8 de agosto em seu diário. "E Maheu, eu o amo — adoro o que Sartre me traz —, e Maheu, o que ele *é*." Mas se continuava insegura de que Sartre era sua "alma gêmea", ela se convencera de que, comparada ao grupinho dele, seu conhecimento carecia de profundidade: "A cultura deles tinha uma base mais sólida que a minha [...].[19] *Je n'étais ni l'unique, ni la première* [eu não era nem a única, nem a primeira], mas uma pessoa entre muitas, de modo algum a primeira".[20] Com essa frase, Beauvoir prestava sua obediência a Sartre.

A prova oral, à qual a dupla agora se submetia, era o último obstáculo em sua carreira universitária. De 76 candidatos que haviam prestado o exame escrito de filosofia, apenas 27 conseguiram chegar até as provas orais, nas quais apenas 13 foram aprovados. As mulheres em geral precisavam de quatro a cinco tentativas, e o próprio Sartre, vencedor do *prix d'excellence* na École Normale, fracassara uma vez. Presentes à prova para apoiar Simone estavam Zaza, Stépha e Poupette, respirando fundo quando ela subiu no tablado para ficar diante dos examinadores. Ela não só estava competindo contra os jovens mais brilhantes de sua geração, como também contra Simone Weil, que, assim como Sartre e Nizan, fora aluna de Alain no Lycée Henri IV, superara Beauvoir no diploma de filosofia geral em 1927 e também estudara na École Normale a partir de 1928.

Todo mundo sabia que a formação de Beauvoir fora inferior, então, quando os resultados saíram, causaram sensação. Ela havia triunfado, vencendo todos exceto Sartre: ele tirou o primeiro lugar, ela, o segundo.[21] Aos 21 anos, ela era a pessoa mais jovem a passar em uma *agrégation* em filosofia, e apenas a nona mulher. Um feito extraordinário.

A banca de três membros debatera por longo tempo. Beauvoir "foi rigorosa, exigente, precisa, muito técnica",[22] recordou Gandillac, também presente. Sartre, por outro lado, observaram os examinadores, "exibe uma inteligência afiada, rigorosa e abrangente, quase sempre segura". Mas sua apresentação "extraordinariamente equilibrada" sobre fenomenologia, o sensacional novo movimento da filosofia fundado por Edmund Hüsserl, finalmente ganhou o dia, embora a votação houvesse sido dividida, dois contra um. Fora difícil decidir o primeiro lugar, confessaram Davy e Wahl, dois dos juízes: "Pois embora Sartre demonstrasse qualidades óbvias, grande inteligência, uma cultura sólida, ainda que em alguns aspectos incompleta, todos concordaram que *ela* era a autêntica filósofa".

Como era de se esperar, o estabelecimento de ensino granjeara a coroa a um dos seus: Sartre, um homem, um *Normalien* e, aos 24 anos, três anos mais velho que Castor. E pelo resto da vida Simone de Beauvoir ia se considerar abaixo de Sartre.

8

Um mês no campo

Tenho apenas um desejo por beleza e, fora isso, vazio, nada.[1]

Jean-Paul Sartre, *Diários de guerra, 1939-40*

EM 19 DE AGOSTO, Beauvoir tomou o trem para Uzerche. Ela estava de regresso ao Limousin, possivelmente pela última vez. Meyrignac, parte tão integrante de sua infância, agora passara ao tio Gaston. Seu destino era o Château de la Grillère, a 15 quilômetros de Uzerche, onde, quando criança, passara verões idílicos com os primos Robert e Madeleine e os pais deles, tia Hélène, irmã mais velha de Georges, e seu marido Maurice de Bisshop, aficionado da caça à raposa. Mas a condição financeira precária da família imediata de Simone dentro da rígida estratificação da sociedade burguesa ficara enfatizada dois verões antes disso, após ela ter disputado um ou dois sets de tênis com um jovem no solar e ouvir a mãe dele advertir Françoise asperamente de que de modo algum seu filho poderia se casar com Simone, uma garota sem dote. Nos bailes, vestida ignominiosamente com o vestido herdado da prima, Simone se escondia atrás de uma coluna, uma solitária desajeitada ignorada pelos jovens galantes. Em seu diário as palavras "rejeição" e "exílio" apareciam repetidamente.

E contudo nada mudara. O verde campo do Limousin era atemporal. No palacete com suas torres, cornetas de cobre para a caçada ainda pendiam no vestíbulo azulejado, raposas e falcões empalhados adornavam as paredes da sala de bilhar, Simone e Hélène continuavam a dormir em camas com colunas e dossel, e as galinhas e galinhas-d'angola ciscavam no terreno além da janela da cozinha em que as irmãs tomavam um fumegante *café-au-lait*. A cozinha era o ambiente predileto de Simone: fagulhas voavam do fogão de ferro fundido enquanto ela se sentava aquecendo os pés junto à grande mesa de madeira cercada de potes e panelas reluzentes, as prateleiras e os armários abarrotados até o alto de tigelas, *bains-maries*, caçarolas e terrinas de sopa decoradas com cores esmaltadas brilhantes. Depois do corredor, na despensa, padronizados tijolos de manteiga e queijos redondos dispunham-se em fileiras ordenadas sob véus de musselina branca, enquanto no porão, entre garrafas e barris, presuntos imensos, fieiras de linguiças, cebolas e cogumelos ficavam pendurados para secar no ar imóvel.

Lá fora, os jardins, o celeiro de frutas, os estábulos e os acres de castanheiros continuavam sendo seus domínios. Bem cedo, toda manhã, ela se levantava e saía para passear com um livro na mão, observando os pálidos raios de sol perfurando a bruma matinal. Mais tarde, Poupette e Madeleine iam se juntar a ela no gramado de croqué, e as tardes eram passadas à caça de cogumelos nos bosques de castanheiros, ou escavando os formigueiros à procura de ovos para os pavões comerem. Nos domingos, tia Hélène ordenava à carruagem que levasse as mulheres para a missa em Saint-Germain-les-Belles, nas imediações. Contudo, essas férias prometiam ser mais memoráveis do que de costume: tanto Maheu como Sartre haviam dito a Simone que queriam visitá-la.

Era o auge do verão no Limousin quando Jean-Paul Sartre chegou, em 21 de agosto. Ele se hospedou em um quarto no Hôtel de la Boule d'Or, em Saint-Germain-les-Belles, e bem cedo na manhã seguinte saiu para uma caminhada de meia hora através dos campos na direção do solar. Simone ainda tomava o café da manhã quando Madeleine apareceu esbaforida na cozinha: encontrara um jovem lá fora perguntando pela prima. Na mesma hora Simone correu para ir ao seu encontro. Estava empolgada com a chegada de Jean-Paul — assim como Madeleine — e aflita em manter o pretendente para si mesma. Será que Jean-Paul não apreciaria sair para uma caminhada? perguntou. "Não", respondeu Sartre. Era alérgico a clorofila. Todo aquele prado verde luxuriante o deixara exausto. E que tal tênis? Ele abanou a cabeça. Gostaria que ela trouxesse alguns livros? Não. Ele só queria conversar. "Em pouco tempo percebi", escreveu Simone, "que mesmo que continuássemos conversando até o Dia do Juízo Final, eu ainda assim acharia o tempo curto demais."[2]

Sartre ficou impressionado com o palacete torreado e tudo que implicava. A despeito do desprezo que alegava sentir pela burguesia, era suscetível quanto a suas próprias raízes camponesas entre os "desconfiados, feiosos e na maior parte sujos [...] caipiras"[3] de Thiviers, bem como à herança alsaciana pelo lado materno, com seu complexo de inferioridade em relação ao resto da França. Embora Karl Schweitzer houvesse tentado a sorte na França em 1871, muitas vezes via o irmão merceeiro Auguste e outros parentes falantes de alemão em Gunsbach e Pfaffenhofen, e era um pomo da discórdia para ele que o professor alemão na maioria dos *lycées* fosse um alsaciano que adotara a França mas, "aprisionado entre duas nações, duas línguas",[4] só recebesse hostilidade dos colegas franceses. "Você vai me vingar, Jean-Paul", exigia Karl. "Embora neto de um alsaciano, eu era um francês da França", recordou Sartre em 1964. "Em minha pessoa, a martirizada Alsácia entraria na École Normale Supérieure, se graduaria com brilhantismo e se tornaria um príncipe: um professor de literatura."

Nesse verão, Jean-Paul realizara tudo que Karl lhe pedira. Ele foi coroado o príncipe da École Normale. Nunca sentira tanto otimismo. Foi um período, como se recordou mais tarde, em que se sentia como "mil Sócrates".[5] Seu autoelogio orgulhoso, copiado de Hípias, era: "Nunca encontrei homem algum que fosse meu igual". Sem dúvida, esperava que se ficasse nas redondezas, os pais de Simone o convidariam para almoçar em La Grillère. Mas nenhum convite surgiu. Françoise, referindo-se gelidamente ao "amigo" de sua filha mais velha, expressou a opinião para sua cunhada de que sem dúvida devia estar só de passagem para algum outro lugar. Quando soou a sineta do almoço, Simone enfrentou um dilema. Para ela era uma questão de honra nunca ajudar em qualquer tarefa doméstica, como tirar os pratos, e viu-se desse modo obrigada a pedir a Madeleine para guardar alguma comida para Sartre. Madeleine, sentindo-se como que ajudando o herói e a heroína de um livro romântico, ficou feliz em fazê-lo, escondendo queijo e bolo de gengibre para Sartre em um pombal abandonado. Dois dias depois a própria Simone não apareceu para almoçar e passou longas horas nos milharais com seu pretendente.

A oposição dos pais de Simone apenas fortaleceu a resolução de Jean-Paul. Toda manhã ele aparecia e esperava por Castor. Todo dia, usando uma "agressiva" camisa vermelha. A visão de sua "figura pequena e honesta"[6] como ele descreveu Simone em uma carta de amor, inspirou confiança; ela era apenas dois dedos mais alta que ele, diferente de sua mãe. Simone, de sua parte, no início sentiu uma certa timidez, que, como confessou em seu diário, a tornou "artificial". Mas todas as manhãs ela acordava às 7 horas, o coração batendo de alegria. Dias "perfeitos" sobrevieram: "Hoje aceito sem embaraço a sensação levemente perturbadora de estar em seus braços e sentir sua força".

Em seu diário, dez dias após a partida dele, sob a entrada "Sartre", ela resumia o que o novo namorado significava: "O mundo termina se abrindo — estou descobrindo que tenho um destino de mulher — com quem amo. Estou descobrindo o que significa pensar, o que é um grande homem, o que significa a união". Os últimos meses haviam presenciado "o nascimento de Castor que por tanto tempo hesitou entre uma Mlle de Beauvoir intelectual e uma Mlle de Beauvoir apaixonada". Nesse verão, o verão do amor, a inocência se transformou em experiência.

A reação dela mexeu com Sartre no nível mais profundo. Beauvoir, a joia da universidade, a garota mais bonita de todas as alunas, estava preparada para amá-lo. Ela lhe deu a aceitação pela qual tanto ansiava quando o beijou. Foi um beijo mítico, virginal, um oferecimento de transfiguração. O menino que acreditava ter se tornado um sapo quando perdeu suas madeixas douradas renascia como o adorado *"petit prince"* de sua infância. "A companhia feminina",[7] que revelara suas imperfeições, também lhe permitia "livrar-se do fardo da feiura." Meu apetite pela beleza, disse, "não era sensual, na verdade, mas mais mágico. Eu queria devorar a beleza e incorporá-la".

Para Simone, por outro lado, uma mulher terrena, como Maheu a descrevia, a sexualidade se encontrava no coração do ser, tão "necessária" como o vaivém das marés ou a marcha das estações. Intensa e apaixonada, ela queria "vida [...] a totalidade da vida"; senti-la em sua completude. Despertada para a intimidade física por Maheu, agora sentia poucas reservas em ter prazer com o novo namorado.

Desde a adolescência, ela associara as clareiras verdejantes das florestas de castanheiros com a exploração sexual. Com 13 anos de idade, Simone se afastara da irmã às escondidas, numa tarde de calor, para descobrir seu próprio corpo, sozinha, recostada contra o tronco de um castanheiro. Ela havia levado um livro de contos de Balzac consigo, mas, conforme lia aquelas histórias rabelaisianas da vida rural, de casais mantendo relações no verão campestre, o pesado volume caíra de sua mão. A clareira era cálida e afastada, silenciosa exceto pelo zumbido das abelhas. Seus pensamentos derivaram para o primo Jacques. Ela olhou em torno. Nenhum sinal do couteiro de seu tio. Simone ergueu a saia:

> Ela tirou a casca de um pequeno galho e delicadamente esfregou a varinha suave entre suas coxas: enojava-a tocar a própria carne quente com os dedos. A imagem de sua mãe surgiu num lampejo e ela a baniu sem nenhum sentimento de vergonha; aquilo era como outra existência em que não havia mais pais, nem futuro, nem sequer um nome; havia o cheiro dos arbustos, de agulhas de pinheiro [...] uma sensação doce e misteriosa que transformava todo o seu corpo, da cabeça aos pés, em uma peça de seda trêmula [...].[8]

O ângelus soou. Simone ficou de pé num pulo.

A força de seu orgasmo a deixara tremendo. Tão poderosa foi a experiência que ela a descreveu nas primeiras três páginas do primeiro capítulo de seu primeiro romance, *Ela veio para ficar*. (O editor chocado, Gaston Gallimard cortou o capítulo ofensivo.) Muito depois, Beauvoir continuou a associar sexo com natureza, escrevendo: "Os prazeres de fazer amor devem ser imprevistos e irresistíveis como as ondas do mar ou um pessegueiro dando flores".[9]

Sozinha agora com Sartre, nos campos e florestas que conhecia desde a infância, Simone estava pronta para a mesma libertação. Fazia apenas seis semanas que conhecera o *"cher Jean-Paul"*, como agora o descrevia em seu diário, mas já reconhecia um "sinal gêmeo" na testa de ambos. Ela se entregou ao seu "homenzinho" musculoso e cheio de vida conhecido como "S.O.", *"satyre officiel"*, uma brincadeira com seu sobrenome provavelmente ligada ao relacionamento com Simone Jollivet, que lhe dera um abajur feito de calcinha de renda roxa como lembrança do *affaire*. Sartre não apressava Simone, pois gostava mais das preliminares. *"J'étais plutôt un masturbateur de femmes qu'un coïteur"*, escreveria em 1939.

Sob os castanheiros, Simone beijou seu Pã. Para ambos, a excitação dessa união pagã *en plein air* era ampliada pelo temor de serem descobertos, a emoção de saber que não só desafiavam os pais de Simone como também zombavam das regras da sociedade. Deitados na grama a pouco mais de um quilômetro dos muros da enorme propriedade, riam descontroladamente com o pensamento de que tio Maurice pudesse aparecer no dorso de um cavalo, ou de que tia Hélène deixasse a inspeção da despensa por um momento para testemunhar a extravagância da sobrinha. Ao se entregar a Sartre sem nem mesmo um compromisso, Simone estava arruinando para sempre a reputação de jovem burguesa respeitável, ainda que pobre. Mas seus êxtases arcadianos valiam o risco, para dois estudantes rebeldes à procura de um confronto com as autoridades.

Não tiveram de esperar muito tempo por isso. Quatro dias após a chegada de Sartre, Castor ergueu os olhos e avistou a silhueta dos pais na beira do gramado. Eles foram andando na direção do jovem casal. Sob o chapéu amarelo de palha, Georges de Beauvoir exibia uma expressão resoluta, embora desconcertada. Sartre ficou de pé num salto, "a luz da batalha em seu olhar".[10] Georges, sem se deixar convencer pela história de Simone de que ela e Sartre estavam estudando um livro sobre Marx, ordenou-lhe que deixasse a região. As pessoas andavam comentando. A irmã dele esperava encontrar um marido para Madeleine, e o comportamento escandaloso de Simone punha em risco a reputação da prima. Sartre se recusou: era essencial, disse a M. de Beauvoir, que ele e Simone continuassem a estudar juntos. Os pais se retiraram, derrotados. No dia seguinte, o jovem casal encontrou novos esconderijos, mais retirados na floresta. Sartre ficou até o dia 1º de setembro, e Georges não voltou à carga.

Foi uma vitória para os jovens. "Minha mãe e meu pai não controlavam mais minha vida", escreveu Beauvoir com uma sensação de assombro. "Eu era verdadeiramente responsável por mim mesma, agora. Podia fazer o que quisesse, não havia nada que pudessem fazer para me impedir." Sartre, também, ficou encorajado com o sucesso. No dia seguinte, deitado à luz esverdeada com Simone, corada e complacente em seus braços, ele deixou escapar uma proposta de casamento. Não era a primeira vez que trazia o assunto à baila; menos de duas semanas após ter conhecido Simone, quando estudavam juntos, ele aludira a um casamento. Agora ela simplesmente riu e disse: "Não seja idiota!".[11] Achou graça na proposta, que inicialmente não levou a sério. Como um casamento poderia se conciliar com a doutrina de liberdade dele, com seus planos de seguir os passos do pai e viajar para o Oriente? Mas Sartre persistiu por vários dias na ideia do casamento, acreditando que era antes à instituição do matrimônio que ela fazia objeção, mais do que ao pretendente. Ele se apaixonara por Simone e queria tirá-la de Maheu. Ela era bonita, inteligente e de boa família, embora sem dote. Ele a comprometera na frente de sua família e escandalizara a vizinhança, para satisfação de ambos. O dever e a honra exigiam agora que a tornasse sua esposa.

Simone corou e agradeceu a Jean-Paul; não estava pronta para lhe dar uma resposta. Na verdade, sugeriu, ele devia mesmo ir embora. Seu primo Robert o estava esperando para levar à estação, em Uzerche.

"Sartre correspondia exatamente ao parceiro ideal que eu desejara desde os 15 anos: ele foi meu igual, em quem todo o fogo de minhas aspirações encontrou um auge de incandescência",[12] escreveu Beauvoir numa famosa passagem de suas memórias. "Eu deveria ser capaz sempre de compartilhar tudo com ele. Quando o deixei, no início de agosto, eu sabia que ele jamais sairia de minha vida."

Contudo, em 4 de setembro, apenas três dias depois de se despedir de Sartre, Simone de Beauvoir encontrou-se em segredo com René Maheu, em

Uzerche. Esse encontro foi um dentre "certos fatos"[13] que Beauvoir advertia aos leitores de *La Force de l'âge* (*O auge da vida*), o segundo volume de suas memórias, ter "suprimido". "Não tenho nenhuma intenção de contar-lhes tudo", escreveu em seu Prefácio. "Existem muitas coisas que pretendo firmemente deixar na obscuridade [...] embora [...] em nenhum momento tenha me entregado a falsidades deliberadas." Em sua defesa disse que não estava interessada na "fofoca maldosa": mas o encontro com Maheu foi um momento marcante em sua vida.

Aquilo a deixou trêmula e confusa. Seus dois pretendentes haviam-na perseguido até o Limousin, e em seu diário ela os compara, as anotações sob "Estada de Sartre" e "Estada do Lhama" revelando os próprios sentimentos complicados enquanto tenta fazer sua escolha. A cabeça estava em conflito com o coração, que lhe dizia para escolher Maheu: Simone faz uma vívida descrição da onda de alegria que a invadiu ao ver o "Lhama com um paletó xadrez bege, sujo e cansado, sentado sobre duas malas na estação de trem". O casal correu para um hotel, onde ela reservara dois quartos com vista para o rio Vézère, pagando com dinheiro emprestado de Madeleine. O Lhama beija sua mão ao descerem para o jantar, no qual Sartre é o principal tópico da conversa regada a uma garrafa de Chablis 1923.

A agitação de Beauvoir fica evidente e sua letra apressada é quase ilegível conforme descreve o episódio em seu diário: a querida voz do Lhama, dizendo *"Bonjour Castor"* em seu pijama azul, na manhã seguinte; o aroma de sua água-de-colônia quando se deitam juntos na cama e ele lhe fala sobre as tramas de Shakespeare; seus braços em torno dela passeando de barco no rio. "Como é grande a ternura desse amor", escreve sobre seu Lhama, *"gai — spirituel — tendre — et si familier déjà"*. Mas é um amor sem esperança, por um homem por quem ela não tem mais respeito algum, como repete para si mesma infinitas vezes. Em 10 de setembro, dois dias após Maheu finalmente partir, ela reitera suas dúvidas sobre "Meu príncipe dos Lhamas"; seus laivos de vaidade, sua falta de generosidade ao comentar sobre a esposa:

Moralmente, não o estimo [...]. *Mas* [...] eu o amo profundamente — adorado Lhama, meu príncipe dos Lhamas [...] o mais delicioso, o mais confiante, o mais terno dos amantes.[14]

Seu conflito a atormenta, a despeito dos esforços para manter o autocontrole — dessa vez, não acontecera "nada físico" com aquele "homem sensual". De um lado, existe essa "aflição — paixão *inquiète*". De outro, com Sartre, "um grande homem", como sempre reconhece que é, existe "amizade apaixonada, confiante e calma".

É hora de regressar a Paris. Ela continua insegura, confidencia Beauvoir a seu querido diário, quanto a esse "amor por Sartre que irá aonde quiser"...

9

Um casamento "morganático"

Dei um tiro em meu próprio pé. Castor aceitou essa liberdade
e a acalentou.[1]

Jean-Paul Sartre, *Diários de guerra*, 1939

EM MEADOS DE SETEMBRO, Simone regressou a Paris. Pela primeira vez
na vida, em vez de tomar com a família o reluctante caminho do sórdido
apartamento na rue de Rennes, 71, ia ter uma nova casa. Sua avó Brasseur,
recém-enviuvada, decidira acolher inquilinos, e Simone aguardara vários meses
até ficar vago o quarto pelo qual tanto ansiara: um espaçoso dormitório nos
fundos, longe dos ouvidos da avó materna, onde poderia começar uma vida
independente. Agora o antigo inquilino saía; Françoise aceitou o argumento
da filha de que morar com vovó, que ficaria de olho nela, não era sair de casa.
Georges concordou em pagar pela mobília. Simone embrulhou suas coisas
e foi para o novo endereço no quinto andar da place Denfert-Rochereau,
uma praça arborizada batizada em homenagem ao general que derrotara os
prussianos em Belfort, em 1871. Ficava a poucos minutos de caminhada
de sua mãe, ainda no coração de Montparnasse; mas era um quarto só seu.

De sua sacada Simone avistava o majestoso Leão de Belfort, um bronze
esculpido por Bertholdi, que dominava a praça, e as fileiras de plátanos dos
dois lados da rua. Lá dentro, no quarto de elevado pé-direito, ela se punha a
recriar uma imagem que guardara na cabeça desde os 12 anos, quando havia
lido uma história sobre uma garota inglesa em uma revista e arregalara os
olhos para a ilustração colorida de seu quarto: "Havia uma escrivaninha, um
divã, prateleiras cheias de livros. Ali, entre as paredes pintadas de cores alegres,
ela lia, trabalhava e bebia chá, sem ninguém para observá-la — que inveja eu
sentia!".[2] Como a garota na ilustração, Simone teria um quarto laranja: ela o
revestiu com um papel de parede na cor de tangerinas e acrescentou um divã

combinando. A irmã Poupette a ajudara a envernizar os móveis sem pintura que ela comprara. Para se manter aquecida, Simone comprou um fogão a querosene, cujo fedor nocivo viria a apreciar cada vez mais. Ele parecia zelar por sua solidão.

Contanto que Simone pagasse o aluguel, sua avó Lucie não a incomodava. Livre para ir e vir como queria, Simone podia ler a noite toda e dormir até o meio-dia. Para o almoço tinha uma tigela de *borscht*, para a ceia, uma xícara de chocolate quente no La Coupole, subindo o boulevard Raspail, depois do cemitério, até os familiares cafés de sua infância. Após os extenuantes esforços para obter a *agrégation*, era como estar de férias. A carga de trabalho era leve. A despeito de estar plenamente qualificada como professora de filosofia, Simone decidira não se candidatar a um cargo em período integral, pois novos professores eram mandados para longe da capital. Para ela, assim como para Sartre, Paris era "o centro do mundo",[3] e sair dali seria como um exílio. Em vez disso, ela conseguiu um trabalho de meio período lecionando latim para crianças de 10 anos no Lycée Victor-Duruy. Isso lhe dava o suficiente para viver, e era tão fácil que quando se viu na sala dos professores conversando com as mestras mais velhas, ou com pais, a jovem de 21 anos mal conseguiu deixar de rir alto. Ela abriu o envelope contendo o primeiro contracheque e ficou com a sensação de que pregara uma peça em alguém. As professoras ganhavam o mesmo que os homens e até mesmo um salário de meio período pareceu uma fortuna para Simone, após anos vivendo de migalhas.

Finalmente podia se dar ao luxo de se vestir como *ela* queria. Ainda de luto pelo avô, Simone não tinha desejo algum de chocar a família, então comprou um casaco cinza, como sapatos e um discreto chapeuzinho combinando. Ela visitou uma costureira e encomendou dois vestidos, um cinza, o outro preto e branco. Determinada a nunca mais se vestir com lã ou algodão, os tecidos duráveis apreciados por sua mãe, escolheu materiais caros e sedosos, *crêpe de Chine* e *velours frappé*. Estava desafiadoramente ciente de que seus novos trajes brilhantes e o único par de sapatos de noite baratos, gastos no calcanhar pelo uso, ficavam deslocados nos corredores do *lycée*, mas não se importava. Com a consciência recém-conquistada da própria feminilidade, Simone comprou creme hidratante, pó de arroz e batom vermelho e experimentou diante do espelho em seu quarto. Sua confiança renascera dramaticamente. Ela, a irmã mais feia, a morena cheia de espinhas que sempre se acreditara inferior a Poupette na aparência, era objeto do desejo masculino, sua virgindade alegremente perdida. Não era mais uma garota, mas uma mulher, lembrava a si mesma, traçando um arco de cupido em seus lábios e sorrindo para o próprio reflexo.

Sartre, por outro lado, estava preocupado. Não vira Castor uma única vez desde setembro, e não a veria de novo até que regressasse ao apartamento dos avós na rue Saint-Jacques, em meados de outubro. No início de novembro ele teria de deixar Paris outra vez com destino ao forte de Saint-Cyr, a fim de começar os 18 meses do serviço militar, já postergado por anos. A "terra deserta"[4] de seu futuro se anunciava adiante, motivo de sua "contemplação aterrorizada", e ele se angustiava de deixar a coquete namorada sozinha e com tempo livre em Paris. Já passara da hora de se casar. Dois anos haviam transcorrido desde que Sartre fora padrinho de Nizan, que se casara com uma jovem que conhecera no primeiro baile dado pela École Normale, e Sartre não esquecera do duplo fracasso de 1928, quando os pais de sua noiva interromperam o noivado após ele ter sido reprovado em sua *agrégation*.

Suas aflições foram ainda maiores quando soube que Maheu estava voltando a Paris para fazer os exames novamente. O espinhoso problema do casamento se tornava mais premente.

O casamento ocupava a mente de Beauvoir, também. Por incrível que pareça, seu diário mostra que mesmo depois dos encontros com Sartre ela ainda alimentava esperanças com relação a Jacques. Um dia após seu regresso de Meyrignac, ela foi tocar a campainha da casa dele no boulevard de Montparnasse. Jacques estava de volta do Norte da África, e ela queria vê-lo. Ele pareceu distante. "Nunca me casarei com ele", escreveu em seu diário no dia 16 de setembro. Entretanto, continuava a frequentar o Stryx em sua companhia, e a se agarrar esperançosa a um futuro comum. Muito estranhamente, ele sempre dava um jeito de levar Riquet e sua amiga Olga junto, de modo que nunca estavam sozinhos.

Tanto Sartre como Maheu tinham conselhos na ponta da língua. Os pensamentos de Beauvoir "enxameavam", para usar uma expressão sartriana, pelas páginas de seu diário, conforme ela lutava para escolher entre os homens de sua vida. Suas ruminações angustiadas encontravam eco nas admoestações sombrias de Sartre, à medida que se aproximava o dia da chegada de Maheu, quanto aos perigos do sexo extraconjugal. "Sartre me disse um dia que sou um Castor honesto demais para ter uma vida amorosa fora do casamento", escreve em 18 de setembro; "mas acima de tudo sou um Castor honesto demais para me casar sem amor, como me aconselha o Lhama." Bravamente, ela acrescenta: "Não temo o futuro — tenho total confiança em Sartre".

Três dias depois chega uma carta de Maheu, que a deixa mergulhada em confusão: *"Jean-Paul, comme il faut que je vous aime — comme il faut que j'ai confiance en vous"*. Ela *devia* amar Sartre, confiar em Sartre, mas, "Ai! Não sei mais o que quero — não sei". No dia 24, *"Je t'aime, Jacques"*, suspira a confusa Simone, perdida de amor.

Não há dúvida de que se pode amar dois homens, reflete ela — e "tão apaixonadamente", embora quais sejam os dois mude diariamente. Mas, conforme hesita entre Jacques e Sartre, e o Lhama por quem tem "tanta estima", cai uma bomba. Simone decidira receber Jacques e seus amigos na nova residência, de que tanto se orgulhava. Poupette a ajudara com as garrafas de conhaque e de vermute e alguns bolinhos. Mas nem sinal de Jacques: só Olga aparece, sozinha, e a conversa é sobre o futuro de seu amigo:

> "Tudo vai depender da esposa dele", disse Olga; ela deu um suspiro. "Infelizmente, acho que é a pessoa errada para ele." "De quem você está falando?", perguntei. "Odile Riaucourt. Não sabia que ele vai se casar com a irmã de Lucien?" "Não", respondi, perplexa [...]. Agora entendo por que nunca encontrava Jacques a sós.[5]

Ao regressar da África, Jacques se instalara na casa de um amigo, Lucien, cuja irmã se apaixonara por ele; Jacques mal a conhecia, mas ela vinha com uma importante recomendação: um dote substancial. Ele aceitou.

Nessa noite, Simone andou pelas ruas com Poupette, de coração partido, vendo Jacques revelado em seu verdadeiro eu como um "burguês calculista". Amargamente, Simone se perguntava se teria feito alguma diferença, caso ela tivesse um dote. Jacques teria se casado com ela? Esse fato a afetou profundamente. Talvez Jean-Paul houvesse mencionado que sua própria mãe, Anne-Marie, trouxera um dote de nada mais, nada menos que 40 mil francos quando ficou noiva de Jean-Baptiste. "O casamento era impossível; eu não tinha dote",[6] queixava-se ainda Simone para sua biógrafa no fim da vida.

Mas no mundo pós-guerra de 1929, antigos hábitos começavam a ser quebrados. A falta de dote não era mais uma desculpa válida para não se casar. A própria tia de Simone, Marie-Thérèse, filha mais nova de seu arruinado avô Brasseur, assim como a mãe de Simone, Françoise, não trouxera dote algum ao casamento, e seu tio Herbert também se casara com uma mulher sem dote. Isso não impediu Simone de soltar fumaça, furiosa, com a hipocrisia dos casamentos arranjados.

A "nova vida" teve início quando Sartre bateu em sua porta. Durante o feriado com sua mãe e o padrasto, ele lhe mandara cartas diárias "de uma extraordinária inteligência". Mas Sartre julgara mal sua importância se esperava que ela o aceitasse como potencial marido. Castor, ainda sofrendo com a "traição" de Jacques, escutava em silêncio enquanto caminhavam lado a lado pelos Jardins de Luxemburgo e seu "querido Jean-Paul" mais uma vez trazia à tona o assunto do matrimônio. Deveriam aproveitar o aumento de soldo que ele receberia como soldado casado. Pela terceira vez, insistiu com Simone para que se casassem.

Ela continuou relutante. Apenas dois meses e meio antes Sartre condenara energicamente o casamento como uma "instituição burguesa desprezível", sua única concessão sendo que, para uma mulher com as origens de Simone, isso talvez fosse um pouco difícil de ser evitado. "Para mim parecia que o melhor era apostar tudo no amor, e mandar a vida doméstica para o inferno", declarou ela, corajosamente. Ela prezava demais a própria liberdade, arrancada a tão duras penas de sua família, para querer abrir mão do próprio quarto e do salário arduamente conquistado. Ela, pelo menos, permaneceria fiel aos ideais deles. Como Sartre podia desejar tais grilhões? Não eram como o pombo de Kant? Ao invés de atrapalhar o pássaro, a resistência do ar dava sustentação a seu voo. Juntos, voariam. Ou será que Jean-Paul, como alegava o amigo comunista Politzer, não passava no fundo de um *petit bourgeois*?

Não havia como sair do buraco que Sartre cavara para si mesmo. Antes, ele explicara a Simone que "não era inclinado à monogamia por natureza",[7] e que acreditava que um grande homem deveria preservar sua liberdade: "Dei um tiro em meu próprio pé. Castor aceitou essa liberdade e a acalentou. Foi em 1929. Fui tolo o bastante de me aborrecer com isso: em vez de compreender a extraordinária sorte que eu tinha, caí numa espécie de melancolia".[8]

A balança do poder a essa altura pendia em favor de Beauvoir. Para o suplicante Sartre, Beauvoir continuava hipnoticamente fora de alcance, a princesa que rejeitara o sapo. Sylvie Le Bon confirma que Sartre a pediu em casamento, e que ela recusou: "Ela não queria se casar [...]. Para ela, era uma armadilha, uma instituição social que desfigura os sentimentos da pessoa e cria dependência. Ela viu isso com as amigas, e com a mãe".[9] Quanto a Sartre: "Seu verdadeiro objetivo era se definir não por intermédio do casamento, não por recompensas, mas por meio de sua arte".

Inseguro quanto ao modo como reparar a situação, Sartre se saiu com uma alternativa. Foi um momento-chave, que Simone reteria como algo sagrado na história do existencialismo, quando Sartre estabeleceu os parâmetros de seu relacionamento. O novo pacto de "amor essencial"[10] que permitiria parceiros secundários era destinado a preservar sua "liberdade recíproca", mas se tornaria o modelo para um relacionamento aberto de complicações imprevistas. O pacto indica a própria ambivalência fundamental de Sartre com a ideia de casamento, mas em outubro de 1929 a ideia era mais do que tudo manter Simone "debaixo de sua asa". Ele sentia uma profunda ansiedade com o medo de perdê-la, e talvez tenha percebido que ela, mais do que ele, não perdera o gosto por relacionamentos "contingentes", e as "riquezas fugazes", como descrevia, de encontros com outras pessoas.

Certa tarde, nos Jardins das Tulherias, Sartre e Simone caminharam por longo tempo até os Jardins do Carrousel, ao lado do Louvre. O sol outonal banhava o mármore rosado do grandioso Arc de Triomphe du Carrousel, emblema das vitórias napoleônicas. Com as sombras se alongando, eles sentaram em um banco de pedra junto ao muro. Em suas memórias, ela descreveu a cena:

> Havia uma balaustrada que servia de recosto, um pouco projetada da parede; e no espaço parecido com uma gaiola atrás dela, um gato miava. O pobre coitado era grande demais para sair; como podia ter entrado?[11]

Uma mulher apareceu com um saco de papel cheio de pedacinhos de carne e começou a alimentar o gato, ao mesmo tempo em que o acariciava ternamente. Nesse momento, Sartre virou para Simone e disse: "Vamos assinar um contrato de dois anos". Ela ficaria em Paris por dois anos, e os dois passariam o período juntos "na mais próxima intimidade possível". Ele puxou Simone para si.

"*Toi et moi, on ne fait qu'un.*" Você e eu, somos um só.[12]

Simone pegou o rosto dele nas mãos e o cobriu de beijos. Cheirava a tabaco de cachimbo e, encantadoramente, à torta doce que acabara de comer. "*On ne fait qu'un*", repetiu ela.

Ela apertou a mão dele. Era o fim da solidão.

Beauvoir pôs as mesmas palavras — "Somos um só" — na boca de Pierre, o par da heroína, Françoise, em seu primeiro romance, *Ela veio para ficar*. "Françoise" (o nome de sua mãe) é, explicava, uma criação em grande parte autobiográfica, "dotada de minhas próprias experiências", e a autora deixa Françoise em uma posição similar à sua quando ela e Sartre deram forma a sua ligação. As memórias de Beauvoir são suas obras mais ficcionais, mas em sua ficção ela estava livre para dizer a verdade sobre como se sentia:

> Ela permitira a Pierre compartilhar de sua posição soberana e agora ambos permaneciam juntos no centro de um mundo onde a missão vital dela era explorá-lo e revelá-lo.

No início do relacionamento, o amor foi perfeito. "Sou uma mulher fiel", Françoise lhe diz entre beijos. "Não é necessário falar de fidelidade ou infidelidade entre nós",[13] diz Pierre, nas nuvens. "Somos um só." *"Aucun malentendu n'était possible avec Pierre."* Nenhum mal-entendido era possível com Pierre.

Nenhum mal-entendido parecia possível tampouco entre Sartre e Simone. Agora que ela permitira a Sartre "compartilhar de sua posição soberana", não vinha ao caso durante os dois anos de seu contrato tirar vantagem de fato dessas "liberdades" que na teoria eles tinham direito de usufruir, alegou posteriormente Beauvoir. "Nossa intenção era nos devotarmos inteiramente e sem reservas a esse nosso novo relacionamento."[14] Sartre ofereceu uma segunda cláusula: "Nunca mentiríamos um para o outro". Sua vida juntos seria de total transparência. "O pensamento de que Sartre era agora um livro aberto para mim, tão fácil de ler quanto minha própria mente, teve um efeito dos mais relaxantes sobre mim", escreveu Simone. Se ela sentiu algum lampejo de ansiedade, rapidamente o afastou.

O pacto, incluindo como o fazia tanto o necessário como o contingente, talvez houvesse parecido ao casal um pouco ambicioso demais, mas Simone, de sua parte, sentia plena confiança. "Nunca conheci ninguém em toda minha vida que fosse tão bem-equipada para a felicidade como eu era, ou que trabalhasse tão obstinadamente para atingi-la",[15] escreveu ela em 1960. "Fui capaz de acalentar a esperança de transformar minha vida em uma experiência modelo." A data, 14 de outubro de 1929, se tornou o "aniversário de casamento" do futuro casal modelo da contracultura. "É um casamento morganático",[16] afirmava a dupla, uma estranha escolha de termo para sua ligação, uma vez que não era entre um príncipe e uma mulher de condição inferior, nem tampouco era casamento.

Ocasionalmente, fingiam ser "Monsieur e Madame M. Organatique", um funcionário público e sua esposa, que jantavam na Brasserie Demeroy, onde Sartre se entregava à sua paixão por cerveja alsaciana e chucrute; outras vezes, bebiam coquetéis americanos, bronxes, sidecars ou martínis, no La Coupole, metamorfoseando-se em um milionário americano e sua esposa, "Mr e Mrs Morgan Hattick". Sartre recitava baladas, epigramas, fábulas, e cantava letras de sua própria composição ao som de Offenbach. No dia seguinte, de ressaca, afundava em súbita melancolia e Simone dizia que parecia um velho elefante-marinho. "Mr e Mrs Morgan Hattick" apreciavam os prazeres dos ricos ociosos por algumas horas, explicou Simone, porque acreditavam que, ao parodiar o estilo de vida deles, estavam simplesmente confirmando seu próprio desprezo pela alta sociedade. Somente Politzer atacava furiosamente o velho amigo por seu fracasso em ficar acima das crenças — e do comportamento — de sua classe social.

Com as primeiras temperaturas geladas começando a chegar, Sartre e Simone se aconchegavam certa noite junto ao fedorento fogão a querosene em seu quarto, mastigando pão com *foie gras*. O dinheiro de Sartre praticamente acabara, mas Simone havia comprado uma garrafa de conhaque. Ela serviu dois copos. Sartre continuava ressentido; não ficara noivo de Simone e não ansiava nem um pouco pela "estupidez" da vida militar. Implorava a ela que mudasse de ideia. Estaria farejando desonestidade no quarto malcheiroso? Mas Simone permanecia irredutível.

Em 3 de novembro, Sartre subiu no trem para Saint-Cyr, onde ia receber treinamento de meteorologista com seu velho amigo Raymond Aron, um sargento-instrutor. Seu orgulho estava ferido. Como o gato lamurioso, teve de se virar com migalhas. Confinado à caserna na primeira quinzena, ruminava sombriamente. Como Simone ia descobrir à própria custa, ele nunca esqueceria sua rejeição.

"Na época em que voltei a encontrá-lo [Sartre], em outubro, eu […] me livrara de todas as antigas ligações afetivas e agora me entregava sem reservas à evolução desse novo relacionamento",[17] escreveu Beauvoir em *La Force de l'âge*. A realidade era muito diferente. Em 24 de outubro, às 11h da manhã, o Lhama aparecia na porta de Simone. "É a estada do Lhama, a chegada de Stépha e o início do serviço militar de Sartre", registrou Simone em seu diário. Quatro dias depois, ela e Maheu passaram a tarde juntos.

> Como ele é alegre, como é cheio de espírito, de charme, de ternura — como sou feliz de tê-lo aqui, em meu quarto […] esse quarto encantado […]. Como eu o amo!

Ele a chamava de "meu castorzinho", os braços agarrando com força seu corpo, deitados juntos no divã. A ternura que sentiam um pelo outro era dolorosa, porque ela teria de esperar demais para voltar a vê-lo, e então seria com a esposa. "Eu o amo tanto", confidenciou Simone ao diário. Maheu a visitou outra vez no dia 28, e no dia seguinte ela e Zaza o encontraram na casa de Mme Morel.

Três semanas antes Beauvoir dissera a si mesma que não deveria mentir sobre os próprios sentimentos, mesmo que isso pudesse magoar Sartre. "*Não posso* mentir para ele", escreveu em seu diário em 2 de outubro. Mas se Sartre deveria gozar do privilégio da transparência, Maheu ia ser vítima da duplicidade. Ainda profundamente ligada ao homem que, em suas palavras, "lhe ensinara a doçura de ser mulher", Beauvoir minimizava a significação de seu relacionamento com o ausente Sartre e continuava a fazer o jogo da sedução com seu Lhama.

O tão ansiado noivado de Zaza com Maurice Merleau-Ponty não parecia mais próximo. Simone não conseguia entender por que ele não pedia a mão dela e, no início, tampouco Zaza. Simone se identificava com a infelicidade da amiga. Apenas muito mais tarde ela descobriria que os pais de Zaza haviam tomado as primeiras medidas na direção do casamento contratando um detetive particular para investigar a vida de Maurice, prática comum entre as famílias burguesas. Os Lacoin ficaram escandalizados ao descobrir que ele era na verdade fruto de um relacionamento ilícito de sua mãe. M. Lacoin comunicou a Zaza e a Merleau-Ponty da descoberta e o infeliz jovem se retirou de cena. Isso foi deixado em segredo para Simone, embora explique a misteriosa frase na última carta de Zaza para ela se referindo aos "pecados dos pais".

Tudo que Simone sabia era que Zaza estava fraca e doente. Perto de 11 de novembro, Zaza apareceu sem avisar para falar com a mãe de Maurice. O rosto lívido, um rubor febril nas bochechas, perguntou, trêmula: "A senhora me odeia, Madame?"[18]. Mme Merleau-Ponty tentou acalmá-la, mas pouco depois Zaza desmaiou e foi levada às pressas, sofrendo de meningite ou encefalite, para uma clínica em Saint-Cloud.

A mãe de Zaza permaneceu junto ao leito. Ambas as famílias haviam a essa altura retirado suas objeções ao casamento, mas era tarde demais, escreveu Simone:

> "N'ayez-pas de chagrin, maman cherie", dit-elle. "Dans toutes les familles il y a du déchet: c'est moi le déchet." [Não fique triste, mamãe querida: em toda família existe um pária; eu sou o pária na nossa.][19]

Esse é um dos eventos mais significativos das memórias de Simone, assinalando o momento de sua rejeição final, consciente, da família e da classe social. Quatro dias depois, em 25 de novembro, Zaza estava morta, um bode expiatório imolado, aos olhos de Simone, pela burguesia e suas odiosas convenções. "Foi com Zaza que descobri quão detestável era realmente a burguesia", escreveu 43 anos depois, a dor ainda tão viva quanto em 1929:

Eu teria me voltado contra a burguesia de um jeito ou de outro; mas não teria percebido a falsidade de sua atitude em relação às coisas do espírito, sua conformidade sufocante, sua arrogância e sua tirania opressiva — eu não teria sentido no coração, nem pago o preço com minhas lágrimas. Para mim, o assassinato de Zaza pelo seu ambiente, seu meio, constituiu uma experiência avassaladora, inesquecível.[20]

Fitando Zaza em seu caixão, Simone sentia que o cadáver lhe lançava um olhar de reprovação. Juntas, haviam lutado contra o "destino revoltante" que se apresentava diante delas; agora Simone acreditava que Zaza pagara pela liberdade dos amigos com sua vida.

"Chorei e achei que meu coração fosse parar." Simone de Beauvoir amara Zaza, e passaria o resto da vida à procura de uma substituta para ela. Não fosse pela morte da amiga, é possível que Beauvoir houvesse concordado em se casar com Sartre. Ela não fizera objeções ao casamento por causa de Zaza. Agora, em seu luto, eliminava esse fator da equação em sua própria vida. O sacrifício do bode expiatório não seria em vão: a tarefa de Beauvoir era se dedicar a viver livremente, na lembrança de Zaza.

Após a morte de Zaza, Simone ficou transtornada demais pelo pesar para continuar com o diário. *"Jacques est marié et Zaza est morte"* (Jacques se casou e Zaza morreu), assim termina o diário. "Zaza, minha amiga, minha querida [...] preciso tanto de você."

10

Lua de mel em Paris

Amar é abrir mão de tudo em benefício de um mestre [...].
A mulher deve se tornar uma coisa passiva, a promessa de
submissão.[1]

Simone de Beauvoir, *O segundo sexo*

"Pertenço a você, de corpo e alma",[2] escreveu Simone ao seu "querido
Jean-Paul" na noite de domingo de 3 de novembro de 1929. "Posso amar outros
seres, sofrer por eles, ficar triste quando o Lhama parte, mas pertenço a você,
de corpo e alma, essa alma que *você preencheu*, com uma violência perante a
qual sou indefesa". Seu pequeno soldado, "cheio de desejo", fizera amor com
sua namorada apaixonada antes de partir para Saint-Cyr em seu uniforme
azul, boina e *puttees*: "Sou uma mulher feita de carne com um coração feito
de carne", registrou Simone depois que ele partiu.

Ela escolhera *la vie contingente*, e isso a tornou profundamente feliz, como
se recordava com frequência em seu diário. Ela fizera uma escolha existencial
"para acolher toda experiência e prestar testemunho disso".[3] Vida contingente
queria dizer agarrar a vida pela garganta, ir atrás da emoção, da fantasia e
da diversão.

O protagonista fanfarrão da peça de Synge, *Playboy of the Western World*,
estava no cerne da mitologia particular do "*baladin*" (saltimbanco) de Sartre,
que ele agora compartilhava com Beauvoir. Ela amava sua "alma Playboy",[4]
escreveu. A vida era um jogo, já perdido, disse Sartre: "Nunca desejei a seriedade
— eu me sentia livre demais".[5] O homem que aos 20 anos escreveu um poema
longo intitulado *Peter Pan*, sobre o menino que não queria crescer, adotara a
frase de Schiller: "O homem só é inteiramente um homem quando brinca".

O diário de Beauvoir revela uma mulher romântica e feminina com
entusiasmo pela vida, a aventura e as sensações fortes, que reagia impetuosa-

mente a essa mensagem; cada linha escrita no outono de 1929 expressa sua alegria incrédula com a ligação que sente com o novo namorado. Mas sob esse exterior lúdico, Sartre estava cheio de propósito. Seu segundo objetivo, agora dela também, era tão imodesto quanto o primeiro: "recriar o Homem"[6] por intermédio de sua obra. Após ter lido a *Interpretação dos sonhos* de Freud, ambos rejeitaram a noção de inconsciente, que segundo acreditavam erradicava o livre-arbítrio, e depositavam toda fé no *cogito* cartesiano. A vida se curvaria à vontade deles e, com a arrogância dos jovens, acreditavam que, em virtude da contingência, *ela já os escolhera.*

Foi uma época de ouro. Simone se esbaldava com sua autonomia e o controle da própria vida. Sartre e ela continuaram a gastar a herança dele para se divertir e a ignorar os eventos do mundo em torno. A política parecia irrelevante. A esquerda francesa estava convencida de que a paz fora assegurada. Os nazistas na Alemanha pareciam apenas um movimento secundário. E quanto à quebra da bolsa de 1929 em Wall Street — que esvaziara abruptamente o Le Jockey de americanos —, ela meramente serviu para confirmar a suposição do casal de que o capitalismo estava com os dias contados. O colonialismo em breve ia "fechar as portas", escreveu Simone, como mostrava a campanha de Gandhi na Índia. Era apenas uma questão de esperar que o socialismo trouxesse uma era de igualdade.

Às vezes, ela visitava Saint-Cyr de trem, mas os deveres de Sartre, medindo a velocidade e a direção do vento, não demandavam tanto tempo assim, e ele a visitava regularmente em Paris. As horas roubadas em sua companhia eram ainda mais doces por sua brevidade. No sábado, 9 de novembro, Simone esperou impaciente pelo seu "amado Jean-Paul": "Então *ele* chega — ai!".[7] No Falstaff, os dois se beijam e se acariciam, até que é chegada a hora de o pequeno soldado partir para a estação, e ela chora miseravelmente: "*Oh! Quel amour!*". "Nunca houve um homem como você nesse mundo", escreve em 13 de dezembro. No Natal, ele é "*Mon unique Baladin*", em janeiro, seu "homenzinho adorado", que ela "venera sem reservas", seu "maridinho": "Sei que nenhum mal jamais me advirá dele — a menos que morra antes de mim".[8]

"Ela está em sua lua de mel em Paris",[9] disse Georges de Beauvoir com amargura, conforme Simone começou a cortar os laços familiares. "Eu queria relaxar um pouco, mergulhar na felicidade, no amor de Sartre",[10] recordou ela na década de 1980. Tão completa era sua confiança no amado que afirmou: "ele me supriu com aquela espécie de segurança absoluta, infalível, que outrora eu obtivera com meus pais, ou com Deus".[11]

Mas um problema começava a se tornar aparente. Sartre não é um "homem sensual", como Maheu, Simone confidencia ao diário, conforme tenta se convencer de que "Com Sartre, que não é sensual, a harmonia de nossos corpos tem um significado que torna nosso amor mais bonito".[12] Sua sexualidade premente exigia um amante igualmente fervoroso, e fica claro por suas entradas que estava sentindo falta da sensação subjugante de compatibilidade física que experimentara com Maheu, ainda fazendo comparações entre os dois homens. "Liquidar seu passado", como disse, é difícil.

A morte de Zaza foi um divisor de águas. "Já chorou o bastante, agora", Simone diz a si mesma firmemente em meados de dezembro, ainda pranteando a amiga. O "assassinato" de Zaza pela odiosa burguesia foi altamente significativo para persuadir Simone a se devotar a Sartre, cujas ideias anárquicas e rebeldes atraíam-na ainda mais poderosamente agora que fizera juras de "viver livremente" em memória de sua amiga morta. Foi um importante fator no rompimento com Maheu que se seguiu, pois o libidinoso Lhama continuava em cena. Em seu diário, Simone escreveu modestamente que, aos 22 anos, era uma jovem que necessitava de filiais masculinas para se sentir segura.[13] Sartre com certeza era uma filial particularmente importante, mas ela não estava inteiramente pronta a abrir mão de Maheu, cuja esposa, registrou ela com complacência, era "muito ciumenta".

Perto do ano-novo, porém, o Lhama, lecionando fora da cidade, em Coutances, se deu conta de que Simone o estava enganando. Na segunda-feira, 5 de janeiro de 1930, ele lhe enviou um bilhete magoado, desculpando-se por incomodá-la no meio de suas "memórias ternas e pitorescas" de Sartre, mas perguntando se poderia vê-la na quarta, ou levá-la para almoçar na quinta:

Tomo a liberdade de insistir — na medida em que tenha algum direito de fazê-lo — em ver você [...]. É possível que jamais volte a encontrá-la. Pois compreenderá perfeitamente que estou por aqui da situação deplorável que ora se apresenta, como resultado daquele mês de setembro seu e dos dois meses de mentiras que se seguiram, e que mereço algo melhor do que migalhas — relacionamentos que continuamos por caridade, "por que estou infeliz" — que vocês dois oferecem com tanta elegância.[14]

Ele estava infeliz demais para ser capaz de tomar uma decisão final: "Vou adiar isso, *prometo a você* (e minhas promessas eu cumpro), até quarta-feira".

Simone ficou irritada com as censuras de um marido infiel: "Vou deixar claro para ele, sem dúvida, que nem você, nem eu estamos prolongando nosso relacionamento com ele por piedade",[15] escreveu ela a Sartre. "Vejo isso como simples ciúme do tipo mais desagradável."

Mas não era nada fácil romper finalmente com o adorado namorado. Na quinta, 8 de janeiro de 1930, Simone esperou o dia todo por Maheu, que não apareceu. Ela estava se iludindo em pensar que uma relação tão intensa podia ser terminada com leveza. Nessa noite, escreveu em seu diário que se sentia "estupidamente" desnorteada quando tomou o trem para Saint-Cyr: "Que tristeza é essa em meu corpo, minha carne?",[16] perguntava miseravelmente. Frustrada pelo fato de que não haveria um lugar privado onde pudesse manter relações sexuais com Sartre, que tudo que poderia fazer seria jantar na *brasserie* local, Simone se sentia atormentada por seus anseios físicos "poderosos, imensos — e onipresentes".

Em janeiro, Sartre se mudou para a estação meteorológica de Saint-Symphorien, perto de Tours, a fim de prosseguir com seu treinamento, e não pôde mais continuar indo a Paris à noite. O casal ficava separado por dias e semanas seguidos, e aos domingos em Tours eram tímidos demais para despudoradamente procurar um quarto de hotel em plena luz do dia. Simone tampouco se inclinava por planejar o ato de fazer amor, que para ela deveria ser espontâneo e irresistível como o vaivém da maré. Mas seu corpo tinha os próprios caprichos: "A violência deles sobrepujou todas as minhas defesas [...]. Fui forçada a admitir uma verdade que fizera todo o possível para ocultar desde a adolescência: que meus apetites físicos eram maiores do que eu desejava que fossem".[17]

No trem noturno de Tours para Paris o toque de uma mão anônima em sua perna despertou sentimentos de perturbadora intensidade. Beauvoir ficou envergonhada de confessar isso a Sartre, a despeito do código entre os dois de dizer a verdade. Seu corpo se tornou um mestre tirânico. Ela ficou mortificada em descobrir que a mente, longe de existir isolada do corpo, tem de transigir a ele: "A humanidade *não* subsiste à tranquila luz do Bem; o homem sofre as agonias mudas, fúteis, cruéis de feras indefesas".

Sua criação rígida lhe ensinara a associar sexo com pecado, a falar do desejo físico como uma "doença oculta apodrecendo a própria medula de meus ossos".[18] Sob o exterior saudável, ela vestia o traje da corrupção. Até mesmo no metrô matinal, ainda entorpecida pelo sono, fitava os demais passageiros se perguntando se eles também não seriam torturados pelo desejo. À noite, sua "obsessão", como a descreve, voltava à tona. "Milhares de formigas rastejavam por meus lábios." "Sou fraca, sou covarde",[19] escreveu cheia de culpa no novo diário que iniciara.

O corpo de Simone se tornara um obstáculo entre ela e Sartre. À medida que os meses passavam, as diferenças sexuais entre eles aumentavam. Ela queria viver a intensa excitação sexual sobre a qual escreveria muito mais tarde em *O segundo sexo*, em que faz uma comparação desabonadora entre o desejo masculino, "agudo, mas localizado", que, segundo ela, "permite ao homem continuar plenamente em posse de si mesmo", e os esmagadores sentimentos de "uma mulher de temperamento ardente",[20] que, "ao contrário, de fato perde a cabeça". "O sentimento sexual da mulher se estende na direção do infinito", escreveu Beauvoir; "ela anseia por se fundir com ele em um único ser."

Ela queria ser levada ao cúmulo do êxtase, de preferência sempre, sentir uma sensação de aniquilação e entrega. Beauvoir acreditava que, a menos que a mulher permanecesse "pura passividade, aberta, um utensílio [...] ela quebra o feitiço que acarreta seu prazer [...]. Fracassa em atingir o clímax do prazer".

Ocasionalmente, nesse verão, Sartre demonstrou a maestria que ela desejava. Em 9 de junho, ela continuava "apaixonadamente feliz", lembrando de seus domingos em Tours ou às margens do Loire, de "nossas conversas, uma ternura cara ao meu coração, nossos abraços tão queridos de meu corpo", mas seu "sofrimento carnal" ("*de souffrances toutes charnelles*") a deixa impaciente em vê-lo outra vez. E ela tampouco cortou seus laços com Maheu, escrevendo animadamente em 10 de junho: "O LHAMA voltou!".

Sartre ficava desnorteado com as exigências sexuais feitas a ele, que achava impossível de atender. "Teria sido minha salvação talvez se a natureza me houvesse agraciado com sensualidade, mas sou frio",[21] escreveu. Mesmo com a idade de 25 anos, o ato sexual trazia pouca satisfação: "A coisa toda me parecia um escândalo de proporção irracional". Era um ato que empreendia porque era o que se esperava de um homem, não tanto por prazer, embora realizá-lo não se revelasse uma dificuldade em si:

> Então, embora eu estivesse razoavelmente bem-equipado, fosse dotado de uma ereção rápida e fácil, e fizesse amor com frequência, era sem grande prazer. *Juste un petit plaisir à la fin, mais assez médiocre.* [Apenas um pequeno prazer, no final, mas muito fraco.] Eu me sentiria bastante feliz na cama com uma mulher nua, acariciando-a e beijando-a, mas sem chegar ao ato sexual.[22]

A obrigação de fazer amor vinha da mulher, de fora, não de dentro de Sartre. Foi com um ar de perplexidade que ele escreveu: "O ato me parecia necessário e era por isso, em minhas relações com as mulheres, que as coisas tinham de acabar desse jeito". Pouco à vontade no próprio corpo,[23] ele achava difícil compreender como alguém podia extrair prazer daquilo. Forçado a repetir um ato que não apreciava tanto assim, e que ainda o deixava com uma estranha sensação de vazio, parece provável que era na verdade a conquista da mulher que o interessava. Sartre, no futuro, desejaria mais do que tudo dormir com virgens, ser o primeiro a conquistar o prêmio.

Não demorou para Beauvoir perceber seu frio distanciamento do ato amoroso. Como explicou mais tarde para seu amante americano Nelson Algren, Sartre "é um homem caloroso e cheio de vida em tudo, mas não na cama".[24] Os problemas sexuais de Sartre talvez sejam responsáveis por inúmeras opiniões negativas sobre a heterossexualidade que ela mais tarde expressou. Sua declaração muito criticada em *O segundo sexo* de que "a primeira penetração é sempre um estupro"[25] provavelmente tinha raízes em sua experiência inicial com a "violência" de Sartre. As linhas tristes recordando um ato amoroso que decepciona falam de uma lembrança pessoal em que a mulher "sente uma dor inesperada em suas partes sexuais; seus sonhos desaparecem, sua excitação some e o amor assume o aspecto de uma operação cirúrgica".

A sensação de ser uma paciente em uma mesa de operações[26] seria objeto de comentário de outra futura amante de Sartre, Bianca Bienenfeld. Ele próprio admitia que seu autocontrole chegava a exibir "quase um toque de sadismo. Uma vez que, no fim, a outra pessoa estava entregue, e eu não".

Mas se seu corpo era frio, seu espírito era inflamado. Dificilmente houve alguma vez que Sartre desceu do trem na Gare d'Austerlitz sem dizer a Beauvoir: "Tenho uma nova teoria".[27] "A não ser quando está dormindo, Sartre *pensa* o tempo todo!",[28] observou Maheu. Sartre concordou em 1951 que frequentemente tinha uma centena de projetos na cabeça; ele "vivia para escrever", como Beauvoir várias vezes enfatizou.

Em 1930, Sartre estava profundamente influenciado pelo filósofo holandês Spinoza,[29] de cuja *Ética* ele extraiu duas ideias principais: a da transformação da existência, uma "conversão existencial", e a da salvação. Sartre se preocupava com a ideia de moralidade. "Ser moral",[30] escreveu, "para mim equivalia a obter a própria salvação [...] não no sentido cristão da palavra, mas no sentido estoico: imprimindo uma modificação total na natureza da pessoa". Escrevendo que queria ser "verdadeiramente bom",[31] Sartre acreditava que desse modo mereceria a "boa vida" de um grande escritor: "Era *a fim de conseguir a melhor vida* que eu tinha de ser moral".

Contudo, no caso de Sartre, era difícil conciliar ideias de transformação moral com seus demais instintos anárquicos de liberdade, e com sua observação do papel que o acaso desempenhava na vida humana. Ele rejeitava a ideia de dever, que associava com seu padrasto. "Sempre quis que minha liberdade ficasse acima da moralidade", escreveu em 1939. No mundo real, havia qualquer coisa de "rude, imoral e cru que não dava a mínima para pais ou professores".

A confiança de Simone diminuía à medida que escutava Sartre fervilhar com ideias. A imaginação dele voava. Já começara a escrever "A lenda da verdade" enquanto recebia treinamento em Saint-Symphorien, explorando a ideia do intelectual solitário, "*l'homme seul*", que tinha acesso à salvação spinoziana. Por outro lado, quando Beauvoir se encontrou com a editora de uma revista, pensando em se tornar jornalista, a mulher lhe disse que para entrar no jornalismo era preciso ter ideias para contribuir. "Você tem alguma ideia?",[32] perguntou a editora. Não, eu não tinha. Foi aconselhada a continuar lecionando.

"Você costumava ser cheia de pequenas ideias, Castor", disse Sartre. Ele mal podia crer em seus olhos. Simone estava virando uma dona de casa, como Rirette Nizan, com quem muitas vezes ia ao cinema. Após perder o emprego no *lycée*, onde ela achara difícil manter a ordem, sua vida se tornara sem objetivo. "Devo tentar escrever",[33] dizia a diarista a si mesma, mas quando sentava em seu quarto olhando para a folha em branco, ela percebia que não fazia ideia *sobre o que* escrever. "*Ma petite épouse morganatique*",[34] escreveu Sartre, encorajador, em uma carta não datada de 1930, para sua "pequena esposa morganática". "Li a descrição de seu primeiro capítulo. Se o estilo é tão simples quanto o estilo em sua carta — nada mais, nada menos —, será excelente."

"O homenzinho me disse que devo pôr mãos à obra", registrou Beauvoir em 20 de outubro. "Ele tem razão." Mas era muito mais tentador sair para dar uma volta de carro com o amigo de Sartre, Pierre Guille, o "anjo da guarda" dela. Ele era protestante, com um passado camponês, que amava o campo e *la vie rustique*. Quando ela entrava em um de seus "transes", como Sartre os chamava, à visão de um rio ou floresta, Guille compreendia. Sartre, por outro lado, explicava que a visão de uma paisagem não o levava a *sentir* nada.

Entrementes, Simone sentia ciúme. Seu "homenzinho" voltara a ver Simone Jollivet, ou "Toulouse", como a chamava. A atriz bonita e licenciosa estava dando orgias romanas no porão onde morava e se vangloriando de fazer contato com o Demônio, Nietzsche e Emily Brontë. Até Maheu apareceu vestido de imperador romano. Em Paris, seu nome figurava em cartazes no metrô, agora que se tornara uma celebridade no Atelier, teatro e escola dramática fundada por Dullin. Quando convidou o antigo namorado para os ensaios, Sartre ficou fascinado ao ver como o diretor desenvolvia suas técnicas de vanguarda; nos bastidores, ele descobriu um mundo novo que o deixou encantado. Era bastante conveniente para ele que "fosse para a cama com [Jollivet] de vez em quando".[35]

A atriz convidou Simone para visitar seu apartamento na rue Gabrielle, perto do Atelier. Toulouse recebeu a rival em um vestido escarlate cintilando com joias, o cabelo loiro caindo sobre os ombros, e discursou com eloquência sobre o teatro nô japonês. Simone ficou desconcertada: Toulouse era mais culta do que havia esperado. Castor propriamente nunca perdera o gosto pelo *bas-fonds*, visitando salões de dança com o jovem assistente de um açougueiro, e até se arriscando a trombar com o pai saindo de um quarto no bordel Sphinx, no 31 do boulevard Edgar-Quinet, onde mil garrafas de champanhe eram consumidas todas as noites. Mas ela ficara horrorizada em descobrir que Toulouse pegava rapazes na rua e os levava a seu apartamento para o próprio prazer.

Mais e mais, o diário de Simone trai sua ansiedade com a perda de identidade. Sartre a trata como uma "*petite fille*", uma garotinha. Sua indolência e passividade o deixam desapontado. "Quando você pensa em termos de *problemas*, não está pensando de todo", a repreende ele. Escrevendo um "*factum*", uma análise filosófica, ele espera atiçar o interesse dela. Seu *factum* será em "prosa árida, obscura, absolutamente de nenhum interesse para minha Castor, mas pode muito bem entreter Mademoiselle Simone Bertrand de Beauvoir, a acadêmica brilhante".[36] Mas Simone faz ouvidos moucos aos esforços de Sartre. Em fevereiro de 1931, aceita um convite de Guille, cujo treinamento terminou antes do de Sartre, para sair em uma excursão com ele pela França.

Dois dias antes de partirem, Maheu aparece. Ele tem uma quinzena livre em Paris, sem a esposa, e quer passá-la com Simone. Ele dá um ultimato: se ela for com Guille, nunca mais vai vê-la.

"Não posso decepcionar Pierre",[37] protesta Castor.

"*Pourquoi pas?*"

"'Porque não posso', disse eu. Com o que ele rompeu comigo."

A caminho do Midi francês, Pierre e Simone pararam em Lyon para visitar a prima de Simone, Sirmione, que se casara com um aluno de medicina. Ao ver a prima solteira viajando sozinha com um estranho, Sirmione e o marido presentearam-na com uma "noz" na sobremesa. Dentro ela encontrou um preservativo.

Simone ficou chocada. Mas preservativos eram uma necessidade. Como confessou mais tarde, nesse passeio ela dormiu com Guille.[38] Se Sartre esperava que permanecesse fiel após romper com Maheu, ia cair do cavalo. "Ela se aproveitou bem rápido do pacto",[39] confirma Sylvie Le Bon.

"Não é em um retiro que nos descobrimos",[40] escreveu Sartre. "É na estrada, na cidade, no meio da multidão, uma coisa entre outras coisas, um homem entre outros homens." O mês era agosto, e ele e Simone queriam viajar. O dinheiro estava curto. Ele praticamente dilapidara sua herança de 80 mil francos em um ano, uma façanha extraordinária, dado que o salário de um *professeur agrégé* era de 2.500 francos por mês, e o legado de Sartre desse modo representava mais do que ele poderia esperar receber em dois anos e meio dando aulas.

O artista Fernando Gerassi, marido de Stépha, que estava morando em Madri, convidou o casal para se hospedar com ele. Determinados a não se portar como turistas, eles pretendiam seguir os passos de Valéry e Gide e descobrir os segredos de cidades estrangeiras. "Para revelar segredos, todos os meios são bons", escreveu Sartre. Explorar o tato, o paladar e o olfato era tão importante quanto observar catedrais. Como Gide dissera em *Pretextos* que toda a Espanha fica contida na boca quando se bebe uma xícara de chocolate quente espanhol, Simone se forçava a tomar inúmeras xícaras açucaradas da bebida.

Ela recorria avidamente ao seu *Guide Bleu*; "queria ver tudo". Sartre, por outro lado, se contentava em sentar numa praça, fumando seu cachimbo, absorvendo a atmosfera. Em sua missão de escapar da *peau de touriste*, concordaram em que Fernando os levasse a uma corrida de touros, terminando por passar todos os domingos na tourada, e aprendendo expressões espanholas que entremeavam em sua linguagem secreta. Mas Fernando, inspiração de Gomez em *Les Chemins de la liberté* (*Os caminhos da liberdade*), ficou chocado em descobrir o pouco interesse que tinham na política, à parte o fato de perceberem que a Espanha se tornara uma república em abril. Com toda aquela ambição de "recriar o homem", "os negócios públicos nos entediavam",[41] disse Beauvoir. Sartre tinha a opinião de que um escritor devia viver sua vida em estágios. A juventude deveria ser devotada à "produção de obras", à literatura.

Apenas aos 50 anos a pessoa devia "imiscuir-se na política",[42] como Zola na época do episódio Dreyfus, ou Gide, no fim da vida visitando a URSS.

Autocentrados e autossuficientes, Sartre e Beauvoir fariam de suas férias de verão anuais o eixo de suas vidas juntos pelos próximos cinquenta anos. Eles continuariam a viver segundo o calendário acadêmico, partindo em julho e iniciando o "novo ano" em outubro. Era um período de renovação, em que as novas experiências compartilhadas os tornavam ainda mais unidos. Um dos aspectos mais atraentes do existencialismo, na concepção deles, era que constituía *un invitation à voyager*, uma jornada de autodescoberta. "Na estrada, na cidade, no meio da multidão" eles exploravam o mundo e seu lugar nele.

Sartre estava furioso. Não conseguira o cargo de conferencista no Japão, para onde se determinara a ir. Em vez disso foi-lhe oferecido um cargo em Le Havre, onde o último professor de *la philo* sofrera um colapso nervoso. Para alívio de Simone, Sartre aceitou. Ela não precisava mais enfrentar a perspectiva de uma separação prolongada, mas, por outro lado, sentiu uma diferente espécie de pânico quando ouviu dizer que fora designada para um *lycée* na distante Marselha, a 800 quilômetros de Paris.

Alarmado por suas lágrimas, Sartre propôs casamento pela última vez. "Se a gente se casasse, teria as vantagens de um trabalho duplo, e a longo prazo essa formalidade não afetaria seriamente nosso estilo de vida."[43] Certo, eles eram anarquistas, cujo propósito era viver *contra* a sociedade; mas era estupidez ficarem se martirizando por um princípio.

Simone discordava.

> Eu não me sentia muito inclinada a isso, e sabia que ele menos ainda, já que ser um professor […] era bastante ruim, mas ser casado […]. E como ter filhos estava fora de cogitação — não que eu não flertasse com a ideia aos 18 ou 19 anos, quando contemplava a possibilidade de um casamento burguês. Eu não rejeitava a ideia a priori, mas com a vida que esperava levar, tendo de ganhar meu sustento e escrever, não haveria lugar para crianças.[44]

"Um filho não teria fortalecido os laços que uniam Sartre e eu",[45] acrescentou. "Ele bastava tanto para si mesmo como para mim. Eu também era autossuficiente." A verdade era que Beauvoir não tinha inclinação maternal: "Simplesmente, não era minha cota natural na vida, e permanecendo sem filhos eu cumpria minha função apropriada." Ela e Sartre, contudo, de fato renovaram seu pacto até a avançada idade de 30 anos.

Permanecer solteira era uma decisão corajosa para uma mulher em 1931, quando *vieilles filles*, solteironas, eram motivo de piedade e desprezo. "Ela fez sua livre escolha, viver contra as convenções, contra seus pais",[46] escreveu Sylvie Le Bon: "Viver de forma autêntica, provar algo". Castor ia ser "seu próprio projeto".

11

Atolado na Cidade da Lama

Eu era Roquentin; usei-o para mostrar, sem complacência, a textura de minha vida.[1]

Jean-Paul Sartre, *As palavras*

As GAIVOTAS GRITAVAM acima do porto. Sartre e Simone estavam sentados em seu costumeiro café à beira-mar em Le Havre, o Les Mouettes, olhando morosamente para o mar. Era novembro de 1934, o terceiro ano de Sartre como professor no porto. Nessa famosa passagem lembrada por Simone em suas memórias, o casal estava se queixando sobre a monotonia de suas vidas. A água estava cinzenta, assim como o céu. O vento fazia bater as portas do café.

"Nada vai acontecer com a gente, nunca",[2] disse Sartre.

Simone assentiu com a cabeça.

"Estamos vivendo uma vida planejada. Nossas amizades estão estabelecidas — Guille, aquela mulher, Poupette, Gégé. Nossa relação, como a gente planejou, é um amor permanente, *conduzido*."

"É", concordou Simone.

"A gente tem sido moderado por tempo demais. A gente precisa de imoderação."

Simone pousou sua xícara. Estava ficando irritada com a depressão de Sartre. "Não posso perder meu trem."

Quando deixaram o lugar e caminhavam pela beira da praia, Sartre apanhou um seixo. Ele o girou entre os dedos, sentindo sua forma arredondada. Estava prestes a atirá-lo no mar quando uma sensação avassaladora de nojo o invadiu. Deixou cair a pedra.

"O que é que você está fazendo?", quis saber Simone. "*Dépêchez-vous*" — apresse-se.

O nojo de Sartre ao tocar o seixo foi a primeira insinuação da náusea que se tornaria o tema central e o título de seu romance de maior sucesso, *La Nausée*. Ele faria daquilo um momento decisivo para seu personagem, Antoine Roquentin, que acha insuportável tocar em objetos assim. "Como era desagradável!",[3] exclama Roquentin, sobre a náusea que sente. "É, é isso... uma espécie de náusea nas mãos."

A estada de Sartre no porto de Le Havre, um catalisador da *Náusea*, foi igualmente decisiva para sua carreira de escritor e sua futura fama. Ele e Simone, contudo, haviam feito todo o possível para evitar o papel de professores provincianos. Sabendo que não poderia acompanhar Sartre no Japão, Simone planejara trabalhar em Budapeste ou Marrocos, mas seus planos, como os dele, não deram em nada. Ao invés de navegar até a Terra do Sol Nascente, ele fora forçado a desembarcar em Le Havre, um gelado porto na Normandia que o fazia recordar seus dias de escola em La Rochelle. Para um homem que, como seu herói, Capitão Pardaillon, sonhava com aventuras, era um golpe cruel.

Simone tinha esperança de que obter o primeiro cargo de professor pudesse ajudar seu Peter Pan a crescer; em vez disso, foi uma promoção para o sofrimento. Sartre nunca ficara sozinho antes. Agora, no início de outubro de 1931, fora parar numa cidade em que não conhecia ninguém e ninguém o conhecia. Quando Beauvoir tomou o trem para Marselha nesse mês, ele alugou um quarto no decrépito Hôtel Printania, frequentado por caixeiros-viajantes, perto da estação, e começou a trabalhar no Lycée Le Havre.

Os dias se arrastavam. Seu *ennui* era intolerável. Na terça-feira, 9 de outubro, escreveu para Beauvoir, voltou para a cama após o almoço e pegou no sono. Quando acordou, caminhou pela avenue Foch até um parque público, encontrou um banco e sentou para observar uma árvore. Contemplou-a por vinte minutos. Uma bela árvore, Sartre contou para Castor. Pela primeira vez, "compreendi [...] o que é uma árvore".[4] Infelizmente, contudo, não tinha certeza sobre que espécie de árvore era aquela. "Você pode me dizer", escreveu, fazendo um pequeno esboço de um galho com seis ou sete folhas, de modo que Simone pudesse identificá-la: "Vou esperar sua resposta".

Melancólico, comparava sua situação à de Paul Nizan. Como Jean-Paul, a primeira opção de Nizan fora se tornar professor. Ele, também, queria deixar sua marca no pensamento da época com uma obra, e acabara de publicar *Aden-Arabie* após uma longa viagem por Aden, Egito e Etiópia. Estava rapidamente conquistando uma reputação como ativista do comunismo e contribuindo para a revista literária *Bifur*, onde podia ajudar o velho amigo persuadindo o editor a publicar o prefácio de "A lenda da verdade", de Sartre. Sartre ficou ressentido pelo manuscrito ter sido "estripado" por Nizan, que, como Aron, julgou o texto "obscuro", quando deveria ser lúcido. E em outubro o próprio livro foi recusado pelas Éditions d'Europe. Desconsolado, Sartre o enfiou numa gaveta. O estilo era rígido e artificial, e ele foi forçado a admitir para si mesmo que não era grande coisa.

Buscando consolo na lembrança de que o dramaturgo Racine vivera uma vida pequeno-burguesa quando escrevia *Phédre*, Sartre entregou-se novamente a escrever com avidez. Começou um panfleto "Sobre a contingência", mas Simone se preocupava de que seu novo "*factum*", ou análise filosófica, fosse tão estéril quanto o anterior. Numa importante intervenção, insistiu com Sartre para que transformasse aquilo em ficção, acrescentando um toque do suspense que ambos apreciavam das histórias de detetive. Ele concordou. Simone descobriu que era muito boa em se pôr no lugar do leitor, e se tornou uma crítica severa e meticulosa, repreendendo Sartre por usar adjetivos e metáforas demais. "Ele invariavelmente aceitava meu conselho",[5] lembrou. Ela havia se tornado seu *petit juge*, seu pequeno juiz.

A folha que ele havia colhido, disse Simone, era de um *marronnier*, um castanheiro, como os que havia nos Jardins de Luxemburgo. Sartre voltou à árvore, exaurindo um "arsenal de comparações" ao estilo de Virginia Woolf. A evolução do romance nas mãos de James Joyce e Virginia Woolf o deixara impressionado, sobretudo a "particular nova técnica: o monólogo interior", que ele recomendou a seus alunos em uma aula dada na biblioteca municipal. *To the Lighthouse* fora publicado quatro anos antes. *The Waves* foi recebido com aclamação no mesmo mês, outubro de 1931, em que Sartre notou a árvore cuja "proliferação sem sentido" se tornaria símbolo da contingência para ele. Mas seis anos de trabalho duro ainda estariam à sua espera antes que ele conseguisse dominar suas técnicas experimentais.

Por ora, seu romance estava intitulado "Melancolia", em homenagem à gravura de Dürer de 1514, da qual Sartre gostava particularmente, mostrando uma jovem afundada em depressão. O herói de Sartre era um certo Antoine Roquentin, que morava sozinho em "Bouville", a "Cidade da Lama", pesquisando a vida de um nobre do século XVIII, o marquês de Rollebon. "Vivo sozinho, absolutamente sozinho. Nunca converso com ninguém, nunca; nada recebo, nada dou",[6] escreve Roquentin em seu diário, revelando o mesmo isolamento de seu criador.

"Por que Antoine Roquentin e Mathieu [herói de *Os caminhos da liberdade*], que são *eu mesmo*, mostram-se de fato tão melancólicos? Ao passo que

— céus! — a vida para mim não parece assim tão má?",[7] Sartre pergunta a si mesmo em março de 1940, durante a Guerra de Mentira. "Acho que é porque são homúnculos." Como os homenzinhos sobre os quais escreve, Sartre sente uma "tristeza cósmica". "Em todos os nossos pensamentos e todos os nossos sentimentos, há um elemento de terrível tristeza", escreve, confessando que seus personagens, privados de sua própria paixão obsessiva por escrever, de seu orgulho e de sua fé no destino, "são eu mesmo decapitados". Seus anti-heróis sofrem uma melancolia mais profunda que os seres humanos em geral: a "tristeza preenchida com a censura e a amargura do Homúnculo em seu pote. Eles sabem que são inviáveis, sustentados por alimentação artificial".

Lá no fundo Sartre às vezes também se sentia aprisionado em seu pote, pois a sensação de ser inviável e artificial era algo que conhecia desde a infância, quando se imaginava como dotado de raízes aéreas, acastelado na biblioteca de seu avô. Todavia, ele logo começou a fazer amigos entre seus alunos, pois era um professor que os inspirava. "A gente ficava olhando aquele homenzi-nho entrar na sala, as mãos nos bolsos e sem chapéu, muito raro em nossa escola",[8] relembrou um aluno. "Ele também fumava um cachimbo — algo muito pouco comum. Começava a falar imediatamente, de cabeça, sem ano-tações, sentado em sua mesa — nunca tínhamos visto nada parecido." Com a camisa preta de colarinho aberto e o paletó esportivo, Sartre, apenas oito ou nove anos mais velho que seus alunos, se mostrava diante deles como um amigo e um igual. Ele permitia que fumassem na classe, tirassem os paletós e as gravatas, e em vez de dar a aula da frente da classe, insistia que os alunos fizessem apresentações orais — na época, uma novidade surpreendente. O jovem "fessor" treinava boxe e bebia com os pupilos. Jacques-Laurent Bost, o belo e encantador filho do capelão protestante do *lycée*, lembrava: "Todos o chamavam de *Le père Sartre* precisamente porque confiavam nele, gostavam dele, admiravam-no como a um pai. Ele era pequeno, feio e amigável. Alguns de nós treinavam boxe com ele, e ele lutava com vontade, mas explodia numa risada genuína e bem-humorada se algum de nós o derrubasse".[9]

Mas Troupe Matthews, um aluno americano morando em Le Havre, obje-tou ao favoritismo de Sartre: "Sartre era muito elitista [...]. Não era aberto a todos os alunos, apenas aos seus favoritos [...] eles tendiam também a ser protestantes [...]. Sartre acreditava na ética protestante: quem trabalha duro merece ser recompensado [...]. Eu tinha medo dele, assim como a maioria de meus colegas [...]. Em 1931, Sartre me aterrorizava".[10] Alunos seletos que, como o "Petit Bost", assim chamado por ser o irmão mais novo de Pierre Bost, o romancista, admiravam seu professor e compartilhavam de seu protestantismo, tornavam-se parte de seu círculo íntimo, recebiam um aprendizado especial e iam com ele ao cinema.

No verão seguinte, em 12 de julho, cabe a Sartre, como o professor mais novo, dar uma palestra para os pais na cerimônia de entrega de prêmios anual do verão. Sua reputação o precedia: o brilhante *Normalien* de Paris, que tirou primeiro lugar nos exames. Cheios de expectativas, os pacatos burgueses de Le Havre enchem a sala. Sartre sobe no tablado em sua beca preta acadêmica e com um manto amarelo bordado com três fileiras de arminhos brancos; toma todo o cuidado de não tropeçar, pois a beca é longa demais para ele. Tem apenas 26 anos, e se sente pouco à vontade com a assembleia de pais e diretores. Le Havre é uma cidade de divisão de classes rígida, em que a classe média alta vive em casas no alto de penhascos, o Coteau Vert, os *nouveaux riches*, na cidade, no boulevard Maritime, e a classe trabalhadora perto das docas; Sartre escolheu deliberadamente morar em meio aos bordéis e marinheiros bêbados, e extrai um prazer malicioso de ensinar a seus amigos adolescentes uma canção de soldados obscena:

> *Traîne tes coquilles par terre,*
> *Prend ta pine à la main mon copain.*
> *Nous partons en guerre*
> *A la chasse aux putains.*[11]

("Arrasta teus colhões na terra,/ Segura o pau com a mão, meu camarada./ Estamos de partida para a guerra/ À caça de putas.")

O crime da burguesia é ser uma classe sem reflexão, portanto, inautêntica. Sua raiva contra o destino cruel que o fez encalhar em Le Havre é dirigido às fileiras de rostos diante dele, a "multidão gorda, pálida" cujas expressões presunçosas trazem-lhe à memória a elite provinciana de La Rochelle. *Salauds! Filhos da mãe!* É sua punição, diz ao público, dirigir-se a eles: mas até mesmo um bode expiatório tem o direito de escolher seu assunto. Nessa noite, ele vai tirar vantagem de suas prerrogativas: vai falar sobre cinema.

> O cinema é uma arte [...] que reflete a civilização de nossa época. Quem mais vai ensiná-los sobre a beleza do mundo [...] sobre velocidade, máquinas, indústria?[12]

De fato, para Sartre, os filmes têm um significado particular. Sentado na última fileira da sala de cinema, assistindo aos *flicks*, ele compreende pela primeira vez o significado da contingência. Quando as luzes se acendem, percebe que a ordem universal foi substituída pelo caos. A aleatoriedade das ruas substitui a narrativa do filme. A partir desse momento se torna um fã do cinema. Só nesse ano, ele e Castor já viram Mickey Mouse, o marinheiro Popeye, Betty Boop, o *Dr Jekyll* de Rouben Mamoulian, *A Nous la liberté* de René Clair, *A ópera dos três vinténs* de Pabst. "Assistam a filmes sempre", exorta seu público. "Mas façam isso de preferência quando o tempo estiver ruim; primeiro, aproveitem as férias."

O segundo dia de premiação em Le Havre em julho seguinte causou ainda mais sensação. O professor rebelde, apoiando-se sobre o tablado em dois colegas, estava bêbado demais para falar, e fez uma saída apressada pela porta de emergência, onde foi possível escutá-lo vomitando. Um burburinho percorreu o auditório de que sua condição era devida a ter passado a noite anterior em um bordel local com seus alunos.

Sartre poderia ter sido mandado embora, a não ser pelo fato de que seus resultados eram exemplares. Ele pouco se lixava para sua reputação vil, pois, à parte Bonnafé, o professor de francês, e Isoré, que dava aulas de inglês, e com quem treinava boxe no ginásio, vivia em isolamento. Seu tempo extra era passado no café favorito, o Guillaume Tell, onde podia se acomodar nas poltronas de veludo vermelho, parcialmente protegido de olhares curiosos pelos altos vasos de plantas, comer um prato de chucrute ao meio-dia, beber um copo de cerveja e escrever sem ser incomodado. Mais tarde, ele se dirigia ao Café de la Grande Poste, descendo a rue de Galions e passando pelos moinhos verde e vermelho dos bordéis, ou parando para observar os estivadores descarregando os navios. Em torno fervilhava a vida do porto, anônima, barulhenta, mecânica e violenta. O cheiro do mar, de navios e algas, de alcatrão e peixe, enchia suas narinas. O som do jazz penetrava em seus ouvidos, nos cafés e em seu quarto de hotel, pois seu aluno americano lhe emprestara discos de jazz e de blues para ouvir em seu fonógrafo. Sartre escutava canções que ecoavam seu próprio estado de espírito desolado: *"Dans la tristesse et la nuit qui revient / Je reste seule isolée sans soutien"*,[13] cantava Damia. ("Quando a tristeza e a noite chegam / Fico absolutamente sozinho e sem ninguém.")

Ele buscava encontrar conforto nesse ambiente ruidoso, incansável. Em *A náusea*, Roquentin é um personagem estranho que gosta de apanhar castanhas, trapos velhos e, sobretudo, pedaços de papel. Ele fecha as mãos em torno deles e tem a sensação de que os está enfiando na boca, como uma criança; sua antiga namorada, Anny — nome que Sartre tirou da prima morta, Annie —, com quem outrora compartilhara "momentos perfeitos", costumava ralhar com ele por esse hábito de catar papéis sujos, que, assim suspeitava, estariam sujos de excremento. Na Cidade da Lama certo dia, Roquentin vê um pedaço de papel jogado ao lado de uma poça. Ele faz menção de pegar a polpa fresca e macia e formar uma bola entre seus dedos: "Não consegui".[14]

Era a segunda vez que a Náusea o acometia. "Objetos não deveriam *tocar*, já que não têm vida", raciocina. "Mas eles me tocam, é insuportável." Agora ele se lembra de como se sentiu outro dia na praia quando segurava o seixo. "Um curioso horror o subjugou." Deixou cair a pedra e fugiu.

A Náusea o persegue. Objetos deixam-no aterrorizado: o copo de cerveja diante dele no café, os suspensórios de um cliente, até mesmo seu próprio rosto ao se ver no espelho, escutando a voz de sua tia, como costumava lhe dizer quando era pequeno: "Se você ficar olhando muito tempo para você mesmo, vai ver um macaco ali".[15] E agora ele está muito abaixo do macaco, está à beira do mundo vegetal, um pólipo. Seus olhos "são vítreos, moles, cegos e avermelhados; qualquer um pensaria que são escamas de peixe [...]. Não tenho amigos: é por isso que minha carne é tão nua?".

Na galeria de arte local Roquentin observa o rosto presunçoso dos burgueses, admirando quadros. Eles estão *éclatant de droit* — resplandecendo de certezas. Satisfeitos com sua riqueza, posição e famílias, enlevados pela consciência de suas virtudes, imaginando que suas vidas têm um "significado real, *determinado*", enquanto sua Náusea — "ela o agarra por trás e então o deixa à deriva em um tépido oceano do tempo"[16] — aumenta com a visão desses cidadãos sólidos que veem sua própria importância refletida nas habilidosas pinceladas do artista. A filósofa Iris Murdoch reconhecia em Roquentin uma "percepção especial da má-fé [que havia] nessas tentativas de cobrir a nudez da existência com ornatos de significado".[17]

Até mesmo em seu café favorito não há como fugir. "As coisas estão ruins! As coisas estão muito ruins: tenho isso, essa coisa nojenta, a Náusea." Ele fica cheio de uma espécie de doce repulsa, *une espèce d'écoeurement douceâtre*, quando a Náusea se apossa dele, o lugar gira, e ele quer vomitar. Arquejante, faz um pedido à garçonete. Poderia pôr para tocar no gramofone a canção de que ele gosta: "Some of These Days"? Madeleine gira a manivela e Sartre reconhece o antigo ragtime logo nos primeiros acordes. Os soldados americanos costumavam assobiá-la em 1917, nas ruas de La Rochelle. Devia datar de antes da guerra. Escutando a voz do cantor negro, ele começa a se animar, a se sentir feliz:

Some of these days
You'll miss me honey

Ele está "dentro da música". Seu corpo se enrijece, a Náusea vai embora.

Uma *roquentin*, o nome dado por Sartre a seu herói, é, segundo o dicionário Larousse do século XIX, uma velha canção feita de fragmentos de outras canções: uma canção de efeito bizarro, com abruptas mudanças de ritmo, cheia de surpresas cômicas. É, talvez, a justificativa de Sartre para apresentar o romance em fragmentos, parte diário, parte pastiche e empréstimos de outras obras; mas o nome "Roquentin",[18] conferido à figura sombria e dilacerada do narrador, é também, seguramente, um símbolo do colapso de significado que o próprio Sartre vivenciou em Le Havre.

Em 1945, ele descreveu o existencialismo como "a tentativa de extrair todas as consequências de uma postura de ateísmo consistente". *A náusea*, que apareceu sete anos antes disso, em 1938, é sua primeira e mais brilhante tentativa de descrever um mundo sem crença, sem deus, aleatório e absurdo. Como explicou Sartre mais de uma vez, em seus *Diários de guerra*, e em sua autobiografia, *As palavras*, "Roquentin era *eu*", e ele usou seu herói para mostrar a textura de sua vida. Essa textura, diz Roquentin, é "uma comédia! Todas essas pessoas aí sentadas, com aparência séria, comendo [...]. Aqui nos sentamos, todos nós, comendo e bebendo para preservar nossa preciosa existência e de fato não há nada, nada, absolutamente nenhum motivo para existir".[19] A Náusea se apossa de Roquentin quando ele percebe que é tão inútil quanto aqueles *salauds*. Um *voyageur sans billet*, ele está no trem sem ter bilhete. A vida é uma comédia de humor negro em que ele diz a si mesmo que é livre; contudo, ele vive como um *salaud*.

O passado de Roquentin é tão insubstancial quanto sua personalidade. O leitor suspeita que suas jornadas nunca ocorreram, a despeito de lhe ser contado que passou seis anos viajando. "Um espião do mundo do nada",[20] ele acumula suas caixas de cartões-postais, as vistas pegajosas de Argel, Aden, Angkor, Meknès, Moscou e Saigon, que o Autodidata respeitosamente examina. Em 1931, Sartre ainda acreditava na "magia das aventuras",[21] como se expressou em um conto anterior, "L'ange du morbide". Ele achava que a única viagem autêntica é aquela da qual regressamos inteiramente transformados, e entremeou suas viagens com Castor em *A náusea*. Os cartões-postais de Roquentin eram os cartões-postais de Sartre, mandados de Marrocos, Londres e Nápoles, os sonhos de Roquentin eram os sonhos de Sartre. Mas as férias dificilmente eram capazes de satisfazer o homúnculo em seu pote: já então ele conhecia *la nausée des fins de voyages*, o enjoo, a desilusão do fim da jornada.

Já Simone de Beauvoir, por sua vez, em outubro de 1931, tomara o trem expresso Bordeaux–Marselha para desembarcar no sol da Provença. Parando no degrau mais alto da escadaria, ela fitou os azulejos aquecidos pelo sol, as colinas distantes e o céu límpido. Foi um momento crucial em sua vida.

Simone deixou sua bagagem no depósito da estação e começou a descer os degraus, um a um. Viu um cartaz em uma janela próxima, "Quarto para alugar", e pelo vidro notou uma larga mesa, onde poderia trabalhar. O aluguel era razoável e decidiu ficar com o quarto. Duas horas mais tarde, chegava a um acordo com a diretora do Lycée Montgrand, em Marselha. Sua carga horária não excedia as 14 horas semanais e tinha as quintas e domingos de folga.

Como Sartre, Simone se preparou para explorar a cidade de seu exílio. Ao contrário dele, apaixonou-se pelo lugar. Passeando pelas ruas fundas e escuras do Porto Velho, e sentando-se nos jardins públicos e pequenos parques tranquilos, sorvia o ar marinho mediterrâneo, misturado ao cheiro de decomposição das folhas outonais. Na primeira quinta de manhã, ela tomou o ônibus para Cassis, e caminhou ao longo dos rochedos cor de cobre para La Ciotat. Em pouco tempo, andar tornou-se mais que um hábito; tornou-se uma mania. Simone impôs a si mesma sair de casa pela manhã em seus dias livres e jamais regressar antes do anoitecer. Evitando os grupos de caminhada aos quais pertenciam outros professores, e desprezando o equipamento indicado de mochilas e botas de solado apropriado, ela subia as colinas de vestido e alpargatas, carregando alguns pães e bananas em uma cesta. Para começar, caminhava cinco ou seis horas, mas logo começou a enfrentar as montanhas em marchas de 40 quilômetros, escalando cada pico na área — Gardaban, Mont Aurélien e o Pilon du Roi — e descendo cada barranco.

Tornou-se questão de orgulho forçar o próprio corpo a limites extremos. Quando Poupette apareceu para ficar, em novembro — bancada por Sartre —, Simone a abandonou, delirando de febre, em uma casa de repouso local e partiu afundando os pés na neve com suas alpargatas. Seu desejo obsessivo era "ver *tudo*",[22] cada campo e matagal, cada abadia e castelo, na Provença.

Finalmente, a neve derreteu. Em um dia de primavera, Simone topou com amendoeiras em flor pela primeira vez. A visão a deixou pasma. "Eu procurava uma revelação em cada topo de colina ou vale, e a beleza da paisagem sempre superava tanto minhas lembranças quanto minhas expectativas". Perdida no

Lubéron, em uma ravina de montanha, sentiu que o momento pertencia a ela e a mais ninguém. De manhã bem cedo atravessava vilarejos adormecidos e assistia ao nascer do sol sozinha. Nas encostas desertas adormecia ao meio-dia com o aroma de giesta e pinho ao redor; nem o próprio Wordsworth teve uma relação mais mística com a natureza do que Beauvoir.

Sua propensão ao risco era natural. Ignorando os conselhos das outras professoras, que desprezava como solteironas ansiosas, pegava carona. Em suas memórias, *O auge da vida*, Beauvoir minimizou seus contatos com homens na estrada. Não queria assustar a mãe. Mas nunca se esqueceu de "brigar com um homem grande em um caminhão que julgava ter o direito de estuprá-la, depois espancá-la antes de jogar você numa vala, só porque você o chutou ali, onde dói"[23]. Mas ela sobreviveu à provação, e a outro encontro perigoso, quando dois rapazes a levaram em seu carro e começaram a se dirigir a um morro solitário; ameaçando pular do carro em movimento, ela os convenceu a soltá-la.

Sua independência a empolgava. Modelando a si mesma na ideia da "mulher solitária" de Katherine Mansfield, que Beauvoir julgava intensamente romântica, mergulhando no *Diário*, nas *Cartas* e nos contos de Mansfield, Simone, também, se achava autossuficiente. Ela encontrara um novo equilíbrio; talvez como resultado do exercício obsessivo, não sofria mais de frustração sexual: "Subjuguei meu corpo rebelde, e fiquei mais uma vez em paz",[24] escreveu. "O intervalo de abstenção me deixou sob menos estresse do que a gangorra contínua entre solidão e companhia."

Escrever de repente encheu Beauvoir de júbilo. Sentando, como Sartre, solitariamente em cafés — seu favorito sendo o Café Cintra, junto ao Porto Velho —, ela no início se entregou a exercícios descritivos dos arredores, na esperança de aperfeiçoar sua técnica, mas depois abandonou isso para se lançar de corpo e alma em um novo romance. Mais uma vez, seu tema foi Zaza, rebatizada de "Anne", e seu trágico destino. O romance dava muito trabalho, e ela lutava com os diálogos. Encontrando Sartre no Natal, e em outras viagens ilícitas em que dizia à escola que estava doente, examinavam o trabalho um do outro. Ele, ao menos, ela estava convencida, "escrevia o livro no qual pensava havia tanto tempo; e dessa vez conseguiria terminá-lo". Seu próprio aprendizado seria mais longo.

Como Sartre, Beauvoir era popular entre suas alunas. Embora dificilmente pudesse ser considerada muito mais velha do que as garotas para quem lecionava, não teve nenhum de seus problemas anteriores com disciplina. Em seu segundo trimestre, semeou a controvérsia apresentando para a classe Proust e Gide, então considerados muito ousados, particularmente fora da capital. Vários pais se queixaram, mas a diretora aceitou a explicação de Beauvoir e o problema morreu ali.

Simone começara a relaxar. Às vezes, chegava a ponto de comparecer à escola num curto vestido branco de jogar tênis, revelador de seu talhe magro e forte, em vez de usar o suéter e a saia que eram *de rigueur*. E nessa primavera, 1932, aproximou-se de Madame Tourmelin, a professora de inglês, uma mulher rechonchuda de 35 anos e cabelos castanhos, cujo marido encontrava-se em um sanatório com tuberculose. As duas começaram a sair para caminhar juntas. Mme Tourmelin convidou Simone para morar no quarto de serviço de sua casa, que ela havia convertido em escritório. Passaram um fim de semana fora, visitando uma abadia perto de Arles. Houve noites comendo perca grelhada e bebendo o vinho de Cassis local, enquanto praticavam seu inglês, Mme Tourmelin estalando a língua de reprovação com o pavoroso sotaque de Simone. Mas certa noite, ao voltarem para o apartamento,

> Ela me agarrou em seus braços. "*Ah! Jetons les masques!*", deixemos de fingimento, ofegou, e me beijou apaixonadamente. Depois, desatou a falar de como se apaixonara por mim à primeira vista, e que já estava mais do que na hora de largar toda aquela hipocrisia, e se eu não — implorou — queria passar a noite com ela?[25]

Simone gaguejou que pela manhã as duas se envergonhariam. "É preciso que me ajoelhe a seus pés?", gemeu Mme Tourmelin. "Não, não, não!", gritou Simone, fugindo dali. Na manhã seguinte, a professora de inglês explicou que não falara a sério. Mesmo assim, foi com considerável alívio que Simone soube que seu pedido de trabalhar no Norte da França fora aceito. Seu novo destino agora era Rouen, a apenas uma hora e meia de Paris, e a uma hora de trem de Sartre.

12

A pequena russa

Ela sentiu os seios quentes da linda Xavière contra os seus,
aspirou seu hálito doce. Era desejo, aquilo?[1]

Simone de Beauvoir, *A convidada*

QUANDO SIMONE DE BEAUVOIR chegou em Rouen, em outubro de 1932,
para assumir seu cargo no Lycée Jeanne d'Arc, no início mal notou o rosto
pálido e taciturno da emigrada russa de 17 anos sentada no fundo da classe.
Olga Kosackiewicz, nascida em Kiev, metade ucraniana, não foi das alunas
mais brilhantes a atrair a atenção de sua professora. Apelidada pelas colegas
de "*la petite Russe*", a filha de um bielo-russo que se casara com a governanta
francesa de sua família, era calada e infeliz. Mas em seis meses a pequena
russa ia despertar uma paixão em Beauvoir tão forte quanto a que ela jamais
sentira por qualquer homem.

Olga foi a catalisadora que libertou a imaginação de Beauvoir e inspirou
seu primeiro romance publicado, *L'Invitée* [*A convidada*]. Musa e modelo,
ganhou caráter ficcional na pena de Beauvoir como "Xavière" e na de Sartre
como "Ivich", em sua trilogia *Les Chemins de la liberté*. Descrita por Simone
como a "*perle noire*", a pérola negra, cujas "maçãs peroladas" ela queria cobrir
de beijos, a garota se tornou uma joia inestimável aos olhos de sua professora,
em pouco tempo cobiçada por Sartre, também. Olga penetrou tão poderosamente nas mentes primeiro de Beauvoir e, depois, de Sartre, que serviu de
inspiração para pelo menos quatro livros e ao menos uma peça, *Huis Clos*.

Mas, antes de mais nada, Olga pertence a Beauvoir, de quem é aluna. As
emoções que ela desperta saltam das páginas de *A convidada*. Certa noite,
"Françoise" leva "Xavière" para um clube noturno. A russa está dançando, a
cabeça jogada para trás, em êxtase. "Françoise", que não dança, fica sentada,
observando. A fumaça e o jazz a lembram de sua juventude em Montparnasse.

Ela trança os dedos em torno do copo de uísque sobre a mesa de zinco, mas não bebe. Seu olhar está fixo em Xavière, cujo vestido azul plissado e justo revela seu corpo magro e sinuoso de colegial. Ela é flexível e feminina. Seu rosto pálido e frágil é emoldurado por um cabelo loiro lustroso e acinzentado: a Pequena Russa, propriedade de Françoise.

O espírito de Xavière é intolerante, hostil, obstinado. Ela é irritável e orgulhosa, lembrando como nos velhos dias, na Rússia, seu pai aristocrático costumava levá-la para caçar às 6h da manhã. Agora, está *déracinée*, desenraizada. Viçosa, jovem, andrógina, como uma criança, tem a cabeça de um garotinho, que se torna a de uma "garota afetuosa, ingênua".

A noite está quase chegando ao fim. A professora planeja levar sua protegida a Paris. Dá tapinhas na mão cálida depositada confiantemente entre as suas. *"Vous verrez, vous aurez une belle petite existence toute dorée"*[2] — uma existência dourada a aguarda, vai ver.

— Ai, eu quero ir — disse Xavière. Ela se largava com todo o peso contra o ombro de Françoise; por algum tempo, permaneceram imóveis, recostadas uma na outra. O cabelo de Xavière roçava o rosto de Françoise. Seus dedos permaneciam entrelaçados.

— *Je suis triste de vous quitter* — como é triste deixá-la, disse Françoise.

— O mesmo comigo — disse Xavière, delicadamente.

— Minha querida *petite* Xavière — murmurou Françoise. Xavière a fitou com olhos brilhantes, lábios entreabertos, submissa, em abandono; havia se entregado completamente. Dali em diante, Françoise a guiaria pela vida.

— Tenho de torná-la feliz — decidiu com convicção.

Durante os seis primeiros meses em Rouen, contudo, Simone teve muito de que se ocupar. Ela arrumou um quarto no Hôtel La Rochefoucauld, perto da estação. O hotel tinha um atrativo extra para a nova hóspede. Era imundo, com um único banheiro, mas, para Castor, que nunca dera grande valor à higiene pessoal, um palácio não teria sido melhor. Seu ano de independência em Marselha intensificara o desejo de "viver contra" sua mãe, Françoise, e escolher o Rochefoucauld foi o passo seguinte em sua rebeldia contra o "destino revoltante" da domesticidade burguesa, da qual muitas vezes achava que escapara por um triz. Não havia qualquer necessidade de cozinhar, lavar roupa ou fazer faxina. Não havia necessidade sequer de ter um homem no seu pé, embora se sentisse feliz de encontrar Sartre em Le Havre, ali perto. Era jovem, solteira e livre.

No *lycée*, Simone conheceu uma colega que lhe fora recomendada por Nizan: Colette Audry, uma jovem amiga comunista de Simone Weil. Colette tinha cabelos escuros, cortados rentes, e morava perto da estação, como Simone, em um quarto cujas paredes estavam forradas com as obras de Karl Marx e Rosa Luxemburgo. Pertencia a um grupo de solteironas trotskistas interessado na psicanálise freudiana e, após alguma hesitação inicial, tornou-se amiga íntima da "magra desconhecida" na sala dos professores, que de início menosprezara por ser "excessivamente bem-criada",[3] até que o modo rápido e seco de falar de Simone convenceu Audry de que não era tão convencional quanto parecia. Ignorada pelos demais membros do corpo docente, Simone passava a hora do almoço na suja e escura Brasserie Paul, onde corrigia os trabalhos dos alunos e escrevia. Como a comida era ruim, e o serviço pior ainda, ninguém a incomodava. Ali se tornou sua *querencia*, no jargão das touradas, um lugar onde você podia se sentir completamente a salvo. Era uma "defesa contra a esterilidade provinciana", pois Simone não gostava da paisagem normanda, que achava insípida, chuvosa e civilizada demais, e desistiu de caminhar.

Sua primeira atitude em Rouen foi comprar um bilhete de trem para toda a temporada, a fim de passar todo momento disponível com Sartre. Ela finalmente rompera com o Lhama e esses foram alguns dos meses mais felizes em sua vida, aos quais ia se referir com nostalgia em 1939: "Não tenho medo de nada. Estou envolvida com Sartre outra vez, sozinha com ele como no tempo de Le Havre e Rouen, antes de Kos [...]. Estou feliz". Nenhum deles tinha qualquer responsabilidade à parte o trabalho como professores secundários de filosofia, atividade que empolgava mais Simone do que Sartre. Sem filhos, sem casa, sem interesses políticos, eles viviam longe da realidade:

> Tínhamos uma profissão, que conduzíamos da maneira correta, mas não nos afastávamos do *univers des mots*, o universo das palavras [...]. Como Sartre disse-me certo dia, tínhamos um senso genuíno da verdade [...] embora isso fosse um passo na direção certa, de modo algum implicava que possuíssemos *um senso verdadeiro da realidade*.[4]

Isolados do mundo prosaico em seu universo verbal, Beauvoir e Sartre desenvolveram uma língua particular juntos, de *querencias* e *erlebnissen*, emoções. Sartre é o *"cher amour"* de Castor, seu amor querido, seu *"cher petit être"*, seu querido pequeno ser, *"mon doux petit mari"*, meu doce maridinho. Ainda tratavam entre si pelo *vous* formal, mas em suas cartas Sartre indicava o relacionamento especial dos dois com a expressão "*vous autres*"[5], significando em francês a segunda pessoa do plural, "vós" ou, mais a grosso modo, "vocês". Usado somente com Beauvoir, era especificado mais ainda como "*vous autre*", para aumentar a intimidade dos dois.

Enquanto brincavam com as palavras, Sartre e Beauvoir fortaleciam seus laços intelectuais e emocionais, lendo os manuscritos um do outro, disputando ideias e trocando fofocas sobre os amigos. Seu senso de união está poderosamente expresso em *A convidada*, em que Sartre serviu de inspiração para o personagem de Pierre Labrousse, um produtor teatral, e namorado de Françoise. Ela devia contar tudo a ele; se deixasse de fazê-lo, se pensamentos incômodos fossem deixados de lado ou reprimidos, "isso permitia que uma vergonhosa vegetação subterrânea crescesse sob a superfície da verdadeira existência, onde ela se sentia completamente só e correndo o perigo de sufocar".[6]

Sartre é o jardineiro abrindo uma picada entre os pensamentos de Beauvoir com seu facão mental, limpando sua selva pessoal do matagal que ameaça estrangulá-la.

> Pouco a pouco, ela se decidira sobre tudo: não mais conhecia a solidão, mas *elle était purifiée de ces grouillements confus*, havia se livrado dessas caóticas gavinhas subterrâneas. Confiara a ele todos os momentos de sua vida, e ele os devolvia limpos, polidos, completos, e eles se tornavam momentos de sua vida compartilhada.

Essa é talvez a confissão mais honesta de Beauvoir de quão "necessário" o amor de Sartre era para sua segurança, e quão profunda era sua necessidade da regra da transparência, que preservava seu equilíbrio psicológico. Mas ela se prestava a esse mesmo fim para ele. O compromisso de "contar tudo" intensificou a cumplicidade do casal durante aquele primeiro ano importante em Rouen, e foi o cerne de seu relacionamento.

A natureza e intensidade dele tornavam-se cada vez mais óbvias para os de fora. Colette Audry, que fora apresentada a Sartre, notou que:

> A influência [de Beauvoir] sobre ele era tão grande quanto a dele sobre ela; que um rapaz como Sartre (porque era mesmo apenas um rapaz, nessa época) dotado de tal capacidade analítica, ao mesmo tempo destrutiva e polêmica, dentro de si era ao mesmo tempo subjugado por aquela garota — devotado, arrebatado, amarrado, preso a ela; que ele, e eu sei que era ele, insistia não só em estabelecer, mas também na época em mantê-la cumprindo, esse famoso contrato para si mesmo.[7]

Colette às vezes sente ciúme da simbiose do casal:

> O relacionamento dos dois era de um novo tipo e nunca vi nada parecido. Sou incapaz de descrever a sensação de estar presente quando os dois estavam juntos. Era tão intenso que às vezes deixava os outros que a viam tristes por não ter algo assim.

O escritor Olivier Todd, que se casaria com a filha de Nizan, ficou de modo similar perplexo com a "cumplicidade incomparável" entre os dois.

> Pareciam pensar simultaneamente até mesmo quando aparentemente estavam equivocados. Eram como singulares corredores de revezamento de ideias que não precisavam passar o bastão para continuar o revezamento. Acertavam o passo e seguiam um ao outro de um modo que nunca vi nenhum outro casal no mundo fazer. Aqueles gêmeos siameses podiam ser um pouco assustadores [...]. Simone de Beauvoir era capaz até de terminar as frases de Sartre, e vice-versa. Havia até mesmo uma espécie de mimetismo em suas vozes ásperas [...]. Era comovente ver o modo como se dirigiam um ao outro por "*vous*", mesmo em público [...].[8]

O "sinal de gêmeos em nossa testa", reconhecido primeiro por Beauvoir em 1929, evoluíra para uma "gemeidade" que, apesar de ser não biológica, escreve o psiquiatra Ricardo Ainslie,[9] pode formar "parte da realidade psicológica que governa a vida de gêmeos e assim, com o tempo, se tornar parte da organização da personalidade dos gêmeos". Dois são mais poderosos que um quando o casal incestuoso espelha os pensamentos e atos um do outro. Beauvoir reconhecia isso ao escrever para Sartre em 7 de novembro de 1939: "Somos na verdade uma só pessoa, você e eu, e isso é um poder fantástico".[10]

Dentro desse universo compartilhado, cerebral, Beauvoir era feliz. Mas às vezes ela se sentia "prisioneira da felicidade". Embora, como a mãe, possuísse esse *optimisme de commande*, que permitira a Françoise de Beauvoir negar a infidelidade do marido, o lado físico de seu relacionamento com Sartre era cada vez mais imperfeito. "Pierre", em *A convidada*, admite não ser "um grande sensualista [...]. A verdade é que aprecio os estágios iniciais [de um namoro]". "*Il y a un élan passioné qui lui manque*",[11] falta-lhe o elã da paixão, ia se queixar outra namorada de Sartre, Bianca Bienenfield, em 1939. Em 1932, aos 24 anos de idade, Beauvoir também ansiava em vão pelo calor que não encontrava em Sartre.

Em um conto, "Marcelle"[12], ela criou a figura de Denis Charval, cuja brutalidade fria humilha sua esposa na noite de casamento.

Em um arroubo de paixão ela mordeu o ombro de Denis. Ele levou um susto; suas mãos prenderam o corpo dela com mais força e mordiscaram a carne trêmula. Marcelle se agarrou a ele em êxtase, embriagada de vergonha. "Sou sua coisa, sua escrava", murmurou para si mesma [...]. Ele a girou pela cintura e a fez se ajoelhar. "Fique assim [...]. É mais gostoso."

Na descrição de Beauvoir, Denis se compraz com a "ignomínia" de Marcelle; ele a prende nessa "postura degradante" como um carrasco forçando-a a "dançar sob a chibata". Tristemente, ela percebe que "a vida sempre ficou abaixo dos sonhos".

A pobreza da vida sexual de Beauvoir criou um espaço que a admiração de suas alunas começou a preencher. Na classe, ela causava sensação. Tornava o trabalho leve, sem nunca preparar as aulas, pois a filosofia, que estudara tão recentemente, continuava fresca em sua cabeça. Simplesmente sentava em uma mesa e começava a falar tão rápido em sua grave voz de fumante que as meninas mais vagarosas achavam impossível tomar notas. Era, como se lembrou uma aluna, "incrivelmente fascinante". Em 1932, Beauvoir era jovem o bastante para chegar quase a ser confundida com uma estudante mais velha, mas sua autoridade dominava a sala. Para mais de uma delas, tornou-se sua *flamme*, ou paixão. "Ela era linda, era jovem, usava maquiagem, tinha um ar jovial", recordou Olga Kosackiewicz, tentando analisar a atração de Beauvoir. Acostumadas a professoras comportadas de meia-idade com o cabelo preso em um coque, Beauvoir certamente era uma novidade, e as garotas começaram a disputar sua atenção.

Enquanto isso, um filme sobre uma colegial que se apaixona por seu professor atraía um culto de seguidoras. *Mädchen in Uniform* (*Garotas de uniforme*), passado em uma escola prussiana, estreou em Berlim em 27 de novembro de 1931 e logo estava passando em Paris — com legendas feitas por Colette — para cinemas lotados. O romance do filme se tornou um best-seller, seguindo a série Claudine de Colette — *Claudine na escola, Claudine em Paris*, que Beauvoir lera quando adolescente —, junto com *Mademoiselle Dax*, de Farrère, livro sobre o despertar sexual de uma jovem de classe média. *Olivia*, escrito por Dorothy Strachey Bussy, irmã de Lytton Strachey e esposa do pintor francês Simon Bussy, também estava se tornando um clássico *underground* da pedofilia pedagógica feminina. Nesse relato não muito disfarçado dos tempos de escola da própria Dorothy Strachey nos arredores de Fontainebleau, a rígida "Miss Julie", lendo Racine em voz alta, "acende a chama"[13] que começa a arder no coração da jovem Olivia.

Na sala de aula em Rouen, não foi senão no fim do segundo trimestre que Simone de Beauvoir notou Olga Kosackiewicz. As notas mais altas, anunciou, haviam sido obtidas pela *petite Russe*. Era espantoso. Apenas poucos dias antes a garota explodira em lágrimas na mesa da professora, incapaz de terminar seu ensaio; somente quando Simone levou-a para um passeio junto ao rio e lhe pagou uma bebida em uma *brasserie* é que seu espírito desanuviou.

A Pequena Russa falou sobre Deus e Baudelaire. Simone ficou encantada. Embora, no que lhe dissesse respeito, Olga "ainda fosse uma criança", uma garota em botão, começou a convidá-la semanalmente para a Brasserie Paul, e até a levou à Opéra Russe para ver *Boris Godunov*. Sob a batuta de Simone, Olga passou em seu *bac* com louvor. Embora aos 12 anos houvesse sonhado em se tornar uma dançarina, seus pais, que moravam em Laigle, uma cidade normanda a oeste de Rouen, decidiram que ela devia estudar medicina. Em outubro de 1934 ela regressou a Rouen e arranjou um quarto na cidade.

"No início, foi Olga quem quis a relação e a trouxe à existência",[14] alegou Beauvoir com insinceridade em suas memórias. "Não poderia ter sido de outro modo." Olga era "anti praticamente tudo, enquanto eu", escreveu a professora, "deslizava pela vida com a facilidade de um peixe".

Na verdade, Simone, nove anos mais velha que a insegura e introspectiva estrangeira, tomou a iniciativa. Cortejando mais do que sendo cortejada, sua própria rebeldia encontrou eco na de Olga. Ambas rejeitavam os costumes burgueses. E a atração que garotas pubescentes exerciam em Beauvoir fica clara em suas cartas para a jovem pupila, cuja natureza infantil e corpo esguio ela enfatiza em *O auge da vida*. Não havia mais qualquer necessidade de chamá-la de *Mademoiselle*, afirmou Beauvoir em sua primeira carta para Olga, em julho de 1934, escrita quando passava férias com Sartre, na Alemanha:

> Você é próxima demais de mim para que essa palavra formal siga sendo apropriada [...]. Sinto-me profundamente afeiçoada a você, mas só percebi quanto depois que partiu. Sinto sua falta, quase dolorosamente. Você não só é uma das pessoas mais admiráveis que já conheci, mas também uma dessas pessoas que enriquecem a existência dos que a cercam, e que deixa um grande vazio atrás de si.[15]

Olga, que encontrava dificuldades na comunicação epistolar, rasgava suas cartas para Beauvoir, para sua decepção. Ela implorava a Olga que lhe escrevesse: "Quero que saiba que não existe uma expressão facial sua, um sentimento seu e nenhum incidente em sua vida com que eu não me preocupe [...]. Naturalmente, adoraria receber cartas longas e detalhadas".[16] Simone desde já planejava o trimestre seguinte com Olga: "Vamos sair para longas caminhadas e vamos nos ver com bastante frequência".

"Os sentimentos [de Olga] em relação a mim rapidamente atingiram uma intensidade ardorosa, cujas plenas implicações levei algum tempo para apreciar", escreveu Beauvoir. O desenvolvimento psicológico futuro de Olga sugere que já havia sofrido uma perda da inocência na infância que a predispunha a entrar, ou até a buscar, um relacionamento homossexual com uma mulher mais velha com o potencial de se tornar abusivo. Mas os sentimentos de Simone também estavam "ardendo".

O *ennui* avançava sobre Sartre como uma bruma vinda do Canal da Mancha, a despeito das ocasionais visitas de Castor. Ele sentia que em Rouen ela estava passando por melhores momentos do que ele, aprisionado em Le Havre; e o mais recente período de férias anual passado com a mãe, Anne-Marie, e o padrasto, Mancy, abrira antigas feridas. Morosamente, ele refletia sobre a vida do poeta Baudelaire, cuja biografia ia escrever, e cuja história inicial é estranhamente parecida com a sua. Como Sartre, Charles Baudelaire perdeu o pai cedo. Como Sartre, Baudelaire

> sentiu-se unido de corpo e alma com sua mãe em uma espécie de envolvimento primitivo e místico; ele se perdeu no doce calor de seu amor recíproco; havia apenas um lar, uma família, um casal incestuoso.[17]

Em sua biografia, Sartre citou a carta de Baudelaire para a mãe: *"Tu étais à la fois une idole et un camarade"* — você era ao mesmo tempo ídolo e amiga. Inteiramente absorvido pelo endeusamento da mãe, que lhe parecia "existir tanto por necessidade como por direito", o filho sentia que sua existência, também, era *justificada* (grifo de Sartre).

Como Anne-Marie, a mãe de Baudelaire voltara a se casar, e o jovem poeta ficou com a mesma sensação de ultraje e abandono que o jovem filósofo. Casar-se outra vez era um pecado imperdoável: "Quando se tem um filho como eu, a pessoa não casa outra vez",[18] escreveu rudemente Baudelaire para a mãe. A antiga vida se fora como uma maré, deixando-o nu e sozinho. Era uma sensação acachapante de solidão: "Desde já ele sente que seu isolamento é seu *destino*", escreve Sartre com emoção.

Alijado da humanidade, enclausurado por opção, Baudelaire se torna um pária: *le merle blanc devenu aveugle*, o melro branco que ficou cego, uma descrição que parece servir tanto ao autor da biografia como a seu tema. Quando Baudelaire escreve *"Je suis un autre"*,[19] eu sou outro, é a voz de Sartre que escutamos, cheia de dor e desespero, conforme ele cita a carta furiosa do poeta para os pais:

> vocês me afugentaram, me rejeitaram [...]. Vocês me condenaram a uma existência isolada [...]. *Je suis un autre*. Outro que não vocês todos que me fizeram sofrer. Podem perseguir minha carne, mas não minha "alteridade".

O filho sente que foi esfolado, desnudado, como Marsyas, o flautista frígio, cuja punição por desafiar o deus Apolo num concurso de habilidades foi ser esfolado vivo. Não é coincidência que em *A convidada* Françoise esteja lendo um texto sobre Marsyas que Pierre lhe deu. Beauvoir, como Bienenfeld, posteriormente, sente a "alteridade", o desespero de Sartre, que como Baudelaire "prefere si mesmo a todo mundo, pois todo mundo o abandona", e fez sua escolha heroica, estoica, de se situar acima do plano terreno, de habitar sua própria "consciência pura".

Os danos que Anne-Marie havia provocado nele jamais poderiam ser desfeitos. Ou poderiam? Estaria ele eternamente amaldiçoado, como Baudelaire? Como o homúnculo com quem Sartre comparava Baudelaire e ele mesmo, para seu amigo Paul Nizan, assim parecia; o homenzinho jogado contra as paredes de seu pote, tão infeliz quanto o *poète maudit*.

Nizan se preocupava com a depressão do velho amigo. Ele o satirizou como "Lange", um professor escolar muito pobre e anárquico, em seu segundo romance, *O cavalo de troia*. O nome "Lange", "anjo", em francês, foi tirado do conto de Sartre "L'ange du morbide", publicado em *La Revue sans titre*, em 1923. O livro revela a imagem que Sartre, aos 30 anos, passava para outras pessoas durante os melancólicos anos de Le Havre, nos quais ele labutou em cima de seu "Factum de Contingência", atravessando três sucessivas versões, três mudanças de título, desenvolvendo-se sob a influência de suas viagens ao exterior e seus relacionamentos, em particular com Olga, até finalmente topar com o mundo em 1938.

Lange viera da École Normale — "o que em si mesmo era motivo suficiente para que seus colegas o odiassem",[20] escreve Nizan. "Ela atingira um limite extremo em que a cultura se funde à exaustão na terra de ninguém da solidão e da morte [...]. *Il attendait la mort*" — ele estava à espera da morte. Depreciativamente, Nizan, um militante comunista, compara o vigor de seu herói comunista, Bloyé, com a lassidão de Lange, que observa:

— Quando penso a seu respeito, Bloyé, sua atividade parece-me extraordinariamente absurda. O que quer fazer?
— Mudar o mundo — disse Bloyé.

Mas a política, e a causa comunista, aborreciam Sartre e Beauvoir. Um dia, um estivador sentava-se em uma mesa próxima em um de seus cafés favoritos em Rouen, o Café Victor. Estava "decentemente vestido", recordou Beauvoir, em seu agasalho azul, mas o gerente o expulsou. O incidente, indício da segregação de classe em uma época em que a classe trabalhadora sofria enormemente durante a Grande Depressão, levou Sartre a se perguntar se não deveriam se juntar àqueles lutando pela Revolução. Ele ficou "vagamente tentado", mas os dois funcionários públicos confortavelmente empregados, a despeito de expressar simpatia pela luta do proletariado, decidiram: "Não era nossa luta [...]. Tínhamos nossas próprias tarefas a desempenhar, e elas não eram compatíveis com a filiação ao Partido".

Nizan queria advertir Sartre dos perigos de permanecer distanciado da política. Ele fracassou. Sartre sabia que escrever requeria cada átomo de sua energia, a qualquer custo; fez sua escolha como artista e como indivíduo de agir contra a convenção e o comunitário:

Era o destino [de Lange] ficar sozinho na cidade, caminhar entre pedras tão paralisadas quanto ele, dotadas de tanta comunicação entre si quanto ele com os outros. Era um homem solitário, realmente solitário, como *un îlot desert* [uma ilha deserta].[21]

Exasperado com o desprezo de "Lange" pelo povo, Nizan condenou o velho *camarade* por ser obcecado com ideias e sistemas. "Sistemas são como caixas, aqueles labirintos usados para experimentos com ratos, porquinhos-da-índia; no fim, o rato sempre encontra o centro do labirinto [...]." Sartre, disse Nizan, era um rato em uma armadilha.

Na verdade, Sartre estava no parque público, olhando para o castanheiro. As raízes mergulhavam na terra bem sob seu banco. Ele não se lembrava mais de que aquilo eram raízes, pois as palavras haviam desaparecido, e com elas o significado das coisas. Sua cabeça se curvou para baixo, ele fitou a massa enegrecida e nodosa. A casca, preta e coberta de marcas, parecia couro fervido; ele podia escutar o som da água na nascente, sentir um cheiro de verdor pútrido. Nesse momento, *"Un événement m'est arrivé"*[22] — algo se passou comigo. A existência se desvelou diante de seus olhos; ele viu que aquilo era "o próprio âmago das coisas". A revelação de Sartre foi de que não existia um meio termo entre a não existência e a abundância apavorante, vertiginosa, da natureza. "O que existe, se existe, deve existir a este ponto: ao ponto de se desintegrar, de inchar, de ser obsceno. Em outro mundo, círculos e melodias retêm seus contornos puros e rígidos. Mas a existência é uma degeneração."

"Quanto tempo durou esse feitiço?", perguntou Sartre. *"Eu* era a raiz do castanheiro."[23] Ele descobrira que existir "é simplesmente *estar ali*".

Somente quando Sartre parou de pensar, e deu ouvidos a sua intuição, ele foi capaz de vivenciar o mundo em volta de si. Mas a prodigalidade da natureza, para outros prova da existência divina, para Sartre era a confirmação de que "a coisa essencial" era a contingência: "Quero dizer com isso que, por definição, a existência não é uma necessidade". É, simplesmente, ser. As pessoas têm tentado superar essa contingência inventando um ser necessário, causal, mas nenhum "ser necessário" poderia explicar a existência:

A contingência não é uma ilusão [...]. É o absoluto, e, consequentemente, perfeita gratuidade. Tudo é gratuito, este parque, esta cidade, eu mesmo. Quando você percebe isso, é de revirar o estômago, e você sai flutuando [...].

A existência é um dom; mas é também nauseante, obscena. O mundo natural ameaça com a perda de controle, como as raízes retorcidas no templo de Angkor Wat. Sartre sentiu medo dos espaços verdes em torno da cidade, da vegetação que a qualquer momento seria capaz de estrangular e destruir as estruturas construídas pelo homem. A civilização era precária, temporária, periclitante. "Quando a cidade morrer",[24] escreveu, "a Vegetação vai invadi-la, vai escalar as pedras, agarrar-se a elas, penetrá-las [...]. Ela unirá os buracos e estenderá suas patas verdes por toda parte."

Mesmo encurralado no parque público, o castanheiro mal é tolerável. Sartre, que se voltara para o piano em busca de conforto no mundo desordenado de La Rochelle, recorreu novamente à música, com sua promessa de ordem e harmonia.

Ele volta ao café. Madeleine gira a manivela do gramofone e as notas no *Rendez-Vous des Cheminots* flutuam pelo ar. Elas o carregam para outro mundo. Na circularidade da melodia há necessidade e rigor: as notas *são*. Seu coração palpitante se acalma. Na voz da cantora de blues ele escuta o significado da canção, e sua mensagem: ele deve ser como ela, e sofrer dentro do ritmo. *Il faut souffrir en mesure.* Na pureza de seu isolamento, ele criará sua obra-prima.

13

Berlim

Les Juifs, ça n'existe pas. [Não existe essa coisa de judeus.][1]

Simone de Beauvoir, *O auge da vida*

CHEGANDO A BERLIM NO OUTONO DE 1933 para se encontrar com o escritor Christopher Isherwood, John Lehmann, editor na Hogarth Press, ficou imediatamente chocado com as imensas fotos de Hitler, iluminadas por velas, exibidas nas janelas dos bairros de classe média. As imagens rudes do Führer, uma atrás da outra, eram "como altares dedicados a um culto demoníaco primitivo, irracional".[2] Em 27 de fevereiro, o Reichstag foi incendiado, como resultado, assim alegou Hitler, de um complô comunista, e desse modo ele consolidou seu poder como chanceler com a promulgação da Lei Plenipotenciária, em março. A imprensa iniciou uma campanha de perseguições aos judeus e começaram a circular "histórias revoltantes" das atrocidades perpetradas contra os que haviam sido presos. Bares gays foram invadidos. Atormentado pela atmosfera funesta, Isherwood pegaria suas coisas em abril seguinte e partiria.

Nesse mesmo outono, 1933, Jean-Paul Sartre chegou a Berlim. Seu quarto confortável no Instituto Francês dava para gramados imaculados, e ele podia contemplar uma árvore que, embora diferente de "sua velha amiga em Le Havre [...] ajudava a manter viva a lembrança daquele castanheiro". Guardou seu exemplar novo do *Sein und Zeit* de Heidegger na escrivaninha antiga e soltou um suspiro de alívio. Enfim, livre da Cidade da Lama.

Ele devia a mudança para a capital alemã ao velho amigo e rival, Raymond Aron, que o apresentara àquela tendência nova e inspiradora da filosofia, a fenomenologia. Em um fim de semana no ano anterior, Simone e Aron estavam sentados no Bec de Gaz, na rue Montparnasse, tomando coquetéis de damasco — *spécialité de la maison* — quando Aron, que estudava a obra do fundador da fenomenologia, Edmund Hüsserl, em Berlim, apontou para seu copo e disse: "Sabia, *mon petit camarade*, que se você for um fenomenologista, você pode falar sobre essa bebida e filosofar em cima disso!".[3] Sartre empalideceu de emoção. Aron havia cutucado o ponto onde Sartre queria chegar, descrever objetos ou fenômenos exatamente como ele os via e tocá-los, e "extrair filosofia do processo". Não cabendo em si de empolgação, Sartre correu para uma livraria no boulevard Saint-Michel e comprou o último livro sobre Hüsserl, escrito pelo autor francês Levinas. Em sua pressa, começou a ler enquanto caminhava, o coração batendo em falso quando topou com a entrada: "Contingência". Teria Hüsserl chegado lá antes dele? Mas havia apenas umas poucas referências dispersas à obsessão de Sartre. Decidindo não perder um minuto antes de começar seu próprio estudo do grande filósofo alemão, Sartre na mesma hora se candidatou a uma vaga no Instituto Francês para o ano seguinte. Aron, nesse meio-tempo, assumia seu lugar no Lycée Le Havre.

Quanto a Isherwood, era a Berlim de Sally Bowles que atraía Sartre, e ele não perdeu tempo em procurar uma mulher para ajudá-lo a descobrir a cidade. No jogo da sedução, saindo em desvantagem por causa de sua aparência, "eu contava apenas com minha capacidade de falar. Ainda consigo me lembrar da dificuldade em que me encontrei em Berlim. Eu estava determinado a experimentar o amor das mulheres alemãs, mas não demorou para perceber que não sabia alemão suficiente para conversar. Privado de minha arma, eu me sentia um tanto estúpido e não ousava tentar nada — tive de recorrer outra vez a uma francesa".[4]

Desse modo ele foi atrás da bela Marie Ville, esposa de um professor de filologia, como um objetivo adequado. Juntos, frequentaram clubes noturnos, assistiram a espetáculos de sexo ao vivo e beberam muito nos *bierhalles* da capital. Marie, que Beauvoir chamou "Marie Girard" em *O auge da vida*, respondeu ao ritual de sedução de Sartre, que ele comparou a uma tourada. Não queria que a mulher sucumbisse à primeira "estocada dos *banderillos*". Como o touro, ela tinha de resistir. Sua "derrota [...] tinha de ser *merecida*: em outras palavras, acontecer no fim da peça, bem no momento da caída do pano".

Marie estava preparada para jogar o jogo, recusando conforme ele insistia delicadamente, ganhando um pouco mais de terreno todo dia. "Eu tinha menos entusiasmo pela mulher do que pelo desempenho de um papel que ela ensejava [...]. A posse contava menos do que a perspectiva de possuir." A relação sexual que resultava — o "evento terminal" que ele comparava ao sacrifício do touro — era infelizmente inevitável: "Na maior parte das vezes, não temos escolha",[5] queixou-se Sartre a Gerassi. "Ficar próximo de uma mulher exige que um relacionamento amoroso seja estabelecido, e a maioria das mulheres acha o amor incompleto sem sexo." Em seus *Diários de guerra* ele posteriormente confessou: "Uma forte paixão sensual — se é que alguma mulher já concebeu uma em relação a mim — teria me deixado inteiramente desconcertado e chocado."[6] Era o drama de cortejar que o fascinava, exibido para uma plateia feminina:

> Existe uma metade da humanidade que mal existe para mim. A outra metade — bem, não há como negar, a outra metade é minha preocupação única e constante. Só extraio prazer na companhia feminina; sinto respeito, ternura e amizade apenas por mulheres [...]. *J'aime les femmes à la folie.*[7]

Não era apenas a companhia das mulheres, mas também sua conversa que atraía Sartre.

> Prefiro conversar com uma mulher sobre as coisas mais triviais do que sobre filosofia [...]. Porque essas são as coisas triviais que existem para mim; e qualquer mulher, até a mais estúpida, fala sobre elas como eu gosto de falar sobre mim mesmo: *eu me dou bem* com as mulheres.

Conversando sobre "coisas triviais" com Marie, Sartre estava cego para o terror nazista crescendo em torno dele. Ainda que em sua demanda gidiana de compreender a cidade ele passasse dias inteiros nos bares sórdidos em torno da Alexanderplatz, e soubesse suficiente alemão para acompanhar os jornais, Sartre ignorou o Congresso de Nuremberg e o plebiscito de novembro que enfim deu a Hitler o controle do país. Os discursos raivosamente antissemitas de Goebbels passaram batidos por seus ouvidos. Quando, contudo, encontrou camisas-marrons na rua, a caminho de espancar judeus nas praças públicas, sentiu, disse Beauvoir, a mesma "sensação desagradável" que sentira em Veneza, onde os camisas-marrons lhe pareceram mais sinistros que os camisas-pretas de Mussolini.

Em Rouen, Simone de Beauvoir tampouco achava que havia algo com que se preocupar. Os judeus pareciam completamente assimilados na sociedade francesa. O amigo deles, Fernando Gerassi, nascido em Constantinopla, era descendente de judeus sefarditas expulsos da Espanha, mas isso não lhe trouxe qualquer consequência. Quando Olga, que se juntara a um grupo de judeus romenos e poloneses e escutara as histórias de antissemitismo que haviam feito com que deixassem seus países, perguntou a Beauvoir certo dia: "O que *realmente* significa ser judeu?"[8], sua professora respondeu com certeza absoluta: "*Rien. Les Juifs, ça n'existe pas. Il n'y a que des hommes*" — "Nada. Não existe essa coisa de judeus. Tudo que existe são os homens." No dia seguinte, Olga entrou na sala de um violinista polonês e anunciou: "Meus amigos, nenhum de vocês existe! Minha professora de filosofia me contou!".

Simone tampouco mudou de ideia quando visitou Sartre em Berlim, em fevereiro de 1934. Fazia um frio de rachar, mas o calor era acolhedor dentro dos restaurantes nos quais o casal se entregava à comida alemã que ambos apreciavam: repolho vermelho e porco defumado. Berlim "não parecia esmagada sob o peso de uma ditadura",[9] escreveu Simone; "as ruas estavam alegres e animadas". Juntos tomavam cervejas nos gigantescos *bierhalles*, como o Vaterland, onde as pessoas se abraçavam, embalando o corpo e cantando alto ao som de uma orquestra de metais. "Isso", explicava-lhe Sartre, "é *Stimmung* [harmonia]." Simone conheceu seu primeiro travesti, de véu, meia-calça de seda e salto alto, e visitou algumas boates "depravadas".

No Instituto Francês, os alunos, como a maioria da esquerda francesa, acreditava que o nazismo ia ruir a qualquer momento. Os alemães simplesmente estavam sofrendo de histeria coletiva: o antissemitismo era sem dúvida "*trop stupide*" para ser levado a sério. No instituto havia um aluno judeu alto e bonito que os alemães tomaram por ariano, enquanto um corso escuro e atarracado foi confundido com judeu, para deleite dos *pensionnaires* franceses. Até mesmo quando o chanceler austríaco Dolfuss esmagou violentamente uma revolta socialista, Sartre e Simone se recusaram a tomar conhecimento. Eles é que não iam ajudar a empurrar a roda da história, disse Beauvoir, mas queriam acreditar que ela estava girando na direção certa: "Se não fosse assim, teria havido problemas demais para reconsiderar".[10]

Sartre continuava na Alemanha em 30 de junho, a Noite das Facas Longas, quando os SS de Hitler assassinaram Röhm, líder dos camisas-marrons. Simone voltara para umas férias de verão pela Alemanha e a Áustria com Sartre. Em um barco subindo o Elba começaram a conversar com um veterano alemão da Primeira Guerra Mundial:

"Se houver outra guerra, dessa vez não seremos derrotados",[11] disse o ex-sargento. "Vamos resgatar nossa honra."

"Não há necessidade de guerra", retrucou Sartre. "Todo mundo devia querer a paz."

"A honra vem primeiro", disse o alemão. "Primeiro, temos de resgatar nossa honra."

Em Nuremberg, milhares de suásticas eram vistas penduradas nas janelas, e Simone tremia ao lembrar das fotografias que vira de nazistas marchando e fazendo a saudação: "Todo um povo hipnotizado". Ela e Sartre fugiram correndo para a Áustria, onde "a atmosfera parecia mais leve", até que viram pessoas brigando para conseguir um jornal e descobriram que Dolfuss fora assassinado. Seria o nazismo aquele mero "fogo de palha" que os comunistas alegavam? Ela reprimiu o pensamento na mesma hora.

Racionalmente, seguiram para Oberammergau, para a encenação da Paixão. Dividindo uma refeição de batatas com um alfaiate local e sua família, e um casal de Munique, Sartre se viu como o centro de olhares desconfiados. "O senhor fala um alemão extremamente bom", disseram os austríacos, acrescentando com ar de reprovação: "Não tem o menor sotaque". O professor fora tomado por um espião.

Em 1971, Sartre defendeu sua ingenuidade. Segundo ele, seu alemão era fraco, fraco demais para entender a situação, e Aron o induzira ao erro:

> A despeito dos esforços de meu avô em me ensinar alemão, eu não falava nem um pouco bem, e lia com muito esforço [...]. Depois da Noite das Facas Longas, compreendi que algo brutal ocorrera, mas não havia ninguém nas ruas, e ninguém sabia de nada com certeza. Dependíamos da esquerda francesa, e eles não pareciam muito apreensivos. Aron, que ainda era um socialista, nessa época, disse-me que Hitler e seu bando não poderiam durar ainda mais um ano.[12]

Sartre protestou que na época ainda acreditava "no status especial do escritor. Meu trabalho poderia ser denunciar o fascismo, mas com meus escritos, em minha escrivaninha. E se você ler *A náusea* com cuidado, vai ver que fiz isso, dentro é claro do contexto do período, e de minha consciência política, que era pequeno-burguesa, individualista e democrática". Descrever a classe dominante e os "potenciais rebeldes, os marginais, esmagados por essa classe" foi, alegava ele, o início de seu despertar político.

Em julho de 1934, depois de passar apenas nove meses em Berlim, Sartre estava na verdade em melhor posição de julgar a situação política do que Raymond Aron, que ficara em Le Havre, substituindo Sartre. Mas o otimismo de Sartre permaneceu inabalável: Beauvoir calculou corretamente sua visão limitada, compartilhada por ela e inúmeros europeus, quando escreveu: "A verdadeira condição do mundo *tinha* de ser paz".[13] Após o sofrimento da França na Grande Guerra, a guerra que daria fim a todas as guerras, grande parte da geração de *orphelins* de Sartre ignorou as pesadas nuvens que se juntavam.

Simone permaneceu ainda mais distanciada da política do que Sartre. Ela ficara chocada em descobrir que Sartre estava nos espasmos de um *affaire* com Marie, a mulher Lua. Foi a primeira vez em seu casamento "morganá-tico" que seu "doce maridinho" fora-lhe infiel, à parte a ocasional escapada com Simone Jollivet. De algum modo, ela presumira que ele permaneceria monógamo, fiel ao contrato de "amor essencial", a despeito de seu próprio caso com Pierre Guille, que parecia sem importância para ele.

Simone ficou desconcertada quando conheceu Marie, uma mulher que passava seus dias fumando e sonhando e era tão seu oposto quanto se poderia ser. Marie era atraente e graciosa. "Eu a conheci e gostei dela; não houve o menor sentimento de ciúme de minha parte",[14] alegou Simone em *O auge da vida*. Possivelmente não, mas ela talvez tenha flertado com a ideia de vingança. Sartre enfatizara que sob nenhuma circunstância eles deveriam se permitir sentir ciúme, com seu perigoso potencial para desestabilizar o pacto. Haviam concordado em admitir amantes de ambas as partes: ela própria já não tirara vantagem dessa opção? Era vital manter a rédea curta nas emoções. Em 1973, Sartre descreveu as regras:

> Sempre fui livre, Castor foi livre, os dois sempre fomos livres para perseguir e desejar o que julgássemos importante para nós. Para gozar dessa liberdade, tínhamos de suprimir ou superar qualquer sentimento de posse, qualquer tendência ao ciúme. Em outras palavras, paixão. Para ser livre, você não pode estar apaixonado.[15]

Mas a paixão estava no cerne da personalidade de Beauvoir, e Sartre, também, ostensivamente o "Kobra" de sangue-frio, ia se mostrar capaz de violentas emoções. Atraente na teoria, a alardeada "liberdade" do pacto apresentava inúmeras armadilhas. "O ciúme está longe de ser uma emoção que me é vedada, ou que subestimo", escreveu Beauvoir em 1960, falando de amarga experiência. Ela ficou magoada com a pulada de cerca de Sartre, embora, em suas memórias, tenha negado isso a seus leitores:

O caso não me pegou de surpresa nem perturbou qualquer ideia que eu houvesse formado em relação a nossas vidas junto, uma vez que desde o começo Sartre me advertira da probabilidade de se envolver nessas aventuras. Eu aceitara o princípio, e agora não tinha a menor dificuldade de aceitar o fato.[16]

Contudo, era difícil admitir o fato de que Sartre preferisse Marie a ela. Marie, sem objetivos e sem cultura, que se trancava em seu quarto por semanas a fio, e não fazia "a menor ideia sobre qual pudesse ser o propósito de sua existência neste mundo". Marie, que eles apelidaram de "mulher lunar", porque vivia em "uma bruma particular". Mas com seu sorriso lento e modos pensativos, Marie não era nem exigente, nem desafiadora. Proporcionava a tradicional virtude feminina da submissão ao macho exibida por Anne-Marie. Ela acariciava o ego machucado de Sartre.

Beauvoir, por outro lado, possuía qualidades masculinas: ambição, tenacidade de propósito, rigor intelectual. De modo significativo, era com outros homens que Sartre a comparava: "Tive três 'amigos íntimos'",[17] escreveu, "e cada um correspondeu a um período específico de minha vida: Nizan-Guille-Castor (porque Castor era *também* minha amiga, como é até hoje). O que a amizade me trouxe, muito mais do que afeto [...] foi um mundo de união [...]. E esse mundo estava constantemente sendo renovado pela invenção incessante. Ao mesmo tempo, cada um de nós fortalecia o outro e o resultado era um *casal* de considerável força."

Se as noites de Sartre eram passadas com Marie, seus dias eram passados escrevendo em sua mesa. Ali ele existia verdadeiramente. Suas lembranças mais poderosas de Berlim não seriam as de Marie, nem dos nazistas, mas do filósofo Hüsserl, ex-reitor da Universidade de Freiburg, que o "cativou" por quatro anos: "Enxerguei tudo pela perspectiva de sua filosofia [...]. Eu era 'hüsserliano' e sonhava em permanecer assim".[18] Sartre achou Hüsserl instantaneamente acessível porque sua "síntese brilhante, *erudita*" desenvolvia ideias de consciência cartesianas, que Sartre já absorvera nas *Meditações* de Descartes. Descartes, aos olhos de Hüsserl, fazia uma "tabula rasa de todas as crenças prévias e ciências aceitas",[19] e Hüsserl continuara seu caminho desenvolvendo, na fenomenologia, um modo de descrever experiências imediatas e o modo como são processadas pela mente. Ele deu nova ênfase à intuição. O fenomenologista suspende ou "põe entre parênteses" sua avaliação a fim de purificar um fenômeno de interpretação. Desse modo, Hüsserl distinguia entre pensamento e percepção, e explorava a consciência. Argumentando que "toda consciência é consciência *de* alguma coisa",[20] doutrina que chamava de "intencionalidade", e tentando "pôr entre parênteses" o "puro fenômeno" do "eu" que o vê, ele alegava que um Ego transcendental "ficava por trás" da consciência. Nos anos 1920, chegou até a sugerir que se o mundo fosse destruído a consciência pura permaneceria — uma ideia que atraía escritores de ficção científica.

Mas Sartre tinha um problema. Parecia-lhe que a fenomenologia avançava em direção ao idealismo, que ele rejeitava. Brigando com Hüsserl durante o longo inverno alemão, o "discípulo"[21] escreveu contra seu "mestre" em seu primeiro ensaio filosófico, *A transcendência do Ego*, no qual desafiava a alegação de que "o Ego é um 'habitante' da consciência". Em vez disso, disse Sartre:

> O Ego não se encontra nem formalmente, nem materialmente *na* consciência: ele está do lado de fora, *no mundo*. É uma entidade do mundo, como o Ego de outro.[22]

O interesse de Sartre por Hüsserl se originou com Karl Jaspers, o fenomenologista de Heidelberg que acreditava que a existência humana era caracterizada pelo choque entre a presença individual no mundo e seu desejo por transcendência. A negação da transcendência feita por Sartre era um passo crucial e lógico para um pensador que começou com a "morte de Deus". Era um encadeamento austero de ideias, originado de sua criação protestante, e que tentava retroceder aos princípios primeiros. O dualismo cartesiano, a dicotomia sujeito-objeto, em sua filosofia, estariam firmemente baseados no aqui e agora do fenômeno observável. Sartre sumarizou sua crença afirmando: "Toda consciência é consciência do mundo, antes de mais nada".[23]

A leitura de Levinas sobre Hüsserl inicialmente empolgara Sartre por sua rejeição do racionalismo,[24] que ele considerava malsucedido em fazer justiça à "imediatidade da vida". A fenomenologia resgatou ao homem seu lugar no mundo, com sua angústia, sua paixão e sua revolta. Ela dizia respeito à atividade humana em situações concretas, à existência, e tinha, assim, o potencial de se tornar um "existencialismo". Também forneceu ao jovem filósofo uma poderosa ferramenta, na medida em que ele podia sondar a psique (o título do "grande livro", *La Psyché*, foi adotado e abandonado por Sartre em 1937) em sua busca por compreender a imaginação e as emoções.

Sob a influência de seu mestre Hüsserl, em quem Sartre talvez sentisse particular interesse por sua conversão do judaísmo ao protestantismo, Sartre remodelou a "Melancolia" de uma perspectiva fenomenológica. Ao descrever os encontros de Roquentin com o universo da Cidade da Lama, Sartre expressou na ficção as ideias que vinha desenvolvendo formalmente em seu ensaio, usando as palavras como um pintor usa o pincel. Foi uma época satisfatória, que se tornou ainda mais na primavera de 1934, quando o arganaz hibernante acordou para a "pequena aventura" de uma relação amorosa com Marie. Quanto a *O ser e o tempo*, o livro de Martin Heidegger, antigo aluno de Hüsserl e seu sucessor em Freiburg, Sartre pretendia mergulhar na leitura após a Páscoa, mas achou difícil demais: depois de cinquenta páginas, desistiu.

"Conheceu alguém?",[25] perguntou o belo amigo de Beauvoir, Marc Zuorro, quando ela voltou de Berlim "Nenhum namorico?"

Castor abanou a cabeça, e Marc a contemplou com ar de pena. Antigo amigo de Sartre da Cité Universitaire, um francês argelino e homossexual, que inspirou Sartre a criar o personagem gay "Daniel" em *Os caminhos da liberdade*, ele era alto e chamativo, com olhos negros "ardentes" e tez cor de âmbar. Ele lembrava a Castor tanto uma estátua grega como uma pintura de El Greco, tinha um rapazinho loiro em seu apartamento e constituía um confidente bem-vindo. Marc estava treinando para ser um cantor de ópera, e encarava a carreira de professor como algo temporário até que fosse descoberto. Com Sartre longe, muitas vezes acompanhava Simone em Paris. Certa noite, no Closerie des Lilas, seu olhar percorreu os fregueses: "*Tous ces petits-bourgeois minables!*" — Todos esses pequeno-burgueses patéticos! —, exclamou. "Como é possível até mesmo tolerar a existência deles?" Um dia, declarou Marc, ele teria um enorme carro branco para passar em poças e jogar lama na classe média. Beauvoir concordou. A burguesia era desprezível. Enquanto isso, punham a fofoca em dia: Pierre Guille e Madame Morel provavelmente não estavam mais dormindo juntos; Poupette provavelmente *estava* dormindo com um dos antigos alunos de Sartre, Lionel de Roulet; Gégé Pardo se casara com seu professor de arte.

Mas a despeito das perguntas de Marc, Simone mantivera um discreto silêncio sobre sua vida particular. Na ausência de Sartre, ela retomara a ligação com Guille, seu último caso, cuja presença elegante na Gare Saint-Lazare, onde muitas vezes encontrava Simone nas viagens dela a Paris, dera origem ao boato de que ela era a amante de um rico senador, para grande horror dos pais de seus alunos. Sua reputação de rebelde no *lycée* crescera. Após o discurso do marechal Pétain, em dezembro de 1933, sobre a santidade da família, uma circular foi passada entre os professores pedindo-lhes que tomassem parte da campanha para elevar a taxa de natalidade. Beauvoir afirmava às garotas que as mulheres não estavam exclusivamente destinadas a trazer crianças ao mundo, e foi denunciada à Comissão Departamental para Aumento da Natalidade e

Proteção da Criança como uma "professora indigna" que solapava os valores familiares. Guille ajudou-a a redigir uma resposta protestando sua inocência, e o inspetor enviado de Paris lhe deu seu apoio. Essa fora por um triz.

"Se eu precisava de conselho, era a ele que eu me voltava [...]. Ele ocupava um lugar muito importante em minha vida."[26] Nesse verão, enquanto Sartre estava em suas férias anuais com os pais, ela foi acampar com Guille na Córsega, onde podiam dormir sob as estrelas e acordar com o aroma do maqui, a urze mediterrânea. Dessas férias, suas lembranças foram *rouges, dorés et bleus* — vermelhas, douradas e azuis.[27]

Sua "aventura" mais importante, porém, acontecia no âmbito doméstico. Em Rouen, "*la petite Russe*" correspondia a suas investidas, e Beauvoir, com o orgulho ferido pelo envolvimento de Sartre com Marie, tirou vantagem de sua ausência para explorar a própria sexualidade. Ansiosa em descobrir aonde seu interesse pelo mesmo sexo, despertado inicialmente por Zaza, a levaria, Beauvoir sem dúvida mostrava curiosidade em duas frentes: e em Olga ela encontrou uma parceira precoce. A garota estava infeliz na escola de medicina. Era difícil, explicou, depois de ter sido educada no Instituto para Jovens da Nobreza, na Rússia, ver-se em meio àquela massa de alunos de medicina. Seus pais haviam enchido sua cabeça, e de sua irmã Wanda, com histórias da velha Rússia czarista, e as ensinado a desprezar as virtudes burguesas francesas tradicionais do trabalho duro e da ordem. Olga, sonhando em voltar a um passado mítico, exibe todas as atitudes de uma aristocrática decaída: "É absolutamente necessário que eu faça alguma coisa?",[28] pergunta ela altivamente em *A convidada*, quando "Françoise" sugere que poderia receber treinamento como esteticista ou modelo, ou aprender datilografia.

Desafiadora, obstinada, caprichosa, Olga começou a faltar às aulas. Ela deixou a pensão de moças em que a mãe a hospedara e começou a dividir uma quitinete com uma garota polonesa. Saindo à noite com seus amigos judeus, sionistas e comunistas, muitas vezes bebia e dançava até perder os sentidos. Compartilhava com Beauvoir um ódio pela convenção burguesa e logo ambas se tornaram inseparáveis. Quando Beauvoir saíra com Sartre em Le Havre, certa vez ele se recusara a levá-la a um hotel porque havia furos em sua meia-calça, mas por Olga ela fazia um esforço. Por Olga, Simone começou a fazer experimentações com a aparência. Ela usava pentes no cabelo, e vestidos "cintilantes de bordados vívidos". Quando a jovem a levou para dançar, ela se vestiu com apuro. "Só me lembrava de você",[29] diz Xavière no clube noturno. "Você usava uma saia preta justa e longa, uma blusa de lamê e uma rede prateada no cabelo. Estava tão linda!"

Olga achou graça quando entraram em uma boate e deram a impressão de ser um casal de lésbicas: "[Xavière] não soltava o braço de Françoise, pois não achava ruim as pessoas as tomarem por um casal quando entravam no lugar: era o tipo de provocação que pensavam ser divertida".[30]

O relacionamento se tornou mais íntimo. Em vez de só olhar, "Françoise" começou a dançar junto. Olga a segurava com força, sorrindo com segurança. Ela gostava de chamar a atenção. Simone retribuía o sorriso. Dançar deixava sua cabeça girando. Ela aspirava o cheiro de Olga, de chá, mel e carne.[31] Sentia seu braço na base de suas costas. O que ela desejava? Seus lábios contra os dela? Seu corpo entregue em seus braços?

> Ela não conseguia pensar em nada. Era apenas uma necessidade confusa manter permanentemente aquele rosto amado virado em sua direção, e ser capaz de dizer com ardor: "Ela é minha".
>
> "Você dançou muito bem", disse Xavière quando sentaram à mesa.[32]

Simone atraía outras pretendentes femininas; ela declinou da oferta de sexo com Jollivet, que também se tornara uma amiga íntima. Em sua última visita, Jollivet lhe dera as boas-vindas em um vestido preto de veludo com um buquê de flores negras preso no cinto, e anunciou: "Eu quero seduzir você". Simone riu e se recusou; mas aceitou o convite para passar o fim de semana com Jollivet e Dullin em sua fazenda, numa casa caiada de rosa em Ferrolles, perto de Crécy-en-Brie.

Era a necessidade que Olga tinha de Simone que a tocava tão profundamente. Alienada de seu passado, confusa e insegura, Olga desenvolvera dependência, e enfim idolatria, da antiga professora. Pela primeira vez, Simone sentia o prazer da doação: "Os sorrisos que eu fazia surgir em seu rosto de tempos em tempos davam-me uma profunda alegria [...]. Eu saboreava o encanto especial de suas expressões e seus gestos, sua voz, sua fala e o modo especial como conversava".[33] No final, o relacionamento enveredou também para o sexo, embora, segundo Sylvie Le Bon, as relações físicas tivessem lugar "très peu",[34] muito infrequentemente. Entretanto, pareceu a Simone que encontrara outra Zaza.

14

Enfeitiçados

Nós nos sentíamos, Castor e eu, sob o encanto inebriante
daquela consciência nua, imediata, que parecia sentir apenas,
com violência e pureza.[1]

Jean-Paul Sartre, *Diários de guerra*

— O QUE TEM FEITO POR ESSES DIAS?[2] — perguntara Nizan educadamente a Beauvoir, quando foi visitar Sartre e ela em seu exílio provinciano,
certo dia de 1933.

— Trabalhado em meu romance — respondeu.

— Áh? Quer dizer... já terminou a trama?

Beauvoir ficou irritada por Nizan duvidar de sua capacidade criativa.
Até mesmo o refugiado alemão que vinha lhe ensinar sua língua três vezes
por semana fitava as páginas que se empilhavam em sua mesa com alarme.
"Normalmente", disse ele, "as pessoas começam com histórias curtas. Quando
você tiver dominado a técnica, daí é hora de passar a um romance." Beauvoir
sorriu com desprezo. Estava tomando Stendhal como modelo. O livro teria
um grande ímpeto romântico. Mais uma vez, sua heroína era Zaza, rebatizada Anne, e a história de sua revolta contra seu *milieu* — essencialmente, a
história da própria Beauvoir — estava ambientada em Limousin. Ela mostrou
o primeiro capítulo para Sartre e Guille, que deram ambos sua aprovação, e
insistiram em que o terminasse. Seu herói, "Pierre Labrousse", era um ator-
gerente, como Dullin. Mas antes que chegasse sequer ao desenlace, Beauvoir
reconheceu que seu segundo romance também não tinha valor algum. Após
dois anos, ela o abandonou. Ela ainda sonhava em expressar na ficção seu
próprio problema urgente: como conciliar o desejo por independência com
o anseio apaixonado por amor.

Desanimada, Beauvoir buscou inspiração nos americanos: Hemingway, Faulkner e John Dos Passos, cujo *Paralelo 42*, com sua nova técnica de simultaneidade deixou Sartre intrigado. Ele e Beauvoir também gostavam da sátira de Lytton Strachey sobre a pompa vitoriana, *Vitorianos eminentes*, e da *Jornada ao fim da noite* de Céline, com seu ataque à guerra e ao colonialismo. Aplicados, aprenderam passagens inteiras do livro de cor e resolveram abrir mão das "frases marmóreas" de autores franceses clássicos como André Gide, Alain Fournier e Paul Valéry. Sartre finalmente abandonou o estilo pretensioso de *A lenda da verdade* e tomou "Fifty Grand" e *O sol também se levanta* de Hemingway como base para as novas "regras" que ele e Beauvoir decidiram seguir. Até Proust e Joyce pareciam fora de moda:

> Os amantes de Hemingway estavam apaixonados o tempo todo, de corpo e alma: ações, emoções e palavras eram igualmente permeados com sexualidade, e quando se entregavam ao desejo, ao prazer, isso os integrava em sua totalidade.[3]

Eles sonhavam com a América, a terra prometida, a cabeça girando com um cenário de caubóis e tiras, arranha-céus e automóveis, ritmos sincopados e pernas em meias de seda, pondo as gravações de Sophie Tucker para tocar e assistindo suas estrelas favoritas no cinema: Greta Garbo, Marlene Dietrich e Joan Crawford, assim como Mae West em *Lady Lou* e *I'm No Angel*. Nova York parecia para Sartre a capital artística do mundo. Em *A náusea*, ele imagina um compositor americano "com sobrancelhas escuras e grossas, sufocando de calor, no vigésimo andar de um arranha-céu nova-iorquino [...]. Ele está sentado ao piano em mangas de camisa; tem gosto de fumaça na boca e, vagamente, uma sombra de melodia em sua cabeça. 'Some of theses days'... As mãos úmidas apanham o lápis sobre o piano. 'Some of these days, you'll miss me honey'... Foi assim que nasceu. Foi o corpo fatigado daquele judeu com sobrancelhas cor de carvão que escolheu para dar à luz [...]. Quando escuto a canção e penso que foi esse sujeito que a fez, acho seu sofrimento e sua transpiração [...] comoventes."[4]

Antoine Roquentin escuta a faixa mais uma vez. "Ela canta. Com isso, são dois povos que foram salvos: os judeus e os negros [...]. Você pode justificar sua existência assim? Só um pouquinho."

É esse vislumbre de criação em um prédio de Manhattan que inspira Roquentin a sonhar em escrever uma história que será "linda e dura como aço, e fará as pessoas se envergonharem da própria existência".[5] A salvação pela arte, ambição de Sartre na juventude, parece um pouco mais possível no Novo Mundo, com suas dimensões e sua liberdade. As quatro notas do saxofone, a tela prateada simbolizam a arte do futuro. Sartre já se identificava com as raças perseguidas e espoliadas, com os judeus e os negros americanos, e a dor que ouve na música deles, assim como se identificava com a ideia do artista como um *outsider*, incompreendido pela maioria estúpida. Quanto mais se distancia dos autores franceses clássicos, mais começa a ver a América como seu lar espiritual.

Mas sua política ele não podia aprovar. Beauvoir e Sartre condenavam os Estados Unidos por sua "odiosa" opressão capitalista e pelos linchamentos racistas. Como muitos intelectuais europeus eles simpatizavam com a Rússia soviética, sobretudo quando, no início dos anos 1930, o influente André Gide anunciou sua admiração pelo comunismo, que, assim presumia a esquerda, significaria o colapso do capitalismo. Gide, preocupado com o problema da liberdade pessoal, buscava na União Soviética um sistema que permitiria ao artista florescer. "Libertar alguém não é nada; ser livre é que é difícil",[6] diz seu personagem Michel em *O imoralista*. Em seu diário de 1930, Gide escreveu:

> O único drama que me interessa, e que deverei sempre estar disposto a retratar novamente, é o debate do indivíduo com seja lá o que for que o impede de ser autêntico, com tudo que se opõe a sua integridade, a sua integração. Na maioria das vezes o obstáculo está dentro dele mesmo.

Em agosto de 1934, Gide escrevia entusiasticamente para o Congresso de Escritores Soviéticos, louvando "o ideal comunista [cuja] tarefa é hoje estabelecer, na literatura e na arte, um individualismo comunista",[7] e explicando confiante que, "Cada artista é necessariamente um individualista, por mais forte que seja [...] sua ligação com o Partido".

O paraíso socialista, talvez, mas Beauvoir achava difícil sentir muito entusiasmo pela literatura soviética. Ela tentou arduamente enfrentar *E silencioso corre o Don*, de Mikhail Sholokhov, mas não conseguiu terminar. "Assim, paradoxalmente, éramos atraídos pela América, embora condenássemos seu regime",[8] escreveu, "enquanto a União Soviética, palco de um experimento social que admirávamos de todo o coração, não obstante era vista por nós com a maior frieza."

O casal preferia se debruçar sobre a *Détective*, uma revista policial que falava dos crimes que abalavam a França: as irmãs Papin, que haviam assassinado suas empregadoras de classe média; Falcou, que queimou a amante ainda viva; e muitos outros que demonstravam *l'infracassable noyau de nuit*, o indestrutível coração das trevas, que, segundo Breton, os surrealistas e até Freud, existia dentro de nós todos. Com o coração acelerado, acompanharam o julgamento de Falcou, que aconteceu em Rouen, ávidos por saber de acontecimentos anormais atrás de cortinas de renda. Desde a juventude, Sartre devorava *romans policiers*, mas agora ele e Beauvoir estudavam crimes na vida real, lendo ansiosamente tudo que podiam sobre casos extremos e aberrantes.

Ao longo desses anos de aprendizado, Sartre continuava a elaborar suas ideias. Em Londres, na Páscoa de 1933, o casal tivera sua primeira briga séria em um restaurante imundo perto da estação Euston. A ausência de cafés parisienses, da qual ambos se queixaram amargamente após comer um pãozinho doce em um Lyons Corner House, ajudou a jogar lenha na fogueira. Beauvoir estava atônita com o convencionalismo da vida inglesa: as mulheres apareciam vestidas em *tea gowns* para tomar o café da manhã, os homens usavam *mesmo* chapéu-coco e carregavam guarda-chuvas. Em sua usual busca por conhecer os *quartiers populeux*, Sartre arrastou Castor pelas docas em Greenwich, e se recusava a visitar o British Museum ou as faculdades de Oxford. Enquanto ela seguia os passos de Dickens e Shakespeare, ele observava os desempregados e planejava uma visita a Birmingham. Não foi com a melhor das disposições, após uma tarde solitária passada diante das estátuas do museu, que ela se acomodou diante de um prato inglês "insípido, sintético" no café da estação. Uma rachadura começava a se abrir. Para Beauvoir, que acreditava que a harmonia entre os dois era algo predestinado, repetindo para si mesma, *"On ne fait qu'un"*,[9] era horrível descobrir que Sartre se recusava a aquiescer aos seus desejos.

"Je croyais à la verité" — acredito na verdade —, escreveu Beauvoir. A questão era: como descobri-la? Seu método usual era que Sartre propusesse uma teoria e Simone a criticasse, até concordarem com uma versão revisada da original. Mas em Londres, conforme os voos de fantasia de Sartre se tornavam mais descontrolados, quando ele comparava a cozinha inglesa ao empirismo de Locke, e tentava encaixar a Grã-Bretanha em seu esquema embrionário, Castor perdeu a paciência. Sua paixão pela generalização a irritou, bem como sua fé cega na fenomenologia. Sua hipótese era, disse ela com rispidez, "inadequada, tendenciosa e baseada em princípios sem solidez". Depois de apenas 12 dias em Londres, como podia resumir o país tão superficialmente daquele jeito? A realidade era mais que meras palavras: era, asseverou ela, algo inexplicável, impenetrável, cujo mistério necessitava ser reconhecido. A réplica de Sartre

foi seca: qualquer um com a tarefa de encontrar um padrão no mundo precisava fazer mais do que meramente observar e reagir; a pessoa tem de captar o significado do fenômeno, "*et le fixer dans les phrases*" — fixá-lo nas frases.

Beauvoir cedeu, assim como fizera antes na fonte dos Medici. Silenciosamente, reprimiu suas desconfianças de que, após rejeitar o idealismo, o realismo e até Freud, eles não tinham qualquer sistema pelo qual sintetizar seu conhecimento das pessoas. Inspirado em Jaspers, Sartre estava propondo a ideia de *mauvaise foi*, má-fé ou autoilusão: comportamento que as pessoas atribuíam à mente inconsciente, mas que ele acreditava ser "uma mentira para si mesmo".[10] Como Heidegger, ele achava que mentir é parte da condição humana para o *Mitsein*, o "estar-com" outros no mundo. Sartre ia além, argumentando que o mentiroso deve fazer um "projeto da mentira" e compreender completamente a mentira e a verdade que ele está alterando: "Existe o eu e existe o eu aos olhos do Outro, ou seja, o enganador e o enganado".[11] O que muda tudo com a "má-fé", acrescenta, é que "é de mim mesmo que estou ocultando a verdade".

Sartre dá o exemplo de uma mulher que sai com um homem pela primeira vez; a certa altura, ele pega em sua mão. Deixar que o faça é consentir com o flerte; puxá-la significa interromper a harmonia do momento. O objetivo dela é postergar uma decisão, e assim ela deixa que sua mão permaneça "entre as mãos cálidas de seu companheiro — sem consentir nem resistir —, como se fosse uma coisa. Devemos dizer que essa mulher está de má-fé".

Mais uma vez, Beauvoir concordou. Sua tarefa, algo que lhe era congenial, seria ajudar Sartre a expor a hipocrisia, que ambos consideravam uma característica particularmente desagradável da burguesia. "É um júbilo",[12] escreveu Beauvoir, "toda vez que descobrimos uma nova forma de enganação." Não havia nenhum inconsciente ou id freudiano; o corpo tampouco contava para o que quer que fosse. Até mesmo quando Sartre se contorcia de cólicas renais ele negava a dor diante do médico. Quando Beauvoir se entregava às lágrimas, estava simplesmente sendo fraca, ele lhe dizia com severidade.

Ao voltar para a França após o período em Berlim, no fim do verão de 1934, Sartre passou a ela sua nova versão "fenomenológica" da *Náusea* para ler. Ainda havia adjetivos demais, mas Castor tinha de admitir que o livro funcionava. Sartre, de fato, captara Le Havre *dans sa verité* — em sua verdade. Entretanto, o desentendimento londrino marcou uma ruptura significativa entre eles: "Eu punha a vida em primeiro lugar, no aqui e agora, enquanto para Sartre escrever vinha na frente".[13]

Em outubro, em Rouen, Beauvoir sofria de um bloqueio. Não estava com espírito para tentar um novo romance, nem, surpreendentemente, sentia-se capaz de lidar com um tema filosófico, ainda que Sartre houvesse lhe emprestado um Hüsserl no original alemão, e ficara impressionado com o modo como compreendera rapidamente seus argumentos. A desculpa dela era de que não possuía uma mente original:

> Não me via como filósofa. Eu tinha plena consciência de que a facilidade com que penetrava no coração do texto derivava, precisamente, de minha falta de originalidade.[14]

Apenas uma pequena elite era capaz de obter resultados dessa "aventura na insanidade" que constituía a criação de um novo sistema filosófico. "As mulheres", observou Beauvoir, num aparte patriarcal, "não são por natureza inclinadas a obsessões desse tipo." Ela permaneceu profundamente imbuída da ideia de que apenas homens como Sartre, com sua paciência e audácia, podiam se tornar filósofos.

Em vez disso, Beauvoir continuou com seu programa de estudo auto-imposto. Concentrando-se na "novidade e riqueza" da fenomenologia, que a levou a sentir que finalmente estava se aproximando daquela "verdade" fugidia que ambos buscavam, e de fato avançando para Heidegger antes mesmo de Sartre, ela fazia seu treinamento para se tornar a editora perfeita. Nada poderia ter sido mais do agrado de Sartre. Castor, com sua mente rápida e precisa, encontraria as falhas de lógica em seus próprios insights criativos. Ela até o pouparia do trabalho de ler Heidegger, o aprendiz de feiticeiro que em 1933 repudiou seu mentor judeu e se uniu aos nazistas.

Por trás da prosa fria do segundo volume de memórias de Beauvoir, *O auge da vida*, reside outra história. Enfeitiçada por Olga, a "bruxinha" Ivich da *Idade da razão* de Sartre, Beauvoir escolhera o amor em primeiro lugar, em vez da literatura. Olga desprezava a aplicação. Em sua encarnação como Xavière, ela zomba de Françoise quando esta para em determinada hora para escrever, em vez de esperar a inspiração, e ri de sua autodisciplina:

> Como alguém pode viver de acordo com um plano, com horários e dever de casa, como se ainda estivesse no internato? Prefiro ser uma fracassada![15]

Escritores não lhe pareciam diferentes de funcionários públicos, acumulando horas em suas escrivaninhas. E quando Xavière conhece Elisabeth, uma pintora, em *A convidada*, sua reação é a mesma:

> — Um esforço não é uma coisa bonita de se ver. E quando o esforço malogra, bom, nesse caso — zomba ela —, é ridículo.
>
> — É a mesma coisa em toda arte — disse Elisabeth abruptamente. — As coisas bonitas não são criadas com facilidade. Quanto mais valiosas, mais trabalho exigem. Você vai ver.[16]

Mas Olga não vai ver. "Não sou uma intelectual",[17] diz com orgulho. Seus valores são os da juventude: viver o momento. Ela mostra um desdém aristocrático pela parcimônia burguesa. Quando o zeloso Mathieu, em *A idade da razão*, conta seus francos antes de decidir empurrar o barco e comprar para Ivich uma garrafa de Krug, a única champanhe que ela bebe, sua reação é virar a garrafa dentro do balde de gelo e rir na sua cara.

Olga interrompeu a escrita de Beauvoir por um ano inteiro. Sua palidez, os cachos loiros emoldurando a ampla fronte lívida, os malares elevados de eslava e os olhos verdes oblíquos sinalizam uma "eterna transparência", mas o nariz e a boca são "extremamente sensuais". Seu rosto muda segundo seus humores; à noite, ele "não parece ser composto de carne, mas de êxtase". Ela força Simone, aos 28 anos, a desafiar a ênfase incessante de Sartre no cerebral; como a jovem Simone, ela flerta com a ideia de prostituição, e entra nos cafés vestida como prostituta.

O motivo da prostituição é recorrente em *A convidada*, assim como nas memórias de Beauvoir. Olga e Simone assistem a uma dançarina do ventre em um clube noturno. Aconchegadas nas almofadas de lá, observando os quadris ondulantes da garota e os músculos da barriga se contorcendo ao ritmo dos pandeiros árabes, "Françoise" observa: "No bairro da luz vermelha em Fez, um dia, eu as vi dançando nuas; mas isso foi um pouco anatômico demais".[18]

— Eu podia tentar ser prostituta, quem sabe — responde Xavière —, mas ainda não tenho experiência suficiente. Françoise ri:

— Não é uma profissão fácil.

Xavière vasculha a bolsa. — Fiz um desenho seu.

O esboço é de uma mulher parecida com Françoise, reclinada contra um balcão com os cotovelos apoiados no tampo. Suas bochechas estão verdes, o vestido é amarelo. Na parte de baixo Xavière escreveu com letras roxas grandes: "A Estrada para a Ruína".

Em retrospecto, pois ela escreveu o livro nos anos de guerra, é assim que talvez Beauvoir houvesse enxergado o início de seu relacionamento com Olga, mas o diálogo insinuante de *L'Invitée* capta a inebriante empolgação desses dias iniciais, quando achava que ela e a refugiada russa eram amantes de Hemingway para quem nada estava estabelecido. Olga não era simplesmente um brinquedo novo; ela amenizava a confusão de sentimentos de Beauvoir, pois em 1934 sua certeza sobre o futuro já não era tão grande. "O que a gente era de fato?",[19] pergunta, sobre si mesma e as outras professoras, como Colette e outra professora, Simone Labourdin, que Marco ia atormentar permitindo-lhe que dormisse em sua cama sem satisfazer suas carícias frustradas: "Nenhum marido, nenhum filho, nenhum lar, verniz social e 26 anos de idade?". Sem Sartre como seu "fiador", encarando o fracasso de suas esperanças de escritora, presa em uma armadilha no interior, Beauvoir se sentia *dépaysée*, desorientada. Pelo menos, essa foi a desculpa para o que se seguiu.

Sartre, por outro lado, sentia-se muito infeliz, mais *dépaysé* do que Beauvoir jamais o vira. Após um breve gosto da liberdade em Berlim, a porta de sua prisão normanda voltou a se fechar estrepitosamente em setembro de 1934: "Fui recapturado por Le Havre e minha vida de professor — talvez ainda mais amargamente".[20] Ele voltara mais gordo — e mais careca —, como Castor notara com um gritinho quando caminhavam juntos no Tarn, e suspeitou que, assim como seu cabelo caíra, suas oportunidades minguavam. Sombriamente, recordava uma anotação feita aos 22 anos em seu diário de um aforismo do autor suíço Töpffer: "Quem não for famoso aos 28 anos deve renunciar à glória para sempre". Agora estava com 30, e inteiramente desconhecido.

Paul Nizan, por outro lado, já se tornara uma espécie de celebridade. Membro do Partido durante três anos, ele recentemente regressara de um ano na União Soviética, onde participara do Congresso de Escritores Revolucionários com Malraux, Aragon e Jean-Richard Bloch. Ele chegou em Rouen usando roupas caras e com um lindo guarda-chuva novo debaixo do braço, regalando os velhos amigos com histórias de banquetes russos onde a vodca corria como um rio entre montanhas de caviar. "Me estragaram um bocado nesse período", contou o comunista, estendendo-se sobre o conforto de vagões-leitos e os magníficos hotéis soviéticos, e deduzindo, com seus relatos de camponeses satisfeitos, que esse luxo chegasse até a população em geral. Ele falou de um novo escritor, um anarquista chamado Olesha, dizendo, "Sartre é Olesha", e deixando os professores provincianos com água na boca para conhecer a União Soviética. Mas quando Nizan falou sobre a morte, uma obsessão que compartilhava com Beauvoir, foi forçado a admitir que o comunismo não fazia diferença: na Rússia, assim como na França, a pessoa morria sozinha.

Atolado na Cidade da Lama, o único consolo de Sartre durante os longos meses de inverno foi que Henri Delacroix, seu antigo professor e editor na Felix Alcan, pediu-lhe que escrevesse um livro baseado em sua tese premiada, "A imaginação na vida psicológica". Abandonando Roquentin, Sartre voltou à psicologia, trabalhando febrilmente e pesquisando o significado de sonhos e do imaginário onírico. Ele estudava a cronaxia (o mínimo tempo necessário para que uma corrente estimule o tecido nervoso) como parte de uma investigação fenomenológica na consciência intencional e na capacidade da mente de conceber o nada (*néantisation*), a fim de determinar se, como alegava Frantz Brentano, a consciência é sempre consciência *de* um objeto. Perto do fim do inverno, estava exausto.

Em fevereiro de 1935, um antigo *Normalien* amigo seu, um psiquiatra chamado Daniel Lagache, que trabalhava no hospital Sainte-Anne em Paris, propôs a Sartre que tomasse uma injeção de mescalina, uma nova droga usada na psicologia experimental. Não haveria perigo. A droga induziria alucinações, uma experiência útil para a pesquisa de um autor. O pior que poderia acontecer era que Sartre talvez "se comportasse um pouco estranhamente" durante algumas horas depois disso.

No dia combinado, Sartre se apresentou no hospital. Poucas horas depois, telefonava para Castor. Sua voz estava pastosa e abafada. Estivera lutando com um polvo. Meia hora mais tarde, quando se encontrou com Beauvoir e Mme Morel, descreveu como se deitara em uma sala escura para receber a injeção, ao passo que depois objetos se metamorfosearam em criaturas, guarda-chuvas tornaram-se abutres, sapatos viraram esqueletos. Com o canto dos olhos, viu enormes caranguejos e lagostas disformes. No trem, voltando com Beauvoir, estava desatento e carrancudo, irritado com o orangotango pendurado no teto.

Ao longo dos dias seguintes Sartre afundou em uma grave depressão. Lagostas o perseguiam, casas o fitavam de soslaio com um brilho irônico no olhar, relógios transformavam-se em corujas. Percorrendo as docas, ficou olhando para a água escura, perguntando-se o que haveria sob a superfície. "Um monstro? Uma gigantesca carapaça, meio afundada na lama? Doze pares de garras lentamente sulcam o lodo."[21] Certa tarde, quando ele e Castor caminhavam pela margem esquerda do Sena, ele se vira para ela aterrorizado: "Já sei qual é o problema comigo",[22] disse. "Estou à beira de uma psicose alucinatória crônica. Daqui a dez anos vou estar completamente louco." Beauvoir tentou confortá-lo. "Sua única loucura", disse, "é acreditar que está louco." "Você vai ver", respondeu Sartre, lugubremente.

No vernissage de Fernando Gerassi, em Paris, Sartre ficou sentado em um canto, ignorando todo mundo. Castor o levou ao médico de Mme Morel, que lhe prescreveu beladona, um estimulante de atropina, pela manhã e ao final do dia. De algum modo Sartre voltou se arrastando para a sala de aula, embora agora seu ódio a *les salauds* houvesse se tornado uma obsessão. Sozinho em seu quarto, os crustáceos enxameavam em torno. Ele passou a ter medo de ficar a sós consigo mesmo, e implorava ao Petit Bost que não o deixasse.

Beauvoir, ocupada com suas aulas em Rouen, ficou cada vez mais impaciente com Sartre e no modo passivo com que aceitava sua condição. Atribuía isso a seu medo de crescer, de aceitar o fato de que a maturidade chegara, a "idade da razão". Os médicos lhe disseram que só a mescalina não era responsável por sua prostração, que tinha profundas raízes emocionais. Do ponto de vista dela, aquela prostração era como uma traição: "A psicologia não era meu forte",[23] escreveu duramente. "Ele não tinha direito de ceder a tais caprichos quando isso ameaçava o próprio tecido de nossa existência conjunta."

Colette Audry, que tivera um breve caso com Sartre, também estava, assim pensava Beauvoir, "cedendo" à depressão. Ambos lhe pareciam narcisistas e cheios de autopiedade. Nós nos encontrávamos e perguntávamos um ao outro "sobre nossas loucuras respectivas. Até o dia em que Castor de repente parou na calçada, bateu o pé e exclamou: 'Pra mim, chega. Todo mundo que vejo está pirado. Eu sou a única que não é doida. Eu também quero enlouquecer!'. Todos nós demos risada: a partir desse dia, fiquei parcialmente curada",[24] disse Colette.

Mas em Le Havre Sartre continuava a ter alucinações. Exasperada, Castor mandou para seu Peter Pan uma enfermeira substituta, com tempo em suas mãos: *la petite Russe*.

Em março de 1935, quando Olga se tornou sua *infirmiére*, Sartre cobiçava o excesso. A vida, que visualizara como uma moldura de tapeçaria a ser bordada com fios brilhantes, tornara-se um cobertor cinzento e úmido. Massageando sua cabeça diante do espelho, "a calvície tornou-se o sinal tangível para mim de que estava ficando velho [...]. Eu me sentia velho como as montanhas". O trabalho que executara como uma formiga trouxera pouca recompensa; Delacroix rejeitara a segunda parte de seu livro sobre a imaginação, do qual ele sentia tanto orgulho. Sua confiança chegou ao fundo do poço.

Desde o início Olga deixou seus termos bem claros. Não queria ser tocada. Era bonita demais, tinha o sangue muito azul para a laia de Sartre. "Odeio ser tocada",[25] diz Ivich em *A idade da razão* quando seu protagonista, Mathieu, o professor filósofo, a leva para uma exposição de Gauguin e timidamente tenta segurar seu braço. Embora Mathieu não deva ser confundido com um retrato do autor, pois Sartre o considerava um modelo negativo que usava sua liberdade de forma irresponsável, ele e Beauvoir tomavam emprestado livremente da vida. O menino que se assemelhava a um sapo era capaz de beber das próprias experiências dolorosas para criar um personagem: "[Mathieu] gostava de lhe mostrar belos quadros, belos filmes e belas coisas de um modo geral, pois ele mesmo era tão pouco atraente". Enquanto Ivich olha as pinturas, ele fica a seu lado, "feio, persistente e ignorado", admirando os belos cachos puxados sobre a testa baixa, que ela chama de "minha testa calmuca", e o rosto pálido e infantil, "como uma lua entre as nuvens". Ele observa suas unhas compridas e pontudas, pintadas com cor brilhante à moda chinesa: "Sem dúvida, esses adornos frágeis, desajeitados, deixavam claro que Ivich não tinha uso para seus dez dedos". Humildemente, ele caminha apressado atrás dela, admirando seus ombros esguios e pescoço reto e arredondado.

— Odeio ser tocada — repete Ivich. — Tenho horror de pessoas sem consciência de seus corpos. — Mathieu tinha consciência de seu corpo, mas antes como um pacote grande e desajeitado.

Quanto mais Olga insistia em distanciar-se, mais Sartre ansiava a união com aquele ser inatingível, voluptuoso:

> Na época, eu estava no nadir de minha loucura e paixão por O. [...]. Entrei em um mundo que era mais negro, porém menos insípido. Quanto a O., minha paixão por ela purgou minhas impurezas comuns como a chama de um bico de Bunsen. Fiquei magro como um rastelo, e perturbado [...] e então caímos, Castor e eu, sob o encanto inebriado daquela consciência nua, instantânea [...]. Coloquei-a em um lugar tão elevado então que, pela primeira vez na vida, me senti humilde e desarmado diante de alguém, senti que queria aprender [...]. Por causa dessa paixão, comecei a ter dúvidas sobre a salvação através da arte. A arte parecia completamente sem sentido diante daquela pureza cruel, violenta, nua.[26]

Assim como o rosto de Olga se transfigurava da inocência à sensualidade, seu temperamento igualmente flutuava de acessos raivosos ainda mais dramáticos do que os de Simone a estados oníricos, pueris. Sua personalidade indomável, teimosa, exercia uma atração irresistível para Sartre, que já fizera uma tentativa fracassada, pelas drogas, de fugir de uma situação intolerável.

Em julho de 1935 Olga não passou nos exames preliminares de medicina e se recusou a tentar outra vez. Seus pais exasperados decidiram levá-la de volta para casa e discutiram se não deveria ser mandada para outro colégio interno. Diante dessa crise, Sartre e Beauvoir conceberam um plano. Propuseram tomar Olga sob sua proteção, assim como Sartre fizera originalmente com Simone, oferecendo-se para instruí-la a tentar um diploma em filosofia. Beauvoir visitou Victor e Marthe Kosackiewicz em sua serraria em Laigle, numa missão de persuadi-los a permitir que Sartre e ela se encarregassem de sua filha. O consentimento deles era necessário, pois Olga ainda era menor de idade. Beauvoir estava tão nervosa que chegou com um dia de antecedência. Os Kosackiewicz, cujos negócios iam mal, e que se desesperavam com Olga, receberam a professora para um "jantar russo" e inocentemente aceitaram seus termos. Estavam gratos, embora um pouco perplexos, com o oferecimento de Beauvoir de ajudar Olga, e ainda mais surpresos com sua alegação de que podia transformar a filha imprestável em uma aluna modelo.

"Não compreendo como, aos 20 anos, ela é capaz de aceitar a linda dádiva que você quer lhe dar",[27] escreveu Marthe em agosto. "Eu esperava que ela mostrasse mais independência." Um cronograma detalhado foi esboçado. Mas Olga nunca chegou a escrever nem a primeira linha de seu primeiro ensaio. Depois do Natal, as aulas de filosofia foram esquecidas.

No usufruto do ócio, contudo, que Olga achava ser seu direito inato, ela florescia. Seu desamparo cativou Sartre e Beauvoir; sua espontaneidade eliminava o tédio deles: "Com sua *maladresse à vivre*, sua inabilidade de lidar com a vida, ela apelava por nossa ajuda",[28] escreveu Beauvoir. "Em troca, ela revigorava um mundo que já achávamos insosso."

A intimidade de Olga com Beauvoir, que provavelmente datou de setembro de 1934, quando arrumou um quarto pela primeira vez em Rouen, passou a um outro nível, mais depravado, quando ela foi morar com sua professora no famoso Hôtel du Petit Mouton. Simone se mudara para o hotel, o predileto das amigas polonesas de Olga, por sua recomendação, e a partir de outubro de 1935 pagou um quarto também para Olga. Simone adorava o pitoresco prédio normando situado numa pequena travessa da rue de la République, com suas vigas aparentes e janelas com vitrais. Ele era dividido em duas partes com entradas separadas. Um dos lados era para clientes regulares, na maioria jovens casais cujos gemidos de amor, misturados a batidas, Beauvoir podia escutar à noite através das paredes finas como papel; o outro lado era um bordel. O estabelecimento era administrado por uma senhora gorda que morava em seus aposentos privados no meio do prédio. Nesse mês de outubro,

Zuorro, também designado para um cargo em Rouen, uniu-se às duas no Le Petit Mouton; ele preferiu ficar no bordel.

A troica gay que se seguiu foi um feliz desdobramento. Para Beauvoir, que jamais perdera o gosto pelo *bas-fonds*, o Le Petit Mouton, com suas prostitutas, cafetões e trocas de sopapos, significava diversão sem fim. Ela sempre se ressentira de ter sacrificado a adolescência pela labuta acadêmica; agora Olga lhe possibilitava vivenciar suas fantasias. O hotel era ainda mais sórdido que o Rochefoucauld. Na cama, após uma apressada refeição de presunto feita no próprio embrulho à prova de gordura, Beauvoir acordava com o som farfalhante de camundongos tirando o papel do cesto de lixo onde o jogara. À noite, sentia patinhas minúsculas correndo por cima do seu rosto, embora ao final do dia, quando Simone e Olga jogavam xadrez e bebiam licor de cereja, os animaizinhos permanecessem escondidos atrás dos rodapés — não que as duas tenham notado. Olga, certa noite, ficou tão bêbada que rolou pelos degraus e passou a noite adormecida ao pé da escada, até que um inquilino a acordou com pontapés.

Marc logo se sentiu inteiramente à vontade. Quando não estava gracejando com a *patronne*, ou recebendo jovenzinhos, convidava Simone e Olga para irem a seu quarto escutar música, ou ao estúdio para ouvi-lo praticar suas árias. Às vezes, ele e Olga saíam juntos; eram um casal impressionante, ele moreno, ela clara, passeando pela rua com o imenso wolfhound de Marc na coleira. Certa ocasião, Marc agarrou Olga pela cintura e começou a dançar na rua, cantando alegremente e girando sob os olhares de quem passava; de repente, o professor notou um de seus alunos, acompanhado dos pais, observando-os. "*Merde!*", exclamou Marc; mas continuou enlaçado a Olga. "*Tant pis*, continue", sussurrou, e ele e a pequena russa continuaram a valsar pela rua.

Às vezes, Marc fingia que Olga era sua irmã. Certa vez, o casal atraiu um capitão para o quarto dela e lhe serviram uísque, tilintando copos sentados na cama; o plano era que Marc desapareceria, deixando o capitão sozinho com sua linda "irmã", que ele tentaria estuprar. Ela gritaria, Marc voltaria e pediria dinheiro, fazendo ameaças. Mas o plano desandou e Marc foi forçado a admitir soluçando que a pobreza o obrigara a bancar o cafetão da própria irmã. Às vezes, o trio gay subia a bordo de um barco, onde Marc jogava sua conversa em cima da tripulação e obtinha acesso a seus alojamentos, para voltar com o membro mais atraente ao Le Petit Mouton. Em bares na zona portuária eles bebiam cassis e tomavam sorvete de damasco, enquanto Marc cantarolava Bach ou Beethoven. Beauvoir nunca se sentira mais cheia de vida, enquanto seus sentimentos por Olga atingiam novos píncaros de intensidade e, na privacidade de um hotel povoado por casais transitórios, ela se sentia livre para expressá-los.

Já Sartre se sentia de fora. Aproveitava qualquer oportunidade para se juntar a Simone e Olga em Rouen. Olga o levava ao Café Victor para escutar o violinista cigano ou a orquestra de mulheres. No Cintra Bar, revezam-se jogando pôquer de dados e, na ausência de Colette Audry, os dois professores e sua jovem protegida iam para o apartamento, onde Beauvoir fazia espaguete e ouvia discos de jazz enquanto Sartre criava peças improvisadas para Olga. Quando estavam sem dinheiro, Beauvoir empenhava o broche de ouro que sua mãe lhe dera, bem como o gramofone de Colette. Sartre, também, estava ressuscitando a vida de estudante.

Observando Olga flertar com Marc, a atração de Sartre por sua bela *infirmière* cresceu. Ele se esforçava por entretê-la. Durante as longas tardes nos cafés de Rouen, contava histórias e cantava para Olga, que ficava sentada mexendo graciosamente na taça alta de *crème de menthe frappé* e fumando um cigarro. O aroma de seus cabelos atingia as narinas dele, com seu cheiro peculiar de bolo e baunilha açucarada das gemas de ovo que usava para lavá-lo:

> Um desejo violento e indefinido se apossara dele: um desejo de *ser* por um instante que distraía a consciência tão impregnada de seu próprio odor, de sentir aqueles longos braços esguios de dentro para fora, de sentir, na dobra do braço, a pele do antebraço agarrando-se como um lábio à pele do braço, de sentir aquele corpo e todos os indiscretos beijinhos que tão incessantemente dava em si mesmo.[29]

Ele não desejava mais ser um só com Simone; queria apenas se fundir na unicidade com sua bruxinha.

A companhia de Olga operou sua mágica. As lagostas sumiram, deixando para trás uma "vasta praia vazia [...] inteiramente pronta para ser preenchida com novas fantasias obsessivas".[30] Sartre começou a estudar cada trejeito e piscar de olhos de Olga, a fim de descobrir se ela o amava. "Mas sabiamente se absteve de sufocá-la com suas perguntas e teorias infindáveis", escreveu Beauvoir com amargura, "embora comigo não houvesse mostrado tanta consideração." Havia se saído melhor que Marc? Olga preferia ele? Sartre ficou determinado a usurpar o lugar de Marc como chefe da gangue no Le Petit Mouton, e a conquistá-la, ainda que, alegou Beauvoir de modo pouco convincente, o clímax desejado por ele não tivesse dimensão física.

O casal passava cada minuto de suas vidas falando a respeito de Olga. Os amigos ficavam espantados com o poder que ela tinha sobre eles. "Ela se tornou Rimbaud, Antígona, cada *enfant terrible* que já vivera, um anjo negro nos julgando de seu cintilante céu de diamante",[31] disse Beauvoir. "Mas ela era impotente para se prevenir de ser devorada." Finalmente, Sartre pediu que formassem um trio. Simone sentia um pânico crescente: tudo pelo que ela lutara e trabalhara estava ameaçado, mas, com relutância, acabou concordando.

A partir daí sua principal prioridade seria "construir um futuro para ela e para nós: em vez de um casal, de agora em diante seríamos um trio".

15

O trio

Toda consciência busca a morte do Outro.[1]

Hegel, epígrafe de *A convidada*, 1943

A FENDA SE TRANSFORMARA em um abismo. A paixão de Sartre por Olga o estava separando de Simone. E Olga, sua pérola negra, não mais era sua; o Kobra a estava roubando, sem consideração pelo sofrimento e dor de Castor. O ciúme sentido por Beauvoir foi mortífero.

O pacto de 29, a própria base de sua existência, estava ameaçado. Olga é que era "necessária", Simone estava relegada a uma margem contingente. Ondas de raiva a percorriam, e ela, por tanto tempo o elemento estável da relação, começou a duvidar de seu próprio domínio da razão.

Um medo recorrente era que estivesse se transformando em sua mãe, Françoise, com seus gritos e *criailleries*. Não é coincidência que Beauvoir tenha escolhido o nome de sua mãe para a protagonista de *L'Invitée*, história de uma garota chamada Xavière que o olímpico casal, Pierre Labrousse, produtor de *Júlio César*, e sua namorada, Françoise, convidam a tomar parte em sua vida juntos apenas para que ela a destrua: "A angústia que subitamente tomou conta dela foi tão violenta que quis gritar. Era como se o mundo de repente se tornasse vazio [...]. O amor de Pierre e Françoise não existia. Não havia nada a não ser um acúmulo infinito de momentos sem significado, nada a não ser uma ebulição caótica de carne e pensamento cujo término .era a morte".[2]

Pensamentos de velhice e morte a preocupavam. Sua cabeça estava inchada "com água e com a noite, tornou-se enorme, e tão pesada que a empurrava na direção do abismo: sono, morte ou loucura — um poço sem fundo no qual ela ia desaparecer para sempre".[3] Desolada, ela se comparava a Olga, com seu vestido azul ou sua nova blusa listrada de vermelho e branco, os suaves anéis dos cabelos emoldurando seu rosto, sorrindo para Sartre em um café;

Beauvoir ficava de fora, na calçada, exilada, uma pária não só de Paris, como também do mundo sartriano que haviam criado juntos. Ela era apenas nove anos mais velha que Olga, mas parecia uma vida inteira; estava se aproximando dos 40, o limiar da velhice. Quarenta é a idade em que as mulheres perdem o frescor da juventude, pensa Françoise, examinando as atrizes que a cercam em uma festa: pode até ser que conservem o talhe, ou mesmo o firme contorno do rosto, mas é uma juventude embalsamada:

> Elas estavam envelhecendo por baixo, iam envelhecer por um longo tempo antes que o esmalte rachasse; e então, um dia, de repente, essa casca impecável, fina como papel de seda, ia esfarelar e virar pó. Então a imagem de uma velha emergiria, completa em cada detalhe, com rugas, enormes rugas marrons, veias inchadas e dedos nodosos.[4]

O relacionamento de Beauvoir com Olga dera-lhe a ilusão de que ela, também, era jovem. Como Sartre, o mundo adulto despertava-lhe aversão; em vez de se acomodar a isso, ele tomara ácido e sofrera um colapso mental, enquanto Simone: "Eu me dizia com frequência, chorando, que o envelhecimento significava entrar em decadência".[5] O culto da juventude, com sua ênfase na liberdade e na revolta, permaneceria com eles por toda a vida; agora, passar noites em claro com Olga, compartilhar *nuits blanches* cintilantes, iridescentes, com sua Lucy in the sky with diamonds, seu anjo negro em seu *ciel de diamant*, bebendo, dançando, ignorando a comida, rejeitando qualquer restrição ou responsabilidade, permitia ao casal se iludir de que eles, também, ainda eram adolescentes, não os funcionários públicos que "vergonhosamente" haviam se tornado. Juntos eles criaram um mito em torno de Olga, bebendo seu elixir da juventude e beleza conforme alternavam noites competindo por sua atenção. No feriado da Páscoa eles a levaram a Paris, ao Dôme e ao Viking, para ver Charlie Chaplin em seu primeiro filme falado, *Tempos modernos*; eles a apresentaram a Simone Jollivet, que disse que ela era uma filha de Lúcifer; Poupette começou a pintar seu retrato. E o tempo todo a pressão sobre Olga aumentou. O "casulo de seda" de palavras e sorrisos que o casal tecia em torno dela parecia às vezes mostrar que o trio era um "sucesso estonteante". Mas ela ficou aprisionada em seus fios de prata. Nessa Páscoa, Olga começou a infligir ferimentos em si mesma.

Oscilando na beira do abismo, Beauvoir encontrou consolo no trabalho. Após um dia de descanso, ela finalmente aceitara o conselho de seu professor de alemão e começara a escrever contos. Katherine Mansfield continuava a ser seu modelo, assim como para Sartre, que, em um cruzeiro para a Noruega com a mãe e o padrasto, em julho de 1935, decidira escrever "contos de uma maneira semelhante à de K. Mansfield",[6] pelos quais pretendia fugir à lógica tradicional da forma a fim de mostrar o "caos heterogêneo" da vida. Ele continuava animado com a ideia de Maurice Barrès de que as cidades abrigam sinais e segredos: Roquentin diante do jardim público era, dizia, como ele mesmo diante de uma ruazinha napolitana: "as coisas sinalizavam para ele e era necessário decifrá-las". Era o significado secreto dos objetos que ele queria capturar, mas ele perdeu a primeira história que escreveu na Noruega, "O sol da meia-noite", quando caiu do bolso de seu paletó durante a caminhada do feriado à beira do Tarn com Castor. Seu segundo conto, "Dépaysement"[7] (Desorientação), sobre uma visita a um bordel de Nápoles, revelaria seus sentimentos sobre a natureza instigante do sexo entre duas garotas como preliminar para o homem que aguarda, um prelúdio à união heterossexual. "Simplesmente, não funcionou", disse Sartre sobre seu conto; nem, tampouco, suas tentativas de seduzir Olga, que, para seu desgosto, após a gratificante experiência com a "mulher lunar", impunha uma resistência determinada.

Finalmente, Sartre abriu mão de seu objetivo original, descobrindo que a "lógica inerente" do conto o levava a escrever "Le Mur" e "La Chambre" em moldes clássicos. Beauvoir, também, estava escrevendo rápido. Na primavera de 1936, era comum que o trio fosse aos domingos para Saint-Adrien, no sopé dos penhascos calcários ao lado do Sena. Ali eles descobriram o Aero Bar, assim chamado porque ficava em um campo ao lado de um aeródromo, onde à noite as pessoas dançavam *en plein air* sob fieiras de luzes coloridas penduradas nas árvores. "Nós nos comportávamos como se tivéssemos 20 anos outra vez", recordou Simone. Enquanto Sartre intensificava sua corte a Olga, Simone escondia a irritação afastando-se para um canto a fim de trabalhar em histórias de sua própria adolescência, ironicamente intituladas *Primauté du spirituel* (Primazia do espiritual). Ela estava cheia dos artifícios fenomenológicos, de tentar encontrar as exatas palavras para descrever o sabor do cassis, ou a curva de um rosto, cansada de segurar vela para Sartre e Olga, sobre quem ele agora exigia exclusividade. "Logo me determinei a não permitir que Olga ocupasse um lugar importante demais em minha vida, uma vez que eu não podia combater a desordem que ela aí semeara [...]. *Je l'aimais de tout mon coeur*, eu a amava de todo coração [...], mas a verdade não estava nela. Eu tampouco tinha qualquer intenção de lhe entregar a posição soberana que *eu* sempre ocupara, bem no centro do universo."[8]

Suas táticas não funcionaram. Beauvoir não era capaz de ficar brigada com Sartre: "Minha necessidade de concordar com ele em todos os assuntos era tão grande que não conseguia ver Olga com outros olhos a não ser os dele". "Ivich" jogara seu feitiço, e só restava a Castor observar em desespero seu parceiro se opor a ela em troca dos favores da bruxinha, e usurpar seu lugar no coração de Olga. Pela primeira vez desde que encontrara em Sartre seu duplo intelectual, Beauvoir passava pela terrível experiência de sentir que ela era a Outra. Mas o que podia fazer? Ela concordara com Sartre que "*les rapports humains sont perpétuellement à inventer*",[9] que os relacionamentos humanos estão constantemente por inventar, que nenhum tipo particular é a priori especialmente privilegiado ou está fora de alcance. E ela própria se apaixonara pela "autenticidade" de Olga, aquela qualidade que ambos consideravam a virtude essencial. Beauvoir não podia mais brigar. Uma das linhas mais tristes em *A convidada* é quando Françoise concede a vitória: "Dali em diante, Xavière pertencia a Pierre".[10] Quanto ao próprio amor deles, tornara-se um túmulo cheio de pó e cinzas, um "velho cadáver"[11] agarrado a seus calcanhares.

Em 1960, Beauvoir alegaria que havia distorcido a personagem de Olga em seu romance acrescentando um traço de "egotismo astuto e indomável" a fim de justificar o assassinato de Xavière por Françoise nas últimas páginas, final que a autora posteriormente lamentou, quando foi enxovalhado pelos críticos. "Quando criei Xavière, tudo que mantive de Olga — e até a isso emprestei tons mais escuros — foi o mito que criamos em torno dela",[12] escreveu. Mas o assassinato estava no coração de Beauvoir. Ela odiava aquela nova Olga coquete que flertava afrontosamente com Sartre, e odiava Sartre ainda mais por preferir Olga a ela. Fora ele quem criara o trio, era ele quem merecia a culpa; a fenda entre eles começou a envenenar o próprio ar que Beauvoir respirava à medida que, como uma criança caprichosa, Olga brigava com Sartre, fazia as pazes, ignorava Simone, beijava-a, abraçava-a, pedia-lhe mil desculpas.

Tanto para Simone como para Olga, Sartre se tornara uma serpente, insinuando-se entre as duas mulheres. "Ele é uma verdadeira viborazinha, sibilante e venenosa", diz Xavière para Françoise. Quando ele diz a Xavière que ela está apaixonada por ele, ela se assusta. "Estou com medo", diz, mas Françoise a tranquiliza: "Pierre é uma pequena serpente, mas seu sibilo é pior que sua mordida, e além do mais, vamos amansá-lo [...]". O frisson entre as duas mulheres sem dúvida excitava Sartre. Significativamente, em "Dépaysement", que o Kobra escreveu no verão de 1936, quando a atmosfera de estufa do trio ficou quente a ponto do sufocamento, o protagonista, Audry, pede para assistir a um *tableau vivant* de lesbianismo quando visita um bordel napolitano. Audry, como Sartre um turista na Itália, fica empolgado quando Renato, seu guia lhe oferece oito lindas mulheres que irão reproduzir "as posições de Pompeia"[13] por cem francos.

— Isso é muita coisa.

— Você pode pedir quatro ou só duas.

— Duas é suficiente. Quanto por duas?

— Vamos ver… quarenta francos.

— Ainda é muita coisa.

— Bom, você poderia pagara 30 — diz Renato. — Vou dizer a *la patronne* que você é estudante. Ela vai lhe mostrar as oito mulheres, e você pode escolher as duas mais bonitas.

Param na porta do bordel, e Audry estende 10 francos, que Renato prontamente enfia no bolso antes de tocar a campainha e desaparecer lá dentro para negociar com a madame.

As posições de Pompeia, pensa Audry, sonhadoramente, são algo a ser visto. Devem ser como as omeletes do La Mère Poulard, em Mont Saint-Michel, uma especialidade dos bordéis napolitanos.

— Vinte francos — diz Renato, interrompendo o devaneio de Audry. — Ela diz que não é muito, não está satisfeita. Mas eu disse que você era um estudante. *Vous pouvez monter.*

A sós com a velha cafetina siciliana, Audry aguarda pacientemente. "Oito mulheres", ele repete para si mesmo, "oito mulheres vão entrar e vou escolher as duas mais bonitas." Mas apenas duas mulheres apareceram. Renato mentira para ele.

A primeira não é tão má, mas a segunda é gorda e velha, com a pele cheia de manchas: "Não pode estar muito longe dos 50". Audry olha para seus enormes peitos apertados no sutiã negro acetinado, e a barriga nua.

Braços cruzados, ele observa as prostitutas se exibindo sem a menor vontade com um consolo de marfim.

— *You speak English?* — pergunta a mais jovem.

— *No* — responde Audry.

Ele acrescenta: — *Ich spreche Deutsch.*

— *Deutsch, nein, nein* — diz a mulher gorda, com os quadris se movendo ritmicamente para a frente e para trás.

A jovem pressiona a barriga no rosto de Audry.

— *Lécher, lécher* — lambe, lambe —, diz ela.

Constrangido, Audry agarra uma perna.

— Língua, língua — repete ela. — Lambe.

Finalmente, fechando os olhos, Audry se força a lamber a pele oleosa e cheia de perfume. As duas mulheres sentam uma de cada lado em seu banco. "Querem tirar minha roupa", pensa ele, tremendo de vergonha, mas quando enrolam os braços em torno de seu pescoço e agitam os pandeiros sob seu nariz, ele se dá conta de que é dinheiro que querem.

A madame siciliana se levanta abruptamente.

— *Voulez-vous monter avec Mademoiselle?*

— *Non* — diz Audry, evadindo-se.

— Como foi? — pergunta Renato.

— *Très beau* — diz Audry.

Sartre descobrira as delícias do voyeurismo.

As apostas subiram quando outro jogador entrou em cena. Jacques-Laurent Bost, aluno de Sartre em Le Havre, crescera para se transformar em um jovem alto e notavelmente bonito, com um sorriso encantador e bastos cabelos negros que lhe caíam sobre o rosto. Ele havia se tornado o amigo íntimo e companheiro do infeliz professor, e, necessariamente, via Olga quase sempre. Ele também chamara a atenção de Beauvoir, que nunca se esqueceu a primeira vez que o encontrou.

> Ele estava com 19 anos de idade, dono de um sorriso estonteante e da postura mais principesca e despreocupada [...]. Ele também, a seu modo, personificava a juventude para nós. Possuía a graça casual da juventude, tão casual que beirava a insolência [...]. Era ao mesmo tempo rápido de inteligência e engraçado [...]. Bost fizera conquistas por toda Rouen. Marco o devorava com os olhos. Olga passou uma noite inteira com ele, certa vez; beberam uma garrafa de Cinzano, como um divertimento especial, e acordaram ao amanhecer deitados na sarjeta [...].[14]

Beauvoir, também, se viu comendo o Pequeno Bost com os olhos:

> No momento em que passou pela porta do Métropole, com aquele ar meio envergonhado, meio agressivo, me senti atraída por ele.

Nessa tarde, Sartre saiu com Olga, e Beauvoir saiu para uma caminhada com Bost, que a entreteve com histórias dos acessos de fúria de seu professor na classe. As explosões, suspeitava ele, não eram meramente vazão das frustrações pela vida com pó de giz na cara, eram antes de mais nada a manifestação de um homem subitamente chocado ao tomar consciência do absurdo da vida. Sartre entrava na classe "com uma expressão nauseada", lembrava Bost, "roía as unhas e, de vez em quando, parava encarando os alunos e, após um silêncio de 45 segundos, rugia: 'Todos esses rostos e nem um único lampejo de inteligência!'". A maior parte da classe ficava aterrorizada, mas Bost mal conseguia sufocar as risadas.

Como Olga, Bost foi explorado pelo casal em sua ficção. Aparecendo como "Gerbert" em *A convidada*, ele também serviu de modelo, como Beauvoir admitiu, para o Boris de *A idade da razão*: "Sartre pintou e russianizou um retrato do Petit Bost ao menos como ele nos parecia, na época".[15] Nem ela nem Sartre tinham a inteligência de Bost em alta conta, porém. Enquanto projetava "incansáveis holofotes" com Castor em 1929, recordou Sartre em 1940, ele sonhava com outro homem, que era "bonito, hesitante, obscuro, lento e correto em seus pensamentos",[16] mas com uma graça silenciosa, espontânea. "Eu o via, por algum motivo, como um trabalhador errante do Leste dos Estados Unidos", com a capacidade de ferver com obscuros acessos de raiva, ou desmaiar de ternura. "Meu trabalhador americano (que se parecia com Gary Cooper) podia de fato sentir tudo isso." Sartre imaginava seu *hobo* sentado em um aterro ferroviário, à espera de um vagão de gado, cansado e sujo — "e eu teria gostado de ser *ele*. Cheguei até a inventar, com Castor, um encantador personagem chamado Petit Crâne, Pequeno Crânio [...]. Finalmente encontrei o Pequeno Crânio: a saber, Pequeno Bost".

Beauvoir estava ainda mais impressionada com aquele Gary Cooper francês do que Sartre, embora mais tarde ela também tenha escrito sarcasticamente sobre sua inteligência limitada: "Ele não possuía uma mente original e, em todo caso, tinha tanto medo de dizer alguma coisa estúpida, como ele próprio dizia, que mesmo que alguma ideia passasse por sua cabeça, fazia o maior esforço para ocultar o fato".[17] Jacques Bost, irmão mais novo do romancista Pierre Bost, o mais novo dos dez filhos do pastor e sua esposa, e o favorito de sua mãe, era inseguro, e não se dava bem com o pai. Como Olga, ele exibia uma "fragilidade narcisista" e era subjugado pela autoridade e brilho dos dois professores, o "casal real", como Bost os apelidara. Os dois adolescentes vulneráveis foram atraídos um para o outro; embora Olga posteriormente falsificasse a idade na certidão de casamento, pondo a data de nascimento como sendo 6 de novembro de 1917, em vez de 6 de novembro de 1915, a fim de parecer mais jovem do que Bost, que nascera em 6 de maio de 1916, ela era na verdade cinco meses mais velha que ele.[18]

Depois de um ano, Sartre começou a achar a resistência obstinada de Olga intolerável. Seu desejo pelo corpo "de ninfa",[19] a "personalidade de ninfa" de uma jovem, descrição usada por ele e Castor, na expressão tomada de empréstimo do romance *The Counterplot*, de Hope Mirrlees, ficou cada vez mais furioso. Sentada no Café Victor em Rouen, Olga, que achava o professor atarracado e meio calvo pouco atraente, embora apreciasse sua generosidade de espírito, continuava a mantê-lo em compasso de espera: o corpo de um homem é "muito condimentado, muito rico, de sabor muito forte para que se possa desejá-lo imediatamente", explicou. "O encanto de uma mulher ou rapaz jovem é revelado imediatamente, ao passo que a familiaridade prolongada e uma atenção particular são necessárias antes que o de um homem seja revelado." Sartre compreendia, ou achava que sim: "Sempre pensei, ao desfrutar de um beijo em lábios jovens e macios, na impressão singular que minha própria pessoa deve causar — todo rudeza e cheiro de tabaco". Mas, à medida que os meses passavam, Olga começou a ficar sem desculpas.

A tensão aumentou quando Beauvoir recebeu a notícia de que em outubro de 1936, a despeito de seus escandalosos antecedentes em Rouen, seria transferida — bem como Marc — para uma nova vaga em Paris. Sartre recebeu oferta de um emprego em Lyon, preparando os alunos para o exame de ingresso na École Normale, mas Lyon era longe demais, e ele ficou com medo de que o novo cargo fosse encarado como promoção e que pudesse enfrentar outro interminável exílio. Em lugar disso, ele aceitou uma turma de *baccalauréat* em Laon, apenas 150km a nordeste de Paris, na esperança de regressar à capital no ano seguinte.

A ambivalência dos sentimentos de Beauvoir em relação a Olga, sua cúmplice e adversária, ficou cada vez mais profunda. Ela oscilava entre o amor e o ódio. Embora se sentisse "sem fala" pela "malevolência" de Olga, inteiramente espoliada, flutuando no vazio, a garganta tão apertada que não conseguia engolir, embora temesse que Olga pudesse vir a reboque dela e de Sartre em suas viagens, e escrevesse que ao pensar no trio como um projeto de longo prazo, "*J'étais terrifiée*",[20] ela estava mesmo assim determinada a levar a garota para Paris. Ela e Sartre continuariam a apoiá-la, e a ajudar a tentar se tornar uma atriz. A ideia seduzia Olga, em vez das sugestões prévias de Beauvoir de trabalhar como secretária ou esteticista, embora seu desprezo pela ideia de qualquer tipo de esforço que fosse continuasse intacto. Em *A convidada*, Xavière tem um novo aliado quando ri de Françoise, zelosamente debruçada sobre seus contos:

"Parece esquisito sentar todo dia na mesa e escrever linha após linha de frases", disse Xavière. "Admito que as pessoas tenham de escrever, é claro", acrescentou rápido. "Há qualquer coisa de voluptuoso nas palavras. Mas só quando o espírito é que move você."[21]

Quando Françoise tenta se justificar, Pierre sorri com malícia. Seu sorriso é dirigido tanto a Françoise quanto a Xavière, e sua deslealdade é chocante.

Xavière nem pestanejou. "Virou lição de casa", disse, rindo com indulgência. "Mas bem, é assim que você faz as coisas, você transforma tudo em dever."

Beauvoir ficou profundamente magoada. Sartre e Olga armavam um conluio triunfante contra ela; consideravam-na séria e obediente. Estavam fazendo dela um objeto, a desprezada Outra.

Mas Olga vivia um dilema. Seu menosprezo pelo trabalho em todas as suas formas significava que se tornara uma "causa de caridade", uma parasita do casal e seu dinheiro. O trio se tornara instável e mutável, o equilíbrio de poder mudando constantemente conforme Olga, a "convidada" do relacionamento, começava, por sua vez, a se sentir tão impotente perante o duo implacável quanto uma borboleta espetada em um quadro. Eles haviam abusado da relação professor/aluno e a anexado a eles próprios. Agora, seguravam-na com promessas sedutoras de uma carreira brilhante nos palcos: — Pode confiar em nós[22] — diz Pierre a Xavière. — Temos força de vontade suficiente para três. — *Hélas* — diz Xavière, sorrindo. — A influência de vocês é assustadora.

Sentada diante deles, ela se sente confusa em relação à cumplicidade dos "gêmeos": — Vocês dois têm tantas ideias em comum[23] — diz Xavière. — Nunca tenho certeza sobre qual dos dois está falando, ou para quem responder.

"Foi uma experiência horrorosa para Olga",[24] recordou Colette Audry. "Eles a tornaram sua convidada, a terceira peça de seu relacionamento, e ela tinha de passar a maior parte do tempo se defendendo. A cumplicidade maior era entre os dois, e eles exigiam que se curvasse aos seus desejos. A pobrezinha era jovem demais para saber de fato como se defender." Beauvoir mais tarde admitiu que a culpa recaía sobre ela e Sartre: "O papel [de Olga] era [...] o de uma criança — uma criança enfrentando um casal de adultos unidos por uma cumplicidade infalível".[25] Mas Beauvoir, também, se sentia desamparada; haviam posto em movimento uma máquina que começava a ficar fora de controle.

Isolados do mundo exterior, Sartre e Beauvoir mal notavam os acontecimentos políticos na França. A furiosa mensagem de Nizan para seu *petit camarade* em *Le Cheval de Troie*, de que deveria se unir à luta da esquerda, caiu em ouvidos moucos. Recordando a aversão que Sartre sentia pelas massas, no tempo em que frequentaram a École e se sentiam super-homens, acima do povão comum, Nizan fez de Lange — o retrato ficcional de Sartre — o espectador crítico de uma reunião antifascista na place du Théâtre in Villefranche: "A multidão estava se movendo, com coração, com vida: ele a desprezava, mas ao mesmo tempo sentia inveja dela, e a odiava por ser invejável".[26] No romance, "Lange" finalmente se torna um fascista, uma conclusão injusta para extrair do distanciamento de Sartre. "Eu tinha plena consciência de que eram os *salauds* que estavam no poder, por toda parte, e que nos arriscávamos a ser engolfados por um fascismo pernicioso",[27] alegou mais tarde. Talvez. Contudo, Nizan tinha motivos para chamar Sartre de traidor. Em 1936, durante as demonstrações em prol da Frente Popular, a união das esquerdas, Sartre, a despeito de comemorar a vitória, não viera do *trottoir*. Ele nem votava. Na noite de 3 de maio, ele e Beauvoir ficaram em uma praça em Rouen escutando os alto-falantes anunciando os resultados. Sartre, recordou Beauvoir, dava de ombros desdenhosamente às aspirações políticas dos intelectuais de esquerda. Os comunistas podiam ter aumentado sua representação parlamentar de 9 para 73 deputados, mas até onde lhe dizia respeito, discursos, manifestos, propaganda não passavam de perda de tempo. Beauvoir tampouco parecia se afligir com o fato de que, como mulher, não podia votar. Mesmo que pudesse, jamais teria se dado ao trabalho de ir às urnas.

Houve greves por toda parte na França, nesse ano, e Beauvoir lembrou orgulhosa que ela e Sartre contribuíram com tudo que puderam para as coletas dos piqueteiros. Mas quando Jacques Bost insistiu para que se unissem a ele nas comemorações do Dia da Bastilha, 14 de julho, eles se recusaram. Não havia necessidade de assistir às massas marchando. Mussolini invadira a Etiópia em outubro de 1935, Hitler ocupara a Renânia em março de 1936 e na própria França havia batalhas campais nas ruas entre fascistas Croix de Feu e militantes da esquerda, mas Sartre e Beauvoir acreditavam que podiam contar com a Frente Popular para "salvar a paz". Tampouco acharam que havia motivo para preocupação ao ouvir os relatos, em 13 de julho, de que o generalíssimo Franco chegara ao poder na Espanha. A Frente Popular espanhola obtivera uma vitória esmagadora pela República no mês de março anterior, e a derrota dos rebeldes parecia assegurada.

Foi com um suspiro de alívio que, em julho, Castor viu Olga voltar para a casa dos pais em Laigle. Não conseguira obter nem sequer o diploma de professora. Nas últimas semanas do ano escolar, ela e Sartre haviam brigado e pararam de se encontrar. O espírito de Beauvoir foi parar nas alturas quando ela e Olga restabeleceram a antiga amizade e mais uma vez passavam as noites com Marc, "misturando-se" aos marinheiros nas docas e ficando acordados até as 4h da manhã. Olga falava inglês fluente e as duas conversavam com um norueguês que perguntou como se chamavam.

"*Elle s'appelle Castor*", disse Olga, apontando para Simone.

"Então você deve ser Pólux", exclamou o marinheiro. A partir de então, sempre que as via ele logo exclamava, "*Voilà Castor et Pollux!*"

A reconciliação entre as duas ocorrera a despeito de Sartre, e o Kobra estava sibilando de raiva; Beauvoir, por outro lado, estava vacilante, mas calma. Não havia como Olga "vir a reboque" nas férias com eles, e Sartre ia levá-la para Roma.

Ver Nápoles era o objetivo disso, sua segunda visita à Itália de Mussolini. Poupette não gostara da cidade, escrevendo: "Nápoles: apenas casas grandes e imundas. Mas a imundície apenas não é suficiente".[28] "E a boa Castor e eu honestamente tivemos de concordar que, falando de modo geral, a imundície não é suficiente", escreveu Sartre para Olga, em uma carta monumental de 36 páginas, que mostrava que a sensação de alívio de Beauvoir não tinha fundamento. Fisicamente presente com ela, a cabeça de seu companheiro entretanto estava com a pequena russa, e foi essa paixão por Olga que provocou esse retrato extraordinário, *séduisant*, de Nápoles em sua "imundície trigueira, dourada". Arrebatado pela promiscuidade pagã da cidade, onde a vida urbana apresentava um cenário de crianças de rua nuas, mães amamentando, famílias comendo e dormindo sob os varais de roupa lavada esticados entre casas cor-de-rosa, tudo permeado de "cheiros nauseantes", Sartre mal podia crer na beleza dos homens em seus ternos de linho branco, ou nas mulheres rechonchudas, "muito mais gordas do que as romanas, com cabelos escuros como a noite, lábios grossos, bestiais, e uma aparência de sensualidade animalesca". Beauvoir também estava encantada. "Castor está nas nuvens",[29] contou Sartre a Olga. "Ela queria entrar em tudo que era ruela e eu dando o maior duro em meu mapa para tentar manter uma direção firme para nossa caminhada." Ele se sentia responsável, pois "Nós nos revezamos como líderes de excursão, e em Nápoles era minha vez". Mas ele não se perdeu. Por outro lado, provou sua primeira pizza, embora Castor tenha pedido espaguete. Em *Dépaysement*, Audry, o turista francês, encosta o nariz contra a vidraça da *pâtisserie* Caflisch. Como Proust, descobre que *"un gâteau, c'est plein de sens"*[30] — um bolo é cheio de significado. Os bolos espanhóis esfarelam quando você os morde, os árabes são gordurosos como uma lamparina a óleo, os alemães têm gosto de creme de barbear, mas os italianos são maravilhosos, miniaturas de porcelana que derretem na boca.

Pompeia, contudo, decepcionou o ávido turista em sua busca por descobrir a "verdadeira Roma" por trás do estereótipo clássico. Os afrescos de deuses e deusas não pareciam mais que símbolos de uma civilização morta. Mas um ou dois dias mais tarde, Sartre deu um jeito de se separar de Simone. Enquanto ela partia, guia na mão, para ver Amalfi, Ravello e Sorrento, ele permanecia em Nápoles, determinado a finalmente penetrar nos segredos da cidade. Sozinho nessa noite, entabulou uma conversa com dois napolitanos que lhe prometeram mostrar, na vida real, as "posições do amor" que ele vira na Vila dos Mistérios. O ingênuo turista acreditou nos dois; Pompeia exercera maior fascínio sobre Sartre do que ele se dava conta, a despeito da noite anticlimática que se seguiu. Quando "Audry" volta à rua, Renato, seu guia, põe o bandolim nos joelhos, e começa a cantar:

> *Tutta Napule...*
> *Tutta Napule...*

Sartre descobrira sua nova *querencia*.

É setembro de 1936, e Beauvoir arranjou um quarto no hotel Royal Bretagne, na rue de la Gaîté, a rua dos teatros no lado oeste do cemitério de Montparnasse. Não é um lugar muito atraente, mas ela não dá a mínima, pois agora Paris é toda sua outra vez, com suas ruas, praças e cafés tão familiares. Ela não se contém de felicidade, confiante de que, enquanto está a sós com Olga em Paris e Sartre banido em Laon, o trio deixa de existir.

Como Beauvoir, dando aulas no Lycée Molière no subúrbio de Passy, Marc tem um novo cargo de professor em Paris, no Lycée Louis-le-Grand; ele se mudou para um hotel um pouco mais caro a algumas centenas de metros de Castor, no fim da rue Delambre, no lado norte do cemitério. Apenas o boulevard Edgar-Quinet separa os dois amigos. O Petit Bost, enquanto isso, estudando na Sorbonne para obter o diploma de professor, aluga um quarto com seu irmão, Pierre, dono de um apartamento na place Saint-Germain-des-Près, bem à direita da veneranda igreja de mesmo nome, e do lado oposto ao Deux Magots, no lado oeste da praça. Ao lado, no boulevard Saint-Germain, fica o Café de Flore. Mas é no Dôme, no número 108 do boulevard du Montparnasse, na rua onde ela vivera na infância, que Beauvoir e Sartre fazem seu quartel-general. Toda manhã, a menos que tenha de ir para o *lycée*, Simone sobe a rue Delambre para fazer o desjejum ali, instalando-se em um dos reservados nos fundos do café para começar a escrever, encorajada pelo murmúrio de conversa em línguas estrangeiras — pois muitos estrangeiros vêm para o café — para rabiscar as primeiras linhas na folha de papel branco a sua frente.

Era impensável "abandonar" Olga em Laigle, escreveu Simone em *O auge da vida*. Olga concordava. Quando seus pais a proibiram de se juntar a Beauvoir, ela os desafiou, subindo a bordo do trem para Paris e se hospedando no Royal Bretagne com a antiga professora; mas o pretexto das aulas fora deixado inteiramente de lado, agora. Olga começou a trabalhar como garçonete em um café-livraria no boulevard Saint-Michel. Castor já rejeitara a ideia de encontrar um apartamento só para si, preferindo *jouer à la bohème* em um hotel; agora sua Pólux se juntara a ela. O amor das duas floresceu: de noite, as duas visitavam Le Sélect, onde ficavam de mãos dadas entre as lésbicas de cabelos curtos, usando gravatas e monóculos.

A ira sentida por Sartre com essa exclusão é algo que só podemos imaginar. Ele era o único membro da "família", como viria a ser conhecido o grupo de alunos que se juntara em torno do casal, fora de Paris. Duas vezes por semana Castor atravessava o Sena para receber o trem de Sartre vindo de Laon, a uma hora de Paris, na Gare du Nord, mas isso não substituía morar na capital. O estado mental dele ficara agitado, notou Castor, perto do fim da estada deles na Itália; em Veneza, haviam decidido permanecer acordados a noite toda, caminhando à beira dos canais e pelas *piazzas* silenciosas, mas a *nuit blanche* não foi um sucesso. Por toda a noite, uma lagosta ficou atrás de Sartre.

Sozinho em Laon, ele voltou a trabalhar em "Melancolia". Mais do que nunca um *outsider*, viu-se privado outra vez da "vida coletiva" que era a única coisa a aliviar sua ansiedade. Em maio de 1971, Sartre explicou sua poderosa necessidade de viver em grupo, com

Amigos, colegas, em situações onde posso ser eu mesmo e um estranho ao mesmo tempo, onde cada um de nós tem uma voz, logo, uma identidade, mas onde as decisões são coletivas, tomadas pelo grupo, seis, oito, dez indivíduos cujas individualidades se fundem na vontade coletiva [...]. Em circunstâncias como essa, pessoas carregadas de ansiedade, como eu, pois sempre fui ansioso, sentem menos seu peso.[31]

A École, o Instituto Francês, o tornara membro aceito de um grupo. Ali ele vivenciou a camaradagem masculina para a qual nem mesmo o mais íntimo relacionamento com uma mulher era um substituto verdadeiro: nem mesmo o "relacionamento de uma vida inteira com Castor, muito mais precioso para mim do que os relacionamentos passados, um tanto vagos, com uns dez colegas ou algo assim [...] não era a mesma coisa". Fazer amizade com seus alunos em Le Havre permitira-lhe experimentar uma nova "coletividade" — "que é provavelmente o motivo pelo qual saio tanto com eles". Privado até desse apoio, "eu não podia mais contar com uma vida sem o terrível peso da existência me encarando frente a frente". Sartre, prisioneiro da sala de aula, nunca se sentira mais como Roquentin, que volta de seis anos no Extremo Oriente apenas para experimentar uma epifania assustadora: *le voyage est inutile*. Viajar é perda de tempo. Seis anos viajando foram um grande sono, *six ans de sommeil*. As fotos amassadas que Roquentin pega na caixa de sapatos para mostrar ao Autodidata parecem todas iguais. *C'est tout pareil*. Ele pode muito bem rasgá-las ou atirá-las ao fogo. Tonto de náusea, a cabeça girando, pronto para vomitar com *la viscosité*, a viscosidade da existência que o suga e aprisiona em buracos, em vazios, em areias movediças, Roquentin fica paralisado de terror. Não pode avançar nem retroceder. Como confidenciou Sartre para seu entrevistador, as lagostas "representavam tanto o medo do futuro como a perda do passado". Seu rito de passagem para a idade adulta se mostrava agonizante como andar sobre carvão.

Nizan finalmente se apiedou de "Lange" e enviou o terceiro esboço do manuscrito para a editora de seu amigo Gaston Gallimard, onde foi submetido a um leitor de originais. A avaliação foi negativa. Sartre recebeu uma nota de Jean Paulhan recusando o livro; foi sua segunda rejeição pela Gallimard, que já recusara "A lenda da verdade" em 1930. A figura encolhida na gravura de Dürer nunca representara tão bem o espírito desesperado de Sartre. "Melancolia" representou mais de quatro anos de trabalho, e tanto Sartre como Beauvoir consideravam que a obra lograva êxito como romance metafísico; mas agora os amigos do casal começavam a se deixar influenciar por sua rejeição. Mme Morel e Guille insinuavam que talvez o livro fosse "um pouco tedioso, e mal escrito". Ainda mais deprimido pela opinião depreciativa de suas capacidades, Sartre decidiu não submeter a obra a mais ninguém.

Seu estado de espírito desequilibrado, desorientado, talvez tenha sido o responsável pela malevolência com que Sartre perseguiu Olga no outono de 1936. Simultaneamente atiçado e humilhado pelas mulheres, estava determinado a levá-la para a cama. Em "Melancolia" ele escreveu uma cena de estupro que Gaston Gallimard posteriormente cortou. O editor também limou todas as referências à ereção de Roquentin; "um par de bolas cinzentas" se tornou "um par de pequenas borrachas cinzentas". Mas quanto à profundidade da frustração do autor não havia dúvida.

Beauvoir, que cultivara a esperança de que Paris constituísse uma saída do "labirinto" em que Rouen os aprisionara, ficou chocada de ver que sua obsessão por Olga explodiu com ainda mais vigor do que antes. Ela pôs as seguintes palavras na boca de Pierre:

> "Fazer com que me ame corresponde a dominá-la, a entrar em seu mundo e aí conquistar segundo seus próprios valores." Ele sorriu. "Você sabe, esse é o tipo de vitória pela qual sinto uma necessidade insana."
>
> "Sei", disse Françoise.

Olga foi a primeira a ceder. Ela respondera às cartas de Sartre da Itália, e hesitantemente concordou em vê-lo outra vez. Tão febril era sua necessidade dela que, além de passear pelos bulevares durante o dia, Sartre começou outra vez a passar *nuits blanches* com Olga, caminhando pelas ruas até amanhecer. Ele a persuadiu a visitá-lo em Laon, e a apresentou ao Pernod. Ela começou a beber pesado. Mas embora aceitasse francos de Sartre, não cumpria sua parte na barganha implícita; continuava recusando-lhe o sexo.

Até mesmo Sartre se cansara de seduções verbais. Ele exigia submissão, e Olga teve de encontrar outra forma de demonstrá-la. Aprisionada em uma situação em que se sentia impotente, Olga começou a purgar a própria dor com queimaduras. Ferimentos autoinfligidos são comuns entre presidiárias e vítimas de estupro, e Olga, que podia ter sido violada por Beauvoir, sabia que Sartre estava tentado a tomá-la pela força: sua fantasia de estupro já fora externalizada na ficção, e é por isso que ela tinha de andar pelas ruas até cair de exaustão. Queimar a própria carne foi o modo encontrado por Olga de punir a si mesma e amortecer o sofrimento mental. Bloqueando seus sentimentos de inutilidade e raiva, a dor física trazia uma sensação de alívio; era também uma forma de evitar o conflito, na medida em que dirigia seu rancor contra o próprio corpo, em vez de expressá-lo verbalmente. Em *Cutting it Out: A Journey through Psychotherapy and Self-Harm*, Carolyn Smith escreve sobre sentir-se "trêmula e solitária"[32] em Londres. "Foi quando progredi para giletes. Eu queria tudo aquilo sangrando para fora de mim. Meus pensamentos eram geralmente autodepreciativos." Olga, sozinha em Paris, exceto pela "família", também se depreciava.

A cena que Beauvoir pinta em *A convidada*[33] do primeiro ato de masoquismo de Olga reflete eventos verdadeiros, como ela confirma em suas memórias:

> Françoise não pôde deixar de olhar Xavière furtivamente: ela soltou uma exclamação de choque. Xavière não estava mais olhando, mas com a cabeça baixa. Na mão direita segurava um cigarro aceso que movia lentamente na direção da mão esquerda. Françoise mal conseguiu reprimir um grito. Xavière encostava a brasa viva contra a pele com um sorriso de amargura nos lábios. *C'était* [...] *un sourire de folle* [Era o sorriso de uma louca], o sorriso voluptuoso, torturado de uma mulher possuída por um prazer secreto.[34]

Pierre e Françoise observavam Xavière: estavam ambos sem fala.

> Arredondando os lábios de um jeito coquete e afetado, Xavière soprava suavemente a pele queimada que recobria sua queimadura. Quando afastou soprando a pequena camada protetora, voltou a pressionar a ponta acesa do cigarro na ferida aberta. Françoise se encolheu toda. Não só a carne inchou em revolta, como também o ferimento a machucara mais profunda e irrevogavelmente nas profundezas de seu ser [...].
> — Que coisa mais idiota — disse ela. Você vai queimar até chegar no osso.
> — Não dói — disse Xavière.

A queimadura é larga e funda, mas Xavière jura que não sente nada: "Uma queimadura é voluptuosa", diz ela a seu público.

Na *Idade da razão*, de Sartre, os ferimentos autoinfligidos de Ivich são apresentados de forma diferente. Trata-se de uma violação da carne, não da união sexual que Sartre exigia, mas de um cortar e mesclar substitutos de fluidos corporais, em que Mathieu, o "caniço pensante", que não consegue ficar bêbado e não sabe como se entregar ao momento, se abre como uma ferida e finalmente *sente* sua própria existência na dor partilhada dos dois. É Ivich quem vai primeiro: na boate em que Lola, a dançarina, namorada de Boris, está cheirando sua "dose", duas carreiras de cocaína. O momento é "como um pequeno diamante", pendurado no espaço. "Sou eterna", diz Ivich, pegando o canivete de mola de Boris e dobrando a lâmina contra a mesa. De repente, seu amigo dá um grito:

> Mathieu olhou preocupado para as mãos de Ivich. Ela segurava a faca na mão direita, e abria um talho na palma da mão esquerda. A carne se abriu da almofada do polegar até a base do dedo mínimo, e o sangue escorria lentamente do ferimento.
> — Ivich! — berrou Mathieu. — Sua mão, coitada![35]

Ele tira a navalha dela: "*Vous êtes folle*", diz, insistindo em que o acompanhe até o banheiro para fazer um curativo, mas Ivich está achando graça. Cortar-se é uma sensação agradável. Sua mão parece "um pedaço de manteiga". "É meu sangue", diz ela, "gosto de ver meu sangue." Mas quando Mathieu tenta impedi-la, ela se livra com um safanão, rindo selvagemente: "Você ousou me tocar outra vez […]. Eu devia ter adivinhado que isso ia ser demais para você. Está chocado que alguém possa gostar de ver o próprio sangue".

Agora Mathieu está branco de raiva. "Demais para mim? *Mais non, Ivich, je trouve ça charmant*", diz ele, golpeando a própria mão com a faca, onde ela fica, na vertical, enterrada em sua carne. Um momento mais tarde, Ivich comprime a palma de sua mão esquerda contra a palma da mão ferida de Mathieu, com um estalido pegajoso.

— Isso é a mescla do sangue — diz ela.

A dor é aguda; Mathieu sente que uma boca se abre em sua mão. "Você é quase belo", diz Ivich.

Olga se fere profundamente. Ela abre um talho do polegar ao mindinho e queima o braço "até o osso", um sinal significativo de severas marcas psicológicas em seu passado, até de que queria dar um fim à própria vida. "Quanto mais fundo o corte, mais sério o ato de parassuicídio",[36] escreve o psiquiatra Jonathan Pimm. O fato de Olga se mutilar a esse ponto — e não há motivo para não acreditar nos relatos de Sartre e Beauvoir — sugere que talvez já estivesse perturbada quando Beauvoir começou a lhe dar aulas. Isso suscita a questão: será que Beauvoir, e subsequentemente Sartre, escolheram Kosackiewicz porque já era uma pessoa problemática, como eles mesmos? Teria sido uma necessidade mútua terem encontrado uns aos outros?

Os três relatos de ferimentos autoinfligidos de Olga, em *O auge da vida*, em *A idade da razão* e em *A convidada*, são notavelmente similares ao retratar Olga como perturbada. Nas memórias de Beauvoir, ela é "positivamente maníaca",[37] assim como Xavière com seu ríctus maníaco, *"ce rictus maniaque".*[38] A Ivich de Sartre também é dotada de um *"visage maniaque et réjoui"*, um rosto maníaco e alegre,[39] um rosto selvagem e estático como os pacientes do psiquiatra francês Jean-Martin Charcot, que identificava uma enfermidade que chamou de *manie sans délire*, mania sem delírio, em que o paciente é maníaco sem ser maníaco-depressivo ou psicótico, e que hoje em dia seria descrito como sofrendo de distúrbio de personalidade.

Condenada como louca, *une folle*, é Xavière, não Françoise, que está na estrada da ruína. Inalar éter era um modo popular de se entorpecer nos anos 1930, e é o passo seguinte para Xavière. Ela começa por embeber um lenço com éter e a cheirar os vapores. "Tome cuidado",[40] avisa Françoise, "ou vai acabar se tornando uma viciada ou se arruinar completamente." Mas Xavière encontrou uma saída da prisão: enfiando um pedaço de algodão saturado com éter no nariz, ela fica "praticamente inconsciente por horas".

Mediante o alívio dos ferimentos autoinfligidos, Olga também recobra o controle. Ela começa a se reequilibrar. Nessa altura, já foi para a cama com Marc Zuorro, para desgosto de Sartre. "Sartre já sentia ciúme de mim sempre que minha proximidade com Olga o excluía, mas quando Zuorro entrou no cenário, isso o deixou realmente louco da vida",[41] contou Simone ao filho de Fernando, Tito Gerassi. A verdadeira natureza de Marc se revelou, porém, quando ele deixou Olga e desenvolveu um desejo por Bost, que ficou confuso e constrangido com a paixão de Marc por ele; certa noite, voltando para seu quarto, Marc escutou sons do lado de dentro. Espiou pela fechadura e viu Olga e Bost agarrados num abraço. Os dois haviam se apaixonado.

Marc ficou fora de si e se recusou a dormir sozinho. Sartre e Beauvoir o levaram de férias para praticar esportes de inverno com eles em Chamonix, onde seus choramingos histéricos os mantiveram sem pregar os olhos à noite. De volta a Paris, em janeiro de 1937, Beauvoir começou a se sentir permanentemente exausta; Sartre falava do trio como um projeto de cinco anos, e era ela que não via saída. Ficaram presos em uma *dance macabre*, sendo ela o dervixe rodopiante. Sartre descansava em Laon, Olga passava o dia inteiro na cama, mas Simone se consumia. Se desejar fosse ter, Olga teria morrido. Em vez disso, era toda noite uma boate; toda manhã, o *lycée*, contando as horas, dezesseis horas até Simone poder se deitar outra vez. Em fevereiro, conversando com Bost no Le Sélect, ela sentiu um calafrio no corpo; no dia seguinte, desmaiou em um jantar e Sartre mandou chamar um médico, que prescreveu emplastros de mostarda. Durante dois dias Poupette, Olga e

Mme Morel zelaram por Simone deitada em seu leito, encharcada de suor. Quando se mexia, uma dor percorria seu lado esquerdo. Uma enfermeira apareceu para a aplicação de ventosas, mas a febre não abaixou. Mme Morel chamou uma ambulância para levá-la à clínica em Saint-Cloud. Dois enfermeiros carregaram Simone pela escada em uma maca: ela estava gravemente acometida de pleurisia.

16

Notoriedade

Por que você escreve essas coisas tão impróprias? Mon petit
enfant, *tente recuperar um pouco de pureza.*[1]

Mme Mancy para Jean-Paul Sartre

"AGORA VOCÊ PARECE uma garotinha outra vez e quero lhe escrever uma
carta galante",[2] escreveu Sartre em abril de 1937 para Beauvoir, convales-
cendo no sul da França. "Claro, minha pequena ranzinza, que você dirá que
é o marido ingenuamente bom em mim que está tentando tornar a relação
conjugal atraente." "As coisas continuam idílicas, a despeito da distância entre
nós", escreveu ele, culpadamente, um ou dois dias depois. "Eu a amo, minha
querida Beaver [...]. Um beijo nas encovadas bochechinhas, meu amor."

Beauvoir quase morrera de ciúme. Seu pulmão em colapso obrigou-a a
perder todo um trimestre. Na clínica, sua mãe e seus amigos ficavam ansiosamente junto ao leito enquanto a febre atacava, à espera de ver se o segundo
pulmão também falharia. Os médicos não tinham meios de verificar a in-
flamação. Quando tentaram tirar raios X de seus pulmões, para verificar a
extensão do dano, ficar de pé foi tão doloroso que ela quase desmaiou. Mas,
gradualmente, as mãos de Beauvoir, que haviam permanecido cerradas constantemente devido à tensão, abriram. "Alguém tomara conta de mim [...] o
trio, com todos os aborrecimentos e obsessões, se tornara de tal modo um
peso para mim, no final, que o exílio parecia tranquilo, por comparação."[3]

Na Páscoa, Beauvoir teve alta do hospital, e se mudou para um quarto
confortável no hotel de Marc. Continuava acamada e dependia de Sartre
para lhe trazer o *plat du jour* do Coupole ali perto para almoçar todo dia. Ver
Sartre fazendo aquele percurso, tomando cuidado de não respingar molho
do prato que trazia da maior *brasserie* de Paris, um prodígio do art déco com
suas colunas verdes altas encimadas por pinturas de mulheres e dançarinas,

e já antes disso um dos lugares prediletos da "família", trouxe novo ânimo a Beauvoir. À noite, ela mastigava presunto e frutas; mas ainda não conseguia andar sem sentir tontura. Quando terminaram as férias, e Sartre teve de voltar a Laon, Marc e Bost decidiram, em um dia quente, levar Castor para passear. Apoiada dos dois lados, meio andando, meio sendo carregada, ela conseguiu chegar aos Jardins de Luxemburgo, onde, subjugada pela luz do sol e pelo ar fresco aos quais se desacostumara, ela perdeu o equilíbrio e quase caiu.

O médico prescreveu uma convalescença de três semanas no Midi. Chegando em Toulon, Beauvoir sentiu o aroma de peixe e mimosas. Ela pegou o vagaroso trem que serpenteava ao longo do litoral para Bormes-les-Mimosas, onde se hospedou no melhor hotel. Do outro lado da praça local podia ver o mar distante e as Iles d'Hyères. Era, escreveu, "uma gloriosa ressurreição". Como em Marselha, as montanhas a chamaram de volta, e logo ela estava se esbaldando em *crème de marron*, a especialidade de uma região cujos castanheiros a lembravam sua infância. Ignorando as ordens médicas de não fazer "exercícios exaustivos", ela escalava os Monts des Maures e marchava ao longo das trilhas elevadas na pequena península que descobrira, chamada Saint-Tropez. Sentada nas rochas vermelhas do maciço do Estérel, leu *Animal Farm* (a "Revolução dos bichos"), de George Orwell; escalou o pico de Mont Vinaigre e tomou banho de sol sob as mimosas no vale do Tanneron. E, enfim, recobrou as forças.

As cartas de Sartre a seguiam aonde quer que fosse. Retirando-as na posta-restante dos vilarejos, Beauvoir percebia seu remorso. Ele testara o pacto e forçara Beauvoir ao limite máximo; agarrando-se nas pontas dos dedos, ela evitara por pouco ser aniquilada naquele negro abismo que sentia estar tão perto. A iminência de perdê-la assustara Sartre, e a correspondência quase diária trocada por ele e Beauvoir era como uma renovação de votos. Eles eram "duas consciências misturadas em uma só, flutuando [...] entre o céu e a terra, e dois pequenos corpos robôs",[4] disse-lhe ele. O pacto ficou ainda mais forte com sua fratura calcificada.

Sartre jamais levou a melhor em sua tentativa de dobrar a resistência de Olga, como Castor lembrou-lhe muitos anos depois, quando discutiam seu ciúme de Zuorro: "Eu não me importava muito se havia outro homem em um *affaire* com determinada mulher",[5] disse Sartre. "O essencial era que eu viesse em primeiro. Mas a ideia de um triângulo em que houvesse eu e outro homem em melhor situação — isso era algo que eu não podia suportar."

— Você passou maus bocados com Olga — Beauvoir lembrou-lhe, com prazer.

— Com Olga, sim.

— Você às vezes era rejeitado pelas mulheres? Houve mulheres com quem você queria ter tido certas relações — mulheres que não teve?

— Sim, como tudo mais.

– Houve Olga.

— Ah, é.

As notícias vinham de lugares distantes. Pela primeira vez, Beauvoir se sentiu pessoalmente envolvida em política quando soube por Fernando, que partira para lutar pelos republicanos na Guerra Civil espanhola, que as tropas de Franco estavam bombardeando Madri. Em abril veio o massacre de Guernica. Fernando, que terminaria a guerra como general, disse-lhe que o problema era a escassez de armas, e Beauvoir ficou indignada com a política de não intervenção praticada pelos franceses e britânicos. A guerra se tornou ainda mais próxima quando Bost enfiou na cabeça de se oferecer como voluntário, e falava em cruzar ilegalmente a fronteira espanhola, fechada desde fevereiro. Sartre enfrentava um dilema: ele acreditava na liberdade individual, mas não queria ser responsável pela morte de Bost. Ele mandou o estudante para Nizan, que o encaminhou a André Malraux, que servia como piloto entre as forças republicanas. Malraux fez duas perguntas: "Você prestou o serviço militar? Sabe usar uma metralhadora?" — as duas respostas foram negativas. A República precisava de homens treinados, não de recrutas verdes, escreveu Beauvoir; não sabia ele que Simone Weil, que atravessara a fronteira pedindo uma arma, fora mandada para a cozinha? Mas as experiências de Bost não foram desperdiçadas: serviram de base para o conto "O muro", de Sartre, que ele escreveu nos primeiros meses de 1937.

Beauvoir não tinha o menor desejo de fazer como Weil. Embora a impotência política sua e de Sartre houvesse ficado clara para ela quando contemplou a guerra, a doença reforçou sua sensação de distanciamento: "Estando sem forças para combater os males do mundo, tudo que eu pedia era para esquecê-los".[6] De modo similar, quando ouviu dizer que André Gide mudara completamente de opinião sobre a União Soviética, retratando-se do antigo apoio ao regime após sua visita de 1936, ela repudiou com pouco caso seu relato *Retour de l'URSS*, que causou uma sensação em 1937. "Gide se apaixonara rápido demais pela União Soviética, e voltara atrás rápido demais, para que levássemos *Retour de l'URSS* a sério", escreveu em 1960. Gide sem dúvida mostrara pressa em publicar sua condenação do sistema soviético: sua lua de mel com o regime fora breve e ele queria que o mundo soubesse o motivo de sua desilusão. No avião que o levava a Moscou, ele ficara horrorizado de saber sobre a morte repentina do romancista Máximo Gorky,[7] não mais nas graças de Stalin, e que recentemente advertira o chefe de estado de que quando o grande escritor francês chegasse, ele lhe contaria toda a verdade sobre o regime opressivo. A conveniente morte de Gorky em 18 de junho de 1936 despertou imediatamente as suspeitas de Gide; subsequentemente, o membro da polícia secreta Yagoda e os médicos da família de Gorky assumiriam a culpa por terem envenenado o escritor enfermo. Ao chegar a Moscou, Gide concordou em fazer o elogio fúnebre no enterro de Gorky, mas se recusou a um encontro com Nikolai Bukharin, que solicitara uma reunião com vistas a examinar o discurso. Levou apenas 24 horas para a antena de Gide captar a negra verdade sobre o stalinismo.

Mas as revelações de Gide escandalizaram os intelectuais liberais. Antes de deixar a URSS, ele havia declarado: "Acredito que o valor de um escritor está ligado à força revolucionária que o impulsiona [...]. Em nossa forma de sociedade, um grande escritor ou um grande artista é essencialmente um não conformista. Ele nada contra a corrente".[8] Gide estava à frente de seu tempo. Ele teve a coragem de confrontar o modismo intelectual de sua época. Tendo visto em primeira mão a ausência de liberdade pessoal na utopia stalinista, ele advertiu o Partido Comunista Francês de seus erros. Em seu *Retouches à mon Retour de l'URSS* ele repetiu suas críticas; mas Beauvoir e Sartre, como mostram os comentários depreciativos dela, viram a retratação de Gide como prova de uma mentalidade volúvel. Condenando seu comportamento, eles ignoravam as notícias sobre os julgamentos públicos tendo lugar em Moscou, ainda que o comunista Nizan ficasse "profundamente desconcertado"[9] com a direção dos eventos. Como muitos intelectuais britânicos acreditavam, conforme escrevera Nizan: "Nós no Ocidente vivemos em uma sociedade em que a grandeza consiste em dizer não".[10] Eles continuariam a nadar a favor da maré stalinista, embora não demonstrassem qualquer interesse eles mesmos em visitar um país que "os deixasse com frio".

Uma carta de Sartre fez Beauvoir chorar de alegria. *"Mon cher amour, eis uma notícia que sem dúvida vai deixá-la feliz",*[11] escreveu do Hôtel de Paris & de la Poste em Laon, em 30 de abril de 1937. *"Le factum est pris et j'aurai un contrat"* — o *factum* foi aceito e vou assinar um contrato. Delirando de alegria, ele copiou palavra por palavra para ela ver a carta que recebera de Brice Parain, pedindo cortes mas dizendo, no pós-escrito, que em uma reunião editorial da Gallimard eles haviam decidido aceitar o livro. Foi um momento seminal, como reconheceu Beauvoir. No alto da carta, ela rabiscou: *"La Nausée acceptée".*

Uma rede de contatos tivera de ser energicamente acionada. Em março, Sartre escrevera para Jollivet: "Querida Toulouse, o bilhete para a Gallimard produziu o efeito desejado".[12] Dullin escrevera para seu velho amigo Gaston Gallimard pedindo-lhe que reconsiderasse "Melancolia" e Pierre Bost, um leitor de originais na Gallimard, também dera seu parecer favorável junto ao chefe após Jacques-Laurent ter pedido ao irmão mais velho que ajudasse seu amigo Sartre a ser publicado. Juntos, eles fizeram a diferença. "Perguntar a Pierre Bost se este autor tem talento",[13] um leitor anterior rabiscara incertamente em seu parecer. A resposta de Pierre foi afirmativa. Petit Bost até ditou a humilde carta de Sartre para Jean Paulhan, editor do renomado jornal literário *La Nouvelle Revue Française*, agradecendo-lhe por concordar com uma reunião, e pedindo-lhe que examinasse os contos. O manuscrito datilografado de Sartre, que mofara por tanto tempo na pilha de aspirantes a autor, chegou à escrivaninha de Gaston. Ele leu e gostou. Sua única crítica foi quanto ao título, e foi ele quem sugeriu uma alternativa: *Náusea*.

Sem fôlego, Sartre transmitiu a Castor os detalhes de sua entrevista com Parain. Deixando Bost em um café, "Fiz minha entrada triunfal. Havia já sete sujeitos à espera no lado de fora do escritório [...]. Dei meu nome a uma senhora afável que ficava em uma mesa atendendo diversos telefones. Ela pegou em um deles e me anunciou. Disse-me que esperasse. Vi Brice Parain passar por mim; ele me olhou de soslaio, mas não pareceu me reconhecer. Comecei a reler 'O muro' — em parte para passar o tempo, mas também só um pouco para me tranquilizar [...]. Então um homenzinho muito elegante surgiu [...]. Era Jules Romains — sim, ele *mesmo*, pode apostar, não apenas alguém parecido com ele".[14] Sartre continuou esquecido em seu canto até que a recepcionista voltou e perguntou aos homens aguardando se alguém tinha fogo. Ninguém podia fazer a gentileza. "O quê, quatro homens e nada de fósforo entre eles?", exclamou. Sartre ergueu a cabeça. Ela lançou um olhar em sua direção e disse, hesitante: "Bem, cinco". Então perguntou o que estava fazendo ali.

— Vim ver Monsieur Parent — quero dizer, Paulhan.

— Bem, pode subir, então", disse ela.

O escritor insignificante subiu dois andares até o escritório de Jean Paulhan. Sua sorte estava em vias de mudar. Paulhan, alto, moreno, com um bigode grisalho, admitiu Sartre imediatamente em sua sala. Sua voz era afável. Pediu desculpas pelo engano; a rejeição inicial da *Náusea* acontecera porque ele achara que fora oferecida à *NRF*, para a qual era longa demais. "Mas é uma obra admirável [...]. Conhece Kafka? [...] Kafka é o único escritor moderno que me vem à mente quando considero essa obra sua." Sartre sentou cuidadosamente na ponta de uma cadeira de couro. Mal conseguia crer no que ouvia. Mas, embora lisonjeado pela alta conta em que Paulhan tinha "Melancolia" (como continuava a se referir ao original para Castor), estava ansioso em saber se Paulhan gostava de seus contos.

Não precisava ter se preocupado. O editor anunciou que estava dando um deles para outra revista, *Mesure*, e guardando um para a *NRF*.

Eu disse: — Eles são um pouco... âh... diretos. Eu trato do que poderia ser descrito como, humm, problemas sexuais.

Ele sorriu com ar indulgente. — Nós aqui na *NRF* estamos preparados para publicar qualquer coisa.

Em seguida, foi conduzido à presença de Brice Parain, que foi todo cordialidade, dirigindo-se a ele pelo "*tu*" desde o início. "Existe apenas um Sartre, afinal de contas", disse, explicando ao autor perplexo que havia lido as primeiras trinta páginas da *Náusea* e pensara: "Aqui está um personagem que parece saído da pena de Dostoievski". Roquentin o lembrava do homem do subterrâneo de Dostoievski, excluído da sociedade e desse modo fadado a passar por experiências extraordinárias. Ele havia adorado o motivo da náusea, adorado a cena do espelho em que Roquentin vê o próprio reflexo... "Revise você mesmo o livro, se puder", pediu a Sartre, mas se fosse muito difícil, eles o publicariam de um jeito ou de outro. *Gallimard não pode deixar de ficar com ele.* "Vamos beber alguma coisa."

Conforme deixava, cambaleante, a Gallimard, mal sendo capaz de acreditar na reviravolta de sua sorte, Sartre decidiu fazer uma brincadeira com Petit Bost, que estava a sua espera. Ele entrou no café e jogou o manuscrito de "Melancolia" sobre a mesa.

— Rejeitado — disse a ele, com uma voz de dar pena...
— Oh, *não*! — ele exclamou. — Mas por quê?
— Acharam chato e cansativo.

Bost ficou atônito, até que Sartre lhe disse a verdade, para alegria do rapaz. Enchendo o copo de Bost, Sartre saiu para tomar um drinque e comemorar com o editor.

"Naquele preciso momento, quando eu chegara ao fundo do poço — tão infeliz em diversas ocasiões que contemplava a morte com indiferença; me sentindo velho, acabado [...] tudo começou a sorrir em mim",[15] escreveu Sartre. "De repente, me enchi de uma juventude tremenda e intensa; estava feliz e achava minha vida maravilhosa. Não que tivesse alguma coisa a ver com a 'vida do grande homem', mas era *minha* vida [...]. E dessa vez a vida triunfara sobre a arte." Sua náusea, sua autopiedade sumiram da noite para o dia.

"Conheci uma vida delicada e indolente, injustificável e contingente, mas isso não tem importância", acrescentou. O importante era que aquilo estava acontecendo com ele: "Cada acontecimento é *meu* acontecimento". Uma vez que sua existência era justificada aos olhos do Outro, o próprio Kobra se sentiu seguro de sua existência; alguém lhe estendera uma passagem. De uma hora para outra, ele se juntara à raça humana.

Dois outros acontecimentos contribuíram para a transformação de Sartre, processo que ele comparou a uma troca de pele e ao começo de uma nova vida. Ele ouvira dizer que finalmente conseguiria uma vaga de professor em Paris; e, como escreveu misteriosamente em seus *Diários de Guerra*: "Conheci T". "T" de "Tania", o nome dado a Wanda Kosackiewicz, irmã mais nova de Olga, que nasceu, também em Kiev, em 1917, e partiu da Rússia com a família no êxodo dos Russos Brancos que se seguiu à Revolução Bolchevique. Em suas cartas a Beauvoir, Sartre a chama de "T. P. Zazoulich", *"toute petite"*, a mais jovem Zazoulich, nome dado às irmãs Kosackiewicz na correspondência. Olga, *"la petite"*, desde janeiro namorava abertamente Bost, embora Sartre tenha dedicado *Le Mur* a ela e continuasse a encontrá-la com a maior frequência possível em Paris, quando podia se dar ao luxo de financiar suas visitas. "Z. [Olga] era estranha e meiga", escreveu para Beauvoir em 26 de abril. Ela não o odiava; havia se tornado "a liga gasta de uma mulher outrora profundamente amada". Seu interesse na virginal irmã mais nova criou um constrangimento entre eles, e Sartre tentou desanuviar o ambiente. Posso ser franco com você, perguntou: "Ora, claro, Kobra". Estou sem graça, porque não posso falar com você sobre Wanda. Olga admitiu que ela também não se sentia muito à vontade. O Kobra sabia dos planos de sua mãe para o casamento de Wanda?, perguntou, afetando um ar reservado. Mas Wanda contara a Sartre apenas que sua mãe planejava alguma coisa. O inquieto pretendente acusou Olga de deslealdade e de provocar uma briga com Wanda. "Tem horas, Kobra, que você é completamente louco",[16] replicou Olga calmamente.

Wanda, 12 anos mais nova que Sartre, mais cheinha, mais calma e menos atraente que Olga, guardava uma semelhança superficial com a animada irmã mais velha, mas prometeu ser mais maleável. "Sua carta foi muito curta", Sartre censurou sua "querida Castor", "mas a de Wanda foi longa e muito agradável.[17] Aquela garota parece dotada de uma inteligência preguiçosa mas considerável, pois cada uma de suas cartas mostra progresso sobre as anteriores." "Tudo que eu queria era poder estar aí ao seu lado, tão lindo em seu pijama azul, e beijá-lo com toda força",[18] respondeu Beauvoir. "Amo você apaixonadamente." "E eu a amo apaixonadamente, também",[19] Sartre tranquilizou sua "louca Castor", "ofegante Castor", que caminhava "20km por dia", só pesava 49 quilos e deixaria de ser um "bocadinho apetitoso" se não se alimentasse. Mas toda essa ternura não escondia o fato de que sua lubricidade frustrada nesse momento era dirigida à silenciosa e virginal Kosackiewicz mais jovem; quanto a Castor, ele brincou com Bost: "Você me deixa aterrorizado e você é uma mulher de ferro".[20]

Quando Simone de Beauvoir regressou a Paris em maio, o fato de a Gallimard ter aceito *A náusea* já mudara o status de Sartre em relação a ela. Em julho de 1937, a publicação de *O muro* na *NRF*, seguido da *Náusea*, dedicado a Castor, em abril seguinte, acarretou uma mudança de paradigma. Jean-Paul Sartre explodiu na cena literária, o novo *enfant terrible* das letras francesas, e foi saudado como um gênio. As resenhas foram universalmente favoráveis. O coração de Roquentin inchou de orgulho quando ouviu dizer que o próprio Gide, depois de ler *O muro*, perguntara a Paulhan: "Quem é esse novo Jean-Paul? Acho que podemos esperar muita coisa dele. Quanto a seu conto, é uma obra-prima".[21] "Um dos *débuts* literários mais notáveis de nosso tempo";[22] "Uma mente singular e vigorosa" — Albert Camus. "Um verdadeiro romance filosófico"; "estilo impecável"; "talento raro"; "Com sua reflexão sobre a existência, Sartre traz um novo tema para nossa literatura". No espaço de um ano, Sartre foi aceito no universo literário de Paris, *O muro* foi comparado à *Condição humana* de Malraux e *A náusea* foi lembrado para o prestigioso Prix Goncourt.

Houve umas poucas vozes dissidentes no coro de elogios. Uma das mais ásperas foi a do padrasto de Sartre, Joseph Mancy. O conto que lhe pareceu ofensivo foi "A infância de um líder", um pesado ataque contra a direita fascista e a Action Française, de Charles Maurras. Lucien Fleurier, um jovem burguês, é seduzido pelo antissemitismo dos *camelots*, expresso no ódio que sentiam de Léon Blum, o primeiro-ministro judeu do primeiro governo da Frente Popular que ruiu em 1938. Lucien espanca um judeu na rua e resolve entrar para o movimento: "'Vou deixar o bigode crescer',[23] decidiu ele". Mas foram os detalhes sexuais, o amor antinatural de "Lucien" por sua mãe, que ele espiona se ensaboando no bidê pela fechadura do banheiro, e, para coroar tudo isso, a envolvente narração da sedução homossexual nas mãos de um surrealista chamado Bergère, que deixaram Monsieur Mancy revoltado. "Você é Rimbaud", diz Bergère ao belo jovem, estendendo-lhe um baseado, "uma putinha anal com rosto de anjo." Como prisioneiro do complexo de Édipo não lhe restou opção a não ser se tornar um pederasta.

"Meu filhinho, tio Jo pediu-me que lhe devolvesse seu livro — ele leu 'A infância de um líder' e ficou indignado", escreveu uma Anne-Marie aflita para seu filho em fevereiro de 1939. Ela mesma não podia julgar a história, porque não a lera "Mas por que você escreve essas coisas tão impróprias? Se ele falar com você na terça, seja gentil [...]. Meu filhinho, *tente recuperar um pouco de pureza.*"[24]

Sartre riu amargamente. "Família é mesmo um monte de merda",[25] escrevera com raiva para Beauvoir em um cruzeiro com sua mãe e seu padrasto em 1934, e nada acontecera para fazê-lo mudar de ideia. Continuava a pensar em si mesmo como um *orphelin*, filho de um pai morto e de uma mãe que perdeu para o novo casamento dela, e agora havia provado que não tinha necessidade de uma falsa família, o padrasto que ainda era obrigado a chamar de tio Jo, mas que detestava de todo coração. "Escrever contra" Mancy lhe trouxera fama, e quando o homem mais velho devolveu o livro, Sartre o atirou no cesto de lixo.

O relacionamento incômodo e estranhamente dependente com a mãe entretanto continuou. Ela pagava seus cortes de cabelo, comprou-lhe um "soberbo" casaco de camurça (225 francos) e lhe dava uma mesada de 10 francos por dia. Em setembro de 1937, enquanto Beauvoir estava de férias em Estrasburgo com Olga, ele comia sempre que possível na casa da mãe. "Nem sempre é agradável, mas sempre tem comida."[26] Quando começou a dar aula no Lycée Pasteur, em Neuilly, nos arredores de Paris, ela lhe oferecia almoço diariamente, que ele ficava tentado a aceitar, não fosse pelo padrasto, que "grita comigo o tempo todo". Sartre, como de praxe, vivia financeiramente atrapalhado, ainda devendo dinheiro a seu hotel em Laon. Seus cheques voltavam, e teve de sugerir a Olga que voltasse para casa, em Laigle. Os dez francos que sua mãe lhe dava toda manhã eram cuidadosamente esticados: tabaco, fósforos: 5 francos; metrô ida e volta: 40 centavos; o resto, bebidas, uma cerveja, um café. "Tente conseguir duzentos emprestados com seus pais", implorou a Castor. "Nós dois juntos não temos um *sou*."

Houvesse Mme Mancy lido "Intimidade", o conto em *O muro* que mais contribuiu para dar ao filho uma reputação de obscenidade, talvez houvesse voltado atrás em seu convite. A intenção de Sartre em todas as cinco histórias, disse em 1967, era mostrar que "Ninguém quer olhar a Existência de frente". Em "Intimidade", uma esposa infiel permanece ligada ao marido impotente: ela vive em "má-fé". "Lola mente para si mesma";[27] no início, ela vê sua situação através de uma "leve névoa", mas de repente a névoa evapora: "Ela sabe que está mentindo para si mesma [...]. Toda fuga dá num Muro; fugir da Existência é continuar a existir". Vívidos, modernos, pornográficos, os contos de Sartre foram encarados pelos leitores como uma revelação de seu próprio estilo de vida boêmio e negligente, embora os críticos tenham visto em Roquentin a imagem romântica do escritor como gênio atormentado.

Sob o sol da Grécia, Beauvoir recuperou as forças. Em julho de 1937, ela e Sartre compraram passagens marítimas no *Cairo City* de Marselha para Pireus, na quarta classe, dormindo no convés, em espreguiçadeiras alugadas. Não estavam sós. Petit Bost foi junto, como "especialista técnico", com um fogão portátil Primus que logo bateu as botas. Em 1960, Beauvoir descreveu poeticamente a passagem pelas Cíclades: os despenhadeiros vermelho-sangue mergulhando no mar azul em Santorini, noites *à la belle étoile* no terraço do hotel, Delfos, suplantando em beleza qualquer outra coisa na terra, a caminhada através de colinas purpúreas até Olímpia, Sartre, mochila nas costas, com o chapéu de palha e o bastão, Beauvoir levando o piquenique numa caixa de papelão debaixo do braço. Ela "imergiu" em um esplendor tão intenso que sentiu que seu coração ia explodir.

Sartre, contudo, não achou a Grécia totalmente um paraíso, como atestam suas longas cartas para Wanda. Sua atenção estava fixa nas *postes restantes*, onde procurava em vão por uma resposta de "*la toute petite*". Frustrado pelo silêncio de Wanda, ele mesmo assim continuou escrevendo: "Gostaria de conversar um pouco com você sobre você mesma. Mas como permanece muda, continuarei a falar sobre mim. Não são cartas, isso que estou lhe enviando, mas um diário de viagem."[28] Mais de 150 páginas sobreviveram do *journal de voyage* de Sartre; ele continuava sendo o turista burguês em quem as crianças atenienses, para desalento de Beauvoir, jogavam pedras.

Aprisionado naquela sua banheira de navio, o *Cairo City*, Sartre observa os passageiros e decide: "A inocência não é um estado, é um papel". Um pouco depois disso ele escreveria *Huis Clos*, para Wanda. Em Atenas, conclui: "*Le Grecs sont des peigne-culs*" — os gregos são uns puxa-sacos. Em Delfos, as vespas o deixam maluco, não consegue suportar o vinho *retsina*:

é infame, repelente. Em Olímpia, é comido vivo pelos mosquitos, ao contrário de Castor, que sensatamente cobriu o rosto e as mãos com vaselina e está fazendo deles perfeitos escoteiros. Finalmente, "apoplético debaixo do chapéu de palha", Sartre faz greve e se recusa a subir o monte Taygetus. São apenas nove horas e meia, protesta sua intrépida companheira, mas Sartre valoriza demais a própria pele para ir em frente. No fim, até mesmo Castor relutantemente admite que, sob uma temperatura de 40 graus, eles correm perigo de uma insolação.

É apenas em Tessalônica, onde ficam sem dinheiro, que Sartre começa a apreciar o mundo antigo. Um bom modo de entender um país é ser forçado a permanecer nele até estar farto, diz a Wanda, enquanto ele e Castor aguardam até que Bost, que voltou à França, lhes despache seus salários. Ficam reduzidos a um pedaço de pão, um vidro de geleia e um punhado de cebolas, e nada da ordem de pagamento. Prática como sempre, Castor insiste em ter a diária completa em um hotel local, onde se hospedam fiado por seis dias até o dinheiro chegar. "Agora podemos conhecer Meteora", exclama a infatigável turista. Com a perspectiva de uma viagem de trem de 14 horas, Sartre mais uma vez finca os pés no chão, levando Castor a derramar lágrimas de raiva no barco de volta a Marselha.

"Estou feliz da vida",[29] escreve Sartre para Wanda em 26 de agosto de 1937, no barco que vai para Tessalônica. "Descobri que esse fim de ano vai ser absolutamente brilhante para mim. Está acertado que *Mr Roquentin* será publicado, e em Paris." O fosso entre ele e Beauvoir está aumentando. Sartre já recebe cartas de leitores entusiasmados; Beauvoir continua desconhecida: a mulher de César. Ela terminou seus contos e, a despeito dos comentários negativos de amigos que leram — Lionel de Roulet julga os personagens "obscuros", "artificiais" e "convencionais",[30] e até Sartre concorda que Anne, a Zaza ficcional, "parece de fato o ponto fraco em seu *factum*" —, os submete à Gallimard, que os rejeita. Em outubro, um segundo editor, Grasset, os devolve, sendo o parecer do leitor que *La Primauté du spirituel* carece de originalidade.

O que fazer? "Eu lhe mostrei meus contos",[31] recordou Beauvoir, "e você os achou muito ruins."

— Na verdade, não eram grande coisa — disse Sartre. — Você não sabia como escrever diálogos. Não estavam muito naturais.

— Tivemos uma conversa no Dome que me afetou enormemente. Você disse, "Olha, por que você não põe *você mesma* em seus escritos? Você é mais interessante que todos esses Renées e Lisas".

"Instigue a sua coragem", disse Sartre. *Mettez-vous dedans*. Mas a ideia assustava Castor, pois ela sentia que se se entregasse tão profundamente à literatura isso ficaria muito sério, como o amor, a vida, a morte... "Hesitei por um longo tempo antes de fazê-lo."

Beauvoir sente um peso no coração. Wanda prometeu, "com sua atraente vozinha rouca",[32] ir a Paris em 15 de setembro. "Você vai ficar em meu hotel e nunca vamos nos separar", diz Sartre. Ele já escolheu o lugar, o Hôtel Mistral, na rue Cels, entre o cemitério de Montparnasse e a avenue du Maine, para o qual ele e Castor se mudaram no outono de 1937. Em suas memórias, Beauvoir tentou ao máximo pintar o episódio com tintas agradáveis: "Sartre morava no andar em cima do meu; então tínhamos todas as vantagens de uma vida compartilhada, sem qualquer de suas inconveniências". Mas não era apenas ela que estava compartilhando essa vida. Havia uma nova figura nessa relação: Wanda, *la muette*, a muda, agora com apenas 20 anos. Beauvoir, a mulher de aço, podia lidar com a situação. "A harmonia entre dois indivíduos nunca é uma *donnée*; é algo a ser continuamente trabalhado",[33] escreveu de modo austero. Ninguém levaria a melhor sobre a mulher de César.

"Estávamos todos como serpentes, hipnotizados. Fazíamos o que eles queriam porque, acontecesse o que acontecesse, estávamos muito empolgados com a atenção que nos proporcionavam, era um grande privilégio",[34] lembrou Olga mais tarde. Wanda, como Olga e Bost, havia entrado para a "família" e permaneceria infantilizada pelo resto da vida.

Apenas ocasionalmente algum membro do grupo pressentia o perigo: o perigo de submeter a própria vontade ao casal, de se tornar um planetoide no sistema solar sartriano. Zuorro fugia à regra ao lutar contra essa atração gravitacional. Em 5 de maio, após comparecer aos ensaios de Dullin para *Júlio César*, ele explicou meio sem graça a Sartre que não queria ficar tanto na presença dele e de Beauvoir, pensando alto se "o prazer que a pessoa extrai da companhia de personalidades tão fortes não é esterilizante".[35] "Quando alguém está no seu mundo", disse Marc, "é impossível sair."

Sua partida criou um vácuo. Despertada para o prazer do sexo homossexual, Beauvoir procurou uma substituta para Olga. Na fileira da frente no Lycée Molière sentava outra imigrante bela e frágil que venerava sua professora.

17

Quebrando as regras

Bienenfeld chegou, linda e encantadora. Disse-me que nunca
amaria outra pessoa tanto quanto me amava [...] tinha aquele
ar de judiazinha magnífica.[1]

Simone de Beauvoir para Jacques-Laurent Bost, 1938

PARECIA QUE O MOLDE já forjado se encaixaria outra vez. Bianca Bienenfeld,
magra e pálida, com cabelo cor de fogo, também sofrera com o deslocamento
em tenra idade. O pai, um judeu polonês, era um médico formado em Viena
antes de levar a família a Paris em 1922 e se tornar um próspero comerciante
de pérolas orientais. A doença e a pobreza da mãe marcaram sua infância,
mas quando estava com 10 anos ela morava em um apartamento no 16º *arrondissement*. No Lycée Molière, Bianca sonhava em se tornar uma pianista e
concertista. "Mamãe não queria",[2] recordou Bianca. "Mas eu chorava e gritava
[...]. *J'amais beaucoup la musique.*" Seu temperamento dramático não admitia
não como resposta e os pais dela, Esther e David, cederam. Mas depois de dois
anos no Conservatoire, suas esperanças se foram; ela regressou para o *lycée* e
devotou suas energias a terminar os estudos. Inteligente, nervosa e ambiciosa,
Bianca, nascida em Lublin em abril de 1921, estava com 16 anos quando, em
setembro de 1937, Simone de Beauvoir entrou em sua classe.

"Todas nós estávamos empolgadas em ter uma linda mulher como professora",[3] lembrou Bianca. Ela ficou profundamente impressionada com a beleza
do "rosto esculpido, perfeitamente proporcionado, com seu perfil clássico e
malares pronunciados. A inteligência em seus luminosos olhos azuis causou
impacto desde o início", embora a aluna também notasse que a professora era
nervosa, cutucando uma mancha no dorso da mão até sangrar, e andando
abruptamente. "Ela era pura energia e nenhuma calma." Sua voz era "falha,
rouca, mais para desagradável", de talhe pequeno e carecendo de curvas, com

movimentos um pouco desajeitados. E Bianca, "sempre muito bem-vestida por Maman", achou graça em descobrir que a mãe de Beauvoir, que costumava tricotar seus coletes em Rouen, ainda fazia as roupas da professora, peças apertadas e mal-ajustadas, a fim de economizar dinheiro. Quando se tornou íntima de Beauvoir, ficou horrorizada ao descobrir que ela usava peitilhos de camisa, presos no lugar por um elástico em torno do busto, sob o paletó. Quanto ao cabelo fino, castanho-claro, que usava em duas lisas espirais no alto da cabeça, a professora muitas vezes acrescentava uma falsa trança para dar volume ao penteado caseiro.

O desdém de Bienenfeld pelas estratégias avarentas de Beauvoir vieram mais tarde, quando escreveu seu relato de traição em *Mémoires d'une jeune fille dérangée* (no Brasil, *Memórias de uma moça malcomportada*), um trocadilho com o título das memórias da própria Beauvoir. Mas quando Bianca sentou pela primeira vez na classe de Beauvoir, ela, como as outras "meninas de elite", caíram sob o encanto da carismática professora. Não era apenas a mente ousada, brilhante, incisiva de Beauvoir, seu domínio fácil de tópicos filosóficos, percorrendo Descartes, Hüsserl, os epicuristas, a lógica estoica, a moralidade kantiana, e desmontando Freud, deixando as alunas mais lentas a implorar inutilmente, "Por favor, fale mais devagar, Mademoiselle!", mas suas novas ideias que assustaram, chocaram e excitaram a classe de meninas burguesas.

Em janeiro de 1938, em seu aniversário de 30 anos, Simone de Beauvoir desenvolvera um senso de estilo mais seguro. Também estava descobrindo o próprio poder. "Era tremendamente dinâmica e atraente",[4] lembra Sarah Hirschmann, outra de suas alunas.

Com ela ficávamos em um mundo completamente novo. Ela entrava sem anotações, apenas com um cigarro. Usando roxo e uma pesada maquiagem, batom vermelho. Sua voz era grossa e rouca por causa do fumo, como Marlene Dietrich. Beauvoir não conversava conosco sobre a história da filosofia, mas sobre o existencialismo. Ela nos dizia para pensar sobre o que era a realidade [...] pensar acerca de algo fora de nossa mente, mas não conseguíamos. Dizia-nos como ficava fascinada com as pessoas na rua, como observava seus comportamentos. "Aquele homem usava o cabelo repartido ao meio?", perguntava. "Não me lembro", dizia eu. Ela tentava fazer com que olhássemos de fato para o Outro. Ficamos envolvidos em um processo de pensamento, em vez de apenas aprender de livros para repetir enfadonhamente o que havíamos lido. "Não se casem", dizia. "E se casarem, não tenham filhos de jeito nenhum." Para algumas de nós, isso era muito atraente.

Um dia, Beauvoir pediu às garotas que descrevessem uma experiência emocional, Bienenfeld ergueu a mão e contou como espantara um ladrão na casa de seus pais. Pela primeira vez, a professora notava a tímida garota judia. Nesse trimestre, Bianca foi a melhor da classe. Em março de 1938, ela escreveu para Mlle de Beauvoir uma intensa carta de admiradora, e ficou atônita de receber uma resposta uma hora depois pelo *pneu*, o serviço de remessas expressas por tubo pneumático e entrega em mãos. "Eu esperava que demorasse vários dias",[5] disse Bianca. A professora propôs uma reunião na Brasserie Lumina, perto da rue de Rennes, onde sua mãe morava.

Bianca chegou com o uniforme escolar, um tabardo bege com seu nome, "Bianca Bienenfeld", bordado na frente pela mãe. Sua blusa também era bege, o cinto bem apertado. Beauvoir ficou deliciada em vê-la. Ofereceu-se para começar a encontrar Bianca privadamente fora da escola. "Eu flutuava em uma nuvem de felicidade", recordou a estudante.

A presença física de Simone também arrebatou Bianca, pois refletia sua personalidade determinada: "Ela era como a proa de um navio, cortando velozmente as ondas, uma proa feita de rocha sólida, brilhante, imutável".[6] Beauvoir parecia uma força irrefreável em movimento. Um dia, Bianca perguntou por que sempre estava com pressa. "*La vie est courte*", respondeu Beauvoir. Na classe, era sempre *vite, vite, vite*, lembrou Bianca.

Mas era Bianca que estava com pressa naquela primavera. Saindo para caminhar aos domingos de manhã, ela disparava até o metrô em Passy, a estação mais próxima da casa de sua família, e contava os minutos até chegar a Edgar-Quinet. Depois ela percorria apressada toda a rue de la Gaîté até o decrépito Hôtel Mistral, na rue Cels, uma ruela perto da rue Froideaux, a fim de encontrar Beauvoir. Professora e aluna, de braços dados, passavam o dia perambulando pelo mercado de pulgas, explorando Montmartre e trocando confidências. Certa ocasião, Bianca persuadiu Simone a fazer uma nostálgica viagem até Suresnes, para visitar a mansão de seu tio Jacques, fundador das pérolas Maison Bienenfeld. O *château* estava arruinado, seu proprietário tendo perdido toda a fortuna na quebra da bolsa de 1929, e no quarto sem mobília Bianca contou a Simone sobre a infância errante, e como tio Jacques salvara a família da morte nas mãos dos nazistas que provavelmente os aguardava, caso houvessem permanecido na Polônia. Simone, por sua vez, contou a Bianca sobre sua ligação com Zaza; como lutara contra os preconceitos de seu meio para conquistar o direito de avançar nos estudos; como conhecera Maheu, Nizan e Sartre. "O mais feio, o mais sujo, mas também o mais encantador e supremamente inteligente de todos era Sartre."[7] Bianca percebeu na hora que ele era *l'amour de sa vie*.

Simone explicou a base de seu relacionamento: nada de casamento, e certamente nada de filhos — eles exigem demais. Os dois eram livres para viver as próprias vidas e ter suas próprias aventuras sexuais; o único compromisso era contar tudo um ao outro. Liberdade absoluta e franqueza completa. "*Programme ambitieux!*", concluiu Bianca. Na época, Beauvoir mantinha a teoria "oficial" do pacto, ocultando quaisquer sinais de ciúme ou ansiedade. Beauvoir falou sobre Olga; "ela tinha enorme atração por Olga", recordou Bianca, sentindo também o medo de Beauvoir de perder Sartre. Oito ou nove anos após o pacto, ela mal dormia com ele: "*Elle était frustrée*".[8] "Sartre era um amante muito ruim. Não tinha muito prazer em fazer amor [...]. Ele não queria seu corpo, não era natural, só queria conquistar mulheres."

A ligação apaixonada de Bianca com sua professora, que agora ela chamava de Simone, ficava mais forte a cada dia. Depois de ter tirado seu *bachot*, Simone propôs comemorar no feriado com uma caminhada pelo Morvan. Juntas, percorreram o interior montanhoso, cobrindo 20km por dia, de mochilas nas costas. Um dia, chegaram exaustas a uma pousada no final da tarde e pediram um quarto. A dona lhes mostrou um quarto pouco mobiliado com uma cama de casal; quando perguntaram sobre o banheiro, ela apontou o jardim. Após uma omelete e um pedaço de pão, a dupla foi dormir. Até então, o relacionamento permanecera próximo, mas não físico. Nessa noite, isso mudou. "Ela sentiu um pouco de vergonha, no início",[9] lembrou Bianca. "Não tirou a roupa completamente. Já eu não me preocupei. Ela [...] perdeu a vergonha, depois." Cinco dias mais tarde chegaram a um confortável hotel em Vézelay, e puderam se arrumar com apuro. Simone cumprimentou Bianca em seu *tailleur de toile de lin rose*. No ônibus de volta a Paris, foram de mãos dadas, o que pareceu deixar os passageiros chocados.

A sedução estava no ar, nesse verão. Em 14 de julho, Simone de Beauvoir tomou o trem de Paris para Bourg Saint-Maurice, a fim de se encontrar com Jacques-Laurent Bost, com quem passaria dez dias de férias nos Alpes. "Encontrei Bost já bastante queimado e muito bonito em seu pulôver amarelo",[10] escreveu para Sartre no dia seguinte.

Sua carta cruzou com a de Sartre, trazendo o relato jactancioso de seu triunfo sexual com Colette Gibert, aluna dramática no Théâtre de l'Atelier, de Dullin. Sartre, a essa altura, não tivera mais sorte com Wanda do que tivera com a irmã: a despeito de esperançosamente ter enfiado notas de 50 francos sob a porta das duas, "*la toute petite*" permanecia amuada e distante. Seus nervos estavam em frangalhos, queixou-se Sartre, sua paixão se transformara em gelo desde o "caso Olga", mas Colette de repente agitou seu sangue reptiliano. Talvez o fato de que o antigo rival filosófico, Maurice Merleau-Ponty, amigo de Beauvoir desde os dias da Sorbonne, estivesse apaixonado por ela tenha agido como um estímulo; e sem dúvida agiu o fato de Simone ter desaparecido nas montanhas com o namorado de Olga.

"Beijei aquela garota fogosa, que chupou minha língua com a força de um aspirador de pó (ainda está doendo)",[11] escreveu Sartre para Beauvoir em 14 de julho. A tia de Colette, bem como o próprio Merleau-Ponty, advertira a garota contra Sartre, dizendo que ele vivia com Simone de Beauvoir em regime marital, de modo que ela estava nervosa quando foi ao encontro de Sartre para tomar uma bebida no Les Deux Magots. Ele, contudo, fumando seus cigarros Boyard favoritos, e vestindo o pulôver preto de gola rulê, ou sua camisa branca — aparentemente tinha apenas duas roupas —, estava animado com a reputação de Colette Gibert: "Não perca tempo com a *agrégation*, seus dotes estão mais na cama", insinuara para ela Jean Wahl, mais um filósofo atraído pela aluna de teatro morena e exótica.

Sartre e Gibert seguiram para o Dôme, onde ele segura sua mão. "Sinto uma queda por você", diz. "Você atiçou meu lado rude, o que é raro, já que em geral sou mais para indiferente [...]. Tenho três dias disponíveis — vamos aproveitar ao máximo." Essa abordagem bruta funciona melhor que as juras de amor de Merleau-Ponty, e Sartre vai para a cama às 5h, na manhã seguinte.

Sexta-feira: "*Catastrophe!*". O Merloponte, como Sartre o apelidou, exige um encontro, deixando claro que considera seu rival um canalha. Segue-se uma dolorosa conversa com Colette, em que Sartre diz que está apaixonado, mas que não existe lugar para ela em sua vida. No sábado, ele a leva ao Falstaff, e depois de volta para seu quarto.

A não ser por dormir com ela, fiz *de tudo* [...]. Foi a primeira vez que me deitei com uma brunete, de *cabelos pretos* de verdade, provençal como o diabo, cheia de odores e curiosamente peluda, com [...] um corpo muito branco, muito mais branco que o meu. Tem nádegas como duas lágrimas [...]. Pernas muito bonitas, barriga musculosa e absolutamente lisa, nem sombra de peito, e, acima de tudo, um corpo agradável e flexível. Uma língua como um *mirliton*, que se desdobra sem cessar e alcança até suas amígdalas [...]. Por tudo isso, estou feliz como um assistente de agente funerário.

A música das orquestras ao ar livre na avenue du Maine cria uma ligação entre os dois que é mais poderosa do que qualquer conversa amorosa, diz Sartre. "Quero dizer uma ligação auditiva [...]. Estão tocando 'Some of These Days' debaixo de minha janela."

Colette pede para dormir em seu braços. "Tenho ciúme de Simone de Beauvoir", diz ela. "Sempre quis estar com um homem do jeito que você é com Simone de Beauvoir."

As duas "noites belas e trágicas" passam num piscar de olhos. Sartre quase não dormiu. "Mal estou me aguentando", escreve para Beauvoir, quando põe Colette dentro de um trem. A garota passou a amá-lo apaixonadamente: "Ela queria me dar sua virgindade. Não tenho certeza se a tirei ou não [...]".[12] Em todo caso, diz Sartre, voltando a sua opinião normal do intercurso sexual, "parecia uma tarefa profundamente difícil e desagradável".

Beauvoir recebe a descrição de Sartre sobre essas noites apaixonadas com Gibert com aparente tranquilidade. Ela mesma estava muito ocupada, assegura a ele em 22 de julho: "Foi muito amável de sua parte me contar a história toda com tantos detalhes, meu amor".[13] Sartre se mantém fiel ao pacto de relatar os detalhes íntimos, coisa que com o tempo Beauvoir achará cada vez mais dolorosa.

A sós nas montanhas, Beauvoir e Jacques Bost dividiram um mesmo saco de dormir após um acidente em que, escorregando em uma pedra, ela cortou a mão. O ferimento é profundo, o sangue vaza para todo lado, e seu solícito companheiro insiste em levá-la ao médico, que faz uma bandagem. Nessa noite, dormem em um "charmoso" celeiro, com vista para Chamonix. Em 27 de julho, Beauvoir tem suas próprias notícias para dar, com vingativa *nonchalance*: "Dormi com Petit Bost três dias atrás. Fui eu quem propus, é claro. Nós dois estávamos querendo muito".[14]

Era um anoitecer chuvoso em Tignes quando se viram outra vez em um celeiro, de rostos quase colados. Beauvoir ri suavemente. "Por que você está rindo?", pergunta Bost. "Estava tentando imaginar sua cara se eu fizesse uma proposta indecorosa para você." Ele confessa que quis beijá-la, mas que não teve coragem. Quando finalmente o faz, Beauvoir lhe diz que sempre se sentiu atraída por ele, e Bost, por sua vez, diz que está apaixonado há muito tempo. "Passamos dias idílicos, e noites de paixão", escreve Beauvoir. "Até logo, meu pequeno... Sua Castor."

Era melhor do que uma retaliação, pois Sartre já estava perturbado com a sensualidade de Colette, para perplexidade de Merleau-Ponty. "Por que cargas-d'água não dorme com ela?",[15] perguntou: ela estava mais do que pronta. De modo franco, os dois filósofos discutiram o relacionamento de Sartre com Beauvoir: "Eu lhe disse que era para sempre, e em um nível em que não deveríamos nos preocupar com nossas pequenas febres de primavera". Quando Sartre saía para encontrar Colette outra vez, ele murmurou, como alguém encarregado de uma tarefa difícil, "Vou fazer o melhor que posso... Vou comer a Gibert — se for preciso".

Na verdade, Sartre pensava mais na iminente visita ao Marrocos com Beauvoir do que na impetuosa virgem provençal. "Amo você, minha pequena e boa Castor", escreveu ternamente. Mas Beauvoir embarcara em um relacionamento que se mostraria mais profundo e mais duradouro do que uma mera febre de primavera.

18

À sombra da guerra

Eu não queria admitir que a guerra era iminente, ou sequer possível.[1]

Simone de Beauvoir, *O auge da vida*

"EU ESTAVA EMBRIAGADA DE ALEGRIA",[2] escreveu Simone de Beauvoir para Jacques Bost depois que partiram, imaginando o amante, mochila nas costas, marchando pela trilha debaixo do mesmo céu azul que brilhou sobre ela naquele verão. Ela sentia vertigens de felicidade, recordando como se acomodara em seus braços, sussurrando doces nulidades para ele enquanto dormia a seu lado. Tudo que eu queria no começo era que você me deixasse amá-lo, disse ela; cinco dias depois, ele a deixara com uma "vida totalmente transfigurada. *Je me sens heureuse d'une violence folle.* Eu beijo suas bochechas, suas lindas pálpebras, seus lábios rachados. Eu te amo".

No Bost de 21 anos de idade, Simone encontrara alguém que conseguia aceitar a paixão que tinha a oferecer e responder plenamente a ela. Alguém que se regozijava na vida do corpo, como ela, sem reservas ou inibições: "Sinto que ainda estamos fundidos em um só", escreveu. Era uma revelação, após os anos com Sartre, para quem o corpo era uma prisão carnal da qual, como santo Agostinho, ele procurava se libertar. Simone não teve pudores em seduzir Bost, assim como não tivera ao se deitar com Guille, Olga ou Bianca, pois ela acreditava que os relacionamentos humanos têm de ser perpetuamente reinventados. Mas ousar amar um ao outro era difícil e perigoso: ambos tinham outras ligações, não negociáveis, Bost com Olga, e Beauvoir com Sartre.

Beauvoir sabia que Sartre merecia uma explicação, e a forneceu a ele no navio com destino ao Marrocos. Embarcando em Marselha em 31 de julho, ficou atônita de ver Sartre sendo tratado como celebridade. "Sartre! É o grande Sartre!",[3] exclamavam os funcionários, sob as ordens do diretor da companhia de navios a vapor, um antigo colega de classe de Sartre em La Rochelle, quando o novo *enfant terrible* das letras francesas mostrou seu passaporte. Foi um gostinho do que estava por vir. Sartre foi conduzido na mesma hora ao capitão. O casal foi instalado em uma vasta cabine externa com dois banheiros privativos e água corrente. "Vivemos como reis", escreveu Beauvoir para Bost, escolhendo o que comer em meio a dez pratos, nhoque, risoto, filé, pombos, e de sobremesa morango com sorvete. Era o oposto de sua última viagem empobrecida no *Cairo City* e ela se sentiu "quase imoral".

Sartre e ela discutiram a nova relação de Beauvoir à exaustão. Sartre disse que não estava surpreso, embora não esperasse, mas como diabos ela imaginava encontrar tempo para ver Bost? "Não sei, mas vou, e bastante", prometeu Beauvoir ao amante, aconchegada em seu beliche lendo o último conto de Sartre, o vapor singrando o oceano rumo a Tânger. Ela estava melancólica: seu lugar ao lado de Bost na barraca estava vazio, ele sentava sozinho diante de suas fatias de embutidos. Haveria uma carta à espera dela em Casablanca? Ela escutava a ternura em sua voz, ouvia-o dizer, "Pobre putinha", com aquele engraçado olhar enviesado...

Bost compreendera seu apuro: ligada a Sartre, seu gêmeo intelectual, mas não realizada como mulher. Sua simpatia por ela liberara uma torrente de emoção, que a ligou a ele tão fortemente quanto a paixão física. Nas cartas diárias que seguiram Bost de Marrocos, de Mazagan, Fez e Meknes, um tema domina: a natureza radical de seu amor, que mudaria suas vidas. Em 3 de agosto, pela primeira vez, ela se dirige a ele como "*tu*", algo que nunca fizera com Sartre: *Je t'aime avec violence. Je pense que personne ne peut savoir, pas même toi, comme l'amour que j'ai pour toi, l'amour que tu m'as donné, ont transfiguré ma vie.*[4] *Tutoyer* Sartre era impensável: Castor conservava hábitos burgueses arraigados, rejeitando a intimidade do "*tu*", mas aquele "*vous*" vestigial era indício de que nunca sentira por ele o mesmo desejo que agora sentia por Jacques Bost. E a própria racionalidade fria de Sartre quanto à situação se expressava em uma conversa que ele teve com Beauvoir em um restaurante árabe, banqueteando-se com *pastilla* — galeto recheado com pombo e patê de amêndoa —, seguido de tahine de grão-de-bico, frangos inteiros no óleo com azeitonas e limões cozidos e uma perna de cordeiro que comeram com as mãos.

O que será que Bost ia achar dessa *pastilla*, pergunta Sartre.

Castor: Ia dizer que não gostava, mas comeria assim mesmo.

Sartre: Eu gosto de verdade do Petit Bost.

Castor: E eu também.[5]

Aparentemente, Beauvoir nada tinha a temer de Sartre, que se atém àquela parte do pacto proibindo ciúme. Talvez ele já saiba que nada demoverá Beauvoir, tão determinada em sua rota quanto um cometa; ela estivera enviando suas cartas "para o nada", mas, em 6 de agosto, pela primeira vez, a outra voz rompe o silêncio. Bost, também, quer Castor a seu lado na barraca. Ele também está loucamente apaixonado. Fica acordado pensando nos últimos cinco dias que tiveram juntos. Quer dar um beijo no vinco preocupado de sua fronte, depois outro beijo e mais outro, até que desapareça. Está perdido de amor, subjugado pela felicidade.

Mas se a reação de Sartre foi morna, não fazendo nenhuma objeção real a incestuosamente incorporar ainda mais à "família" o Petit Bost, já tratado como um filho substituto e acostumado a acompanhar seus "pais" nas férias, tanto Castor como Bost sabiam que a reação de Olga Kosackiewicz seria diferente, caso viesse a descobrir a verdade. Kos, a cossaca, como Castor sempre se referia a ela em suas cartas para Bost, jamais devia descobrir. Para impedir que sofresse, Castor e Bost tinham de viver seu amor clandestinamente. Era um alto preço a pagar. Viam-se obrigados a mentir e enganar: com o coração pesado, guardaram seu segredo. *"Des remords, pas de regrets"*[6] — remorso sim, arrependimento não — se tornou o seu lema, e sua opção moral.

Essa vida de falsidade rompeu com as próprias regras de Sartre e Beauvoir sobre franqueza e autenticidade. Ironicamente, no momento em que "Intimidade", o conto de Sartre sobre uma esposa ficcional, Lulu, que vive em má-fé entre o marido e o amante, era publicado, chamando a atenção para um princípio fundamental do existencialismo, a própria Beauvoir era atormentada pela angústia do "ciúme primitivo" e caía na armadilha da *mauvaise foi*.

Outra consequência da natureza secreta do romance foi a injustiça sofrida pelo próprio Bost, cujo real lugar na vida de Beauvoir permaneceu negligenciado em suas memórias. Ela adverte os leitores de *O auge da vida* que "há inúmeras coisas que pretendo firmemente manter na obscuridade".[7] "Não resta dúvida", escreve Sylvie Le Bon, editora das cartas entre Beauvoir e seu amante secreto, "de que seu silêncio sobre a ligação com Bost é a omissão mais substancial. Quantos passeios a pé, que ela alega ter feito sozinha, não foram na verdade feitos na companhia dele, como a viagem à Córsega, em julho de 1937?" Beauvoir dedicou sua maior obra, *O segundo sexo*, a Bost, um sinal significativo da importância dele em sua vida. Bost estava intimamente presente, de 1938 a 1986, discreto, afetuosamente atencioso, infalivelmente solícito, demonstrando solidariedade nas horas mais sombrias, totalmente honesto. "Ele tinha horror a ficar se exibindo, ao contrário dos outros", escreve Le Bon. "Está mais do que na hora de lhe fazer justiça."[8]

Assim como a injustiça feita contra Bost, ao apagá-lo de sua vida, Beauvoir também cometeu uma injustiça contra si mesma. Seu relato parcial no *Auge da vida*, e suas subsequentes memórias, levaram inúmeros leitores a concluir que ela foi vítima de Sartre: "Uma pobre sacrificada!" Na verdade, enquanto Sartre fazia seu jogo com as mulheres dele, Beauvoir se consolava com o belo filho do pastor, cujo "sorriso fascinante e aparência principesca" haviam a tocado intimamente já em 1935.

Pedalando pela Provença, Bost recebeu uma carta de Beauvoir datada de 25 de agosto de 1938. As notícias eram alarmantes. Madame Bienenfeld havia lido uma das cartas "apaixonadas" de Beauvoir para sua filha, Bianca, e ficou fora de si. Acusou Beauvoir de ser *"une vieille dame de moeurs speciales"*[9] — uma velha dama com gostos especiais. A fúria ia passar, escreveu com esperanças Beauvoir: ela tinha outros problemas. Como sempre, ela e Sartre estavam ficando sem dinheiro. Restavam-lhes apenas 150 francos e viram-se obrigados a passar sem jantar enquanto aguardavam uma nova remessa de *le fric* de Mme Mancy. Depois de visitar as ruínas romanas em Volubilis, Sartre aceitou um convite para fumar *kif* pela primeira vez e estava se sentindo incrivelmente animado, a despeito do fato de terem agora apenas 11 sous. Houvera dificuldades quando Sartre estivera no comando, e perderam-se na labiríntica almedina atrás do *souq*, em Fez; Beauvoir ficou com medo de que o guia quisesse roubá-los: "Mas agora pus ordem na casa, com mão firme".[10] Enquanto Sartre permanecia de cama, sentindo-se mal do fígado, à espera de que a mãe lhe enviasse uma ordem de pagamento de 100 francos, Castor se ocupava de organizar uma caminhada pelos montes Atlas, equipada com mapas, guias e provisões. Corajosamente, Sartre a seguiu pelas trilhas solitárias, passando a noite em choupanas rústicas sob os povoados berberes, até que o casal tomou o ônibus numa longa viagem para o sul. Eram os únicos europeus além do motorista e a doença e a pobreza da região os deixou assustados. Em Ouarzazate, viram o gerente do hotel distribuindo arroz cozido entre as figuras minúsculas e espectrais de crianças cegas, a visão destruída pelo tracoma. Muitas morriam de febre tifoide, outras estavam deformadas: tiramos um grande peso do coração, escreveu Beauvoir, quando partimos desse "inferno meridional".[11] Mas, pela primeira vez, haviam deixado a pele do turista.

Regressaram em setembro para a crise de Munique. Castor, caçoava Sartre, lia apenas as páginas de moda dos jornais, e continuava a se fechar como uma ostra para a política. "Eu me recusava a admitir que a guerra fosse possível, quanto mais iminente",[12] recordou em 1960. Mas era difícil ignorar o martírio da Espanha, onde a neutralidade francesa e britânica tornaram a derrota inevitável no verão de 1938. Imagens de violência, estupro, tortura e sadomasoquismo haviam dominado a exposição surrealista em janeiro, e o *Guernica* de Picasso forçou os parisienses a encarar o desespero espanhol. "*Salauds de Français!*", franceses filhos da puta, rosnava Fernando quando voltou de licença a Paris no fim de agosto, ao que parecia incluindo os velhos amigos em seu ataque.

Em 13 de setembro, Castor continuava em Marselha aguardando a chegada de Kos. Prometendo enviar um telegrama se a situação deteriorasse, Sartre partiu para Paris quando Chamberlain viajou para Berchtesgaden a fim de se encontrar com Hitler. "Talvez seja o momento, querida Castor, de transmitir alguma informação sobre a atual situação",[13] escreveu Sartre, que culpava o primeiro-ministro francês, Édouard Deladier, pela política de panos quentes que entregou a Sudetenland nas mãos de Hitler.

> Quem está deixando de agir é o lado francês. É pela solicitação de Deladier que Chamberlain parte para Berchtesgaden, e a partir desse momento sem dúvida Deladier ficou predisposto a qualquer concessão [...]. Os democratas perderam toda esperança de fazer Hitler se retirar. É uma verdadeira vitória do fascismo [...] o conflito está sem dúvida protelado por vários anos. Eis aí, minha querida Castor, o cenário.

"Boubou" (Fernando) partia para a Espanha, desesperado com o recuo das grandes potências: "Nós nos separamos verdadeiramente emocionados".

Beauvoir mal absorveu a explicação de Sartre quanto aos acontecimentos presentes. Seu primeiro pensamento foi sobre Bost, iniciando os dois anos de alistamento no exército francês. Como soldado de infantaria de segunda classe, sua vida corria perigo, na eventualidade da guerra. "Ai, meu amado, é horrível pensar que a guerra seja possível, que vamos nos separar após um tempo tão curto juntos — sou atormentada pelo remorso de todo o tempo perdido",[14] escreveu em 21 de setembro. No dia 26, o casal se encontrou em Paris. "Bost estava convencido de que em breve ia para o front, e achava muito provável que fosse perder a vida ali",[15] recordou Beauvoir em *O auge da vida*. Mas em 30 de setembro, após a assinatura do Pacto de Munique, Deladier e Chamberlain regressaram a suas respectivas capitais, proclamando a "paz com honra". Uma mobilização geral foi evitada — por ora. Beauvoir usufruiu de um parco mês com o jovem namorado antes que ele se reunisse a sua unidade em Amiens, em 3 de novembro.

"Tenho apenas uma lembrança nebulosa desse ano inteiro. Tampouco sou capaz de recordar qualquer coisa de notável interesse em minha vida privada",[16] escreveu Beauvoir, faltando com a verdade, em suas memórias, embora admitisse que se sentia deprimida. Quase mil páginas de cartas entre os dois amantes dão um testemunho de seu tormento com a ausência de Bost. Após um derradeiro adeus na avenue du Maine, quando, sufocada pelas lágrimas, ela observou sua figura partindo e dando um último sorriso de ternura antes de desaparecer — coube à Kos o privilégio de acompanhá-lo até a estação —, foi para Bianca que Castor se voltou em busca de consolo. Bianca era bonita demais para que lhe fosse permitido conhecer Bost: "Eu o via, mas não fui apresentada",[17] recorda Bianca. "Simone mantinha seus outros amigos separados de mim." Mas, a garganta apertada, "inteiramente paralisada", Beauvoir encontrou conforto após duas horas conversando com "*Bienenfeld* […] *bien sympathique comme toujours*".

Estudando filosofia na Sorbonne, onde conheceu três dos antigos alunos de Sartre, Jean Kanapa, Raoul Lévy e seu futuro marido, Bernard Lamblin, Bianca, "volúvel, coquete, brilhante",[18] era capaz de oferecer a Beauvoir uma relação intelectual que ela nunca encontrara com Olga. Tanto Kanapa como Lévy sentiam-se atraídos pela aluna ruiva e cheia de vida, mas eram rejeitados devido ao caso dela com a antiga professora. Apenas três dias após a partida de Bost, depois de ensiná-la "*un peu de phénoménologie*",[19] Beauvoir levou Bianca a seu quarto para "uma troca apaixonada de beijos". Como com Olga, "*un peu de philo*", um pouquinho de filosofia, era a entrada; o prato principal era servido na cama.

Em 21 de novembro, Beauvoir corria mais uma vez para os braços de Bianca para uma "conversa filosófica […] misturada a abraços apaixonados". Bianca abrira seu coração em uma carta longa expressando seu afeto por Beauvoir. "Eu a amava muito", escreveu Beauvoir. A admiração de Bianca a confortava, não só devido à ausência de Bost, mas também pelo interesse crescente de Sartre em relação a Wanda. Em julho, ele finalmente tirara a virgindade de Colette Gibert, e dava continuidade ao romance inconsequente com ela. Embora Wanda supostamente dispusesse das "faculdades mentais de uma libélula",[20] tinha inteligência suficiente para manter Sartre em sua órbita. "Banquei a prostituta e me dirigi a ela carinhosamente",[21] ele contou a

Beauvoir, mas Wanda só lhe permitiria um selinho na boca. Sua desculpa foi que não era uma pessoa sensual. Quando Sartre a obrigou a se deitar de costas na cama e a beijou, ela correu até o banheiro para vomitar, comportamento que ele atribuiu a ter misturado bebidas, rum branco e xerez. Ela o deixava hipnotizado, em seu "paletozinho angelical", sua penugem, até que não pôde mais aguentar. Encontrando-a no Dôme algumas horas depois, "Eu a prendi num canto, largando o jogo de repente e declarando que não haveria mais nada entre nós a menos que se mostrasse mais carinhosa comigo".[22] Wanda prometeu pensar a respeito. Foram para outro café no Palais-Royal, onde ela explicou recatadamente que extraía um prazer físico completo meramente do contato e de uns poucos beijos.

A aparência de Sartre sem dúvida era um empecilho — Wanda em pouco tempo passou a se queixar que provocava espinhas em sua pele, como ele próprio tinha tantas —, mas sua riqueza e prestígio crescentes estavam se mostrando um atrativo maior. No mesmo mês, julho de 1938, Jean Paulhan o contratara como colunista da *NRF* por 350 a 400 francos por mês, e Gallimard propusera *A náusea* para concorrer ao Prêmio Goncourt. Em setembro, grandes críticos haviam captado "o cheiro de uma obra-prima".[23] Editores tinham "cavalos", prêmios eram "páreos", e seu romance estava entre os favoritos, Sartre escreveu com orgulho para a ainda não publicada Castor. Nesse outono, sua confiança subiu às alturas. Ele refutou vigorosamente as críticas de Paulhan à "Infância de um líder". *A náusea* definia a existência.[24] Os cinco contos descrevem cinco possíveis fugas dela, e o fracasso de cada uma. Em seu novo romance, *A idade da razão*, ele fornecerá a possibilidade da vida moral no âmago da existência e sem nenhuma saída. Cansado do "monte de lixo" vindo dos leitores, cartas acusando-o de ser um pornógrafo mórbido — revistas de sacanagem chegavam até a publicar excertos de "Intimidade" com chamadas como "Do autor de *A náusea*" —, ele vai lhes mostrar que é precisamente o contrário.

O abismo profissional entre Sartre e Beauvoir estava aumentando. No Dôme, leram os primeiros capítulos um do outro, e julgaram-nos "bem-escritos", confidenciou Beauvoir para Bost em 8 de novembro. Ela continuou a trabalhar sofregamente no segundo capítulo de *A convidada*, ajeitando-se em uma mesinha nos fundos do café, mas quando Sartre leu o manuscrito, estendeu-o de volta como imprestável. "Ele leu meu segundo capítulo, tenho de começar outra vez desde o começo",[25] escreveu, acrescentando corajosamente, "Vai ficar bom". Beauvoir precisava de toda fé em si mesma. Quando enviou a Brice Parain as primeiras cem páginas do romance, datilografadas por Poupette, sobre os primeiros anos de "Françoise", seu alter ego, ele também devolveu, observando rudemente que aquilo não chegava nem mesmo à altura de seus contos já rejeitados. Sartre concordava. Beauvoir decidiu se livrar do passado de sua heroína: começaria pelo trio, e progrediria até o assassinato de Xavière. Sartre ainda achava a trama carente de profundidade, e fez uma sugestão. Para provar seu amor por Pierre/Sartre, Françoise deveria abrir mão de alguma coisa. O que poderia convencer o leitor? matutou a aprendiz de escritora. A resposta surgiu num piscar de olhos: Bost, chamado de Gerbert no romance. Tentada por seu charme e juventude, a heroína no início ia renunciar a eles. Somente mais tarde, após ganhar o amor de Xavière, ela cairia em seus braços, e teria sua vingança.[26] Escrevendo a cena em que seu eu ficcional vira-se para a válvula de gás ao lado de uma Xavière adormecida, Beauvoir tinha a "garganta apertada como se carregasse o fardo de um assassinato verdadeiro em meus ombros".[27]

O conselho de Sartre funcionou, trazendo o texto de Beauvoir à vida, finalmente, mas isso indica que se incomodava mais do que admitia com o relacionamento entre ela e Bost. Não era apenas na ficção que "Françoise" suspirava pelos olhos verdes de Bost, um cacho de seus cabelos, o cheiro de suas bochechas, derramando lágrimas de "pura alegria" com a perspectiva de vê-lo outra vez na estação Saint-Lazare. "Passe a maior parte do tempo possível comigo",[28] implorou ela, quando sua primeira licença se aproximava. "Não pode dizer a Kos que vai chegar mais tarde do que na realidade? Quero encontrá-lo na estação e passar os primeiros momentos com você."

Ver Bost foi um choque. Beauvoir escreveu sobre um de seus encontros no Café Rey, na avenue du Maine:

> Françoise afastou o reposteiro da porta. Gerbert estava sentado perto da pianola, com um copo de *marc* a sua frente. Seu casquete estava em cima da mesa. Tinha o cabelo curto e parecia ridiculamente jovem em seu uniforme cáqui.
>
> […] Ela segurou sua mão e seus dedos se entrelaçaram.

Bost, que sonhava em se tornar jornalista após se formar na Sorbonne, odiava o *ennui* da vida militar. Enfurnado no quartel com camponeses da Normandia e da Picardia, "idiotas congênitos" que matavam o tempo jogando seus *sabots* uns nos outros, forçado a bater continência e exercitar manobras, cometera o erro logo no primeiro dia de permitir que os suboficiais vissem que era capaz de desmontar uma arma mais rápido que os outros recrutas, e imediatamente se viu encarregado de três homens. Quatro dias depois o tenente no comando da companhia convocou Bost a sua presença e lhe perguntou se gostaria de se tornar um oficial. "Recusei educadamente." O oficial explodiu furioso: como membro da elite, Bost tinha o dever de "servir", ou seja, de comandar os caipiras. Insolentemente, o jovem recruta respondeu que, na sua opinião, galões eram uma barreira entre oficial e vítima. Empalidecendo de raiva, o tenente informou Bost de que, gostasse ou não, seria feito anspeçada. Bost se recusou: já chegara à conclusão de que os líderes militares eram "totalmente incapazes" e que reinava o "caos inominável". Quanto aos oficiais, altos, magros e elegantes em seus belos uniformes, fumando, jogando cartas e fazendo a manicure, "Eu os odeio com um ódio violento. São um monte de merda". As opiniões anarquistas que Bost adquirira sob as asas de Sartre e Beauvoir o poriam em rota de colisão com as autoridades.

A leitura das cartas de Bost fez Beauvoir mergulhar em "negro desespero". Ela se identificou na mesma hora com sua rebeldia juvenil. Em 24 de novembro, ela e Sartre tiveram uma discussão violenta, provavelmente por causa de Bost. "Fui para o banheiro e chorei um pouco."[29] No táxi, desabou completamente, censurando Sartre por ser livre para escrever. Sartre lhe disse que era "odiosa", conforme soluçava e ria histericamente por duas horas, para acordar na manhã seguinte com uma dor de cabeça cegante. Dois dias depois, continuava "delirando" de melancolia, "no fundo de um abismo", e um Sartre exasperado lhe disse que não a amava mais. "Faça um esforço para me encontrar [...]. Eu o amo apaixonadamente", suplicou a Bost. Mas Bost também queria ver Kos, que chamara a atenção de Dullin e ganhara um pequeno papel em uma peça, embora se sentisse constrangido de dizê-lo. "Você me deixa assustado",[30] disse o jovem soldado a sua amante implacável, que começara a tagarelar raivosamente quando Kos lhe mostrou uma foto de Bost de uniforme.

O ciúme estava no ar, e em dezembro Marc Zuorro contou a fofoca mais recente a Castor: Bost fora visto no café Alma com uma mulher mais velha. De licença, o jovem soldado correspondia ao ardor de Beauvoir. "Adorei seu corte novo", disse Zuorro dois meses depois, olhando meio desconfiado para a mulher exultante e quase irreconhecível na frente dele, que acabara de tornar Bost "feliz como um rei", em sua licença de domingo. Parecia que o segredo de Beauvoir estava prestes a vir à tona.

Nesse ponto, o relacionamento entre Bianca e Beauvoir tomou novo rumo. Bianca pediu a Castor que a ajudasse a estudar *A psicologia da imaginação* de Sartre. Castor hesitou um pouco e respondeu, "Por que não pede a ele mesmo?

Ele está escrevendo no Café Mousquetaires, na avenue du Maine, bem perto daqui". Ao chegar ao café, Bianca avistou um homem sentado na janela da frente, debruçado no trabalho. Ele a cumprimentou calorosamente. Estava usando "uma espécie de camiseta azul desbotada, de limpeza duvidosa. Em seu rosto desagradável havia uma constelação de cravos",[31] mas ele respondeu suas perguntas afavelmente.

No Natal, Bianca foi esquiar perto de Megève, onde Sartre e Beauvoir, registrados como "M e Mme Sartre", também estavam hospedados, no Hôtel les Primevères. Descendo de esqui de seu albergue da juventude na metade do Mont d'Arbois, Bianca foi ao encontro de Sartre e Beauvoir. Em 26 de dezembro, Sartre se encontrou com as duas para jantar. Nessa noite, Bianca se enrolou em um edredom e dormiu no banheiro do quarto de Sartre e Beauvoir. Na noite seguinte, Sartre discorreu sobre Spinoza para Bianca, que depois deitou na cama e ficou fazendo livres associações. Sartre, que apreciava o papel de psicanalista, prestou muita atenção. Mais uma vez, Bianca dormiu no banheiro, e foi às aulas de esqui pela manhã junto com o casal.

Bianca tinha apenas 17 anos, Sartre, 33, mas desse momento em diante ele a cortejou assiduamente. Era um inverno frio e o *prof de philo* usava um casaco bege imitando pelo: ela o chamava de "urso" e ele a chamava de "*bee*", uma brincadeira com Bienenfeld. Bianca se sentia lisonjeada, embora "Eu não estivesse tão fortemente atraída por ele quanto por Simone de Beauvoir. Sartre era feio demais, com seu olhar caolho. Ele era pequeno mas tinha uma barriga grande".[32] Mesmo assim, após algumas semanas ela concordou em consumar a relação. Isso se mostrou uma experiência que jamais esqueceria: quando se aproximavam do Hôtel Mistral, Sartre comentou cheio de si: "A camareira do hotel vai ficar muito surpresa, porque ontem eu já tirei a virgindade de uma garota".

Lá dentro, Sartre tirou a roupa e lavou os pés sujos em uma bacia. Timidamente, Bianca pediu que as cortinas fossem deixadas fechadas, mas seu companheiro se recusou, dizendo que o que iam fazer deveria ser feito em plena luz do dia. Quando ela enfim ficou diante dele, envergonhada, nua, mas ainda usando o colar de pérolas, ele riu do ornamento "burguês". O homem cortês e generoso que ela conhecia havia desaparecido: "Era como se quisesse brutalizar alguma coisa em mim (mas também nele mesmo) e fosse governado por um impulso destrutivo".[33] "Ele queria brutalizar a feiura que havia em si próprio. Não tinha nenhuma sensualidade. Era por causa de sua feiura que tinha aquela necessidade de mulheres, uma necessidade de provar alguma coisa. Ele vivia em sua cabeça, não em seu corpo."[34] Esse Sartre frio e sádico se comportava como se fosse "um médico, preparando-se para uma cirurgia, e tudo que eu tinha a fazer era me deixar usar". Quando sua primeira tentativa de tirar a virgindade de Bianca fracassou — ele conseguiu fazê-lo alguns dias depois —, ela se viu sujeitada a uma aula expositiva sobre a anatomia do ato amoroso.

Vendo em retrospecto, Bianca acreditava que Beauvoir tivera o papel de pivô em armar esse seu encontro inicial com Sartre para satisfazer a necessidade dele de conquistas românticas. Em novembro, Sartre finalmente rompera com Colette Gibert, e Beauvoir talvez tenha considerado Bianca uma substituta útil, que poderia controlar mais facilmente do que Wanda. "Hoje acho que ela não só aceitava a atração de Sartre por mulheres bem mais jovens, como também lhe apresentou algumas", escreveu Bianca. "Acho que ele já estava começando a se distanciar dela, pelo menos sexualmente, e que ela desse modo estava firmando outros laços, vicários, com ele." Beauvoir estava aperfeiçoando seu método: ela dobrava suas alunas com a sedução lésbica antes de alcovitá-las para Sartre. Bianca chegou até a questionar se os envolvimentos lésbicos de Beauvoir não seriam uma farsa com um propósito, e não o produto de uma atração genuína. "Ela gostava de novas aventuras. O homossexualismo era parte de sua rebeldia burguesa." Sem dúvida as cartas trocadas entre Beauvoir e Sartre, detalhando os preparativos e a traição de seus protegidos, demonstravam que as palavras podiam ser tão excitantes quanto os atos e que a construção da cumplicidade mediante a colonização sexual dos pupilos assegurava a sobrevivência — com um toque novo e excitante — de seu pacto conjunto de liberdade sexual.

No âmago da intenção de Beauvoir estava sua necessidade de permanecer no controle. Nunca mais ela permitiria que uma outra Olga lhe roubasse Sartre. "Simone era a princesa",[35] recordou Bianca. "Sua irmã a obedecia como uma escrava [...]. Eu perdi minha cabeça querendo igualdade com ela. Cometi um ato de sacrilégio contra a rainha."

Sem ter consciência do terreno perigoso onde estava pisando, em 18 de janeiro Bianca mostrou a Beauvoir uma carta apaixonada que escrevera para Sartre, sugerindo "completa comunhão com esse novo trio".[36] As relações físicas haviam recomeçado entre Bianca e Beauvoir, para sua mútua satisfação, e a despeito das queixas de Bianca de que Sartre carecia de paixão, "ela o ama muito", escreveu Beauvoir. As cartas de amor de Sartre para sua "querida polaquinha" nesse verão eram cheias de promessas de um futuro comum: "*Nosso* futuro é *seu* futuro",[37] lhe assegurava ele. "Não há diferença — Castor vive em um mundo em que você está em toda parte e sempre presente [...]. Amo você apaixonadamente." Dias depois, ele voltou a escrever: "Quero ressaltar que Castor a ama tanto quanto você poderia desejar [...]. Sabe como vive dizendo que Simone é perfeita? Bom, esse é o momento de acreditar nisso e esperar."[38]

No início de julho Bianca fora operada de um cisto no ovário em uma clínica em Annecy, onde Sartre a visitou, para irritação da mãe de Bianca. Em agosto, ele escreveu para dizer como parecia atraente nas fotos, sobretudo "aquela grande em que você está nua. Quem tirou? Seu pai, claro". O pai de Bianca, preocupado com o peso que perdera, tirara uma foto dela nua, e Sartre queria uma cópia. O que ele não contou para Bianca foi que em julho, embora não pudesse resistir a fazer um relato minucioso para Castor, Wanda, enciumada com a nova rival, finalmente concordara em dormir com ele. Nem bem o ato fora consumado em um hotel em Aigues-Mortes, Sartre já corria para o café da esquina a fim de relatar sua conquista para Beauvoir. Foi uma carta cruel, na qual não só se demorou na descrição de como "fora muito bom"[39] dormir com Wanda, "que aconteceu de ser de manhã e à noite", entre as quais Wanda, nua debaixo do casaco, saiu para fazer compras no mercado, como também na emoção que partilharam: "Tudo é perfeito nesse amor, olhos nos olhos, de mãos dadas. Ela é realmente um encanto, comovente, até". Ele tivera de rasgar todas as cartas de Castor — "até aquelas que você queria que eu guardasse" — quando estava no mesmo quarto com Wanda e ela as encontrara enquanto ele dormia. Tampouco podia expressar seus sentimentos por Castor no papel, pois Wanda conseguia ler sua letra até de cabeça para baixo.

Sartre tivera sua vingança sobre Beauvoir pelo *affaire* com Bost. Estava apenas esfregando sal na ferida quando lhe assegurou que preferia a vida da mente ao "vazio da carne".[40] Beauvoir começou a temer que Wanda pudesse usurpar seu posto de *maîtresse en titre*, amante oficial, com todas as prerrogativas advindas da posição. Após a publicação de *Le Mur*, em fevereiro, saudado por Albert Camus no *Alger Républicain* como obra de "um grande escritor", cuja obscenidade atingia uma estatura comparável à "obscenidade de Shakespeare",[41] e do bombástico ataque de Sartre contra François Mauriac na *NRF* no mesmo mês, em que acusava um respeitado escritor católico vinte anos mais velho do que ele e um esteio da Académie Française de fracasso como romancista ("Deus não é um artista; tampouco M. Mauriac")[42], sua estrela ascendeu a alturas ainda mais vertiginosas. Ele foi amplamente aclamado como um representante crítico da esquerda, e também como o romancista do niilismo e da lucidez. "Levamos vidas completamente separadas",[43] queixou-se

Beauvoir miseravelmente em 17 de fevereiro, quando Sartre descreveu suas últimas fotos promocionais, em cores, parecendo "amável e simpático", para ver na lanterna mágica. Seus dias transcorriam entregando prêmios literários, comparecendo a salões literários. "Fomos embora daquela merda", escreveu Beauvoir furiosa após uma dessas noites, cansada de assistir ao companheiro famoso sentado em uma poltrona como um reizinho, graciosamente receber cumprimentos.

Competir tanto com a celebridade quanto com a poligamia era difícil. Beauvoir muitas vezes se viu tomando um chá de cadeira no Dôme ou no Café de Flore, à espera de Sartre. Ele ainda queria achar tempo para sua pequena Castor "frágil e obstinada".[44] Quando leu para ele o último capítulo "imenso" de seu romance, seu veredicto foi encorajador: "A trama funciona extremamente bem".[45] Brice Parain podia querer publicá-la. Beauvoir, que escrevera 120 páginas, fixou para si mesma o prazo de até julho de 1940. Esperando para encontrar Bost em Amiens, começara a ler Heidegger, e nessa primavera ela e Sartre trabalharam juntos nos textos do alemão. Mas em geral ela se sentia de fora, chegando a seus ouvidos notícias de jantares com Sylvia Beach e Adrienne Monnier aos quais não fora convidada.

Bost, por sua vez, tinha necessidade cada vez maior de seu amor. Punido por sua insolência, foi confinado ao quartel "como um rato em um buraco", enfermo, bêbado, "torturado" por não poder ver Beauvoir. Em março foi destacado para Ardennes. "Parte meu coração" que esteja tão infeliz, assegurou Beauvoir a seu *cher fantôme*. Poucos em Paris suspeitavam que tinha um amante secreto, pois muitas vezes ela fazia questão de se vestir como um *piège à loup*, uma "armadilha de lobo", o nome dado pela "família" a pessoas homossexuais. No *lycée* ela usava paletó e gravata, e era evitada pelas outras professoras, que a viam como uma influência perniciosa para as jovens mentes femininas, particularmente depois que outra jovem aluna russa, Nathalie Sorokine, se apaixonara perdidamente por ela. No Dôme, uma lésbica de cabelo à escovinha metida num impermeável tocou o braço de Beauvoir e perguntou se estava sozinha. Ruborizando-se, Beauvoir disse que estava esperando por Kos. "*Le Castor, c'est un homme*", declarou Wanda, assistindo a sua irmã dançar com Beauvoir no Bal Nègre, na rue Blomet, o Harlem de Paris, embora a própria Wanda não tivesse pudores em insinuar um triângulo entre ela mesma, Sartre e Marcel Mouloudji, um astro de cinema argelino de 16 anos que Olga conheceu no Atelier. Até Bost tinha suas dúvidas quando a namorada o regalava com histórias de suas tardes na cama com Bienenfeld, bebendo champanhe e se entregando a "abraços culpados".

Com Bianca, que podia se dar ao luxo de seguir a última moda, Beauvoir apresentava um rosto diferente, mais feminino, para o mundo, usando um chique chapeuzinho preto com véu, blusas pretas ou amarelas e salto alto. "Estou bonita como um áster na primavera", se gabava em um *rendezvous* de junho com Bianca, "*toute belle*", com sua massa de cabelos vermelhos caindo na testa como uma pintura de Toulouse-Lautrec, usando um vestidinho azul com um casaco violeta. Após o almoço suntuoso no La Coupole, acompanhado de uma garrafa de *champagne nature*, seguida de café gelado no Flore, a dupla voltava a pé para Mistral, subia as escadas, deixando para trás o quarto onde Sartre escrevia, e caía rindo na cama. Então se beijavam; Beauvoir havia muito perdera qualquer inibição quanto a se despir completamente.

Insegura quanto à própria posição que ocupava no espectro sexual, e ansiosa em tranquilizar Bost, Beauvoir escreveu em 4 de junho: "No fim, não acho que eu seja realmente *piège* [i.e., gay], porque sensualmente isso quase não me toca; mas é encantador, e adoro estar na cama à tarde enquanto o sol brilha lá fora".[46]

Como ela podia chamar o sexo gay de *encantador*? quis saber seu amante, furioso. "Acho isso assustadoramente obsceno."[47] Ela estava tratando Bienenfeld como um objeto, além de se comportar como uma megera em relação a Kos. Simone se desculpou; não usara a palavra em um sentido "libertino", mas só quisera dar a entender que a própria Bienenfeld era "encantadora".

> Tenho apenas *uma* vida sensual, e é com você, e para mim isso é algo infinitamente precioso, e solene e importante e apaixonado; eu não seria infiel a você [...] não quero outra vida, sou totalmente devotada a você [...]. Com Sartre também tenho relações físicas, mas com pouquíssima frequência, e mais para demonstrar afeição, não sei como explicar, mas não estou envolvida porque ele próprio não está envolvido.[48]

A consciência de Bost o atormentava, conforme lutava para amar duas mulheres. Ele pediu desculpas a Beauvoir: "Você não é *une mégère tracassière* [uma megera resmungona]. Mas por favor queime todas as minhas cartas", implorou a Beauvoir em 21 de agosto: *Je ne regrette rien*".[49] Contudo, ele se sentia "vil e falso", "profundamente culpado" em relação a Kos. Beauvoir, também, não se arrependia de nada, *rien de rien*, embora se sentisse tão ciumenta quanto culpada:

J'ai une espèce de remords sans regrets [sinto uma espécie de remorso sem arrependimento] que ontem à noite quase enveredou para a angústia e me provocou pesadelos sem fim — mas, graças aos céus, tanto por minha moralidade como pelo repouso de minha alma, não mais sinto esses impulsos vagos de ciúme que às vezes sentia [...] eu o amo no amor que você tem por ela [...]. Que para mim é a única atitude correta. Amo você — com um amor exigente, ganancioso, certamente, mas também um amor desinteressado.[50]

A despeito de seus protestos mútuos de remorso, contudo, os amantes mentiram despudoradamente para Kos a fim de passar umas férias de verão juntos em Marselha. Nos últimos dias de paz, aferravam-se à felicidade. "Vi florzinhas azuis na montanha e meu coração transbordou",[51] escreveu Beauvoir, lembrando das gencianas que Bost apanhara para ela nos Alpes. "Você lembra?"

"Não perca a coragem",[52] escreveu Sartre, ainda cheio de otimismo, em 31 de agosto de 1939, da mansão de Mme Morel em Juan-les-Pins, para Bianca, ainda sozinha em Annecy. "É impossível que Hitler esteja pensando em começar uma guerra, haja vista o estado psicológico da população alemã. É um blefe." A cabeça de Sartre estava nas aulas de nado que vinha dando para Castor, toda noite, às 7h, quando a segurava pelo queixo e lhe prodigalizava conselhos, ela lutando para flutuar na água morna. Havia sete pessoas no grupo da casa, e Zuorro flertava com os garçons nos restaurantes de Cannes. Agosto passou em um sonho; posteriormente, Sartre lembraria como Beauvoir parecia calma e feliz quando estavam sentados no terraço de mármore verde da vila, escutando a música do cassino que pairava acima da água. A banda tocava "Bei mir bist du schön", "nossa canção", como ele lembrou a Bianca.

Em 1º de setembro Beauvoir tomava seu café da manhã no Dôme quando um rapaz gritou: "A guerra foi declarada na Polônia". A manchete no *Paris-Midi* dizia "GUERRA" e Beauvoir correu pela rua o mais rápido que suas pernas aguentaram para ir ao encontro de Sartre. A assinatura do Pacto Nazi-Soviético de não agressão em 23 de agosto dera um fim às últimas esperanças de Bost de evitar o conflito, pois ele tinha os pés mais na realidade que seu antigo mestre. "Dessa vez é sério", escrevera sombriamente, conforme seu regimento, a 51ª Infantaria, aguardava para seguir para o front. Os homens estavam recebendo plaquinhas de identidade para identificar seus corpos na eventualidade de morrerem. "Está tudo pronto."[53]

"Haverá paz e um *depois*", Sartre tranquilizou Bianca, já temendo pelo destino de sua família, em 2 de setembro, um dia antes de França e Inglaterra declararem guerra à Alemanha. "Vou voltar para você. Não corro perigo, sou do tipo que tem fé." Informes anunciando uma mobilização geral percorriam toda Paris e, a despeito do olho cego, Sartre foi convocado.

Às 3h da manhã ele e Beauvoir se aprontaram e foram para a Gare de l'Est, Sartre em um velho terno azul e carregando duas bolsas de comida no ombro. A cidade estava escura enquanto caminhavam lado a lado pelas ruas silenciosas. Lentamente, o céu ganhava tons rosados. Havia tempo para uma última xícara de café. Sartre repetiu que a guerra não ia durar, que, como meteorologista, ele não corria perigo. Na barreira, deram um beijo de despedida, e ele subiu a bordo do trem para Nancy, a fim de se juntar a sua unidade atrás da Linha Maginot.

Voltando para casa, Beauvoir notou que trabalhadores tapavam as janelas do Dôme com grossas cortinas azuis. "Em 1939", escreveu, "a História tomou conta de mim e nunca mais me largou."[54]

Parte Dois

Os Anos Negros

1939-1944

19

Mulheres apaixonadas

Sinto-me abandonada por Deus e pelos homens.[1]

Simone de Beauvoir para Jacques-Laurent
Bost, 9 de outubro de 1939

No trem para Nancy, Sartre lia *O processo*, de Kafka, e vivia a Guerra de Mentira diante dele como algo kafkiano: um momento em que a sensação que os homens tinham era de estar realizando manobras ou passando férias no campo. Para o próprio Sartre, servir na seção meteorológica de um quartel-general de artilharia no Setor 108, logo atrás do front na Alsácia, foi o equivalente ao retiro de um escritor. Ele nunca se mostrou tão produtivo quanto no período em que serviu o exército, que lhe deu o tempo ocioso necessário para escrever um romance em quatro meses, 15 cadernos de anotações do seu Diário de Guerra, que serviram de base para *O ser e o nada*, e centenas de cartas, um milhão e meio de palavras até seu cativeiro chegar ao fim, em março de 1941. Ele trabalhou com tanto afinco que sua vista foi ficando cada vez mais embaçada e chegou a ter medo de perdê-la: mas, com o apoio da camaradagem de sua unidade, comendo e bebendo como um rei — seu café da manhã geralmente consistia de *foie gras* e vinho tinto —, Sartre mergulhou em um projeto de *Vorwurf*, ou exprobação, que ele caracterizou como a vontade dando um salto para o futuro. A jornada de autoanálise o transformaria de individualista em humanista.

Seu constrangimento com a vida na caserna, achando-se *"absurde et tout petit"* na farda grande demais, logo se desvaneceu. O soldado raso Sartre enrolou as pernas da calça, trocou a boina por um quepe e se preparou para se engajar. Outro intelectual baixinho de óculos chamado cabo Pierre veio à sua procura e o apresentou a dois homens em sua seção: Muller, gordo e na casa dos 40, e Pieterkovsky, moreno e de cabelos cacheados, que abreviava seu nome para Pieter a fim de disfarçar suas origens judaicas, caso fosse capturado pelos nazistas. "Aquele judeu, Pieter, é inestimável",[2] escreveu Sartre para Beauvoir em 5 de setembro. "É graças a ele que ficamos aquartelados com o padre e comemos na casa de um velho cozinheiro aposentado [...]. Uma estranha solidariedade está se criando entre nós." As "excelentes refeições" do cozinheiro incluíam fricassê de coelho, frango com molho branco e imensas tortas de ameixa, após o que os homens saíam para passear pelo vilarejo para um cafezinho e um *brandy* num café local. À noite, Pieter e Muller dividiam um colchão, Jean Pierre e Sartre, outro. Despertado pelos roncos de Pieter e Muller ("Nunca tive tanta vontade de mijar"[3]), Sartre acordava e urinava pela janela da rua. Grudado aos colegas soldados, sentia-se feliz, "cercado por sujeitos humanos, grandes, que cagam, se lavam, roncam e têm cheiro de homem".[4]

Bem alimentado pela mulher do sacristão, os homens ganhavam peso. Os moradores começaram a se irritar com o fato de os soldados não irem para o front: "Coma. Assim você morre gordo",[5] disse a cozinheira jogando batatas malcozidas no prato de Pierre. O "traseiro de elefante-marinho" de Muller era tão grande que o grupo mal cabia no banco diante da casa do padre, quando sentavam sob o quente ar noturno, escutando um sujeito no fim da rua cantar "J'Attendrai" em uma agradável voz de tenor. "Só precisávamos de bandolins", Sartre contou a Castor. Não conversavam muito entre si: a camaradagem era anônima. Estavam distanciados uns dos outros por uma vida inteira, como os fragmentos de uma granada explodindo, explicou Sartre: "Perdão por essa primeira piada filosófico-militar". Mas conforme passavam os dias em setembro, ele se pegava partilhando um cachimbo e um bate-papo com Muller, antes de se debruçar numa carta para Wanda.

As medições meteorológicas significavam uma agradável distração. Em 14 de setembro, o cabo Pierre e Sartre entraram na cidade para buscar um tanque de hidrogênio, bem como tabaco e doces, e no dia seguinte soltaram seu primeiro balão. Após levar uma hora para instalar o teodolito no norte verdadeiro, ficaram mortificados de perder o balão de vista, mas numa segunda tentativa conseguiram fazer sua primeira leitura para extrair o "vento balístico". Dias depois perceberam que os balões estavam podres e vazando e o coronel ordenou que parassem para poupar hidrogênio, enquanto esperavam a chegada de novos balões. Sartre pôde se devotar inteiramente ao *Journal* de 1914 de André Gide, que Beauvoir lhe mandara, e seu romance estava andando "como um relógio". Mesmo assim, sobrava tempo para dar aulas de filosofia ao coronel, a pedido deste, que queria "enriquecer sua cultura geral". Diferente de Bost e dos *poilous* comuns em cáqui, os meteorologistas usavam o azul da força aérea; tinham privilégios de oficiais, sentavam em ônibus "reservados", de onde observavam as colunas de formas escuras, a infantaria ligeira, cigarros brilhando vermelhos conforme marchavam. "Somos respeitados, tratados em termos familiares pelos sargentos, eximidos de deveres cansativos, calmos, especialistas em todos os sentidos aceitos da palavra",[6] escreveu Sartre com complacência. Em troca, reciclavam os balões estragados, cortando o tecido para fazer bolsas de tabaco para os oficiais.

"Você poderia me enviar [...] um caderno de anotações preto resistente — grosso mas não alto demais nem largo demais, com pautas, claro",[7] escreveu Sartre para Beauvoir em 12 de setembro. Os cheiros do campo alsaciano, que o lembravam sua infância, as tavernas em estilo alemão, as fartas refeições com canecas de *kirsch*, depois do que ele dormia "como um deus", suas novas experiências como um "ser-para-a-guerra"[8] deixaram-no ansioso em registrar seus pensamentos; dois dias depois ele comprou por conta própria um caderno de couro. Desde o início seus *carnets de la drôle de guerre*, cadernos da guerra de mentira, foram, como o *Journal* de Gide, feitos para serem publicados: "Quem quer que leia [meu pequeno caderno preto] após minha morte — pois você o publicará apenas postumamente — pensará que sou um tipo ruim, a menos que você insira notas benevolentes e explicativas. Em resumo, moralmente estou um pouco desorientado".[9] A tentação do mal para um ser "abandonado no mundo para descobrir seus próprios objetivos"[10] estava em sua mente. "Se Deus está morto, tudo é permitido", a citação de Dostoievski em que sempre refletia, levou-o a considerar suas opções. A "vontade" agora lhe parecia inerentemente à vontade de mudar determinada situação: o ser-no-mundo de Heidegger se torna um "ser-para-transformar-o-mundo [...]. A estrutura primária da vontade é ser uma transcendência que postula uma possibilidade no futuro, além de qualquer estado correntemente dado do mundo". Mas ao escapar de si mesma por meio da ação, a vontade vai de encontro a inúmeras possibilidades: em seu caderno, Sartre cita erroneamente Medeia: "*Video meliora proboque, deteriora sequor*" ("Eu vejo o Bem e o aprovo, eu sigo o Mal").[11]

Apenas duas semanas após a mobilização, Sartre desenvolvera um ar militar. O proprietário de uma livraria local lhe perguntou: "Tudo tranquilo para vocês ontem à noite lá no front?".[12] "Tudo tranquilo", respondeu o escritor. "Eu tinha acabado de ler no jornal", confessou a Beauvoir. Apesar de sua estatura diminuta, sua personalidade e inteligência inspiravam autoridade, e os outros três homens na unidade começaram a prestar-lhe deferência. Em outubro Sartre chamava-os de "acólitos" ou "Assistentes", inspirado em *O castelo* de Kafka,[13] e se queixava para Castor de que ficavam grudados nele como sanguessugas. Mas o manhoso Kobra também os usava, habitualmente mandando Pieter procurar alguma *querencia* em um hotel local ou escola. Até mesmo o capitão foi persuadido a deixar água quente para Sartre em seu banho.

Os primeiros pensamentos de Sartre foram com a segurança de Beauvoir. Os parisienses esperavam uma *blitzkrieg*, semelhante à que os espanhóis haviam suportado durante a Guerra Civil. "Dizem por aqui que Londres tem sido bombardeada. Se isso é verdade, Paris será a próxima", escreveu Sartre em 4 de setembro, rogando com ela que partisse caso a situação se deteriorasse. Ele insistia com a "querida esposinha" que descesse aos abrigos antiaéreos quando ouvisse os alertas. Como conseguia se virar agora que sua "pequena *querencia* no Café de Flore" estava fechada? Ele ficou profundamente comovido com uma carta dela dizendo que se o pior lhe sucedesse, não ia mais viver. "Senti uma paz profunda [...]. Seria a purificação suprema, como se as duas pontas de um verme partido fossem aniquiladas."[14] A longo prazo, porém, ele queria que ela seguisse com sua vida ainda que, sem ele, estivesse em um mundo absurdo.

A separação intensificou o amor de Sartre. "Nunca senti tão intensamente que você é eu [...]. Eu te amo tanto, minha querida Castor", escreveu oito dias depois de se separarem. Ela era "mais sólida que Paris", que podia ser destruída, era mais sólida do que qualquer coisa: "Você é toda minha vida, que vou voltar a encontrar quando regressar". Quando as monótonas semanas da *guerre fantôme* passaram, sua ansiedade diminuiu e sua gratidão aumentou pelas cartas longas e cheias de notícias de Beauvoir, e os bocados de tabaco e histórias de detetives, contrastando com o silêncio de Wanda: "Se a guerra fosse durar três anos, como pensam os ingleses (mas não eu), nunca mais ia vê-la: ela estaria morta, louca ou teria sumido com algum outro cara".[15]

Nessa época de insegurança a lealdade de Castor brilhava como um farol. Ela receara estar perdendo o lugar: agora ele a tranquilizava. "Nós dois somos um [...]. Essa guerra fantasma [...] responde a pergunta que a estava atormentando: meu amor, você não é 'uma coisa em minha vida' — nem a mais importante —, porque minha vida não pertence mais a mim, porque nem mesmo lamento esse fato, e porque você é sempre *eu*."[16]

Sartre considerava 6 de outubro o dia da comemoração, e quis lhe mandar uma pétala de flor, mas o que havia ali era apenas adubo. Quando ela recebeu a carta, fazia exatos dez anos de seu casamento morganático: "Minha querida, renovo imediatamente nosso contrato por mais dez anos, esperando ardentemente estar aí no próximo mês de outubro para ratificar essa renovação em viva voz. Minha querida, você é a mais perfeita, a mais inteligente, a melhor, a mais apaixonada. Você é inigualável [...]".[17] Ela era "sua consciência, sua testemunha", e ele de bom grado cortaria o próprio dedo para vê-la por cinco minutos.

Mas quando chegou a notícia de que Sartre ia receber seu salário durante a mobilização, sua primeira reação foi pedir a Beauvoir que o convertesse em dinheiro e *"fizesse as duas Zazouliches virem a Paris".*[18] Ela devia dar a Olga e Wanda o grosso de seu salário, de modo que sua "pequena família" tivesse como se sustentar.

Conforme os meses passavam, Sartre apreciava sua solidão intelectual cada vez mais. Deixou crescer uma barba "colar" à moda de Stendhal. Como o monge que às vezes desejara ser, examinava sua alma, escrevendo: "Por ocasião de algum grande evento, quando a pessoa está num processo de mudar sua vida, como uma serpente trocando de pele, a pessoa pode olhar para essa pele morta — a frágil imagem de serpente que deixa para trás — e tomar pé das coisas".[19] À imagem e semelhança da cobra, Sartre encontrara uma oportunidade para a metamorfose. Isolado de suas mulheres, uma estranha paz desceu sobre ele.

Beauvoir chorava como um chafariz. Em 3 de setembro, a manchete do *Paris-Soir*, LA GUERRE EST DÉCLARÉE, embora previsível, chocou-a terrivelmente. A guerra era uma realidade: Bost podia morrer. As chances contra sua sobrevivência eram de uma em quatro. Se ele fosse ferido, ela precisava saber, e escreveu imediatamente para Sartre para dizer que ia contar a Kos que dera o endereço dela para Bost, de modo que Sartre fosse informado de qualquer má notícia.

Aterrorizada de dormir sozinha, Beauvoir correu para Boubou, e perguntou se podia ficar no estúdio dele. Fernando Gerassi, de volta a Paris, preparou uma cama para ela. Haviam passado juntos aquelas férias de verão, em caminhadas, e dormido juntos, em 1937.[20] Agora ela se voltava para ele em busca de conforto.

"Tenho a impressão de que *eu* não existo mais",[21] escreveu para Bost. Apenas seus dois homens existiam: Sartre e Bost, e os perigos que enfrentavam. Mande-me uma foto, suplicou a Bost, quero tanto ter uma. Se alguma coisa ruim lhe acontecesse, jamais saberia o que era a felicidade outra vez. Beauvoir entretanto não fez a mesma oferta para Bost que fizera a Sartre, de se matar caso ele morresse.

No dia seguinte, Beauvoir se apresentou no Lycée Molière, onde a diretora tirou suas medidas para a máscara de gás. Ela saiu com o cilindro bege pendurado no ombro; quase todas as estações do metrô estavam fechadas e no lusco-fusco do blecaute os faróis violeta e azuis dos carros iluminavam as prostitutas, carregando máscaras de gás enquanto patrulhavam as ruas. Beauvoir correu para o apartamento da amiga Gégé, no número 116 da rue d'Assas, perto dos Jardins de Luxemburgo, mas Gégé brigara com o marido, Pardo, e chorava na cama. "Estou assustada, estou assustada",[22] murmurava, tremendo toda. "Atirei-me ao lado dela e havia me tornado uma *piège* tão rematada, tão acostumada a essas situações", escreveu Beauvoir para Sartre, "que a acalentei com pequenos sussurros de ternura [...] e por muito pouco não disse, 'Meu amor' — foi hilário." Dessa vez, ela se segurou. Na noite seguinte, ela, Gégé e Pardo foram acordados pelo lamento das sirenes, às 4h da manhã; as pessoas corriam para seus abrigos, e havia rumores de gás envenenado, mas os Pardo concluíram que era um alarme falso e voltaram todos para a cama. Às 7h, soou o fim do alarme. Reclinando-se na janela, Beauvoir observou mulheres em vestidos floridos emergindo do abrigo.

Os clientes do Flore haviam migrado para o Deux Magots, na place Saint-Germain-des-Près, e Beauvoir, também, regressou à familiar quadra de Montparnasse. Em 8 de setembro, ela passou a tarde lendo o *Diário* de Gide, comparando 1914 com o presente, observando os homens enchendo sacas de areia sob a serena luz do sol. Horas mais tarde, na place Edgar-Quinet, assistiu miseravelmente aos cinzentos balões de barragem flutuando contra o céu de veios vermelhos. Seu mundo estava se desintegrando; nessa noite, sentiu-se tão sozinha, e ficou tão bêbada de vinho tinto, que quase dormiu com um húngaro que conheceu no Dôme. "Deus sabe o nojo que ele me dá",[23] contou a Sartre, mas nas noites faria "qualquer coisa" para apagar o momento.

Foi um abençoado alívio receber um bilhete de Olga dizendo que estava de volta ao Hôtel Mistral. Acendendo uma vela, pois a luz caíra, Beauvoir tropeçou de quarto em quarto até encontrá-la. Conversaram até as 3h da manhã. "Kos é um refúgio maravilhoso",[24] contou a Sartre, exultante de encontrar uma ligação com seu passado. Eram "lembranças minúsculas" que a comoviam no fundo da alma enquanto ela e Kos passeavam por Montmartre. Alguns dias depois decidiram se tornar "mulheres [de verdade] no front doméstico": depois de preparar um embrulho com livros e tabaco para Bost, compraram tinta azul, que Kos misturou com água e com o Ambre Solaire de Gégé e passou nas janelas. Quando terminou, o apartamento parecia um mausoléu, sem um único raio de luz penetrando. Depois que o casal Pardo deixou Paris, Kos e Castor se mudaram para lá.

Em 11 de setembro, Beauvoir escreveu sua primeira carta "oficial" para Bost, em que copiava a carta de Sartre para ela, assinando formalmente: "*Salut bien* [...] *S. de Beauvoir*". Ela achou divertido tapear Kos, escrevendo sua própria carta para o namorado soldado. Kos deixara escapar que o relacionamento com Bost não era "essencial" para ela, o que fortaleceu a determinação de Beauvoir de afirmar seu próprio amor por ele. O regimento de Bost estava de partida de sua localização secreta atrás da Linha Maginot, mas os homens eram mantidos no escuro quanto ao destino, enquanto centenas de caminhões, camuflados com galhos, rodavam na escuridão. Parecia o caso de *jouer la comédie*, entrar na brincadeira, disse Bost, que mal conseguia acreditar que a guerra era real. Mas estavam se movendo ao longo da linha; três dias depois, Bost comunicou que não estava longe de Sartre.

A disposição dos franceses era para o otimismo. Os líderes de seção diziam aos soldados de infantaria que os tanques alemães podiam ser facilmente imobilizados e que a força aérea deles era inferior à dos franceses: a maioria de seus aviões já fora abatida pelos caças. "Não sei se é verdade",[25] escreveu Bost, ressabiado. "Isso está pondo todos um pouco nervosos, porque [...] somos nós que vamos atacar a Linha Siegfried." Porém — ainda que seus equipamentos contassem com mosquetes da década de 1870 —, ele tinha confiança de que sairia da guerra com vida, dizendo a Castor que, embora achasse que a vida dela estava pior que a sua, não queria mais receber cartas tristes: "*Je voudrais que vous soyez tranquille pour moi*".[26]

Beauvoir tentou agir como lhe pedia. "Leia com confiança: esta é uma carta feliz" era o cabeçalho de sua resposta para seu "*cher fantôme*", em 20 de setembro, de Quimper, na Bretanha. Ela decidira sair de Paris após ter um ataque de pânico no metrô, dominada pelo sentimento de que era apenas um rosto anônimo na multidão, "afogada na guerra". Seu coração martelava no peito: era uma criatura sem raiz, sem um lar, sem seus homens. Desobedecendo aos repetidos pedidos de Bost para que queimasse suas cartas, guardou-as à chave em um baú e, desconfiada dos olhares curiosos de Kos, mandou-a de volta para casa em Laigle com a mentira de que o proprietário do Hôtel Mistral não lhe permitia ficar no quarto de Beauvoir.

Uma visita a Simone Jollivet em Crécy-en-Brie não ajudou a melhorar seu estado de espírito. Dullin, que ouvira dizer que os russos haviam entrado na Polônia em 17 de setembro, falou sobre o destino heroico da infantaria ligeira em tempos de guerra e levou-a às lágrimas. "Estou quase convencida de que não verei [Bost] outra vez",[27] escreveu para Sartre. No trem na direção oeste, rumando para a Bretanha, seus pensamentos voltaram à morte. Privilegiar a felicidade[28] fora seu modo de ver o mundo em tempos de paz, mas agora isso não parecia mais relevante: "Eu não achava que fosse doloroso ser uma consciência apartada da felicidade e da infelicidade, e eu compreendia como a pessoa pode se afastar de modo indolor também até mesmo da vontade de viver, ou seja, aceitar a ideia de morrer". Antes da guerra, ela e Sartre haviam aproveitado sua atitude distanciada, "existencial", em relação ao fascismo. Agora, como Sartre, ela era absorvida por uma história coletiva e trágica.

Em 1939, Beauvoir acreditava que os homens eram superiores às mulheres. Na sociedade em que ela nascera, homens e mulheres dividiam-se em duas "castas em guerra". Moldada pela sociedade patriarcal, era como uma mulher de seu tempo que ela reagia aos eventos. No *Segundo sexo*, sua tese revolucionária de que "a feminilidade não é natural nem uma entidade inata, mas antes uma condição propiciada pela sociedade, com base em certas características psicológicas",[29] mas, a despeito de perceber a importância da criação, ela continuou a manter inúmeras ideias tradicionais: de que as mulheres têm mais necessidade de estabilidade que os homens, que não têm o "temperamento" para serem exploradoras, questionar as "premissas fundamentais da sociedade" ou "organizar e controlar o mundo". Logo, explicou ela, "era conveniente para mim viver com um homem que eu encarava como meu superior. Minhas ambições [...] eram modestas".

Em um mundo masculino, Beauvoir permanecera uma mulher antiquada, sujeitando-se a Sartre como seu "superior" intelectual, ainda que sua própria inteligência a houvesse qualificado a ser materialmente autossuficiente. Poupada da dependência econômica, da "maldição" da condição feminina e alardeando sua crença de que "ganhar a vida [...] é o único modo de obter independência interior com base sólida", por dez anos ela achara bastante fácil, ou pelo menos era o que alegava, ignorar sua própria feminilidade e viver como um arremedo de homem. Ela se esbaldara em liberdades "masculinas", no trabalho e na diversão. Agora Beauvoir era forçada a confrontar sua própria solidão, e ficou atônita em descobrir que reagia como uma mulher. Privada de Sartre e Bost, ela se sentia "completamente mutilada".[30] Foi uma revelação. Nessa crise, foi para mulheres que se voltou. Elas seriam os instrumentos de sua própria metamorfose.

Em Quimper, Bianca, usando um conjuntinho azul, aguardava para se encontrar com Castor na plataforma. Ela estava tremendo e à beira das lágrimas após uma cena com a mãe, que se opunha veementemente ao relacionamento entre Beauvoir e a filha. Madame Bienenfeld encontrara uma carta de Beauvoir e ameaçava escrever denunciando a professora ao ministério da Educação. "Ela está mentindo",[31] Beauvoir informou a Bost. Suas cartas eram "apaixonadas", mas não "comprometedoras". Escarnecendo da situação, alugou um quarto no sórdido Hôtel de l'Épée, que a lembrava do notório Petit Mouton, em Rouen, e se encontrou com Bianca para uns *crêpes* com sidra. O tempo estava quente, e professora e aluna passearam à beira do rio. No dia seguinte, saíram para uma caminhada de sete horas pela paisagem bretã, passando por cinzentas casas de fazenda engrinaldadas com rosas brancas, mas as mulheres locais, com seus enormes toucados brancos, tomaram Beauvoir por espiã, e murmuravam coisas em bretão conforme passavam.

Mme Bienenfeld escreveu para o marido que Beauvoir era uma *"sale bonne femme qui court après les petites filles"*[32] — uma senhora suja que corre atrás de garotinhas. Cenas histéricas se seguiram, em que proibia os encontros diurnos de Bianca. "B. chegou hoje de manhã com o rosto branco de chorar, com anéis escuros sob os olhos, parecendo devastada; sua mãe parece que está enlouquecendo lentamente",[33] escreveu Beauvoir para Bost na sexta-feira, 22 de setembro.

Os medos de Mme Bienenfeld não eram sem fundamento. Embora Beauvoir agora omitisse qualquer menção ao lesbianismo em suas cartas para Bost, não praticava a mesma autocensura quando escrevia para Sartre. Depois de desembarcar do coche vindo de Concarneau, Beauvoir levara Bianca para seu quarto de hotel, onde "se acariciaram um pouquinho — tanto quanto foi possível, na verdade —, mas eu estava fria como um tronco. Acho que sou totalmente frígida".[34]

Havia um motivo para sua frigidez. No dia anterior, Bianca exigira uma cota igual da licença de Sartre, que ela calculava como seis dias em um período de seis meses. "Vai me deixar passar três dias com ele, não vai? Sobram três dias para você."[35] Beauvoir ficou tremendo de raiva. Queria Sartre só para si e odiava a ideia de que teriam de se esconder de Bianca como se fossem criminosos.

Na segunda-feira, Mme Bienenfeld afastou sua filha para a segurança de uma faculdade em Rennes. Beauvoir foi deixada sozinha em Quimper, observando saudosamente os bonitos soldados canadenses que a lembravam de seu Petit Bost.

Em Angers, onde passou alguns dias com Mme Morel em La Pouèze, uma nova ideia começou a se formar na mente de Beauvoir. Ela ouvira dizer que algumas esposas haviam conseguido chegar ao front para encontrar os maridos. "Informe-se sobre isso", exigiu de Sartre. "Afinal, você nem saiu da retaguarda." Sartre não ficou muito entusiasmado. As mulheres de que ouvira falar deviam ser "esposas legítimas" e mulheres de oficiais, mas sugeriu que talvez o cunhado de Colette Audry, um general, conseguisse obter um passe para ela.

Em La Pouèze, Beauvoir sonhou com Sartre vindo para sua cama vestindo a roupinha branca que usava à noite. Ele era seu pequeno Poulpiquet, um demônio das lendas bretãs. Ela se censurou por nunca ter sido "boa o bastante" para ele. Agora não tinha mais "sentimentos ternos" em relação a Bost, prometia. Seu amor por Sartre deixara tudo devastado, como um tornado: "Tivemos tanta felicidade, a paixão nunca teve qualquer oportunidade de ser vulcânica — mas sempre soube que podia produzir terremotos em mim".[36] Em 6 de outubro, começara a usar as roupas dele, enfiando-se em seu elegante paletozinho branco, que lhe caía esplendidamente bem, e combinando com um lenço de pescoço verde, um turbante verde e um cinto preto, ao sair "toda embonecada" para buscar o salário dele no *lycée*, além de seu próprio salário, no Lycée Camille See, com o qual o Molière foi fundido durante a guerra. Ela começara a usar um turbante a fim de poupar os gastos com penteados nesse inverno, contando para Bost: "Já tenho turbantes lilases, amarelos e verdes — e quero ter de todas as cores".[37]

Provavelmente, os turbantes de Beauvoir eram mais uma expressão de moda do que uma economia, pois, após fazer as unhas e pintá-las com seu tom favorito, "cor de urze", ela decidiu tomar um táxi para recolher seus salários, que juntos davam 6.700 francos. Essa vasta soma permitiu-lhe trazer as irmãs Kos a Paris em 15 de outubro, destinar-lhes 1.500 francos e devolver mil francos para Mme Morel e M Bienenfeld, cuja esposa estava "clamando" por seu dinheiro (a dívida era de 5 mil francos). Apesar de resmungar que, *hélas*, Poupette estava vindo para Paris, Beauvoir também pagou os custos da estada dela, seu próprio aluguel de 2 mil francos, 500 francos para Sartre, e separou para si apenas 50 francos por dia, já que precisava poupar para seus impostos de 3 mil francos. "Sou tremendamente sortuda de ter dinheiro e não depender de ninguém",[38] escreveu num arroubo de entusiasmo. O dinheiro não podia impedir a tragédia ou o horror, mas significava que ela era livre.

Paris estava tranquila, o clima entre os civis tão despreocupado quanto entre os soldados. No Coupole, quando Castor pediu uma cerveja "*demi-Munich*", o garçom riu e disse: "Melhor esperar até termos atravessado a Linha Siegfried".[39] Mas ela ainda se pegou chorando a noite toda em 7 de outubro, quando pensou no "puro milagre" do amor entre ela e Bost, nas noites ternas e apaixonadas que passaram juntos. Bost havia visto sua própria "sombra em guarda", e Castor sentia a mesma estranha sensação de despersonalização ou *dédoublement*, de observar eventos acontecidos com ela mesma. Era perpetuamente mulher, limpando o rosto devastado, do mesmo modo "clássico e previsível" que as mulheres haviam feito por séculos. Era Eurídice, ele, Orfeu, que ela só voltaria a encontrar novamente no "reino das sombras".[40] Bost, mais prosaicamente, ficou irritado por não ter lhe fornecido outro endereço além do de Gégé, onde receava que Kos pudesse ver suas cartas para Castor, mas lhe assegurava que ela era uma boa *marraine de guerre*, madrinha de guerra. Sua correspondência era "preciosa como o demônio".[41]

Bem quando Beauvoir sentia que seu futuro era um "buraco negro", encontrou um novo ombro para chorar. Nathalie Sorokine, outra antiga aluna com uma paixão juvenil por ela, regressava a Paris. Ela e Beauvoir saíram para uma caminhada, e quando Sorokine passou o braço pelo seu e o apertou levemente, Beauvoir ficou por um instante sem palavras. Sentiu que estava cada vez mais ligada à garota: um padrão se repetia, confessou a Bost.

> *C'est gênant... d'être à la fois une proie et un séducteur...* É irritante estar neste papel, um que já vivi com Bianca, e com Kos, quando ela era muito pequena, de ser ao mesmo tempo presa e sedutor — sedutor não por que me empenhe na sedução, mas porque minha parceira exibe a reserva, o capricho, o mistério e os humores que exibiria para um sedutor —, e além do mais, é ela que me persegue e se comporta de um jeito apaixonado.[42]

Para Sartre, ela se expressou em termos ainda mais crus: "Eu me sinto um pouco como um sedutor desajeitado confrontado com uma jovem virgem, misteriosa como são todas as virgens. Apenas que o sedutor ao menos tem uma missão clara, que é seduzir e, por assim dizer, penetrar o mistério. Ao passo que, em meu caso, sou simultaneamente a presa. É uma situação assustadora, esquisita, e que se restringe exclusivamente a *pièges*".

No dia seguinte, 10 de outubro, Beauvoir se mudou da casa de Gégé para o Hôtel Danemark, no 21 da rue Vavin, a uma pedrada de distância de seu lar na infância, no Carrefour Vavin. Seu quarto era pequeno, mas o ambiente espartano não constituía empecilho para o amor. Sorokine, como suas predecessoras, era uma imigrante necessitando da ajuda de Beauvoir. Sem uma carteira de identidade, ela não podia se matricular na Sorbonne. Como antes, a mãe da garota inicialmente sentiu gratidão pela ajuda da professora, nesse caso, mais particularmente, porque a família era pobre.

Beauvoir decidiu mexer os pauzinhos com Colette Audry para levar Sorokine para a universidade, e pagar as taxas. Poucos dias depois, a aluna declarou seu amor pela mulher mais velha: *"Je vous aime tellement"*,[43] te amo tanto, gemia Nathalie, derramando lágrimas e murmurando em russo quando ela e Beauvoir trocavam beijos apaixonados.

Como sempre, Beauvoir provocava Sartre com detalhes íntimos omitidos em suas cartas para Bost: Nathalie "me puxou para a cama, depois — entre soluços — para seus braços e na direção de sua boca; finalmente, após uma hora, mais ou menos, chegou até a levar minha mão a certas partes de seu corpo [...] *elle fait absolument 'fruit vert'* [é a perfeita imagem da fruta verde]".[44] Para Sartre, Beauvoir enfatiza a virgindade de Sorokine, seus movimentos desajeitados, adolescentes, e o perigo de se tornar um aborrecimento como Bianca. Castor lhe assegura que, na cama, como com Bianca, ela é fria como um tronco; na verdade, ao final da guerra terá se tornado uma criatura assexuada.

A verdade era bem diferente. O tronco estava derretendo. Em Nathalie, Beauvoir encontrara alguém cujo temperamento era tão fogoso e obstinado quanto o dela. Nathalie furtara o "diário íntimo" que Beauvoir, como Sartre, começara a escrever, imitando Gide, e explodiu em fúria quando descobriu a teia de relacionamentos descrita naquelas páginas. "É tão injusto! Não passo da quinta pessoa em sua vida",[45] explodiu Nathalie, desabando aos prantos e se amuando por dez minutos completos. Quando Beauvoir começou a acariciá-la, a adolescente deu um beijo em sua boca. Em uma carta longa para Bost, Beauvoir confessou como ficara comovida com a declaração de amor de Nathalie, como tentara expressar seus próprios sentimentos de afeto sem prometer demais. "A paixão dessa garota tem uma força que me comove: seu corpo todo treme, e ela quase me sufoca, me agarra com tanta força." Seu rosto belo e infeliz perturba Beauvoir: "Eu gosto muito dela, eu a estimo muito, é realmente doce...". Como Bost já descobrira, com horror misturado a admiração, Castor era *"le plus grand menteur du monde"*[46] — a maior mentirosa do mundo.

Logo Beauvoir contava com satisfação que Nathalie se tornara "um animalzinho domesticado".[47] Mais importante, para os gostos pedófilos de Beauvoir, ela era uma "ninfa", cujos modos infantis instigaram a professora a tomar a iniciativa quando subiram no quarto de Sorokine, na casa dela em Saint-Cloud.

Foi muito terno com Sorokine [...] dizendo-lhe doces nulidades. E pela primeira vez comigo ela foi absolutamente apaixonada, feliz e entregue [...]. Houve uma cumplicidade encantadora, pueril [...]. Ela foi de fato preciosa para mim ontem à noite, com suas fitas de cabelo de *tartan*, o ursinho de pelúcia nos braços, o rosto sério [...]. É uma droga de aborrecimento para o futuro, porque nunca mais serei capaz de dar o fora nela, agora.

No ninho sáfico do Hôtel du Danemark, Simone e Nathalie se agarravam com tal ardor que Kos, no quarto ao lado, ficou cada vez mais desconfiada. A essa altura elas se encontravam três vezes por semana, para a usual fórmula de Kant e coito. Nathalie, "selvagem e carinhosa", tocava Beauvoir mais profundamente do que qualquer uma de suas amantes precedentes. No *lycée*, sua persona lésbica era de conhecimento notório. "Quando eu estiver com 60 anos haverá um bocado de 'suicídios de paixão'",[48] vangloriou-se para Bost. Embora se queixasse para seus homens que a companhia de mulheres, a única companhia disponível em tempos de guerra, fosse "patética", e seu desprezo por várias das mulheres em sua vida seja um tema constante das cartas para Sartre (Poupette é *moche*, feia, suas roupas são horrendas, Wanda é gorda e tem varizes, Bianca é ciumenta), quando mandou uma foto sua para Bost usando um turbante ele respondeu que aquilo o fez dar risada, porque "Você parece uma lésbica, uma viciada em cocaína e um faquir, também."[49] Em 10 de novembro, Beauvoir reatara as relações com Bianca: "A força da paixão dessa garota é incrível",[50] escreveu Beauvoir para Sartre, mostrando pouco caso. "Sensualmente, fiquei mais envolvida do que o normal, com uma ideia vaga, grosseira, de que eu deveria no mínimo 'tirar proveito' de seu corpo [...]. Havia uma insinuação de depravação que sou absolutamente incapaz de explicar [...]."

Em um momento de autoanálise, Beauvoir reconhecia que embora fosse "muito sortuda" de ser "uma intelectual" cuja mente estava sempre funcionando, "em termos fisiológicos sou uma *bon vivant*".[51] Como seu pai, ela gostava de comida e sexo. De uma maneira historicamente mais masculina que feminina, transformava sua presa em objeto.

Sartre encontrara um novo amigo no cabo Jean Pierre, em cuja companhia se sentia tão feliz quanto fora com Nizan. Ele estava alarmado com os planos de Castor de "visitar minha irmã Emma", uma expressão codificada, destinada a tapear os censores, para tentar uma visita clandestina a Sartre. Nada podia permanecer no caminho de Beauvoir. Ela fingiu estar com apendicite para conseguir um atestado médico e subornou o zelador no apartamento de Gégé por 50 francos para conseguir um comprovante de residência. *"Você não tem permissão de saber meu endereço"*,[52] escreveu Sartre pouco à vontade, mas por meio da "leitura atenta" ela podia descobrir. Em 15 de outubro, ele escreveu uma cuidadosa carta sobre os amigos de "Emma". A primeira letra de cada nome indicava o lugar: BRUMATH. Duas semanas depois, ele lhe enviou um mapa rudimentar de "Quimper" (Brumath) e aconselhou "Emma" a reservar um quarto no Auberge du Cerf.

Sartre afirmava ansiar por segurar sua "magra hindu de turbante" nos braços outra vez, mas estava mais ansioso com Wanda, que vinha sofrendo o assédio de Roger Blin, um ator do Atelier. *A idade da razão* retrata vividamente o sentimento de dever relutante que liga Mathieu a sua amante, Marcelle, em um relacionamento tão insosso e velho quanto qualquer casamento burguês. Marcelle, cuja voz é "áspera e masculina", cujo rosto, com sua pele morena e os arcos azulados e cheios de veias sob os olhos o levam a pensar: "Meu Deus, ela está ficando velha". Marcelle, sua companheira de sete anos, está grávida.

— *Merde!* — disse Mathieu.
E pensou: "Ela deveria ter me contado faz pelo menos três semanas".
...O que faremos? — disse Marcelle.
— Bom, acho que vamos tirar, *non?*[53]

Mathieu, que assim como seu criador está com 34 anos, acha a ideia da gravidez abominável. Isso interfere com Liberdade, seu "jardim secreto". Ele trabalha para conseguir dinheiro para o aborto. Não há tempo a perder, "pois a bolha estava se expandindo, nesse exato momento; empreendendo obscuros esforços de emergir, de se desenredar da escuridão, e crescendo na forma *daquilo*, um objeto pequeno, pálido, mole que se agarrava ao mundo e sugava seu fluido vital".[54] Ele detesta a "minúscula criatura humana, consciente, furtiva, enganadora e patética". Observa Marcelle dormindo pacificamente: "Mas a pústula ali dentro não dormia, não tinha tempo de dormir: ela buscava nutrição e crescia [...]. Preciso achar o dinheiro em 48 horas".

Felizmente para Sartre, Beauvoir manifestava tão pouco entusiasmo pela maternidade quanto ele. Quando Mme Morel insistira com ele que desse um filho a Castor, oferecendo-se para criá-lo, ela declinara. Foi Olga que engravidou após uma relação casual, e cujo aborto forneceu material tanto para Sartre como para Beauvoir em sua ficção. Mas o sentimento de *A idade da razão* é de cansaço com a envelhecida Marcelle, de desejo pela "trágica, voluptuosa" Ivich, uma combinação das cossacas, Olga e Wanda. Foi para esta última que Sartre dedicou seu romance.

A chegada de Beauvoir em Brumath em 1º de novembro agiu sobre Sartre como uma "bomba-relógio". "Até mesmo Castor eu mal consigo aturar",[55] escreveu em seu caderno, lembrando como, em Paris, enquanto ela o esperava em um café, ele costumava sumir em outro e "engolir rapidamente um café com croissants, a fim de permanecer por mais alguns momentos voltado para mim mesmo e para os sonhos da noite anterior". Talvez em Brumath ele tenha feito a mesma coisa, pois quando Beauvoir, vestida como uma autêntica parisiense, com um turbante amarelo, salto alto e brincos de argola, sentou cheia de expectativa na Taverne du Cerf à espera de Sartre, ninguém apareceu. Ela enviou um bilhete críptico para o "soldado Sartre", dizendo que seu cachimbo o esperava na taverna, até que finalmente avistou o relutante namorado descendo a rua: "Ele deixou crescer uma barba rala horrorosa que lhe dá uma aparência simplesmente medonha". Ela lhe transmitiu sua reprovação, e às 11 horas ele voltou barbeado.

Ao que tudo indica Beauvoir fez Sartre sair de sua concha. "Estávamos tão concentrados no amor que esqueci de pegar o dinheiro",[56] escreveu depois, recordando "sua presença, toda sozinha e totalmente nua, as pequenas expressões que cruzavam seu rosto, os sorrisos ternos, seus pequenos braços em torno de meu pescoço".[57] Percebia ela "quão profundamente eu a amo e o que você significa para mim? Oh, minha querida Castor, gostaria de sentir meu amor tanto quanto sinto o seu". Fazendo-a passar por sua noiva, Sartre arrumou um quarto no Boeuf Noir, onde passaram cinco dias juntos, na maior parte abraçados sob o edredom como João e Maria na temperatura "glacial". Enquanto ele saía para suas observações meteorológicas, Beauvoir continuava na cama, lendo o romance e os cadernos de notas dele. Dava mostra da confiança de Sartre que ele lhe permitisse criticar a personagem de Marcelle, embora se mostrasse inclinado a encerrar suas ruminações autobiográficas no ponto em que conheceu Wanda, por medo de criar um ressentimento. Sua namorada já está "espumando de raiva"[58] com a notícia da visita de Castor.

De sua parte, Sartre lia o diário de Beauvoir e a aconselhava a se entregar à mesma autoanálise proustiana que ele fizera. No início, Beauvoir concordou: "Logo vou estar com 32, e me sinto uma mulher amadurecida — mas *que tipo* de mulher? Quem dera eu soubesse. Por exemplo, de que maneira sou tipicamente 'feminina', e de que maneira não?".[59] Refletindo, decidiu terminar primeiro seu romance.

Nas tavernas de Brumath, entre "vozes densas, confortáveis, fumaça de tabaco, calor, e o cheiro de chucrute", o mundo militar empolgou Beauvoir. Cercada por *chasseurs* em suas boinas com pompons vermelhos, escutando o tinido de metal, o ruído de botas, vendo cavalos e caminhões camuflados em movimento ao longo da linha, comendo chouriço e batatas diante de Sartre com seu uniforme azul, ela se sentia exultante: "Estou de férias novamente, sozinha com Sartre".[60] "Essa vai ser uma guerra sem nenhum confronto de verdade", ele explicava: "Uma guerra moderna". As pessoas esperavam que terminasse perto do Natal. Na noite anterior, sob um céu estrelado, ele a acompanhou até a estação. No expresso da meia-noite para Paris, um soldado começou a esfregar os pés de Simone. Quando ela protestou, ele lhe disse que era o primeiro contato que tinha com uma mulher em 12 semanas. Ela bebeu uma caneca de *marc* e deixou que esfregasse seus tornozelos.

Beauvoir, a aventureira, pequena, rija e destemida, teria se saído um soldado melhor do que Sartre. Ela sonhava em estar em uma trincheira com seu namorado, jogando granadas nos alemães. Se pudesse, teria se juntado a ele. Como não podia, seu passo seguinte era visitar Petit Bost, ainda mais perto do front do que Sartre. Suas cartas eram muito mais excitantes que as de Sartre: Bost estava enfurnado em um celeiro, os aviões riscando os céus. "*À nos trous!*" — "Para os buracos!" — era o grito ao som dos tiros.

"Estou absolutamente decidida a aparecer para visitar 'sua irmã', no máximo até 1º de dezembro",[61] escreveu Beauvoir peremptoriamente a Bost. "Não sei se isso vai deixá-lo feliz, *mais tant pis* […]. Estou louca de desejo de vê-lo."

Bost ficou aterrorizado. As histórias de Beauvoir sobre como fora tomada por uma prostituta na Taverne au Cerf ("Dava para ficar rica aqui"), de como se sentiu como uma rainha quando o soldado desesperado por sexo esfregou seus pés, tiveram o efeito oposto ao que ela pretendia. "Não quero que venha aqui",[62] respondeu Bost em 4 de novembro. Não havia hotéis, nem uma única estrada; até as esposas dos oficiais eram mandadas de volta. Ratos colossais perambulavam pelos quartéis, e ele estava com febre; os homens tinham tão pouco para comer que faziam maionese com óleo de máquina.

O anseio de Beauvoir em viver *la vie de soldat* era tão intenso que ela nem tomou conhecimento. Ninguém seria capaz de identificá-la, pois não eram casados, argumentou. Dessa vez ela julgara mal seu homem: Bost crescera no exército e, a despeito do posto modesto, era tratado como oficial pelos homens. Ele, como Sartre, tinha um novo amigo, Amsellem, e um novo apelido: Jacquot. Ordenou a Beauvoir, "cadela rabugenta", que ficasse longe; ela era "*un peu trop sur la bouche*",[63] insistente demais, tagarela demais. Entretanto, ele a amava, e prometeu mentir a Kos que passaria a licença em Taverny, de modo que Beauvoir seria a primeira a se encontrar com seu soldado-herói de uniforme.

Em Paris, cercada por seu "regimento de mulheres", Beauvoir, também, estava crescendo. Separada de Sartre, o gêmeo dominante, ela escrevia febrilmente, valorizando "o fértil aprendizado" da solidão. Sartre ficara chocado com seu relato em outubro de uma orgia incluindo Marie Girard, a "mulher lunar", a amiga dela Youki, Blanche Picard e Thérèse, amiga da celebrada modelo de artistas Kiki de Montparnasse, que personificava a sociedade permissiva de Paris nos anos 1920 e 1930: "Todo mundo estava no cio, ou fingia estar [...]. Blanche não trepava fazia um mês, estava histérica".[64] Às 4h da manhã, após uma cantoria bêbada, Beauvoir trouxe Marie, que dizia estar apaixonada por ela, e um "lindo homem loiro" até seu quarto, para o que parecia um sexo a três na cama..Era sua maneira de bloquear pensamentos de morte, e ela promoveu outra orgia em 10 de dezembro. "Sartre diz que o deixei enojado com histórias de Youki e da mulher lunar",[65] escreveu alegremente para Bost. "Deve-se a suas meditações morais, eu acho, essa virada dele para a santidade."

A dança voltara aos clubes noturnos parisienses, onde as strippers usavam calcinhas com a bandeira da Inglaterra. No Flore reaberto, Beauvoir viu uma jovem Simone Signoret de boina preta, mas manteve distância. A despeito de dormir regularmente com Bianca, era Sorokine, "de pernas nuas, pesados sapatos nos pés, uma fita vermelha no adorável cabelo loiro e a aparência de uma garotinha que cresceu rápido demais",[66] que a atraía. "Normalmente, apenas as mulheres me acham bonita",[67] confidenciou Beauvoir a Sartre, após colher as opiniões de seus amigos homens, e descobrir que Mouloudji a considerava ossuda e rude. Nathalie, contudo, achava-a bela e atraente; convidou a professora a entrar em seu "mundo de garota, fechado em si mesmo", assim como Kos fizera. Em 14 de dezembro Simone sugeriu "relações completas".

20

A volta do parafuso

Meus encantadores animais daninhos estão começando a me devorar outra vez.

Simone de Beauvoir para Jean-Paul Sartre, janeiro de 1940

EM 24 DE DEZEMBRO DE 1939, Jacques-Laurent Bost foi deslocado para o front. Seu *trou* tinha um metro de largura. Os homens ficavam "bêbados como gambás"[1] e os oficiais os tratavam como cães. Os folhetos de propaganda política jogados pelos alemães misturavam-se com a lama:

> As folhas caem, cairemos como elas
>> As folhas morrem, porque Deus assim o quer
>> Mas nós, nós morreremos porque os ingleses assim o querem
>> Na próxima primavera, ninguém vai se lembrar nem das folhas mortas
>>> nem dos *poilus* trucidados, a vida vai passar por cima de nossos túmulos.[2]

No conforto do Chalet-Hôtel Idéal-Sport, em Megève, onde fora esquiar com a jovem amiga de Bianca, Jean Kanapa, de 18 anos, Beauvoir sentiu dor na consciência. Seria sua geração a culpada, responsável, com sua passividade, pela guerra? Em seu diário, ela escreveu ternamente: "Nunca estimei [Bost] tão imensamente; está cada vez mais inteligente, e tem caráter. Sinto tremenda afeição por ele — como está hoje, sujo, enlameado e brutal —, e quando penso em quem ele foi, em sua delicadeza, sua beleza, sua ternura, isso pertence a um passado distante — como se eu de fato *vivesse* com ele *en soldat*".[3] O "temor" que sentia por seu destino se aprofundou quando leu o *Prélude à Verdun* e ficou imaginando se a história ia se repetir.

No frio glacial, Bost se encolhia na trincheira sob o fogo dos canhões e com ordens estritas de não atirar nem se visse um alemão. Sartre, por outro lado, sentava ao piano cantando "Toreador" para o coronel, que servia a primeira taça de champanhe para seu tenor favorito.

— Bem, Sartre — falou o coronel com sua voz troante, enquanto faziam brindes de Natal.

— Ainda não encontrou nada para seu romance nessa Guerra de Mentira?

— *Eh non, mon colonel.*

— Ah, tenho certeza de que vai encontrar alguma coisa, você sabe como fazê-lo, não é?[4]

Beauvoir regressou das rampas de neve para seus "encantadores animais daninhos", Kos, Bianca, Poupette e Nathalie, que brigavam mais do que de costume. Elas adoravam a rainha "cegamente", escreveu Beauvoir com satisfação. A corte era governada por ela com mão de ferro, alocando seu tempo segundo um esquema rígido. Isso era fonte de atrito constante, com Sorokine discutindo com Bianca para obter mais atenção de Beauvoir, Bianca se queixando de passar só duas noites com Beauvoir, em vez de cinco como Kos. A estrela de Nathalie estava em ascensão. Em janeiro, o momento crítico chegava à medida que a licença de Sartre ficava mais próxima. "Devorada" por suas mulheres, com ciúme do relacionamento da "onerosa" Bianca com Sartre, Beauvoir decidiu que chegara a hora de cortar o cordão.

Quando se apaixonou por Nathalie, Beauvoir deixou de amar Bianca. Não era conveniente, mas ela não pôde evitar. Seus amigos viram os sinais: "[Beauvoir] ama Sorokine tão apaixonadamente quanto um homem", observou um.

Em certa medida, o sexo sáfico era um sexo oportunista, numa Paris quase vazia de homens. Beauvoir ansiava pela ligação que Nathalie lhe oferecia, e que ela era sexualmente fluida o bastante para encontrar em diferentes momentos de sua vida, com homens ou mulheres. Ela se movia com facilidade ao longo do espectro sexual, desafiando rótulos, e muitas vezes descobrindo que personalidade importava para ela tanto quando o sexo da pessoa. O relacionamento com Nathalie, porém, revela Beauvoir em sua postura mais predatória, e não pode ser separado do modo brutal como se livrou de Bianca, cujas exigências de "uma divisão tripartite exata"[5] do trio com Sartre tornara-se um pomo da discórdia.

No mês de novembro anterior, a aluna solicitara uma cota igual da esperada licença de Sartre, cinco ou seis dias de dez. Beauvoir ficara roxa de raiva: "Um trio não é muito agradável durante um tempo tão curto", replicou. "Você não sabe mais o que é um trio!", disse Bianca, surpresa. Fechando-se no banheiro para ler as cartas de Sartre em paz, Beauvoir decidiu que, depois de Brumath, não aceitaria mais compartilhá-lo. No dia seguinte, 12 de novembro, houve outra "grande cena", quando Bianca explicou que esperava "separar nossas vidas em três", por exemplo passando um mês das férias com Beauvoir, um com Sartre, e deixando Beauvoir e Sartre com apenas um juntos. Beauvoir explodiu ante a perspectiva de abrir mão dos três meses de verão que estava acostumada a passar com Sartre. "Você me ama menos do que Sartre", Bianca acusou-a. "Eu a amo tanto quanto", disse Beauvoir, "mas tenho mais necessidade de Sartre." Seus últimos dez anos com Sartre não haviam sido nenhum "idílio", explicou; houve momentos de separação, dificuldades de todo tipo. Como resultado, encontrava-se numa "situação diferente" da de Bianca; era velha e Bianca nova, e tinha mais anos de felicidade a sua frente; suas relações com Sartre não tinham mais a "juventude e o ardor" daquelas com Bianca, de modo que isso tinha de ser compensado na duração. Era o argumento da esposa mais velha contra a amante mais jovem e, soluçando, Bianca concordou que perdera o "respeito" pelas relações de Beauvoir com Sartre, que outrora vira como formando a base do triângulo. Por outro lado, argumentava rispidamente a ruivinha, ela tinha de tirar vantagem de Sartre antes que ele ficasse velho *demais*.

Beauvoir cheirava o perigo. Dessa vez, poria um ponto final ao padrão repetitivo. Escreveu para Sartre que, como explicara a Bianca, "esses dez anos de vida em comum deram-me um direito sobre você de um modo que ninguém mais pode ter — que você pensava que sua *dívida* era para comigo antes de mais nada".[6] Em 17 de dezembro, Beauvoir o aconselhou a "terminar o *affaire* [...]. Seria preciso uma boa dose de dureza [...]. Diminua a paixão em suas cartas, dê um adeus frio".[7] Mas ela mantinha Bianca no escuro, e continuava a ter relações sexuais com ela, pulando da cama de Bianca assim que amanhecia, como um "homem satisfeito".

Bost ficou horrorizado de ver o tratamento que Beauvoir reservava a Bianca, por cuja posição, em alguns aspectos refletindo a sua própria, tinha uma grande dose de simpatia. As gozações antissemitas de Beauvoir para Bianca, "lamuriando-se no muro de Sião"[8] desde o início da guerra, suas queixas hipócritas sobre ser a "presa" de Bianca durante "noites de paixão [...] quando eu estava longe o bastante para me sentir uma canalha",[9] sua indignação com as exigências de Bianca, levaram-no a culpá-la por seduzir a garota:

Acho que nessas questões você (Sartre e você) sempre carecem de visão e você dá muito para as pessoas e deixa que esperem tanta coisa que a atitude que quase sempre acabam tendo em relação a você é a de que você provocou. Honestamente, você parece estar achando pelo em ovo nas pessoas de quem se cansou [...]. Elas se sentem tapeadas.[10]

Foi um comentário justo. Beauvoir admitia que Bienenfeld a irritava em parte por ser uma caricatura dela mesma, os acessos nervosos e a histeria da garota um reflexo de seu próprio estado agitado.[11] Mas Simone permanecia curiosamente cega para o medo muito justificado de Bianca quanto a seu futuro como judia, e é pertinente perguntar se as opiniões extremamente antissemitas com que o pai de Beauvoir a bombardeava na infância não estariam agora ressuscitando em sua cabeça. "[Bienenfeld] profetiza a desgraça como uma Cassandra (que novidade) e hesita entre o campo de concentração e o suicídio, com preferência pelo suicídio", caçoava Beauvoir em 10 de março de 1940. Apenas um ano depois o decreto de 21 de março de 1941 revogou a nacionalidade dos judeus franceses. A tia de Bianca, Cécile, foi deportada para Auschwitz em 11 de fevereiro de 1943; seu avô morreu no trem antes de chegar ao campo.

Em novembro, Beauvoir se queixara a Sartre de estar "enjoada da paixão"[12] por Bienenfeld — "como *foie gras*, e de qualidade ruim, ainda por cima". Semanas mais tarde, confessou "frigidez" com Bianca: "a primeira vez que senti real aversão a dormir com uma mulher que não amo".[13] Aparentemente, as técnicas de Bianca estavam erradas, suas carícias eram "desajeitadas". Por que as mulheres, e não os homens, são desajeitadas em "carícias localizadas (Kos, R e Védrine me fizeram passar por igual tortura)", perguntava Beauvoir. Ela encontrou uma resposta em Gide, que afirmava ser porque as mulheres se põem no seu lugar, mas é sempre *elas mesmas* que põem ali, enquanto um homem é incapaz de fazer essa substituição, então ele "teoriza a outra pessoa direta e honestamente". Dois dias depois ela escreveu que estava tentada a "deixar a paixão florescer" com Nathalie.

Em 5 de janeiro, Beauvoir finalmente seduziu Nathalie:

Perguntei-lhe se queria que tivéssemos relações plenas [...]. Ela respondeu: "Como preferir" [...]. No começo ela socou a parede, se contorceu nervosamente e meio que choramingou nos travesseiros. Então eu lhe disse que, de minha parte, certamente desejava relações mais completas [...]. "Não precisamos ser hipócritas", gemeu ela. Então comecei a tirar sua roupa, e ela disse: "Apague a luz, por favor" [...]. Um momento depois, perguntou-me com a maior educação: "E você, não quer tirar a roupa?". Tirei minha blusa [...]. Ficamos sem roupa e fomos para a cama. Eu a acariciei — intimamente [...]. Ela estava paralisada de timidez [...]. Mais virgem que aquilo não dava para ser [...]. Quanto a mim, fiquei encantada com ela [...]. Ela foi embora à meia-noite, com dinheiro para o táxi e toda radiante.[14]

Uma semana depois Beauvoir dormiu com Bianca. Sua aversão física pela garota aumentara. "O corpo dela tinha um odor fecal pungente que tornou as coisas bem desagradáveis",[15] escreveu para Sartre. Apenas quatro dias antes ela discutira com Sartre a questão dos "judeus da França", concordando que as pessoas demonstrariam maior sentimento de solidariedade com eles do que com os judeus perseguidos da Alemanha, uma vez que a ideia de estar "situado" necessariamente incluía também fronteiras. Mas em seu *Journal de Guerre*, escreveu "frases tão horríveis"[16] sobre Bianca, *"pathétique"* porque sentia medo, que mais de sessenta anos depois Bianca se mostrava incapaz de esquecê-las. Podia ter sido Georges de Beauvoir, partidário da Action Française, ansioso em "livrar a França dos judeus, a quem responsabilizava pelos males que se abateram sobre o país",[17] que acusou Bianca de uma obsessão com "tirar um lucro", em uma chocante representação estereotipada da jovem estudante como uma espécie de Fagin.* A entrada do dia 10 de dezembro de 1939 no diário de Beauvoir diz: "Ela chora diante de um muro das lamentações que constrói diligentemente com as próprias mãos, que constrói muitas vezes para proteger a evidente riqueza que amargamente procura defender. Mais ou menos como o velho judeu usurário que chora de pena do cliente que ele levou a se suicidar".[18]

Em 14 de janeiro, Beauvoir voltou a ter relações sexuais com Sorokine, que achou "tão perfeita e encantadora [...]. Sou louca pelo corpo dela".[19] Sorokine, nervosa, perguntou se ela e Beauvoir eram criminosas, e se iriam para a prisão caso fossem descobertas. Beauvoir lhe disse que não. Na ocasião seguinte, dia 24, Sorokine "ficou cada vez mais lânguida e sentimental até que fui obrigada a forçá-la ao sexo [...]. Eu estava perturbada quando ela saiu, e ainda estou".[20] Nathalie, escondendo o rosto timidamente atrás de uma cortina de cabelos loiros e lisos excitava Simone cada vez mais: *"Elle me plaît physiquement de plus en plus"*,[21] escreveu em seu Diário de Guerra.

Em 4 de fevereiro, Sartre, "sem dúvida o soldado mais sujo da França", em seu sobretudo puído, botinas e uniforme imundo, chegou à Gare de l'Est para encontrar Beauvoir. Ela tivera tanto medo de perdê-lo que, com dois dias de antecedência, permanecera horas a sua espera no café da estação, com a sensação de que sua licença era simplesmente um sonho. Apenas quando a mãe dele trouxe uma maleta com suas roupas a chegada pareceu iminente, e ela sentiu lágrimas de alegria vindo-lhe aos olhos. Então a figura pequena

---

* Personagem de *Oliver Twist*, de Charles Dickens. (*N. do T.*)

e gorducha surgiu sorrindo diante dela. Ela correu com ele para o Hôtel Mistral, onde Sartre trocou de roupa e ficou à paisana. Abalado com o episódio de Wanda, ele concordara em devotar a maior parte de sua licença a Castor. "Nunca senti com tanta intensidade que nossas vidas nada significam fora de nosso amor, e que nada muda isso, nem separações, nem paixões, nem a guerra",[22] escrevera: "Você disse que isso era uma vitória para nossa moralidade, mas é apenas uma vitória para nosso amor". Ele lhe assegurou que "essa guerra extinguiu meu desejo infame por flertes que você costumava ver. Como digo, não existe ninguém além de você".[23]

Beauvoir cuidara um pouco da aparência, comprando um novo pulôver azul. "Todos me acham linda",[24] registrou em seu diário. Todos menos Sartre, que preferia as curvas femininas de Wanda. Na primeira noite de sua licença, a despeito da excitação de estarem juntos "em segredo" (Sartre havia mentido para Wanda que chegaria mais tarde), e do jantar e bebidas *chez Rey*, quando se retiraram para a cama, à meia-noite, Sartre simplesmente expôs suas teorias por uma hora. "Elas me são preciosas, mas já estou familiarizada demais", escreveu uma decepcionada Simone em seu diário. De todo modo, com a cabeça de Sartre no travesseiro a seu lado, sua insônia desapareceu.

Juntos voltaram a frequentar os bulevares e seus adorados cafés: "Como nos sentimos unidos em Paris",[25] escreveu Beauvoir enquanto, lado a lado, ela lia os cadernos de guerra dele e ele lia seu romance. No jantar na Brasserie Lipp, Sartre lhe fez "uma pilha de elogios" sobre o livro. Na quarta-feira, 7 de fevereiro, Beauvoir se sentiu mais feliz do que se sentira em meses: "Sartre está aqui, Bost está perto, o que escrevi este ano ficou realmente bom. Paris é linda". Foi um momento de alegria prolongada. Depois de ver James Stewart em *A mulher faz o homem*, os gêmeos passearam pelos Champs Élysées a caminho da ópera, conversando sem parar sobre simultaneidade, *la conscience d'autrui*, a consciência do outro — coisa que preocupava Castor — e o assunto de Sartre no momento, autenticidade. Se seus corpos não estavam entrelaçados, suas mentes estavam. No dia seguinte, tomando um café *chez Rey*, o café Três Mosqueteiros na avenue du Maine, o grande momento veio quando Sartre quase acabou o romance dela e ela terminou o seu. Não apenas *A idade da razão* era "uma obra de *grande beleza*", melhor do que Stendhal ou Dostoievski, assegurou Beauvoir a Sartre, mas ela agora via com clareza que ela, também, era *"une profiteuse de guerre"*,[26] uma guerra que finalmente lhe dera a oportunidade de escrever um romance digno de publicação.

Mas Beauvoir tinha ainda outro objetivo em mente. Como a marquesa de Meurteuil, ela sabia que era hora de encerrar uma relação perigosa. Ela convenceu Sartre de que devia terminar o trio com Bianca. O conceito de "autenticidade", emprestado de Martin Heidegger, seria a justificativa deles.

Na terça anterior, Beauvoir dissera "palavras sábias" a Bianca, "justificando para ela [...] sua inautenticidade". "Autenticidade", com suas associações místicas de sangue e raça, era a palavra da moda, na época, a meta pela qual Sartre acreditava lutar em 1939 e 1940, mas é de se duvidar se nesse período ele compreendesse o termo no sentido pretendido por Heidegger. A fenomenologia era um estilo ou movimento, antes de mais nada, e não uma filosofia, como enfatiza Maurice Merleau-Ponty em *La Phénoménologie de la perception*. A obra notoriamente difícil do filósofo alemão, *Sein und Zeit*, fora traduzida para o francês por Henri Corbin, e embora Sartre mascarasse as datas e alegasse mais tarde que havia lido o livro no original antes da guerra, é improvável que encontrasse tempo para fazê-lo. Foi somente depois de suas conversas com o padre Marius Perrin no Stalag que ele requisitou um exemplar do livro em alemão. Em novembro e dezembro de 1939, Sartre ainda estava usando o termo *réalité humaine*, que é simplesmente a versão escolhida por Corbin para o conceito central heideggeriano de *Dasein*, ou homem. "Heidegger corretamente indicou que o mundo é 'aquele pelo qual a realidade humana manifesta para si mesma aquilo que ela é'",[27] escreve Sartre a 24 de novembro, em uma longa entrada no caderno de anotações que o revela ruminando sobre o significado de ser

> Um ser lançado no mundo. É o mundo que liberta a consciência adornada por seus próprios sonhos — por sua total liberdade. A vontade caracteriza a condição humana, como a necessidade para um ser abandonado no mundo de descobrir seus próprios objetivos.[28]

Em sua leitura incorreta de Heidegger, Sartre fez da "realidade humana" o tema de *Sein und Zeit*, ao passo que o verdadeiro tema é *"Existenz"*,[29] Existência, o "êxtase" de ser. A tradução *réalité humaine* continuou a levar a erros de entendimento: em 5 de fevereiro de 1939, Beauvoir registrou que Sartre esboçou para ela as ideias de Heidegger sobre a morte, "mas preciso descobrir mais".[30] Cinco dias depois ela ficou empolgada com a "revelação que Sartre fez para mim ontem à noite sobre Heidegger e 'o existencial'".[31] Claramente, nesse estágio, Sartre era o professor, Beauvoir, a discípula. Nove meses mais tarde, em uma carta agradecendo Castor pela "deliciosa"[32] *halva* que ela lhe enviara, Sartre se autocongratulava pelo fato de que a fenomenologia permitira a Merleau-Ponty, Castor e ele próprio escapar ao antigo dualismo cartesiano mente-corpo em que o velho professor, Brunschvieg, continuava preso. Contudo, esforçando-se por compreender, Sartre captou de fato a essência do que Heidegger oferecia. Intuitivamente ele percebeu que o grande fenomenologista "ousara, no período pós-guerra, fazer descer a filosofia dos céus para a terra, falar conosco sobre nós mesmos"[33] de coisas simples como existência, ser, morte e nada, com "frescor e poder incomparável" em uma "catarse liberadora, destrutiva". Para Sartre, profundamente perturbado por sua perda de fé, instruído à imagem kierkegaardiana[34] do homem como um indivíduo solitário, angustiado, e influenciado pela ideia bergsoniana de movimento, de um *élan vital* que carrega a humanidade adiante, Heidegger parecia oferecer respostas ao mistério de ser, se ao menos pudesse encontrar a chave para compreendê-lo.

Decerto Sartre, a essa altura, já topara com o famoso parágrafo 10 de *Sein und Zeit*, em que Heidegger argumenta que a "ontologia fundamental" encontra-se em uma situação paradoxal entre "ser" e "não ser capaz de ser", mas que "não ser" influencia mais pesadamente o homem do que "ser". Somos "seres-para-a-morte" que devem aceitar a própria finitude e apenas cultivando uma atitude resoluta (*Entschlossenheit*) para com a morte podemos nos tornar genuinamente "autênticos". Saber que somos criaturas fadadas a morrer nos impele a agir agora, a criar em vez de procrastinar. Em 27 de novembro, Sartre continuava a meditar sobre a autenticidade: "Posso ver claramente como essa autenticidade que estou objetivando difere da pureza gidiana. A pureza é uma qualidade inteiramente subjetiva [...]. Mas autenticidade [...] só pode ser compreendida em termos da condição humana, essa condição de um ser jogado em uma situação. Autenticidade é um dever que vem até nós de fora e de dentro ao mesmo tempo, porque nosso 'dentro' é um fora".[35]

Ele andava em círculos. Em 9 de janeiro de 1940, Sartre se deu conta de seu fracasso em conceber ideias originais para o "filósofo verdadeiramente ateu" que era seu objetivo. Escreveu uma carta pesarosa a Beauvoir expressando sua desilusão:

> Reli meus cinco cadernos de anotações e não estão nem perto de me agradar tanto quanto eu havia esperado. Acho-os um pouco vagos, sisudos demais, até mesmo as ideias mais claras são pouco mais que requentadas de Heidegger: no fim, tudo que tenho feito desde setembro [...] é apenas uma longa elaboração das dez páginas que ele devotou à questão da historicidade.[36]

Felizmente para Sartre, a mente de Beauvoir era, como os examinadores haviam percebido em 1929, uma lâmina afiada. Ela alcançara e ultrapassara Sartre. As longas sessões de estudo concentrado do texto alemão de Heidegger na biblioteca haviam dado frutos, e ela incorporara inúmeras ideias filosóficas em *L'Invitée*. "Leva muito tempo para eu entender as coisas [...]. Leva muito mais tempo, por exemplo, do que para Castor, aqui",[37] admitiu Sartre em uma entrevista em 1972. "Castor é muito mais rápida do que eu. Eu estou mais para uma lesma." Agora era a vez dela de fornecer a revelação. Lendo o romance metafísico de Castor em pelo menos oito sessões, entre 5 e 15 de fevereiro, Sartre viu que, penetrando a densa linguagem de Heidegger, ela desenvolvera suas próprias ideias sobre consciência individual, as coisas, o nada e o tempo, que apresentava de um modo inteligível para ele. A despeito da natureza breve de sua licença, e da necessidade de encontrar Brice Parain e Dullin, além de ver Wanda, Sartre devotou suas horas a ler as páginas do manuscrito, 150, 200, 250 páginas, que haviam se acumulado sobre a escrivaninha de Beauvoir conforme ela se determinava a provar para seu pai que não era, como ele dissera, numa provocação, um *fruit sec* que nunca produziria um livro; tampouco era inferior a Sartre como romancista e pensadora.

O coração de Sartre batia de empolgação percorrendo as páginas da *Convidada* e imagens impressionantes se alojaram em sua memória: uma mulher em uma boate, o braço desnudo pousado inerte sobre a mesa enquanto a mão de um homem o acaricia: "O braço ficou ali, esquecido, ignorado, a mão do homem acariciava um pedaço de carne que não pertencia mais a ninguém".[38] A mulher permite a seu braço se tornar uma mera coisa, que ela pretende que não esteja mais conectada a ela: é uma ilustração de má-fé que viria a ser uma das cenas mais famosas em *O ser e o nada*. Similarmente, Xavière vivencia o corpo dela como seu, e como um objeto quando toca em seus cílios. "É extraordinária, a impressão que causa em você tocar seus cílios", disse Xavière. "Você toca em você mesma sem se tocar. É como se tocasse em você mesma de algum lugar distante." Sartre usou o exemplo da pessoa tocando em si própria para começar a discutir o corpo e seus modos de ser em *O ser e o nada*.

Significativamente, é através do conceito de Olhar, de Beauvoir, que ela ilustra sua teoria sobre o Outro. Quando percebo alguém olhando para mim, vivencio minha própria pessoa como objeto do outro, e desse modo como ser consciente.[39] O Olhar me torna um objeto do ódio, da indiferença, do amor ou do desejo do outro. O ato de "olhar" é uma ameaça, uma fonte de alienação. Beauvoir percebeu claramente que as pessoas se relacionam umas às outras por meio do respeito mútuo, enquanto subjetividades iguais, ou mediante um relacionamento em que um é o objeto, o outro, o sujeito dominante. A teoria do Outro, tão importante para a compreensão do mecanismo de opressão social que inspirou o movimento de emancipação feminina, seria desenvolvida formalmente em *A ética da ambiguidade*[40] e *O segundo sexo*, mas deu seus primeiros passos em *A convidada*. O Olhar inspirou Sartre também: o homem que olha pelo buraco de uma fechadura em *O ser e o nada* se tornaria o exemplo mais memorável de sua filosofia.[41] "Começamos com a primeira revelação do Outro como um *olhar*",[42] escreve ele, em sua explicação de como as pessoas procuram se escravizar umas às outras. "O olhar do Outro molda meu corpo em sua nudez [...]. O Outro detém um segredo — o segredo do que sou."

Sartre descobrira um "filão"[43] de ideias para *O ser e o nada*, que começou a escrever cinco meses depois. Embora ambos os livros tenham sido publicados em 1943, Sartre leu o de Beauvoir antes de começar seu próprio livro. Ela escrevera para ele em 17 de janeiro: "Acho que você vai me encher de elogios quando ler minhas 250 páginas (pois haverá pelo menos isso)". O diário dele revela que leu o primeiro capítulo antes de partir.

No primeiro dia de volta ao exército, Sartre registrou sua dívida para com Beauvoir: "Castor me ensinou algo novo".[44] Com mil palavras, ele transcreveu as ideias de Beauvoir sobre situações irrealizáveis. No dia seguinte, plagiou as ideias dela sobre tempo que, ironicamente, Beauvoir pusera na boca do personagem de Sartre, Pierre, no romance dela. Sartre começava, modestamente:

Sinto-me estranhamente acanhado em encetar um estudo da temporalidade. O tempo sempre foi para mim uma dor de cabeça filosófica [...]. E vejam, agora vislumbro uma teoria do tempo! [...] Eu me sinto como uma criança.[45]

Mas tão rapidamente quanto a vislumbrava, sua teoria evaporava numa prosa confusa e tortuosa: "O tempo é o limite opaco da consciência. É, além do mais, uma opacidade indiscernível em uma translucidez total".[46] Ele precisaria de mais aulas particulares com Beauvoir no Café Flore antes de ficar pronto para apresentar o existencialismo ao mundo.

Embora Sartre tenha dado o devido crédito a Castor em seu diário de guerra, ele não o fez em *O ser e o nada*. Como o menino que roubava a bolsa da mãe em La Rochelle, ele reclamou a posse sobre as ideias dela. Para Beauvoir, isso nunca fez diferença. "'Vocês dois têm tantas ideias em comum', disse Xavière. 'Nunca tenho certeza sobre qual dos dois está falando ou para quem responder.'" Mas a lenda de que Beauvoir era discípula de Sartre merece ser virada de cabeça para baixo: ele foi meramente o canal de um esforço compartilhado.

"Parecia para mim algo detestável, pensando na pancada que ela estava prestes a levar na cabeça",[47] escreveu Beauvoir, culpada, em 16 de fevereiro. Enquanto Sartre se encontrava com Wanda, Beauvoir levara Bianca para um restaurante alsaciano no boulevard St. Michel, onde discutiram autenticidade e Bianca, "tão apaixonadamente admirando teorias que não compreendia", irritou-a mais do que nunca. A despeito das alegações de Sartre (e Beauvoir) de solidariedade com os judeus franceses, ele concordou em largar Bianca em um "capricho" de autenticidade. Como Pieter, também "inautêntico", o judeu permanecia sendo o Outro. "Estou cada vez mais convencido de que, a fim de atingir a autenticidade, alguma coisa tem de se partir",[48] escrevera ele, martirizando a si mesmo por não ser, como Wanda o informara, "autêntico".

Mas quando Sartre escreveu curto e grosso para Bianca, terminando o relacionamento, Beauvoir o reprovou: "Meu amor, você realmente foi longe demais com Bienenfeld. Um pouco mais de consideração era necessário".[49] Ela se encontrou com Bianca, magoada mas bela em um vestido vermelho escuro com um chapéu preto e um véu, furiosa pelo fato de Sartre não ter se dado ao trabalho de fornecer uma explicação. "Ela sabe que há uma mentira em algum lugar [...] não deixa de ter suas desconfianças até mesmo em relação a mim", escreveu Beauvoir, ansiosamente. Em 4 de março, seu exame da alma continuou: "Eu nos culpei — eu mesma tanto quanto você, na verdade — no passado, no futuro, em termos absolutos: o modo como tratamos as pessoas. Achei inaceitável que a tenhamos feito sofrer de tal forma".

Será que Beauvoir se dava conta de que estava abandonando Bianca para a perseguição? Em 2005, Bianca foi generosa em seu próprio julgamento de Beauvoir:

> *La guerre était une catastrophe pour Simone de Beauvoir.* Ela estava ferida pela guerra, que ameaçava seus relacionamentos mais importantes, com Bost e com Sartre. Ela sentia ciúme e medo, medo de que Sartre estivesse ligado demais em mim [...]. Bost foi o pretexto. Ela era muito afeiçoada a Bost. Disse, "Os homens são melhores do que as mulheres para fazer amor". Não era lésbica. Gostava de aventuras, mas seus grandes casos amorosos foram com homens.[50]

Na tarde de sexta-feira, 16 de fevereiro, um dia após a partida de Sartre, Beauvoir dava aulas de sociologia no *lycée* quando uma funcionária bateu na porta: um certo M. Bost a aguardava na sala de espera, no andar de baixo. As mãos de Beauvoir começaram a tremer, seu rosto ficou vermelho, ela sentiu um nó na garganta, mas tinha de terminar a aula. Finalmente, pôde descer correndo as escadas, onde encontrou Bost, sozinho na sala, alto e belo em seu uniforme cáqui. Olhando dentro de seus olhos verdes, ela percebeu que nada mudara entre eles.

Ele tomou seu braço. O céu estava azul, as ruas cheias de neve cintilavam com a luz do sol, conforme caminharam até a Bastilha. Beauvoir ligou para Kos, para dizer a mentira que havia preparado: Poupette acabara de chegar, então Beauvoir tinha de cancelar o encontro delas. Dadas as desculpas, Beauvoir e Bost desfrutaram de um agradável jantar antes de tomar um táxi para apanhar a bolsa dela com suas roupas, e depois se dirigir ao quente e luxuoso Hôtel Oriental, na place Denfert-Rochereau. No táxi, Bost beijou Beauvoir, e ela se sentiu "*bouleversée*", subjugada pelo contato com seus lábios outra vez. "Não posso acreditar que seis meses me separaram de seus beijos",[51] escreveu em seu diário. "É uma grande alegria para mim me sentir importante, profundamente importante, na vida de Bost."

Uma noite de amor no quarto superaquecido deixou Beauvoir cansada e "febril". Ela permaneceu silenciosamente nos braços do amado, saboreando a proximidade após as horas "ternas e apaixonadas" passadas juntos, antes de descerem para o *petit déjeuner*. Depois disso, quando ia se encontrar com Kos, que aguardava morosamente em um hotel próximo, sem imaginar que o suposto namorado estava na verdade em Paris, Bost retirou-se em um café para ler *A idade da razão*. Assim que conseguiu, Beauvoir se juntou a ele. Sentados lado a lado, com o jazz estalando no rádio, Beauvoir ficou tão comovida com "sua presença preciosa, milagrosa e frágil"[52] que quase começou a chorar. Enquanto Bost falava sobre a guerra, o futuro, seus arrependimentos e esperanças, Beauvoir pensou que nunca conhecera uma união como aquela, e as lágrimas vieram-lhe aos olhos.

No dia seguinte, enquanto Bost almoçava com seu irmão Pierre, Beauvoir escreveu para Sartre. A lenta combustão da rivalidade entre os dois pegava fogo; mais de uma vez Beauvoir provocara Sartre de que lera as cartas de Bost antes das dele, e que elas eram mais compridas, mais divertidas, mais apaixonadas. Agora ela fulminava Sartre com um raio:

Existe uma única coisa sobre a qual tenho certeza, hoje, a de que Bost faz parte de meu futuro de um modo absolutamente certo — essencial, até. Sinto tanto "remorso" por causa dele, que desejo uma existência após a guerra com ele — e parcialmente *por* ele [...]. Ele tem sido algo além de tudo que eu esperava [...]. Eu honestamente senti que não havia comparação entre o modo como gostava de Kos e de mim — e senti, também, como fui essencial para ele.[53]

Era uma carta que ameaçava o pacto dos dois, e Sartre retaliou prontamente. Em 28 de fevereiro, escreveu para contar que Wanda, por quem sentia uma paixão renovada desde que partira, estava criando o maior caso quanto ao lugar de Castor em sua vida. "Há qualquer coisa de ignóbil quanto às minhas relações com Wanda. É ignóbil que eu seja obrigado a dizer a ela que não amo mais você, ignóbil que eu sinta que tenho de escrever para ela: 'Eu pisaria em cima do mundo todo (até mesmo de Castor)', mas [...] os fins justificam os meios."[54]

Beauvoir ficou irritada com essa carta na mesma moeda, sobretudo a "de-sagradável" frase para Wanda: "Eu pisaria no mundo todo", mas, consciente da própria traição, levou na esportiva, educadamente agradecendo Sartre pelo "décimo primeiro ano de felicidade" que lhe proporcionara. Sua cabeça estava em Bost, para quem tinha certeza não era mais apenas *"une histoire* [...] *un peu accidentale"*,[55] um amor casual. Finalmente, sentia que ele queria aquele relacionamento tanto quanto ela sempre quisera. A guerra, com sua mensagem de transitoriedade da vida, deu ao romance secreto dos dois uma nova intensidade, dormindo juntos no Hôtel Porc-Lion, no Quartier Latin, antes de mudar no dia seguinte para Montmartre. De Kos, pouco falavam.

O diário de Beauvoir termina com seu último olhar sobre Bost e seu sorriso deslumbrante. Poupette, irritada de estar sendo usada para fornecer um álibi, chegara à estação. "Não sinto ciúme nem remorso, eu definitivamente quero esse amor",[56] escreve Beauvoir em 21 de fevereiro, determinada a agarrar a felicidade enquanto puder. Sua resolução, como a de Sartre, de "viver contra" as convenções, de viver de modo livre e apaixonado, fazendo as próprias regras, era, a seus olhos, um código de conduta tão ético quanto o de qualquer *salaud* burguês, e ela o viveria com toda força e coragem que fosse capaz.

Seu passo seguinte seria testar essa coragem no limite. Em março, Beauvoir finalmente conseguiu seu objetivo de visitar Bost no front. Seu sonho não era mais compartilhar de *la vie de soldat*, mas passar "dez dias de vida conjugal"[57] juntos. O idílio doméstico que visualizava, um que nunca buscara com Sartre, foi providenciado por Bost, que alugou uma pousada perto de Nettancourt (Meuse), onde estava estacionado.

No domingo, 17 de março, Beauvoir tomou o trem rumo leste para Vitry-le-François, a 92km de Verdun. Na segunda-feira viu-se instalada em Charmont, em um quarto com uma cama imensa, uma minúscula penteadeira e uma enorme mesa redonda em que espalhou seus livros e papéis. Ao lado ficavam a cozinha e a sala de jantar, com um fogão para cozinhar. "Emma" (Bost) se encarregava das compras. Quando chegou com uma garrafa de Moulin à Vent, e os bolsos cheios de *rilletes*, ovos e sardinhas, Beauvoir preparou um "almoço feliz", enquanto ele cortava lenha e acendia um fogo rugidor. Quando Bost voltou a seu posto, Beauvoir saiu para um passeio, sua edição de Shakespeare da *Pleiade* sobre o braço. Ela estava cochilando junto a um lago quando dois soldados se aproximaram e pediram para ver seus papéis. Ao ouvir que ela estava "visitando uma tia", o comandante interrompeu:

— Não minta — está aqui para ver um soldado.

Bost foi convocado pelo tenente, com quem conversou brevemente.

— Hoje de manhã, quando o encontrei, perguntei onde havia ido, e você me disse: "Pôr uma carta no correio". Era verdade?

— Não, senhor.

— Acaba de ver a mulher?

— Sim, senhor... Ela não é a primeira a vir aqui, senhor.

— Não, mas é a primeira a ser pega.

No dia seguinte, Beauvoir foi levada em um veículo militar até o capitão dos *gendarmes*. Ela deixou que seus olhos se enchessem de lágrimas. Dessa vez, foi o capitão que se mostrou ligeiramente constrangido: ao dar uma busca em seu quarto, haviam encontrado os cadernos de Sartre, que tomaram por panfletagem comunista até observar que estavam escritos em francês, não em alemão. Todo sorrisos, o capitão carimbou o passe de Beauvoir, e ela teve permissão de se mudar para outro alojamento em Nettancourt. Nessa noite, dia 21, ela e Bost prepararam quatro filés na cozinha quente e iluminada, e comeram dois cada um. Um gato ronronava no colo de Beauvoir, e do lado de fora galinhas ciscavam no quintal de terra.

Era bom demais para durar. Em 23 de maio, Bost ficou seriamente ferido, e foi transferido para um hospital de campanha perto de Beaune. Levou apenas seis semanas para o exército alemão executar a morte da prostituta (*la gueuse*), como a República era conhecida de seus inimigos. Hitler, que jurara entrar em Paris em 15 de junho, manteve a palavra.

21

Ocupação

Perdemos a guerra. Cabia a nós fazer alguma coisa, e perdemos.

Mathieu, em *La Mort dans l'âme* (1949)

"O REINADO DO MAL"[1] teve início, escreveu Sartre, quando os alemães entraram em Paris em 14 de junho de 1940, seus caminhões camuflados rodando pelo boulevard Saint-Michel enquanto deuses louros com olhos "como lagos congelados", cinturas finas e pernas musculosas e impossivelmente compridas jogavam maços de cigarros ingleses para franceses taciturnos. A data da queda de Paris ficou gravada no coração de Sartre, como Calais para Maria Tudor. Ele começa *La Mort dans l'âme* com a data e a hora, "Sábado, 15 de junho de 1940, 9 da manhã", quando a notícia chega a Nova York, e a vergonha da nação francesa é anunciada para o mundo pelo rádio. Para Sartre, derrota significa a morte na alma, paz sem glória: raivosamente ele contrasta os "horríveis soldadinhos cáquis, esses campeões do Homem e do Cidadão", que correm como coelhos perante o avanço nazista, com os sisudos "anjos do ódio" que representam "a vitória do desprezo, da violência e da má-fé". Daniel, o personagem homossexual em *Os caminhos da liberdade*, dá voz a sentimentos partilhados por outros parisienses quando o soldado alemão de cabelos claros, de pé no alto do tanque, com "rosto impassível e olhos cintilantes", abre um sorriso conforme leva a mão ao bolso das calças para pegar um maço de cigarros:

> Uma palpitação intolerável, deliciosa, percorreu-o das coxas à cabeça: havia uma névoa diante de seus olhos, sua respiração lhe vinha ofegante. Para si mesmo, ele disse: "Exatamente como manteiga! — eles estão entrando em Paris como uma faca cortando manteiga!". Outros rostos passaram diante de seu campo de visão turvado, mais e mais deles, um mais belo que o anterior. Vieram para cá determinados a fazer o mal: hoje, o Reinado do Mal tem início. Que alegria! Ele desejava ser uma mulher, assim podia enchê-los de flores [...].

Antes, a França detivera a superioridade moral. Derrotada, ela a perdera, e Mathieu, o covarde anti-herói de Sartre, sabe a recepção que ele e seus colegas soldados receberão das mulheres quando regressarem, cobrindo-os de vergonha. "Tenho motivos para me preocupar! [...] Bela forma de boas-vindas *nós* vamos ter quando aparecermos em casa! — Oh, muitas e muitas congratulações!"[2] Enquanto inúmeras mulheres francesas se preparavam para a colaboração horizontal com o inimigo (estima-se que os alemães tenham gerado entre 50 mil e 70 mil crianças durante a Ocupação),[3] seus homens, também, haviam perdido a fé em antigos ideais. Para Sartre, como muitos de seus conterrâneos, os "novos Juízes" com sua "Nova Lei" se mostrariam diabolicamente atraentes.

— Por que fazer o Mal? — pergunta a personagem Catherine sobre Goetz na peça de Sartre, *Le Diable et le bon Dieu.*

— Porque o Bem já foi feito.

— Quem fez?

— Deus Pai. Quanto a mim, eu invento.

No sombrio período que se seguiu, houve espaço de sobra para a invenção.

Era 16 de junho. Sartre e sua unidade estavam recuando, para Hagenau, no limite mais remoto do nordeste da França, para Breschwillers e depois para Padoux. Estavam entre alsacianos, alguns deles apoiando "o outro lado", e discutindo com os soldados franceses. Os alemães se aproximavam. "Uma noite, escutamos canhões disparando contra um povoado que ficava a cerca de 10 km de distância",[4] contou Sartre a Beauvoir mais tarde. "Dava para ver perfeitamente ao longo da estrada plana, e nós sabíamos que os alemães chegariam em algum momento do dia seguinte [...]. Nosso vilarejo estava sendo bombardeado; outro aguardava sua vez de ser tomado."

Presas em seu vilarejo, tudo que as pessoas podiam fazer era esperar. Sartre foi dormir. Os soldados franceses haviam sido abandonados pelos oficiais, que partiram para a floresta com uma bandeira branca. "Nós, soldados rasos e sargentos, permanecemos juntos; fomos dormir, e na manhã seguinte escutamos vozes, tiros, gritos. Eu me vesti rapidamente; sabia que isso significava que eu seria feito prisioneiro." Para Sartre, parecia que atuava em uma cena de filme: nada daquilo podia ser real. Um canhão disparou contra a igreja, onde alguns soldados resistiam. "Certamente não eram dos nossos, porque não tínhamos a menor intenção de resistir — em todo caso, não detínhamos meios para fazê-lo. Sob os fuzis dos alemães atravessei a praça para ir de onde estava para onde eles estavam."

O cabo Pierre, um socialista, lembrou que no momento em que foi feito prisioneiro, um alsaciano se lançou nos braços de um alemão, gritando: "*Ah, vous voilà enfin!*",[5] finalmente chegaram! Virando o rosto de nojo, viu-se entre uma "imensa tropa" de homens obrigados a marchar para o quartel de soldados em Haxo de Baccarat e deixados sem comida para dormir no chão.

Era 21 de junho, aniversário de 35 anos de Sartre. Ele fora feito prisioneiro poucas horas antes do armistício, proposto pelo marechal Pétain, herói veterano de Verdun, "como condição necessária à sobrevivência da França eterna". Winston Churchill, chegando a Tours, decretada capital francesa desde a queda de Paris, para uma reunião do Supremo Conselho de Guerra Aliado, insistira em vão com o premiê francês Paul Reynaud que continuasse a lutar; os alemães bombardeavam Tours, que ardeu em chamas por três dias. Em Saumur, cadetes militares opuseram uma nobre e derradeira resistência. Em Londres, em 18 de junho, o general De Gaulle, transmitindo pela BBC, afirmou aos seus conterrâneos que embora a batalha da França estivesse perdida, a guerra não estava:

> Esmagados por uma força mecânica hoje, venceremos no futuro em virtude de uma força mecânica superior. Nisso reside o destino do mundo [...]. Aconteça o que acontecer, a chama da resistência francesa não pode e não será extinta.[6]

Sartre, no fundo um pacifista, esperava que a paz se seguisse ao armistício. "É impensável que sejamos levados para a Alemanha", disse a Pierre. "A guerra terminará em breve." Pieterkowsky, aterrorizado com a deportação, aferrou-se à mesma crença. Mas Churchill fizera seu famoso pronunciamento da "*finest hour*", declarando que não haveria rendição, apenas "sangue, suor, luta e lágrimas [...] a batalha da Grã-Bretanha está prestes a começar". Em 3 de julho, a Royal Navy afundou a esquadra francesa em Oran, e Pétain rompeu relações com os britânicos.

Aprisionado com outros 14 mil soldados em Baccarat, entre Estrasburgo e Nancy, Sartre lentamente absorveu o choque da derrota. Um monte de "e se" passava por sua mente: e se os parisienses houvessem resistido por dois anos e meio, como os espanhóis haviam feito em Madri? E se o Deus em quem ele não acreditava estivesse punindo os franceses por trair os espanhóis? E se ele, Sartre, houvesse agido como um herói, em vez de mansamente entregar os pontos? Em *La mort dans l'âme*, ele escreveu a versão que gostaria de ter desempenhado na vida real: Mathieu, o Sartre ficcional, escolhe um fuzil. A guerra é perdida, mas ele havia tomado sua decisão: "Salvarei minha honra!".[7] Ajoelhando atrás do parapeito, na torre da igreja, como os soldados que vira em Padoux, ele leva o fuzil ao ombro e abre fogo. Um soldado alemão cai morto na terra.

Mathieu virou para Chasseriau.[8]
— Gosto de pensar que estamos sendo para os Chucrutes um bocado de dor de cabeça!, disse, empolgado [...]. Mathieu olhou para o soldado morto e riu. Por anos tentara, em vão, agir. Uma após outra, suas ações pretendidas haviam-lhe sido espoliadas [...]. Mas ninguém espoliara aquilo! Ele havia apertado o gatilho e, ao menos uma vez, algo acontecera, algo decisivo [...]. *Seu* morto, *sua* obra, algo para marcar *sua* passagem na terra. Um desejo o invadiu de causar mais mortes: era divertido, era fácil. Ele teria gostado de mergulhar a Alemanha no pesar [...].
[...]
Mathieu continuou atirando. Atirou. Foi purificado. Era todo-poderoso. Estava livre.[9]

Em vez disso, Sartre ardeu de fúria impotente. Sua raiva era dirigida aos oficiais, que haviam feito deles "o exército da derrota". O Estado-Maior do Quartel-General da Divisão, vinte oficiais, ao todo, sumira no meio da noite, o velho general apoiando-se no braço do coronel, seus empregados carregando suas valises, os subalternos rindo na retaguarda. Para Sartre, como Bost, "*la connerie militaire passe des bornes*"[10] — a estupidez militar não conhece limites. E como "nossos oficiais nos abandonaram nessa situação desgraçada [...] somos os bodes expiatórios, somos os vencidos, os covardes, os vermes, a escória da terra: perdemos a guerra; somos repulsivos e culpados, e ninguém, ninguém no mundo todo, como nós [...]. 'Somos os párias.'"

Por dois meses, Sartre se amuou na caserna de Haxo. Pierre notou que mostrava um novo espírito de solidariedade com os homens. As condições do cativeiro encorajaram sua desinclinação ao banho, que já lhe valera o apelido de "homem das luvas pretas",[11] pois suas mãos, *les mains sales*, "ficavam pretas de sujeira até os cotovelos". Passando 12 horas por dia escrevendo durante a Guerra de Mentira, Sartre se recusava a atravessar a rua e gastar dez *sous* em um banho. Agora, em Haxo, ele se voltava à biblioteca móvel para se distrair e lia a *Volta ao mundo em oitenta dias* de Júlio Verne.

O quartel ficava bem ao lado da linha do trem, mas Sartre continuava a acreditar que estaria livre em breve. Não haviam os alsacianos sido liberta-dos após a anexação da Alsácia-Lorena à Alemanha? Não havia um bilhete pregado na parede, assinado pelo comandante: "Os prisioneiros aquartelados em Baccarat permanecerão na França"?[12] "Eu pensava [...] um dia, quando os alemães houverem sossegado, iam nos deixar sair e mandar para casa",[13] escreveu Sartre mais tarde para Beauvoir. Em 24 de agosto, portanto, quando ele e seus amigos eram embarcados em um trem de carga, ficaram de início otimistas, acreditando que o trem os levaria a Nancy, a Châlons, até a Parıs.

Os homens sorriam, pensando na liberdade, em suas esposas e filhos, em chegar em casa a tempo para colher a alfazema. Conforme o momento se aproxima, o trem diminui a marcha e os homens prendem a respiração: esquerda para Châlons, direita para Trèves, "na Chucrutelândia". Os trilhos se projetam sob as rodas, dois fachos de luz paralelos surgem por um momento e desaparecem, à esquerda deles. "Com os diabos."[14] Um jovem soldado se joga do vagão; ouve-se o som de tiros. O corpo do rapaz convulsiona e se imobiliza. Sob sua cabeça, os trilhos escurecem com o sangue.

Em Paris, o ouvido de Beauvoir permanece colado ao rádio. A invasão de Holanda e Bélgica: Poupette deixa a França e vai para Portugal, onde Lionel de Roulet está morando. O premiê Paul Reynaud anuncia que só um milagre pode salvar a França: Dunquerque. "Pode ser que Hitler não estivesse blefando, no fim das contas?",[15] pensa Beauvoir. Quatro de junho: bombas caem sobre Paris; Olga e Wanda obedecem a ordem de seus pais de sair da capital. Nove de junho: Beauvoir continua dando aulas, pois tem de vigiar uma prova no dia seguinte.

Uma única ideia ocupa sua mente: "Não ficar isolada de Sartre, não ser presa como um rato na Paris ocupada".[16] E uma única pessoa para quem podia se voltar em busca de ajuda: Bianca, ainda que não fizesse muito tempo desde o dia de abril da segunda licença de Sartre, quando, a um pedido de Bianca, ele e Beauvoir se encontraram com a estudante cara a cara na place du Trocadéro para confirmar seu "desligamento". Bianca, desolada porque Sartre, que tão recentemente professara seu amor por ela em suas cartas, agora se punha diante dela constrangido e distante, não conseguiu segurar as lágrimas: "foi como um segundo tapa na cara". Mas o casal era implacável: "Um modo igual de pensar fortalecia a ligação dos dois, a despeito de suas naturezas muito diferentes",[17] relembrou Bianca. "Pareciam uma laje de pedra com dois rostos, uma espécie de figura de Jano." Depois disso, ela continuou a se encontrar com Beauvoir, de quem sempre gostara mais.

Na manhã de 9 de junho, Bianca mandou um bilhete para Beauvoir, dizendo que ela e o pai planejavam abandonar Paris nessa noite e partir para

Quimper: ele escutara de um amigo no quartel-general das forças armadas que os alemães estavam ultrapassando a Linha Maginot e entrariam em Paris em poucos dias. Percebendo que Sartre seria feito prisioneiro, Beauvoir teve um acesso de histeria: "No que me dizia respeito, foi o momento mais horrível em todo o curso da guerra".[18] Bianca a acalmou. "Perguntei a Papa se poderíamos levar Castor com a gente, uma vez que ela não tinha ninguém com quem ir embora. Ele hesitou um longo tempo, devido a sua justificada animosidade e desconfiança em relação a minha amiga, mas, fosse porque ficou com pena, fosse por ser incapaz de resistir diante de minha insistência, concordou."[19] Para manter o estado de espírito elevado, as duas beberam no Flore até as 4h da manhã; às 7h, Beauvoir tomou um táxi para o Lycée Camille See, onde a diretora lhe disse que estava liberada de suas obrigações, pois a escola estava sendo evacuada para Nantes. Todos partiam. Carros entupiam os bulevares, avançando de palmo em palmo diante dos cafés desertos e lojas fechadas. Beauvoir e Bianca levaram um susto ao ver carroças puxadas por cavalos, carregadas com montanhas de feno, sobre as quais iam camponeses, crianças, velhos, potes e panelas, avançando pelo boulevard St. Michel. Estavam atravessando a cidade vindo de Porte de la Chapelle, no norte, para Porte d'Orléans, no sul, numa tentativa de fugir do avanço do exército alemão. No terraço do luxuoso Café Mahieu, no fim da rue Soufflot, as duas mulheres aguardavam a chegada do carro de M. Bienenfeld. As horas passavam. Bianca chorava e as lágrimas subiam aos olhos de Simone conforme esticava o pescoço para ver se avistava seu salvador.

O veículo de M. Bienenfeld finalmente chegou, e Simone e Bianca entraram. Ao sair de Chartres, um alerta forçou-os a parar. Em um detalhe em seu *Journal de Guerre*, omitido porém de *O auge da vida*, Beauvoir observou que M. Bienenfeld segurava "um precioso pedaço de tecido contendo todas as pérolas que vendia".[20] O comerciante de pérolas logo serviria de modelo para "Monsieur Birnenschatz", o próspero negociante judeu em *Le Sursis*, cuja filha "Ella" (nome da irmã de Bianca) guarda semelhança com Bianca, mulher que por intermédio de sua vida em Paris "se tornou" uma francesa. "Você tomaria Ella por judia se a encontrasse na rua?",[21] pergunta Birnenschatz. "Eu sou francês. Você se sente um judeu? [...] Mas o que é um judeu? Um homem que os outros homens tomam por um judeu."

Sartre resumira a atribulação dos judeus franceses, que se sentiam franceses, que haviam lutado pela França, e que acreditavam que o estado francês ia lhes oferecer uma proteção que não oferecia aos judeus estrangeiros. Mas ao argumentar em *Antissemita e judeu* que um judeu é, nas palavras de Benny

Lévy, "uma invenção do antissemita",[22] ele parecia para muitas pessoas negar a história e o pensamento judaicos, ao passo que suas caricaturas surpreendentemente hostis de judeus em sua ficção eram emblemáticas do antissemitismo amplamente difundido na França, que encontrou sua expressão suprema na exposição "O judeu e a França". Bodes expiatórios dos pecados da Terceira República, responsável, aos olhos de muitos franceses, pela vergonha da derrota, os judeus, mais do que os sorridentes invasores, tornaram-se objeto de ódio.

No caminho, Beauvoir e Bianca brigaram. Aflita com o sofrimento dos refugiados, angustiada pela vida de Sartre, Beauvoir ficava repetindo: "Por que não acabam com isso tudo? Por que não pedem um armistício? Qual a finalidade de toda essa matança?".[23] Bianca ficou irritada com seu "pacifismo medíocre, inspirado apenas em preocupações pessoais [...] o egoísmo de Castor era infantil". Em Laval se separaram, Beauvoir tomando um trem para a casa de Mme Morel em La Pouèze, onde ficou durante os 18 dias seguintes.

Rumores sobre as atrocidades alemãs, baseados em histórias da Primeira Guerra Mundial, haviam precedido o avanço das tropas. Quando Beauvoir e Mme Morel ouviram dizer que o inimigo chegara a Le Mans, esconderam-se na villa. Todas as portas do vilarejo estavam trancadas, todas as venezianas reforçadas. Dizia-se que os alemães cortariam as mãos de cada menino pequeno. Beauvoir permanecia atrás de uma janela, vigiando a estrada deserta e banhada pelo sol, através das fasquias. De repente, a janela do outro lado foi arrombada: "Uma voz gutural vociferou algumas palavras [...] e vieram todos para cima de nós — todos altos e loiros, de tez rosada".[24] A coluna marchou através do vilarejo, seguida por cavalos, tanques, caminhões, artilharia e cozinhas de campanha.

Contrariamente às expectativas, os alemães se comportaram com polidez exemplar. Não cortaram mãos de crianças, mas pagaram pelas bebidas e provisões. Dois soldados tranquilizaram Beauvoir quanto aos seus sentimentos amistosos para com os franceses: "Foram os ingleses e os judeus que nos puseram nessa situação deplorável". Beauvoir passava o tempo lendo histórias de detetive e ouvindo Pétain falar no rádio: "É com um peso no coração que venho lhes comunicar hoje que devemos desistir da luta". Aliviada de que "o derramamento de sangue francês ia finalmente cessar — como eram absurdas e horríveis essas assim chamadas ações de retaguarda, em que homens morriam para manter uma pálida sombra de resistência!"[25] —, ela examinou os termos do armistício em busca de notícias dos prisioneiros de guerra, e decidiu regressar a Paris caso Sartre conseguisse chegar até lá.

Ilhada em Le Mans, depois que o casal holandês com quem estava ficou sem gasolina, Beauvoir morria de fome. A comida escasseava; relutante, enfiou um naco de pão preto salgado goela abaixo sentada à beira da estrada, observando os carros que passavam cheios, tentando uma carona. Ninguém tinha lugar para ela. Finalmente, um caminhão alemão surgiu a sua frente, e ela se levantou correndo e subiu, para acabar vomitando nos outros passageiros, nauseada com o cheiro de gasolina e o movimento. Em Nantes os alemães, em seus uniformes alinhados, riam enquanto batiam calcanhares e ofereciam cigarros, chocolate e champanhe à turba de refugiados. Beauvoir recusou; mas não pôde deixar de notar que os vitoriosos ostentavam "deslumbrantes" rosas vermelhas presas em seus uniformes cinzentos.

Em Paris, reinava um "silêncio lunar". Encontrando o pai por acaso em um café, Beauvoir dividiu uma cerveja e um sanduíche com ele. Sartre permaneceria um prisioneiro de guerra enquanto aquilo durasse, passando fome com uma dieta de "cachorro morto", observou Georges amargamente, agora que a França ocupada havia sido "assimilada" pela Alemanha. Sua mãe lhe disse para voltar rápido para casa, devido ao toque de recolher, e para ajustar o relógio com a hora alemã, pois Paris e os subúrbios haviam sido renomeados de *GrossParis*, a metrópole germânica da França ocupada. Placas em alemão eram afixadas para orientar os soldados da Wehrmacht. Acima do Sénat, nos Jardins de Luxemburgo, tremulava a suástica. Beauvoir se sentiu em "completo desespero".

Quando foi jantar com os pais, tudo que puderam lhe servir foi sopa e macarrão. "Não faço uma refeição apropriada há dias",[26] registrou Beauvoir miseravelmente. No Palais Royal, não conseguiu achar menção a Sartre na lista de prisioneiros, que cobria apenas a área parisiense. "Entendo perfeitamente que toda vida nada mais é que apenas um breve adiamento da morte", escreveu em seu diário. Mas pelo menos tinha o que fazer, pois fora admitida no Lycée Duruy, e tinha o cartão da Bibliothèque Nationale, onde decidiu estudar Hegel todos os dias das 2h às 5h da tarde. E, bamboleando pelas ruelas atrás da rue Vavin, Beauvoir aprendeu a andar em uma bicicleta roubada, ensinada por Sorokine, e a explorar os subúrbios em duas rodas.

"Interpretei mal o significado das palavras de Pétain",[27] escreveu Beauvoir em *O auge da vida*, numa tentativa de fornecer alguma justificativa para sua acolhida inicial do armistício, que alegou ter tomado primeiramente por "uma capitulação puramente militar". Em 10 de julho, não havia como se enganar: a 300 km dali, na cidade balneária de Vichy, o parlamento da Terceira República se reuniu pela última vez no cassino, e votou plenos poderes a Philippe Pétain, "salvador" da França.

Nos países derrotados pelos nazistas, nenhuma outra figura política significativa como Pétain se mostrou colaboracionista. A Escandinávia assistiu a dois extremos; por um lado, uma figura até então menor, Vidkun Quisling traiu a Noruega e se tornou um governante títere, por outro, o rei Christian da Dinamarca tomou a honrada postura de se recusar a colaborar. Mas em 30 de outubro de 1940, Pétain disse: "É com honra e para manter a unidade francesa de dez séculos no quadro da nova ordem europeia que entro hoje em um caminho de colaboração [...]. Sigam-me: tenham fé na França eterna".[28]

O país apostara seu futuro na "nova ordem europeia", ou na vitória nazista, que era vista como apenas questão de tempo. Unir forças parecia a Pétain a escolha menos pior, já que evitava o governo direto de um *Gauleiter* alemão. Em teoria, o governo de Vichy permanecia soberano tanto nas Zonas Ocupadas como nas Livres, mas na prática ele foi cortado da França ocupada, onde a administração civil francesa foi obrigada a negociar com a administração militar alemã. A abordagem "suave, suave" dos conquistadores levaria a França a uma cooperação cada vez mais próxima, à medida que crescessem as oportunidades de lucros e favores.[29]

Finalmente, em 11 de julho, chegaram notícias de Sartre. Ele estava vivo. Era apenas um bilhete rabiscado a lápis, mas foi o suficiente: "Tenho grandes esperanças de vê-la outra vez em breve, e tudo vai bem comigo [...]. Eu a amo com todas as minhas forças".[30] "Respiro um pouco melhor, agora",[31] escreveu Beauvoir. Bost, também, estava longe em um hospital de Carpentras, perto de Avignon, contudo ela superou o longo caminho até Taverny de carona para pedir à *pastoresse*, mãe dele, notícias do filho. "*Bewohnt*", habitada, dizia a placa na porta, mas não havia ninguém em casa; decepcionada, Beauvoir voltou a Paris, de carona. Dessa vez, quando um soldado alemão lhe ofereceu uma barra de chocolate, aceitou.

Ela não podia ajudar seus homens, mas as "crianças" de sua "família" precisavam dela. Kos estava grávida de um outro rapaz, Niko Papatakis, um bem-apessoado meio grego, meio etíope com quem se encontrara no Flore e no Bal Nègre. Bost nada sabia do curto romance, agora já encerrado, e Sartre e Beauvoir guardaram o segredo de Kos. Foi um "negócio puramente físico",[32] disse Wanda a Sartre, minimizando, uma justificativa que aumentava sua ansiedade de que ela pudesse copiar o exemplo da irmã quando ele estava longe; em maio, ele se oferecera para se casar com Wanda a fim de obter licença de três dias. "Imagino que não vai ser muito agradável para você",[33] escreveu para

Beauvoir, em uma jogada de mestre para suavizar sua provável reação. "Embora seja puramente simbólico, sei que faz parecer que estou comprometido até o pescoço [...]. Mas já lhe disse que estou decidido: quero fazer tudo ao meu alcance por W. de agora em diante." Licenças de casamento, contudo, não eram disponibilizadas no meio da guerra, e Sartre foi obrigado a pôr seu plano de lado. Enquanto isso, Papatakis não ficara sabendo da gravidez de Kos,[34] pois ela queria realizar um aborto, ilegal na França de Vichy. Assim que os trens voltaram a operar, em 18 de julho, ela foi até Paris, a fim de que Beauvoir, que se mudara para o apartamento vazio da avó, na rue Denfert-Rochereau, pudesse ajudá-la.

O aborto, ainda mais difícil de ser arranjado do que normalmente, numa Paris ocupada, deixou uma indelével impressão em Beauvoir, reforçando sua aversão à gravidez e ao parto. Talvez ela tenha ido primeiro a um médico como o dr. Waldmann, "o judeu sujo"[35] de *A idade da razão*, que "não negociava" seu preço de 4 mil francos, mas em ambos os relatos ficcionais de aborto de Sartre e Beauvoir a mulher grávida termina com uma aborteira de fundo de quintal, do tipo a que a maioria das mulheres na situação de Kos era forçada a recorrer. Para os dois escritores o bebê é um verme na fruta, destruindo seu "jardim secreto" de liberdade. "Mathieu estava obstruindo sua passagem",[36] escreve Sartre. "Havia uma minúscula criatura humana, consciente, furtiva, enganadora e patética [...] e um alfinete ia espetá-la e explodi-la como um balão de brinquedo." As crianças eram como "diabinhos cobiçosos [...] todos seus sentidos são bocas". Elas sugam a seiva do mundo, parasitas, "amuadas, coléricas, sinistras".

Beauvoir, contudo, concentra o foco na mãe, e no que acontece com seu corpo.[37] O amante de Hélène é *"un sale type*, um canalha que enfiou a mão sob seu vestido. Ele a magoou: ela vai sofrer, e é uma criança".[38] Jean, seu antigo namorado em *Le sang des autres*, está relutante em ajudar, assim como Beauvoir provavelmente relutava. "Alguém precisa alugar um quarto para ela", diz o amigo de Hélène, como talvez Wanda tenha dito para Beauvoir. É um aborto tardio: gastaram tempo demais tentando achar quem o fizesse. "Jean" deixa "Hélène" entrar. Sob o vestido azul dela, sob sua pele infantil, "estava aquela coisa que ela alimentava com seu sangue". Beauvoir acendeu o fogo e pôs lençóis limpos. Logo a garota está deitada na cama com uma camisola branca banhada em vermelho, como a camisola de uma colegial: há aquela "coisa em seu útero, e a noite era um grande deserto negro e perigoso que tínhamos de cruzar sem qualquer ajuda".

Beauvoir, cujas descrições do corpo feminino em *O segundo sexo* são marcadamente negativas, que via o corpo, com seus ciclos de menstruação e gravidez, como um obstáculo ao livre-arbítrio e à autoafirmação da mulher, ficou alarmada de ser deixada a sós com Kos e sua dor.

"Oh! dit-elle. Oh! J'ai trop mal." [Ai! ela disse. Ai! Dói demais.]

Ela agarrava minha mão como se fosse a corda que a prendia à vida [...]. Eu não conseguia ver nada além de seus olhos esgazeados e do narizinho erguido no meio de um rosto branco como os lençóis. "Coragem. Já vai acabar. Logo acaba." Eu repetia essas palavras sem parar. Incessantemente, a dor invadia seu ventre, parava por um instante e depois as pontadas voltavam, sem trégua [...]. O branco dos olhos de Hélène era visível. Às vezes, eu sentia que um grito agudo ia explodir em seus lábios e punha a palma da mão em sua boca.[39]

Para alívio da dor, Beauvoir tinha uma garrafa de éter. Ela apanha um punhado de algodão, derrama algumas gotas e segura nas narinas da garota. Doze horas se passaram, e Kos não parece mais reconhecê-la. Quando Beauvoir chama a aborteira para que a ajude, a velha senhora no início se recusa a sair:

Olhei para ela angustiada. *Une avorteuse* [...]. Estava vestida de preto, e tinha cabelo claro, bochechas rechonchudas rosadas e uma boca alaranjada; seus olhos eram os olhos de uma mulher muito velha, piscando, turvos de cansaço. Será que enxergava direito? Sob a pintura, eu percebia a carne mal lavada [...]. Ela ergueu o lençol e eu me virei [...].

"Onde está minha bolsa? Envelhecer é horrível: não enxergo uma polegada diante do nariz."[40]

Finalmente, ela acha suas tesouras, e Beauvoir está assustada demais para lhe dizer que as passe pelo fogo.

A aborteira realiza seu trabalho. Logo segura uma bacia, e seus braços estão vermelhos com o sangue.

"Allez vider cette cuvette." [Esvazie esta bacia.]

Hélène deitava de costas, com os olhos fechados [...]. Sob suas pernas, havia um oleado coberto com trapos ensanguentados. Peguei a bacia. Fui até o patamar e abri a porta do banheiro. Esvaziei a bacia e puxei o tampão. Quando voltei para o quarto, a velha estava lavando os trapos vermelhos na pia.

A heroína de uma das histórias de Katharine Mansfield, citada por Beauvoir em *O segundo sexo*, diz "friamente, 'não gosto de bebês':[41] Linda estava prostrada, enfraquecida, sua coragem se fora, devido ao parto. E o que tornava isso duro de aturar era que ela não amava os filhos [...]". Para Beauvoir, uma mãe "é quase sempre uma mulher infeliz".

Ela advertira Kos de que não engravidasse, mas Kos se rebelara contra o domínio de Beauvoir. "Não sou um cachorrinho",[42] diz a mulher em *Le sang des autres*, quando o aborto termina, reprovando a outra por falar tanto de respeitar a liberdade das pessoas, mas "tomando decisões por mim e me tratando como um objeto". Se ela prefere ser infeliz, arranjar namorados imprestáveis, a escolha cabe a ela. Mas tomar parte num aborto ilegal, que quase vai mal, talvez tenha sido mais angustiante para Beauvoir do que para Kos. Isso se mostrou uma experiência fundamental em sua jornada rumo ao feminismo.

22

Stalag

Não ajoelho para ninguém.[1]

Jean-Paul Sartre, *Bariona, ou Le Fils du*
tonnerre, dezembro de 1940

"POSSO IMAGINÁ-LO perfeitamente bem, com a cabeça raspada, dizendo '*Ja*'
com um sorriso afável, como costumava fazer em Berlim, tão loiro e germânico
na aparência quanto os alemães que o vigiam, e encontrando satisfação —
tenho certeza — em conversar com o sotaque mais puro",[2] escreveu Beauvoir
para Sartre em 11 de julho de 1940, dia em que ficou sabendo que ele fora
transferido para o Stalag XII D. A intuição de Castor estava correta: ela
conhecia seu Kobra. Pouco depois de chegar ao campo transitório montado
no topo do monte Kemmel, com vista para Trier, ou Trèves, a cidade mais
antiga da Alemanha, na fronteira de Luxemburgo, Sartre começou a arranjar
as coisas em proveito próprio.

Desde o início, ele gostou da situação do lugar, no topo de uma montanha,
como um ninho de águia dominando o mundo. "Ser prisioneiro no topo de
uma montanha, que paradoxo! Tudo se estende sob nossos pés: as estradas
vermelhas do Palatinado, a cintilação achatada e sinuosa do Mosela, e a nação de nossos conquistadores."[3] O Stalag abrigou mais de 7.600 prisioneiros
durante os primeiros meses do internamento de Sartre, uma fração dos 1,75
milhão de prisioneiros de guerra franceses transportados para o vasto campo
de prisioneiros que a Alemanha se tornara. Foi um choque se ver finalmente
cara a cara com o inimigo, mas, espremido em um dormitório com mais trinta
homens, incluindo poloneses e tchecos, que mostravam pouco respeito pelos
"coelhos" franceses derrotados, Sartre logo se revelou um sobrevivente. Um
doloroso chute no traseiro dado por uma sentinela alemã que o ameaçou com
a baioneta, tapas e socos só fizeram aumentar seu sentimento de solidarie-

dade para com os colegas franceses. "De um modo estranho, mas que me marcou, aproximei-me de uma sociedade [...] de homens derrotados que eram alimentados por um exército que os mantinha prisioneiros [...]. Eu era um soldado de segunda classe e aprendi a obedecer a ordens desprezíveis e a compreender o que significava um exército inimigo. Como todo mundo, eu tinha contatos com os alemães, fosse para obedecê-los, fosse às vezes para escutar suas conversas estúpidas e jactanciosas [...]. Eu fora remoldado, pode-se dizer, pelo campo de prisioneiros. Vivíamos em uma multidão, constantemente encostando uns nos outros."[4] Depois da liberdade, Sartre dizia com ar saudoso que estava atônito com a grande distância que as pessoas mantinham entre si nos cafés parisienses. "No Stalag, redescobri um modo de vida coletiva que não vivenciava desde a École Normale — em outras palavras, fui feliz."[5]

Um ladrão chamado Braco, "um homenzinho feio e imundo, com olhos brilhantes e inteligentes [...] que está aqui com um nome falso e passa o tempo roubando, furtando, barganhando e, resumindo, dando muito duro para amealhar uma pequena fortuna",[6] ensinou a Sartre tudo que ele precisava saber sobre o mercado negro. "Se lhe fazemos nossos pedidos com oito dias de antecedência, ele normalmente consegue o que pedimos", escreveu Sartre a respeito de Braco, que o supria de tabaco. O escritor também calçou as luvas de boxe outra vez, medindo forças com um jovem impressor, mas estava fora de forma e a luta terminou empatada. "O que achei decepcionante, porque com Pardaillon nunca empatava."[7] Bem lá no fundo, Sartre, que sempre receara ser um covarde, sonhava em ser um herói; durante toda a vida ele hesitaria entre a covardia e a coragem. Agora a violência endêmica do campo o lembrava, não sem certo prazer masoquista, de seus dias de briga de rua na escola em La Rochelle. "[Os alemães] podem bater em nós à vontade, mas no fim vamos foder com eles",[8] escreveu, beligerante, em 1982, recordando como suas experiências no exército haviam-no mudado e politizado.

Como Braco, Sartre era pequeno, feio, imundo, e coberto de piolhos. A maioria dos prisioneiros sentia que era uma questão de orgulho manter o asseio pessoal, e faziam objeção a seu comportamento de *clochard*, um mendigo. Enojados com a possibilidade de que a palha no catre de Sartre estivesse infestada de piolhos, seus companheiros a encheram de inseticida enquanto ele dormia. Alguns prisioneiros se lembravam do modo como, no frio, Sartre tirava os piolhos do próprio corpo e os jogava no fogão, escutando-os estalar com o calor. Um dia, exasperados com sua imundície, arrastaram-no à força para a ducha, onde ele lutou e gritou sob a água fria: *"Messieurs, ne faîtes pas ça!"*.[9]

"Minha sujeira era repulsiva, por escolha e semimisticismo, eu era repugnante",[10] explicou Sartre para Beauvoir em uma carta datada de 29 de julho. Mas, envergonhado por conhecer "um rapazinho do Flore", um professor da École Normale que o reconheceu, e perguntou incrédulo se tinha parentesco com o escritor, Sartre decidiu tomar banho e fazer a barba: "Foi a maior agitação no pátio [...]. Agora eu tomo banho todo dia".

Chegara a hora de encontrar uma acomodação mais confortável no quartel. Um novo amigo da "aristocracia" do campo, um oficial chamado capitão Bourdin, arranjou para que Sartre trabalhasse como intérprete na enfermaria, onde ganhou um dormitório para dividir com outros dois prisioneiros, e uma mesa, cadeira e armário. Três meses mais tarde foi reclassificado como "artista", e transferido para o barracão dos artistas, com músicos e atores que eram pagos para montar apresentações dominicais duas vezes ao mês para os prisioneiros, no pequeno teatro do campo. Nas paredes do barracão havia violões, banjos, flautas e trompetes pendurados, e havia um piano em que os belgas tocavam suingue. Sartre tinha grande prazer em atuar nas farsas cômicas, como fizera na École Normale, e até escrevia peças, embora seus esforços iniciais não tenham sido montados. Mas a despeito de achar os artistas "um grande atrativo", em pouco tempo começou a gravitar em torno de companhias mais a seu feitio, os padres que faziam as vezes de intelectuais do campo: o abade Marius Perrin, chefe do quartel, um jesuíta chamado Paul Feller, o abade Henri Leroy, um abade basco chamado Etchegoyen, e um dominicano, padre Boisselet. Sartre e Perrin tornaram-se amigos íntimos. Tinham longas conversas sobre teologia e Sartre assumiu o papel de árbitro entre o dominicano e o jesuíta na questão da Imaculada Conceição: "Decidi contra Pio IX".[11] Às terças, dava palestras para seus "discípulos", como os chamava. Ele entrou para o coral e, sob uma batuta clerical, começou a praticar hinos e o Coro dos Peregrinos, de *Tannhäuser*.

Padre Espitallier, professor de retórica em Lyons, persuadiu Sartre a reler os *Sermões* de Bossuet. "É muito vantajoso ter fé",[12] disse-lhe um dia. Sartre tirou o cachimbo da boca. "Como assim, 'ter fé'?",quis saber. "O senhor tem fé assim como eu tenho este cachimbo? Ou quer dizer que a fé guarda com o senhor, seu proprietário, uma espécie de relação mágica? Não seria mais apropriado dizer que, tornando-se um crente, a pessoa assume uma atitude fundamental?" Espitallier agradeceu Sartre por essa "aula de espiritualidade". Momentos mais tarde, confiou a outro padre sua impressão sobre a superioridade de Sartre: ele é um ser como nenhum outro, uma espécie de profeta.

Perrin e Ethcegoyen tinham amigos entre os beneditinos no mosteiro de St. Matthias, em Trier, que supriam os padres — e Sartre — com uma comida especial e vinhos de Moselle. Um dos frades também arrumou para Sartre um exemplar de *Sein und Zeit*, a seu pedido. Ele começou na mesma hora a traduzir o livro do alemão para Perrin, que estava interessado na fenomenologia, ensinando-lhe sobre a filosofia de Heidegger, reitor de Freiburg até 1934, e velho partidário do nazismo.

Certo dia, o *Oberleutnant* Arndt, Camp Kommandant, veio à procura de Sartre. Ele não estava. "É o mesmo Sartre que esteve em Berlim em 1933?",[13] perguntou ele. Sartre deixara escapar que estudara no Instituto Francês em Berlim, e que era um admirador de Heidegger. Quando finalmente encontrou o Kommandant, será que Sartre respondeu *"Ja, mein Herr"*, como Beauvoir havia predito? Sem dúvida, seu interesse declarado pela cultura alemã contou a seu favor quando pediu permissão para encenar um mistério no Natal.

Sartre encontrara um exemplar maltratado de *Le Soulier de satin*, peça do celebrado dramaturgo católico Paul Claudel, jogada no barracão dos artistas, e isso despertou seu interesse por escrever uma peça. Claudel, cujos dramas antiprotestantes haviam sido populares antes da guerra, mais tarde se provaria um rival de Sartre. Mas, em 1940, Sartre era o aprendiz, e Claudel o dramaturgo estabelecido: mais de uma vez ele escreveu para Beauvoir pedindo que lhe enviasse livros de Claudel pela Cruz Vermelha americana.

"Quero que saiba que estou escrevendo minha primeira peça séria, e dando meu melhor [...] e ela é sobre a Natividade",[14] escreveu Sartre. "Não tenha medo, meu amor", acrescentou, não estava se convertendo ao catolicismo. "Mas vá por mim, de fato tenho talento como dramaturgo [...]. Depois disso, vou escrever peças." A peça era *Bariona, ou o filho do trovão*, a história de um chefe de vilarejo que se rebela contra a ocupação romana na Palestina. Ambientado em um vilarejo perto de Belém, em 24 de dezembro, o assunto fora escolhido,[15] disse Sartre, para atrair pessoas com ou sem fé na época do Natal. Para o público de prisioneiros, a peça representava uma conclamação disfarçada a resistir, embora a mensagem talvez não tenha sido tão clara quanto seu autor esperasse, envolta como vinha na mitologia cristã. "Os alemães não entenderam",[16] disse Sartre. "Viram apenas como uma peça de Natal. Mas os prisioneiros franceses sacaram tudo." "Preciso ser livre, livre. Livre contra Deus e por Deus, livre contra mim mesmo e por mim mesmo",[17] exclama Bariona, planejando matar o Cristo menino a fim de salvar os moradores locais da submissão aos conquistadores. Sartre fez Baltazar, o mago negro que argumenta que sim, é verdade que Deus não pode fazer nada contra a liberdade humana, *mais quoi donc?* E daí? "Uma nova liberdade subirá aos Céus como uma coluna de granito [...]. *Jette-toi vers le ciel et alors tu seras libre* [...] *tout étonné d'exister dans le plein coeur de Dieu, dans le royaume de Dieu qui est au Ciel et aussi sur la terre.* (Atire-se na direção do céu e você será livre [...] atônito de existir bem no coração de Deus, no reino de Deus que existe no Céu e também na terra.)" O buraco em forma de Deus que continua a existir na peça do ateu fica evidente em um texto que revela seus próprios debates internos sobre fé e sua nostalgia pela religião da mãe e da avó; não causa surpresa que pelo menos um confuso prisioneiro tenha se convertido ao catolicismo após escutar a peça e ver seu autor correndo para assistir à missa do galo.

Atuando, além de escrever e dirigir, Sartre, o mestre de cerimônias, pela primeira vez experimentou a emoção arrepiante de manter um público de milhares enfeitiçado. Foi um divisor de águas: o início de um longo caso de amor com os palcos. Olhando através da ribalta para a massa silenciosa de seus *confrères*, "Eu me dei conta do que o teatro deve ser: um fenômeno grandioso, coletivo, religioso [...] um teatro de mitos".[18]

Ele vislumbrara o passo seguinte em seu "destino". "Há momentos em que me parece, como acontece com você, algo maníaco e obstinado escrever [meu romance] enquanto homens morrem como moscas no Norte e quando o destino de toda a Europa está em jogo, mas o que posso fazer?",[19] perguntava Sartre a Beauvoir em 27 de maio, conforme a França caía em torno dele. "Além do mais, é *meu* destino, meu destino individual específico, e nenhum bicho-papão coletivo gigante me fará renunciar a meu destino." Nada o faria renunciar a seu projeto básico de escrever, mas o cativeiro ampliara sua consciência. A essa altura já ficara sabendo que seu velho amigo Paul Nizan fora morto no front, em 6 de maio, dias apenas antes de Bost ter sido ferido e a maior parte de seu regimento desbaratado. Foi um golpe duro, que despertou em Sartre um novo sentimento de injúria e responsabilidade.

"Até a guerra, eu nunca havia feito coisa alguma: eu costumava brincar com ideias inofensivas diante de um bando de crianças",[20] confidenciou Sartre a Perrin durante uma de suas conversas matinais ao pé do fogão. Depois do Natal, seu senso de missão cristalizou. Durante a Guerra de Mentira ele decidira mergulhar no "*soufflé*" da política: "Não seguirei ninguém e os que querem me seguir podem me seguir".[21] "Sartre não gosta do que está acontecendo na França, mas é reservado sobre De Gaulle",[22] observou Perrin em seu diário, no início de 1941. "Ele não tem apreço por regime nenhum: os fascistas o deixam horrorizado: o poder nas mãos dos *salauds* [...]. Ele decidiu descer de sua torre de marfim e entrar de cabeça na refrega." Para os padres, que observavam fascinados Sartre tirando piolhos da blusa enquanto falava, ele expressou sua desilusão com a política contemporânea: "É impossível entrar em qualquer partido: são todos podres, incluindo os comunistas". A única solução era começar um novo, "o partido da liberdade".

Em uma das cartas cifradas de Sartre, com iniciais trabalhadas para passar pelo crivo dos censores, Beauvoir recebeu a mensagem de que "Poulou"[23] logo retornaria a Paris. "Minha querida, seja paciente e confiante." Seu franguinho em breve veria seu "pequeno sorriso outra vez", "suas velhas bochechinhas", e estreitaria seu "frágil corpinho" em seus braços. Beauvoir escrevera que se sentia sozinha e solitária, e suas "queridas cartinhas tristes"[24] haviam deixado Sartre preocupado. Em uma de inúmeras respostas carinhosas enfatizando a profundidade e permanência de seu relacionamento, ele escreveu: "Tenha em mente que eu a amo, que não mudei nem um pouco, e que estamos juntos em tudo, minha pequena". Culpadamente, ele confessou que, a despeito do duro inverno, não sentia nem um pouco de frio: "Já pensei diversas vezes, minha pobrezinha, que você está passando muito mais frio do que eu". Os prisioneiros tinham tanto carvão quanto necessitassem e, "adotado pelos padres", ele se alimentava muito bem. "Não sinto falta de nada."

Sartre estava confortável demais, envolvido demais em escrever *O ser e o nada*, que os censores haviam lhe devolvido, para desejar fazer uma tentativa de fuga abortada em um momento em que os alemães pareciam invisíveis. Em duas ocasiões ofereceram-lhe oportunidade de fugir e ele se recusou. No fim, o abade Perrin veio com uma ideia à prova de falhas: Sartre poderia ser repatriado sem correr riscos se fosse apontado em seu histórico de saúde, com tinta vermelha, que sofria de um estrabismo que afetava seu senso de direção. Quando chegou a ordem do Abwehr para liberar os "incuráveis", Sartre requisitou um exame médico. "Era um exagero infantil que não enganaria ninguém",[25] alegou Jean Pierre, seu colega meteorologista, embora Sartre, cego de um olho, de fato jamais estaria apto para o serviço ativo.

Mas quando ficou diante da banca composta de quatro alemães, o quarto oficial, após um exame perfunctório no histórico do prisioneiro, concordou com a repatriação. Muitos comentaram à boca miúda que Sartre estava sendo recompensado por *Bariona*, que havia permitido a seus captores mostrar que os prisioneiros, longe de oprimidos, eram tratados como reis.

23

A nova ordem

Nunca fomos mais livres do que sob a Ocupação alemã.[1]

Jean-Paul Sartre

SETEMBRO DE 1940. O racionamento foi introduzido: 350g de pão por dia, 300g de carne por semana, 500g de açúcar e 200g de manteiga por mês para cada francês adulto entre 21 e 70 anos. Embora mais generosas que as rações britânicas, que foram fixadas em apenas 4 onças (113g) de manteiga e 12 onças (340g) de açúcar por mês em janeiro de 1940, foi o começo da parcimônia. Os parisienses tinham mais fome que a França rural. Na mesa de seus pais, Beauvoir sentava diante de um prato de rutabagas, de uso exclusivo para alimentação do gado, antes da guerra, e alcachofras de Jerusalém. Tomando um arremedo de café no Dôme, ela observava morosamente as *Blitzmädchen*, auxiliares alemãs conhecidas como "camundongos cinza", servindo pão e geleia em suas mesas e passando um pacote de chá de verdade para a garçonete. "*Ils nous prennent tout*",[2] estão pegando tudo de nós, diziam os parisienses perplexos à medida que os mercados e lojas se esvaziavam. Mais de três quartos da produção francesa era canalizada para a Alemanha, e os parisienses lançaram mão do Système D, de *débrouillard*, ou seja, cada um se virava como podia, num sistema de escambo em que um encanador fazia um serviço em troca de um frango, que depois usaria para pagar seu médico. Para os ricos, um mercado negro surgiu. Privadas de cosméticos, as mulheres francesas seguiam o conselho de Colette de usar suco de nabo no rosto para prevenir as rugas.

O inverno de 1940-41 foi ainda mais frio e nevou mais do que no anterior. O bloqueio britânico dos portos levou a uma escassez de carvão, e Beauvoir não tinha como aquecer seu quarto. À noite, ela se enfiava sob a roupa de cama gelada usando calças de esquiar e um suéter. Nas ruas "lúgubres", não havia carros e os poucos ônibus eram movidos a gás, de modo que as bicicletas haviam se tornado o principal meio de transporte. Muitas estações de metrô continuavam fechadas com barricadas.

Após a "batida de carro"[3] da derrota, como o difamado Léon Blum a descreveu, humilhação em cima de humilhação abateu-se sobre a nação francesa. Em 24 de outubro de 1940, Pétain encontrou Hitler em Montoire e apertou sua mão. A foto correu mundo, transmitindo a mensagem do colaboracionismo da França com o Reich nazista. Seguindo-se à assinatura do armistício, que, em um espírito de vingança, o Führer insistira que tivesse lugar no mesmo vagão de trem em Compiègne em que os generais alemães haviam se rendido aos franceses no fim da Primeira Guerra Mundial, ele entrou em Paris em 23 de junho de 1940. Lá ele ordenou a destruição de diversas estátuas, incluindo a de Edith Cavell, a enfermeira britânica morta pelos alemães em 1915. Na Opéra, onde a comitiva de Hitler, guiada pelo coronel Hans Speidel, chefe de Estado-maior do governo militar, chegou pouco após o alvorecer, em um domingo, o zelador, conhecido como Glouglou,[4] os recebeu. Como solicitado, acendeu as luzes do palco — mas, assim reza a lenda, recusou dignamente a gorjeta oferecida.

Teria a história da resistência simbólica do zelador inspirado outros? Em 11 de novembro, aniversário do Dia do Armistício de 1918, a Rádio Londres convocou a população parisiense para depositar flores no túmulo do Soldado Desconhecido, sob o Arco do Triunfo. Desafiando ordens alemãs, milhares de estudantes e seus professores saíram pelas ruas numa manifestação, cantando a Marselhesa e usando a roseta tricolor. A polícia francesa tratou os manifestantes com brutalidade, prendendo 140. A Universidade de Paris foi fechada, seu reitor, Roussy, demitido. Beauvoir, contudo, não tomou parte nos protestos: "Eu não conhecia nenhum daqueles jovens que haviam dito Não ao nazismo. Tudo que podia ver a minha volta eram pessoas tão perdidas quanto eu mesma".[5]

Sua passividade era típica: *chacun pour soi*, cada um por si, tornou-se o lema da maioria, à medida que as lealdades se resumiam a si mesmo, aos amigos e à família. A maior parte da burguesia achou que o armistício havia preservado a honra da França intacta, que Pétain serviria de "escudo" contra os invasores, e que Blum era o culpado pela derrota. A animosidade para com os britânicos após a perda de 1.600 marinheiros franceses em Mers-el-Kebir inflamou o "desejo de ficar em bons termos com os vitoriosos a qualquer preço",[6] de acolher a Nova Ordem hitlerista. Voltando ao Lycée Camille See para o trimestre de outono, pediram a Beauvoir que assinasse um documento jurando que não era nem franco-maçom nem judia. A despeito de alegar em suas memórias que achou isso "repugnante",[7] que Pétain despertou seu "forte ódio pessoal", ela concordou. "Ninguém se recusava a fazê-lo. *Il n'y avait aucun moyen de faire autrement*",[8] não havia como ser de outro modo. Ela precisava do trabalho.

A cada mês, a engrenagem de perseguição dos judeus na república de Vichy avançava mais um dente. Do fim de julho em diante, placas dizendo "Proibido Judeus" começaram a aparecer nas vitrines das lojas e a Rádio Vichy berrava suas denúncias de judeus e bolcheviques. Pétain revogou a lei que proibia propaganda antissemita e turbulentas demonstrações contra os judeus encheram as ruas de Vichy, Marselha, Lyon e os Champs Élysées, enquanto as fábricas começaram a mandar embora os trabalhadores judeus. Em 3 de outubro de 1940, um decreto alemão determinou que todos os judeus se declarassem a seus empregadores, e no dia 19 Vichy divulgou seu próprio *statut des Israëlites*, proibindo os judeus de ocupar cargos públicos.

Em suas memórias, Beauvoir afirma que em 1940 achava essa perseguição "terrível".[9] "Eu queria que houvesse alguém com quem eu pudesse compartilhar meu medo e, mais particularmente, minha raiva." Ela alegou ter mostrado solidariedade por Bianca quando o cerco se fechou em torno da família dela, escrevendo que em 1939 "eu havia previsto, com uma ponta de vergonha íntima, que sua vida estava destinada a ser muito diferente da minha".[10] O diário e as cartas de Beauvoir na época, contudo, revelam um tom bem diferente, mostrando a mesma indiferença para com judeus, até mesmo judeus franceses como Bianca, como a maioria. Observações cáusticas de desprezo pontuam as páginas das cartas de Beauvoir para Sartre enquanto uma Bianca frenética tenta encontrar um jeito de escapar por intermédio de um casamento com um não judeu. No Flore, escreve Beauvoir em 31 de dezembro de 1940, "vi Bienenfeld — que agora exibe o tempo todo narinas trêmulas, respiração dificultosa e espírito angustiado. Seu pai conferenciava com M. Lamblin: ela sabe que estará casada em duas semanas, só não sabe com quem — Lamblin ou o americano? É uma situação deprimente, mas pela qual não consigo sentir a menor simpatia".[11]

Tomar consciência dos sentimentos alheios sempre se mostrara um problema para Beauvoir: "O infortúnio dos outros não pode ser imaginado, muito menos plenamente compreendido",[12] registrou ela em seu Diário de Guerra, em 2 de julho de 1940. Apenas muito mais tarde, em 1950, quando ela também se sentia ameaçada, uma onda de compreensão a invadiria, e o remorso pelo sofrimento da namorada judia tardiamente pesou em sua consciência.

Eram os judeus que obedeciam ordens, como o pai de Bianca,[13] David, submissamente se registrando como judeu, temendo que, caso não o fizesse, seria "acusado de delito", que atraíam para si o maior risco. Em junho de 1941, descendo do metrô uma estação antes, ele por muito pouco escapou de ser pego pela polícia e fugiu para Villard-de-Lans, perto de Grenoble, na Zona Livre, com a esposa e a filha Ella, deixando Bianca e seu novo marido, Bernard Lamblin, em Paris. O decreto de 21 de março de 1941 havia revogado a nacionalidade francesa de judeus franceses como os Bienenfeld e os tornado sem pátria, mas ao casar com Bernard, Bianca a recuperou. Desafiadora e desembaraçada, ela se escondeu na cidade e se recusou a usar a estrela amarela de seis pontas, bordada com a palavra *"Juif"*, que os judeus franceses, assim como os da Alemanha e da Polônia, tinham ordens de usar a partir de 29 de maio de 1942.

Colaboracionistas como Robert Brassillach achavam ofensivo ver a quantidade de judeus vivendo pelas ruas de Paris. "A estrela amarela talvez provoque calafrios em alguns católicos, mas [...] ela renova a tradição cristã mais estrita",[14] escreveu no jornal fascista *Je Suis Partout*. Todos os jornais parisienses aprovaram a nova lei. O *Paris-Midi*, por exemplo, escreveu em 8 de junho: "A abundância de judeus nas calçadas de Paris abriu os olhos dos mais cegos".[15]

"Você definitivamente não deveria andar por aí desse jeito! É muito perigoso, muito arriscado!"[16] Simone Signoret, na época uma jovem figurante judia de cinema cujo nome verdadeiro era Simone Kaminker, advertiu Bianca quando a viu na rua sem uma estrela em seu casaco. Signoret também se recusava a usar a estrela. *"Tais-toi!"*, cale a boca. Bianca saiu correndo. Suas estrelas amarelas, as três entregues pelas autoridades para cada judeu, ficavam escondidas no fundo de sua gaveta.

Beauvoir viu que ciganos rebeldes haviam encontrado o melhor modo de preservar a vida. "O otimismo permanecia tão obstinadamente enraizado nas cabeças dos franceses que um determinado número de judeus, em particular gente simples sem recursos adequados, ingenuamente supunha que, ao observar os regulamentos, escapariam do pior do que estava acontecendo. Na verdade, poucos dos que se identificavam com a estrela amarela sobreviveram. Outros, igualmente ingênuos, acharam que poderiam desprezar todos os decretos impunemente. Nunca vi ninguém usando uma estrela em Montparnasse ou em Saint-Germain-des-Prés."[17] Mesmo quando, a partir de 15 de julho, os judeus ficaram proibidos de entrar em lugares públicos, como restaurantes ou cinemas, cantoras e dançarinas judias como Sonia Mossé ou Simone Signoret "apareciam no Flore e ficavam conversando até a hora de fechar".

Signoret disse às pessoas na Pathé, onde filmava o *Boléro* com Arletty, que havia "esquecido"[18] a permissão de trabalho, distribuída pelo departamento de propaganda do exército alemão para provar que seu portador era ariano. Mas logo os censores a viram em outro filme, e ela foi mandada embora. Um novo perigo se alastrava: a denúncia. O invasores pagavam cem francos por informação, e muitos cidadãos franceses ajudavam de bom grado.

Perto do fim de 1940, Beauvoir, como Sartre, abandonara Bianca Bienenfeld. Foi uma "execução dupla"[19] para a mulher aterrorizada. *"J'ai porté toute ma vie le poids de cet abandon"* — carreguei minha vida toda o peso desse abandono. Ela estava, nas palavras de Jean Kanapa, expulsa da Sagrada Família existencialista. No vácuo entrou Nathalie Sorokine, cuja posição no ninho sartriano ficou fortalecida sem o desajeitado cuco.

Nathalie importunara Beauvoir em seu regresso a Paris, visando se mudar junto com ela para o apartamento de sua avó na rue Denfert-Rochereau. Mas Beauvoir, atormentada pelo destino de Bost, andava nervosa e irritável, e no início sua relação ambivalente com Nathalie foi pontuada pelas brigas. "Eu quebro as coisas, fico tremendo, minha voz perde o tom — uma vez quase a estapeei",[20] confessou para Sartre em julho de 1940. Nathalie não se deteve; quando o toque de recolher era iminente e a professora advertia a garota para ir embora, ela se recusou. Relutante, Beauvoir deixou que passasse a noite. Dois dias mais tarde, Mme Sorokine enxotou a filha, dizendo que a professora ficasse com ela; Beauvoir concordou com isso por três meses, pagando 500 francos por mês a Nathalie. O apartamento se tornou o quartel-general do esquema de roubo de bicicletas de Nathalie, embora Beauvoir se recusasse a agir como sua cúmplice. No mais, a dupla compartilhava um estilo de vida precário. Nathalie preparava arroz ou batatas para Beauvoir, cujos acessos de fúria muitas vezes enveredavam para a violência:

> Quando tentei sacudir [Nathalie], ela me golpeou com os punhos. Mesmo assim arrastei-a até a porta [...]. Francamente, eu a odiava. Ela quis conversar, mas me recusei com raiva e joguei-lhe um colchão, um travesseiro e alguns cobertores — ela que se instalasse confortavelmente no chão.[21]

No dia seguinte, as duas fizeram as pazes. Dias depois, Nathalie aplicou beliscões tão ferozes em Beauvoir que o sangue brotou, e Beauvoir reagiu com um tabefe. A despeito de jurar que não deixaria Nathalie "tiranizá-la", Beauvoir mais uma vez aturou "queixas, tapas, agarrões e ameaças" antes de pôr Sorokine na rua. O dia seguinte, inevitavelmente, foi de reconciliação.

O sexo mulher com mulher continuou, e a despeito do ciúme que Nathalie sentia de Olga, em outubro Simone de Beauvoir descreveu o relacionamento entre ela e Nathalie como "idílico".

O regresso de Bost a Paris no outono restaurou o equilíbrio de Beauvoir. Depois de 15 dias de férias em Montpellier, assumiram uma rotina em Paris, onde Bost tinha um emprego "confortável" como supervisor de ensino em uma escola na rue Denfert. Continuava se encontrando com Olga, mas ele e Castor almoçavam todo dia juntos, além de passar os sábados à noite *à deux*. "Tudo ainda é um mar de rosas com Bost, Olga e Sorokine",[22] escreveu Beauvoir para Sartre em 29 de novembro. Mas, intelectualmente, ela estava isolada; a despeito de seu encantador brinquedinho, ela sentia falta do intelecto penetrante de Sartre. Um segundo Natal passou sem sua presença, e no Ano-Novo de 1941, ela refletiu: "Eu não poderia me dar melhor com Bost — e contudo, como estou sempre sozinha em sua companhia!".[23]

Sua cabeça estava em seu romance e nas perspectivas da obra. Ao visitar Brice Parain na *Nouvelle Revue Française*, ela descobriu que ser publicada sob a Ocupação significava passar pelo corredor polonês dos censores alemães. O próprio Parain se recusara a publicar a *NRF* e o escritor fascista Drieu La Rochelle estava assumindo. Parain falou sobre as "Listas Otto" de livros que os alemães haviam designado para destruição: Freud, Thomas Mann, Paul Nizan, De Gaulle e em breve Raymond Aron, também, foram todos proibidos, embora, significativamente, Sartre não. Sentada no Dôme, reelaborando as últimas páginas de *L'Invitée*, Beauvoir aguardava impaciente pelo retorno de Sartre. "Meu coração está permanentemente apertado conforme escrevo. Meu pequenino, sinto vontade de chorar o tempo todo hoje em dia. Amo você tanto, ansiando de tal maneira por seu rosto e seu afeto [...]. É de *você* que sinto falta, de seus sorrisos, sua pequena nuca, de que me lembro tão bem."[24] Perto do fim de janeiro, "cauterizada pela dor", ela parou de escrever: estava sendo atormentada por constantes pesadelos de que ele não mais a amava, e muitas vezes estava "literalmente lutando para respirar". Nem mesmo Hegel a confortava mais. Em vez disso, Beauvoir se voltou para Kierkegaard, para a certeza do "*J'existe*", e para pensamentos do Absoluto.

Sartre foi levado para Drancy, o campo de prisioneiros dirigido pela SS às portas de Paris, e liberado. No fim de março, Beauvoir deu com um bilhete em seu escaninho no Hôtel du Danemark: "Estou no Três Mosqueteiros". Ele estava em Paris havia duas semanas sem lhe dizer. Uma carta não data-da sugere que havia corrido direto para os braços de Wanda, para quem se tornara "um adorado gato ou pequinês [...]. Sinto grande carinho por ela".[25] Com Wanda, uma daquelas "mulheres sombrias, afogando-se", por quem sentia uma "atração mágica", Sartre preencheu o vazio deixado pela perda dos camaradas do campo.

"Sartre me deixou inteiramente perplexa",[26] escreveu Simone de Beauvoir, quando o encontrou novamente. Um sentia que o outro falava uma língua diferente. Tendo contado a ela sobre sua "fuga", como Beauvoir insistia em chamar o estratagema em que Perrin havia falsificado o prontuário médico de Sartre, ele a exprobrou severamente por seu comportamento. "O que me desconcertou muito foi mais a rigidez dos parâmetros morais dele."[27] O que ela andava comprando no mercado negro?, quis saber. "Um pouquinho de chá." Era muita coisa. Ela errara em assinar os papéis declarando não ser maçom nem judia. Sartre, fundamentalmente um antifascista,[28] voltara com "uma couraça de princípios", e ficou chocado por Beauvoir compartilhar a atitude prevalecente de l'attentisme, ou seja, esperar para ver. Londres estava sendo bombardeada. Parecia que Hitler invadiria a Inglaterra a qualquer momento. Só estar vivo em Paris já implicava "algum tipo de comprometi-mento",[29] protestou Castor. Ele havia se adaptado da melhor forma possível aos Fritzes, como todos os demais.

Para horror inicial da dupla, seus antigos amigos Dullin e Simone Jollivet já haviam decidido se alinhar inteiramente com o lado vencedor. No início de julho de 1940, Jollivet, uma Valquíria[30] triunfante em um longo vestido branco com o cabelo loiro em um albornoz, havia se vangloriado com Beauvoir de que chegara o momento de ver florescer o seu gênio. Agora, jantando com Beauvoir na primavera de 1941, no restaurante do Théâtre de Paris, ela declarou que, já que o nazismo estava em ascensão, "Deveríamos nos juntar a ele". Dullin, que ela tinha "na palma da mão", planejava produzir duas peças que ela havia adaptado. Beauvoir ficou chocada e deixou a mesa. Sartre, também, ficou "completamente enojado"[31] com as notícias do oportunismo de Jollivet e Dullin.

Em abril de 1941, Sartre acreditou que o "Reinado do Mal", como dissera em La Mort dans l'âme, começara com a Ocupação. Ele aprendera com seu avô luterano, Karl, que às vezes era o momento do demônio. Hegel lhe ensinara que o "torniquete da história", que Sartre visualizava como espiral, mais do que dialético, era um motor nos eventos humanos, embora mais tarde ele viria a condenar esse "hegelianismo mal compreendido" que faz da História um deus ao qual as pessoas têm de se submeter. "Tome o ponto de vista da História",[32] escreveu ele, "e você vai ver como essa humilhação, essa derrota, esses campos de extermínio, esse torturados combatentes da resistência, esses soldados alemães pelas ruas de Paris, esse marechal fascista e senil na Rádio Vichy, a totalidade desse presente indigno, odioso, parecerá de repente normal e, assim, aceitável para você." Mas em 1941 ele realmente admitiu algo muito próximo do determinismo hegeliano: a contingência, que fora maldosa o suficiente para fazer de Sartre alguém feio, que levara um regime horrível a governar a França, e que encerrava a ideia de Mal dentro da criação.

A despeito de sua fragilidade física, Sartre estava ansioso em lutar contra o Mal.[33] Na primeira noite que passaram juntos, Beauvoir ficou perplexa de ouvi-lo dizer que não havia regressado a Paris para gozar das "delícias da liberdade [...] mas para *agir*". Ele daria início a um movimento de resistência. A primeira reunião foi no quarto de Beauvoir, no Hôtel Mistral, para onde ela e Sartre voltaram. Seus combatentes da liberdade eram alunos de filosofia, antigos e atuais, marxistas e não marxistas: Maurice Merleau-Ponty, que havia formado seu próprio grupo, Sous la Botte (Sob a Bota), de seus alunos na École Normale, Jean-Toussaint Desanti e a esposa, Dominique, François Cuzin, Simone Debout e Yvonne Picart. Sartre, de sua parte, havia convidado a "família", Bost e Olga, Wanda, além de Jean Pouillon, Jean Kanapa e Raoul Levy. Foi uma época de "*camaraderie joyeuse*",[34] recorda Dominique Desanti. Seu marido e Bost eram totalmente a favor de fazer bombas, *boîtes à sardines*, explosivos plásticos, e jogar granadas. A própria Castor se voluntariou para "quebrar a cara"[35] de Robert Brasillach, quando ficaram sabendo que estava entre os escritores colaboracionistas franceses que tomariam o trem para Weimar. Contudo, o grupo, que Sartre chamava de "Socialismo e Liberdade", reconhecia que seus talentos eram mais indicados para coletar informação e escrever panfletos clandestinos. "Se aceitarmos o regime de Vichy, não somos homens",[36] declarou Sartre. "Nenhum acordo é possível com os colaboradores."

Beauvoir tinha dúvidas sobre o sucesso: o grupo era tão amador que Bost andava pelas ruas carregando uma máquina copiadora e os encontros de Sartre com Jean Cavaillès, líder de outro grupo incipiente, mais tarde fuzilado por sua participação na Resistência, tinham lugar no Closerie des Lilas ou nos Jardins de Luxemburgo, onde podiam ser escutados. Jean Pouillon perdeu sua maleta, contendo os nomes de todos seus companheiros além de uma pilha de panfletos. Felizmente, alguém a deixou nos achados e perdidos. Em outra ocasião, o físico Georges Chazelas[37] estava imprimindo panfletos na casa do escritor François Coppée quando a Gestapo bateu na porta. Estavam ali para tomar os livros de Coppée. Chazelas teve sorte e fugiu, mas em 15 de junho de 1941, colando cartazes que conclamavam novos recrutas para atos de sabotagem nas paredes de uma faculdade de medicina, ele foi preso e mandado para a prisão por seis meses.

No verão o grupo de Sartre contava cinquenta pessoas, e ele queria viajar para a Zona Livre a fim de recrutar Gide e Malraux. Mas desde o regresso de Sartre do Stalag, rumores sobre sua "fuga" vinham circulando. O Partido Comunista Francês (PCF) permaneceu desconfiado dele, espalhando que Drieu la Rochelle ou até o nazista Heidegger haviam determinado sua soltura. Os comunistas já ligavam Sartre a Paul Nizan, condenado como traidor após ter se desfiliado do Partido em seguida ao Pacto Nazi-Soviético. Agora reputavam Sartre um *agent provocateur*, um espião alemão, e a história se alastrou como fogo.

As pessoas pagavam para ver se Sartre viveria para cumprir sua promessa de "não concessão". Em vez disso, ele rapidamente deu provas de sua habilidade em navegar pelos perigosos recifes da França ocupada, enfunando as velas aos ventos predominantes.[38] A astúcia serpentina que já caracterizava sua carreira não poderia ter ficado mais evidente do que nas *années noires*, os anos negros, em que ele penetrou nas estruturas do poder e influência e se posicionou de um modo ideal para a Liberação. A vacuidade de suas palavras foi revelada depois da Páscoa de 1941, quando ele regressou para lecionar no Lycée Pasteur em Neuilly. Como registrou Beauvoir, Sartre "se adaptou às novas condições", mas muito mais rápido do que ela admitiu. Ele se encontrou com Georges Davy,[39] o inspetor geral de Educação, que conhecia desde que participara como membro da bancada de *agrégation* em 1929, e fez um acordo com ele. Se Sartre desse aula por mais dois trimestres nos subúrbios, ele conseguiria uma promoção para o badalado Lycée Condorcet no outono, e como *professeur de khâgne*, assumindo a classe com as melhores notas de ingresso na École Normale. Sartre ainda relutava em assinar o juramento de que não era nem maçom-livre nem judeu, embora a pragmática Beauvoir argumentasse que "eu assinaria, assim teria emprego e dinheiro para fazer o que quisesse, ou seja, montar um grupo de resistência".[40] Ele assinou? Parece que sim. É provável que Sartre tenha mentido quando contou a seu biógrafo que Davy era um "membro secreto da Resistência", que o acolheu com um aceno de cabeça e uma piscadela.

Sartre e Beauvoir não tinham a menor intenção de permitir que a Ocupação ficasse no caminho de suas habituais férias de verão. A missão de conhecer André Gide, o importante velho senhor das letras que como todo mundo sabia perguntara antes da guerra, "Quem é esse Jean-Paul?", acrescentou uma dimensão extra a seus planos de uma travessia proibida para a Zona Livre, no sul.

Sorokine lhes deu duas de suas bicicletas roubadas, que escondia no pátio diante do ateliê de Picasso, e Sartre as enviou por trem para um padre em Roanne. Na fronteira em Montceau-les-Mines, uma moradora local os guiou através dos campos e florestas à noite até que chegaram a uma estalagem, onde passaram uma noite desconfortável em colchões compartilhados por seis outras pessoas. Mas na manhã seguinte Beauvoir ficou jubilosa. Haviam se evadido aos alemães. Logo ela e Sartre pedalavam livremente pelas estradas que levavam ao sul, acampando à noite após jantar em um bistrô local. Em Bourg Sartre obteve seus documentos de desmobilização e o casal seguiu em frente para a Ardèche. Parando na casa de Pierre Kahn, antigo aluno de Cavaillès, desfrutaram de um delicioso almoço, com a novidade de mirtilos frescos de sobremesa. A comida era mais abundante na Zona Livre, e, com os primeiros ciprestes e oliveiras aparecendo, e o cheiro da urze sendo substituído pelo da alfazema, Beauvoir nunca se sentira mais despreocupada: "Em certo sentido a guerra torna cada momento que eu vivo muito precioso; nunca senti as coisas com tanta intensidade e profundidade como agora".[41]

Em Marselha o estado de espírito deles mudou. Sartre conheceu o socialista Daniel Mayer e lhe perguntou se tinha alguma tarefa especial para seu grupo, mas tudo que Mayer pôde sugerir foi que enviassem uma carta a Léon Blum em seu aniversário. Sartre foi embora desapontado. Fora um teste para Sartre, que não tinha passado político algum, contou Mayer, posteriormente. O nome seguinte na lista de Sartre era Gide, com um endereço indecifrável rabiscado ao lado do nome. Caloris? Vallauris? Finalmente, encontraram a casa de Gide, em Cabris, mas apenas sua filha Catherine estava. Pedalando em Grasse, Beauvoir teve um pneu furado e parou ao lado de uma fonte, enquanto Sartre rastreava o octogenário autor em um café. Gide foi tão cauteloso quanto Mayer. Sartre lhe contou que se encontrariam com André Malraux no dia seguinte. "Bom",[42] observou Gide quando partiam, "espero que o peguem de bom humor — *un bon Malraux*, hein?" O futuro combatente da resistência serviu-lhes um almoço, mas nenhum encorajamento. Confortavelmente situado em sua villa perto de Saint-Jean-Cap-Ferrat, Malraux disse secamente que estava na dependência de tanques russos e aviões americanos para vencer a guerra.

Cruzando os Alpes marítimos a caminho da casa de Colette Audry em Grenoble, Simone cometeu o erro de beber muito vinho branco sob o sol quente. Descendo a colina, sentia uma certa tontura. Quando dois outros ciclistas bloqueavam a estrada, ela desviou e escorregou para um precipício: "Então é a morte".[43] Quando recobrou a consciência, havia perdido um dente e tinha o rosto esfolado e inchado. Para Beauvoir, o "negócio de morrer" de repente pareceu fácil. "A morte não é *nada*". Havia exorcizado seus medos. Quando seu pai morrera, em julho, por seu próprio pedido sem o acompanhamento de um padre, ela havia ficado impressionada pelo modo pacífico como ele "regressara ao nada".[44] Seu próprio acidente sublinhava a facilidade dessa transição.

"*A* questão biográfica"[45] sobre Sartre é, segundo um biógrafo: "O que você faz na guerra?". Ao aceitar seu novo cargo no Lycée Condorcet em outubro de 1941, Sartre assumia uma atitude controversa. Ele tomava o lugar de um professor judeu destituído, Henri Dreyfus-le-Foyer, sobrinho-neto do capitão Alfred Dreyfus, protagonista do célebre Caso Dreyfus. Dreyfus, "um jovem e brilhante *professeur de khâgne* em 1941",[46] foi mandado embora quando a lei antissemita de Vichy foi aplicada pela primeira vez.[47] "Quem aparece para substituí-lo? Jean-Paul Sartre", recordou um dos alunos de Dreyfus.

Em defesa de Sartre, alega-se que não sucedeu imediatamente Dreyfus no cargo, mas que um professor temporário, Ferdinand Alquié, foi designado para o ano letivo de 1940-41. Será que Sartre sabia que estava tanto legitimando como tirando proveito das leis raciais de Vichy quando aceitou o emprego mais cobiçado do Condorcet, que exigia apenas nove horas semanais em sala de aula, e lhe proporcionava tempo para consumar seu "destino" de escritor? O Condorcet era um cargo tentador que punha Sartre ombro a ombro com Beauvoir, ela mesma uma *professeur de khâgne* lecionando apenas oito horas por semana. Mas aceitá-lo era trair seus princípios.

Os fatos incriminam Sartre. Embora Alquié tenha trabalhado como temporário (*à titre provisoire*) do fim de janeiro a outubro, foi Sartre quem sucedeu Dreyfus como *professeur* permanente, e quase não resta dúvida de que estava ciente do fato. Segundo André Burguière, um aluno de Dreyfus, o professor comentou abertamente: "Fui mandado embora por Vichy; Sartre vai assumir meu lugar". A família de Dreyfus lembra de ele dizer que Sartre, não Alquié, foi seu sucessor. E, a menos que tivesse deixado de ler seu contrato de trabalho, Sartre não teria como deixar de saber que estava substituindo Dreyfus: o nome do predecessor de um professor invariavelmente constava do documento.

Nenhum professor podia fingir ignorar a evasão de judeus. Foi o grande acontecimento nas escolas e universidades em 1940-41. As leis antissemitas significaram que 1.111 cargos em educação de repente se tornaram vagos.

Jean Wahl, professor de Bianca, também foi afastado, assim como Claude Lévi-Strauss. Sartre, bem como Beauvoir, que escreve em suas memórias que jantou com Wahl, sabia do sofrimento das vítimas de Vichy. Mas era mais fácil desviar o rosto, evitar o constrangimento e mal-estar sentido pelos não judeus quando se viam frente a frente com judeus usando a estrela amarela. A fim de não torná-los judeus em virtude "do olhar", escreveu Sartre, ele evitou se encontrar com eles. Era, disse, "o sinal supremo de amizade fingir não saber".[48]

Sartre não precisava do emprego de Dreyfus; ele podia ter ficado no Lycée Pasteur. Um arrivista até a medula, foi sua avidez pela fama que o levou a pisar em cima de Dreyfus, que desapareceu na Zona Livre, onde se tornaria um ajudante de hospital para a Resistência. Sartre escreveria palavras famosas: "Considero Flaubert e Goncourt responsáveis pela repressão que se seguiu à Comuna porque não escreveram sequer uma linha para impedi-la."[49]

Do mesmo modo, Sartre jamais escreveu uma linha para se opor às leis de Vichy ou à sua implementação; pelo contrário, tirou proveito delas.

24

Pacto com o demônio

Você sabe o que significa ser um covarde [...]. É, sabe o *custo*
do mal [...]. Fiz minha escolha deliberadamente. Um homem
é o que ele quer ser.[1]

Jean-Paul Sartre, *Huis Clos*

O PERIGO DA GUERRA emprestou uma nova urgência ao sexo. A Ocupação
criou uma nova necessidade de alimentar o ninho do Kobra, conforme a
"família" se tornava mais dependente de seus "pais" e mais estreitamente
ligada. Sexualmente colonizadas por Sartre e Beauvoir, condicionadas a agir
como seres desamparados, suas crias eram um crescente dreno financeiro.
Wanda, dizia Sartre, era sua "criança", assim como Olga era a de Castor. O
Petit Bost, não muito chegado ao trabalho regular, portava-se de modo cada
vez mais infantilizado. Os relacionamentos polígamos no seio da família
fortaleciam os laços entre eles.

Novos triângulos consentidos surgiram quando Sartre voltou. Ele havia
rapidamente restabelecido sua posição de paxá do harém dormindo com
Nathalie Sorokine, que também dormiu com Bost.[2] Beauvoir continuou seu
relacionamento lésbico com Sorokine, ainda que a russa loira e alta houvesse
arranjado um novo namorado, Jean-Pierre Bourla, um ex-aluno de Sartre
do Lycée Pasteur. O relacionamento de Olga com Bost continuou meio aos
trancos e barrancos, a despeito da ligação sexual dele com Beauvoir, com quem
passava as noites de sábado no Hôtel Poirier, na place Emile Goudeau, em
Montmartre, longe dos olhares curiosos de Montparnasse e Saint-Germain-
des-Près. Simone era descrita como "a esposa sênior do harém",[3] mas, como
mulher de César, a metade do casal imperial, era poderosa pelos próprios méritos. Financeiramente independente, esbanjava sua renda como bem entedia.
E tampouco era uma rejeitada sexual sofrendo nas mãos de um Don Juan de

bolso, pois sua sexualidade a deixava em uma forte posição, extraindo prazer tanto de se relacionar com Sartre como com Sorokine.

"Nunca soube conduzir nem minha vida sexual nem emocional do modo apropriado; sinto-me profunda e sinceramente como um canalha desprezível. Um verdadeiro canalha sem importância, uma espécie de Don Juan universitário e funcionário público sádico — nojento",[4] escrevera Sartre apenas 18 meses antes. "Isso precisa mudar. Tenho de deixar de lado (1) pequenos *affaires* vulgares [...] (2) *affaires* importantes levados com descaso." Mas suas promessas arrependidas de dar um basta à carreira de "velho libertino" deram em nada. Pelo contrário, à medida que sua fama cresceu, igualmente cresceu a quantidade de tietes que o perseguiam, e o potencial de uma cumplicidade mais profunda com Beauvoir. Quando Sartre lhe relatava sua sedução da aluna de teatro provençal, Marie Gibert, ou o defloramento de Bianca ou Nathalie, Beauvoir, que também preferia virgens, podia assumir o papel masculino em sua imaginação, usando Sartre como brinquedo sexual.[5] Era como se dormisse com a parceira de Sartre por intermédio do corpo dele. Similarmente, seus próprios relatos de suas conquistas permitiam a Sartre assumir sua feminilidade. Sartre admitira, em fevereiro de 1940, que "o poder de nosso relacionamento físico está diminuindo ligeiramente",[6] e Beauvoir confidenciara a seu diário o medo de que, como o casal em *Monstres Sacrés*, de Cocteau, o amor dos dois estivesse possivelmente ameaçado devido às tentações da juventude. Agora o oxigênio da juventude era o que o mantinha com vida.

Ao modo de um paxá, Sartre resolveu levar Wanda aos palcos: "Decidi fazer com que desistisse de pintar, coisa que ela odeia, e passasse a trabalhar no teatro".[7] Mas foi a irmã de Wanda, Olga, quem procurou Sartre primeiro pedindo-lhe que fizesse dela uma estrela. Em julho de 1941 Olga desempenhou um pequeno papel para o renomado ator-diretor Jean-Louis Barrault em sua produção de Ésquilo, *As suplicantes*. Em um ensaio, certo dia, ela e uma amiga, também chamada Olga, perguntaram a Barrault como conseguir um papel melhor. "Encontrem um autor e consigam que escreva uma peça para vocês",[8] foi a resposta. Nervosamente, Olga procurou Sartre: "Depois do que fiz com ele, ele nunca, jamais me dará um papel",[9] disse para a amiga, conhecida como Olga, La Brune. Mas Sartre era sempre generoso com seu círculo íntimo; confiante de que Barrault encenaria sua peça, começou a escrever *Les Mouches* (*As moscas*) para Olga.

Em outubro, o "Socialismo e Liberdade" havia desmoronado, seus membros se separando para ingressar no Partido Comunista, que se tornou a força motriz na Resistência após a invasão de Hitler na Rússia em junho de 1941. Muita gente no grupo de Sartre ficou desiludido com os seminários filosóficos no Flore. Agora iam embora para a Zona Livre. Sartre, em seu casaco de ursinho de pelúcia, continuou a sentar do lado do fogão para escrever. Sua peça, disse Beauvoir, "representou a única forma de resistência ainda aberta a ele".[10]

Mas embora em teoria ainda o chefe de um grupo de resistência, Sartre já decidira dormir com o inimigo. Jean Paulhan, na Gallimard, apresentou-o a René Delange, editor de *Comoedia*, um semanário colaboracionista. Achando graça de ver determinados escritores, como Sartre, orbitando como mosquitos em torno de uma lâmpada para a qual eram atraídos por sua ambição, Paulhan, um espião da Resistência, recebia escritores e jornalistas às sextas-feiras nos escritórios da Gallimard. Sartre, ávido por fazer progredir sua carreira literária, ignorou uma informação desagradável: a edição parisiense da *Comoedia* seria submetida à *Propaganda-Staffel* dos alemães, uma comissão de censura chefiada por Sonderführer Gerhard Heller. Todos os editores eram obrigados a acatar a supressão de qualquer trecho considerado perigoso para os interesses alemães; qualquer escritor judeu, claro, estava proibido. Delange ficou deliciado em descobrir a quantidade de integrantes da intelligentsia parisiense que estava preparada para colaborar com ele, incluindo Sartre, que se ofereceu para escrever uma coluna semanal. Jean Guéhenno, escritor que se recusou a publicar durante as *années noires*, escreveu a respeito de seus pares: "Incapaz de viver por um longo tempo escondido, ele venderia a alma para fazer com que seu nome aparecesse. Alguns meses de silêncio, de desaparecimento — ele não pode aguentar isso".

Em 21 de junho de 1941, a primeira edição da *Comoedia* apareceu, com o nome de Sartre entre os colaboradores como autor de um artigo sobre *Moby Dick*, de Melville. "Firmamos um acordo sobre um programa preciso relacionado à colaboração intelectual franco-alemã, da qual a *Comoedia* será a tribuna",[11] escreveu Delange para o Instituto Alemão em Paris. Sartre se deu conta de que o periódico era menos independente do que ele imaginara. Com a Liberação, ele alegaria jamais ter escrito para Delange, informando ao tribunal que investigava o dossiê *Comoedia* que perguntara ao editor se ele seria livre para escrever o que pensava, e Delange lhe assegurara que seria "completamente independente". "Mesmo assim",[12] assegurou Sartre ao juiz Zoussmann, "decidi […] me abster de qualquer colaboração. Fiz isso não porque desconfiasse da *Comoedia*, mas porque o princípio de abstenção não admitia que nenhuma exceção fosse feita."

A verdade era bem diferente. O relacionamento de Sartre com René Delange ficaria mais próximo. Já em fevereiro de 1944 ele deu ao editor sua "Hommage à Jean Giraudoux",[13] sobre a morte do dramaturgo que foi a mais poderosa influência em *Les Mouches*.

Em 9 de novembro de 1940, um linguista alemão de rosto jovial, Gerhard Heller, aos 31 um anos de idade, entrou nos escritórios da *Propaganda-Staffel* no número 52 da avenue des Champs Élysées. Heller mais tarde alegou ser antinazista, mas ele deteve o posto de tenente na Wehrmacht. Seu superior, o dr. Kaiser, não perdeu tempo em lhe explicar o propósito da máquina de propaganda alemã em Paris: "Apresentar a nova Alemanha para os franceses e levá-los a colaborar".[14]

Gerhard — *"mon cher Gérard"*, para seus novos amigos franceses — posava de protetor da literatura francesa. Depois de Kaiser ter sido chamado de volta a Berlim em dezembro, todas as portas se abriram para ele. Até mesmo os maiores intelectuais cortejaram os favores de Heller, não apenas colaboracionistas declarados como Drieu la Rochelle ou Jean Cocteau, mas outros como o editor Gaston Gallimard. Em novembro de 1940, Gallimard escreveu para Jean Luchaire, um *collabo* dos nazistas e jornalista, que sua editora se concentrava "em colaborar"[15] com Kaiser. A carta seria uma mancha na reputação de Gallimard após a guerra; ele cumpria as regras determinadas pelo embaixador alemão Otto Abetz, cuja "Lista Otto" exigia a destruição não só de todos os livros de autores judeus, como também dos que "envenenavam a opinião pública", sacrificando escritores como o membro da Resistência André Malraux, o comunista Louis Aragon e o judeu André Maurois. Contudo, Gallimard também contribuía com uma ajuda financeira mensal para diversos desses autores. Atacado pela imprensa colaboracionista, ele fazia o jogo de sobrevivente para a Maison Gallimard.

Jean Paulhan, preso em 1941 e libertado por instigação de Drieu la Rochelle, era a *éminence grise* de Gaston. Mais tarde nesse ano Paulhan se encontrou com Heller e convidou o sorridente jovem censor para uma comida árabe. Durante as conspiratórias refeições que se seguiram, ocorreu a Heller que Paulhan também estava jogando *le double jeu*, às vezes hostil, outras vezes favorável, para a nova *NRF* editada por Drieu. Se a Ocupação alemã fosse durar cinquenta, cem anos, então a *NRF* era "necessária [...] vai saber, corajosa", escreveu Paulhan em 16 de dezembro de 1940 para o *collabo* nazista Marcel Jouhandeau. Ao mesmo tempo advertia escritores como Raymond Queneau e Malraux a não escrever para ela. Do ponto de vista de Heller, era uma questão de "preservar o tom e a aparência de liberdade [...] sob este disfarce, os diversos colaboradores [...] podem fazer seu jogo".[16]

Sem dúvida, Paulhan reverberou o censor alemão. "Não viu que ele mordeu a isca?",[17] perguntou Giraudoux, que jantava com Heller e Delange ao mesmo tempo em que enviava informações de inteligência sobre periódicos clandestinos para o filho, Jean-Pierre, que havia se juntado ao general De Gaulle, em Londres. O próprio Heller percebeu que era visto como um ser maquiavélico, seduzindo os intelectuais franceses a colaborar, em vez de criar mártires pela repressão. Outros enxergaram o "anel de proteção" que Heller traçou em torno da Maison Gallimard e acreditavam que Heller era "o agente da Gallimard, e secretário de Paulhan". Mas o objetivo declarado do censor permanecia sendo o de construir "a nova Europa" dominada pela Alemanha. Sob seu controle, os escritores franceses praticavam a autocensura. Em nenhum outro país dominado a vida cultural floresceu com tanto vigor quanto na França. O número de novos livros publicados disparou, o teatro providenciava arquibancadas para o populacho e os alemães podiam apontar para a cumplicidade dos intelectuais e artistas franceses com a mesma satisfação com que se referiam a *la collaboration horizontale* das mulheres francesas com os soldados alemães.

Sartre, também, mordeu a isca. Sem dúvida, em sua própria concepção, ele jogava o mesmo jogo delicado e perigoso de Gaston Gallimard, ou de François Mauriac, que dedicou um exemplar de seu último romance, *La Pharisienne*, a Heller, "*avec ma gratitude*".[18] Certamente o ubíquo Heller, vestido como sempre *en civil*, compareceu aos ensaios de *Les Mouches* no Théâtre de la Cité, antes conhecido como Théâtre Sarah Bernhardt, até os nazistas terem arianizado o nome judeu. Ele recorda que sentava perto de Sartre e de Beauvoir no Flore,[19] que frequentava duas vezes por semana, mas sem nunca se apresentar. "Eu julgava a aproximação perigosa para eles e para mim."[20] O Flore, sem que Sartre e Beauvoir soubessem, era mantido sob vigilância de agentes alemães. Heller facilitou a aceitação da peça pelas autoridades alemãs, escrevendo em seu relatório que nada tinha a ver com a Resistência. Sartre fora corajoso, disse Heller em suas memórias. O censor havia compreendido na hora que não era apenas Clitemnestra que Electra e Orestes tinham em sua mira.

Barrault voltara atrás em sua promessa de levar *As moscas*, e Sartre ficou furioso. O diretor dizia que Olga era amante de Sartre, alguém que ele queria lhe impingir. "Olga nunca foi e nunca será minha amante",[21] escreveu Sartre em uma carta raivosa de 9 de julho de 1942, protestando que era apenas seu talento que ele queria ajudar. Seu palpite foi de que o verdadeiro motivo era que o grande Paul Claudel oferecera a Barrault sua própria peça, *Le Soulier de Satin*. Era o suficiente para fazer Barrault derrubar a peça *débutante* de um dramaturgo não comprovado.

Quando Charles Dullin interveio na briga, oferecendo-se para encenar ele mesmo a peça, foi uma oferta tentadora demais para recusar. Sartre deu mais um passo na escorregadia trilha da colaboração intelectual. "Não foi difícil conseguir fazer com que minha primeira peça fosse levada ao palco porque eu conhecia Dullin", admitiu ele após a guerra. O mesmo Dullin que intercedera junto a Gaston Gallimard para aceitar a *Náusea*, Dullin, considerado *deutschfreundlich*, amigável para os alemães, pelo *Propaganda-Abteilung*, agora impulsionava a carreira de Sartre como dramaturgo. Convenientemente esquecido de quão "enojado" afirmara estar em julho de 1940 com a postura pró-nazista de Jollivet, ele seguiu "*le vieux renard*", a velha raposa, onde quer que o levasse. Dullin submeteu uma lista de seus atores à censura, jurando que eram todos arianos. Sartre também enviou seu texto ao censor, tendo assegurado que, como afirmava Heller, "nada antigermânico" permanecia. Se seu apelo à resistência fosse tão claro quando Sartre alegava, ela jamais teria recebido o selo da suástica aprovando-a.

Na primeira noite, 3 de junho de 1943, houve um magnífico bufê para a companhia e amigos. O champanhe correu solto com inúmeros nazistas presentes, uniformizados e em trajes civis, incluindo a Sonderführer Baumann, do Theater-Kulturgruppe, que classificara o Théâtre de la Cité de Dullin em quinto lugar numa lista de 44 teatros, em termos de colaboracionismo, todos brindando ao sucesso da peça. O próprio Sartre foi observado por Marc Bénard, um velho amigo dos dias de Stalag que pintara o cenário para *Bariona*, educadamente retribuindo os brindes dos alemães e "erguendo sua taça em homenagem a eles".[22]

O autor da peça já dera uma entrevista de divulgação para a *Comoedia* em 24 de abril. Mesmo assim, o crítico da revista, Roland Purnal, arrasou *As moscas*, chamando a peça de um "*Oresteia* travestida"; Olga, sob o nome artístico de Olga Dominique, ganhou palavras mais gentis como Electra. Artisticamente, a peça, com suas máscaras arcaicas e retórica didática, foi um fracasso, embora uma solitária voz de louvor viesse de Alfred Buesche, o crítico alemão do *Pariser Zeitung*, órgão do escritório da Propaganda. Na história de Orestes e Electra recontada pela pena de Sartre, Orestes, filho de Agamennon, vê a cidade coberta de moscas, simbolizando sua culpa por ter concordado com o assassinato do pai. A maldição que paira sobre Orestes no drama original de Ésquilo não lhe deixa outra escolha senão se vingar de

Agamemnon assassinando o usurpador, Egisto, bem como sua própria mãe, Clitemnestra. Mas no coração da interpretação de Sartre reside a crença de que estamos "condenados à liberdade": "Eu *sou* minha liberdade", diz Orestes, um homem que pela própria vontade decide cumprir seu dever e cometer assassinato contra os usurpadores. A mensagem de Sartre para os estudantes na plateia era que, como Orestes, os combatentes da resistência podiam matar sem remorso.

Seu timing, como sempre, foi soberbo. Em 21 de outubro de 1941, o *Feldkommandant* de Nantes fora morto pela Resistência, e atos de sabotagem contra o regime de Vichy estavam aumentando à medida que a mudança da maré se tornava cada vez mais óbvia para os franceses, após a queda de Stalingrado, em janeiro de 1943. O V da vitória era pichado pelos muros de Paris, a despeito do bombardeio aliado sobre a fábrica da Renault, no subúrbio de Boulogne-Billancourt, onde tanques para a Wehrmacht eram produzidos, em 3 de março de 1942. O chamado às armas de Sartre era, ele explicou mais tarde, dirigido contra o regime de *mea culpa* de Vichy, que golpeava o próprio peito se expiando pela queda da França. Chegava a hora da França tomar de volta sua liberdade. Era também a mensagem de Sartre para si mesmo de deixar o mundo da imaginação e se tornar real.

"O homem que queria se tornar um dramaturgo e pôr seus amigos no palco havia se angustiado menos com a situação dos judeus do que com sua carreira e seus amigos íntimos",[23] seria o veredicto de Michel Contat, ele mesmo um sartriano, em 1985. Contat percebeu claramente que Sartre era um *arriviste sous la botte*, sob a bota dos alemães. Até o amigo próximo de Sartre, o antigo escritor surrealista Michel Leiris,[24] percebeu apenas um clamor libertário difuso em *As moscas*, e esperou seis meses antes de endossar a peça no jornal clandestino *Les Lettres françaises*. Algum tempo depois, ele descobriu que Sartre não correra nenhum dos riscos que mais tarde alegara ter corrido. Mas, na distante Berlim, a mensagem de revolta chegou a Goebbels,[25] para quem aquilo foi denunciado como "uma voz solitária de desafio". Sob o disfarce da alegoria, Sartre fizera passar sua conclamação a assassinar os assassinos debaixo do nariz alemão. Como um "escritor que resistiu e não um membro da Resistência que escrevia",[26] era o melhor que o Kobra podia fazer.

Nossos quartos de hotel não tinham aquecimento [...] então eu sempre escrevia em cafés. Durante a guerra, Castor e eu escrevíamos no primeiro andar do Flore, ela em um canto, eu no outro, para não cair na tentação de conversar. Escrevíamos das 9h à 1h, íamos para o quarto de Castor a fim de comer qualquer coisa que ela tivesse conseguido na noite anterior, ou qualquer coisa que nossos amigos, que comiam conosco, traziam, depois voltávamos ao Flore para escrever um pouco mais, das 4 às 8 ou 9 horas.[27]

Castor se mudara para um quarto com cozinha anexa no Hôtel Mistral, e conseguira uma panela, caçarolas e alguma louça emprestada do ateliê de Poupette. A partir do inverno de 1941-42, ela preparou pessoalmente todas as refeições da família, com a ajuda de Bost, cuja reputação residia em sua carne com legumes, conhecida como *boeuf mode*, e *blanquette* de vitela. Os salários combinados de Beauvoir e Sartre, 7 mil francos, não davam mais para financiar as refeições em restaurantes para a família, agora engordada com a chegada do judeu espanhol Bourla. "Minhas inclinações naturais pelas tarefas domésticas não eram lá grande coisa", recordou Beauvoir, mas logo "a alquimia da cozinha" se tornou sua nova obsessão. Duraria três anos: seus dias muitas vezes eram passados em filas, tentando obter nabos e beterrabas. A primeira refeição que ela preparou foi "chucrute de nabo", sobre a qual entornou uma caneca de sopa. Sartre, que não era chato, comeu sem se queixar. Beauvoir não o deixava vê-la lavando os vermes das carcaças de coelho e pedaços de carne apodrecidos que Mme Morel enviava do campo: eram uma importante fonte de proteína. Nathalie e Bost ajudavam a escolher o feijão-de-lima, separando os carunchados dos limpos, ou tiravam as fezes de camundongos de um pacote de macarrão ou aveia, enquanto Sartre, que sentia falta de seus cigarros, vasculhava as sarjetas e calçadas do Três Mosqueteiros em busca de bitucas para usar em seu cachimbo.

Beauvoir usou os cupons de roupa de seu falecido pai para mandar fazer um vestido e um casaco, que guardava para determinadas ocasiões. Como a maioria das mulheres, começou a usar calças e tamancos com sola de madeira. Durante meses após ter perdido um dente no caminho de Grenoble, um furúnculo permaneceu supurando em seu queixo; um dia ela o espremeu com força. Alguma coisa apareceu no meio da carne, como num desses pesadelos surrealistas em que olhos brotam nas maçãs de um rosto. Simone espremeu com mais força; dali saiu o dente que ficara encravado por semanas em seu queixo.

No inverno de 1942-43, as privações da família aumentaram. Beauvoir regressou a Paris após passar o verão na Zona Livre, onde a comida se tornara tão escassa que ela, Sartre e Bost viveram de pão mofado e chupavam gelo para disfarçar a fome. Ela perdera mais de sete quilos e seu quarto no Hôtel Mistral fora alugado. Com dificuldade encontrou outro hotel, o deprimente Hôtel d'Aubusson, na rue Dauphine, perto da Pont Neuf. Alugando um carrinho de mão, subiu ali entre os varais para transportar seus poucos pertences através de Paris. Seu novo quarto era frio e sujo, com paredes descascando e uma única lâmpada pendendo de um fio. A cozinha também servia de lavatório. Lá fora, na escada de pedra, uma criança chorava. Dentro do quarto sua mãe, uma prostituta, recebia os clientes, aparecendo de vez em quando para estapear o bebê que soluçava.

Ratos e camundongos proliferavam e um dia Beauvoir descobriu que haviam roído a madeira do armário e alcançado os pacotes de lentilhas e ervilhas secas. A sordidez não tinha mais o encanto boêmio, como fora no Hôtel du Petit Mouton. À luz de uma vela, os roedores corriam pelo assoalho e a deixavam assustada com sua ousadia. Sartre e Wanda também se mudaram para o hotel, embora Wanda se recusasse a permitir a entrada de Beauvoir no quarto que ela compartilhava com Sartre. Mas Nathalie e Bourla estavam lá, também, e toda noite a matriarca subia para o quarto deles e dava um beijo de boa noite em seus "filhinhos".

No Flore, no boulevard Saint-Germain, havia lâmpadas de acetileno e calor. Tornou-se a *querencia* deles, escreveu Beauvoir. "Eu tentava chegar assim que as portas abriam, de modo a conseguir a mesa melhor e mais quente, bem ao lado do fogão. Eu adorava o momento em que Boubal, com o avental azul amarrado em torno do corpo, vinha apressado pelo café ainda vazio."[28] Picasso e Dora Maar, com seu cachorro na coleira, sentavam em uma mesa com tampo de mármore, o poeta Jacques Prévert em outra. Maloudji escrevia um romance. O escultor Giacometti fazia esboços. Toda a família se retirava para "esse refúgio quente e bem-iluminado, com seu encantador papel de parede azul e vermelho [...] seus membros, segundo nossos padrões de conduta, espalhavam-se por todos os cantos do lugar". Sartre e Wanda ficavam em um canto, Olga e Beauvoir em outro, mas apenas Sartre e Beauvoir voltavam todas as noites. "Quando morrerem",[29] comentou Bourla, "vai ser preciso cavar um túmulo sob o piso."

Conforme suas canetas raspavam o papel, Beauvoir e Sartre mal notaram quando Bianca fugiu para o Vercors, quando Yvonne Picard foi presa, ou Sonia Mossé. O último pedido de Sonia, de algumas meias-calças de seda, chegou de Drancy, antes que desaparecesse. Não há menção em *O auge da vida* ao recolhimento em 16 de julho de 1942 de quase 13 mil judeus, incluindo mais de 4 mil crianças, que foram conduzidos ao Vélodrome d'Hiver em Paris pela polícia francesa antes de serem mandados para Auschwitz. A única coisa que penetrou a redoma de alheamento do casal foi a tortura e execução do ruivo amigo comunista Politzer, em maio.

À medida que os judeus eram deportados e os comunistas se juntavam à Resistência, a elite intelectual minguava. A falta de competição ofereceu oportunidades sem precedentes para os escritores remanescentes. "Nunca fomos mais livres do que durante a Ocupação",[30] escreveu Sartre em 1944.

> Perdemos todos nossos direitos, o primeiro e mais importante sendo o direito de falar; éramos abertamente insultados diariamente e tínhamos de ficar em silêncio [...]. Uma vez que o veneno nazista penetrava em nossos pensamentos, cada pensamento acurado era uma vitória; uma vez que a todo-poderosa polícia tentava nos coagir a fazer silêncio, cada palavra se tornava preciosa como uma declaração de princípio; uma vez que éramos caçados, cada gesto tinha o peso do compromisso. As circunstâncias geralmente assustadoras de nossa luta nos permitiram viver, sem disfarce e plenamente expostos, essa situação pavorosa, insuportável, que chamamos de condição humana.

Enquanto isso no elitizado Flore, onde, escreveu o romancista Boris Vian, "as pessoas viviam alegres e criavam a atmosfera de um clube do qual teria sido embaraçoso ser deixado de fora",[31] as condições eram bem melhores do que o modo como Sartre as pintava, não há dúvida de que a repressão fez crescer sua produção de modo fenomenal. Ele estava com 38, Beauvoir, 35, e a fama que ambos almejaram por tanto tempo estava prestes a ser derramada sobre eles num jorro de glória.

O ano de 1943 foi quando o mundo de Beauvoir mudou. Começou mal. A mãe de Nathalie prestou uma queixa contra Beauvoir para as autoridades educacionais por "corromper uma menor".[32] Nathalie, com 19 anos de idade, que Beauvoir conhecera desde 1938, quando ela estava no Lycée Molière, certamente fora seduzida por sua professora, e seu interesse na aluna era pedófilo por natureza. Mme Sorokine passara dois anos compilando seu relatório, em que alegava que Beauvoir primeiro seduzira Nathalie e depois agira como sua cafetina, entregando-a para os amantes homens, Sartre e Bost.

Mme Sorokine alegava que a filha não era absolutamente a primeira vítima de Beauvoir; antes dela houvera Olga e Bianca, que ela preparara e seduzira antes de entregar para Sartre. O "vil comércio" nem sempre era bem-sucedido; Olga rejeitara Sartre persistentemente, embora ele tivesse conseguido em seduzir a irmã mais nova, Wanda.

A despeito das intensas investigações, as autoridades foram incapazes de provar a acusação. Beauvoir admitiu que Nathalie desenvolvera uma "admiração exaltada" em relação a ela, como era muitas vezes o caso com suas alunas, mas negou ter correspondido do modo como fosse. Sartre fora seu namorado por seis anos, mas agora era simplesmente um amigo. Ela jamais tivera relações sexuais com Bost, e tampouco Nathalie tivera.

Sartre afirmava que Mademoiselle de Beauvoir nunca mostrara tendências antinaturais em relação a mulheres. Bost jurou que era meramente amigo de Beauvoir, e que tampouco recebera algum dinheiro dela. Olga negou que a antiga professora houvesse feito qualquer investida incomum ou intermediado relações com outros homens. Com respostas cuidadosamente ensaiadas, todos os membros da família, incluindo Nathalie, ativeram-se a suas histórias. Até mesmo Wanda se mostrou ultrajada com as escandalosas alegações contra Beauvoir.

Em suas memórias, Beauvoir afirma que Mme Sorokine foi motivada pela vingança, porque Beauvoir recusou seu pedido de interromper a relação entre Nathalie e Bourla. Mas a primeira queixa de Mme Sorokine contra a professora da filha data de muito antes, 27 de novembro de 1941. Em 3 de abril de 1942, o reitor Gidel, presidente do Conselho Universitário, recomendou a exclusão de Beauvoir do ensino. Embora a acusação não pudesse ser provada, o reitor pétainista objetou a sua vida privada de mulher solteira vivendo com Jean-Paul Sartre. Ela também foi condenada por difundir dois autores gays, Gide e Proust. O próprio Sartre foi incriminado com base em seus contos "patológicos e eróticos" em *O muro*. A conclusão do reitor foi de que ambos os professores eram inaptos a lecionar "em uma época em que a França aspira à restauração dos valores morais e familiares".[33] Aos olhos de Vichy, com seu lema de "*Travail, Famille, Patrie*", não só Beauvoir, como também Sartre, haviam pecado. Em junho de 1943, Beauvoir foi despedida.[34]

A perda da renda foi uma crise para a família. "Não consigo lembrar como fui capaz de arranjar trabalho de editora na cadeia de rádio nacional",[35] escreveu Beauvoir em suas memórias, faltando com a verdade. Ela alegou obedecer regras tácitas dos escritores na Zona Ocupada: "Ninguém deveria escrever para qualquer jornal ou revista na Zona Ocupada, tampouco para qualquer transmissão da Rádio Paris [...], [embora] fosse permitido trabalhar para a imprensa na Zona Livre e falar na Rádio Vichy".[36] Mas, como Sartre, fazia muito tempo que ela se acostumara a quebrar as regras. Bastou uma palavra do Kobra para o colaboracionista René Delange: "Delange, que definitivamente é alguém muito apreciado, contou-me hoje de manhã que vai conseguir alguma coisa para você",[37] escreveu Sartre no verão de 1943. "Doze inserções de rádio, uma por mês [...] dez minutos, ganhando para cada uma de 1.500 a 2 mil francos [...]. Vai tomar no máximo quatro horas por mês. Aceitei entusiasmado em seu nome!"

Beauvoir fazia programas, em si mesmo inócuos, sobre festivais medievais franceses junto com Pierre Bost, irmão mais velho do Petit Bost. Mas seguindo-se à invasão aliada no Norte da África em 8 de novembro de 1942, os alemães haviam ocupado a Zona Livre, e a Rádio Vichy fora absorvida pela *Radiodiffusion Nationale*, a Rádio Nacional baseada em Paris. Ela era agora parte da máquina de propaganda alemã sob controle de Pierre Laval, primeiro-ministro desde abril desse ano. Quando Laval concordou em cumprir a cota de deportação de judeus de Himmler[38] — 100 mil, para a França —, Beauvoir ingressou no centro do colaboracionismo, nos estúdios abarrotados de alemães em uniformes alinhados ou em trajes civis, como Heller. Será que flertava e se socializava, como fez com Albert Camus, para quem se ofereceu assim que o viu junto com Sartre na primeira noite de *Les Mouches*?

"Eu me tornara, do dia para a noite, uma escritora de verdade. Não podia me conter de alegria",[39] disse Beauvoir, quando leu a primeira resenha de *L'Invitée* na *Comoedia*. Sentindo finalmente que estava "cumprindo as promessas que fiz para mim mesma aos 15 anos", ficou em êxtase com a publicação de seu romance em agosto de 1943, e de se ver saudada como celebridade literária ao regressar a Paris. A Gallimard imprimiu 23 mil exemplares. Para a maioria dos leitores, a história do trio amoroso era uma autobiografia levemente disfarçada, que rendeu a Beauvoir a mesma reputação de obscenidade que *O muro* rendera a Sartre. Era uma janela para a boemia, para o mundo maldito dos escritores, todos apaixonados uns pelos outros, às vezes ao mesmo tempo. "Estou lendo o livro de Beauvoir, *L'Invitée*, de que todos estão falando",[40] escreveu Jean Cocteau, dramaturgo e colaboracionista, em seu diário: "Ela é uma cadela que conta a vida dos cães, que rosnam sobre ossos, se revezam em mijar no mesmo poste, que mordem e farejam os traseiros uns dos outros [...]". Entretanto, ele escreveu uma educada carta de congratulação para a autora. Com resenhas favoráveis na imprensa pró-nazi, *Je suis partout* e *La Gerbe*, o livro vendeu bem e foi submetido ao Prix de Goncourt. Como gracejou Cocteau: "*Vive la paix honteuse!*"[41] — Viva a paz desonrosa!

Por outro lado, as setecentas páginas de *O ser e o nada* de Sartre passaram quase despercebidas quando o livro foi publicado, em junho. Como pesava exatamente um quilo, ele se mostrou útil para pesar legumes, ironizou outro antigo surrealista, Raymond Queneau: "Todo merceeiro que vende farinha ou batata por peso será obrigado a ter um exemplar em sua loja".[42] Mais pessimista que *As moscas*, em sua maior obra filosófica Sartre apelava à natureza quase ilimitada da liberdade humana. "Qualquer um que seja existencialista deve adotar o ponto de vista de que os homens são livres, e que sua liberdade se estende mais além do que terão pensado",[43] escreve Mary Warnock. "Essencialmente, eles são livres para escolher sua moralidade, suas atitudes em relação a Deus, sua abordagem da morte e do amor." Mas a liberdade do indivíduo humano para criar significado em um mundo que é em si mesmo sem significado está estreitamente ligada a sua alienação. A inescapável consciência humana ("*le pour-soir*") é o tema trágico de Sartre. Separado do mundo das coisas por um abismo ou Nada, incapaz de escapar do curso da autoconsciência, a consciência anseia pela dureza e solidez da pedra (o *en-soi*, ou objeto físico). Consciência, imaginação, a própria liberdade são todas trazidas à existência por Le *Néant*, o Nada, que "jaz no coração"[44] dos Seres-por-si-mesmos. Era um problema peculiarmente sartriano, pois o autor vivia em sua própria cabeça mais do que a maioria das pessoas, e lutava com sua antiga necessidade de traduzir a consciência em ser verdadeiro, de viver autenticamente em vez de ficar "flácido como roupa de lavanderia", como Lola em *Intimidade*, quando diante dela se apresentava um curso de ação. Como Lola, Sartre sentia que vivia em má-fé. Para sobrepujar o complexo de inferioridade originado de sua feiura ele constantemente seduzia belas mulheres, e se cercava de homens mais jovens que o idolatravam. Queria ser autêntico como Castor, que ele considerava autêntica e verdadeira naturalmente. Mas ele permanecia aprisionado no Nada e no vazio.

A ontologia criada por Sartre não oferecia escapatória do fardo e da angústia da liberdade. Em sua descrição fascinada da realidade concreta, das propriedades físicas do mundo, em particular a viscosidade, o leitor percebe o medo de Sartre do "Em-si" sem propósito, que a tudo engole, e ameaça o frágil ser humano: a "morte pegajosa do Para-si no Em-si". A criança de 7 anos, surpreendida sem sua passagem em um trem, ainda luta com o próprio direito à existência.

O desespero metafísico é expresso também na crença de Sartre de que o conflito caracteriza os relacionamentos humanos: o amor e o desejo cedem espaço para o sadomasoquismo. O ódio jaz no coração das coisas. E que diferença há entre ficar bêbado em seu próprio quarto ou liderar seu povo para a glória, pergunta Mathieu em *A idade da razão*, porque o homem e sua liberdade são inúteis. Os seres humanos nunca podem se tornar "O *Ens causa sui*, que a religião chama de Deus [...]. Nós nos perdemos em vão. O homem é uma paixão inútil".[45]

Quanto a *O ser e o nada*, Sartre deixou uma provocadora nota de rodapé na página 412, prometendo uma teoria ética no futuro. Ela nunca veio. Uma pista é deixada em sua pressuposição de um "vazio" ou falta nos seres humanos, que eles devem ser livres para preencher como quiserem; a própria ontologia não pode formular uma moralidade. Mas uma vez que é da natureza dos indivíduos humanos perceber valores no mundo, os valores "pululam em torno de nós como perdizes". Uma vez o homem tendo reconhecido que ele próprio é a fonte de todos os valores, ele pode escolher valorizar o que achar melhor? rejeitar a sociedade e a convenção e abraçar o tabu.

A questão de como e por que os seres humanos devem se comportar moralmente quando não existe Deus é uma à qual Sartre voltou constantemente. Na citação de Dostoievski, "Se Deus não existe, então tudo é permitido", residia um tópico de reflexão muito querido. Beauvoir, que debatia as ideias de Sartre com ele e, no mínimo, editava seu texto, começou seu próprio "período moral", escrevendo *A ética da ambiguidade*. Quanto a *O ser e o nada*, ela observou com precisão, "Há algumas passagens chatas, mas também algumas instigantes: uma diz respeito a buracos de um modo geral, e a outra se concentra no ânus e adora o estilo italiano."[46] Consciente de seu débito para com ela, o autor dedicou o livro "A Castor". Não há mais reconhecimento algum à participação dela na gênese da obra.

Em junho de 1943, mês de *Les Mouches* e *O ser e o nada*, e mês em que os aliados desembarcaram na Sicília e o líder da Resistência francesa, Jean Moulin, foi torturado e morto, foi também o mês em que, disse Beauvoir, um dia no teatro um "jovem de tez morena se aproximou e se apresentou: era Albert Camus". O autor de 29 anos de *O estrangeiro*, a sensação literária do ano anterior, e do ensaio filosófico *O mito de Sísifo*, era tudo que o pigmeu rechonchudo e caolho não era: alto, moreno, bronzeado e deslumbrante para as mulheres. Preso na França com o desembarque aliado no norte da África, Camus deixara para trás seu passado colonial de classe trabalhadora na Argélia, assim como a esposa, e estava em vias de tomar Paris de assalto. Sartre, que já reconhecera no jovem escritor um filósofo do absurdo como ele próprio, sentiu um súbito *coup de coeur*.

"Éramos como dois cachorros em volta de um osso",[47] disse Beauvoir. "O osso era Sartre, e nós dois o queríamos." Embora Sartre fosse "o heterossexual mais forte" que Beauvoir conhecia, e "sem dúvida não exibisse o menor vestígio de homossexualidade em sua disposição", sua intensa "paixão" por Camus a assustou. O belo *pied-noir*, um francês nascido na Argélia, vivia bem na própria pele, ao contrário de Sartre, mas também era vulnerável, sofrendo de tuberculose crônica. Em poucos dias os dois bebiam juntos na Brasserie Lipp, e caçavam mulheres juntos, embora Sartre tivesse de se esforçar com mais empenho do que o novo amigo. "Por que se dá a todo esse trabalho?",[48] perguntou Camus, quando Sartre contava vantagem para uma bela garota. Sartre respondeu, "Já deu uma olhada na minha cara?".

Sartre imediatamente convidou Camus para fazer o papel de Garcin em *Huis Clos*, e para dirigir a peça que escrevera em apenas duas semanas quando se hospedava na casa de Mme Morel, em setembro. Em certo sentido, *Huis Clos* é uma resposta em tom de desafio à demissão de Beauvoir, seu modo de dizer, "*Merde à l'Alma Mater*",[49] danem-se a universidade e o *establishment*. Em seu retrato do inferno, uma reelaboração do trio com Olga e Beauvoir, em que "cada um de nós age como um torturador dos outros dois",[50] Inès é uma lésbica que deseja Estelle, que cometeu aborto, e Garcin é simplesmente um covarde. Naquele verão, em julho de 1943, Vichy condenara à guilhotina uma mulher que cometera aborto,[51] execução a que Beauvoir se refere em *O auge da vida*. As lembranças do aborto de Olga continuavam frescas em sua mente e na de Sartre, e em *Huis Clos*, com sua mensagem de que "o Inferno são os outros", Sartre apresentava de um jeito moderno e facilmente compreensível as mesmas ideias sobre senhores e escravos escondidas em *O ser e o nada*.

Camus aceitou. Ele era tão ambicioso quanto Sartre, tendo já concordado em cortar um capítulo sobre o judeu Kafka em *O mito de Sísifo* para o censor alemão, e estava ansioso em seguir o caminho indicado pelo homem mais velho. A fama crescente de Sartre lhe granjeou importantes novas ligações: Michel Leiris era um rico burguês, cujo sogro *marchand* ajudara a lançar Picasso, e, por intermédio de Leiris, Sartre conheceu outros intelectuais e artistas como Queneau, Georges Bataille, Jacques Lacan, Maurois, Picasso e Dora Maar. A apresentação mais valiosa de todas foi para o Comité National des Écrivains (CNE), um grupo de escritores clandestino, predominantemente comunista. O CNE no início se recusara a ter qualquer coisa a ver com Sartre, cuja reputação consideravam manchada pela repatriação nas mãos dos alemães, mas após a morte de seu fundador, Jacques Decours, convidaram-no a se filiar. A partir de janeiro de 1943 Sartre passou a comparecer a suas reuniões, e começou a escrever para *Les Lettres françaises*, órgão do CNE. Seu ataque contra o pró-nazi Drieu La Rochelle saiu em abril de 1943. Após a guerra Sartre alegou que o CNE concordara em produzir suas peças, mas ele já anunciara a produção de *Les Mouches* no *Paris-Midi* em 17 de setembro de 1942, meses antes de se juntar ao comitê. Em 1943, o senhor faz-tudo pessoal de Sartre, Delange, após encontrar trabalho para Beauvoir e sua própria namorada, Barbara Lange, no rádio, também fez um arranjo para que o autor escrevesse roteiros para a Pathé. Logo o "dinheiro sujo" começava a entrar. "Eu queria o tutu",[52] contou Sartre para Beauvoir nesse verão, após escrever *Les Jeux sont faits*. "Trinta e sete mil francos, espero [...]. Bom, de qualquer jeito, a peça foi aceita, não se preocupe: não vai precisar trabalhar no ano que vem, nossa vida estará ajeitada."

Os ensaios para *Huis Clos* tiveram lugar no quarto de Beauvoir no Hôtel Louisiane, na rue de Seine, para onde ela e Sartre se mudaram em outubro de 1943, junto com as "crianças" dela, Nathalie e Bourla, além de Mouloudji e a esposa, Lola. O elenco de três também ensaiou na casa de Olga "La Brune" Barbézat, cujo marido rico, Marc, estava pagando pela produção, o veículo de lançamento dela, e de Wanda. Em outras ocasiões, Wanda e Camus repassavam suas falas juntos no sórdido Hôtel Chaplin, onde ela morava com Olga e Bost. Wanda, que usara o teste do sofá em seu benefício, dormindo com Sartre como o caminho mais rápido para o papel de seus sonhos, a Estelle de *Huis Clos*, agora estava no rumo do estrelato. Garcin é um Don Juan, refletindo a vida privada do próprio Sartre, mas Camus no papel era uma figura mais perversamente atraente para Wanda que o dramaturgo, com quem se queixava sem usar de meias palavras, "Com ninguém no mundo todo me sinto tão entediada quanto com você".[53] Sartre aguentara os amuos e lágrimas de Wanda, sua dependência química (ela era viciada em anfetaminas), pagara suas contas, escrevera uma peça para ela, mas foi Camus, autoconfiante e reservado, um homem que guardava suas opiniões para si e se recusava a integrar a "família", mas a cujos pés as mulheres caíam, que a seduziu.

Sartre ficou profundamente magoado quando descobriu, no início de 1944. "No que ela estava pensando, ir correndo atrás de Camus?", perguntou a Castor. "O que ela queria dele? Eu não era muito melhor? E não fui tão gentil? Ela que tome cuidado." Em fevereiro, Olga Barbézat foi presa em uma batida da Gestapo na casa de um membro da Resistência. Camus, também envolvido com a Resistência desde que escrevera em julho de 1943 sua primeira "carta a um amigo alemão", uma justificativa moral da luta francesa contra os conquistadores, deixou a produção de *Huis Clos*. Sartre se vingou de Wanda, trocando o restante do elenco e ela mesma por atores profissionais. Nunca mais ia se sentir do mesmo jeito em relação a ela.

O caminho ascendente na vida de Beauvoir continuou serenamente, a despeito da sanguinária repressão em torno dela. Desde que ingressara na vida pública, e se tornara *une metteuse en ondes* (produtora de rádio), deixara de lado o turbante. Ela usava "um penteado altamente elaborado" e um vestido "de um lindo azul elétrico", desenhado por Mme Morel e feito em La Pouèze, enquanto aguardava para saber se vencera o prêmio Goncourt. "A ideia de que eu pudesse me tornar o centro de uma vasta publicidade me parecia tão assustadora quanto atraente", escreveu Beauvoir. O prêmio foi para Marius Grout; mas ela terminara seu segundo romance, e trabalhava em um terceiro.

Em seu espaçoso quarto no Hôtel Louisiane, que possuía uma cozinha anexa, e que Beauvoir chamava de "o apartamento de meus sonhos", ela começou a receber pessoas em jantares. Bost ajudava a cozinhar, e Zette Leiris, que tinha acesso ao mercado negro, providenciava a carne. "Eu servia os convidados com tigelas de vagem e travessas cheias de guisado de carne, e sempre conseguia vinho à vontade [...]. Eu nunca havia 'recebido' gente antes, e gostei da experiência nova",[54] registrou Beauvoir. "A qualidade não é exatamente brilhante", disse Camus, "mas a quantidade está ótima." Seu mundo se abrira, indo da família incestuosa e gananciosa para uma multidão de novos amigos. Quando Picasso e Dora apareceram para jantar, ela fez algo "realmente especial": salada de mirtilo e groselha preta. Beauvoir não ficava mais em filas, mas ia com seus amigos a restaurantes, que se dividiam em quatro classes. Por 250 francos uma refeição razoável podia ser feita em um restaurante de segunda ou terceira classe; ela podia se dar ao luxo de ignorar os de quarta classe, onde se viam rutabagas e alcachofra no menu. Sartre continuava a almoçar com a mãe, que servia uma mesa burguesa, graças ao mercado negro, em seu elegante apartamento, no 23 da avenue de Lamballe, em Passy, e mandava a empregada para as filas.

A escolha de Sartre poderia ter sido outra. Seus potenciais rivais, como Vladimir Jankélévich ou Raymond Aron, que trabalhava em um jornal da Resistência em Londres, haviam deixado Paris e optado por se dedicar à luta contra os invasores. O poeta René Char não escreveu mais nada depois de entrar para a Resistência. Alguns se recusaram a publicar na Gallimard porque esta cumpria as diretrizes dos alemães. Outros guardavam um honroso silêncio, ou publicavam apenas em pequenas editoras clandestinas, como as Éditions de Minuit. Mas "pouquíssimos intelectuais não publicaram nada durante a Ocupação",[55] recordou Olivier Todd, que se casara com a filha de Paul Nizan. "Paris tinha dois lados durante a Ocupação", lembrou outra testemunha aristocrática. "Havia os que combatiam, os pobres, e havia também a alta sociedade. Era divertido e louco. Que momentos mais malucos e selvagens tivemos na época!"

O novo casal no poder, Sartre/Beauvoir, tomou o cuidado de evitar os salões comprometedores de Florence Gould, a anfitriã americana em cujos "Mardis" os oficiais nazistas Heller e o capitão Ernst Jünger se misturavam a escritores abertamente pró-nazis, como Jean Cocteau ou Marcel Jouhandeau. Em vez disso Sartre aceitou o convite de Camus para se unir ao júri do Prêmio Pleiade, criado pela Gallimard, onde Camus era leitor de originais. Sartre persuadiu o júri a dar o prêmio para Maloudji, por seu romance *Enrico*, e a vitória dele foi celebrada em um almoço "gay" no restaurante Hoggar.

Imperturbáveis com o progresso da guerra, Beauvoir e Bost como sempre viajaram de férias para esquiar em janeiro de 1944, em Morzine, sem Sartre. Beauvoir, ocupando-se de escrever nas horas livres, levou um susto quando os maquis invadiram a loja de esquis onde mandava encerar os seus, exigindo contribuições para a Resistência. Um abismo se abria na sociedade francesa entre os pétainistas e a quantidade cada vez maior de gente que mudara de ideia sobre os invasores. Jovens se recusavam a serem mandados para a Alemanha sob o notório plano de *relève* de Laval, pelo qual um prisioneiro de guerra era libertado em troca de três trabalhadores. Mais de 1,4 milhão de franceses com especialização já estavam trabalhando nas fábricas alemãs sob o Service du Travail Obligatoire (STO), e muitos agora fugiam para se juntar aos maquis. Os fascistas, por outro lado, entravam para a divisão francesa da Waffen SS e a Gestapo francesa. Enquanto bombas aliadas eram despejadas sobre cidades francesas, enquanto a Milice, o temido exército paramilitar de Vichy, praticava uma justiça sumária contra os *maquisards*, e a visão miserável de vagões carregados de judeus saídos de todas as partes da França com destino ao leste incitavam cada vez mais franceses a ajudar as vítimas do regime, Sartre e Beauvoir se divertiam em uma festa dada por Michel e Zette Leiris no magnífico apartamento do Quai des Grands-Augustins, 9.

Era hora de festejar, riu Beauvoir. Ela usava uma blusa de angorá vermelha e pérolas azuis, e Pablo Picasso cumprimentou-a por sua aparência. O resto dos convidados já fora para casa e era tarde demais para sair, por causa do toque de recolher. "Passe a noite aqui", propôs Leiris.

Sartre senta ao piano e corre os dedos pelo teclado. *"J'ai vendu mon âme au diable"*, canta com sua suave voz de tenor. Ele sorri ao trocar olhares com Beauvoir: "Vendi minha alma ao diabo".[56]

25

Libertação

Paris libertada! Libertada por si mesma, por seu próprio povo, com a ajuda dos exércitos da França, com a ajuda de toda a França, da França combatente, da França verdadeira e única, da França eterna.

General De Gaulle, 25 de agosto de 1944

AGACHADA AO LADO DO RÁDIO no Hôtel Louisiane, Beauvoir escutava a BBC. Era fevereiro de 1944: "A força aérea aliada conquistara os céus. Colônia, Renânia, Hamburgo e Berlim estavam em ruínas. No front oriental, os alemães batiam em retirada".[1] Na Itália, a situação chegou a um impasse, em Monte Cassino. "A RAF estava se preparando para o dia D ampliando os reides sobre alvos franceses, bombardeando fábricas, portos e estações de trem. Nantes foi completamente arrasada e os subúrbios de Paris foram duramente atingidos." Enquanto a Resistência explodia caminhões e trens dos alemães, Beauvoir parava sob os arcos do metrô para observar fotos de *franc-tireurs* condenados coladas nas paredes. Vinte e dois foram fuzilados em 4 de março. "Como demorou pouco para que eu os esquecesse", refletiu ela, tristemente.

Por toda a Europa, as tropas alemães eram derrotadas, mas apenas na França continuavam a passar a impressão de força. Era a ferocidade do desespero. Desde que a polícia francesa caíra sob o controle direto do alto comandante da SS e da polícia alemã, Höherer SS und Polizeiführer General Karl-Albrecht Oberg, em maio de 1942, em vez do exército alemão, o terror fora instaurado. O general Heinrich von Stülpnagel, o transtornado Kommandant von Gross-Paris, que em maio de 1944 tomava parte em um complô para assassinar Hitler,[2] se trancou no Hôtel Majestic e deixou Oberg livre para cometer seus excessos com a ajuda de René Bousquet, secretário-geral da polícia francesa. Bousquet, visando preservar a autonomia da polícia francesa fazendo o trabalho sujo da Gestapo, apressou as operações de assassinato burocrático, com a destra assistência de Louis Darquier de Pellepoix, chefe do Commissariat Général aux Questions Juives. Dezoito meses antes, em junho de 1942, Adolf Eichmann visitara Paris para discutir a aceleração do programa da Solução Final, e informou Theo Dannecker, seu subordinado na SS, do "objetivo de deportar todos os judeus franceses assim que possível. É preciso pôr pressão em Vichy e acelerar o ritmo das deportações para três transportes por semana".[3] Foi Pierre Laval quem propôs a Dannecker que crianças nascidas na França de judeus estrangeiros fossem incluídas.[4] "Os representantes da polícia francesa expressaram em diversas ocasiões o desejo de que as crianças também fossem deportadas para o Reich",[5] diziam as atas de uma conferência franco-alemã de 17 de julho de 1942, ocorrida durante a *Grand Rafle* (grande blitz) no Vél d'Hiv, na presença de Bousquet e Laval.

No verão de 1942, cerca de 20 mil judeus estavam internados nos campos de concentração franceses na zona desocupada, mas em dezembro de 1943 até o empenho de Laval e Bousquet pareceu tímido demais para a Gestapo. Pétain, que jamais planejara transformar o antissemitismo de Vichy em genocídio, proibiu que se estendesse a estrela amarela para a zona desocupada, e mesmo após a total ocupação de 11 de novembro de 1942, a lei não foi aplicada. Laval começou a ser visto como uma "raposa" insolente, que fazia corpo mole: judeus não podem ser entregues "como num supermercado, a quantidade que se quiser pelo mesmo preço",[6] advertiu Oberg. Em 1944, milhares de franceses protegeram judeus de serem deportados, mas, enquanto cerca de 300 mil se juntavam à Resistance, outros 45 mil entravam como voluntários na Milícia, o braço paramilitar de Vichy. A França vai se tornar um "fosso de sangue",[7] advertiu Bousquet, conforme os vigilantes camisas-pretas fascistas da Milícia e os maquis "fora da lei" se preparavam para o confronto nos derradeiros dias da Ocupação.

Beauvoir, como seus conterrâneos, pasma com a velocidade com que a França caíra, seguira por muito tempo acreditando na invencibilidade da Wehrmacht. Ela imaginara que a Ocupação duraria vinte anos, mas em 1944, mesmo enquanto Pétain continuava a esperar uma transição de poder pacífica para De Gaulle, a ilusão finalmente se desvaneceu. Não foi fácil para os parisienses ignorar Drancy, na porta de suas casas, nem tampouco judeus franceses de terceira geração, que usavam a cruz de ferro junto à estrela amarela, desaparecendo pelos portões da cidade. A partir de 1943, o campo de concentração foi administrado por um alemão, Hauptsturmführer Alois Brünner, refletindo a importância da Solução Final para os nazistas nos últimos paroxismos do regime. Os trens de carga cheios de judeus, mil de cada vez, saíam da Gare d'Austerlitz, onde Claude Mauriac, filho do romancista, viu "os rostos pálidos de crianças" pelas estreitas aberturas dos vagões de gado. Foram os lamentos das crianças, que podiam ser ouvidos nas ruas em torno do Vél d'Hiv, que chocaram Ernst Jünger: "Nem por um único momento posso esquecer como fiquei cercado por pessoas arruinadas, seres humanos no mais profundo tormento", registrou em seu diário. No campo, as pessoas observavam os trens com sua carga humana passando:

> Vi um trem passar. Na frente, um vagão contendo policiais franceses e soldados alemães. Então vinham os vagões de gado, lacrados. Os bracinhos finos das crianças agarravam as barras. Uma mão acenava do lado de fora como uma folha na tempestade. Quando os trens diminuíam a marcha, vozes gritavam, "Mama!". E nenhuma resposta vinha, exceto o gemido de molas [...]. A verdade: estrelas usadas no peito, crianças arrancadas de suas mães, homens fuzilados diariamente [...]. A verdade é censurada. Temos de gritá-la dos telhados.[8]

Em fevereiro de 1944, o poeta surrealista Max Jacob foi preso e levado a Drancy. "Bem, agora chegou minha vez",[9] escreveu para Jean Cocteau. *"Je t'embrasse."* Cocteau e Sacha Guitry, o ator e dramaturgo que intercedeu por inúmeros judeus, suplicou a Abetz em favor de Jacob, mas o velho poeta morreu em Drancy. Doze dias mais tarde, o "filho" de Beauvoir, Jean-Pierre Bourla, que sempre se recusara a usar a estrela, foi preso. Bourla, um amigo tanto de Cocteau como de Jacob, estava passando a noite com o pai, Alfred. Às cinco da manhã, os alemães tocaram a campainha e levaram ambos para Drancy. A namorada de M. Bourla subornou um alemão chamado Felix, que prometeu salvar o pai e o filho: o preço foi 3,5 milhões de francos. Quando Nathalie recebeu uma mensagem rabiscada em um pedaço de papel por Bourla, dizendo que ainda estava vivo, seu espírito se animou. Disseram-lhe que Drancy estava vazia, quando os transportes partiram, mas que Felix dera um jeito para que os Bourla ficassem para trás.

Nessa tarde, flores de primavera abriam as pétalas quando Beauvoir e Nathalie entravam no trem para o campo de concentração. "Nós nos aproximamos do arame farpado", lembrou Beauvoir em suas memórias. Com binóculos, ela conseguiu distinguir "duas figuras distantes acenando para nós". Uma delas removeu o barrete, expondo a cabeça raspada, e acenando "alegremente". Seria Bourla? As duas mulheres acharam que sim. Tranquilizadas, voltaram para casa, acreditando na história de Felix de que os Bourla seriam transferidos para um campo de prisioneiros de guerra americanos. Levou alguns dias de questionamento até que o alemão confessasse: "Os dois foram mortos faz algum tempo".[10]

Na verdade, ambos foram deportados de Drancy para Auschwitz em 13 de abril de 1944, no comboio 71,[11] e morreram nas câmaras de gás. Beauvoir nunca tentou descobrir o que aconteceu com Bourla, embora alegasse em suas memórias enfrentar "momentos de agonia convulsa e lágrimas" após sua morte. Não fazia diferença se a pessoa morria com 19 ou 80 anos, disse Sartre, mas ao ler a última mensagem de Bourla, "Não estou morto. Só estamos separados", Beauvoir pensava de forma diferente. *"Ce néant m'égarait."* Esse nada me aterrorizava.

Sartre, oito anos mais velho que Camus, começara assumindo o papel de irmão mais velho do relacionamento. "Sou mais inteligente que você, hein?",[12] disse ebriamente a Camus, certa vez. "Mais inteligente!" Camus balançou a cabeça, respeitoso. Quando era um jovem jornalista na Argélia ele saudara a "grandeza e verdade"[13] de Sartre, que "nos conduz ao nada, mas também à lucidez", embora houvesse um cutucão no fim de sua resenha da *Náusea*: o autor "ao mesmo tempo esbanjara e desperdiçara" seus "notáveis talentos ficcionais". O próprio Sartre se reconhecera, na soturna descrição que Camus fazia da vida em *O estrangeiro*: "Acordar, o bonde, quatro horas no trabalho, comer, dormir e segunda, terça, quarta, quinta, sexta, sábado",[14] uma "lucidez sem esperança" como a sua, mas ele também dera sua cutucada: "Camus se exibe um pouco citando [...] Jaspers, Heidegger e Kierkegaard, que, a propósito, nem sempre parece ter compreendido completamente". Desde o início de sua amizade, Sartre viu Camus como um filósofo peso-leve; Camus viu Sartre como um romancista frustrado, mas na Paris literária era Jean-Paul quem tinha a precedência sobre o filho de uma lavadeira de Argel.

Mas se a educação de Camus na Universidade de Argel era, aos olhos de Sartre, vastamente inferior à sua na importante École Normale, a experiência do homem mais novo em um jornal era muito mais sólida. Expulso do Partido Comunista como trotskista em 1937, por discordar da falta de apoio do partido ao nacionalismo árabe, Camus se tornara um jornalista de cruzada no *Alger Républicain* sob o editor Pascal Pia, e, com apenas 26 anos, passou a editor do jornal associado *Le Soir Républicain*. Meses depois de chegar em Paris, Pia se aproximou de Camus e lhe pediu para editar o *Combat*, um jornal clandestino subsidiado pelo movimento Combat. Em março de 1944, ele sucedeu Pia como chefe de redação, mas publicar o manchado periódico de uma só folha, com sua cruz de Lorraine sobreposta ao "C" no cabeçalho e sua desafiadora declaração de "apenas um líder: De Gaulle. Apenas um combate: por nossas liberdades",[15] era uma empreitada perigosa.

"Camus e seus jovens amigos trabalhavam com armas de prontidão, todas as portas de ferro trancadas, um pouco assustados porque a qualquer momento soldados alemães podiam aparecer e aí a coisa ficaria feia", recordou Beauvoir. "O prédio inteiro era uma colmeia de caos e alegria tremenda, de alto a baixo." Camus ganhou documentos falsos e uma carteira de identidade com o nome de "Albert Mathé", providenciados pelo diretor do Comitê de Resistência Nacional, Claude Bourdet, no fim de 1943; pouco depois disso Bourdet foi preso e mandado para Buchenwald, e Camus recebeu um segundo pseudônimo, "Bauchard". Quase todos os membros ativos da Resistência tinham documentos falsos, mas Sartre nunca recebeu nenhum. Jacqueline Bernar, uma colega jornalista na redação, recebera o codinome "Augur" antes de ser presa. O impressor que rodava o jornal, André Bollier, sabendo do destino que o aguardava nos campos, cometeu suicídio pouco antes de ser preso pelos alemães. Um dia, aguardando na fila com a namorada Maria Casarès para ser revistado pela polícia francesa e alemã, Camus entregou a ela o esboço do cabeçalho de *Combat*. Com medo de também ser revistada, Maria o engoliu.

Camus foi sempre modesto quanto a suas atividades na Resistência. "Nunca toquei em uma arma",[16] disse. Sua contribuição foi "ridícula, comparada à de alguns camaradas meus que foram combatentes de verdade". Mas escrever artigos antinazistas em Paris, ou usar seu escritório na Gallimard, na rue Sébastien-Bottin, como endereço de correspondência, era um ato de sabotagem tão grave quanto descarrilar um trem, e Camus arriscou a vida. Em março de 1944, ele redigiu uma audaciosa conclamação a um *engagement* com a Resistência, sob o pseudônimo de Bauchard: "Para a Guerra Total, a Total Resistência". Seu objetivo era atingir a consciência daqueles cuja desculpa consistia em afirmar "isso não me diz respeito",[17] seu argumento sendo o de que toda ação inimiga e toda retaliação da Resistência diz respeito "a todos nós. Pois todo o povo francês hoje está ligado pelo inimigo de um modo que o gesto de uma única pessoa cria o espírito de resistência em todos os demais, e a desatenção ou indiferença de uma só leva à morte de dez outras".

Na edição de abril de *Combat*, Camus atacou a Milice, a milícia francesa que era mais odiada que a Gestapo. Em maio ele descreveu o massacre em

Ascq. Em suas *Cartas a um amigo alemão* o antigo pacifista fez uma apaixonada defesa moral pela resistência: ao contrário dos invasores, que usavam violência com "mãos sujas", os *maquisards* tinham as "mãos limpas". O poder simbólico de *Combat* e outros jornais clandestinos como o *Libération* ou o *Franc-Tireur* era enorme. Como voz dos Movimentos de Resistência Unidos, levava aos leitores as últimas notícias dos triunfos maquis: o exemplar de dezembro de 1943 anunciava 310 "ataques, sabotagens e execuções" dos maquis. E com o slogan, "Se você tem coragem, junte-se aos maquis",[18] ele funcionava como agente recrutador para o movimento.

Em Camus, assim como fora outrora com Nizan, o insignificante e covarde Sartre viu o homem de ação que aspirava a ser e que foi imortalizado nas páginas como o Brunet de *Os caminhos da liberdade*. Em Camus ele viu um homem vivendo o compromisso com a Resistência que apenas era capaz de observar de um canto afastado, lamentando o fracasso do "Socialismo e Liberdade". Camus representava um tipo ideal para Sartre, seu "brilho e ofuscamento", como Beauvoir descreveu, cegando o homenzinho ainda aprisionado em sua cabeça, debatendo-se com teorias e sistemas. Como um amante rejeitado, Sartre recordou em 1952 o que Camus significara para ele durante a guerra: "Entregar-se sem reservas para a Resistência. Vivenciar inteiramente uma luta austera, sem glória ou fanfarra cujos perigos dificilmente eram enaltecidos; e pior, correndo o risco de se ver rebaixado e aviltado."[19]

Em 1952, Sartre, por um ou dois segundos, admitiu a verdade. Camus foi o autêntico combatente da Resistência que Sartre não foi. De um modo geral, Sartre e Beauvoir, indissoluvelmente ligados um ao outro com suas mentiras, maquinaram uma versão oficial dos eventos em que Sartre reivindicava a paridade com Camus. "Como nós", escreveu Beauvoir, "ele se deslocara do individualismo para uma atitude comprometida; nós sabíamos, embora ele nunca tenha mencionado o fato, que ele tinha deveres importantes e de responsabilidade no movimento do Combat." "Como nós" era tão falso quanto o depoimento de Sartre de que "eu me tornei membro do grupo de Resistência [de Camus] logo após a Libertação; encontrei pessoas que ainda não conhecia que, junto com Camus, viam o que a Resistência podia fazer nesse último estágio da guerra".[20]

Na verdade, Sartre e Beauvoir foram a uma única reunião do jornal, na qual Sartre ofereceu seus serviços "até para histórias de cachorros atropelados na rua", segundo Jacqueline Bernard. "A resistência de Sartre, em minha opinião, foi zero",[21] diz Olivier Todd. Mas à medida que o desembarque na Normandia se aproximava e os mapas pichados nos muros de Paris mostravam a "lesma" dos exércitos aliados arrastando-se na direção de Roma, Sartre acordava para o fato de que estava mais do que na hora de mudar.

"No Catalan, na rue des Grands-Augustins, o suculento filé chateaubriand era assado à perfeição",[22] recordou o escritor Hervé le Boterf. "Na mesa de Picasso às vezes se juntavam Éluard, Desnos, Braque, Leiris, Sartre, Simone de Beauvoir e Albert Camus." Com o dinheiro certo e os contatos certos, podia-se até comer canapés de *foie gras* e beber champanhe, embora o presidente Laval, brincando, pedisse aos seus convidados que trouxessem consigo seus cupons de pão quando fossem almoçar com ele no Café de Paris. No bordel mais famoso da Paris ocupada, o Um Dois Dois, na rue de Provence, a madame, Fabienne Jamet, se vangloriava de que conseguia manter suas garotas bem-supridas de comida e champanhe graças aos contatos clandestinos. A atmosfera febril e decadente da capital se intensificou à medida que se aproximava a vitória aliada e a primavera dava lugar ao verão, em 1944. Nas festas dos Leiris, em que álcool e amor livre eram itens obrigatórios, Sartre se ligou mais estreitamente a Camus.

"Nós nos tornamos uma espécie de fraternidade secreta, que executava seus rituais longe dos olhares comuns do mundo",[23] recordou Beauvoir. Entre março e junho, no apartamento de George Bataille, em Paris, na casa da mãe de Bost em Taverny, no imenso apartamento de Simone Jollivet e Dullin, na rue de la Tour-Auvergne, as "*fêtes*" noturnas em homenagem ao amor jovem" tinham lugar. Para Beauvoir, essas festanças orgiásticas bloqueavam pensamentos de morte, da prisão do marido de sua amiga Yuki Desnos, Robert, das mortes de Kahn, Cavaillès e Bourla, das 1.300 pessoas queimadas vivas em Oradour: "Sob o animado arrebatamento regado a vinho sempre há um gosto de morte, mas por um resplandecente momento a morte é reduzida a nada".

Comida e bebida corriam soltas [...]. A gente comia e bebia tudo que conseguia engolir. O sexo casual desempenhava um papel muito pequeno nessas festanças. Era em primeiro lugar a bebida que nos ajudava a romper com o enfadonho ciclo cotidiano [...]. Constituíamos uma espécie de carnaval, com seus saltimbancos, vigaristas, arlequins e desfiles. Dora Maar costumava imitar uma tourada; Sartre conduzia uma orquestra do fundo de um armário [...]. Camus e Lemarchand realizavam marchas militares com tampas de panela [...]. A gente punha discos para tocar e dançava; alguns, como Olga, Wanda e Camus, muito bem; outros não tão destramente. Repleta da alegria de viver, recuperei minha antiga convicção de que a vida pode e deve ser um autêntico prazer.

As festinhas continuavam até o raiar do dia. Em pelo menos uma ocasião Camus desapareceu no quarto com Wanda. Em outra foi Bost quem começou a fazer amor com uma atriz argelina, até que Olga ficou histérica. Em abril, no Hôtel Chaplain, Camus escapou por um triz quando estava na cama com Wanda de manhã e alguém bateu na porta: "Monsieur Sartre, há uma ligação para o senhor",[24] chamou o gerente. Camus pulou da cama, disse Bost, e levou pelo menos uma hora para se recuperar.

Beauvoir, uma das que dançam "não tão destramente", também ficou atraída por Camus, que Sartre, com amargo conhecimento de si próprio, admitia ser seu "oposto absoluto, bonito, elegante, um racionalista".[25] As memórias dela são cuidadosamente construídas, mas a frequência com que o nome de Camus aparece e os comentários feridos traem seus sentimentos de mágoa. "Beauvoir queria ter um caso com ele. Ele se recusou",[26] lembra Olivier Todd. Mais tarde, Camus riu da *bas bleu* (mulher intelectual) para Arthur Koestler: "Imagine o que ela diria na cama, depois. Que horrível — uma tagarela daquelas, total *bas bleu*, insuportável!". Depois que Camus a rejeitou, ela passou a odiá-lo, disse Todd.

Na noite de 5 de junho de 1944, Sartre e Beauvoir convidaram seus amigos para o apartamento de Dullin. Camus trouxe junto Maria Casarès, a atriz que atuava em sua peça, *O mal-entendido*. Ela usava um vestido Rochas impressionante, com listras violeta e malva, o cabelo escuro puxado para trás, e ria muito, expondo os "lindos dentes brancos". "Era uma mulher muito atraente", escreveu Beauvoir, rangendo os próprios dentes. Dessa vez Camus ignorou Wanda, mas dançou o *paso doble* com uma Simone Jollivet bêbada. Quando o dia nasceu, Beauvoir e Sartre tomaram o primeiro metrô pela manhã, cambalearam através da place de Rennes na direção da rue de Seine, e desabaram na cama. Cinco horas mais tarde, o rádio acordou Beauvoir: os Aliados haviam desembarcado nas praias da Normandia.

Com a "fuga dos Fritzes" se aproximando, Sartre e Beauvoir trabalharam febrilmente para ter um corpus literário pronto para a paz. Cinco dias após a Operação Overlord, *Huis Clos* estreou com resenhas muito elogiosas. Sartre entregara a peça a atores profissionais, e sua visão sombria e desesperada do inferno em uma sala de estar do Segundo Império apelou aos moradores aprisionados na capital, para quem a traição se tornara um evento cotidiano. "Perguntei a mim mesmo como poderia pôr três pessoas juntas e em nenhum momento deixar nenhuma delas sair e como faria para mantê-las ali até o fim, como se fosse pela eternidade",[27] lembrou Sartre. "Logo, ocorreu-me pôr as três no inferno e fazer uma ser a torturadora da outra." Os críticos o aclamaram como "o leão de sua geração"[28] e o compararam a Dostoievski e Edgar Allan Poe. Com Sartre depositando na literatura a paixão que era incapaz de depositar na vida, Beauvoir se viu escrevendo contra o relógio. Em julho terminou sua própria peça, *Les Bouches inutiles*, sobre como, em um período de sítio, os defensores da cidade sacrificariam as "bocas inúteis" de mulheres, crianças e velhos.

A "fraternidade secreta" realizou um de seus ritos mais notórios em 16 de junho, quando uma farsa escrita por Picasso, *Désir attrapé par la queue* (*O desejo pego pelo rabo*), foi encenada no ateliê do pintor, no número 7 da rue des Grands-Augustins. Camus dirigiu, Sartre fazia Le Bout Rond, Leiris, Le Gros Pied, e Simone de Beauvoir tinha um pequeno papel como a Prima. A leitura de ensaio foi capturada pela câmera de Brassaï, o fotógrafo da Paris *underground* que era fascinado pelas "pessoas notívagas que pertencem a um mundo de prazer, amor, vício, crime, drogas. Um mundo secreto, suspeito, fechado para os não iniciados".[29] Brassaï fizera um intervalo em suas fotografias de bordéis e casas de ópio, que ele considerava representarem a face mais viva e autêntica da cidade, para captar um grupo de artistas com quem compartilhava alguns valores. Seus escritores favoritos, Stendhal, Dostoievski e Nietzsche, dizia Brassaï, eram apaixonados pelos proscritos que viviam longe das convenções. "Eles admiravam seu orgulho, sua força, sua coragem, seu desdém pela morte." Dostoievski venerava "criminosos de verdade", acrescentava Brassaï. "Ladrões, assassinos, condenados — seus próprios companheiros de prisão. Esses criminosos, rejeitados pela sociedade, se tornaram seus mentores, sua doutrina de vida [...] tornaram-se seu ideal. Dostoievski conscientemente adotou o código dos presos: viver a vida segundo as próprias paixões, criar as próprias leis!" Sartre sentia atração similar por "lugares sórdidos e jovens duvidosos", e sua rejeição dos valores de classe média, seu fascínio pelo ladrão Jean Genet e sua arte acarretavam comparações com o código de condenados de Dostoievski.

A icônica fotografia de Sartre e Camus agachados no chão, lado a lado, Sartre pequeno, tenso, de óculos, caolho, e Camus de ombros largos, belo em seu terno de corte esmerado, o cabelo preto alisado para trás como de um gângster, indica a intimidade entre os dois. Não é de admirar que Castor sentisse ciúme. "Como nós a amávamos, na época",[30] escreveu Sartre em 1952, lembrando-se dos primeiros dias de sua amizade.

Em 11 de julho, Camus e Casarès, que agia como mensageira, foram a uma reunião com Jacqueline Bernard. Esta não apareceu. Um informante havia denunciado o grupo de Resistência deles. Presa pela Gestapo, ela conseguiu telefonar para Camus e avisá-lo antes de ser mandada para Ravensbrück. Com medo de que sob tortura ela revelasse seu nome, e talvez os de Sartre e Beauvoir, Camus advertiu os amigos a se mudar. Dias depois Camus e Casarès foram detidos pela polícia alemã e francesa, e ele foi revistado; vendo o namorado com as mãos para o alto, Maria pensou que se os alemães o torturassem diante de seus olhos, ela falaria. O casal, junto com Pierre e Michel Gallimard, buscaram refúgio em um esconderijo da Resistência em Verdolet, a 60km de Paris. Sartre e Beauvoir foram para o apartamento dos Leiris por alguns dias, antes de fugir para Neuilly-sous-Clermont, um vilarejo no Oise, 70km ao norte de Paris.

Foi tão bom quanto férias de verão. Beauvoir e Sartre descobriram uma pequena estalagem-mercearia, centro do mercado negro local, onde alugaram uma água-furtada. Sartre dormia na cama de solteiro, Beauvoir em um colchão de palha no chão. Comiam coelhos e galinhas, saíam para passear às tardes pelas trilhas rurais cercadas de espora e *ceurfeil* silvestre; Beauvoir escrevia placidamente sob uma árvore no jardim, enquanto aviões da RAF cruzavam os céus acima, metralhando comboios alemães. Com suas visitas, Bost, Olga e o casal Leiris, os dois ficaram sabendo que no Vercors, a área montanhosa ao sul de Grenoble, a insurreição maqui fora esmagada pelos alemães, em 23 de julho. Aldeias haviam sido incendiadas, camponeses trucidados. Será que Beauvoir sabia que Bianca cozinhava para combatentes da Resistência, que seu marido, Bernard, era um operador de telefone? Ela não faz qualquer menção a isso em suas memórias, embora Sartre, por outro lado, se vangloriasse com o dono da hospedaria de que estava fugindo dos alemães, que queriam fuzilá-lo por ser um membro da Resistência.

Um mês transcorreu. Em 11 de agosto, o rádio anunciou que os americanos estavam nos arredores de Chartres. "Arrumamos nossa bagagem às pressas e partimos em nossas bicicletas",[31] recordou Beauvoir; pedalaram furiosamente sob a luz do sol: "Não tínhamos o menor desejo de perder a verdadeira Libertação". Em Paris, pensando na segurança, mudaram-se para um hotel diferente, o Welcome, na rua do Louisiane, na esquina do boulevard Saint-Germain. Quando encontraram Camus no Flore, ele lhes disse que os líderes da Resistência estavam de acordo em uma coisa: "Paris deveria se libertar sozinha". Mas como deveria ser o levante?

Serviços já estavam sendo cortados, eletricidade, gás e o metrô. No Hôtel Chaplain, Bost enfiava jornais velhos em um fogão e tentava cozinhar macarrão. Nervosamente, o grupo esperava para ver se os alemães arrasariam a cidade; falava-se em minas subterrâneas plantadas em volta do Sénat, nas proximidades, o que significava que Beauvoir e seus amigos sofreriam o impacto. Mas em 18 de agosto, "Vi caminhões carregados de tropas e caixas de transporte rodando pelo boulevard Saint-Michel, rumo ao norte. Todos paravam para olhar. 'Estão batendo em retirada!', as pessoas sussurravam." O exército de Leclerc estava às portas de Paris.

Quando Beauvoir acordou na manhã seguinte, foi olhar o mastro da bandeira no Sénat: a suástica ainda tremulava. Momentos depois um destacamento alemão emergiu, disparou uma rajada de metralhadora contra a multidão e marchou pelo bulevar. O levante começou nesse dia. As FFI, Forces Françaises de l'Intérieur, haviam feito fogo contra um comboio alemão, relatou Beauvoir. Vinte e quatro horas depois disso, com o general Leclerc apenas a 5 km de distância, bandeiras tricolores eram penduradas em todas as janelas. Atiradores das FFI escondiam-se atrás de balaustradas ao longo do *quais* e Beauvoir observava, fascinada, da janela do apartamento dos Leiris, quando um caminhão alemão passou "com dois jovens soldados de cabelos acinzentados sentados muito eretos, as metralhadoras de prontidão".[32] Ela sufocou o impulso de gritar uma advertência. "Uma saraivada de tiros explodiu, e caíram."

Quando os jornalistas *collabos* fugiram, Camus ocupou a redação do *Paris-Soir* na rue Réamur. Em 21 de agosto, no meio da insurreição, o primeiro exemplar não clandestino de *Combat* foi publicado. Curvando o corpo, Beauvoir e Sartre atravessaram a ponte para a margem direita do Sena, passando por guardas armados, para chegar à sala onde Camus escrevia exultante seu editorial, com o novo slogan: "Da Resistência à Revolução". Nesse momento-chave, ele deu a Sartre uma oportunidade de ouro para ganhar credibilidade como membro da Resistência, pedindo-lhe que redigisse uma matéria descrevendo a Libertação.

Muito estranhamente, Sartre deixou passar a oportunidade. Após um exame superficial pelas barricadas, ele permaneceu distanciado dos eventos, pedindo a Beauvoir que escrevesse o relato. O primeiro artigo, "Caminhando por Paris durante a Insurreição",[33] estava assinado por Sartre, ocupando a primeira página do exemplar de 28 de agosto. Entretanto, Beauvoir contou a seu namorado americano, Nelson Algren, três anos depois, que "escrevemos matérias sobre o que estava acontecendo e as levamos para Camus".[34] Na década de 1980, ela confidenciou a um biógrafo que fora ela a autora dos famosos artigos no *Combat*, porque Sartre estava "ocupado demais".[35]

No anoitecer do dia 24 de agosto, a Divisão Francesa das forças americanas e aliadas, comandada pelo general Leclerc, chegou ao Hôtel de Ville.

O general Eisenhower, comandante dos exércitos aliados, fora persuadido pelo general De Gaulle a abandonar seu plano original de entrar em Paris, para evitar batalhas na capital, e deixar que Leclerc conduzisse a parada. "Houve salvas de tiros; todos os sinos de Paris começaram a repicar, e todas as casas ficaram iluminadas", escreveu Beauvoir. Nas ruas, a multidão dava as mãos e dançava em torno de fogueiras. Na manhã seguinte, ela levantou às 6h, correndo para o boulevard Raspail a fim de ver as orgulhosas colunas de Leclerc marchando na avenue d'Orléans. Com animação febril diante da visão dos soldados, tanto das FFI — ela encontrara um amigo, o fuzil pendurado no ombro e um lenço vermelho em torno do pescoço, de aparência "esplêndida" — quanto os americanos para cujos uniformes ela arregalava "olhos incrédulos", sentindo "a alegria mais pungente que já vivenciei". Ela e Olga viram a bandeira francesa tremular outra vez sobre a torre Eiffel, viram mulheres que apenas semanas antes beijavam soldados da Wehrmacht atirando-se nos braços dos americanos, e saudaram De Gaulle dos degraus do Arco do Triunfo quando ele marchou pelos Champs Élysées. Finalmente a República,[36] cujo renascimento fora proclamado no Vercors em 3 de julho e brutalmente esmagado pela Waffen-SS, voltava a viver.

A reação de Sartre foi menos eufórica. Chamado por Camus para ajudar a proteger a Comédie-Française junto com outros membros da companhia teatral da Resistência, o Comité National du Théâtre (CNT), ele caminhou por Paris e logo pegou no sono dentro do teatro. Camus o encontrou roncando nas poltronas e o acordou, rindo: "Você virou sua cadeira de teatro na direção da história!".[37] A cada novo momento, Sartre rejeitava a chance de desempenhar um papel efetivo na Resistência. Isso porque o movimento era, em sua opinião, relativamente sem importância. Observando o desenrolar dos eventos de forma desapaixonada, ele mantinha aquele *splinter of ice* (lasca de gelo) em seu coração que Graham Greene considerava essencial para o romancista. Com olhos frios de escritor, Sartre escreveu:

A Resistência foi apenas uma solução individual e sempre soubemos disso: sem ela os ingleses teriam vencido a guerra, com sua ajuda teriam-na perdido, de um jeito ou de outro, se fosse para perder. A nossos olhos, ela tinha um valor sobretudo simbólico; e é por esse motivo que inúmeros membros da Resistência se encheram de desespero: sempre foram símbolos. Uma rebelião simbólica em uma cidade simbólica: só a tortura era real.[38]

Sartre talvez tenha reconhecido que se o general Von Choltitz, comandante do exército alemão em Paris, não houvesse desobedecido as ordens de Hitler de destruir a cidade e, ao invés de defendê-la, assinado a rendição em 25 de agosto de 1944, a Libertação não teria sido conquistada com uma perda de vidas tão pequena. A relutância de Von Choltitz de engajar suas tropas encorajou o coronel Rol-Tanguy, líder comunista das FFI, a propalar o slogan: "*Chacun son boche*"[39] (Cada um com seu boche), e seus homens deram a resposta. Sartre observou a escala da sublevação. Em Paris, cerca de 900 FFI e quase 600 civis foram mortos;[40] em Varsóvia, por outro lado, 30 mil poloneses morreram nas forças insurretas para libertar a cidade.[41]

Mas dentro de um mês Sartre ia colaborar na construção do mito gaullista[42] — de que Paris se libertara sozinha — e se ligar pessoalmente aos bravos *maquisards*.

Parte Três

Écrivains Engagés

1945-1956

26

Retribuição e remorso

Nós daríamos à era do pós-guerra sua ideologia.

Simone de Beauvoir

"*C'EST FINI, C'EST FINI*",[1] acabou, repetia Simone de Beauvoir, incrédula, para si mesma, enquanto Patrick Walberg, um amigo dos Leiris, do exército americano, a levava por Paris em seu jipe. Era a primeira vez em anos que ela entrava em um carro. Nas calçadas, soldados ianques mascando chicletes com amplos sorrisos e dentes "alvos como de crianças" andavam de um lado a outro, cantando, assobiando, rindo. Para Beauvoir, eram a "liberdade encarnada: a nossa e a que íamos espalhar […] pelo mundo todo […]. Aquela vitória era para apagar nossas antigas derrotas".[2] As botas da opressão haviam sido erguidas e o *coq* francês podia agora cantar desafiadoramente para as odiosas forças de ocupação, que em março de 1945 o exército do governo provisório enfim empurrara para lá da Linha Maginot.

A percepção que Sartre tinha dos americanos era mais hostil. Para ele, eram invasores, como os alemães: "A chegada do exército americano na França pareceu para muita gente, incluindo eu mesmo, uma tirania".[3] Alguns dias após a Libertação, ele escrevia "A república do silêncio", em que não só afirmava de modo provocativo e paradoxal que "Nunca fomos mais livres do que sob os alemães", asseverando que a liberdade é sempre uma escolha, que, mesmo sob a mais feroz opressão, cada um de nós pode permanecer livre e autêntico escolhendo uma posição em determinada situação, em face da morte, mas também, num audacioso lance de sua pena, reivindicou uma ligação com a Resistência em nome da inteira e sofrida nação francesa. "*On nous déportait en masse*", escreveu. "Fomos deportados em massa porque éramos trabalhadores, porque éramos judeus, porque éramos prisioneiros políticos."[4] "Não estou falando aqui da elite entre nós que foram genuínos *Résistants*", prosseguia, "mas de todos esses franceses que, a qualquer hora do dia ou da noite, por quatro anos, disseram '*Não*'."

O silêncio e a solidariedade de muitos, alegou Sartre, haviam sido essenciais para o sucesso de poucos. "Cada um de nós — e que francês em algum momento ou outro não se viu durante esse período nessa posição? — com alguma informação sobre as operações da Resistência foi levado a fazer a si mesmo a angustiante pergunta: 'Se me torturarem, será que aguento?' [...] e estávamos sozinhos, sem uma única mão amiga em parte alguma."

Com um ofuscante meneio de prestidigitação, Sartre ligou a passiva maioria, os *attentistes*, que haviam ficado em cima do muro e agora esperavam para se alinhar com os vencedores, àqueles membros ativos da Resistência que somavam apenas uma pequena minoria na população, no máximo três por cento. Em Paris, durante os quatro anos da Ocupação, apenas 28 mil pessoas,[5] meio por cento da população, participaram da Resistência. Mas ao ler o artigo de Sartre, a pusilânime maioria podia se identificar com os líderes do movimento, como o heroico Jean Moulin, que morrera sob tortura nas mãos do chefe da Gestapo, Klaus Barbie, o "açougueiro" de Lyon, em junho de 1943, ou de Marie-Madeleine Méric, cabeça da "Arca de Noé", a única rede de Resistência liderada por uma mulher, e gozar de um halo caloroso de orgulho e absolvição.

De modo notável, Sartre, que não tomara qualquer parte efetiva na Resistência, se tornou seu principal porta-voz apenas um mês após a Libertação. Camus recebeu a medalha da Resistência em 1946, honra jamais concedida a Sartre, mas foi Sartre que em dois anos passou a ser descrito nos Estados Unidos por sua atuação "destemida e ativa na clandestinidade".[6]

Como Sartre conseguiu? Como ele foi capaz de dourar sua "resistência do Café Flore", como Aron ironicamente a chamou — embora outros argumentassem que ser um jornalista da França Livre em Londres era ainda menos perigoso que ficar em Paris —, e se tornar um dos principais intérpretes do movimento e da Ocupação? Em "A república do silêncio", Sartre não alegava em momento algum ter sido um dos "genuínos resistentes", apenas "um escritor que resistiu". Ele sabia quão pouco fizera, comparado a Camus. Em seu íntimo permanecia o covarde Mathieu, de *Os caminhos da liberdade*, ou Garcin, o desertor em *Huis Clos*. Contudo, sua destreza em sentir o pulso do público, sua habilidade consumada para promover a si mesmo permitiram-lhe moldar os dois mitos dominantes de 1944: o da Paris que havia se libertado sozinha sem a ajuda dos aliados e o de que toda uma nação, *la nation résis-*

tante, se libertara do jugo nazista "sem uma única mão a ajudá-la". Enquanto De Gaulle declarava a ilegitimidade de Vichy, e afirmava que a República jamais deixara de existir, estabelecendo assim uma linha contínua entre sua desafiadora conclamação à união em torno de "*la France libre*", na rádio BBC, em 28 de junho de 1940, e a Libertação, Sartre desempenhava seu próprio papel na criação da cultura da culpa que se seguiu inflexivelmente à euforia pós-Libertação.

O *byline* de Sartre estava em toda parte: em *Les Lettres françaises*, em *La France libre*, o jornal publicado em Londres pelo velho amigo Raymond Aron, em *Combat*, encabeçando os sete artigos sobre a Libertação escritos por Beauvoir, que se deleitava com a mentira que contribuiu para a fama conjunta do casal. Camus, por outro lado, foi publicado anonimamente na compilação americana de 1947 que trombeteava o nome de Sartre como herói da Resistência para seu ávido público. Dentro de três semanas após a Libertação, o nome de Sartre ganhava destaque outra vez: *Huis Clos* reestreou no teatro Vieux-Colombier. Sartre entregou os dois primeiros romances de *Os caminhos da liberdade* para Gallimard, e Beauvoir, que vinha escrevendo de modo igualmente diligente, entregou a Gaston o manuscrito de *O sangue dos outros* e começou a negociar a produção de *Bocas inúteis*.

Uma selvagem expiação de *collabos* começara até mesmo antes da Libertação. Execuções sumárias eram conduzidas pelas FFI. Colaboracionistas conhecidos por agir em conjunto com a polícia alemã recebiam pequenos caixões pretos, suas casas e escritórios eram pichados com suásticas. Mais de 20 mil mulheres acusadas de terem mantido relações sexuais com alemães foram humilhadas publicamente, tendo o cabelo cortado rente ou raspado, para depois desfilarem nuas diante de multidões escarnecedoras, tudo visando reafirmar a dominação masculina francesa.[7] A retribuição de *l'épuration*, ou expurgo, era vista como essencial para um novo começo, e tanto De Gaulle como Georges Bidault, líder democrata cristão do Conseil National de la Résistance (CNR), na Carta de março de 1944, juraram punir todos os colaboracionistas. A martirizada Marianne tinha de se vingar contra todos que haviam traído a República antes de poder olhar para o futuro.

Beauvoir se felicitava pelo fato de que ela e Sartre haviam terminado no campo da Resistência. Fora uma boa guerra. Estavam do lado certo, com amigos em altos cargos. Fazia apenas um ano que Sartre superara os ataques comunistas de que conquistara sua soltura do Stalag agindo como informante para os alemães, e fora convidado para integrar o Comitê National des Écrivains (CNE), patrocinado pelos comunistas, por convite de Claude

Morgan, editor de *Les Lettres françaises*. "Mas", disse Sartre, "sua gente me acha um traidor."[8] Ele mostrou a Morgan um panfleto comunista, uma lista negra em que seu nome aparecia entre o de Chateaubriant e Montherlant. Morgan respondeu: "Minha gente, não. Idiotas. Vou dar um jeito nisso".

Morgan cumprira o prometido e o escritor pequeno-burguês granjeara a amizade dos comunistas. Em 1944, o Partido Comunista Francês (PCF) gozava de imenso prestígio como o "partido dos 75 mil fuzilados" pelos nazistas, e o papel central que ele desempenhara na Resistência lhe valera uma aura quase mística. Se milhares corriam para alegar terem sido membros da Resistência, outros milhares mais se filiavam ao PFC, que contava com 380 mil membros em janeiro de 1945. O próprio Sartre não entrou para o partido, mas, como inúmeros intelectuais, sentiu-se poderosamente atraído por sua imagem viril como o partido da mudança, o partido da classe trabalhadora, cuja vitória estava destinada por aquela força marxista materializada, a "História". A idealização romântica que Sartre fazia da classe trabalhadora, com quem compartilhara o cativeiro no Stalag, desempenhou importante papel em sua decisão de se tornar um *compagnon de route*, companheiro de jornada. Mas a amizade com o lado comunista da Resistência também o ligou de perto a quem mexia os pauzinhos em 1944: "Podíamos contar com inúmeras figuras importantes na imprensa e no rádio como nossos amigos íntimos",[9] recordou Beauvoir com satisfação. "A política se tornou um assunto de família e era de esperar que contribuíssemos com ela [...]. Éramos escritores, e era nosso papel nos dirigir a outros homens [...]. Era nossa vez de carregar a tocha."

Coube aos membros da Resistência definir colaboracionismo, em particular o Comitê Nacional de Escritores e *Les Lettres françaises*, que exigiam uma purificação radical de intelectuais. A vingança se tornou a prerrogativa de Aragon, Eluard, Benda, Vercors, Sartre, Beauvoir, Claude Morgan e outros no CNE. Um comitê foi criado para purgar o mundo editorial, inevitavelmente composto de editores que haviam por bem ou por mal seguido ordens do *Propagandastaffel* nazista. Uma divisão conveniente foi criada entre o público e o privado: todas as relações sociais com alemães, em cafés, bares e teatros, conheceram a indulgência. Isso incluía, por exemplo, o convívio de Sartre com os alemães que lotavam as poltronas em *As moscas*, ou o trabalho de Beauvoir para a Rádio Vichy. "Quanto menos eles próprios haviam resistido",[10] escreve Oliver Todd, "maior o empenho com que determinadas pessoas queriam punir os outros por terem colaborado." Ele tinha em mente "espíritos nocivos, como Jean-Paul Sartre".

Brigas logo surgiram. Jean Paulhan e François Mauriac, ambos reconhecidos ativistas da Resistência, exortaram ao perdão. Paulhan se demitiu do conselho editorial de *Les Lettres françaises* após uma lista de 100 escritores expulsos ter sido publicada; ele também se desligou do CNE, assim como Camus. "Sinto-me desconfortável demais para me expressar em uma atmosfera em que o espírito de objetividade é recebido como crítica perniciosa e em que a simples independência moral é pobremente tolerada", disse Camus a Paulhan. Mas Sartre estava sob ataque do jornal comunista *Action* por ter sido influenciado pelo filósofo nazista Heidegger; seu nome, com o de Camus, aparecera em maio de 1944 em outro panfleto comunista[11] denunciando determinadas pessoas que fingiam pertencer à Resistência e ao movimento clandestino. Ele adotou uma posição firme.

Em janeiro de 1945, Robert Brasillach, o editor fascista do *Je suis partout*, foi julgado como colaboracionista. O seu foi um dentre diversos julgamentos de escritores e radialistas apelidados de a "Academia de Colaboração" por um deles mesmos, Lucien Rebatet, autor fascista do extenso panfleto "Les Décombres" (As ruínas). Em 19 de janeiro, Brasillach foi sentenciado à morte. Cinquenta e nove artistas e intelectuais fizeram um abaixo-assinado pedindo indulto a De Gaulle, incluindo o pintor Maurice Vlaminck e os escritores Paul Valéry, Paul Claudel, Jean Anouilh, Jean Cocteau, Colette, Jean Paulhan e François Mauriac. Embora os dois últimos fossem ativistas da Resistência, os demais eram notórios *collabos*.

O romancista Marcel Aymé, ele próprio antigo colaboracionista, escreveu pedindo a Camus que acrescentasse seu nome à petição. Não foi uma decisão fácil para Camus. Seu amigo, o poeta e combatente da Resistência René Leynaud, fora preso e fuzilado pouco antes da Libertação. "Até nosso último momento, nós rejeitaremos a caridade devota que defrauda os homens de sua justiça",[12] escreveu o ateu Camus em janeiro de 1945, desafiando Mauriac, que continuava a defender o perdão cristão para colaboracionistas. Mas, embora suas consciências morais derivassem de posições opostas, Camus, como Mauriac, sentiu-se incapaz de fechar os olhos para a pena de morte.

"Você me deu uma péssima noite de sono",[13] escreveu para Aymé. "Enfim, lhe mandei hoje a assinatura que me pediu [...]. Sentenças de morte sempre me deixaram horrorizado e decidi, como indivíduo, pelo menos, que não poderia tomar parte de uma, mesmo que por abstenção [...]. Isso é tudo, e é um escrúpulo que imagino vai fazer os amigos de Brasillach darem um bocado de risadas." Embora Camus lembrasse Aymé que Leynaud e dois ou três outros amigos haviam sido "mutilados e trucidados pelos amigos de

Brasillach, enquanto seu jornal [...] encorajava [a colaboração]", ele pedia ao romancista que dissesse a Brasillach que não era "um homem rancoroso". Mas, mesmo que fosse perdoado, Camus jamais apertaria sua mão.

Sartre e Beauvoir também recordaram as mortes de amigos, Politzer, Cavaillès, Yvonne Picard, Bourla e o poeta Robert Desnos. Eles se recusaram a assinar. "Eu não queria escutar as vozes de pessoas que haviam consentido com a morte de milhões de judeus e membros da Resistência",[14] escreveu Beauvoir. "Eu não queria encontrar o nome deles em nenhuma publicação lado a lado com o meu. Havíamos dito: 'Não vamos esquecer'; eu não estava esquecendo." Com Brasillach como chefe editorial, a redação do *Je suis partout* havia denunciado pessoas e instado Vichy a obrigar o uso da estrela amarela. "Era com esses amigos, vivos ou mortos, que eu sentia solidariedade; se eu erguesse um dedo para ajudar Brasillach, então teria sido o direito deles cuspir na minha cara [...]. Algumas palavras são tão mortais quanto câmaras de gás."

Entretanto, quando Beauvoir lutou para conseguir um assento na tribuna de imprensa para o julgamento de Brasillach, os procedimentos a deixaram incomodada. Eles transformaram o algoz em vítima e deram a sua condenação a aparência de desumanidade. A caminho do Palais de Justice, ela se encontrou com alguns amigos comunistas e lhes falou sobre o que a afligia. "Você deveria ter ficado em casa, então", responderam, secamente.

Os meandros de culpa e inocência do colaboracionismo não eram facilmente separáveis. "O regime de Vichy",[15] escreve o historiador Robert Paxton, "tinha inúmeros cúmplices franceses em atos e políticas com que normalmente não teriam compactuado." O dedo da justiça começou a apontar incomodamente para perto de Sartre quando tanto Gaston Gallimard quanto René Delange, editor do *Comoedia*, foram interrogados durante o expurgo de intelectuais. Sartre testemunhou em favor de ambos. "Qualquer inculpação contra Gallimard também deveria ser dirigida contra Aragon, Paulhan, Camus, Valéry e eu mesmo, em resumo, todos os escritores que tomaram parte na resistência intelectual e que eram publicados por ele",[16] admitiu. Em todo caso, Gaston apenas concordara em financiar sua nova revista, *Les Temps modernes*. "Não passo de um pobre comerciante de papel",[17] rogou o editor, que foi poupado, embora outro "comerciante de papel", Robert Denoël, editor de Hitler, Céline e Rebater, tivesse sido assassinado na rua em dezembro daquele ano.

Sartre também negou a estreita associação que manteve continuamente com Delange durante toda a Ocupação. Delange se safou, mas Jean Cocteau, com quem Sartre passeara às margens do Sena em junho de 1944, foi menos afortunado. Como Sartre, Cocteau escrevera para a *Comoedia*, em 1942, resenhando entusiasticamente a exposição das figuras masculinas de Arno Brekker, o escultor favorito de Hitler. Mas quando Cocteau foi acusado de ser colaboracionista, Sartre deu risada: *"Il avait mal mené sa barque"*[18] — Ele pilotou mal seu barco.

O nome de Sartre não aparece na história definitiva da Resistência escrita por Henri Noguères porque ele nunca foi membro dela. Embora em seus últimos anos houvesse inventado uma história falsa, escrevendo que "tomara parte ativa na Resistência, nas barricadas de Paris".[19] Àquela altura, era provável que acreditasse.

Imediatamente após a Libertação, as câmaras de tortura da Gestapo em Paris foram descobertas. Os postes de execução em que as vítimas eram amarradas, o Fort de Vincennes, onde os reféns eram perfilados diante dos pelotões de fuzilamento e jogados em valas comuns, os túmulos coletivos, tudo se tornou público. Os jornais noticiaram a aniquilação de Varsóvia. "Um mundo devastado", registrou Beauvoir. "O novo deleite de se estar vivo deu lugar à vergonha de ter sobrevivido."

O regresso de Bianca Lamblin de Vercors significou para ela um choque adicional. Bianca sofrera um colapso. Começou a fazer terapia e voltou a entrar em contato com Beauvoir. "Estou preocupada [com Bianca]",[20] escreveu Beauvoir para Sartre tarde da noite numa terça-feira, 13 de dezembro de 1945, após ter levado a mulher perturbada para jantar.

> Ficamos conversando […] até a meia-noite. Ela me deixou comovida — e cheia de remorso —, pois está sofrendo de um ataque intenso e pavoroso de neurastenia, e é nossa culpa, acho. É o pós-choque muito indireto, mas profundo, do negócio entre ela e nós. É a única pessoa para quem realmente fizemos mal, mas lhe fizemos mal […]. Ela chora o tempo todo — chorou três vezes durante o jantar […]. Está terrivelmente infeliz, e extremamente lúcida, sem que sua lucidez a leve a lugar algum. Às vezes, parecia inteiramente louca.

Beauvoir esperava que Sartre mostrasse igual solidariedade por Bianca, mas o tom de sua carta sugere que duvidava disso. "Você está cochilando ao lado de Wanda", escreveu, resignada. A própria Beauvoir ficara abalada com as fotos dos campos de concentração, com os relatos feitos por Jacques-Laurent Bost, que Camus enviara como correspondente especial do *Combat* para Dachau. "Acima da câmara de gás havia a inscrição 'Ducha'",[21] escreveu Bost. Frente a frente com a chorosa e trêmula Bianca, Beauvoir recordou como havia rido dos temores da jovem judia e a chamado de Cassandra tola. "É importante ficar bastante ao lado dela, o que estou tentando fazer, porque estou cheia de remorso", contou a Sartre.

O Demônio, a quem brincando Sartre afirmara ter vendido sua alma quando se tornou um "aproveitador da guerra", dando o título de "Lúcifer" originalmente para *A idade da razão*, revelara abismos escuros além do que ela pudera imaginar. Sartre havia sido seduzido pela ideia romântica de "mal" retratada por Baudelaire em *As flores do mal*, o glamouroso estilo dândi de *épater le bourgeois*: a guerra revelara tanto o risco como a ingenuidade de sua visão. Bianca, atormentada pela morte de sua família em Auschwitz, largada à deriva por Beauvoir e Sartre, seus "pais míticos", na análise de Lacan, agora tão presa da angústia que "eu ficava pregada num canto da cama, incapaz de me levantar, me recusando a me lavar ou pentear o cabelo",[22] era uma prova viva do mal que fora feito. Beauvoir, que talvez tenha começado nesse ponto a se perguntar se Bianca era sua única vítima, convidou-a a começar "uma nova amizade, com a qual eu podia contar, mas que, é claro, não teria nada da paixão de nosso antigo relacionamento". De 1945 em diante, Beauvoir passou a sair com Bianca uma vez por mês durante quarenta anos.

"Depois da guerra, ela se encheu de remorso por Bianca",[23] lembra Sylvie Le Bon. Bianca exigia amor, ela se impunha sobre os outros, diz Le Bon. "Mas Simone de Beauvoir era muito dura consigo mesma moralmente, muito estrita." Sartre havia interpretado a observação de Dostoievski de que se Deus não existe, então tudo é permitido, como licença para criar uma nova moralidade sancionada apenas pelo homem. Mas para Beauvoir, e talvez também para Sartre, livrar-se da remissão dos pecados era uma consequência assustadora do ateísmo. "Se Deus existe, tudo *é* permitido, porque Ele perdoa", argumenta Le Bon. Se Deus estava morto, quem perdoaria Simone?

Beauvoir ingressara em seu "período moral" em 1943, quando escreveu "Pyrrhus et Cinéas", um ensaio filosófico que esperava servir de base para o sistema ético prometido por Sartre no fim de *O ser e o nada*. A guerra balançara sua antiga fé na consciência individual e lhe ensinara que os seres humanos não existem sozinhos, em uma bolha, mas nas relações recíprocas uns com os outros.

> Essa assim é minha posição em relação aos outros homens: os homens são livres, e sou lançada no mundo em meio a essas liberdades alheias. Tenho necessidade de outro porque, uma vez tendo passado meu próprio objetivo, minhas ações se retrairiam para dentro de si mesmas, inertes, inúteis, caso não fossem conduzidas por novos projetos na direção de um novo futuro.[24]

Para Beauvoir, era uma nova porta que se abria para o mundo. Ela começou a desenvolver a ideia de estabelecer "uma ordem de precedência"[25] de diferentes situações éticas, e a estudar os "momentos históricos" de seus amigos. Preocupada em esboçar diretrizes para a escolha moral, no contexto da capacidade e situação individual, seu objetivo era "libertar a liberdade". Em *A ética da ambiguidade*, em 1946, ela continuou a acolher o desafio de "fundar uma moralidade em *O ser e o nada*", embora mais tarde censurasse a si mesma por perceber seu fracasso. "Simone disse que *A ética da ambiguidade* era para mim",[26] lembra Bianca, enquanto Beauvoir, consciente do lugar de sua antiga namorada na história, a cobria de presentes e lutava com seus próprios sentimentos ambíguos.

Bianca, contudo, não reatou o relacionamento com Sartre. Pelo contrário, ficou profundamente ressentida com suas palavras em "A república do silêncio", de que "*fomos* deportados em massa [...] porque éramos judeus". Em abril de 1945, os primeiros sobreviventes dos campos de concentração haviam regressado à França. Conhecidos como "deportados raciais", as figuras esqueléticas que saíam cambaleando como mortos-vivos dos trens eram um constrangimento para os parisienses e suas histórias eram recebidas com indiferença e incompreensão. A política Simone Veil, *née* Jacob, sobrevivente de Ravensbrück, disse que se sentiu forçada ao silêncio.[27] Foi somente depois que o filme de Marcel Ophuls, *Le Chagrin et la pitié*,[28] de 1971, deu início à recuperação da memória judaica da Ocupação, um período estagnado no mito por trinta anos, que a própria Bianca se sentiu capaz de dar voz a sua raiva de que a palavra "*nous*" lhes havia sido "usurpada por alguém que não fora nem ativista da Resistência, nem judeu".[29]

O inverno de 1944-45 foi marcado pela privação e falta de comida. O suprimento de carvão, gás e eletricidade também minguou. Sartre veste uma velha jaqueta de lenhador e Beauvoir treme dentro de seu casaco de coelho andando pelas ruas de pedra de Montparnasse em sapatos de sola de madeira. Durante as "festinhas" do verão anterior, ela prendera o cabelo escuro em cima com um aplique por sobre o penteado, um estilo "castelhano" que lhe emprestava um ar sério e digno, mas à medida que o frio foi aumentando passou a envolver a cabeça com um turbante imundo. Quando sorri, o dente faltando fica "perfeitamente visível, e nem me dei ao trabalho de mandar pôr um falso: para quê? Em todo caso, eu já estava velha, estava com 36 anos".[30]

No fim de junho de 1944, Sartre desistira de lecionar no Lycée Condorcet. Ele e Beauvoir são escritores em tempo integral. Ela depende dele financeiramente, pois os proventos de Sartre com o cinema, como roteirista da Pathé, e com o teatro são generosos. "Tantas vezes aconselhei as mulheres a serem independentes e disse que a independência começa no bolso, que acredito ter a obrigação de explicar essa atitude",[31] escreve Beauvoir em 1963. Ela justifica o fato argumentando que, se quisesse, poderia ter voltado a lecionar: não existe necessidade de provar sua "autonomia material". Em vez disso ela se dedica a pesquisar para seu novo romance, *Tous les hommes sont mortels*.

Nathalie Sorokine, enquanto isso, brinca de um novo jogo chamado Caça a Americanos. Ela fica sentada sozinha no terraço do Café de la Paix, ou nos Champs Élysées, e espera algum soldado convidá-la para sair. "Ei, *blondie*", chamam os americanos, caminhando pelos bulevares. Nathalie, depois de fazer sua escolha, aceita uma bebida, um passeio de jipe, um jantar; mais tarde ela volta para o hotel que divide com Beauvoir, carregada de chá, Camels, café instantâneo e comida enlatada. Um de seus admiradores é o irmão mais novo de Ernest Hemingway.

"Será que você e Sartre gostariam de conhecer Hemingway?",[32] pergunta Sorokine certa noite. "Claro que sim!", diz Beauvoir. Hemingway, em Paris como correspondente de guerra, convida Sartre e Beauvoir para o Ritz. Ela nunca esteve dentro do hotel antes e fica impressionada com o quarto espaçoso e a cama de latão, mas mais ainda com seu ocupante. Hemingway está deitado na cama vestindo pijama, os olhos protegidos por uma viseira verde; diversas garrafas de uísque estão a seu alcance, no criado-mudo. Ele agarra Sartre pela lapela e o abraça: "Você é um general!",[33] diz, apertando-o. "Eu, eu sou só um capitão; você é um general!" Hemingway transpira vitalidade; Sartre, os olhos pesados, vai embora às 3h da manhã, mas Beauvoir fica até o amanhecer.

Nos meses que precederam a Libertação, Camus e Sartre planejaram dois projetos conjuntos, uma "enciclopédia de ética" e uma nova revista literária. O primeiro malogra ao nascer, mas em setembro de 1944 Sartre forma um comitê editorial para a *Les Temps modernes*, nome tirado do filme de Chaplin. Camus está ocupado demais com o *Combat* para ser um membro, e Malraux se recusa; um estranho grupo formado por Raymond Aron, Michel Leiris, Merleau-Ponty, Albert Ollivier (do *Combat*) e Jean Paulhan integra o quadro. Mas, em novembro, antes da produção do primeiro número, Camus tem uma nova proposta para Sartre. Os Estados

Unidos convidaram uma dúzia de jornalistas franceses para ir ao país e cobrir o esforço de guerra americano.

"Nunca vi Sartre tão alegre quanto no dia em que Camus lhe ofereceu o trabalho de representar o *Combat*",[34] escreve Beauvoir. Ela sempre sonhara que ela e Sartre voariam pela primeira vez juntos. Mas em 12 de janeiro de 1945 só ele embarca em um avião militar com destino ao Novo Mundo.

27

Dolorès

Você se dá conta, eu dormi com Napoleão![1]

Dolorès Vanetti Ehrenreich

UMA DAS ÚLTIMAS COISAS que Sartre fez antes de deixar Paris fora dar uma palestra sobre a "abordagem americana" do romance. A despeito de não falar uma palavra de inglês — Beauvoir se matara traduzindo páginas da trilogia de John Dos Passos, *Big Money*, para ele —, era um assunto no qual Sartre se achava um especialista. Seu caso de amor com a América começara na infância, quando a mãe lhe comprava gibis de caubóis, e ele crescera com a paixão pelo jazz, por cinema e por escritores como Faulkner e Dos Passos — bem como Proust, Joyce e Virginia Woolf — que tentaram, "cada um a seu modo, distorcer o tempo".[2]

Mas quando o filósofo quintessencialmente francês desceu do avião militar no aeroporto de La Guardia, em Nova York, em 12 de janeiro, após uma dolorosa viagem de dois dias, a América pareceu mais estranha do que jamais imaginara. Ele não era nenhum Dickens desembarcando nas docas para ser aclamado por multidões; em vez disso, a limusine do aeroporto o levou para o hotel Plaza, numa travessa da Quinta Avenida, em Central Park South. Pela janela ele observou luzes vermelhas e verdes que eram como balas de açúcar cristalizado. Estava em uma cidade que o deixava tão perplexo quanto assustado: "Eu não sabia que, para o europeu recém-chegado, havia um 'enjoo de Nova York', como enjoo do mar, enjoo do ar ou enjoo da montanha".[3]

O dia seguinte era um domingo, um domingo deserto. Sartre se viu na esquina da 58th Street com a Quinta Avenida.

Caminhei por longo tempo sob o céu gelado [...]. Eu procurava Nova York e não podia encontrá-la. Quanto mais progredia ao longo da avenida [...] mais a cidade parecia fugir de mim, como uma cidade fantasma. [...] Durante os primeiros dias, fiquei perdido. Meus olhos não se acostumavam aos arranha-céus [...]. Esse tabuleiro de xadrez é Nova York. As ruas se parecem tanto que nem foram nomeadas. Limitaram-se a lhes dar números de registro, como soldados.

Em torno dele, havia casas da cor de "sangue seco". Em vão ele procurou por *quartiers*, *cafés*, *terrasses*: "A rua americana é um pedaço de *highway* [...]. Ela não estimula a pessoa a andar. As nossas são oblíquas e tortuosas, cheias de curvas e segredos".[4]

Desorientado, olhava embasbacado em torno: "Tudo brilhava e era cheio de lojas iluminadas [...] abertas, lojas iluminadas, com pessoas trabalhando ali dentro — eram barbearias — às 11h da noite. Você podia cortar ou lavar o cabelo ou fazer a barba às 11h da noite."[5] À sombra dos *skycrapers*, ou *gratte-ciels*, a Nova York que arrebatara a imaginação de Roquentin, a Nova York de "Some of These Days", deixava-o desconcertado: ele era, como em Le Havre, *un homme seul*, em uma cidade que abraçava os próprios segredos.

Para seus anfitriões americanos, os jornalistas franceses necessitavam de mais que um banho e uma escova. Sartre, com sua jaqueta de lenhador imunda e sapatos gastos, era como um deprimente polegar no lobby do Plaza, onde, nessa primeira noite, mulheres em vestidos de estilistas de braços dados com bem-apessoados homens de smoking passavam sem notá-lo pela porta giratória. "Eles não percebiam que havia uma guerra em andamento", recordou Sartre, boquiaberto com a riqueza americana: mal podia crer nos "maravilhosos" desjejuns, os *muffins* com suco de laranja e café de verdade. Na segunda-feira, o Office of War Information (OWI) não perdeu tempo em dar uma geral no maltratado correspondente europeu. Sartre foi levado a lojas para adquirir paletós, calças vincadas e um terno sob medida. Dias mais tarde, ele se mudou para o imenso Waldorf-Astoria, em Park Avenue, onde, na barbearia sob o térreo, fez a barba e ganhou uma massagem no rosto antes de ser entregue ao OWI para a primeira de várias entrevistas.

Se queria descobrir a América, Sartre precisava de uma mulher. Em Dolorès Vanetti, uma pequena mestiça (italiana e etíope), radiojornalista, ex-atriz em Montparnasse, ele encontrou uma. Vanetti apresentava o popular *show féminin* nas transmissões francesas da Voz da América durante a guerra, e estava se separando do marido americano, um médico, Ehrenreich.

Animada e atraente, com um clássico rosto oval que estranhamente lembrava Beauvoir, ela atendeu à necessidade de Sartre de uma mulher bonita que não o aborrecesse. "Antes de mais nada, há o elemento físico. Existem mulheres feias, é claro, mas prefiro as bonitas", explicou em uma entrevista para o documentário *Sartre por ele mesmo*. "Depois, há o fato de que são oprimidas, então dificilmente o aborrecem com conversas profissionais [...]. Gosto de estar com uma mulher porque me aborreço além da conta quando tenho de conversar no domínio das ideias."

Vanetti não entrava nessa de falar sobre ideias. Quando Camus foi a Nova York no ano seguinte, ela explicou que os americanos não gostavam de ideias, embora ele não tenha acreditado nesse clichê francês: "Isso é o que dizem, mas duvido".[6] Dominando gírias tanto francesas como americanas, alegre, espontânea e culta, uma poeta publicada — mas não *bas bleu* como Beauvoir —, atraiu Jean-Paul na mesma hora. "Diante de minha sala havia uma longa fila de jornalistas franceses esperando para entrar no estúdio de gravação", recordou. "No último lugar da fila estava esse pequeno cavalheiro, o menor de todos. A certa altura, ele tropeçou em algo e deixou cair seu cachimbo, depois o apanhou, e foi aí que começamos a conversar. Não me lembro do que dissemos um ao outro, mas seja lá o que for, depois disso ele me perguntou se poderíamos voltar a nos ver."[7]

No início Dolorès não fazia ideia de quem era Sartre. Ela confundiu seu nome com o de um escultor, Raoul del Sartre, que havia conhecido antes. Mas o OWI logo a esclareceu. Sartre, autor de *O muro*, um líder do CNE, que, segundo a *Atlantic Monthly*, que publicara uma tradução da "A república do silêncio", "se devotara a atividades clandestinas com coragem sublime, organizando publicações ilegais [e] representando as tendências mais brilhantes da literatura francesa do pós-guerra".[8] Sartre pôs sua usual técnica de sedução em prática, fazendo Dolorès se sentir a mulher mais importante do mundo. Dois dias depois conseguiu levá-la para a cama. "Dolorès me deu a América", recordou Sartre em 1974.

Mas Dolorès não foi rápida o bastante para impedir Sartre de cometer sua primeira gafe. Representando tanto *Le Figaro* como o *Combat*, o primeiro artigo que ele enviou para o *Figaro* em 22 de janeiro cobria, com certa malevolência, a rivalidade durante a guerra entre os seguidores franceses de Pétain e De Gaulle nos Estados Unidos. Sartre alegava que o grande empresariado americano e o Departamento de Estado haviam financiado *Pour la victoire*, um jornal que segundo ele fora pernicioso à causa francesa. Era um assunto delicado. Os Estados Unidos haviam reconhecido o governo de Pétain em

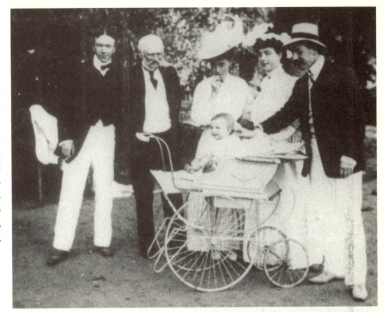

1. Simone de Beauvoir bebê e seus familiares: da esquerda para a direita, seu pai, Georges de Beauvoir, seu avô, sua mãe, Françoise, sua tia e seu tio Gaston. Meyrignac, 1908.

2. Hélène e Simone de Beauvoir, com as idades de 3 e 5 anos, no jardim em Meyrignac.

3. "Poulou" e sua mãe, Anne-Marie.

4. A família Beauvoir troca la Grillère por Meyrignac: pai, mãe, primos e criados em 1911.

5. A família Schweitzer em Pfaffenhoffen, Alsácia: da esquerda para a direita, o avô de Sartre, Charles Schweitzer, sua mãe, Anne-Marie, seu tio, Emile Schweitzer, "Poulou", com 8 anos, privado dos cachinhos, seu tio e sua tia Beidermann, e sua avó, Louise Schweitzer.

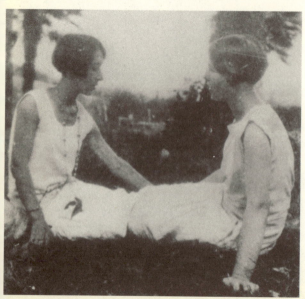

6. Elizabeth Lacoin ("Zaza") e Simone de Beauvoir.

7. Simone de Beauvoir no Lycée Jeanne d'Arc em Rouen, 1932; Olga está na segunda fileira, a segunda a partir da direita.

8. "La petite russe": Olga Kosackiewicz em 1939.

9. Bianca Bienenfeld, c. 1938.

10. Simone de Beauvoir, Paris, 1938.

11. Simone de Beauvoir e Nathalie Sorokine diante da estátua de Balzac no Boulevard Raspail.

12. Caricatura da professora, por Nathalie Sorokine.

13. Beauvoir e Bianca Bienenfeld no Lycée Molière, Paris.

14. Sartre e Castor de férias em Juan-les-Pins, poucas semanas antes do início da guerra, 1939.

15. Jean-Paul Sartre, convocado em setembro de 1939, na Alsácia.

16. Jacques-Laurent ("Petit") Bost, na infantaria, novembro de 1939.

17. "Castor de guerre": "Você parece uma lésbica, uma viciada em cocaína e um faquir, também, por causa desse turbante", respondeu Bost quando Beauvoir lhe enviou esta foto sua, em 1939.

18. Marie-Olivier (Wanda Kosackiewicz) e François Périer em *Les mains sales* (*As mãos sujas*).

19. No Café de Flore, 1943, da esquerda para a direita: Raymond Bussières, Maurice Baquet, Marianne Hardy, Annette Poivre e Jean-Paul Sartre.

20. Simone de Beauvoir no Café de Flore, novembro de 1945.

21. Oficiais nazistas no La Shéhérazade, uma de suas boates favoritas durante a Ocupação.

22. Albert Camus, editor do *Combat* de 1944 a 1947, no Deux Magots, 1945.

23. Atuando na farsa de Picasso, *Le Désir attrapé par la queue*, 16 de junho de 1944, em Paris: da esquerda para a direita, Jacques Lacan, Cécile Eluard, Pierre Reverdy, Louise Leiris, Zanie de Campan, Pablo Picasso, Valentine Hugo, Simone de Beauvoir; na frente, Jean-Paul Sartre, Albert Camus, Michel Leiris e Jean Aubier.

24. Beauvoir e Sartre juntos numa transmissão, 1946.

25. "Ela me deu a América": Dolorès Vanetti.

26. Simone de Beauvoir e Sartre na casa de Madame Morel, 1948.

27. Beauvoir no banheiro, Chicago, 1948.

28. Nelson Algren lava o cabelo na pia do apartamento da Wabansia Avenue.

29. Beauvoir e Nelson Algren na casa do lago Michigan no verão de 1950.

30. Beauvoir e Nelson Algren na casa do lago Michigan no verão de 1950.

31. Claude Lanzmann e Simone de Beauvoir, em 1952. "Para minha 'cabeça excelente'", ele dedicou esta fotografia, mas à noite ela era "ma reine d'Afrique" ("minha rainha africana").

32. Sartre, Boris, Michelle Vian e Simone de Beauvoir no Café Procope, 1951.

33. Sartre e André Gide em Cabris, durante a filmagem do documentário de Marc Allegret, 1950.

34. Sartre e Beauvoir com Fidel Castro.

35. Beauvoir e Sartre com Che Guevara em Cuba, 1960.

36. Simone de
Beauvoir e Lena
Zonina, Rússia,
1962 ou 1963.

37. Arlette Elkaïm e Sartre,
janeiro de 1965.

38. Sartre
e Beauvoir
com
Nikita
Kruschev,
1963.

39. Beauvoir e Sartre vendendo *La Cause du Peuple*, Paris, 1970.

40. Sylvie Le Bon e Simone de Beauvoir no terraço do Hotel Nazionale, Roma, 1971.

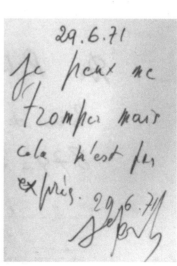

41. Sartre com remorso? Um bilhete escrito à mão admitindo que cometera erros, mas "não de propósito", foi encontrado entre os papéis de Sartre após sua morte.

42. Beauvoir e Sartre comemoram meio século de companheirismo no aniversário de Sartre, em 21 de junho de 1979.

43. Sylvie Le Bon e Beauvoir em uma manifestação do Mouvement de Liberátion des Femmes (MLF) em junho de 1974.

44. Beauvoir joga uma rosa no túmulo de Sartre, no dia de seu enterro, em abril de 1980, amparada por Sylvie Le Bon e Hélène de Beauvoir.

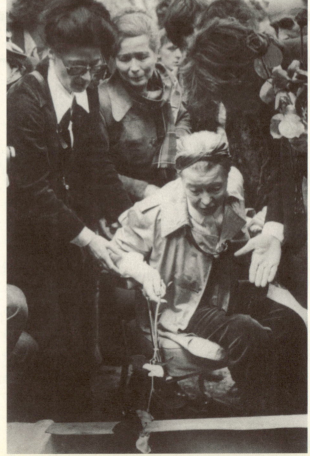

1940 até a invasão aliada do Norte da África em 1942, quando De Gaulle se tornou o chefe do governo provisório da França. Roosevelt continuara desconfiado de De Gaulle, tendo se recusado a recebê-lo na Casa Branca até julho de 1944. A matéria foi na mesma hora aproveitada pelo correspondente do *New York Times* em Paris e acusaram Sartre de sabotar as boas relações entre França e Estados Unidos. Soube-se que seria enviado de volta a seu país e o jornalista correu para pedir desculpas ao editor do *The Times*: "Nunca perdi de vista o fato de que sou um convidado nos Estados Unidos".[9] Sartre prometeu que as críticas que fizera, e continuaria a fazer sobre os Estados Unidos, derivavam de um "espírito de profunda amizade" pelo "maior de todos os países livres".

Fora por pouco. Ele havia sido convidado com o objetivo de relatar o esforço de guerra americano, mas, como contou a Beauvoir, *"L'effort de guerre de l'Amérique, moi, je m'en foutais. C'était l'Amérique que je voulais voir"*:[10] ele estava pouco se fodendo para o esforço de guerra americano. Era a América que queria ver.

Sob estrita vigilância do FBI, Sartre conseguiu o que queria. Em um avião militar especialmente fretado, um bombardeiro B-29, os jornalistas franceses passaram oito semanas viajando pelos EUA e visitando fábricas, represas, escolas, universidades e bases militares. "Vimos mais aço e alumínio que seres humanos", queixou-se Sartre. Mas em Hollywood encontrou-se outra vez com Rirette Nizan, que lhe falou sobre seu desgosto de ver seu marido sendo vilipendiado pelo Partido Comunista Francês. Em Nova York, encontrou-se com Stépha e Fernando Gerassi, que o apresentaram ao escultor Alexander Calder, e a um bando de expatriados franceses, incluindo Claude Lévi-Strauss e o líder surrealista André Breton. Dolorès o levou aos Salões de Chá russos, onde avistaram Garbo e Stravinsky. O passeio culminou num encontro com o presidente Roosevelt na Casa Branca em 10 de março.

"Quando apertamos as mãos, olhei para seu rosto sério e moreno, tão americano",[11] escreve Sartre. "O que impressiona imediatamente é o charme profundamente humano daquele rosto preocupado, ao mesmo tempo delicado e duro, os olhos cintilando de inteligência [...]. Ele sorri para nós, fala conosco em sua voz baixa e vagarosa." O presidente diz aos franceses que adora o país deles, por onde passeou de bicicleta na juventude. Sartre e os colegas repetem devidamente essas declarações de cordialidade franco-americana. Cinco semanas depois, Roosevelt vem a falecer, com apenas 63 anos.

Mas não fora apenas curiosidade inconsequente que trouxera Sartre à terra de Buffalo Bill e Nick Carter. Ele viera testar sua nova teoria de *engagement* no público americano. Sua primeira palestra em Nova York causou sensação. Na aparência um panegírico a Camus, cuja amizade, cujos escritos e cujo exemplo inquestionavelmente inspiraram Sartre a se tornar politicamente engajado, era uma obra-prima de autopromoção. "A Resistência nos ensinou que a literatura não é nenhuma atividade ornamental independente da política",[12] foi como a *Vogue* americana o abordou em suas páginas. Desprezando os escritos do *avant-guerre*, Sartre louvava os novos escritores "que surgiram da Resistência e representam o futuro". O melhor deles era Albert Camus, agora com 30 anos:

> Ao publicar um grande número de artigos clandestinos, frequentemente sob circunstâncias perigosas, para fortalecer as pessoas contra os alemães ou para manter sua coragem, eles adquiriram o hábito de pensar que escrever é um ato; e adquiriram um gosto pela ação [...]. Na imprensa clandestina, toda linha que era escrita punha a vida do escritor e do impressor em perigo [...]. A palavra escrita recuperou seu poder.[13]

A participação deles na Resistência mostrara a esses escritores "que a liberdade de escrever, como a liberdade em si mesma, deve ser defendida pelas armas sob determinadas circunstâncias". É por esse motivo, explicou Sartre a um público enlevado, que "todo mundo na França de hoje fala em *littérature engagée*".

Prontamente, Sartre apresentou ao público os livros de Camus, seus temas de absurdo e revolta em *O estrangeiro* e *O mito de Sísifo*: "Extraio do absurdo três consequências, que são minha revolta, minha liberdade e minha paixão".[14] Promovendo-os como escritos do período de guerra, Sartre voltava a propor ao público a questão que se fizera diversas vezes: "Eu falaria sob tortura?". Debateu o último romance de Camus, *A peste*, cujo manuscrito havia lido, em que a peste que ataca Oran, na Argélia, é uma metáfora para a Ocupação alemã, e o doutor Rieux, médico e herói, um homem que "desafia o Mal [e] afirma contra todas as probabilidades a soberania do espírito humano". Por associação, a própria ficção pré-guerra de Sartre se tornava uma obra heroica, prefigurando o espírito da Resistência. Sua "resistência intelectual", as peças e romances que escreveu sob a Ocupação, cujo objetivo fora a promoção "do Eu e sua carreira literária",[15] eram remodelados como escritos clandestinos que haviam colocado sua vida em perigo.

Foi uma apresentação virtuosística, cujas reverberações chegaram até Paris. Imediatamente em seguida, Sartre escreveu seu empolgante manifesto sobre o *engagement* que apresentaria seu novo jornal.

Uma vez que o escritor não tem meios de fugir, queremos que abrace sua própria época com força; é sua única chance: ela foi feita para ele e ele foi feito para ela [...]. Não queremos perder nada em nossa própria época. Pode ser que haja outras mais belas, mas esta é a nossa. Só temos *esta* vida para viver, no meio *desta* guerra, *desta* revolução, talvez.[16]

"Toda palavra tem suas consequências. Todo silêncio, também", abjurava ele aos leitores. Em palavras pelas quais mais tarde teria de prestar contas, escreveu: "Considero Flaubert e Goncourt responsáveis pela repressão que se seguiu à Comuna porque não escreveram sequer uma linha para impedi-la". Contrapondo Voltaire, Zola e Gide, cada um dos quais "mensurou sua responsabilidade como escritor", Sartre declarou que "A Ocupação nos ensinou qual é a nossa [...]. A partir do momento em que agimos em nossa época de acordo com nossa própria existência, decidimos que esta ação será deliberada".

Ele conseguia, assim, assimilar Camus a si mesmo e, em sua imaginação, tornar-se o *pied-noir* argelino, herói da Resistência, o intrépido Capitão Pardaillon de seus sonhos de infância.

O passeio *whistle stop* de Sartre pelos EUA despertara sua consciência para mais um aspecto da vida americana que afetaria profundamente sua obra. Em Maryland, o estado escravagista mais ao norte, ele e seu grupo viajavam no carro Pullman de Baltimore à Filadélfia quando dois oficiais negros entraram no vagão-restaurante onde eles estavam jantando e pediram uma mesa.[17] O maître asperamente os rejeitou. Sabendo que o incidente incomodava o grupo francês, seu intérprete intercedeu junto ao maître. Após alguma negociação, os dois oficiais sentaram-se no fundo do carro, mas uma cortina rosa foi puxada entre eles e o restante dos passageiros.

"Não existe o problema negro nos Estados Unidos, só o problema branco", diria o escritor negro americano Richard Wright a Sartre quando se conhecessem em Paris. O romance autobiográfico de Wright, *Black Boy*, publicado em março de 1945 quando Sartre estava nos Estados Unidos, traça suas experiências com o racismo na supostamente liberal Greenwich Village, mas os encontros de Sartre com a segregação racial do Sul já o haviam deixado horrorizado.

Nesta terra de liberdade e igualdade, vivem trinta milhões de intocáveis. Eles servem suas mesas, engraxam seus sapatos, operam seu elevador, carregam suas bagagens, mas não têm nada a ver com você, nem você com eles [...]. Eles sabem que são cidadãos de terceira classe. São "negros". Não os chame de "*niggers*".[18]

Sartre canaliza a indignação em uma de suas peças mais poderosas, *A prostituta respeitosa*, em que Lizzie, uma prostituta, esconde um negro falsamente acusado de estupro para impedir que seja linchado pela multidão. As falas ásperas transmitem sua incredulidade com uma sociedade em que o filho do senador, Fred, pode dizer: "Tenho cinco criados de cor. Quando me chamam para uma ligação, eles limpam o bocal do telefone antes de passá-lo a mim",[19] ou "Pegaram um negro. Não era o certo. Mas lincharam-no assim mesmo".[20]

Seu mal disfarçado desprezo pelo "conformismo" americano, como vê a questão, também transparece em vários dos 32 artigos que Sartre escreveu durante a estada de quatro meses na América: "Como todo mundo, eu ouvira falar no famoso 'cadinho' que transforma, a diferentes temperaturas, poloneses, italianos e finlandeses em cidadãos norte-americanos. Mas não sabia inteiramente o que o termo significa de fato".[21] Então ele conhece um homem cujo "bom francês" está repleto de "americanismos e barbarismos". Sartre sente um calafrio na espinha quando descobre que o sujeito na verdade é francês: uma "metamorfose ovidiana" ocorreu. O rosto do homem ainda retém aquela "inteligência que torna um rosto francês reconhecível em qualquer parte. Mas logo ele será uma árvore ou uma pedra".

A fonte mais profunda do antagonismo de Sartre residia em seu sentimento de que os americanos não avaliavam corretamente o sofrimento da Europa ou a extensão das atrocidades nazistas. Por toda parte ele se deparava com alegre otimismo. Quando um bem-intencionado americano aventou a opinião de que a guerra poderia ser abolida para sempre, Sartre disse com sobriedade: "Acredito na existência do mal e ele não [...]. Os homens podem ser inteiramente maus".[22]

"Acha que existem duas Alemanhas?", um médico americano perguntou. "Respondi que não achava."

Fortemente tolhido por sua incapacidade de falar a língua, embora houvesse aprendido a pedir um "*Scotch on the rocks*", Sartre não deu quase nenhuma chance aos EUA. "*Ça ne vous gênait pas trop de ne pas savoir l'anglais?*"[23] — Não ficava muito incomodado por não saber inglês? —, perguntou Beauvoir. Não, disse Sartre, só se encontrava com americanos que falavam francês. "Os outros me deixavam de lado, naturalmente."

Quase que exclusivamente dependente de exilados franceses por companhia, Sartre aproximou-se mais ainda de Dolorès. Estava farto de "mulheres entorpecidas", como Wanda, com seus acessos de mau humor, sua miséria e sua infidelidade. Dolorès tinha uma carreira própria, mas era feminina, bonita e disponível. Sartre estava apaixonado. Partiu dos Estados Unidos com a promessa de voltar.

A ausência de Sartre deixou Beauvoir intensamente preocupada. Não havia serviço de correio civil entre os Estados Unidos e a França, e as únicas notícias que recebia dele vinham da leitura de seus artigos. Sabia a seu respeito tanto quanto qualquer outro membro do público leitor. Mas Camus, tendo dificuldades para se reajustar à vida de casado com a esposa, Francine, muitas vezes buscava refúgio no Café de Flore com Beauvoir, e se apiedou da amiga. "Sempre que você pedia um favor a Camus, ele atendia tão prontamente que você nunca hesitava em pedir outro, e nunca em vão",[24] recordou, lembrando como ele admitira todos os amigos jovens deles que queriam trabalhar no *Combat*. "Abrir o jornal de manhã era quase como abrir nossa correspondência." Quando Camus ficou sabendo que a irmã de Beauvoir, Hélène, que se casara com Lionel de Roulet e passara a guerra em Portugal, a convidara para uma estada, e para fazer uma palestra no Instituto Francês em Lisboa, ele lhe pediu, também, que representasse o jornal. O status oficial de Beauvoir como correspondente acelerou a necessária permissão do governo.

Em 27 de fevereiro de 1945, Beauvoir cruzou a fronteira para a Espanha. Era a primeira vez em seis anos que deixava a França, e 16 anos desde que visitara a Espanha pela última vez. A abundância de comida a deixou pasma e, como Sartre, sentiu "uma furiosa solidariedade para com a pobreza da França".[25] "Vejam, ela está sem meia-calça!", sussurravam na rua quando passava. "Era verdade", escreveu Beauvoir com amargura: "Éramos pobres: não tínhamos meias-calças, nem laranjas, e nosso dinheiro não valia nada".

Em Madri, refestelou-se com passas, brioches, camarões, azeitonas, tortas doces, ovos fritos, leite com chocolate; tomou vinho e café de verdade. Mas quando chegou em Lisboa, Poupette ficou horrorizada com a aparência da irmã: "Que tamancos são esses que está usando?",[26] perguntou, arregalando os olhos para os pés de Simone, e imediatamente a levou para fazer compras. Inebriada com a opulência das lojas, Simone se entregou a uma orgia de consumo, comprando todo um novo guarda-roupa: meias-calças de seda, três pares de sapato, roupas de baixo, vestidos, saias, blusas, coletes, um paletó branco e um casaco de pele. Em seus novos trajes, compareceu a um coquetel no instituto; mas isso não a impediu de deixar o público perturbado — pois Portugal se alinhara a Hitler — com relatos sobre os campos de prisioneiros, as torturas e execuções.

Quando voltou em abril, carregada com 50 quilos de comida, Sartre continuava fora. Os artigos de Beauvoir sobre Portugal, que escreveu sob o pseudônimo "Daniel Secrétan", de modo a não envolver Lionel, ofenderam o departamento de propaganda política. Pascal Pia, que editava o *Combat* enquanto Camus estava no Norte da África, encerrou a série. Sartre, enquanto isso, escrevera para seu confidente, Camus, que ficara "cativado" por Dolorès, embora os bilhetes breves que enviou a Beauvoir não permitissem a ela adivinhar a profundidade dessa nova paixão: ele abandonara o tour oficial e se juntara a Dolorès em seu apartamento de Manhattan.

A primeira reação de Beauvoir foi encontrar conforto com homens casados. Sua antiga paixão, René Maheu, regressara a Paris, e nessa primavera Castor e Lhama passearam juntos pelo bosque de Chantilly de mãos dadas. Juntos eles comemoraram o V-E Day. Maheu, que lecionava filosofia no Marrocos e se apaixonara por uma de suas alunas, por quem estava esperando em Paris, aproveitou a oportunidade para dormir com Beauvoir.[27] O ato amoroso foi tanto mais saboroso por não ter futuro: quando em setembro *Le Sang des autres* foi publicado, ela dedicou seu exemplar: "Para meu queridíssimo Lhama, como lembrança da primavera de 1945, muito confidencialmente, S de Beauvoir".[28]

Ela encetou um novo caso "contingente" com Michel Vitold, produtor de sua peça *As bocas inúteis*, em fase de ensaios no teatro Vieux Colombier, na época. Vitold, com sua barba por fazer de oito dias, e usando uma camisa portuguesa brilhante presenteada por Beauvoir, confortou a escritora de 37 anos com uma excursão de bicicleta pela Auvergne, em julho. Alto e forte, ele era um "ciclista exímio", que a fez segui-lo montanha acima, nadou e tomou banho de sol com ela, e acamparam sob as estrelas, como outrora ela fizera com Bost. Dormiram juntos em uma "cama de casal — *honi soit qui mal y pense*",[29] a maldade está na cabeça de cada um, contou recatadamente a Sartre, de férias com a mãe no Midi. Mas os verdadeiros sentimentos de Beauvoir por seu "gêmeo" são transparentes: "Eu gostaria tanto de passar um longo período sozinha com você".

Sartre voltou dos States no fim de maio. O alarme de Beauvoir aumentou quando ele começou a mexer os pauzinhos para encontrar trabalho em uma universidade americana, embora ela tenha menosprezado seu novo relacionamento no terceiro volume de suas memórias, *La Force des choses*, que esconde muitas verdades sexuais:

Ele conhecera uma jovem [...] meio separada do marido e, a despeito da brilhante posição dela no mundo, não muito satisfeita com sua vida; ficaram muito atraídos um pelo outro. Quando soube da minha existência, ela decidira que, quando ele voltasse para a França, deveriam esquecer um ao outro; seus sentimentos por ela eram fortes demais para que aceitasse isso.

Essas linhas dificilmente dão um indício da magnitude da crise emocional que se iniciava na vida de Beauvoir. Em Dolorès, que ela chama de "M" em suas memórias, encontrou uma rival mais formidável do que as atrizes superficiais que haviam previamente ameaçado sua posição. A dominação intelectual de Beauvoir era absoluta: ela era a rainha que distribuía seu tempo entre sua "pequena família", o "relógio sobre a geladeira", como Sorokine a chamava, uma escritora publicada e parceira de Sartre em *Les Temps modernes*. Mas "M" também tinha uma "posição brilhante" nos meios de comunicação: a apresentadora de rádio de pele dourada era uma versão mais nova e menos exigente de Beauvoir, seu cabelo preto enrolado no alto da cabeça, os olhos inteligentes e o corpo pequeno e magro lembrando Sartre da mulher com quem compartilhara 15 anos de sua vida. Bost, o amante de longa data de Beauvoir, recém-regressado de Nova York, também fizera sexo com Vanetti e não parava de falar a respeito, até a aflição no rosto de Castor o fazer cair em si quanto a sua falta de tato.

Mas "M" não era a única mulher na vida de Sartre. Enquanto ele estava na América, seu padrasto, Joseph Mancy, morreu; Mme Mancy, preocupada com o bem-estar do filho, não lhe deu a notícia senão após seu regresso à França. "Poulou" na mesma hora correu para ficar ao lado da mãe viúva. Seu sucesso financeiro lhe permitira comprar para Anne-Marie um espaçoso apartamento no número 42 da rue Bonaparte, com vista para a place Saint-Germain-des-Près. O filho foi morar com a mãe de 63 anos de idade, exultante com a oportunidade de recriar a intimidade incestuosa de sua infância, tão cruelmente interrompida por Mancy. Em tudo que foi capaz, Sartre rebobinou a fita: no lugar de honra da sala de visitas ficava o piano de armário em que o "franguinho" tocara quando menino. Quatro mãos voltaram a correr lado a lado pelo teclado, em que Jean-Paul e Anne-Marie executavam juntos sonatas de Beethoven. O filho ficara com o melhor cômodo do apartamento, que foi transformado em um escritório, e um quarto com balcão dando para Les Deux Magots. Eugénie, a empregada alsaciana, lavava e passava suas camisas. Anne-Marie dormia em um quartinho nos fundos, assim como a empregada. Em breve um secretário, Jean Cau, passou a integrar o arranjo doméstico. "Este é meu terceiro casamento",[30] disse Madame Mancy, feliz.

Quando Cau, antigo aluno de Sartre, subia os quatro lances de escada até o apartamento, às 10h da manhã, normalmente encontrava Sartre acabando de acordar no estreito divã-cama em seu escritório. Na parede via-se a gravura favorita do escritor, a Melancolia, de Dürer. Ao abrir a porta, dava para cortar o ar com uma faca. Cau sentia o estômago revirar com o cheiro de tabaco e suor, enquanto Sartre o cumprimentava, a barba por fazer e todo amarfanhado, em um roupão sujo, pegando uma garrafa térmica com chá quente. Em outras ocasiões a chegada de Cau interrompia o concerto familiar, em que Poulou tocava piano com "*ma petite maman*", que era "*très belle*, alta, elegante [...] com uma linda postura e tornozelos esguios, olhos azuis brilhantes e uma voz límpida e musical".[31] A menos que Sartre houvesse passado a noite fora, ele e a mãe tomavam o café da manhã juntos, e às vezes almoçavam também em uma mesinha minúscula, parecendo de brinquedo. Sartre se comportava como "uma criança dócil", recordou Cau. "Estranho. Encantador, e estranho." O homem que queria ser arquiteto de sua própria criação, mestre absoluto de sua liberdade, com uma mãe daquelas!

Ignorando Castor, a despeito da longa ausência, o Poulou de 40 anos de idade levou sua *petite maman* para sair de férias. Em suas memórias, Beauvoir volta à questão de "M":

Naquele momento, a afeição deles era mútua, e planejavam passar dois ou três meses juntos todo ano. Que seja: separações não me assustam. Mas ele evocava as semanas passadas com ela em Nova York com tanta alegria que fui ficando cada vez mais preocupada; [...] de repente me perguntei se M era mais importante para ele do que eu. Em um relacionamento que havia durado 15 anos, em que medida não é questão de puro hábito? [...] Compreendi [Sartre] melhor do que costumava fazer, e por esse motivo achei-o mais opaco; havia grandes diferenças entre nós; isso não me incomodava, muito pelo contrário, mas e quanto a ele?[32]

Sartre não era capaz de falar sobre outra coisa além de seu novo amor. "Segundo me contou, M partilhava inteiramente de todas suas reações, suas emoções; suas irritações, seus desejos [...]. Talvez isso indicasse uma harmonia entre eles numa profundidade — bem na fonte da vida, na nascente onde seu próprio ritmo é determinado — que Sartre e eu não conhecíamos, e talvez essa harmonia fosse mais importante para ele do que nosso entendimento."

Será que ia deixá-la? A questão atormentava Beauvoir. "Eu queria livrar meu coração dessa incerteza", escreveu ela. "Quando uma pergunta perigosa queima em nossos lábios, escolhemos um momento particularmente inapropriado para fazê-la." Quando saíam do quarto dela para almoçar com o dramaturgo Armand Salacrou e a esposa, Beauvoir perguntou a Sartre: "Francamente, quem significa mais para você, M ou eu?".

"M significa uma enormidade para mim, mas estou com você."

"A resposta dele me deixou sem ar. Para mim, significava: 'Estou respeitando nosso pacto, não me peça para fazer mais do que isso'." Uma réplica daquelas, escreveu, punha todo o futuro deles em xeque. No almoço, ela mal pôde apertar as mãos, sorrir, comer. Sartre a observou com inquietação.

Em 1972, ainda magoada com o *affaire*, Beauvoir escondeu a identidade e o significado de Dolorès em *La Force des choses*. Sartre reagiu com raiva, confessou Beauvoir a sua biógrafa dez anos depois. "Eu não queria que as pessoas soubessem coisa alguma a seu respeito, então a chamei de 'M'. Sartre queria que eu escrevesse sobre ela, mas eu disse não. Ele disse que eu estava sendo desonesta. Eu disse que as memórias eram minhas. Ele disse que também eram sobre ele [...] Eu sabia [...] que ela era minha inimiga."[33]

Mas em outubro de 1945, foi impossível esconder a existência de Dolorès. Sartre deu uma declaração muito pública de seu amor quando dedicou o primeiro número de *Les Temps modernes* como um todo "para uma certa Dolorès". Foi um duro golpe para Beauvoir, que ficara encarregada de lançar a revista literária enquanto ele estava fora, nos Estados Unidos. Havia sido ela quem aparecera diante de Soustelle, o ministro da Informação, para pedir humildemente uma cota de papel, e quem trabalhara com Merleau-Ponty e Leiris planejando a pauta.

Com o lançamento de *Les Temps modernes*, trombeteando aos quatro ventos uma literatura comprometida, a "ofensiva existencialista", como Beauvoir a chamou, tornou-se global. Já em setembro os dois primeiros volumes de *Os caminhos da liberdade* de Sartre haviam sido publicados no mesmo dia. *O sangue dos outros*, de Beauvoir, imediatamente rotulado como "romance da Resistência" e "romance existencialista", saiu no mesmo mês e foi acolhido com "uma inundação de elogios". Sua peça, *Bocas inúteis*, com Olga Kosackiewicz, estreou no Théâtre des Carrefours. O rótulo "existencialista" era colado em qualquer obra do casal. Durante o verão, Sartre ainda se recusava a permitir que o adjetivo lhe fosse aplicado. "Minha filosofia é a filosofia da existência; não sei o que significa existencialismo",[34] sustentou, irritado. Apenas dois anos antes o escritor Jean Grenier havia perguntado a Castor no Flore: "E quanto à senhora, madame? *Êtes-vous existencialiste?*",[35] e a questão a deixou incomodada, pois não compreendeu o que a palavra queria dizer. Agora, no outono de 1945, haviam cedido: o casal passou a adotar o epíteto que todos aplicavam a eles para fixar a marca Sartre e Notre Dame de Sartre (Nossa Senhora de Sartre), ou *la grande Sartreuse.*

A imagem pública que Sartre construíra nos Estados Unidos foi seu trampolim para a celebridade. "Napoleão", como Dolorès o descreveu para Camus, atravessou uma multidão de mulheres desfalecendo e alunos dando vivas em 29 de outubro para dar sua palestra "O existencialismo é um humanismo?". Uma hora mais tarde, ele começou a falar. "Estamos inapelavelmente sós",[36] afirmou a seu público suado e enlevado. "Foi isso que quis dizer quando afirmei que o homem está condenado a ser livre." Ansioso em demonstrar que o existencialismo não era anti-humanista, baseado no "desprezo pela humanidade", como o descrevera a *New Yorker*, ele ficou batendo na tecla da mensagem de *ação* e otimismo com que o homem existencialista se definia. No dia seguinte, a imprensa louvou entusiasticamente o "brio" e a "coragem" de Sartre, e seu magnetismo pessoal. O evento tornou-se parte da lenda sartriana quando Boris Vian, em seu romance *L'Écume des jours*, descreveu um certo Jean-Sol Partre, autor de *Vomit*, abrindo caminho até o palco com um machado enquanto seus fãs saem se arrastando do esgoto.

Mas enquanto o furor da mídia se voltava para Castor, a fama pela qual ela e o Kobra haviam tanto lutado juntos desde 1929 de repente perdeu seu brilho. Sartre a informou que em 15 de dezembro tomaria um cargueiro Liberty para a América.

"Qualquer mulher apaixonada se reconhece na pequena sereia de Andersen, que em nome do amor trocou sua cauda de peixe por pernas de mulher, para depois se ver caminhando sobre agulhas e carvões em brasa",[37] escreveu Beauvoir em *O segundo sexo*. "Toda mulher" incluía ela mesma: como a pequena sereia, que abriu mão de sua alma pelo príncipe, ela andou sobre carvões em brasa quando Sartre partiu para passar o Natal com Dolorès.

28

O abismo

A morte de repente apareceu diante de mim. Torci as mãos, chorei, bati a cabeça na parede.[1]

Simone de Beauvoir, *O auge da vida*

A CELEBRIDADE ESTAVA VIRANDO uma sensação. Os comunistas acusavam Sartre de ser um "falso profeta"[2] e um "coveiro". O livro de Jean Cocteau, *Vies*, com seu título alternativo *Vits* sob a sobrecapa (um trocadilho com o plural de "pênis"),[3] conhecido informalmente como o livro dos pintos de Cocteau, intensificou a reputação existencialista de licenciosidade. Mme Mancy, que assinara um documento reivindicando a Légion d'Honneur para o filho, para aborrecimento de Sartre — ele recusou a condecoração —, foi levada na conversa por um jornalista de tabloide e forneceu ao *Samedi-Soir* fotos do escritor quando bebê e na adolescência. Elas apareceram na página do verso, ao lado de um artigo maldoso. "Existencialistas", alegava, eram trogloditas,[4] ratos de porão, que se escondiam no Tabou e dançavam o *jitterbug*; eram o "inimigo interno" que corrompia a juventude francesa. O diabólico Sartre, que escrevera uma canção para Juliette Gréco, "O Inferno é meu hábito agora",[5] era um monstro de depravação que defendia o aborto e o ateísmo, enquanto Beauvoir, filha decaída da Igreja Católica, praticava o amor livre e o *ménage à trois*.

A histeria disseminada pela metralhadora giratória de lama do semanário acabou com a privacidade de Beauvoir em Paris. No Flore, as pessoas sussurravam e a apontavam. Então ela passou a beber no dourado bar de porão do Pont Royal, equilibrando o caderno de anotações nos tonéis usados como mesas. Camus, fugindo da paternidade, agora que a esposa, Francine, dera à luz gêmeos, muitas vezes lhe fazia companhia. Certa noite, em dezembro, eles jantaram juntos na Brasserie Lipp, antes de ir para o Pont Royal; na hora de fechar, eles compraram uma garrafa de champanhe, que levaram para o quarto dela no Louisiane e beberam até as 3h da manhã. "Passei uma noite maravilhosa com Camus",[6] escreveu Beauvoir para Sartre. "Fiquei espantada de ver como conseguiu ser tão carinhoso e que pudéssemos ter tanta intimidade e uma conversa tão fácil." Ela estava a fim de um novo *love affair* com o jornalista alto e pensativo, cuja conversa indecente e cínica dava-lhe tanto prazer. Beberam muito juntos, embora em geral fosse Camus quem acabasse na calçada de madrugada, refletindo sobre o amor: "É preciso escolher. O amor dura ou é consumido nas chamas".[7] Encorajada, Beauvoir o convidou para esquiar com ela em fevereiro, mas Camus declinou tanto de sua cama como das encostas nevadas em Mont d'Arbois.

Bost também andava se mostrando um amante relutante. "Ele tem a impressão de que não ocupa um lugar de verdade numa vida em que você existe",[8] contou a Sartre. Bost havia jogado fora as cartas que escrevera para Beauvoir no navio para a América, sentindo que eram "sem propósito", e estava cada vez mais "subjugado" pela vida com Kos, sofrendo de tuberculose. A "pequena família" de Beauvoir se desfazia: Nathalie (Natasha) Sorokine, que havia se casado com um soldado, Ivan Mofatt, estava grávida e de partida para os Estados Unidos em fevereiro. Do chalé Idéal-Sport, em Megève, dois dias após o Natal, uma infeliz Beauvoir escreveu para Sartre:

> Há seis anos, eu escrevia para você daqui e foi em tempos de guerra. Parece estranho lembrar disso. Em certo sentido, parece muito mais distante para mim do que seis anos. Sinto-me de algum modo além disso tudo, como se fosse uma segunda vida. Não reconheço mais a mim mesma nem meu antigo mundo. Contudo, existem as lembranças — as lembranças com você, nessa antiga vida. Mas elas exercem um efeito estranho, um tanto angustiante, por estarem tão pouco ligadas ao presente.[9]

Ela encerrava com uma súplica familiar, desesperada: "*On ne fait qu'un*, você e eu". Mas em nenhum outro momento o pacto em que repousava sua felicidade se revelou mais claramente com as fundações abaladas. Sartre, sobre quem ela escrevera em 1929 que "não foi feito para a monogamia", descobria que a notoriedade fazia as mulheres se jogarem a seus pés.

A primeira viagem de avião dela, outrora tão ansiosamente planejada com Sartre, foi feita sozinha em janeiro, quando foi a Túnis para dar uma palestra. Em uma excursão solitária às ruínas romanas em Dougga, escapou por pouco de ser estuprada por um árabe. Ao regressar, uma carta de Sartre a aguardava: "*Tué*, morto por paixão e palestras",[10] ele ia postergar sua partida, e não estaria de volta senão em 15 de março. "O amor de Dolorès por mim me assusta",[11] escreveu, ominosamente. "Em outras questões é absolutamente encantadora e nunca perdemos a paciência um com o outro." Dolorès era "uma pobre criatura encantadora, realmente a melhor que conheci depois de você",[12] repetiu, enfatizando cruelmente a ligação sexual que perdera com Beauvoir: "A paixão dela literalmente me assusta, em particular por não ser o meu forte [...]". Seu relato da rotina diária com Dolorès em Nova York, que ele agora alegava conhecer tão bem como Paris, exibe um tom doméstico, à vontade. Isso deixou Beauvoir assustada. Sartre estava vivendo com Dolorès havia dois meses e meio; ela o chama de "meu prisioneiro". Nos fins de semana, mal saem de casa. "Aqui a vida é agradável e sossegada", ele cutuca Beauvoir.

Sartre certa vez contou a Olivier Todd que mentiu para todas as mulheres que teve, "*particularmente* para Castor",[13] e estava mentindo, agora. Embora alegando que queria ir para casa, para Dolorès ele prometeu casamento: "Ele me disse",[14] afirmou Vanetti, "'Vamos lá, vamos nos casar e pronto', sem nem levar em consideração que eu já era casada. E ele queria de fato aceitar a oferta de seu amigo na Columbia e ficar em Nova York comigo por dois anos. Mas não tenho certeza se com suas dificuldades com a língua ele queria mesmo morar em Nova York."

Quando Don Juan finalmente voltou, ele imediatamente ficou doente com caxumba. Enquanto se preocupava com o efeito que a doença pudesse ter sobre sua virilidade, Beauvoir sorrateiramente voltava ao papel familiar de protetora do consorte famoso. Com Sartre de cama, envolto em bandagens e usando um gorro de dormir pontudo, Beauvoir, como tantas vezes fazia em momentos de crise, começou um diário outra vez. Ele revela "*la poussière*", o pó, de sua vida para os leitores. No fim de *O auge da vida* ela havia explicado que em 1939, sofrendo a "agonia da solidão", porque Sartre fora convocado, "a literatura se tornara tão essencial para mim quanto o próprio ar que eu respirava. Não estou sugerindo que constitui um remédio contra o desespero absoluto; mas eu não descera a tais extremos."[15] Agora, sob a ameaça ainda mais dramática da perda do amor, sentindo que sua vida se tornara "uma estranha", voltou-se para seu diário em busca de apoio. Seus escritos íntimos — editados antes de serem incluídos em suas memórias — e suas cartas preenchiam uma necessidade vital, permitindo-lhe expressar e lidar com sua infelicidade. Tornaram-se seu confessionário:

Nesses momentos em que minha vida tem sido dura para mim, rabiscar palavras no papel — mesmo que ninguém vá ler o que escrevi — tem me trazido o mesmo conforto que a oração representa para o fiel.[16]

No domingo, 5 de maio de 1946, a prosa insípida e sem vida de Beauvoir fala por si:

Às vezes há dias em que me sinto como esses peixes linguados que gastaram toda sua energia se debatendo na água rasa sobre as rochas, morrendo e secando. Me sinto assim hoje de manhã. Tive sonhos ruins, que deixaram uma espécie de calafrio em meu coração.[17]

Ela está sofrendo de uma "estranha ansiedade [...]. Essa noite foi de certo modo contaminada com o horror: por exemplo, a mão feminina que eu vi, todos os ossos aparecendo tão claramente, percorrendo o cabelo loiro com os dedos: o cabelo era uma planta, com uma *raiz* no couro".

As sensações ampliadas de Beauvoir faziam-na pensar no crânio sob a pele, na morte, que se tornara uma obsessão desde a guerra, uma época em que o mundo usava "a máscara zombeteira e ilusória do Nada". Ela tinha de escrever a fim de

exorcizar a morte com palavras [...]. A morte opressiva sobre mim [...]. No fim da estrada eu encontraria a morte, esse sonho de morte que eu tomava, toda vez, como a verdade definitiva, deixando-me escorregar em uma espécie de alegre abandono para o abismo do Vazio enquanto uma voz grita: "Dessa vez é para sempre, não haverá despertar".[18]

Sua cama a assustava. Ela tinha certeza de que morreria na cama. Mas em sua "pele de escritora", mantinha a morte a distância: "Escrevi o início do livro, que é meu último e maior recurso contra a morte".

O próprio não-ser, "a imagem banal de uma negra linha reta [...] e depois dela nada senão uma página em branco",[19] comportava associações assustadoras: a velhice — quando a linha negra ficava inexoravelmente mais próxima —, a decomposição da carne, a "ameaça da solidão e separação".[20] A esses negativos ela opunha positivos: ser, amar, unidade, plenitude. Essas polaridades percorrem todos seus escritos, privados e públicos. Os temas depressivos, que vêm à tona regularmente, e com grande pungência, na escrita pessoal de Beauvoir, também fogem ao controle que ela tentou impor à sua obra publicada. Sua dor e angústia assumem vida própria ao dominar *Todos os homens são mortais*, seu romance de menos sucesso — dedicado a Sartre —, e *A ética da ambiguidade* — dedicado a Bianca —, ambos por ela descritos como uma "prolongada perambulação" em torno do tema central da morte.

As duas obras foram escritas à sombra do caso de Sartre com Dolorès e no contexto do terror de Beauvoir de ser abandonada por ele. Ela tentava se confortar com o ato físico de escrever, sentindo o contato familiar do cigarro e da caneta-tinteiro entre os dedos, com a visão do papel coberto de nanquim verde sobre a mesa e o ar espesso de fumaça, mas mesmo seu diário começou a falhar em seu papel terapêutico. Em 13 de maio ela o releu: "Ele já não evoca nada para mim. E por que alguém esperaria que essas palavras fossem diferentes de quaisquer outras, que teriam o poder mágico de conter a vida dentro de si e ressuscitar o passado? Não. Para mim mesma os últimos 15 dias já são meramente sentenças deitadas por escrito, nada mais."[21] Nem mesmo a língua exercia sua função balsâmica.

No conde Fosca, herói de *Todos os homens são mortais*, Beauvoir criou uma figura fáustica "amaldiçoada pela imortalidade", cuja licença para cometer o mal lhe permite dominar o mundo. Quando começou o livro, em 1943, ela sentia que "eu sempre 'tive algo a dizer'",[22] mas em 1946 seu desejo de mostrar o homem existencialista continuamente se reinventando através dos séculos,[23] talvez inspirado no *Orlando*, de Virginia Woolf, fracassou em se traduzir em caracterizações ou diálogos realistas. Desajeitado e didático, *Todos os homens são mortais*, como *As bocas inúteis*, foi recebido com críticas desfavoráveis. Mas no medo que a atriz Regina tem da metamorfose da morte, o leitor sente o medo da própria Beauvoir: quando Fosca a deixa, Regina se torna, como a sereia que perde a alma e se transforma em espuma do mar quando perde o amor do príncipe, "uma mancha de espuma [...] ela deixou escapar o primeiro grito".[24]

A ética da ambiguidade foi uma tentativa ousada de oferecer o sistema ético prometido por Sartre ao fim de *O ser e o nada*, em que encontramos a famosa afirmação de que o homem é "uma paixão inútil". Muitas vezes acusado de operar em um vácuo moral, o existencialismo, com sua ênfase na "existência humana fazendo os valores brotarem no mundo" — como perdizes, disse Sartre —, é, aos olhos de Beauvoir, profundamente moral. A "ambiguidade" ou paradoxo da vida, de que nascemos para morrer, subjacente ao culto da existência, é irrefutável, insiste Beauvoir, que escolheu para epígrafe uma citação de Montaigne: "A contínua obra de nossa vida é construir a morte". O jogo já está perdido. Mas o existencialismo exalta o indivíduo humano como criador de significado em um mundo em si sem significado, e ela se incomodava com a crítica de que o culto popular, novo, ateu permitia ao homem "fazer um Deus de si mesmo",[25] encerrando-o em uma "angústia estéril", solipsista. Sua prosa túrgida deixa de convencer o leitor, que sente seu desconforto com a observação de Sartre de que o "Homem faz um homem de si mesmo a fim de ser Deus, e o indivíduo autocentrado [...] pode parecer egoísta".[26] "Nenhum Homem realmente é Deus",[27] escreve Beauvoir em *O segundo sexo* quando analisa *l'amoureuse*, a mulher apaixonada que põe o seu homem em um pedestal e o trata como uma "deificação". Ao aceitar a total dependência, escreve ela com doloroso autoconhecimento, "a Mulher cria um inferno para si mesma".

Como Sartre, Beauvoir sustenta que o existencialismo é otimista: a jornada de um ser-no-mundo é uma "liberdade engajada, que vertendo do em-si é imediatamente concedida aos outros".[28] O homem só existe transcendendo a si mesmo, e a fim de existir autenticamente ele "compreenderá que não é uma questão de estar certo aos olhos de Deus, mas aos seus próprios olhos". Os cristãos talvez aleguem que a filosofia sartriana é uma licença para rejeitar a ética. Não é bem assim, argumenta Beauvoir. A humanidade carrega a responsabilidade por um mundo "que não é obra de um poder estranho, mas dela mesma". E uma vez que não há Deus para perdoar, "as falhas do homem são inexpiáveis". Há uma tendência particularmente puritana de severidade na insistência com que Sartre diz que cabe ao homem salvar a si mesmo, e que se ele fracassa não existe nenhum Deus significativo, nenhuma absolvição dos pecados, nenhum repouso com os anjos. Para Beauvoir, forçada a negar e sublimar sua própria espiritualidade apaixonada, vivendo, nas palavras de Camus, uma "Vida sem apelo", era duro. A escultura de Giacometti de uma figura agônica esticando os braços para o vazio, *Mains tenants le vide*, expressava a desesperança que ela sentia.

A *Ética* teve origem em uma palestra que Beauvoir deu a um grupo de alunos católicos em fevereiro de 1945. Ao final dela, um dos alunos insistiu que escrevesse um tratado moral baseado em *O ser e o nada*. Camus, também, pediu-lhe "um ensaio sobre a ação", e a calorosa acolhida dada a *Pyrrhus et Cinéas*, que ela havia escrito para Grenier após ele ter perguntado se era uma existencialista, encorajou Beauvoir a voltar à filosofia. Depois disso, contudo, *A ética* se tornou, dentre todos os seus livros, o que mais a "irritava".[29] "Eu me equivoquei de pensar que poderia definir uma moralidade independente do contexto social", escreveu em 1963. Mas seu ensaio polêmico era mais do que uma defesa do existencialismo: era um passo em sua própria estrada da autodescoberta, um importante prelúdio a *O segundo sexo*.

Durante a guerra, escreveu Beauvoir no fim de *O auge da vida*, "A terra girou e revelou outra de suas faces para mim".[30] Confrontada com a violência, o horror, a injustiça, ela foi forçada pela primeira vez a se ocupar da realidade, a aceitar que sua consciência não era "soberana", mas sujeita a forças maiores. "Descendo a correnteza do Tempo, a História carrega sua vasta mixórdia de males incuráveis [...]. [Contudo] a História não é minha inimiga." Imperiosa, brilhante, rebelde e muitas vezes furiosa, era uma lição difícil de aprender, para ela, mas ela insistia que nunca mais sucumbiria ao *délire schizophrénique*,[31] aquele

> delírio esquizofrênico que por anos elaborei para dobrar o universo a serviço de minha vontade [...]. Eu já não fingia mais ser capaz de escapar à minha condição humana [...]. Eu estava pronta para me sujeitar.

Enfim ela descobria que seu destino colidia com os das outras pessoas, e teve de encarar a responsabilidade que isso acarretava. Mas sua asseveração estoica de que em 1945 encontrara a "felicidade" outra vez era falsa. Em sua "segunda vida" o problema do Outro (*autrui*) mostrava-se mais intratável do que nunca.

Os amigos de Beauvoir estavam preocupados com ela. Ela se voltava para o álcool para bloquear a dor, bebendo sistemática e silenciosamente até muitas vezes se entregar ao pranto. Certa noite, quando Bost e Sartre alegremente fofocavam sobre Dolorès durante um jantar, ignorando Beauvoir a seu lado na mesa, ela começou a chorar mais uma vez diante de sua taça de vinho, humilhada pelo modo "desavergonhado" com que conversavam a respeito de Nova York na frente dela. Mme Mancy andava publicamente questionando os amigos de Sartre que haviam regressado de Nova York sobre um possível casamento, perguntando até a Rirette Nizan: "E essa tal de Dolorès, você acha que é a mulher certa para Poulou?".[32]

Novas amizades eram uma distração, de algum modo. Esperando na fila do cinema nos Champs Élysées no outono precedente, Beauvoir começara a conversar com a mulher perto dela, uma loira alta e elegante, cujo rosto era tão feio quanto apaixonado. Era Violette Leduc, uma lésbica que logo se tornou devotada a Beauvoir. A escritora ajudou sua nova amiga a ter suas memórias publicadas pela Gallimard e a apresentou a Jean Genet e a uma outra nova conhecida, Nathalie Sarraute, ex-participante da Resistência e autora de *Tropisms*. Mas Leduc e Sarraute logo brigaram, e Beauvoir não confiava em Sarraute, que permanecia mais próxima de Sartre do que dela.

O trompetista de jazz Boris Vian, que Beauvoir também conhecera por acaso, dessa vez em um bar do Pont-Royal, ajudou a animá-la um pouco. Vian, que tocava em uma banda de *zazou*, era outro autor da Gallimard; ele convidou Beauvoir para uma festa em março, onde ela bebeu "masculamente" até o dia nascer, sentada em uma cozinha com seu anfitrião discutindo o romance. "Seguimos conversando e a manhã chegou rápido demais", recordou Beauvoir. Ela o achou muito amável; mas quando Sartre voltou ele reafirmou sua autoridade seduzindo Michèle, esposa de Vian, cujo cabelo loiro longo e sedoso e o lindo nariz *retroussé* caíram em seu gosto.

A autoestima de Beauvoir ia afundar ainda mais baixo após um encontro com Arthur Koestler, um judeu húngaro cuja chegada em Paris pôs fogo na rivalidade latente que já queimava entre Sartre e Camus.

Desde seu regresso da América, a reputação e a riqueza de Sartre haviam deixado Camus para trás. Sua produção era fenomenal: anfetaminas, ou *speed*, na forma de tubos de ortedrina, forneciam combustível para a *machine à écrire*, a máquina de escrever. Sua casa das máquinas era o escritório na rue Bonaparte, para o qual "Napoleon" se mudou em outubro de 1946. Ali ele escrevia seis horas por dia, enquanto Cau, seu secretário, atendia ligações, preenchia cheques e cuidava de sua agenda. Na rua, os fotógrafos perseguiam Sartre, e o *Samedi-Soir* imprimiu "revelações" escandalosas de que seduzira jovens para seu quarto no Hôtel Louisiane com o pretexto de cheirar um Camembert. No teatro, seu nome aparecia outra vez no luminoso em novembro de 1946, com a produção de *Morts sans sépulture*, sua peça sobre os heróis da Resistência torturados pelos terroristas milicianos. A peça dominou a temporada do teatro de 1946:[33] mais uma vez Sartre assumia a proeminência entre os dramaturgos homenageando o heroísmo da Resistência. No mesmo ano, *Réflexions sur la question juive*, que continuava a história da criação do fascista Lucien em "A infância de um líder", foi traduzido para o inglês como *Anti-Semite and Jew*. *A náusea* já conhecia tradução em uma dúzia de línguas.

Camus ficou irritado com o status de celebridade de Sartre e sua preocupação era se distanciar do rival. "Não sou um existencialista",[34] explicou. "Camus não é um existencialista",[35] confirmou Sartre. Mas a raiva do escritor mais jovem não estava baseada na inveja, e sim em seu senso de justiça. Sartre dominava a Resistência como um tema, escrevendo com a autoridade de um ex-militante, coisa que, aos olhos do público, havia se tornado. O espetáculo de Grand Guignol de tortura no palco, com a amante de Sartre, Wanda, sob o nome artístico de Marie-Ollivier, fazendo Lucie,[36] e o breve caso de Beauvoir,

Michel Vitold, como Henri, causou escândalo. A peça de Sartre eclipsou a de um verdadeiro herói, o dramaturgo Armand Salacrou, que permanecera silencioso sob a Ocupação, mas cuja peça *Les Nuits de la colère* saiu derrotada no duelo Sartre-Salacrou de 1946.[37]

Vladimir Jankélévitch, um professor de filosofia judeu que fora impedido de trabalhar sob o regime de Vichy e se tornara um *maquisard*, acusou o *engagement* fanfarrão de Sartre após a guerra de ser *une sorte de compensation maladive*,[38] uma espécie de compensação doentia, para seu fracasso em agir concretamente durante a guerra. Sartre, disse ele, fracassou em seu "dever de homem" ao assumir o lugar de Dreyfus-le-Foyer no Lycée Condorcet. Ninguém lhe deu ouvidos. Quando Julien Benda, autor de *La Trahison des clercs*, fez uma palestra na mesma noite que Sartre, a plateia estava vazia. Sartre expressava o desespero pós-moderno, depois de uma guerra que revelara como uma terrível ilusão o caráter otimista do Iluminismo e a crença oitocentista da perfectibilidade do homem. O fenômeno Sartre era inatacável.

Arthur Koestler chegou em Paris em outubro também nos braços da fama. Até Mme Mancy estava lendo *Darkness at Noon* (*O zero e o infinito*), uma nítida denúncia dos julgamentos de Moscou: o livro era supostamente baseado na transcrição do depoimento de Bukharin, membro da "velha guarda" assassinado por Stalin. Koestler, que ganhara cidadania britânica após se desligar do Partido Comunista em 1938, enojado com os tribunais de rua de Stalin, e fugindo para Londres de um campo francês durante a Segunda Guerra Mundial, já era um consultor do Ministério das Informações britânico. Sua conversão à defesa da civilização ocidental, quando o mundo do pós-guerra se dividiu em dois blocos hostis, era genuína. Quando Winston Churchill fazia seu discurso da "cortina de ferro" em Fulton, Missouri, em março de 1946, Camus, sob a influência de Koestler, fazia a equação entre marxismo e assassinatos. Desiludido com o fracasso de suas esperanças em ir "da Resistência à Revolução" e com a desintegração do movimento da Resistência, desbaratado pelo PC francês com citações de Lenin e acusações de ser um movimento contrarrevolucionário pequeno-burguês, Camus sentiu uma "camaradagem instantânea" com Koestler quando ele aterrissou na cena literária parisiense com sua namorada inglesa, Mamaine.

Desde o momento em que se conheceram, Camus e Koestler passaram a usar o "*tu*" informal um com outro. Beauvoir em pouco tempo começou a fazer o mesmo: ela ficou atraída pelo "tumultuoso recém-chegado [que] irrompeu em nosso grupo", embora criticasse sua "educação marxista pobre". Ela dissera a Sartre como estava "estonteante"[39] em janeiro desse ano, mas ele não respondera. Agora a troca de esposas estava no ar; Camus se apaixonara por Mamaine, uma loira frágil e graciosa. Na noite de 31 de outubro de 1946, Beauvoir e Sartre, Camus, Francine, Koestler e Mamaine jantaram juntos em um restaurante argelino e foram para um salão de danças na rue des Gravilliers. "Assisti ao encantador espetáculo de [Koestler] se esfregando em Castor (que acredito praticamente nunca dançara antes na vida) pela pista de dança",[40] registrou Mamaine em seu diário, "enquanto Sartre (o mesmo vale para ele) se esfregava na senhora Camus."

Koestler imperiosamente convidou o grupo para ir com ele até o Schéhérazade, um clube noturno muito frequentado pelos alemães durante a Ocupação, onde pediu *hors d'oeuvre* russos, vodca e champanhe. Sartre tinha de fazer uma palestra no dia seguinte, e nem começara a escrever, sobre "A responsabilidade dos escritores", sob a égide da Unesco, mas começou a ficar bêbado, e Beauvoir começou a se afogar em lágrimas. Camus se curvou e sussurrou para Mamaine que se sentira atraído por ela desde a primeira vez em que a vira. "Não incomoda Arthur que eu flerte com outros homens", respondeu Mamaine, "contanto que não seja sério." "Você é o tipo de garota por quem eu poderia me apaixonar", respondeu Camus.

Beauvoir também dava declarações de amor para seu anfitrião. Arthur respondeu, "É impossível ser amigos se você não concorda politicamente". Duas semanas mais tarde haveria uma briga terrível quando Camus atacou Merleau-Ponty por sua defesa dos julgamentos de Moscou em sua resenha do livro mais recente de Koestler, *O iogue e o comissário*. Sartre e Beauvoir ficariam do lado de Merleau-Ponty. Camus saiu batendo a porta. A ruptura duraria até março de 1947. Mas agora o álcool derrubava barreiras. A certa altura, Sartre voltou para a rue Bonaparte e, depois de duas horas de sono, se levantou, mastigou diversos comprimidos de Corydrane aparentemente inócuos que sempre mantinha em sua escrivaninha, e escreveu sua fala. Koestler e Castor foram embora para fazer sexo.

Para Beauvoir, foi uma noite de estupro. Koestler a brutalizou e humilhou. Ao que parece no último minuto ela mudou de ideia, mas ele se recusou a aceitar seu "não". No romance de Beauvoir *Os mandarins*, a heroína, Anne Dubreuilh, é submetida a violência por Victor Scriassine:

"Você não quer!", dizia ele. "Você não quer! *Tête de mule!* Sua mula teimosa." *Il me frappa légèrement au menton.* Ele me socou levemente no queixo; eu estava fraca demais para sentir raiva e fugir. Comecei a tremer. Um punho me socando; milhares de punhos [...]. "A violência está em toda parte", pensei, tremi e as lágrimas começaram a rolar pelo meu rosto.[41]

Scriassine lhe ordena que abra os olhos. Ele deixa a luz acesa. Anne está envergonhada: "Eu não tinha mais a barriga de uma jovem". Há um olhar de ódio nos olhos dele. Com medo, ela diz a ele que nunca teve uma noite melhor.

"Nunca? Nem mesmo com homens mais jovens? Não está mentindo para mim, está?"

As palavras mentiram em meu lugar... "Nunca".

Ele me esmagou ardentemente contra seu corpo. "Tudo bem?"

Para acabar com aquilo, Anne se dispõe a suspirar e gemer. Ela finge um orgasmo.

Beauvoir confessou para seu namorado americano Nelson Algren que tivera um relacionamento casual com Koestler em 1946. "Odeio ser desafiada, sobretudo em assuntos sexuais; então nunca mais aconteceu",[42] disse a Nelson. Koestler "era um tremendo estuprador",[43] disse o político trabalhista Richard Crossman. Mas Scriassine talvez fosse um personagem de inspiração mista:[44] sua voz, encorajando como se fosse "um médico",[45] faz o leitor pensar em Sartre, com sua violação cirúrgica da virginal Bianca. Sartre, que se lembrava do avô, o dr. Sartre, o único médico em Thiviers, visitando suas pacientes em sua carruagem, referia-se a suas próprias visitas a suas "mulheres" como "consultas médicas". A decepção que Beauvoir sentiu em seu relacionamento sexual com Sartre pode ter ajudado a compor esse retrato de um encontro sexual brutal.

Além de falar sem cessar sobre Dolorès, Sartre discretamente adicionara a vivaz Michèle Vian, esposa de Boris, a seu harém;[46] Beauvoir não tinha ninguém. Sartre foi ficando cada vez mais alarmado com seu ânimo deprimido. Perguntou a Philippe Soupault, um velho amigo surrealista, se não poderia dar um jeitinho de convidar Castor para ir à América no ano seguinte. No Flore, um encontro foi marcado. Soupault estava preocupado com a "fragilidade" de Beauvoir, mas perguntou se ela queria ir aos Estados Unidos. "Claro que quero ir [...]. Estou louca para isso",[47] respondeu Beauvoir, sem desconfiar de nada.

Castor precisava de um novo guarda-roupa para a viagem. Genet se queixava de que ela se vestia com simplicidade demais, e um dia Simone Berriau, produtora de *Homens sem sombras*, lhe disse: "Você não se veste tão bem quanto deveria!"[48] "Eu era uma pessoa que era convidada para as coisas",[49] escreveu Beauvoir, perplexa com a nova fama; mas ainda assim ela não frequentava *salons* e nunca possuiu um vestido de noite, achando o "uniforme" da burguesia tão repugnante quanto seus rituais. Mesmo assim, em Genebra para uma palestra suíça com Sartre, o casal foi colocado em tronos gêmeos, "como um rei católico e sua rainha". As coletivas de imprensa eram o caos, compostas de "enxames" de jornalistas, a maioria hostil. Mais de mil pessoas foram à primeira palestra de Sartre. Em Zurique, onde *Huis Clos* havia sido montada, quando Sartre se preparava para ficar frente a frente com o público ele tirou o sobretudo como um boxeador entrando no ringue.

Beauvoir tinha de se preparar para provações semelhantes; ela comprou um vestido de seda tussor, sapatos de couro, uma mala de viagem e um relógio suíço. À medida que a data da partida foi se aproximando, decidiu que precisava de um vestido especial para a América; o custo do modelo tricotado que escolheu, 25 mil francos, a fez hesitar. Sartre estava rico além de seus sonhos mais loucos, e ele era negligente com o dinheiro, dando a maior parte para os amigos, ou pessoas que lhe escreviam cartas pedindo por caridade. Beauvoir tentava compensar a extravagância dele com sovinice; mas o vestido era uma tentação. "É a primeira vez que me concedo algo", disse a Sartre, em meio a lágrimas. "Compre", disse Sartre, puxando o rolo de notas que sempre carregava no bolso de trás. Culpada, Beauvoir guardou o vestido na nova mala de couro. No guarda-roupa estava pendurado o casaco de coelho que lhe serviria de proteção contra o inverno da Nova Inglaterra.

Uma das últimas coisas que fez antes de partir da França foi sair para uma caminhada solitária pelas Dolomitas. Durante três semanas ela percorreu os vales e cumes, pisando nos pedregulhos conforme marchava entre cabanas na montanha, sozinha no silêncio. Forçou o corpo ao máximo, buscando na natureza um esquecimento e uma paz que não encontrava nos homens.

— *Que vous avez l'air farouche!* — Que ar mais desvairado você tem! —,[50] exclamou Giacometti quanto topou com Beauvoir no Deux Magots, fitando o vazio. Havia uma folha de papel em branco diante dela. Ela não tinha nada a dizer. Como a pequena sereia, perdera a voz.

— É porque eu quero escrever, mas não sei sobre o quê.

— *Écrivez, n'importe quoi* — disse o escultor. Isso pode significar tanto "qualquer coisa" como "qualquer bobagem". A ambiguidade não teria escapado a Beauvoir. Na verdade, ela queria escrever sobre si mesma, e estava formulando a pergunta. "O que significa ser uma mulher?" Questão que rapidamente descartou.

— Para mim — disse eu a Sartre —, pode-se quase dizer que não fez diferença.

— Mesmo assim, você não foi criada da mesma maneira que um menino seria; você deveria investigar mais o assunto.

Beauvoir começou a investigar. Foi uma revelação: "Este mundo era um mundo masculino, minha infância havia sido alimentada por mitos criados pelos homens".

29

Nelson, meu doce crocodilo

Eu sou sua esposa, e você é meu marido.[1]

Simone de Beauvoir para Nelson Algren,
4 de junho de 1947

Em 24 de janeiro de 1947, Beauvoir aterrissou no La Guardia, deixando Sartre em Paris. Ela era, escreveu Mary McCarthy, "a *femme savante* francesa mais proeminente [...]. A seus próprios olhos, aquela viagem tinha qualquer coisa de fabulosa, de uma expedição de balonista ou a descida em um sino de mergulho [...]. Para Mlle de Beauvoir, a América era, muito simplesmente, *movieland* — ela veio verificar por si mesma a existência da violência, dos banquinhos nas *drugstores*, dos casais adolescentes que vira retratados nas telas".[2]

Mas em 1947 a América representava mais do que uma *movieland*: os americanos eram os libertadores.

Eu estava preparada para me apaixonar pela América. Era a terra do capitalismo, é verdade, mas ajudara a salvar a Europa do fascismo; a bomba atômica assegurava a ela a liderança mundial, libertando-a de todo medo.[3]

Convencida de que "a nação americana tinha uma consciência clara e serena de suas responsabilidades", com o que ela se referia à suposição de que, tendo libertado a Europa, os americanos voltariam para sua toca, Beauvoir descobriu que "a realidade foi um grande choque para mim". Ela chegara a Nova York na véspera do discurso de março do presidente Truman, convocando o povo americano a intervir em prol dos "povos livres".[4] Enquanto a Doutrina Truman, seguida do Plano Marshall, em junho, sinalizava para o início da Guerra Fria, Andrei Zhdanov em Belgrado convocava o Cominform soviético (antigo Comintern) e a intelligentsia mundial a reagir contra a ameaça "imperialista". O cisma ideológico aberto entre o Ocidente e o Oriente arrastaria escritores e artistas para a *kulturkampf*, dividindo antigos amigos e criando novos inimigos.[5]

Como Sartre antes dela, Beauvoir partiu avidamente para uma jornada de exploração a partir de seu hotel na Rua 44 com a Oitava Avenida, e se pegou sentindo-se como um "fantasma". O ritmo da vida era diferente do da Europa: ela ficou desconcertada em descobrir que não podia ficar nos bares para escrever. "Não é costume aqui trabalhar em lugares onde as pessoas bebem [...]. Assim que meu copo está vazio, o garçom vem perguntar; se não o esvazio rápido o bastante, ele fica me rondando." Pedindo uísque nervosamente, porque o encontro com Hemingway a convencera de que todos os americanos bebiam Scotch, ela se contorceu em seu banquinho de bar: "Parece mais ajuizado sair antes do quarto copo".

Ao contrário de Sartre, Beauvoir estava determinada a evitar a "colônia" francesa e conhecer americanos; ela queria praticar seu inglês autodidata, aprendido com a leitura de romances ingleses na infância; mas quando começou a fazê-lo, achou seus anfitriões arrogantes e condescendentes. Em uma festa dada para ela por um jornalista na *Vogue*, escritores da anticomunista *Partisan Review* censuraram Beauvoir pela resenha em *Temps modernes* que Merleau-Ponty escreveu sobre *O iogue e o comissário* de Koestler, estopim da briga com Camus. Agora, confusa com o excesso de martínis e sua dificuldade de compreender inglês, Beauvoir ficou ferida com a virulência do ataque contra ela. "Parece que minhas opiniões são dignas de um agente soviético [...]. O 'terror vermelho' está crescendo."[6] Quando um jovem intelectual a lembrou que "não são os russos que estão lhe enviando comida; os Estados Unidos criaram o UNRRA [United Nations Relief and Rehabilitation Administration]",* Beauvoir explodiu. Se até jornalistas "de esquerda" tinham tanto orgulho das latas de leite condensado que seu governo enviava aos franceses famintos, ela não ficava nem um pouco surpresa com o tom de condescendência da imprensa em relação à Europa paralisada e destruída. Os americanos eram todos imperialistas. Até mesmo a literatura de que ela gostava parecia ser um insulto à intelligentsia do país, que despreza seus heróis, Hemingway, Dos Passos e Steinbeck, e os julgava imerecedores de estudo. No restaurante sob o

---

* Órgão de apoio administrativo e financeiro a países libertados do Eixo, proposto internamente pelo presidente Roosevelt em 1943 e estendido aos países aliados, e que precedeu a criação das Nações Unidas. (*N. do T.*)

rés do chão, com calor, suando e constrangida, Beauvoir discute ferozmente com seus anfitriões. É um começo nada auspicioso.

Os jornalistas da *Partisan Review*, que ansiavam pela visita de La Grande Sartreuse, a segunda existencialista mais importante que havia, acharam-na igualmente condescendente. "É difícil dizer o que era mais arrogante, se sua literatura ou suas opiniões políticas", escreveu o editor William Phillips. McCarthy ria da aparência de Beauvoir — o vestido azul de lã, que raramente trocava, e carregando um leve odor corporal, o único par de sapatos de couro de salto alto e perceptíveis blusas suíças. As duas mulheres se detestaram de cara: McCArthy era a "romancista linda e fria que já devorara três maridos e inúmeros amantes no curso de uma carreira astutamente planejada",[7] escreveu Beauvoir em *L'Amérique au jour le jour*.

McCarthy, civilizada e de boa criação, uma escritora que "achava que a habilidade de preparar e servir um primeiro prato no jantar deveria ser incluída na Constituição dos Estados Unidos",[8] personificava, para Beauvoir, os aspectos da mulher americana que mais a horrorizavam. Com o retorno dos soldados, a mesma reação contra as mulheres que trabalhavam fora estava em curso na Inglaterra, onde o movimento de "regresso ao lar" levava as operárias femininas a deixar as fábricas e voltar correndo para a cozinha e as míticas alegrias prometidas pelo aspirador de pó e as modernas máquina de lavar roupa. Em 1947, *Modern Woman: The Lost Sex*, de Ferdinand Lundberg e Marynia F. Farnham, um virulento ataque contra *The Vindication of the Rights of Woman* de Mary Woollstonecraft e o movimento de emancipação feminina foi um best-seller nos Estados Unidos.

Em 7 de fevereiro, Beauvoir toma seu primeiro trem na Grand Central Station. O choque do "*café au lait* servido em copos de papel!" não é nada comparado ao choque de Vassar, a primeira universidade de mulheres onde dá uma palestra. A aparência das garotas a deixa atônita:

> Como são bonitas! De perto, o rosto não é tão especial. Mas o cabelo delas é lindo, como em propagandas de xampu, e seus traços são destacados pela maquiagem pesada que você veria uma mulher de 30 anos usando. Digam o que disserem os amantes do natural, mas essa mistura de frescor e artifício, esses lábios pesadamente pintados entreabertos revelando dentes jovens de beleza estonteante, os olhos de uma jovem de 16 anos sob longos cílios com rímel me pareciam extremamente atraentes.[9]

Beauvoir está intrigada com o "uniforme" das alunas, jeans enrolados no tornozelo, uma camisa masculina colorida para fora da calça com um nó na frente. "O jeans precisa estar surrado e sujo. Se for necessário, elas rolam com ele no chão." As garotas "se vestiam como meninos, se maquiavam como prostitutas", ficam tricotando enquanto estão sentadas na plateia. Sua palestrante fica incomodada com o clique-clique das agulhas. "Tricotar", conclui, em tom de censura, "é uma antecipação do casamento e da maternidade."

No trem de volta para Nova York, ela examina as estudantes mais de perto. Dessa vez, elas parecem ainda mais uma espécie estranha, vestidas como suas mães com chapéus floridos, peles e sapatos de salto alto. "Jeans ou marta — dois uniformes." Mulheres americanas, escreve Beauvoir, não se vestem pelo conforto, por si mesmas, mas para mostrar o status social e apanhar um marido: "Essas mulheres que tão ardorosamente defendem sua independência em qualquer ocasião e tão facilmente ficam agressivas em relação aos homens, entretanto se vestem para os homens [...] a verdade é que o traje da mulher europeia é muito menos servil."[10] Ela detecta um espírito de "rancor" entre os sexos, uma incipiente guerra do sexo: "a relação entre os sexos é uma luta [...] homens e mulheres não gostam um do outro".[11] Embora, "em geral, a batalha [pelo feminismo] tenha sido vencida", a mulher americana, expressão que outrora Beauvoir considerava sinônimo de "mulher livre", está desconfortável no mundo masculino ao qual apenas recentemente foi admitida como igual. Nas revistas femininas, Beauvoir devora longos artigos sobre como apanhar um homem. No apartamento de uma nova-iorquina, recebida por duas solteironas de 30 anos, ela sente uma "ausência conspícua". Uma se queixa de solidão, a outra diz que deseja um marido "de todo o coração". Para sua convidada, ambas parecem "obcecadas com aquele lugar vazio em seu dedo anelar".[12] Privadas do respeito concedido à mulher não casada na França — ainda que as francesas só tenham conquistado o direito ao voto em 1947 —, para a mulher americana, a despeito de seus direitos, só existe uma carreira: o casamento.

A comparação de Beauvoir entre sua situação e a das mulheres americanas desempenhou importante papel na gênese de O segundo sexo. A epifania que vivenciara quando Sartre observou que sua experiência era incomum, até única, foi reforçada pela revelação do que era a América. Ela finalmente compreendeu a diferença: era uma pioneira, como desejara ser, à feição de uma Léontine Zanta. Qualificada profissionalmente, rejeitando o casamento e a domesticidade, sem filhos por opção, vivendo como homem e internalizando valores masculinos, extraindo prazer sexual como lhe aprouvesse, sua vida não guardava qualquer relação com a de uma dona de casa americana, que não tinha empregados mas continuava escravizada a padrões que Beauvoir considerava ridiculamente altos. Betty Friedan, a primeira dona de casa desesperada, escreveria a crônica de um estilo de vida que a levaria à beira do suicídio, em 1963, em *The Feminine Mystique*:

> Foi uma estranha ponta de insatisfação, um anseio que as mulheres sentiram na metade do século XX nos Estados Unidos. Cada esposa suburbana se debatia sozinha com isso. Enquanto arrumava a cama, fazia as compras, combinava o forro dos sofás, comia sanduíche de manteiga de amendoim, bancava a chofer de seus lobinhos e bandeirantes, deitava ao lado do marido à noite, tinha medo de fazer a pergunta até para si mesma: "Isso e tudo?".[13]

Antes de escrever *O segundo sexo*, Beauvoir nunca se sentira penalizada por ser mulher: "Longe de sofrer por minha feminilidade, eu, pelo contrário, desde os 20 anos, reunia as vantagens de ambos os sexos; depois de *A convidada* as pessoas que me cercavam me tratavam como escritora, seu par no mundo masculino, e como mulher".[14] Nos Estados Unidos, essa combinação gratificante de privilégios masculinos e femininos era ainda mais notável: "Nas festas que frequentei, as esposas ficavam numa roda conversando entre si enquanto eu conversava com os homens, que entretanto se portavam em relação a mim com cortesia maior do que o faziam com membros de seu próprio sexo".

Essa curiosidade, a "mulher dependente", estivera fora de sua esfera. As amigas de Beauvoir costumavam ser mulheres solteiras, artistas, professoras e atrizes, como Stépha, Colette Audry, Simone Jollivet e as irmãs Kos. Apenas durante a guerra ela conhecera mulheres casadas com mais de 40 anos, como Zette Leiris. "Como eu era uma boa ouvinte, contavam-me um bocado de coisas." Isso a levara a pensar na "condição feminina". Agora, observando beldades sulistas "ricas e mimadas" na Virgínia, usando "esses apetrechos de mulher que não suporto — um vestido de seda crua decorado com um lenço e um cinto de couro de crocodilo", e ouvindo falar de seus planos sobre arranjar um marido, ou escutando uma jovem mãe em Rochester explicando que com dois filhos para criar "a mulher não tinha tempo de levar uma vida intelectual", suas ideias a respeito das origens da opressão feminina ganharam vida de repente.

A hostilidade que Beauvoir expressava em relação às mulheres americanas tinha uma dimensão pessoal: seu ciúme furioso de Dolorès Vanetti. Quando Beauvoir escreve gravemente, "eu queria dar uma boa olhada [nos Estados

Unidos]",[15] ela queria dizer que tinha de dar uma boa olhada na outra mulher. Em Nova York, exigiu que Stépha Gerassi arranjasse uma reunião. Stépha ficou relutante, mas, com medo de mais um daqueles acessos de choro de Beauvoir, telefonou para Vanetti, que a princípio recusou. "Provavelmente ela respondeu que sim porque pôde sentir o terror em minha voz ao telefone", disse Stépha. "Eu tinha medo do que Castor faria se Dolorès dissesse não, e talvez ela tenha percebido isso."

Beauvoir e a família Gerassi, Fernando, Stépha e John, sentavam no bar Menemsha quando uma "mulata de beleza estonteante, muito pequena"[16] entrou. "Sou Dolorès", anunciou, antes de sentar diante de Beauvoir. Nervosamente, Stépha disse quanto invejava a iminente viagem de Dolorès para a França. Não foi um comentário muito sensível: a apresentadora de rádio estava prestes a cruzar o Atlântico na direção oposta, para Paris e Sartre. Ela planejava ficar por lá até Beauvoir voltar. Castor ficou vermelha de raiva e olhando para seu copo de uísque, incapaz de fitar a rival nos olhos. Ira Woolfert, um editor na *Partisan Review*, conversou em inglês com Dolorès; Beauvoir não abriu a boca. Dolorès terminou sua taça de vinho, levantou e apertou a mão de todos. Quando apertava a de Beauvoir, as duas disseram adeus em francês. "Ela tinha um sorriso lindo",[17] admitiu Beauvoir.

Stépha ficou surpresa com a reação de Beauvoir depois. "Era como se aquela mulher fosse sua obsessão, mas então, depois que a viu, bem, isso bastou e tudo terminou. Castor era tão prática que no início isso me preocupava. E ela era muito fria e distanciada [...]. Às vezes me deixava louca da vida, minha boa amiga Castor, mas outras vezes tenho de admitir que era uma pessoa esperta, sabia como cuidar de si mesma. Talvez aquela fosse uma dessas ocasiões."[18]

A vingança é um prato que se come frio, diz o ditado, e Beauvoir foi fria como gelo. Empenhada em se vingar pela traição de Sartre, planejou seu próprio *affaire* para pagar na mesma moeda. A tática inicial foi se encontrar com Dolorès outra vez e deixá-la impressionada com o lugar que a própria Beauvoir ocupava na vida de Sartre. "Dolorès era graciosa como um pequeno ídolo anamita e verdadeiramente encantadora, para mim",[19] escreveu para Sartre. "Gostaria muito de saber o que ela pensa de verdade." Dolorès era nervosa, volúvel e "louca",[20] disse sua rival, enquanto Beauvoir a fez continuar bebendo uísque até as 3h da manhã. No dia seguinte, ela insistiu num almoço, e mais uma vez Dolorès tagarelou nervosamente, constrangida pelos penetrantes olhos azuis de Beauvoir e seus silêncios intimidantes. "Gosto muito dela, e fiquei muito feliz porque pude compreender quais são seus sentimentos",[21] escreveu Beauvoir afavelmente para Sartre.

Ao voltar de Vassar, Beauvoir compareceu a um jantar oferecido por Mary Guggenheim, também trabalhando na *Partisan Review*, que ficou tão desconcertada com a metralhadora giratória de perguntas de sua convidada sobre a "condição da mulher" na América que se retirou para a cozinha por duas horas a fim de preparar um *zabaglione*. A sobremesa coalhou e ela a jogou fora; quando voltou, Guggenhiem perguntou a Beauvoir aonde iria em seguida. "Chicago." "Eu disse: 'Talvez você queira procurar esse bom amigo meu que é um escritor'". Ela passou a Beauvoir, que anotou cuidadosamente, o nome de um de seus amantes: Nelson Algren.

No dia seguinte, Guggenheim enviou um bilhete a Algren para avisá-lo de que a romancista francesa estava a caminho. O aclamado autor de *Never Come Morning* não ficou impressionado com o relato de Mary sobre o furor existencialista que varria a França, ou sobre as histórias da Grande Sartreuse. "Essa Simone de Boudoir [Simone da Alcova] parece realmente chique e tenho certeza que J-P Sartre, seja lá quem for, é um verdadeiro sortudo",[22] respondeu sarcasticamente. "Aposto que ela diz, J-P, amorzinho, morde meus peitinhos. E J-P, o porcalhão, mastiga suas tetas até o fim."

Quando, porém, Beauvoir chegou em Chicago no dia 21 de fevereiro, com 36 horas de sobra, ela quase deixou de fazer contato. Com imagens de Anne Bancroft em *Chicago Nights* na cabeça — pois McCarthy estava certa, a América ainda era a *movieland* para Beauvoir —, ela estava determinada a sentir "um gostinho de Chicago à noite".[23]

> Peguei o telefone e perguntei por Mr NA [Nelson Algren]. Uma voz mal-humorada responde: "Você discou o número errado". Para ter certeza, olhei em minha agenda telefônica; deve ser minha pronúncia. Disquei outra vez. Mal abri a boca quando a voz repete, dessa vez com irritação: "Número errado". Ele desliga.

Algren, que não fala nada de francês, nem jamais vai aprender, não consegue entender uma palavra do que diz Beauvoir. "Alguém berrava no telefone, dizia qualquer coisa, e eu desligava [...]. Eu voltava para a cozinha, o telefone tocava outra vez e de novo aquele berro rouco, e fiz isso três vezes."[24]

Beauvoir faz uma "ceia melancólica" e solitária em uma drugstore. Mas lembrando como Nova York se revelou para ela quando descobriu os guias certos, tenta falar com Algren mais uma vez. Mais uma vez ele desliga. Dessa feita, Beauvoir pede à telefonista que tente o número para ela. "Por favor, tenha paciência e aguarde na linha por um momento", diz a telefonista com um sotaque tranquilizador. Sucesso. Algren concorda em encontrá-la no saguão do hotel em meia hora.

Segurando um livro para se identificar, Beauvoir espera o homem. Era "como se eu comparecesse a uma entrevista arranjada por uma agência matrimonial". Quando Algren, aos 38, um ano mais jovem que Beauvoir, chega, a comunicação em pessoa não é mais fácil do que ao telefone. Sentada a seu lado no bar, Beauvoir acha que "eu perdia metade de suas frases". Ele também mal parece capaz de penetrar em seu pronunciado sotaque francês, ou compreender seu inglês estropiado, quando ela comenta entusiasmada os "thrillings" (*thrillers*) a que assistiu no cinema. Mas a língua é o de menos. Ele a acha atraente. "Mlle de Beauvoir",[25] noticiara o *New York Times*, "é a existencialista mais bonita que já se viu; também impulsiva, educada, modesta e tão feliz quanto uma recém-chegada do Meio Oeste, com as duas semanas que passou em Nova York." Uma "cumplicidade imediatamente surgiu entre nós dois",[26] confessa Beauvoir. A descrição que recebera a respeito dele, instável, rabugento, neurótico, para ela pesou a seu favor. Alto, loiro, bem-apessoado com seus óculos de aro fino, um cidadão do Meio Oeste de ascendência sueco-judaica (seu pai americanizara o nome para Abraham), ele já passara um período na cadeia por roubar uma máquina de escrever, e tinha dois romances publicados. Ele se oferece para lhe mostrar o submundo de Chicago; para Beauvoir, avessa ao luxo americano, não poderia haver oferecimento melhor.

"Eu a apresentei a assaltantes, cafetões, ladrões de bagagem, prostitutas e viciados em heroína",[27] recordou Algren. "Conheci muita gente assim, naquele ano. Levei-a em uma excursão à Penitenciária e lhe mostrei a cadeira elétrica." Uma morena mignon, do tipo que agradava Algren, Beauvoir o deixou intrigado com sua "curiosidade furiosa"[28] em conhecer e compreender o mundo. "Os olhos de Simone de Beauvoir eram iluminados por uma inteligência azul-clara",[29] escreveu. "Ela era possuída por algo como uma total percepção."

Na West Madison Avenue, o equivalente do Bowery em Chicago, Nelson e Simone — o americano nunca vai chamá-la de Castor — entram em um bar. O lugar é frequentado pela escória de Chicago; aleijados e prostitutas estão dançando. Loucura e êxtase. "É lindo",[30] diz Beauvoir. O comentário agrada Algren, pois parece tipicamente francês. "Entre nós", diz ele, "o belo e o feio, o grotesco e o trágico, e também o bem e o mal — cada um tem seu lugar. Os americanos não gostam de misturar esses extremos." Satisfeito de ver que aquele lugar a deixou fascinada, ele diz: "Vou lhe mostrar algo ainda melhor".

Melhor quer dizer seu apartamento na Wabansia Avenue, na parte polonesa de Chicago. Algren mora em um "barraco", sem ducha nem geladeira, e toma banho na ACM. Em *Os mandarins*, Beauvoir descreve o momento em que Anne, enredada em um casamento sem sexo com Robert Dubreuilh, é levada por Lewis Brogan para o apartamento dele. Envergonhado com os lençóis sujos, ele vai buscar roupa de cama limpa; quando volta, "Anne" já está nua na cama.

> — Estou muito confortável — disse eu, puxando o lençol aquecido até o queixo, aquele lençol em que ele dormira na noite anterior. Ele sai e depois volta outra vez.
> — Anne!
> O modo como disse isso me tocou profundamente. Ele se jogou sobre mim e pela primeira vez eu disse seu nome. "Lewis!"
> — Anne! Estou tão feliz!
> Ele estava nu. Eu estava nua, e não senti constrangimento algum; ele não me feria olhando para mim, pois não me julgava, não me comparava. Da cabeça ao dedão, suas mãos aprendiam meu corpo de cor. Mais uma vez, eu disse: "Gosto das suas mãos".
> — Gosta delas?
> — O tempo todo fiquei pensando se ia senti-las em meu corpo.
> — Vai senti-las a noite toda — disse ele.
> De repente, ele não estava mais sem jeito ou tímido. Seu desejo me transformou. Eu, que por tanto tempo fora sem sabor, sem forma, mais uma vez possuía seios, um ventre, um sexo, uma carne; eu era tão nutritiva como pão, fragrante como a terra. Foi tão milagroso que nem pensei em medir meu tempo ou meu prazer; tudo que sei é que antes de pegar no sono pude escutar os suaves chilreios da manhã.[31]

Je possédais de nouveau des seins, un ventre, un sexe, une chair; j'étais nourrissante comme le pain, odorante comme la terre. Algren acordara Beauvoir para o amor e a sensualidade. Seria a relação mais apaixonada de sua vida.

Beauvoir sente o cheiro de café. Ela abre os olhos e sorri quando vê seu vestido de lã azul dobrado sobre o paletó cinza de Algren. Chamada pelo consulado francês para um almoço e um passeio pela cidade, ela convence seus anfitriões a levarem-na de volta ao bairro polonês, e ao número 1523 da West Wabansia Avenue, com suas fileiras de cabanas de madeira, suas latas de lixo fumegantes e folhas de jornal voando. A limusine preta deixa Mlle de Beauvoir diante do "barraco" de Algren e ela corre para seus braços.

"Minha impetuosidade o empolgava",[32] lembrou Beauvoir. Algren fizera amor com ela na noite anterior, "inicialmente porque queria me confortar, depois com paixão de verdade". Fez isso outra vez, respondendo à vulnerabilidade de Beauvoir sob a carapaça de confiança: o desejo mútuo reanimava a chama entre eles. De sua parte, Beauvoir percebia a solidão e carência em Algren. Sua mãe judia alemã, Goldie, batia nele quando era criança, e ele achava difícil confiar nas mulheres.

Um homem promíscuo, segundo seu amigo, o ator Ted Liss, "Nelson gostava de casos que durassem só uma noite — nada de compromisso. Nelson estudava as pessoas — elas o usavam, ele as usava, e estava tudo bem [...]. Era um processo de sobrevivência — poupar energia para amizades que você quer para sua arte."[33] Seu casamento estava arruinado e ele vagara de um emprego sem futuro para outro, como ajuntador de pinos de boliche, antes de finalmente publicar *Never Come Morning*.

O romance de pobreza era parte do apelo americano. Simone achou-o "revigorante" após o "forte odor dos dólares" de grandes hotéis. Ele era um boêmio, um rebelde, que, como ela, "vivera contra" a sociedade e sofrera por sua arte: "Ele é mais ou menos um comunista, claro",[34] contou para Sartre. Nascido em Detroit em 28 de março de 1909, e morando em Chicago desde os 3 anos de idade, Algren mal deixara o bairro operário em que passara a maior parte da vida, excetuando o tempo no exército. Era, observou Beauvoir admirada, "um nativo autêntico",[35] que vivera "uma vida de escritor americano clássica". O novo casal passou o resto da tarde fazendo a ronda dos bares, bebendo vodca e conversando sobre gângsteres.

"Antes de irmos dormir, tenho de lhe dizer que de fato gostei muito do livro [a coletânea de contos de Algren, *The Neon Wilderness*], e tenho pensado que gostei muito de você",[36] escreveu Beauvoir em sua primeira carta para Algren do trem para a Califórnia. "Não gostei de dizer adeus, para talvez nunca mais voltar a vê-lo em toda minha vida."

Ele, nesse ínterim, descobrira a reputação de Beauvoir após ler um artigo sobre ela na *New Yorker*. Ainda animado com sua visita, em uma semana se encontrava com Mary Guggenheim, que se apaixonara por ele em 1946 e já se arrependia de seu hospitaleiro impulso de divulgar o nome do amante, em seu endereço na Wabansia. Mary, de 24 anos, largara impetuosamente o emprego e seu apartamento para se mudar, sem ser convidada, para Chicago. Nelson dormiu com a jovem, frequentou os mesmos antros em que fora com Beauvoir, mas logo perdeu a calma. "Sumam você e essa bolsinha higiênica da minha casa",[37] ordenou. "Nelson vivia ficando furioso com as mulheres",[38] lembrou Liss. "Ele era meio misógino." Mary foi embora, e Algren escreveu para pedir a Simone, sua "pequena gaulesa",[39] que voltasse para Chicago. Ele ganhara mil dólares da American Academy and Institute of Arts and Letters. De repente, tudo ia a seu favor.

Encontrando-se em Los Angeles com Natasha Sorokine Moffatt e o marido, Ivan, agora um roteirista em Hollywood, Beauvoir trocou os ventos gelados de Chicago por um céu azul intenso, o mar azul e o aroma dos eucaliptos. Ivan ficou encantado com seu "ardor e a vitalidade de seu rosto e aqueles olhos azuis maravilhosos e o sorriso e a risada adoráveis",[40] embora seus planos de transformar *Tous les hommes sont mortels* em filme tenha fracassado. Com Natasha de motorista, Beauvoir continuou o tour de palestras na Universidade da Califórnia em Berkeley, no Mills College, em Westwood, e outras universidades. Com Natasha ela passeou pelo Arizona, o Novo México e o Sul.

Em Nova York Beauvoir já ficara muito amiga do escritor negro Richard Wright, sua esposa Ellen, uma americana branca do Brooklyn, e a filha pequena deles. Uma noite com Richard e Ellen no Savoy, um salão de dança, fora sua primeira amostra de racismo. Ellen já havia falado de como, passeando com a filhinha no Greenwich Village, ouvira "comentários desagradáveis".[41] Agora, os homens lançavam olhares hostis para Wright, um negro com duas brancas. Os taxistas deliberadamente se recusavam a parar. Beauvoir, que, ignorando todos os conselhos, passeara sozinha no centro do Harlem naquela manhã, e sentia que, "como sou branca, em tudo que penso, digo e faço, essa praga [do racismo] também pesa sobre mim", sobe a escada do clube de dança com o coração leve. A amizade de Wright, sua presença a seu lado, "é um tipo de absolvição".

No Sul, Beauvoir se apaixona por New Orleans, onde, no Old Quarter, escuta o melhor jazz de sua viagem. Mas, como no Harlem, incidentes individuais fazem com que sinta de perto a realidade do racismo. No Texas,

em todo lugar que vamos, há o cheiro do ódio no ar — o ódio arrogante dos brancos, o ódio silencioso dos negros [...]. A delicadeza dos americanos não tem lugar, aqui. Na imensa fila para entrar no ônibus, os negros são empurrados. "Não vai deixar essa negra subir na sua frente", diz uma mulher para um homem, com a voz tremendo de raiva.[42]

No ônibus da Greyhound, uma negra grávida desmaia. "Todo mundo faz pouco — essas mulheres vivem arranjando problemas." Beauvoir e Natasha não ousam ceder seus assentos na frente, pois o ônibus todo se revoltaria. Quando o ônibus chega na cidade, as duas francesas tentam ajudar a mulher que passara mal, mas ela está com medo e se afasta, cambaleando. A "grande tragédia do Sul nos persegue como uma obsessão".

As cartas de Nelson aguardavam Beauvoir em Nova York, insistindo que voltasse para Chicago. Em 24 de abril, ela escreveu da Filadélfia que isso seria difícil, já que tinha apenas mais duas semanas nos Estados Unidos, e mais palestras para dar. Será que Nelson não poderia ir a Nova York? Seus pensamentos se voltavam para Sartre, de quem sentia cada vez mais falta. Em longas cartas, escritas duas vezes por semana, ela desabafava seu desejo de reencontrá-lo. "Eu te amo, você é minha vida",[43] disse-lhe, em 9 de março. "Dependo inteiramente de você",[44] escreveu quatro dias depois. "Somos um só." Um mês depois, marcou seu voo de volta para 10 de maio, e pediu a Sartre que reservasse a primeira quinzena só para ela: "Quero dizer, ver só você e Bost e mais ninguém".[45] Beauvoir tinha receio de deixar "a festa perpétua" que era Nova York, uma cidade que passara a adorar.

No dia 8 de maio veio a bomba. Um cabograma de Sartre lhe pedia para adiar seu regresso por dez dias: Beauvoir percebeu que sua Josephine, Dolorès, reinando em Paris em seu lugar, recusava-se a deixar seu Napoleão. A usurpadora destronara Castor.

"Sofri [...] um pavoroso 'colapso', que me fez chorar o dia inteiro",[46] respondeu Beauvoir. "Destruída", com insônia, "sem comer, e bebendo como um peixe", procurou esquecer usando maconha pela primeira vez na vida. Bernard Wolfe, antigo secretário de Trotski, agora trabalhando como editor, levou-a para fumar no apartamento de um "dançarino negro maravilhoso, com um grupo de homossexuais e lésbicas. Estavam todos 'chapados', como diziam, e disseram-me que com aquele único cigarro eu também ia ficar". Mas Beauvoir fumou seis baseados, sem que nada acontecesse, e possuída pela raiva entornou mais de meia garrafa de uísque. "Eu queria ficar de braços dados com um homem que, temporariamente, fosse meu."[47] Ligou para um homem casado em Nova York, um dos dois com quem tivera "alguns lances", mas ele não queria inventar uma história para a esposa. No sábado, tomou o avião para Chicago a fim de se encontrar com Nelson Algren.

"Nunca teremos de acordar, porque não foi um sonho; é uma história verdadeira maravilhosa que está apenas começando."[48] Nos três dias que Beauvoir passou com Nelson, nos quais mal deixaram seu "pequeno lar" na Wabansia Avenue, ou a cama em que ela experimentou o primeiro "orgasmo completo",[49] ela ficou perdidamente apaixonada. A maldosa rejeição de Sartre e a negligência de Bost — "o pequeno filho da puta" não escrevera uma única carta — possibilitaram a ela deixar para trás os laços do passado e se entregar inteiramente ao amor americano. Apenas quando Beauvoir se tornou uma Ariadne abandonada ela foi capaz de vivenciar verdadeira paixão. Apenas quando saiu da sombra de Sartre ficou livre para escrever sua obra-prima, *O segundo sexo*.

Antes de partirem de Chicago, Nelson presenteou Beauvoir com um anel de prata. Era mexicano, sem grande valor, mas ela o pôs no dedo, feliz por preencher o "lugar vazio" em seu anelar, e usou-o pelo resto da vida. Ela o convenceu a ir junto com ela no voo para Nova York e passaram os últimos dias de sua visita fechados no Brevoort Hotel, no Greenwich Village. Compartilharam, escreveu ela, "a embriaguez de uma profunda compreensão".[50] Às vezes, ele era bruto e rude; era também a "virilidade encarnada".[51] Sartre amara sua mente, mas Nelson dava valor a Simone como mulher. Ela, para quem sempre fora importante ser encarada como igual intelectual de Sartre, agora acolhia de braços abertos o "profundo abandono de si"[52] do ato amoroso. "A mulher", escreveu Simone, trêmula, "imerge em um langor passivo; com olhos fechados, anônima, perdida, ela se sente como sendo carregada por ondas, levada por uma tempestade, envolvida pela escuridão; a escuridão da carne, do útero, do túmulo. Aniquilada, tona-se uma só com o Todo, seu ego é abolido [...] seu corpo não é mais um objeto: é um hino, uma chama." Desse momento em diante passa a se referir a Algren como seu "marido adorado",[53] ela a "esposa apaixonada". Simone, a "rãzinha tagarela"[54] de Nelson, amava seu "doce crocodilo".

Anos mais tarde ela recordava Nelson: "Ele possuía o dom mais raro de todos, que eu chamaria de bondade se a palavra não houvesse sido tão conspurcada; deixe-me dizer que se importava de fato com as pessoas".[55] Mas Beauvoir não jogou limpo com seu amor apaixonado: não contou a ele sobre Dolorès, tampouco sobre seus motivos confusos. Chorando na janela do avião que a levaria para casa, Beauvoir abriu o livro que Nelson lhe dera e leu em meio a lágrimas o poema que ele escrevera na guarda:

I send this book with you
That it may pass
Where you shall pass
Down the murmurous evening light
Of storied streets
In your own France
Simone, I send this poem there, too
That part of me may go with you.[56]

Parte Quatro

Falsos Deuses

1952-1968

As diretrizes do Partido eram nitidamente definidas. Suas táticas eram determinadas pelo princípio de que o fim justifica os meios — todos os meios, sem exceção.

Arthur Koestler, *O zero e o infinito*

30

Ponto de ruptura

Um anticomunista é um cão [...]. Depois de dez anos
ruminando, eu chegara a um ponto de ruptura [...]. Para
usar o linguajar da Igreja, essa foi minha conversão.[1]

Jean-Paul Sartre, julho de 1952

QUANDO *LES JEUX SONT FAITS*, as apostas estão na mesa, e o jogo chega ao
fim, é apenas por seus feitos que os homens são julgados: essa ideia assombrava
Sartre quando, olhando por sobre o ombro para aquele "oráculo zombeteiro
chamado História",[2] ele escreveu *L'Engrenage*. Ia ele permanecer aprisionado
na má-fé mútua, como Garcin e Estelle em *Huis Clos*, ou ia finalmente agarrar
sua liberdade e agir? Por dez anos, ele "ruminou" quanto à ação, ou práxis,
sua trilha à esquerda na direção do Partido Comunista tão tortuosa quanto
a prosa em que ele examinava seus próprios motivos e moralidade.

As pessoas zombavam do conceito sartriano de *littérature engagée*. "Os
piores artistas são os mais engajados",[3] queixou-se um velho crítico. "Vejam os
pintores soviéticos." Um jornalista americano o acusou de ser assombrado por
Flaubert, que não se engajara. Em Yaddo, Truman Capote perguntava se "o
existencialismo de Camus e Sartre era, de um ponto de vista marxista,[4] uma
tirada de corpo fora, uma nova *trahison des clercs* ou um inesperado estímulo
artificial para uma fé política hesitante". Mas em *O que é literatura?*, uma série
de artigos em *Les Temps modernes* em 1947, Sartre defendeu vigorosamente
o escritor "engajado", argumentando que, embora todos os escritores lidem
com significados, o "império dos signos"[5] é a prosa, por intermédio da qual o
escritor desvenda o mundo para o leitor. As palavras são "pistolas carregadas",[6]
escreveu, e o escritor deve disparar com elas contra os alvos. Os comunistas
continuaram a ser seu principal alvo quando declarou: "A política do comunismo stalinista é incompatível na França com a prática honesta da arte literária".[7]

A pobreza mordia ainda mais fundo. Em junho de 1947, a ração de pão francesa foi reduzida para 200 gramas, menos até do que durante a ocupação. Os trabalhadores da Renault continuaram em greve e o Partido Comunista Francês foi enxotado do governo. A ruptura da unidade política francesa foi amplamente determinada pela Guerra Fria e, quando Maurice Thorez, secretário-geral do PCF, rejeitou o Plano Marshall e se opôs à guerra colonial na Indochina, onde os franceses combatiam Ho Chi-minh, Sartre começou a encontrar pontos de concordância. Cada vez mais se definindo *contra* Camus e Koestler, ele recuou de defender a liberdade pura, ontológica, e começou a justificar o uso da violência. "Antigos comunistas",[8] escreveu de um modo significativo, "gostariam de nos fazer ver a Rússia soviética como o inimigo número um [...] eles gostariam que devotássemos todo nosso tempo a estigmatizar a extorsão e a violência dela." As "maquinações" de Stalin, alegava Sartre, eram ditadas por um desejo de proteger a Revolução. A violência era um "retrocesso",[9] mas um retrocesso inevitável em "um universo de violência". Ele dera um perigoso passo rumo à aceitação de que o fim justifica os meios.

Em 1947, Sartre publicou *Baudelaire*, dedicado a Jean Genet. Os críticos sugeriram que o autor estava projetando suas próprias experiências em seu tema biográfico, embora congratulassem Sartre por não sucumbir às mesmas tentações do *poète maudit*, que, aos 7 ou 8 anos de idade (uma idade crucial, na psicanálise existencialista de Sartre), decidiu rejeitar o mundo. Odiando o padrasto, o general Aupick — como o próprio Sartre havia odiado Mancy —, Baudelaire proclamara a "arte pela arte".[10] Sartre, por outro lado, propunha a arte para modificar o mundo, e fundara *Les Temps modernes*, em cujas páginas o jornalista podia tornar-se um agente da libertação. Atacando ferozmente o mito romântico do poeta condenado à solidão e à infelicidade por causa de sua natureza artística, ele lutava para provar que escapara da Náusea, que existia, que, por meio de seus atos, estava realizando sua natureza humana.

Mas Sartre protestou além da conta. Para todos seus temas biográficos, Baudelaire, Genet e Flaubert, a culpa era das mães. Ajustando os fatos para se adequar a sua tese de que 8 anos se trata de uma idade crítica para um garoto, Sartre argumentaria em *Saint Genet* que o abandono que este sofrera por parte da mãe (na verdade, aos 8 meses, não 8 anos) fizera dele um ladrão — assim como o novo casamento de Anne-Marie fizera um ladrão de Poulou. Como jornalista em uma cruzada, Sartre se convenceu de que evitara os estragos provocados pelas mães: mas o relacionamento incestuoso com "*ma petite maman*" permaneceu como a duradoura *back-story* de sua vida. Ele perdera suas ilusões, como seus cachos dourados, mas permanecia enredado na armadilha, nas pegajosas areias movediças da existência.

Em La Pouèze, no Natal, Sartre começou a escrever *Les mains sales*. A peça, baseada no assassinato de Trotski com um picador de gelo em 1940, tornou-se um anátema para o Partido Comunista. Com todas as alegações de Sartre de que o proletariado deveria ser tema da literatura engajada, era mais uma peça sobre dilemas de classe média. Hugo Barine, como Garcin, como Baudelaire, é atormentado por uma "lucidez corrosiva"[11] autossolapadora, e não ousa assumir sua liberdade. Como um Hamlet, ele hesita quanto ao ato do assassinato político. Contra o cenário da Segunda Guerra Mundial, em "Illyria" (Hungria), um país ocupado, a peça repercutia questões de moralidade política para um público chocado com o golpe de estado comunista na Tchecoslováquia em fevereiro de 1948, apenas dois meses antes que *Les mains sales* estreasse.

Assim como Sartre, também, indeciso Hamlet na estrada para o comunismo, Camus atirou ao chão a manopla. "O terror é legitimizado apenas se concordarmos com o princípio de que 'o fim justifica os meios'",[12] escreveu ele em "Nem vítimas, nem carrascos", no *Combat*. "Da perspectiva marxista, cem mil cadáveres são nada se forem o preço da felicidade de cem milhões de homens." Em seu caderno de apontamentos, escreveu sobre isso com ainda mais severidade. Esboçando o diálogo para uma farsa, "L'Impromptu des philosophes", sobre M. Néant, o Sr. Nada, um mascate de ideias que termina em um manicômio, ele escreveu:

— O senhor é um marxista, agora?
— Sou.
— Então vai ser um assassino.
— Já fui.
— Eu também. Mas não quero mais ser.[13]

Camus e Sartre trocavam de lugar. Camus, um desiludido ex-comunista, sonhava com um mundo utópico sem violência. Lutando com sua consciência, com o problema das "mãos sujas" na *realpolitik* da Guerra Fria, Sartre, por outro lado, agoniava-se com suas escolhas éticas. Conforme escrevia febrilmente, enfiando comprimidos de Corydrane na boca e acendendo um Boyard no outro, começou a achar Dolorès uma fonte de irritação cada vez maior.

Em 18 de maio, Beauvoir voou de volta a Paris. Para sua consternação, Dolorès continuava por lá; antes de embarcar no navio para a França, ela escrevera com franqueza para Sartre: "Estou indo determinada a fazer tudo que puder para obrigá-lo a me pedir que fique".[14] Agora ela insistia em prolongar sua visita até julho.

Beauvoir fugiu, abandonando Paris para sua rival. A cidade estava "maçante, melancólica e morta",[15] contou a Algren, tão morta quanto seu coração, que anelava por ele. Em 21 de maio ela se mudou para uma pequena pousada azul e amarela em Saint-Lambert, um vilarejo no sudoeste de Paris. Era apenas a uma milha de Port-Royal-des-Champs, o famoso mosteiro onde Pascal vivera e Racine fora educado. A reimersão na cultura francesa levou-a a fazer uma pergunta que a incomodava nas cartas para Nelson: "Lamento profundamente que você não seja capaz de ler livros franceses. Por que não tenta aprender?".[16] Ela sugeriu que ele escrevesse dez linhas em francês em cada uma de suas cartas para ela, que as corrigiria. Mas quando Nelson o fez, levou uma puxada de orelha. Simone não ficou nem um pouco orgulhosa: "O texto estava cheio de erros, e você não fez nem a metade [...]. Você não é um aluno nem um pouco inteligente".[17] Ele desistiu rapidamente.

Mas como Beauvoir escreveu, beijar era melhor que escrever, e eram dos beijos que sentia falta. A volta para um *mariage blanc*, um "casamento" sem sexo, com Sartre, salientava seu sacrifício. "Eu me sinto infeliz",[18] escreveu para Nelson. "Deixe-me chorar um pouquinho. Seria tão bom chorar em seus braços. Eu choro porque não choro em seus braços [...]. O que se há de fazer quando existe esse pavoroso oceano Atlântico entre você e o homem que você ama?"

A volta estava sendo difícil demais. Ela mal podia suportar. *Chavirée*,[19] em um estado de colapso nervoso, por dois meses Simone se escondeu nos subúrbios, isolada dos amigos:

[Experimentei] uma ansiedade que beirou a aberração mental. Para me acalmar, comecei a tomar Ortedrina. Momentaneamente isso me permitiu recuperar o equilíbrio; mas imagino que esse expediente não estava inteiramente desconectado dos ataques de ansiedade que sofria nessa época [...] acompanhados de um pânico físico que nem meus maiores acessos de desespero, ainda que intensificados pelo álcool, jamais haviam produzido [...]. De repente, eu estava virando pedra, e o metal a estava partindo. *C'est l'enfer.*[20]

Preocupado com seu estado emocional, vendo-a girar o anel em seu dedo, abandonar as anotações sobre as mulheres e demorar-se sem rumo no *"potboiler"* que estava escrevendo sobre a América, Sartre foi ao encontro de Castor para as duas semanas que lhe prometera. Juntos caminharam pelas trilhas verdes outrora percorridas por Jean Racine. Algumas noites Sartre ia a Paris para encontrar Dolorès; quando não o fazia, seguiam-se telefonemas dramáticos. Quando ele voltou para Paris, Dolorès deixou claro que não estava preparada para concessões: queria um casamento, o total compromisso de Sartre, e recusava sua oferta de ser instalada em um apartamento como sua amante. "Era a única mulher que me metia medo",[21] escreveu Beauvoir. "Ela me assustava porque era hostil."

Dolorès se recusava a aceitar o pacto entre Sartre e Beauvoir: "Manter em todos os desvios do caminho principal uma 'certa fidelidade'".[22] "Fui fiel a ti, Cynara!, à minha maneira" continuava sendo o mantra deles. "Fidelidade completa" é uma "mutilação", escreveu Beauvoir, determinada a ter tantas aventuras laterais quanto qualquer homem; mas os perigos inerentes ao pacto, que um parceiro pudesse preferir um novo amor ao antigo, e que o outro parceiro se sentisse traído, levara a um ponto de ruptura. "Em lugar de duas pessoas livres, é uma vítima e um torturador confrontando um ao outro", escreveu Beauvoir.

Para seu crédito, Vanetti se recusava a ser a vítima complacente de Sartre. Quando ele a pôs no navio, em Le Havre, ela lhe disse que a volta seria nunca mais, ou para sempre. Acenando do porto, Sartre ruminava, arrependido. A família sartriana, ansiosa em manter o status quo, se unira em torno de Beauvoir, e se comportou, segundo Vanetti, com "incrível crueldade"[23] em relação a ela. Ela descreveu a "força de vontade e a implacável dureza" da família, uma vez que Sartre deixara claro que só a queria em um compartimento de sua vida, como suas outras amantes. Sartre era um viciado em sexo: mesmo no navio Liberty que tomara para visitar Dolorès, ele seduzira outra mulher. Suas mulheres tinham de se enquadrar em sua vida, como Castor fazia tão confortavelmente, alimentando a caldeira e lubrificando as rodas da máquina sartriana. Castor voltara ao antigo padrão, passando as noites em seu "quarto de pasta de dentes cor de rosa" no Hôtel de la Loiusiane, almoçando com Sartre na rue Bonaparte, lendo artigos submetidos à revista na parte da tarde, visitando o estúdio para assistir à exibição de *Les Jeux sont faits*, viajando junto para Londres. Mas na Escandinávia a tensão entre eles era palpável. "Eu me perguntava, aterrorizada, se havíamos nos tornado estranhos um para o outro",[24] escreveu Beauvoir: ela e Sartre nada tinham a dizer um ao outro. Deixando-o com Wanda, ela partiu para uma caminhada solitária pela Córsega. Então tomou a decisão de voltar para Nelson.

Ele também estava sofrendo. "Nunca pensei que pudesse sentir tanto a falta de alguém", escreveu para ela em julho. "Se a abraçasse agora, eu choraria de dor e felicidade." Algren estava pronto para pedi-la em casamento. Divorciado de sua esposa em 1945, após sete anos de casamento, estava livre para atender às súplicas de Simone: "me pegue em seus braços, me beije e me torne sua esposa uma vez mais".[25] Ela não mantinha mais relações sexuais com Sartre, então ele esperava que consentiria em ficar permanentemente em seu "ninho da Wabansia", "cozinhando sua carne de panela e quem sabe lavando suas meias na pia da cozinha".[26] Ele aguardava que ela regressasse aos Estados Unidos para perguntar formalmente: mas em 23 de julho recebeu uma carta de Simone que o deixou balançado. "Nelson, amo você",[27] escreveu. "Mas mereço seu amor se não lhe der minha vida? Tentei lhe explicar que não posso dar minha vida a você. Compreende isso? Não vai ficar ressentido? [...] Só sei que, independentemente do que acontecer, jamais poderei entregar tudo para você e simplesmente me sinto mal a esse respeito."

A honestidade de Beauvoir foi algo duro para Nelson compreender. Ele respondeu que entendia completamente. Só porque a pessoa não podia abrir mão de sua vida, isso não significava que não nutrisse um amor profundo: iam se amar muito mais do que muitos casais casados. Mas ele não entendera o que ela queria dizer. Num de seus momentos mais perspicazes de autoanálise, Beauvoir explicou que queria viver a vida em seus próprios termos:

Sabe, nunca foi muito fácil viver, para mim, embora eu sempre tenha sido feliz — talvez porque eu queira tanto a felicidade. Gosto tanto de viver e odeio a ideia de morrer um dia. E ainda mais, sou horrivelmente gananciosa; quero tudo em minha vida, quero ser uma mulher e ser um homem, ter amigo e ter solidão, trabalhar muito e escrever bons livros, viajar e me divertir, ser egoísta e altruísta [...]. Está vendo, é difícil ter tudo que quero. E assim, como não consigo, fico louca de raiva.[28]

Esse era um credo que permitia a Algren um papel apenas periférico; e um papel tão pequeno era algo que, no início, ele não apreciaria.

Em 11 de setembro, a "esposa da Wabansia" de Nelson pegou um avião para Chicago, após uma turbulenta viagem saindo de Shannon em que um motor falhou e, quando o avião pousava nos Açores, um pneu estourou. Beauvoir pedira a Nelson que comprasse uma garrafa de Southern Comfort, presunto e geleia, e ele a aguardava ansiosamente no apartamento. "Quando penso em vê-lo, em senti-lo, fico com vertigens",[29] escrevera Beauvoir carinhosamente, e o reencontro foi tão apaixonado quanto ambos imaginavam.

Nelson andara treinando regularmente na academia de boxe "para manter o corpo em forma, do modo como Simone gostava",[30] lembrou seu amigo, o fotógrafo Art Shay. Mas mais uma vez Algren lhe pediu que ficasse com ele para sempre, e ela explicou que isso era impossível. Ele fez muitas coisas por ela, "com tanta calma e ternura", levou-a a alturas de amor que Sartre nunca levou, mostrou-lhe o manuscrito de seu novo romance, *The Man with the Golden Arm*, comprava-lhe buquês de flores brancas, bebia e ria com ela, mas não era suficiente: a política e a cultura os dividia. Nos Estados Unidos, o expurgo de comunistas começava a se espalhar, e os amigos liberais de Algren na imprensa andavam perdendo o emprego. Em Chicago, seus velhos amigos "proscritos" ignoravam Beauvoir.

E ela estava achando a vida na Wabansia Avenue, cujo aluguel era de apenas 10 dólares por mês, um pouco primitiva demais, até para seus gostos; Nelson não se importava de empurrar a roupa lavada para um canto e lavar o cabelo, mas ela se desesperava por um banho apropriado. Nelson pediu ajuda a Shay, e o fotógrafo levou Simone para o apartamento de um amigo. "Por alguma razão, ela deixara a porta do banheiro aberta",[31] recordou Shay, que esperava no quarto ao lado e não resistiu em bater uma foto. "Ela sorriu quando escutou o clique da Leica, e continuou a arrumar o cabelo." Em 23 de setembro, Beauvoir voltou para casa, depois de conceder apenas dez dias ao namorado.

Em Paris, ela, Sartre e seus amigos, Bonafé, Merleau-Ponty e Pontalis, estavam prontos para inaugurar o próprio programa de rádio, a hora do "*Temps modernes*". Ali na França, explicou ela a Algren, as ideias eram importantes: "O motivo por que não fico em Chicago é apenas essa necessidade que sempre tive de escrever e de dar um significado a minha vida por meio da escrita [...]. Você quer escrever livros [...]. Eu também quero".[32] Mas na primavera seguinte eles planejavam passar vários meses juntos explorando o Mississippi. "Ai, meu amor, tente não se casar até a primavera",[33] escreveu Simone, que sabia como ele se sentia sozinho. "Eu te amo tanto [...] meu crocodilo, meu Nelson." "Por favor, por favor, não leve aquela loira falsa para nosso ninho",[34] implorava ela. "Ela vai beber *meu* uísque, comer *meu* bolo de rum, deitar em *minha* cama e talvez dormir com *meu* marido [...]".

O programa de rádio criou um furor. Após duas transmissões, foi tirado do ar. Um dia após o novo partido de De Gaulle, o Rassemblement du Peuple Français (RPF) ter obtido uma vitória arrasadora nas eleições municipais, Sartre e seus colegas compararam o general a Pétain e Hitler. O duelo com os gaullistas levou Sartre a romper com seu velho amigo Raymond Aron. Na crença de que uma terceira via era possível para os socialistas, ele fundou um novo partido, o Rassemblement Démocratique Révolutionnaire (RDR), com David Rousset, um socialista e antigo trotskista, autor de diversos livros sobre os campos de concentração. Sartre se aferrava à ideia de que a mensagem revolucionária da Resistência podia ser revivida por um movimento neutralista que rejeitasse a Guerra Fria e desse à Europa um papel de pacificadora independente. "M. Jean-Paul Sartre denunciou o fatalismo que vê a guerra entre os dois blocos como inevitável",[35] noticiou o *Combat* em março de 1948.

Sartre pôs dinheiro do próprio bolso, 300 mil francos, à disposição do RDR. Pela primeira vez na vida pisava na arena política, dividindo um palanque com Rousset e Georges Altman de *Franc-Tireur* em encontros lotados na Salle Wagram em 19 de março, e depois outra vez na Salle Pleyel, em dezembro. Com Camus, Breton, o americano Richard Wright e Carlo Levi, ele se dirigiu a mais de 4 mil pessoas: mas a crítica de Aron quanto ao "romantismo revolucionário"[36] entre os líderes do RDR tinha mais do que uma aura de legitimidade. Fossem quais fossem suas fantasias, Sartre não era nenhum Lenin. Como disse Rousset, Sartre vivia em uma bolha. Com os soviéticos tampouco tinha qualquer proximidade. Alexander Fadeyev, líder do Sindicato dos Escritores Soviéticos, em Paris para a conferência de paz inspirada pelo Cominform, em 20 de abril de 1949, descreveu-o como "um chacal com uma caneta-tinteiro".[37] Fadayev e o romancista Ilya Ehrenburg, que servira de espião para os soviéticos na Espanha nos anos 1930,[38] como Koestler provavelmente também fizera,[39] participava da delegação soviética, propensa a um muito necessário exercício de relações públicas. Fortalecendo a influência opressiva no Leste Europeu, os russos fizeram um bloqueio contra Berlim. O comício pela paz, para o qual Picasso desenhou sua famosa pomba, foi boicotado por Sartre.

Em Paris, o julgamento de janeiro do desertor russo Viktor Kravchenko, autor de *Eu escolho a liberdade*, que se tornou, nas palavras de Beauvoir, "um julgamento da USRR", revelou sem sombra de dúvida a existência dos campos de trabalho soviéticos. Em *Les Temps modernes*, em janeiro de 1950, Merleau-Ponty e Sartre finalmente admitiram a existência dos gulags, mas continuaram argumentando que a União Soviética estava "amplamente do lado das forças que lutavam contra as formas de exploração familiares".[40] Os campos eram um estágio provisório na revolução: "Temos os mesmos valores de um comunista", afirmou ambiguamente Merleau-Ponty.

E agora Sartre suspeitava cada vez mais de Rousset, que fora para os Estados Unidos em busca de fundos para o RDR. Rousset consentiu em aceitar um "mimo" do Plano Marshall para bancar uma contraconferência, o Dia Internacional da Resistência à Ditadura e à Guerra, em 30 de abril de 1949. Beauvoir aconselhou Sartre a não ir: Sidney Hook, um acadêmico que ela conhecera em Nova York e que era tido por "anticomunista ferrenho", falava na conferência de paz. Beauvoir farejara um rato, embora não soubesse que Hook, antigo marxista, tinha estreitas conexões como "consultor" da recém-criada Central Intelligence Agency, a CIA,[41] que a partir de 1949 usou dinheiro do Plano Marshall para financiar sua espionagem e ações clandestinas na guerra fria. Em outubro, Sartre deixou o RDR, que se desmanchou.

"O RDR arruinado. Duro golpe",[42] escreveu Sartre em seu caderno de anotações. "Um aprendizado novo e definitivo em realismo. Não se pode criar um movimento." O papa dos dogmas existencialistas se mostrara possuidor de pouco contato com a realidade, e o isolamento de sua posição se revelava difícil de suportar. Em uma explosão de álcool e emoção, ele rompera com Koestler. Durante a série de palestras em 1948 nos Estados Unidos, o húngaro também fora abordado pela CIA: William Donovan, um de seus principais arquitetos, lhe pediu ajuda para contra-atacar a ofensiva "de paz" comunista. "Discutida necessidade de guerra psicológica",[43] observou Koestler em seu diário. Um importante consultor no passado do Information Research Department (IRD), do governo britânico, criado pelo secretário de Exterior, Ernest Bevin, em fevereiro de 1948, com vistas a estabelecer "uma ideologia rival do comunismo", Koestler usou sua experiência do pré-guerra na máquina de propaganda soviética para ajudar o Ocidente. Tendo convencido os americanos e britânicos da necessidade de recrutar intelectuais junto à esquerda não comunista, ele se tornou a força motriz em *The God that Failed*, uma coletânea de ensaios de André Gide, Richard Wright, Stephen Spender e outros críticos do stalinismo.

Como Sartre, Koestler acreditava no engajamento, mas ao contrário de Sartre ele estava preparado para trabalhar dentro de estruturas de poder existentes. Quando apareceu como um gaullista, Sartre ficou horrorizado. Certa noite, Koestler convidou Sartre, Beauvoir e Camus para sair com ele e Mamaine para um clube noturno russo, onde o grupo bebeu pesado. Sartre estava flertando com Mamaine quando, gritando "Nenhuma amizade sem concordância política", Koestler jogou um copo em sua direção, que explodiu na parede. Ao saírem tropeçando do clube noturno, Koestler acertou Camus, que devolveu o soco antes de desabar em lágrimas regadas a vodca. "Ele era meu amigo! E me bateu!",[44] gemia Camus.

Quando Koestler voltou a Paris e se encontrou com Sartre outra vez, sugeriu um novo encontro. O homenzinho foi buscar seu caderno de anotações, releu e mudou de ideia. "Não temos mais nada a dizer um ao outro", disse, pondo o caderno de lado.

Nadando nas águas turvas da política, Sartre lutava para manter a cabeça acima da superfície. A necessidade da "antiga esposa" nunca fora maior. Vendo-a fazer as malas para uma estada de quatro meses com Algren, cresceu seu medo de que o deixasse para sempre. O equilíbrio de poder estava mudando. Em uma importante carta não publicada datada por Castor de maio de 1948, Sartre desabafou todo seu amor, prometendo-lhe que não a trocaria por Dolorès. "Minha doce queridinha", escreveu, explicando que se fartara da usual forma de se dirigir a ela, "Minha charmosa Castor", que se tornara convencional. Suas *erlebnisse*, "emoções" na língua secreta deles, estavam por toda parte:

Mon Dieu, como é maravilhoso escrever para alguém que você ama de verdade [...]. Sem exagero: fico bem com você, é sério. Sem dramas, sem voz trêmula. *La verité est que vous me manquez*, a verdade é que você faz falta, e não conseguiria viver muito sem você. Três meses, tudo bem [...] quatro se for uma emergência [...]. Se você não existisse, em vez de ser o tipo normal de sujeito, eu ficaria lamentando romanticamente minha solidão. E seu rostinho. Cheio de integridade; como ele me agrada [...]. Não quero que volte, sei que está feliz, mas me sinto horrível sem você e meu *verdadeiro* amor não tem aonde ir [...]. Você é a única pessoa que amo *como é*, sem fingimento, sem inutilidade, sem equívocos impensados, mas do modo como queremos ser em nossa moralidade: com *consciência* de tudo e aceitação. É sem dúvida por seu intermédio que serei salvo [...]. *Nous autres deux c'est bien.*[45]

Sartre tinha muito de que se desculpar. Uma jornalista americana chamada Sally Swing se aproximara dele no festival de Cannes. Ela tinha apenas 24 anos, mas Sartre começou um novo caso, queixando-se de que o deixava extenuado, sexualmente. Era só nesse aspecto que "ela acaba comigo. Eu muito meticulosamente faço o que me manda, mas finalmente isso se torna mero escrúpulo, não é, um tédio".[46] Swing continuou em Paris para cobrir a visita da princesa Elizabeth, e o via toda noite: "Invariavelmente [...] eu monto e me submeto". Mas ela era apenas um *"bon camarade"*,[47] insistia Sartre, "agradável e razoável [...]. Ela está *mesmo* tentando ver nosso caso como apenas um namorico de dois meses [...]. Eu ficaria facilmente entediado com ela se não fosse *tão* legal."

As americanas o pressionavam a deixar Castor: "*Plaque Simone et vis avec Dolorès* [largue Simone e viva com Dolorès]. Eu fiquei branco de raiva, como sabe que fico às vezes, e disse: 'Tudo que você consegue com chantagem é me virar contra você [...]. Se não quer que Dolorès sofra um bocado, cale a boca, *parce que j'en ai plein le cul* [já estou de saco cheio]'."[48]

Sartre se encontrava com outra americana chamada Claude Day, com quem saiu na quinta-feira, após a partida de Beauvoir.

> Ela perdeu o isqueiro no bar de Harris. Naturalmente, era de ouro e custara 300 dólares [...]. *Odeio* pessoas que envenenam a noite porque perderam alguma coisa [...]. A conversa girou em torno de dois assuntos: D e o isqueiro. Ela insistiu comigo que deixasse você, disse que D largaria Teddy [o marido dela], nesses termos. Quando rejeitei educadamente a troca, ela me fitou com ar desconfiado e fez essa observação de grande comédia clássica: "O que há, sério mesmo, entre Simone e você?". Foi a *primeira vez* que fiquei branco de raiva. *Elles me font chier*. São um bando de babacas, todas elas, Claude, Jacqueline e até Dolorès, às vezes. Nunca ocultei o fato de que sou profundamente afeiçoado a você (só menti acerca da *natureza* de meus sentimentos...) e de que *não* vou deixá-la. Não sou uma marionete [...]. Eu não.[49]

Sartre voltou ao apartamento de Day, onde ela fez o melhor que pôde para seduzi-lo ("seios nus, quimono, abandono"). De madrugada, ele lhe assegurou que amava Dolorès, "porque *la Claude* não é só uma funcionária, é uma espiã".

A notícia de que Sartre não arredava pé de sua posição já chegara aos ouvidos de Dolorès, que mudou de ideia sobre a ida à França na ausência de Beauvoir. Ansiosa em não deixar Sartre sozinho por muito tempo, Beauvoir decidiu abreviar a visita a Algren pela metade.

Em Chicago, esquivou-se dizendo a Nelson que voltaria após dois meses, apenas. O momento certo parecia nunca chegar. Ele estivera tão confiante do relacionamento, apaixonadamente enviando-lhe uma lista de "*frog commandments*"*[50] em dezembro: não ter outros crocodilos além dele, nunca fazer pouco dele, ser uma rã fiel e não cobiçar nada além dele. Ele não dormira com nenhuma outra mulher desde que a conhecera, a despeito da insistência dela de que não deveria se privar do prazer. O misantropo se rendera ao amor. Quando Beauvoir escreveu: "A rã daria tudo que pertence a ela para seu crocodilo (incluindo sua vida, se fosse *realmente* necessário)",[51] ele acreditou. Originalmente, haviam planejado passar até seis meses juntos

---

* Mandamentos de rã (isto é, uma francesa). (*N. do T.*)

refazendo os passos de Mark Twain em um barco pelo rio. Ele esperava que ela nunca voltasse para casa.

Agora, num vapor pelo Mississippi, explorando o Yucatán, Simone deixava os dias correrem. Seu namorado nunca fora mais atencioso e carinhoso, jamais seus corpos conheceram tamanha harmonia, conforme viajavam preguiçosamente pelo México. Finalmente, no ônibus para Morelia, a "*frog wife*" de Nelson confessou:

— Tenho de voltar para Paris em 14 de julho.

— Ah, tudo bem — disse Nelson.[52]

Mas quando Beauvoir foi comprar blusas bordadas no mercado, Algren a deixou furiosa. Em Taxco, em meio às minas de prata, quando ela escolhia algumas joias, ele murmurou, rabugento:

— Depois de dois dias tenho vontade de puxar um revólver na rua só para ver alguma coisa acontecer.

"Nelson *muito mau*",[53] escreveu ela no diário conjunto dos dois.

Abandonando o passeio, o casal voou para Nova York. Beauvoir encheu Algren de perguntas:

— Por que está estragando tudo? Não gosta de mim tanto quanto eu gosto de você?.

— Não — disse ele. — Não é mais a mesma coisa.

O quarto de hotel deles no Village era um inferno de quente. Beauvoir tomava sorvete de framboesa; Algren afundara em um estado de espírito sombrio.

— Posso ir embora amanhã — sugeriu ela.

Ele voltou o rosto atormentado em sua direção:

— Estou pronto para casar com você neste instante.

Finalmente Beauvoir percebia a extensão de seu sofrimento. Quando voltou para a França, não sabia dizer se fora o fim do relacionamento.

Ao chegar, descobriu que Dolorès se arrependera. Soluçando no telefone, havia implorado a Sartre que passasse um mês com ela no Midi. Ele concordou. Beauvoir na mesma hora telegrafou para Algren, perguntando se podia voltar à América. "Não", respondeu ele. "Muito trabalho."

Camus observava as ações de Sartre com horror. Como Gide, que depois de visitar a África em 1925 tomou consciência da exploração colonial, a visita de Sartre aos Estados Unidos em 1945 despertara sua consciência para o racismo. Como Gide em 1935, Sartre em 1950 abandonava o individualismo para defender os oprimidos. A Guerra Fria fechara as portas a uma terceira via, sem deixar a menor margem de manobra. Camus proferira a famosa frase de que não aprendera sobre liberdade com Marx: "Aprendi com a pobreza".[54] Sartre, por outro lado, que nunca fora pobre, aprendera com a pobreza dos negros que não se pode fazer uma omelete sem quebrar alguns ovos. A liberdade tinha de estar subordinada ao "realismo", à violência e ao gulag. Para Camus, isso significava traição, embora para Sartre parecia que o velho amigo trocara o campo da política pelo da moralidade.

Em junho de 1948, Camus se reconciliou com Maria Casarès, agora uma atriz famosa, que largava o último namorado, o ator Jean Servais, para voltar com ele. No período em que estiveram separados, Sartre, incapaz de resistir à fila de mulheres dispostas a passar pelo teste do sofá, provavelmente dormiu com ela. Casarès pegou o principal papel feminino, Hilda, em *Le Diable et le Bon Dieu*, em junho de 1951, com seu nome acima do de Wanda nos cartazes. Sem dúvida houve um "episódio pessoal"[55] que Camus achou "desagradável". Era esse, perguntou Beauvoir, "o negócio da mulher com quem você havia tido um caso?". Embora Sartre não confessasse abertamente, ele deu a entender que Casarès havia mostrado a Camus as cartas de Sartre para ela. Teria sido um troco por Camus ter seduzido Wanda?

Com o clima pesando entre os dois, Sartre e Camus abandonaram seu almoço semanal em 1949. Mas quando a Coreia do Norte invadiu a do Sul em 1950, e as pessoas começaram a entrar em pânico com a possibilidade de uma possível invasão soviética na França, a preocupação de Camus pelo velho amigo continuou. "No dia em que os russos marcharem em Paris", disse Francine Camus, "vou me matar e matar meus dois filhos."

— Já pensou no que vai fazer quando os russos chegarem aqui? — Camus perguntou a Sartre.

— Jamais vou combater o proletariado.

— Você não devia mistificar o proletariado — replicou Camus.[56]

"Sentíamos uma grande distância entre nós", recordou Simone. "Entretanto, foi com afeto verdadeiro que ele insistiu com Sartre: 'Você deve partir. Se ficar [...] vão mandá-lo para um campo e vai morrer'." Sartre se recusou terminantemente a deixar a França, enquanto Algren, convencido de que o general MacArthur estava prestes a declarar a Terceira Guerra Mundial, convidava Sartre e Beauvoir para ficar em sua nova casa no lago Michigan. Estava fora de questão: a corrida armamentista crescia; foi o ano em que Truman ordenou a produção da bomba de hidrogênio. "Nunca detestáramos a América mais violentamente do que naquele momento."

Para Maurice Merleau-Ponty, a Guerra da Coreia foi um divisor de águas. *Les Temps modernes* deixou de falar a respeito dela por vários meses: Merleau-Ponty, cujo intelectualismo frio havia previamente moderado a reação emocional de Sartre à política, decidiu se calar. A partir daí ele chamaria o comunismo de "o ópio dos intelectuais".

Nelson enviava arroz, leite condensado, manteiga em conserva e carne enlatada para a mãe viúva de Beauvoir, Françoise, que passava por dificuldades e dependia do pequeno auxílio que recebia da filha. Françoise, morando no 8 bis da rue Blomet, no 15º *arrondissement*, costumava almoçar com Beauvoir, e expressou sua gratidão. As cartas de Nelson para Beauvoir voltaram a ser afetuosas. "Fiquei profundamente comovida quando li em sua carta que você amava, tanto quanto meus olhos, o modo como eu fazia amor",[57] escrevera ela após o regresso da Wabansia.

> Sempre tive os mesmos olhos, mas nunca amei ninguém desse jeito, você precisa saber, com tanto prazer no amor e tanto amor no prazer, tão febril e calmamente, desse modo que você diz gostar. Senti de verdade e com completude que era uma mulher nos braços de um homem, e isso significou muito para mim. Nada melhor poderia ter-me sido dado. Boa noite, querido... Apenas venha para mim, querido, e me segure com suas mãos fortes, macias, gananciosas. Espero por elas. Espero por você.

Beauvoir não quisera dormir com Bost quando voltou de Nova York. Em abril de 1948, havia ido ao dentista, para substituir o dente que se quebrara cinco anos antes: "Tenho um dente novinho em folha, todo dourado e branco [...]. Todo mundo me diz que é bem mais bonito de ver [...]. Quer saber por que mandei fazer? É, você já sabe... Quero que tenha uma garota com um sorriso inteiro".[58] E ela pedira a Stépha para lhe conseguir um ginecologista, e passara a usar diafragma, tudo por Nelson.

Agora, ela refletia sobre a última separação dos dois. Se tivesse tido a "honestidade e inteligência"[59] de contar a Nelson que ia embora antes do previsto em sua viagem pelo Mississippi, a decepção dele teria sido menos amarga. Ela havia mentido para ele, fingindo que tinha de voltar à França em meados de julho porque Sartre precisava que o ajudasse a trabalhar num roteiro de filme. "Mas depois, de repente [...] os produtores mudaram de ideia."[60] É pouco provável que Nelson tivesse acreditado e a insensibilidade com que interrompeu as férias levaram-no a ter consciência de tudo que lhe fazia falta: "Uma mulher e talvez um filho meu".[61] Ela contava com "Sartre e um modo de vida estabelecido [...] eu vivo uma existência estéril", escreveu. Nelson se envolveu em outro relacionamento de curta duração: "Porque não há braços que nos aqueçam quando estão do outro lado do oceano; sei que a vida é curta demais e fria demais para rejeitar todo calor por tantos meses".

O namoro não foi para a frente e Nelson retornou "a minha máquina de escrever e minha solidão". O relacionamento de longa distância com Simone esquentou outra vez. As cartas dela ainda eram afetuosas: "Ainda sinto o calor de seu peito contra meus seios".[62] Não resta dúvida de que a pequena *frog wife* que queria morar na barriga de seu crocodilo era uma mulher mudada. Nelson rompera a armadura que ela construíra em torno das emoções, simbolizada no turbante em forma de elmo; excitada, satisfeita, ela se tornara confiante quanto à própria sexualidade. "[Existe] uma pergunta que toda mulher pensante no mundo ocidental deve ter se feito em algum momento",[63] escreveu Angela Carter certa vez. "Por que uma garota legal como Simone perde seu tempo aturando um velho mala como J.-P.? Suas memórias são mais sobre ele; ele mal fala a respeito dela."

Mas Beauvoir não podia abrir mão de seu "amor necessário" por Sartre. Era o projeto central de sua vida, o que dava significado a sua vida. Mais sólido que o casamento, a seus olhos, ela estava menos inclinada a abrir mão disso em julho de 1948, quando esteve mais do que nunca prestes a levar a melhor sobre Vanetti. Ela tentou explicar a Nelson os sentimentos protetores, maternais que tinha por Sartre. Se desistisse dele,

> Eu seria uma criatura podre, uma mulher traiçoeira e egoísta [...]. O que você precisa saber [...] é de que maneira Sartre necessita de mim. Na verdade, ele é muito solitário, muito atormentado interiormente, muito inquieto, e sou sua única amiga de verdade, a única que realmente o entende, o ajuda, trabalha com ele, lhe dá um pouco de paz e sossego. Por quase vinte anos ele fez tudo por mim; ajudou-me a viver, a me encontrar [...]. Agora, há uns quatro, cinco anos, chegou a hora de eu retribuir o que ele fez por mim [...]. Não posso abandoná-lo.[64]

Foi um discurso comovente; o único defeito era que omitia qualquer menção a Vanetti, peça chave nesse cabo de guerra amoroso; sobre a existência dela, Nelson continuava mantido na ignorância. Ele, como Dolorès, era tratado como a amante.

O que Beauvoir queria de fato era integrar Nelson em sua vida em Paris, e em 1949 tinha seu próprio "ninho" parisiense para lhe oferecer. Em outubro de 1948, mudou-se para um *atélier* mobiliado na rue de la Bûcherie, uma linda ruazinha estreita que dava nas margens do Sena, de frente para a Île de la Cité. Perseguida pelos jornalistas na Louisiane, ela procurava privacidade, e um lar só seu para dividir com seu "marido".

Da janela de seu estúdio podia ver o Sena: "Dava para ver o rio, hera, árvores, Notre-Dame". Do outro lado havia um café, Le Café des Amis, que logo se tornou um ponto favorito. *"Vous ne vous ennuierez jamais"*,[65] você nunca vai se entediar, disse a amiga Lola, esposa de Mouloudji, que lhe dera a dica do imóvel. "Tudo que tem a fazer é olhar pela janela." Lola estava com a razão: pela manhã, mendigos puxavam carrinhos cheios de refugos pela rua; bêbados sentavam nas calçadas; gatos perambulavam pelos telhados. O consultório do veterinário, "patrocinado pelo duque de Windsor", vivia cheio de cachorros latindo. *"Je me plaisais dans mon nouveau logis"*,[66] fiquei muito feliz com meu novo lar, descobriu Beauvoir. Ela pôs cortinas vermelhas nas janelas e mantas vermelhas na cama, comprou luminárias de bronze verde desenhadas por Giacometti e pendurou suvenires de suas viagens nas paredes e na viga do teto.

Em um dia quente no início de junho, Simone foi receber Nelson na estação de Saint-Lazare, no trem de ida e volta para o porto. A separação deles fora triste, e ela estava apreensiva. Devorando os passageiros com os olhos, aguardou — e aguardou. Ele não apareceu. Lentamente, tomou o caminho de volta para o estúdio, sentou no divã e acendeu um cigarro. *"Soudain une voix américaine monta dans la rue."* Algren estava lá fora, na rua, atrapalhado com a montanha de bagagem que o impedira de desembarcar do trem com os demais passageiros. Trouxera-lhe chocolates, uísque e um casaco florido. Será que estaria com aquele ar infeliz que mostrara nos últimos dias em Nova York? *"Non: il avait l'air rayonnant"*, estava radiante.

Os quatro meses que Simone e Nelson passaram juntos nesse verão foram provavelmente o período mais feliz do casal. O primeiro obstáculo, ser apresentado a Sartre, foi logo superado, com Michèle Vian ("Zazou") traduzindo. Beauvoir apresentou Nelson a seus amigos "de esquerda", Juliette Gréco, Scipion e Raymond Queneau; ele bebeu coquetéis com Gaston Gallimard, treinou boxe com Jean Cau, tomou champanhe no Lido e ouviu Yves Montand. Em uma nova *cave*, o Club Saint-Germain, inaugurado por Boubal do Le Flore, ele e Simone dançaram o bebop. Havia todo o Velho Mundo para ver: em Roma, Nelson jogou *boules* com Carlo Levi e almoçou na Piazza Navona; em Nápoles, enxotou meninos de rua. "Ischia permanece nosso paraíso",[67] recordou Simone. O casal espaireceu na praia, passeou pelas ruínas de Pompeia, viajou para Túnis e a ilha de Djerba. Argel, Fez, Marrakesh. "Os olhos de Algren ficavam cada vez mais arregalados." No Midi francês ficaram com Olga e Bost em Cabris, e jogaram roleta em Monte Carlo. Gréco cantou, "Si tu t'imagines", e Nelson dançou com uma cadeira.

Setembro foi passado em Paris. Dias de paz. "Nunca nos demos tão bem." Com dor no coração, Beauvoir pôs Algren no avião, em Orly.

Teria sido apenas uma fantasia? No verão seguinte, Simone voltou para os Estados Unidos, feliz de fugir ao bombardeio de críticas que choveu sobre ela quando *O segundo sexo* foi publicado. Algren, que ganhara o National Book Award por *The man with the golden garm* (*O homem do braço de ouro*), estava em sua casa em Miller, no lago Michigan.

Quando ela chegou, ele lhe disse que não a amava mais. "A necessidade de Algren de destruir o amor tinha de ser aceita, finalmente, como uma parte trágica mas inegável de sua personalidade",[68] escreve seu biógrafo. Seu histórico com as mulheres era péssimo e seu vício no jogo e no álcool contribuiu para o fim do relacionamento, pelo qual Beauvoir não podia levar toda a culpa.

Certa tarde, ela caminhava pela margem arenosa do lago. "Dentro d'água eu tomava muito cuidado de não perder o pé, porque quase não sabia nadar."[69] Minutos depois se viu numa parte funda, a cabeça afundando sob a água. Nelson não escutou seus gritos de socorro e continuou sorrindo em sua direção. Finalmente foi resgatá-la. Em casa, aquecendo-se com um copo de uísque, a paixão voltou a arder "no tecido cicatrizado de nosso amor perdido". Mas dias solitários se seguiram, com Beauvoir assistindo a *Desencanto* e encharcando os travesseiros com suas lágrimas. No dia em que tomou um avião de volta para a França, Nelson perdia todo seu dinheiro nos cavalos. Era o fim do relacionamento.

Sartre estava, sem dúvida, carente de amigos, embora tivesse um séquito de puxa-sacos. Cada vez mais ele se voltava para o homossexual Jean Genet, cujo *Diário de um ladrão*, relato autobiográfico dedicado a Sartre e Beauvoir, mostrava-lhe uma saída de seu impasse ético. A contracultura criminosa de Genet tinha sua própria moralidade: "O que chamo de violência é coragem passiva apaixonada pelo perigo". Glorificando a vida de crimes que conduz à prisão, o único lugar onde se sente seguro, Genet se vangloria de que sua coragem consiste em criar novos motivos para viver. Invertendo a negatividade do escravo, que para seu mestre é um objeto, ele descobre a própria subjetividade no que seu mestre chama de mal. Abjeto, alienado, controlado pelo Outro, apenas no ato da revolta ele se realiza.

Em 1950, Sartre se indispôs ainda mais com os comunistas escrevendo um prefácio simpático a um livro sobre Tito: "*Il faut repenser le marxisme, il faut repenser l'homme*"[70] — É preciso repensar o marxismo, é preciso repensar o homem. Após o fracasso do RDR, isso se tornou seu novo projeto. Nas férias com Dolorès no Midi, ele passara 12 horas por dia, para irritação dela, trabalhando para completar a obra prometida sobre ética. Finalmente, abandonando o desajeitado manuscrito de 360 mil palavras, assim como o quarto romance, inacabado, de *Les chemins de la liberté*, "La Dernière chance", começou a escrever um prefácio para as obras reunidas de Genet. "Tudo que sei", escreveu em uma carta, "é que eu gostaria de criar uma moralidade em que o mal é parte integrante." "O que faz o homem [...] se admitimos que o mal existe no mundo?"[71] Contrapondo a história trágica e brutal da Europa contra a da América, jovem e otimista, ele argumentava em 1949 que o problema do mal era inerente ao pensamento europeu:

> Se comparo o racionalismo francês ao racionalismo americano, eu diria que o racionalismo americano é branco, no sentido de magia branca, e que o racionalismo francês é um racionalismo negro [...] ele é sempre um pessimismo.

Agora Sartre, que condenara Baudelaire por sua passividade, confessava sua profunda admiração pelo extremismo moral de Genet: Genet, o ladrão gay, era "um herói de nosso tempo".[72] O prefácio continuava, descontrolado. Tornou-se um ensaio mais amplo sobre o Bem e o Mal, mas também uma espécie de apropriação, um estupro literário de Genet, que nunca mais conseguiu escrever outra vez após a publicação do monstruoso *Saint Genet, Comédien et Martyr*, de Sartre.

Os degraus da escadaria de Sartre para o comunismo estavam se juntando. A contradição que o dilacerava tornou-se intolerável. Seus cadernos de apontamentos registram sua angústia: "Pois minha liberdade implica a liberdade de outros homens. E nem todos os homens são livres [...]. E não posso ser livre sozinho".[73] Ele deu um passo final rumo à abnegação da liberdade individual em *Le Diable et le bon Dieu*, peça sobre a Guerra dos Camponeses, no século XVI. De tudo que escreveu para o teatro, era dessa peça que tinha mais orgulho. Há inúmeras similaridades entre Genet e o protagonista de Sartre, Goetz, outro bastardo "que busca o Absoluto no Mal", mas na jornada de Goetz do *engagement* teórico para a luta libertária, o público podia imaginar que estava assistindo ao dilema do próprio Sartre. "Existe essa guerra para lutar, e vou lutar", diz Goetz, matando um oficial com a espada. Em suas cenas de violência gratuita, Sartre indica sua submissão ao Partido.

No romance de Koestler *O zero e o infinito*, o prisioneiro Rubashov debate moralidade com Ivanov, seu interrogador. "'Para trás, Satanás!',[74] repetia Ivanov [...]. 'Eu gostaria de escrever uma Paixão em que Deus e o Diabo disputam a alma de Saint Rubashov.'" Agora Sartre escrevera essa peça, e tomando o partido de Stalin, um matador de cordeiros. *O Diabo e o bom Deus*, escreveu Beauvoir, era "o espelho de toda a evolução ideológica de Sartre". "Eu era uma vítima e um cúmplice da luta de classes",[75] escreveu.

> Uma vítima porque era odiado por toda uma classe. Um cúmplice porque me sentia ao mesmo tempo responsável e impotente [...]. Depois de dez anos ruminando, eu chegara a um ponto de ruptura: um empurrãozinho era tudo de que precisava. Para usar o linguajar da Igreja, essa foi minha conversão.

O *rapprochement* político de Sartre com o Partido Comunista Francês seguiu-se pouco tempo depois. O caminho foi aberto com o caso de Henri Martin, um marinheiro comunista da marinha francesa sentenciado a cinco anos de prisão em maio de 1950 por protestar contra a condução da Guerra da Indochina. As cartas ultrajadas de Martin para sua família sobre as mortes de civis vietnamitas nas mãos das forças coloniais francesas repercutiram em Sartre, cujo pai morrera de febre quando estava a serviço da ambição imperial francesa. As cartas de Martin, datadas do "Mekong, 1947", lembravam-no as de Jean-Baptiste. "Podemos ficar orgulhosos do tributo cobrado hoje",[76] escreveu o marinheiro. "Uma criança morta e uma mulher ferida, sem considerar todos os outros corpos que deixamos nos campos de arroz [...]. É assim que os pacificamos. Paz por toda parte." Sartre levou o caso até o topo, para o presidente Auriol. Seu tema, "*Il faut rétablir la justice*",[77] era tão poderoso quanto o de Voltaire no caso de Calas, e resta pouca dúvida de que Sartre achava mesmo que apanhava o bastão de Voltaire e Gide em sua luta pela "gente comum".

O "ponto de ruptura" veio com a prisão de Jacques Duclos, delegado de Thorez no PCF, algemado pela extremamente diligente polícia em 28 de maio de 1952 quando os pombos que levava em seu carro, para a mulher fazer o jantar, despertaram suspeitas de serem pombos correio com destino a Moscou, evidenciando um complô comunista contra o governo. Sartre estava na Itália com Michèle Vian, escrevendo "La Reine Albemarle" em seu caderno de notas Moleskine preto, quando leu sobre a prisão de Duclos, às vésperas de uma manifestação comunista de 20 mil pessoas contra a chegada em Paris do general americano Matthew Ridgeway, defensor do uso de armas químicas contra os coreanos. O PCF atingira uma nova fase militante, com a sensação de perseguição nacional estimulada pelo macarthismo nos Estados Unidos. Sartre explodiu de raiva. "*Il fut submergé de colère*",[78] recordou Beauvoir, quando o escritor leu sobre o triunfo da direita ao ser violentamente esmagada a greve comunista de 4 de junho.

> Um anticomunista é um cão [...]. Em nome da Liberdade, da Igualdade e da Fraternidade, jurei ódio à burguesia que morreria apenas com minha própria morte. Quando voltei de repente a Paris eu tinha de escrever ou sufocar.

Por cinco *nuits blanches* ele ficou sem dormir, escrevendo. *J'écrivis, le jour et la nuit, la première partie des Communistes et la Paix*, a primeira parte de "Os comunistas e a paz". Em julho o artigo de Sartre apareceu no *Les Temps modernes*: "Meu objetivo é declarar minha concordância com o Partido Comunista".

Como um pônei velho, Sartre se posicionou entre os varais. Amansado, com antolhos, bastaria um toque do chicote para fazê-lo sair trotando na direção que melhor aprouvesse a seus senhores soviéticos.

31

~

Corpo problemático

A mulher, como o homem, *é* o seu corpo; mas seu corpo é
alheio a ela.[1]

Simone de Beauvoir, *O segundo sexo*, 1949

"EXECUTAMOS NO LOCAL, nós mesmos",[2] dizia o cartaz na porta da redação
do *Les Temps Modernes*, pregado pelo secretário, cansado de gente batendo
na porta para pedir nome e endereço de alguém para fazer aborto. Na rue de
la Bûcherie, Beauvoir foi acordada por um jovem no meio da noite: "Minha
mulher está grávida. Preciso de um endereço!". "Mas não conheço nenhum",
protestou ela. "Não foi nada agradável descobrir que eu aparentemente era
tomada por uma profissional do aborto." Isso foi em junho de 1949, e a
Gallimard vendera 22 mil exemplares do volume um de *O segundo sexo* em
uma semana, enquanto as edições mensais do *Les Temps Modernes*, em que
Beauvoir fazia sua defesa da liberação feminina em uma série de artigos, saía
como pão quente.

Atacando os mitos masculinos que tornavam a mulher a Outra, o objeto
do olhar masculino, escreveu: "O homem se promoveu como o Sujeito e
considerou a mulher como o objeto [...].[3] Ela é o incidental, o inessencial,
por oposição ao essencial [...] ele é o Absoluto [...]. A mulher sempre foi
dependente do homem, quando não sua escrava."[4] Com surpreendente originalidade e coragem intelectual, Beauvoir pegou a ideia existencialista do ser
humano como uma consciência livre em um mundo dilacerado pelo conflito,
e aplicou-a à mulher. Seu argumento fundamental, de que os sexos são iguais,
mas diferentes, e de que essa diferença é em larga medida culturalmente determinada, rompeu com o paradigma do pensamento patriarcal conforme ela
demonstrava como, no mundo todo, as mulheres eram oprimidas.

A ideia de Beauvoir sobre o Eu e o Outro, desenvolvidas quando escrevia *A convidada*, no período em que ela e Sartre discutiam as teorias de mestre/escravo de Hegel, foi aperfeiçoada pela experiência da guerra e a conscientização sobre a importância das circunstâncias. A crença de que "a existência precede a essência", de que as pessoas criam significado ao longo de toda sua vida mediante o poder da escolha, permanecia axiomática para ela. E se identidade e significado são continuamente construídos por meio de escolhas existenciais que apenas terminam com a morte, a oportunidade de se tornar o autor da própria vida é, argumentou Beauvoir, uma prerrogativa tão feminina quanto masculina. Como seres-para-morte, devemos viver com urgência, com paixão e convicção. Mas na França da década de 1940 ela via a vida das mulheres paralisada e circunscrita à "casa-prisão do lar": "*On ne nait pas femme: on le devient*" — a pessoa não nasce mulher: torna-se mulher.

"O destino de uma mulher e sua única glória são fazer bater os corações dos homens",[5] escreveu Balzac. "Ela é uma propriedade e propriamente falando apenas uma subsidiária do homem." Era uma opinião compartilhada por Pétain, que tornou o aborto um crime contra o estado em 1941. Mas Beauvoir estava furiosa com o padrão duplo de moralidade que via arruinar a vida de mulheres jovens. Em fevereiro de 1949, havia contado a Nelson sobre as garotas que ajudava: "Há uma porção de casos de aborto nesse exato momento na França e sinto tremenda indignação".[6] Um milhão de abortos ocorria todo ano, o mesmo número dos nascimentos, "mas é absolutamente proibido. Acabaram de prender um médico que conheço bem e para quem mandei um monte de garotas aflitas. Outro médico pulou pela janela na semana passada, porque fora pego nesse tipo de negócio ruim". Quando uma criança nasce, você pode mandá-la à guerra para ser morta, "mas quando está na barriga da mãe, então é assassinato fazer qualquer coisa contra ela".

Fazia apenas seis anos desde a execução na guilhotina de Marie-Jeanne Latour por realizar abortos, atitude que deixou Sartre tão indignado que ele criou Estelle, a assassina de bebês em *Huis Clos*, como resposta a isso. Simone, que vira o tormento de Olga quando abortou no apartamento de sua avó durante a guerra, lutaria pela legalização do aborto em 1971. Mas a contracepção era proibida na França até 1967, e o aborto permaneceu ilegal até 1974.

Sob o Código Napoleônico de 1804, as mulheres francesas conquistaram poucos direitos civis. "Mulheres deveriam se ater ao tricô",[7] observou Napoleão para o filho de Madame de Staël, e reduziu as liberdades que as mulheres haviam previamente usufruído sob o *ancien régime*, além de legislar por sua total subordinação aos homens. "O marido deve deter poder absoluto e direito de opinião sobre a esposa, 'Madame, a senhora não irá ao teatro, não receberá tal e tal pessoa'", dizia Napoleão, "pois as crianças que terá devem ser minhas". As mulheres francesas não tinham direito parental algum sobre os próprios filhos, ao contrário das britânicas, onde a feroz campanha empreendida por Caroline Norton pela custódia de seus filhos resultou no Marriage and Divorce Act, de 1857. Tampouco contavam elas com o equivalente da lei britânica Married Women's Property Act, de 1882, que, a despeito da objeção de Lord Fraser de que uma mulher casada já estava suficientemente protegida — "e por que deveríamos permitir que tenha dinheiro no bolso para fazer com ele o que bem lhe aprouver é algo que não consigo compreender"[8] —, concedia às mulheres do Reino Unido o direito à propriedade. Entre os britânicos, o direito do homem de espancar a esposa contanto que o bastão não fosse mais grosso que seu polegar e de mandá-la para a prisão a fim de obrigá-la a cumprir os direitos conjugais foi finalmente abolido no caso de *Jackson vs. Jackson* em 1891. Na França, a mulher permanecia sendo propriedade exclusiva do marido. Havia muito de que se queixar, para Beauvoir.

Contudo, nos Estados Unidos, onde as mulheres do Wyoming ganharam direito de voto já em 1869, as mulheres ainda lhe pareciam a Outra, numa relação similar de *alterité* com os homens como escravos negros em relação aos senhores brancos. Em 1947, Algren enviou para Simone o livro de Gunnar Myrdal, *An American Dilemma*, sobre o problema racial. "Meu sonho é escrever um livro sobre as mulheres tão importante quanto o dele [Myrdall] é sobre os negros", respondeu ela. Sua amizade com Richard e Ellen Wright, suas viagens pelo Deep South, e o próprio contato chocado de Sartre com o racismo, que o levou a escrever *La Putain respectueuse*, foram fatores significativos na formulação de sua análise. "De todos os meus livros [*O segundo sexo*] foi na verdade o mais fácil de escrever, principalmente no início", descobriu ela. Começando em outubro de 1946 e finalizando em junho de 1949, com um intervalo de seis meses entre uma coisa e outra, em que escreveu *L'Amérique au jour le jour*, é também o livro de que mais se orgulhava: "No frigir dos ovos, é possivelmente o livro que me trouxe mais satisfação, de todos que escrevi".[9]

Entretanto, há um sentido em que, paradoxalmente, a mensagem de Beauvoir dá sustentação ao patriarcado. Em 1949, e hoje no século XXI, suas opiniões sobre a condição de mãe atraem críticas. Quando o volume dois de *O segundo sexo*, sobre *L'Expérience vécue*, a experiência de vida das mulheres, ganhou as páginas da imprensa, provocou um escândalo ainda maior. O escritor católico Claude Mauriac escreveu a um dos colaboradores do *Les Temps Modernes*: "A vagina de sua empregadora não guarda segredos para mim". Chamada de indecente, frígida, priápica, ninfomaníaca, lésbica, cem vezes abortada, mãe solteira, Beauvoir ficou pasma com a reação a seus capítulos sobre "a lésbica" e a "maternidade". Não deveria ter ficado. Os homens declararam que não tinha o direito de discutir a condição de mãe, uma vez que nunca dera à luz: "e eles?", foi sua resposta. As feministas a criticaram por sua visão negativa do corpo feminino e sua rejeição da experiência do parto.

"Desejo", escreve Sartre, "é definido como *perturbação*. Se a consciência desejante está *perturbada* é porque ela é análoga a água perturbada."[10] O desejo turva a água clara da consciência, do cogito translúcido. A razão desmorona no caos do corpo e, na filosofia sartriana, isso é sempre um malogro, uma queda na facticidade.

Para Beauvoir, também, o corpo é inferior. O corpo é um problema, particularmente para uma mulher.[11] Além de aceitar a divisão mente/corpo cartesiana, ela compactua com Sartre em privilegiar o corpo masculino, embora vá mais longe que ele em venerar o falo "como simples e claro como um dedo" e denegrir o corpo feminino com seu útero misterioso. "O que é uma mulher?",[12] quer saber Beauvoir. "*Tota mulier in utero*", a mulher é um útero. O útero, que os antigos acreditavam se deslocar pelo corpo da mulher, causando histeria, é um objeto de repulsa: "Oculto, mucoso e úmido, por sua natureza, sangra todo mês, em geral está sujo de fluidos corporais, tem uma vida secreta e perigosa própria". Todo rito de passagem feminino é uma crise a ser suportada, da puberdade, que faz da mulher uma "coisa alienada", ao início do desejo:

> O desejo de sexo feminino é a palpitação macia de um molusco [...]. O homem mergulha sobre sua presa como a águia e o falcão; a mulher fica esperando como a planta carnívora, o brejo em que insetos e crianças são engolidas. Ela é absorção, sucção de sanguessuga, inalação, é piche e cola, uma exigência passiva, insinuante e viscosa.[13]

Definindo a mulher como uma planta comedora de carne, um pântano sem fundo, uma sanguessuga, Beauvoir emprega muitas das mesmas metáforas de Sartre em seu próprio relato horrorizado de *le visqueux*, a viscosidade que existe no coração da existência, em *O ser e o nada*. Seu medo da viscosidade representa seu medo da mulher:

O que ela me ensina sobre o mundo [é] que é como uma sanguessuga chupando [...]. A viscosidade é *dócil*. Apenas no preciso momento em que acredito possuí-la, segurá-la, por uma curiosa inversão, *ela* me possui. Nisso surge seu caráter essencial: sua maleabilidade é como de sanguessuga [...]. O Em-si é subitamente *comprometido*. Abro minhas mãos, quero me livrar da viscosidade e ela adere a mim, me arrasta, me chupa [...]. É uma ação macia, aquiescente, um sugar úmido e feminino, ela vive obscuramente sob meus dedos, e eu a sinto como uma vertigem; ela me arrasta para si como o fundo de um precipício me arrasta [...]. E não sou mais o mestre.[14]

A fobia de Sartre floresce bizarramente nas páginas seguintes, conforme expande "a armadilha da viscosidade",[15] que simboliza a "morte doce do Em-si".

A obscenidade do sexo feminino é essa de tudo que se "abre escancaradamente" [...]. Em si mesma a mulher apela para uma carne estranha que visa transformá-la em uma plenitude de ser pela penetração e dissolução. Igualmente, a mulher percebe sua condição como um apelo precisamente porque ela existe "na forma de um buraco" [...]. Sem a menor sombra de dúvida seu sexo é uma boca e uma boca voraz que devora o pênis — fato que pode levar facilmente ao medo da castração. O ato amoroso é a castração do macho [...].[16]

A repulsa que Sartre sentia desse temido engolfamento levou-o a ver o ato amoroso como algo de que se desincumbir o mais brevemente possível. Para ele, o pênis é "um instrumento que a pessoa maneja, que faz penetrar, que retira, que utiliza". As emoções não estão envolvidas, quando Jean-Paul apressadamente recolhe seu corpo contra o mortífero louva-a-deus que é a mulher.

Beauvoir, por outro lado, idealiza o homem. Este flutua como uma águia, enquanto a mulher não deve sequer se mexer. Deitada de costas no papai e mamãe, ela representa a imanência, ele, a transcendência. Em certo sentido, a descrição que Beauvoir faz do ato sexual pode ser lida como um hino ao pênis de Algren, a "máquina de prazer"[17] pela qual ela anseia em *Os mandarins*:

Agarrei-me firmemente a ele [...]. Era seu calor, seu cheiro, e não senti mais nem orgulho, nem cautela. Busquei sua boca outra vez, e conforme minha mão se arrastava por sua barriga quente, meu corpo queimava de desejo. Alguma coisa começara outra vez nessa noite. Eu tinha certeza disso.

Mas nessa noite, em Miller, o sexo acontece entre "Anne" e "Lewis" tão rápido que ela fica "atordoada". Seus corpos se tornaram dois estranhos, e ela chora histericamente:

Ele me deu seu coração. Com suas mãos, seus lábios, seu corpo inteiro. Isso foi ontem. Todas essas noites cuja lembrança ainda queima dentro de mim — sob o cobertor mexicano, em nosso leito embalado pelo Mississippi, sob a proteção da rede de mosquitos, diante do fogo que cheirava a resina — todas essas noites.

— Esse é seu programa para o verão? — pergunta Lewis, irritado. — Passar um dia agradável e depois chorar a noite toda?
— Não banque o superior — diz Anne, irritada. — Dormir juntos com uma frieza como essa, é... horrível! Você não devia...
— Você queria tanto. Não quis recusar.

Se o homem é "infinitamente privilegiado" no ato amoroso, é ainda mais privilegiado por não ter os filhos. A escolha de Beauvoir de permanecer sem filhos tinha raízes lógicas: como a maioria das feministas de primeira leva, ela preferiu a carreira a filhos em parte porque não havia outra opção. Seu estilo de vida boêmio, passado até a idade de 41 anos morando em hotéis, comendo em cafés, ligada a Sartre mas tendo outros casos fortuitos, não admitia crianças; era uma escolha fácil, porque em nenhum momento em sua vida ela experimentou o anseio maternal.

Quando Bianca Lamblin regressou a Paris após a guerra e se encontrou com Beauvoir e Sartre nos Jardins du Ranelagh, em 1946, jamais esqueceu as expressões idênticas de horror ao ver sua "barriga gigante". Bianca pedira para ver o casal a fim de extrair deles uma "promessa solene" de que não a usariam como material para um romance: uma promessa que não valia o papel em que estava escrita, dada a canibalização rotineira que faziam da família, em sua obra ficcional:

Era como se eu fosse uma lesma ou algum outro animal repugnante. Eles desviavam o olhar, nervosamente. Sempre soube que tinham essa atitude. Achavam a maternidade, que põe em jogo forças orgânicas e fluidos corporais, profundamente revoltante.[18]

Na gravidez, o corpo feminino é passivo e alienado, habitado pelo feto, escreve Beauvoir. Sua repulsa está ligada à identificação da maternidade com a morte, do útero como fonte oceânica de aniquilação. O homem está fadado à queda de seu "paraíso brilhante e ordenado para as sombras caóticas do útero materno".[19] O fogo do espírito é aprisionado pela mulher na lama da terra [...]. Ela também o condena à morte. Essa substância gelatinosa e trêmula que é elaborada no útero (o útero, secreto e selado como o túmulo) evoca muito claramente a viscosidade mole do cadáver. Sempre que a vida é engendrada [...] ela suscita repulsa [...]. O embrião pegajoso inicia o ciclo que é completado na putrefação da morte.

Sem dúvida Beauvoir reteve da infância católica a mensagem dos antigos padres cristãos de que a mulher é, nas palavras de Tertuliano, "a porta do demônio".[20] A despeito de reprovar são Paulo por exigir que a mulher se submeta ao marido ("Pois o marido é o chefe da esposa, exatamente como Cristo é o chefe da Igreja"),[21] ou santo Ambrósio, por argumentar que uma vez que "Adão foi conduzido ao pecado por Eva [...] é justo e correto que ela aceite como senhor e mestre aquele que ela conduziu ao pecado", Beauvoir internalizara a ideia de que a carne da mulher é amaldiçoada. A gravidez é a suprema aniquilação:

O feto é uma parte de seu corpo, e é um parasita que se alimenta dele; ela o possui e é possuída por ele [...]. Essa mera opulência a aniquila [...]. Vítima da armadilha da natureza, a grávida é planta e animal [...] uma incubadora, um ovo, ela assusta crianças, orgulhosas de seus corpos jovens e perfeitos, e faz os jovens darem risadinhas de desprezo, porque é um ser humano, uma consciência e um indivíduo livre que se tornou instrumento passivo da vida.[22]

Carregar um bebê faz da mulher a "presa das espécies" para Beauvoir. Seu estremecimento de desprezo visceral por mães e bebês, que se mostraria um elemento fortemente denegridor do casamento e da maternidade no feminismo da década de 1970, pode ter se originado em seu próprio relacionamento difícil com a mãe implicante, Françoise. Também pode estar ligado à bissexualidade de Beauvoir. Tornar-se "presa" do ato sexual era algo em que ela continuaria a mostrar dificuldade. Em seus relacionamentos lésbicos ela se comprazia em assumir o papel masculino do "sedutor", além do de "presa". Era um motivo para achar "o abraço homossexual mais satisfatório".

É apenas quando os dedos dela sondam o corpo de uma mulher cujos dedos por sua vez sondam seu corpo que o milagre do espelho é concretizado. Entre mulheres [...] a separação é abolida, não há luta, não há vitória, não há derrota; em exata reciprocidade cada uma é ao mesmo tempo sujeito e objeto, soberana e escrava.[23]

Sabendo os segredos do corpo feminino, a mulher se torna uma especialista no amor. De modo aprovador, Beauvoir cita Colette: "A semelhança muito grande proporciona a certeza de prazer". Ela sugere também que o "espelhamento" pode ter um aspecto maternal, além do sexual, e que embalando um "suave objeto carnal em seus braços",[24] a lésbica expressa um amor pela criança que não engendrou: "Em você amo um filho, um amor e uma irmã".[25]

Seria contudo um erro rotular Beauvoir como lésbica. Seu lugar no espectro sexual mudaria em diferentes estágios de sua vida. Sua orientação para o sexo homossexual voltaria a aflorar no futuro, mas em 1947-1949, foi seu relacionamento apaixonado com Nelson Algren que forneceu a energia e o estímulo que levaram à criação de *O segundo sexo*, em um país onde inexistia o movimento feminista, a despeito da fundação da União Francesa para o Sufrágio das Mulheres, em 1909, por Mme Brunschwig, e da emancipação feminina em 1945. O ousado apelo de Beauvoir às mulheres para exigir reciprocidade e respeito suscitou gemidos de horror. A fama, pela qual tanto anelara no passado, se tornara infâmia. Sartre recebia fotos dele mesmo coberto de excremento. O existencialismo passou a ser chamado de "excrementalismo". Não é de admirar que ao ser convidada por Nelson para outra estada em setembro de 1951, Simone ficou tentada a aceitar.

Sartre rompera com Dolorès em 1950, depois de ela insistir em arrastá-lo pelo México e o Yucatán, seguindo exatamente o mesmo itinerário de Simone e Nelson. Sartre, acostumado com Simone cuidando de todos os preparativos, foi uma decepção para Dolorès quando se recusou a reservar passagens ou tomar decisões; as queixas e lágrimas dela o deixavam exausto. Quando voltaram ele correu para a proteção da mãe, na rue Bonaparte; Dolorès voltou para o marido, em Nova York.

Quando o *affaire* terminou, Beauvoir pôde finalmente relaxar. Ela havia temido que Sartre cedesse às persistentes exigências de casamento de Vanetti, ou pelo menos de que vivessem juntos em Paris. Agora ela e Sartre podiam seguir com a rotina que servia a ambos, passando o fim de tarde juntos na rue de la Bûcherie escutando música no novo toca-discos que ela comprara com o dinheiro de *O segundo sexo*, beliscando pão e presunto e bebendo uísque. Ele sentava na única poltrona surrada, ela no único divã. Podiam esquecer das cartas de ódio que ele recebia, às vezes até vinte por dia, e das ameaças de morte:

Acho que foi quando Dolorès regressou a Nova York que soube pela primeira vez que, acontecesse o que acontecesse, Sartre e eu sempre estaríamos juntos. Eu ainda tinha Algren, e não tinha dúvida de que para Sartre sempre haveria outras mulheres. Mas havíamos nos tornado necessários um para o outro de um jeito que não acho que as pessoas sejam capazes realmente de entender. Todos [os críticos] dizem que nos tornamos um casal casado de velhos, e zombaram de nós [...]. É verdade, conhecemos um ao outro muito bem, ninguém nos entende como entendemos um ao outro [...]. Toda essa experiência compartilhada nos tornou inteiramente à vontade e satisfeitos um com o outro.[26]

Em suas memórias, Beauvoir disse que se Sartre lhe desse instruções de encontrá-lo a uma certa hora de um certo dia e ano em um lugar estranho a muitos quilômetros de distância, "eu iria com a completa certeza de encontrá-lo a minha espera, porque sabia que sempre podia contar com ele. Bem, após tantos anos, isso ainda era verdade. A despeito de tudo — não, talvez *por causa* de tudo que havíamos passado juntos — sempre contamos um com o outro. Ele nunca me decepcionaria; eu nunca o deixaria na mão".

Mas havia uma relação inacabada com Algren. Seu último contato com ele fora no fim daquela desastrosa visita de verão, quando ela prendera no peito a orquídea roxa que ele lhe dera no voo de Chicago a Nova York. Do Hotel Lincoln, ela escrevera em 30 de setembro de 1950 para "Nelson, meu amor mais querido", que "sou melhor na tristeza estéril do que na raiva fria, pois continuo com os olhos secos até agora [...] mas meu coração é uma espécie de pudim macio e sujo por dentro".[27]

Algren contou-lhe que pretendia voltar a se casar com sua ex-esposa, Amanda, com quem se encontrara em Hollywood. Mas no ano seguinte ele a convidou para ficar outra vez. Em março de 1951, Beauvoir escreveu para sua "*beastish beast*"[28] [fera feral] de um "adorável porto chamado Saint-Tropez" (onde Michèle Vian tinha uma casa) que, como ele pedira com tanta elegância, seria deselegante não aceitar. "Serei uma hóspede muito decente este ano, prometo. Não vou chorar mais que duas vezes por dia, não vou gritar mais que duas vezes por semana, não vou morder mais do que uma vez por mês."[29]

Em julho ela beirava as lágrimas, apesar de ter prometido "não chorar mais". "Seu *piggish pig of countryish country* [porco porcal de país paisal] parece não querer que eu vá aos States", escreveu em sofrimento para Algren. Beauvoir assinara uma petição organizada pela Liga das Mulheres Francesas, que tinha ligações com os comunistas, e a embaixada americana recusou lhe dar um visto. E se eles examinassem *L'Amérique au jour le jour*, agora com tradução para o inglês (*America Day by Day*), ou lessem artigos no *Les Temps Modernes* contra MacArthur e a política americana? Beauvoir ficou "profundamente temerosa" de não ver Algren nunca mais. Se ao menos ele pudesse ir a Paris: para ele era fácil. Os americanos eram os "reis do mundo", ninguém exigia vistos deles.

Por mais que fosse contra a natureza de sua personalidade dominadora, Beauvoir confessou humildemente, se explicou, pediu desculpas: "Foi *realmente humilhante*".[30] Tivera vontade de "chutar" toda a embaixada americana. "Se fosse apenas uma viagem de férias, eu teria adorado chutá-los e dizer adeus aos States para sempre. Mas *quero muito* ver você."

Em agosto, os "*swinish swines*" [suínos suinais] da embaixada continuavam recalcitrantes. Cau continuou a suplicar aos funcionários em favor de Beauvoir enquanto ela e Sartre visitavam a Islândia, a Escócia — as pessoas são "feias, frugalmente antiquadas",[31] o cenário, "chuvoso, nublado, melancólico" — e Londres. Sartre e Beauvoir se hospedaram no Park Lane Hotel e assistiram a Laurence Olivier e Vivien Leigh em *Antônio e Cleópatra*. Ela aprovou os britânicos, que "não veneram a América como nós franceses fazemos", e que ainda em 1951 sofria com os efeitos da guerra: "Eles continuam sem ter manteiga, chocolate, comida e roupas à vontade; são muito pobres, mas vivem do modo mais digno".

Finalmente, em 19 de setembro, Simone chegou à Forrest Avenue. Ela não dormira com um homem em Paris por dois anos, pois Bost tinha uma nova amante, agora, a romancista Marguerite Duras. O que Beauvoir esperava? Talvez a paixão voltasse a arder entre eles. Ela havia assegurado a seu "queridíssimo monstro" que largara o uísque, um pomo de discórdia com Nelson, que não gostava de Beauvoir quando estava bêbada. Ela tivera de "entornar" um bocado de brande no Dia da Bastilha para se manter aquecida, explicou, mas "não fiquei bêbada. Nem de uísque, nem de vinho, nem nada: não é permitido".[32] Ela esperava, acrescentou ansiosa, que pudesse beijar Nelson nesse verão. Em todo caso, passou a maior parte do mês na casa do lago Michigan, escrevendo um ensaio sobre o Marquês de Sade ("Imagine só: dos 18 aos 36 anos, ele espancou e fodeu selvagemente mulheres, e talvez homens e até animais"). Era um disfarce. Ela não deixou Algren ver o manuscrito de *Os mandarins*, em que o retratava tão fortemente, embora o houvesse mostrado para Sartre, que lhe disse que era seu melhor livro até então, embora ainda precisasse ser um bocado trabalhado. Mais tarde, ela escreveria:

De todos os meus personagens, Lewis é o que mais se aproxima de um modelo vivo [...]. Aconteceu — uma rara coincidência — de Algren, na realidade, ser muito representativo do que eu queria mostrar [...]. Usei-o para inventar um personagem que existiria sem fazer referência ao mundo das pessoas de verdade.[33]

Perto do fim da estada, andando pela praia nos últimos dias de outubro, Simone lamentava que nunca mais veria Algren outra vez, tampouco a casa, o lago, ou a areia pontilhada de aves pernaltas brancas. Mas ela se congratulava por ao menos ter mantido a amizade. "Não é amizade",[34] respondeu Algren brutalmente. "Eu não poderia lhe dar menos que amor." Beauvoir sentiu-se mergulhar em um tumulto, uma febre; ela ficou fisicamente doente com a perspectiva do "presente do amor dele" lhe sendo retribuído. Seu amor por ele continuava forte como nunca. "O grande novo anseio e a felicidade sexual que você despertou em mim" tomaram-na de assalto. Mas no dia seguinte Algren deixou sua posição bem clara: "Ter uma mulher que não lhe pertence, que põe outras coisas e outras pessoas na sua frente, sem que nem se avente a possibilidade de você assumir o primeiro lugar, é algo que simplesmente não julgo aceitável [...]. Agora quero um tipo de vida diferente, com uma mulher e uma casa minhas".

"Sempre me senti culpada em relação a você, desde o primeiro dia, porque podia lhe dar tão pouco, amando-o tanto",[35] respondeu Beauvoir dolorosamente do Hotel Lincoln em Nova York. "Você jamais aceitaria morar na França para sempre e [...] eu *jamais* desistiria de Sartre de escrever e de viver na França." As lágrimas subiram aos seus olhos. "Eu me senti culpada, sempre, e é o sentimento mais amargo que já senti em relação ao homem que amo. E uma vez que eu o machuco, eu o abandono, isso me machuca."

Ela estava prestes a machucá-lo mais ainda. Logo Simone perderia até os poucos carvões em brasa do amor. *Os mandarins*, em vias de ser datilografado, pareceria a Algren a suprema traição.

32

Meu último bom amigo

Camus foi provavelmente o último bom amigo.[1]

Jean-Paul Sartre, 1972

SARTRE SE AJEITOU desconfortavelmente em sua cadeira. Ele e Camus tomavam uma bebida no Pont-Royal. Era abril de 1952, e Camus fazia piadas sobre as resenhas hostis de seu novo livro, *L'homme révolté* (*O homem revoltado*), que fora publicado em outubro anterior. "Ele simplesmente presumiu que fôssemos gostar",[2] recordou Beauvoir. Mas o livro criou uma saia justa no *Les Temps Modernes*, onde Sartre pedira que alguém se voluntariasse para resenhá-lo: "Ele não deixava que ninguém dissesse nada ruim sobre o livro por causa da amizade; infelizmente, nenhum de nós conseguia pensar em nada bom. Estávamos imaginando como sair daquele dilema". Finalmente, Francis Jeanson, de 29 anos, em teoria a editora gerente, após a saída de Merleau-Ponty, ergueu a mão. "A resenha deve ser *reservée*, severa, até", murmurou Sartre, incapaz de olhar Camus de frente. Ele sabia que Jeanson desprezava a "pseudofilosofia e a pseudo-história"[3] de Camus, mas Sartre não fazia a menor ideia de como estava rumando para o olho do furacão.

Sabia, porém, o que *O homem revoltado* custara a Camus. Embora a amizade entre os dois estivesse cada vez mais desgastada à medida que seus rumos políticos se separavam, e seu último encontro, na abertura de *Le Diable et le bon Dieu*, em 7 de junho de 1951, houvesse sido "uma refeição das mais desanimadas", em que, segundo Beauvoir, "o velho calor entre Camus e nós parecia sem esperança de volta", Sartre sabia o bastante sobre as dificuldades da criação literária para não sentir simpatia em relação ao colega mais jovem e doente. Camus sofrera uma séria recaída da tuberculose, que o levara à beira do suicídio em 1950. Ele passara o inverno em Cabris, vilarejo predileto de André Gide, nos elevados Alpes-Maritimes, acima da cidade de Grasse, e recebera um *congé de maladie* de um ano da Gallimard.[4] A estreptomicina e o tratamento holístico especial de um certo Dr. Ménétrier, que prescreveu minerais como zinco, ferro e magnésio, permitiram-lhe recobrar lentamente a energia; por meses ele meditou diante do fogão a lenha no hotel Chèvre d'Or. Ele vinha trabalhando em seu ensaio sobre a revolta desde 1943, e tinha medo de morrer antes de terminar. Com apenas 36 anos, sombriamente se comparava a seus heróis, Tolstoi, que escrevera *Guerra e paz* entre os 35 e 41, Herman Melville, com 32 quando escrevera *Moby Dick*, e outro artista tuberculoso, Keats, que morrera jovem (1795-1821).

Por três anos entre 1949 e 1951, Camus voltara a Cabris para trabalhar no *O homem revoltado*. Não podia se apressar: "Não sou um filósofo e para mim pensar é uma aventura interior que amadurece, que fere ou transporta a pessoa",[5] escreveu para a esposa, Francine. "É uma meditação que leva dias e anos para se formular, para se levar adiante, e para a qual encontrar expressão." Longe dos agitados escritórios da Gallimard, na rue Sébasteien-Bottin, e dos feudos dos intrigueiros literários parisienses, ele trabalhou dez horas por dia. Francine lhe enviou, a um pedido seu, a análise de Hegel feita por Lenin, e a *História da filosofia ocidental*, de Bertrand Russell, mas ele preferia Platão aos alemães. "Apenas o trabalho mantém a alma de pé e altiva",[6] disse a Francine. Em 27 de fevereiro de 1951, queixou-se com seu amigo René Char de que "o parto é longo e difícil, e me parece que o bebê é muito feio e o esforço, extenuante".[7] Mas em 8 de março ele pôde anunciar tanto a Francine como a Maria que o bebê nascera.

O homem revoltado foi dedicado a Jean Grenier, professor que significara uma grande influência sobre Camus ao encorajá-lo a entrar para o Partido Comunista antes da guerra. O primeiro sinal de problemas surgiu quando Grenier, após ler o manuscrito, disse a Camus que aquilo o lembrava "a linha reacionária de Maurras",[8] o líder fascista da Action Française, movimento da década de 1930 que Sartre havia satirizado em seu famoso conto "A infância de um líder".

— Que pena — respondeu Camus.

— O livro vai lhe render um bocado de inimigos — advertiu-o Grenier. Camus deu de ombros:

— É, sem dúvida minhas amizades não são lá muito sólidas.

No verão de 1952 a Guerra Fria forçava os escritores a tomar partido. "O período pós-guerra estava terminado",[9] escreveu Beauvoir. "Nenhum adiamento, nenhuma conciliação era possível. Havíamos sido obrigados a fazer escolhas claras." O terror stalinista estava prestes a atingir seu ápice com o alegado "complô dos médicos" de janeiro de 1953, quando nove médicos, sete deles judeus, foram acusados pelo assassinato de Andrei Zhdanov, em 1948, e um maligno expurgo antissemita se seguiu. Havia 2,6 milhões nos gulags;[10] era uma época estranha para Sartre escolher se tornar o *compagnon de route* mais famoso da França e, aos olhos de Camus, revelava seu "apreço pela servidão",[11] como escreveu em seus *Carnets*, em fevereiro de 1952. "Sartre, *l'homme et l'esprit, déloyal* [desleal]",[12] rabiscou furiosamente, revoltado com o líder existencialista que, predicando sua filosofia sobre a liberdade, passara a principal defensor de Stalin.

No último capítulo de seu livro Camus lançou seu desafio, atacando os existencialistas e seu "culto da história", sem nomear Sartre. Deixar de mencionar seu nome, dada sua reputação mundial, era em si mesmo um insulto. Para evitar a briga, Sartre publicara um capítulo inicial de *O homem revoltado*, sobre Nietzsche, no *Les Temps Modernes*, em agosto de 1951; mas quando a resenha ácida de Jeanson,[13] com vinte páginas, foi publicada em maio de 1952, a cisão entre Sartre e Camus, que vista em retrospecto parecia inevitável, abriu-se como uma fruta apodrecida.

Cutucando Camus com as notas favoráveis da direita saídas no *Le Figaro* *Aspects de la France*, órgão da Action Française, que viu o livro como uma volta ao nacionalismo e a Deus, Jeanson ironicamente intitula sua própria resenha de "Albert Camus ou l'âme révoltée". É um jogo de palavras à *belle âme* de Hegel, a bela alma condenada, em sua *Fenomenologia do espírito*, em seu esforço de permanecer pura, mas tenazmente defendida por Camus con- tra o filósofo alemão. Para a jovem jornalista Jeanson, discípula fanática de Sartre, a "alma revoltada" de Camus, que estremece de horror com o gulag, é moralista e ineficaz, pregando o quietismo e o derrotismo diante da "rebelião triunfante"[14] da URSS.

Camus pretendia separar a ideia de revolta individual daquela ao revolu- cionário que busca a vitória a qualquer preço. Ele celebra o "homem que diz não"[15] ao absurdo da vida, que recusa e, ao fazê-lo, "também está dizendo sim", criando valores positivos, dignidade, solidariedade: "Eu me revolto, logo existo". À frente de seu tempo em estabelecer limites para a violência, ele defende em lugar disso uma revolta "de escopo limitado".[16] Mais além ele não irá: foi um passo corajoso e presciente para questionar as revoluções francesa e russa, para ligar Robespierre a Stalin, e para defender que a revolta histórica pode desembocar no niilismo, no fim de Deus, na "divinização" do homem e no estado assassino. Ao fazê-lo, Camus ergueu seu estandarte solitário de desafio contra uma *intelligentsia* Rive Gauche virtualmente unânime, e recebeu uma chuva de insultos sobre sua cabeça. O surrealista André Bréton, também atacado por Camus, foi um dos primeiros a ver o autor como um reacionário escondido atrás de um "fantasma de revolta [...]. Uma vez que a revolta tenha sido esvaziada de sua substância apaixonada, o que deverá restar?"[17]

Aos olhos de Jeanson, o maior pecado de Camus é sua recusa em viver na história, e em compreender as forças socioeconômicas que a moldam. A filosofia, alega Camus, transforma "assassinos em juízes":[18] mas sua obsessão com o terror stalinista levou-o a ignorar a violência em outras paragens, a repressão colonial francesa no Vietná e o barril de pólvora que era a Argélia. "Uma oportunidade perdida de escrever um grande livro",[19] diz Jeanson. A resenha desmoralizante da jovem novata foi um golpe amargo para Camus; mas talvez o maior insulto tenha sido o fato de Sartre haver escolhido um ninguém para escrevê-la, em vez de executar ele mesmo o trabalho.

"Monsieur le Directeur",[20] dirige-se Camus de modo professoral a Sartre em sua réplica de 17 páginas, datada de 30 de junho de 1952, publicada em *Les Temps Modernes* em agosto. Desdenhando de mencionar Jeanson pelo nome, ele reputa Sartre como editor responsável pelo artigo. Furioso com a acusação de que está "distante da realidade e da história", Camus também parte para o lado pessoal: "Estou começando a ficar um pouco cansado de me ver — e mais ainda de ver antigos militantes que nunca se recusaram a lutar em sua época — recebendo infindáveis lições sobre eficácia de críticos que nunca fizeram nada além de virar sua cadeira de teatro na direção da história".[21] Era um mordaz lembrete da ineficiência de Sartre em agosto de 1944, quando adormeceu no assento enquanto "libertava" a Comédie-Française, para ser acordado por Camus com o comentário: "Você virou sua cadeira de teatro na direção da história". O antigo editor do *Combat*, que proporcionara a Sartre a oportunidade de mudar completamente seu obscuro histórico da guerra, não esquecera o passado do outro, afinal de contas.

Sartre e Camus estavam em vias de se tornar dois boxeadores em um ringue. Sartre, de seu canto, respondeu com uma sequência de golpes: em julho ele publicou "Os comunistas e a paz" e se declarou um revolucionário. Em agosto, desferiu seu *coup de grâce*: uma réplica que era a crueldade personificada:

Meu caro Camus: nossa amizade não foi fácil, mas sentirei falta dela. Se você a encerrar hoje mesmo, isso sem dúvida significa que tinha de terminar. Infelizmente, você me levou a julgamento de maneira tão deliberada, e com um tom de voz tão horrível, que não posso mais permanecer em silêncio sem manchar minha reputação [...]. Sua combinação de uma triste presunção com vulnerabilidade sempre desencorajou as pessoas a lhe dizer a verdade sem adornos. O resultado é que você se tornou vítima de uma deplorável imodéstia [...]. Eu teria preferido mil vezes que nossa presente altercação fosse direto ao cerne da questão sem se misturar com o desagradável odor da vaidade ferida [...].[22]

O cerne da questão para Camus era a existência dos campos, que ele acusava Sartre de se recusar a discutir e "até justificar" no *Les Temps Modernes*. "Sim, Camus, como você, acho esses campos inadmissíveis",[23] responde Sartre. "Mas igualmente inadmissível é o uso que a 'assim chamada imprensa burguesa' deles faz todos os dias [...]. Porque, em meu modo de pensar, o escândalo dos campos põe todos nós em julgamento — você tanto quanto eu, e todos os outros. A Cortina de Ferro é apenas um espelho, em que cada metade do mundo reflete a outra. Cada girada do parafuso *aqui* corresponde a um giro lá, e no fim, tanto aqui como lá, somos tanto os aparafusadores como os aparafusados."

Atacando nessa toada, Sartre lembra Camus da violência de estado francesa tanto em relação aos súditos coloniais quanto aos trabalhadores franceses. Na sua opinião, Camus·parou de crescer; está "preso" na França da Libertação, em 1944. Por outro lado, argumenta Sartre, ele próprio evoluiu, e marcha ao rufar de tambores da história. "Para merecer o direito de influenciar os homens que estão lutando, a pessoa deve primeiro participar de sua luta, e isso significa aceitar muitas coisas, se se espera mudar algumas delas."[24]

A carta de Sartre termina com um lamento pelo que Camus outrora amou:

Você era para nós — e poderá vir a ser outra vez no futuro — a admirável conjunção de uma pessoa, uma ação e uma obra [...]. Como nós o amávamos, então.[25]

Em 1944, o líder da Resistência transcendera as contradições do momento por meio de seu "ardor em vivê-las". Ele e Sartre haviam compartilhado o mesmo "contato com a História [...]. Se eu a chamo de *sua*, é porque você a *viveu* de forma mais profunda e plena do que muitos de nós (inclusive eu)." Nessa última frase, Sartre admitiu quem fora o herói, na época; agora é ele quem tem um encontro marcado com seu século.

Robert Gallimard, que de algum modo conseguiu permanecer amigo de ambos, Sartre e Camus, chamou a ruptura de fim de uma *love story*. Camus, disse Sartre após sua morte, era seu último bom amigo. Sem ele, Sartre vagaria sem leme no mar da política.

Beauvoir tinha seu próprio rompimento para cuidar. "*Voilà, c'est fini*",[26] disse para si mesma. "Acho que nunca mais vou dormir aquecida por outro corpo. Nunca: que sina [...]. Eu me senti afundando na morte."[27] O vazio parecia mais uma vez engoli-la, a negra linha fina se aproximando. Mas ela tinha um consolo: um carro, que se tornou seu orgulho e alegria. Em 1951, a conselho de Genet, ela comprou um novo modelo Simca Aronde, e começou a ter aulas de direção. Em pouco tempo ela e Bost tiraram suas carteiras e puderam sair para passeios dominicais fora de Paris. Olga ia junto: "Adoro a primavera na Normandia, os laguinhos na Sologne, os vilarejos de Touraine", escreveu Beauvoir. "Descobri igrejas, abadias, castelos."

Mas era difícil se adaptar a ficar sozinha. A fama lhe tirara Sartre. Embora o sucesso não o houvesse mudado, mudara seus hábitos: ele não pisava mais nos cafés de que tanto gostavam antes, ou a levava ao cinema. Não era mais seu Baladin, seu playboy, acompanhando-a em *flâneries* pelos bulevares parisienses: "Eu sentia falta de sua antiga despreocupação e da era dourada em que sempre tínhamos muito tempo".[28] Ele não só se tornara uma figura pública, como também estava engajado em sua própria jornada política, em que Beauvoir dizia não ter interesse. "Leia isto",[29] dizia ele, apontando a pilha de livros em sua escrivaninha. "*C'est passionant*", é fascinante. Mas, escreve Beauvoir em suas memórias, ela não tinha desejo algum de desempenhar nem mesmo o menor papel político.

No *Les Temps Modernes*, sangue novo, jovem, "repolitizava" o periódico na direção de simpatizante do comunismo. Beauvoir via uma dessas jovens promessas nas reuniões de domingo no apartamento de Sartre: Claude Lanzmann, um jornalista moreno e bem-apessoado 17 anos mais novo que ela. Claude era um produto do *khâgne* em Louis-le-Grand, como Cau, que o apresentara a Sartre. Grandes realizações eram esperadas dele. "Estava destinado a ser Proust e Malraux numa coisa só",[30] lembra Olivier Todd. "Era muito garboso e cortês." "Muitas mulheres o achavam atraente",[31] lembra Beauvoir; "eu também." Seu tipo de humor *deadpan*, impassível, a forma como sua mente trabalhava, lembravam-na de Sartre. Nas reuniões da rue Bonaparte, discutiam acaloradamente política e literatura entre uma e outra garrafa de *framboise*.

Esses encontros foram dias memoráveis em um dos períodos mais negros da vida de Beauvoir. Sua datilógrafa, Lucienne, acabara de morrer de câncer de mama, e na primavera de 1952 a própria Beauvoir começou a sentir uma dor aguda no seio direito. Apalpando o caroço que surgiu, perguntou a Sartre o que deveria fazer. "Vá ao médico e tire isso da cabeça." Quando Beauvoir acordou da biópsia, escutou uma voz dizendo que não havia nada errado com ela: "Anjos vieram e embalaram meu sono."

Beauvoir disse a si mesma que era velha demais para Lanzmann. Ela estava com 44, ele tinha apenas 27: um garotão. Quando era criança, escutara enojada os pais fazendo amor do lado de lá da parede ("ainda trepando aos 40!")[32] e por muito tempo foi da opinião que mulheres com mais de 40 eram velhas demais para fazer sexo: "Certos aspectos do amor, bem, após os 40 a pessoa precisa deixá-los de lado [...]. Prometi a mim mesma que quando chegasse nesse estágio eu me retiraria devidamente de cena". Estava com 39 quando começou o relacionamento com Algren. Agora, passando dos 40, sentia-se tentada a quebrar as próprias regras. Em julho, Bost e Jean Cau convidaram-na para comemorar sua viagem iminente para o Brasil, onde pesquisariam material para um guia, e Beauvoir perguntou se poderia levar Lanzmann com ela para comer um *aïoli*. A alegre celebração terminou tarde e na manhã seguinte o telefone de Beauvoir tocou:

— Gostaria de levá-la ao cinema — disse Lanzmann.

— Cinema? Que filme você quer ver?

— Qualquer um.[33]

Beauvoir hesitou. Pretendia ir de carro até Milão, para se encontrar com Sartre, agora "intimamente ligado" a Michèle Vian, que deixara o marido, Boris. Mas sabia que não podia recusar. Concordou em se encontrar com Claude, desligou — e começou a chorar.

Cinco dias depois Beauvoir partiu para a Itália. Lanzmann ficou acenando conforme ela engatava a marcha e partia na direção dos subúrbios. "Algo acontecera [...]. Eu redescobrira meu corpo."[34]

Segundo Olivier Todd, que tinha 17 anos quando conheceu Lanzmann, as coisas não eram tão simples. Depois de Algren romper com Simone de Beauvoir, Sartre confidenciou suas preocupações para Cau: "'Vamos tirar a sorte por ela', disse o secretário em uma reunião no *Temps Modernes*. Lanzmann ganhou a aposta. Pouco depois, começou a viver com Beauvoir".[35]

Como Algren, Lanzmann era judeu; ao contrário de Algren, ele se definia como um judeu. Determinado a provar que seu povo não estava fadado ao martírio, lutou entre os maquis depois de 1944, e considerava o marxismo uma verdade autoevidente. Quando Beauvoir regressou da Itália, e Lanzmann de Israel, o casal voltou a ficar junto: "Nossos corpos se reencontraram com alegria".[36] Em vez de assustar Beauvoir, o fosso de idade entre eles proporcionou um bem-vindo distanciamento, já que Lanzmann não representava rival de espécie alguma para Sartre. Tampouco ele esperava tanto dela quanto Algren havia esperado: "Sua juventude me predestinava a não ser mais que um momento em sua vida", escreveu Beauvoir, mas isso também a liberava de ter de se entregar inteiramente a ele. Sartre concordou em que Lanzmann participasse de suas férias de verão. Após umas férias de inverno com Beauvoir na Holanda, ele se mudou para o apartamento dela na rue de la Bûcherie: "Eu adorava minha solidão", escreveu Beauvoir, "mas não me arrependi disso."

Lanzmann, de sua parte, jamais esquecera os estranhos rituais que haviam marcado suas primeiras férias com Beauvoir e Sartre em Saint-Tropez, na primavera seguinte.

> Estávamos vivendo juntos, e ela continuava seu relacionamento com Sartre, mas era algo que não tinha mais nada de sexual [...]. Uma noite ela vinha me fazer companhia, e Sartre ficava sozinho, na noite seguinte ela se encontrava com Sartre, e eu ficava sozinho, e nós nos encontrávamos, Simone de Beauvoir e eu, assim que o jantar terminava. Mas o engraçado era que na época, em Saint-Tropez na primavera, havia apenas dois restaurantes abertos no porto, um ao lado do outro. Simone de Beauvoir sempre conversava muito alto, então quando jantava com Sartre no restaurante X, e eu estava no restaurante Y, do lado, eles eram os únicos fregueses no restaurante X e eu o único freguês no restaurante Y. E eu escutava Beauvoir contando para Sartre — porque contavam tudo um ao outro, essa era a regra —, eu escutava Beauvoir contando para Sartre tudo que ela havia feito comigo durante o dia [...].[37]

Após o jantar, Beauvoir por sua vez repetia para o paciente Lanzmann o que Sartre dissera, e que ele já escutara... e na terceira noite, quando os três jantaram juntos, a conversa se repetiu mais uma vez. A "regra da transparência" era observada *ad infinitum*.

Lanzmann devolveu a juventude a Beauvoir. De um dia para o outro, seus ataques de ansiedade desapareceram: "Tornei-me cativa outra vez da felicidade".[38] O telhado tinha infiltrações, o chão estava coberto de livros, mas, abraçada com ele no divã, Simone finalmente encontrava a intimidade que tanto desejara. Seus temperamentos eram semelhantes: quando nervoso,

Claude ia às lágrimas ou tinha acessos de vômito; Simone, igualmente agitada, desabava em paroxismos de choro. Mas com Claude, ao contrário do austero Sartre, não havia mais necessidade de se reprimir.

Rejuvenescida pelo novo amor, Beauvoir tinha menos tempo para Sartre, que confessara em 1950 a Koestler que seus amigos estavam desaparecendo sob o ardor de sua política.[39] Koestler e Mamaine ficaram com pena dele. Mas novas amizades despontavam no horizonte: no Congresso pela Paz de Viena, em dezembro de 1952, para o qual foi convidado após publicar a segunda parte de "Os comunistas e a paz", em novembro, Sartre bebeu vodca com Ilya Ehrenburg e Alexander Fadayev, que o haviam chamado de "uma hiena com uma caneta-tinteiro" no Congresso pela Paz apenas quatro anos antes, e ele aceitou o convite deles para visitar a URSS. Dias antes disso, Slansky e dez outros líderes comunistas tchecos, todos eles judeus, haviam sido enforcados por suposta traição. Estrela do espetáculo, Sartre foi convidado a fazer o discurso inaugural e sua presença atraiu milhares de caçadores de autógrafo. Sob pressão comunista, ele praticou a autocensura, proibindo apresentações vienenses de *Les mains sales*, que Ehrenburg atacara na imprensa comunista como propaganda pró-americana. No auge da Guerra Fria, Sartre se transformara em massa de modelar nas mãos russas. Era, na opinião de um jornalista comunista americano, "a maior guinada jamais ocorrida na Europa ocidental".[40]

Em 23 de dezembro, Sartre subiu ao palanque no Val d'Hiv com o líder comunista francês Jacques Duclos. "Estamos felizes de ter entre nós Jean-Paul Sartre",[41] anunciou Duclos a uma plateia boquiaberta. O idílio estava prestes a começar.

O Congresso pela Liberdade Cultural, peça central na operação de propaganda clandestina americana, que de 1950 a 1967 foi conduzida pelo agente da CIA Michael Josselson, ficou cada vez mais alarmado com a hegemonia intelectual de Sartre e Beauvoir. "Não era com a União Soviética ou Moscou. O que os deixava realmente obcecados eram Sartre e Beauvoir. *Isso* era o outro lado."[42] "Os intelectuais da Rive Gauche eram o alvo",[43] confirmou Diana Josselson. Em uma vã tentativa de romper com a influência opressiva de Sartre, os americanos lançaram seu próprio jornal interno, *Preuves*, editado por um escritor suíço, François Bondy, em outubro de 1951; o jornal enfrentou *une hostilité presque totale*.

Em Veneza com Michèle em junho de 1953, Sartre pegou seu jornal e leu que Julius e Ethel Rosenberg, que haviam sido condenados em março de

1951 por entregar segredos atômicos americanos aos soviéticos, haviam sido mandados para a cadeira elétrica pelo presidente Dwight D. Eisenhower. Engasgando de raiva, ele ditou um artigo para o *Libération* pelo telefone:

> Este é um linchamento legal que cobre de sangue toda uma nação [...]. Quando dois inocentes são sentenciados à morte, a questão afeta o mundo todo [...]. Decididamente, há algo de podre na América [...]. *Attention, l'Amérique a la rage.* [Cuidado, a América está com raiva]. Devemos cortar todos os laços com ela, ou também ficaremos doentes.[44]

A morte de Stalin em 5 de março de 1953 preparou o terreno para Sartre visitar a URSS. Seu sucessor, Nikita Kruschev, admitiria estar "até os cotovelos"[45] com sangue de suas vítimas na Ucrânia, onde ele, também, exibira um brutal antissemitismo em relação aos "Abramoviches",[46] que rapinavam seu feudo "como corvos". Mas os "assassinos de casacos brancos" dos judeus foram soltos por Malenkov. "Estranhamente aliviado",[47] o ódio de Sartre contra a burguesia continuou a cegá-lo para a repressão soviética. Em suas anotações ele registrou: "Tenho apenas um fio em minha mão, mas Teseu não tinha mais que isso, e a mim também bastou: a inesgotável e difícil experiência da luta de classes [...]. Ainda havia portas fechadas em minha cabeça. Eu as derrubei, não sem um esforço fatigante".[48]

Chegando em Moscou a 24 de maio de 1954, Sartre descobriu não ser páreo para o minotauro soviético. Ele já sofria de hipertensão, mas recusara as ordens médicas de repouso. De uma janela no Hotel Nacional, na Praça Vermelha, ele assistiu ao desfile de um milhão de membros do Exército Vermelho, visitou a universidade, conheceu fábricas. O escritor Konstantin Simonov convidou Sartre para um banquete de quatro horas em sua dacha. Houve vinte brindes de vodca; o copo de Sartre era constantemente enchido com *vin rosé* armênio e vinho tinto da Georgia. "Consegui manter os sentidos funcionando, mas perdi parcialmente o uso das pernas",[49] confessou a Beauvoir.

Espremido em um trem para Leningrado, viu palácios, assistiu ao balé, voou para o Uzbequistão, depois para Estocolmo, onde se encontrou com Ilya Ehrenburg, para uma conferência do Movimento pela Paz. Então desabou. Alertada por Bost, que foi informado por Ehrenburg de que Sartre dera entrada em um hospital de Moscou, Beauvoir ficou tão assustada quanto no dia de 1940 em que recebera uma carta informando que Sartre estava no Krankenrevier. Ela correu para a embaixada soviética, que lhe disse que só precisava pegar o telefone e ligar para falar com Sartre no hospital. Era assim tão fácil penetrar na Cortina de Ferro? Nervosa, fez a ligação da rue de la Bûcherie. Depois de três minutos, escutou sua voz:

— *Comment allez-vous?*

— *Mais très bien.*[50]

Mas Sartre não estava "tão bem" assim. Em Tashkent, um engenheiro "forte como três carroças" o desafiara para um duelo de vodca. Embora tivesse sido o engenheiro o primeiro a apagar, desabando como um saco de batatas na pista do aeroporto, Sartre voltou para Moscou tão doente que pediu ao intérprete um dia para descansar. Mas Simonov o aguardava. Durante mais um banquete, pôs diante de Sartre um imenso chifre de beber transbordando de vinho: "Vazio ou cheio, deve levá-lo consigo".[51] Sartre esvaziou o chifre, mas de tarde, caminhando pela margem do Moskova, sentiu que o coração batia contra as costelas. Na manhã seguinte, sua pressão arterial ficou perigosamente alta, e ele deu entrada no hospital.

Teria Sartre sofrido um pequeno derrame? Para Beauvoir, ele parecia mudado, quando voltou a Paris, com imensa dificuldade de falar, dormindo muito e mal sendo capaz de "concatenar duas ideias". Tutelado por seus "assistentes", tanto seu intérprete como um membro do Sindicato dos Escritores, o tempo todo, Sartre não se dera conta de estar sendo "um objeto cultivado" pelo KGB e de estar sempre "na companhia de agentes do KGB".[52] O Sindicato dos Escritores, cujos líderes eram Fadeev, Simonov, Riourikov, Korneitchuk, Ehrenburg e o primeiro secretário, Surkov,[53] era "noventa por cento impregnado pelo KGB", segundo o coronel Oleg Gordievsky, um agente duplo do KGB a partir de 1974, que fugiu de Londres com a ajuda do Secret Intelligence Service britânico (MI6), em 1985. "O Conselho Mundial pela Paz", diz ele, "era visto pelo KGB como seu braço."

E em 1954 as apostas políticas eram altas. Ehrenburg, por vinte anos um agente do KGB,[54] fora um dos primeiros judeus proeminentes a firmar um abaixo-assinado conclamando todos os judeus soviéticos a seguir as instruções de "nosso sábio Partido Comunista" no outono de 1952, quando a população judaica ficou "petrificada" com a prisão de sua *intelligentsia* criativa. Em 1954, ele forneceu a Sartre uma cópia de seu romance mais recente, *O degelo*, para ler, um exercício de relações públicas sugerindo que os gulags gelados começavam a liberar suas vítimas. Kruschev e Malenkov queriam aliados, e o prestígio de Sartre fazia dele um prêmio importante. Ele foi tratado com carinho. Quando queria privacidade, o intérprete abanava os braços e enxotava todo mundo: "E agora Jean-Paul Sartre quer ficar sozinho".[55] Iludido em imaginar que gozava de alguma autonomia na Rússia, Sartre ainda estava por descobrir a verdade de dois ditados russos. Um é "o álcool não me afeta";[56] e o outro, "Eu entendo os russos."

Seduzido por sua primeira *voyage offert*, Sartre caiu na armadilha que haviam montado para ele. Quando voltou, deu entrevistas para o *Libération*, publicadas em julho de 1954 como "Impressões de Jean-Paul Sartre sobre sua viagem à URSS", em que afirmou: *"La liberté de critique est totale en URSS".*[57] Cego ou dissimulado, tornara-se tanto um agente como uma vítima da propaganda soviética.[58]

Seduzido primeiro pelos alemães, Sartre fora para a cama com os russos sem murmurar um ai. Apaixonara-se pelo paraíso soviético apenas 18 meses antes do histórico 20º Congresso, em que os crimes de Stalin seriam expostos para o mundo. Nizan, por outro lado, visitara a URSS em 1934 e voltara profundamente chocado. Em 1938, o famoso *Retour de l'URRS* de Gide denunciara os julgamentos públicos e expurgos stalinistas. Os olhos deles estavam abertos. Os de Sartre permaneciam mesmo fechados?

Mais tarde, Sartre admitiu: *"J'ai menti".*[59] Suas mentiras eram muitas e variadas. Ele disse a Claude Roy, pasmo com a afirmação de Sartre de que havia liberdade de expressão completa na URSS: "Obviamente, isso ainda não é verdade. Mas se você espera que seja, precisa ajudá-los". Em outras palavras, o fim justifica os meios. Em 1975, ele admitiu a Michel Contat, no *Autoportrait à 70 ans*, que dissera "coisas agradáveis" sobre os soviéticos nas quais não acreditava. Esse atestado de culpa é agravado pela carta que escreveu a Apletine, chefe da comissão exterior do Sindicato dos Escritores, em julho de 1954, em que trai sua obsessão com André Gide:

> Acredito que o senhor acompanhou André Gide ao aeroporto há vinte anos. E no mês passado teve a gentileza de me acompanhar. Mas a semelhança para por aí [...]. Vai ver que não sou André Gide.[60]

Contat explica: "Quando você aceita o convite de alguém, não começa a jogar merda em cima das pessoas assim que volta para casa".[61] A alusão era clara: Gide não hesitara em *verser de la merde* em cima de seus anfitriões. Sartre tinha melhores modos. O bom comportamento burguês é mais importante que dizer a verdade.

Pouco antes da morte de Gide, os dois escritores haviam se encontrado pela última vez em Cabris. A constrangida linguagem corporal da fotografia indica que não foi um encontro dos mais fáceis, mas quando Gide morreu, em 1951, Sartre escreveu um tocante elogio fúnebre. Nem quatro anos depois, voltou-se contra seu rival, ansioso em mostrar que ele, Sartre, era o maior escritor, o maior viajante.

Então Sartre de fato mentiu? Talvez não. Olhando em retrospecto, pode ser que tenha preferido confessar mendacidade a ingenuidade e a credulidade. Ehrenburg estava na corda bamba, em 1954. No outono de 1952, afirma Gordievsky, ele "denunciara ativamente judeus, embora o KGB o visse como apenas mais um 'judeu imundo' e pedisse a Stalin autorização para prendê-lo". Mas a despeito de sua própria situação precária, ele tentou fazer insinuações para Sartre sobre a propaganda e as mentiras que estavam a sua espera. Foi em vão, disse Ehrenburg ao diretor do *Libération*: Sartre engolia tudo que jogavam a sua frente, anzol, linha e boia. "Honestamente, eu achava que Sartre fora suficientemente advertido *pour comprendre ma comédie*, que ele não acreditaria em mim. *Le con!* [Que imbecil!] Não só ele acreditou em mim, como também, ao voltar para a França, repetiu tudo que eu disse, palavra por palavra."[62]

Ainda tão doente no fim de agosto a ponto de mal poder escrever, Sartre viajou para Salzburgo com Beauvoir. Afundado numa cadeira no quarto do hotel, ficou sentado por longo tempo, as mãos pousadas nos joelhos, o olhar vazio: "*La littérature, m'a-t-il déclarée, c'est de la merde*"[63] — a literatura é uma merda.

Beauvoir, enquanto isso, acertava as contas com Camus. Em outubro de 1954, *Os mandarins* foi publicado, o título escolhido por Lanzmann para representar seu círculo de intelectuais de esquerda. Quarenta mil exemplares foram vendidos no primeiro mês.

"Vão propor seu nome para o Goncourt", disse Jean Cau. Beauvoir ficou chocada. Estava "velha demais". Na noite anterior ao anúncio da premiação, foi se esconder com Lanzmann. Após a vitória, recusou-se a falar com a imprensa: "Aos 35 anos de idade, eu teria gostado de me expor; agora, acho isso repugnante". Jornalistas acamparam nos degraus do seu prédio, fotógrafos aguardavam na porta do Café des Amis — Beauvoir driblou todo mundo escapando pelo consultório do veterinário —, mas ela estava determinada a não se tornar a "presa" deles. Ela, que outrora ansiava pela fama, agora se tornava *prisonnière de la gloire*.

Por outro lado, a enxurrada de cartas de leitores que inundou sua caixa de correio a deixou empolgada. O sonho que Beauvoir tivera aos 20 anos, de ser amada por causa de seus livros, finalmente se concretizava.

A única mosca em sua sopa era o fato de todos acreditarem que o romance fosse autobiográfico. "A respeito dos *Mandarins*",[64] noticiou Camus amargamente em 12 de dezembro de 1954, insatisfeito com a volta forçada à *ronde* parisiense. "Ao que parece, sou o herói do livro." Exasperado por ser identificado com o personagem Henri Perron, editor de um jornal de Resistência, cuja infeliz esposa, Paule, era igualmente considerada um retrato de Francine, e sua namorada Josette, de Maria Casarès, Camus lembrou que todos os "atos duvidosos da vida de Sartre foram generosamente jogados em minhas costas"[65] pela autora: no romance, "Henri" tem uma peça produzida por um colaboracionista, mas na verdade, Camus confidenciou a um amigo, "eu não dei uma peça para Simone Berriau durante a ocupação, Sartre sim".[66]

Beauvoir nega em suas memórias que havia escrito uma "denúncia"[67] de Camus: "Pois Henri, digam as pessoas o que disserem, não é Camus; de jeito nenhum".[68] Ela alega que a ruptura entre Perron e seu amigo próximo Robert Dubreuilh mostrada em *Os mandarins* é meramente "profética". Mas o romance não é tão ficcional quanto diz: o jornal, *L'Espoir*, que "Henri" publica, é o nome da série que Camus publicava na Gallimard. Nas cartas trocadas por "Henri" e "Robert", Beauvoir toma emprestadas palavras reais usadas pelos dois combatentes. Foi um ato de pirataria de sua parte, bem como um ato de vingança.

"Ela não suportava a amizade entre Sartre e eu",[69] disse Camus. "Um dia, entrou em meu escritório para dizer que uma amiga sua queria dormir comigo, mas respondi que nesses assuntos eu estava acostumado a escolher por mim mesmo. Isso foi uma humilhação que uma mulher dessas jamais esquece." Os amigos dele, Brice Parain, Michel e Robert Gallimard, preocupados com a difamação de Camus no livro, insistiram em que desse uma resposta, mas Camus se recusou. "Porque você não discute as coisas com o esgoto."[70] Influenciada por Lanzmann, bem como por Sartre, Beauvoir havia "liquidado" suas antigas crenças e seguido Sartre na jornada rumo ao marxismo. Ela era uma parceira passiva? Ou, como argumenta Todd, era não meramente cúmplice, mas a gêmea que "o tangia com um pedaço de pau [...] o cardeal maligno atrás dele"?[71]

33

Combatentes da liberdade

Nos primeiros dias da revolta você deve matar: atirar em um
europeu é matar dois coelhos com uma cajadada, destruir um
opressor e o homem que ele oprime.[1]

Jean-Paul Sartre, 1961

BEAUVOIR ESTAVA PRONTA para o adestramento. Quando Ehrenburg a
conheceu, recém-saída do sucesso com Os mandarins, no Congresso pela
Paz em Helsinque, em junho de 1955, ela foi seu alvo principal. Ela nunca se
esqueceu da impressão que o espião lhe causou quando se aproximou, vestido
como o "velho Montparnasse", em um terno verde de tweed, camisa laranja
e gravata de lã, e contou que todo intelectual moscovita que sabia francês
estava lendo o romance. Antes da guerra ele era hirsuto e bem-constituído;
agora perdera peso e seu cabelo estava branco. Ilya — ou Elias, como seu
pai, Gersh, o batizara em 1891 em Kiev, quando era proibido dar a crianças
judias primeiros nomes russos — continuava um homem cortês aos 64
anos e sabia como lisonjear Simone, aos 47. Não fosse o melindre russo, o
livro seria traduzido, ele lhe assegurava. Ele, que cunhara a palavra *dégel*, ou
degelo, estava ansioso em fazer contatos com o Ocidente. Esperava poder
contar com ela.

Seu êxito foi além de tudo que sonhara. O Congresso de Helsinque
afetou Simone tão fortemente quanto Viena afetara Sartre. "Para nós, a
cortina de ferro se desmanchou",[2] escreveu a mais nova recruta comunista.
"Nada mais de embargo, nada mais de exílio: os domínios do socialismo
são agora parte de nosso mundo." Ela bebeu vinho georgiano com Surkov
ao sol da meia-noite e falou sobre seu desejo íntimo de conhecer a China.

Sartre, que em dezembro de 1954 fora eleito presidente da Associação
pela Amizade Franco-Soviética, arranjou o convite. Quando Merleau-Ponty

o atacou sob alegação de "ultrabolchevismo", Beauvoir correu em defesa do Kobra.[3] A virulência de sua réplica no *Les Temps Modernes* causou assombro nos membros da esquerda não comunista, e indicou a força da conversão dela. Após anos lutando contra a corrente, "eu mais uma vez me senti carregada pelo rio da História",[4] escreveu, "e queria mergulhar mais fundo dentro dele". Ela tinha um novo objetivo, aparentemente inofensivo: *servir de quelque chose*, ser útil de algum modo.

Não há dúvida de que Beauvoir era uma sincera, quando não ingênua, convertida à causa. Sem temer o "véu exótico" que parecia ocultar a China de seus visitantes ocidentais, e a fazia se sentir frente a frente com um mundo para o qual era incapaz de encontrar a chave, escreveu *La Longue Marche*, exaltando a Revolução Chinesa. Era sua maneira de "expor as mentiras"[5] da propaganda americana, embora, ao fazê-lo, ela também se tornasse uma arma soviética na *kulturkampf*. A empolgação com o novo credo cresceu quando ela e Sartre pararam em Moscou para passar uma semana voltando de dois meses de austeridade na China. Deslumbrada com o luxo, os cabarés no Sovietskaia, baixelas de caviar — "o tipo de comida e bebida com que a pessoa pode se embriagar!"[6] —, encantada com as cortinas antigas e franzidas, abajures de contas e papéis de parede felpudos, entretida por Simonov e sua esposa atriz no teatro, instruída pela irmã de Elsa Triolet, a esposa *espionne* de Aragon, sobre a necessidade de a burguesia aceitar a "higiene" comunista, Beauvoir foi vítima das duas armadilhas contra as quais Gide advertira os que aceitavam as *voyages offerts*: a sedução dos anfitriões e os rostos sorridentes com que todos os recebiam. Tanto ela como Sartre eram particularmente vulneráveis: eram viajantes ávidos que, com a chegada da meia-idade, sentiam-se cada vez mais cansados de enfrentar dificuldades. *Voyageurs sans billet*, fugindo com frequência da *nausée* da vida em Paris, buscavam uma nova validação de sua existência por meio da lealdade ao Partido. Enquanto os camaradas forneciam as passagens, eles sonhavam em mudar o mundo.

Beauvoir era mais cautelosa do que Sartre em aceitar as "imperiosas" ofertas de hospitalidade dos escritores russos. Mais uma vez Simonov convidou Sartre para um almoço. "Excelente! Mas não vou beber",[7] disse Sartre. Mesmo assim, havia quatro garrafas de tipos diferentes de vodca na mesa do restaurante, e dez garrafas de vinho. "Só experimente as vodcas", disse Simonov, enchendo os copos deles quatro vezes. No banquete "bárbaro" de carneiro assado no espeto, a carne malpassada sangrando, os moscovitas e georgianos ruidosamente desafiavam uns aos outros em duelos de bebida. A testa de Beauvoir queimava; ela havia pego um resfriado. Em seu último dia, foi para a cama com um livro.

Durante quatro anos após a ruptura entre Sartre e Camus, os dois escritores sentiram-se "improdutivos". Sartre escreveu pouco além de seu túrgido "Os comunistas e a paz", de três partes, em que tentou misturar contingência, escolha e liberdade na panela marxista, e fracassou visivelmente. A crise moral e existencial que enfrentava cobrou seu preço em saúde. Suas inúmeras dependências se agravaram. Uísque, tabaco, "speed" e sexo tornaram-se muletas conforme lutava com a tarefa impossível de conciliar existencialismo e determinismo no monumental *Crítica da razão dialética*.

Por mais que tentasse ignorar a face medonha do comunismo soviético, o "discurso secreto" de Kruschev, em março de 1956, no 20º Congresso do Partido, expôs os crimes de Stalin: o complô dos médicos, os julgamentos públicos no Leste Europeu, os campos de extermínio. Sartre alegou na época do episódio Henri Martin que "o dever dos intelectuais é denunciar a injustiça onde quer que ela ocorra",[8] mas em vez disso usou de dois pesos e duas medidas, voltando o olho cego para a injustiça soviética enquanto denunciava a América e o mundo livre. Justificando sua hipocrisia em nome do realismo, este entretanto lutava com sua consciência. "Existe uma moralidade na política — um tema difícil, e nunca tratado com clareza — e quando a política precisa trair sua moralidade, optar pela moralidade é trair a política",[9] escreveu na morte de Merleau-Ponty. "Eu comecei a ceder ao realismo político do [...] comunismo", admitiu em 1973.

> Certo, você faz porque funciona, e você [...] o avalia segundo a eficácia, mais do que baseado em vagas noções relacionadas com moralidade, que apenas serviriam para retardar as coisas. Mas, como pode bem imaginar [...], isso me aborrece um bocado, a despeito do fato de que — ignorando meu próprio bom senso — eu persisti e finalmente cheguei ao realismo puro [...]. E quando atingi esse ponto, o resultado foi que havia bloqueado todas as ideias de moralidade.

Em 1960, Sartre, que pusera sua "conversão" ao comunismo em termos religiosos, via seus pecados do passado na linguagem do Antigo Testamento: ele havia venerado "o bezerro de ouro do realismo".[10]

Despojar-se da pele de escritor em favor do ativismo político era um negócio lento e doloroso. Como Beauvoir, que estava escrevendo as *Memórias de uma moça bem-comportada*, Sartre se voltou para a autobiografia, começando "Jean-sans-terre", a primeira versão de *Les mots* [As palavras], em 1953, como uma forma de "dizer adeus a um certo tipo de literatura [...]. A literatura que persegui em minha juventude e depois em meus romances e contos. Eu queria mostrar que isso estava mais do que encerrado e queria enfatizar o fato escrevendo um livro muito literário sobre minha infância".[11]

Sim, concordou Beauvoir, ele ficara enojado com a literatura. "Você costumava dizer, 'a literatura é uma merda'." Será que o que ele quis dizer era que a pessoa deve escrever "não importa como"? Que não tem sentido escrever bem?

"É uma coisa esquisita, o estilo", respondeu Sartre. "Muitos escritores de esquerda pensam que o estilo, preocupar-se demais com as palavras e coisas do tipo, é uma terrível chateação, e que a pessoa deve ir direto ao ponto, sem se preocupar com o resto."

Beauvoir protestava: "Mas muitas vezes o resultado pode ser desastroso".

Ela sem dúvida estava pensando na *Critique de la Raison Dialectique*, ou no tamanho monstruoso que sua biografia de Flaubert assumiu. Intumescida, grotesca, geralmente inacabada, sua "literatura de práxis" era uma forma de suicídio. "Escrevo mais rápido porque estou acostumado a isso, agora",[12] disse Sartre. Mas ele não escrevia mais do modo como fazia antigamente, parando para pensar e fazendo correções:

> Por horas a fio, ele corria de folha em folha sem reler, como que absorvido por ideias que sua caneta [...] era incapaz de acompanhar; para manter o ritmo, eu podia ouvi-lo triturando os comprimidos de Corydrane, dos quais ele conseguia consumir um tubo por dia.[13]

Mastigando as pastilhas de aspecto inofensivo, a droga da moda entre os intelectuais na década de 1950, junto com o café, o vício de Sartre aumentou. Cada tubo com vinte pastilhas continha 50mg de aspirina e 144mg de anfetaminas: lucidez em pílulas, que apenas em 1971 foi declarada tóxica e tirada do mercado. Sartre precisava de seus estimulantes após seus tranquilizantes, de quatro a cinco pílulas para dormir toda noite. Café preto, dois ou três cachimbos de rico tabaco, dois maços de cigarro, almoço pesado com um litro de vinho tinto significavam que vivia numa montanha-russa química. Os resultados eram desastrosos. Ao final de uma tarde de trabalho com a *Critique* em 1957 ele ficava exausto. Atordoado, tropeçando, seus gestos se tornavam vagos, suas palavras "todas confusas". À noite, no estúdio novo dela, 11bis da rue Schoelcher, ao lado do cemitério Montparnasse, que Beauvoir comprara com a premiação recebida no Goncourt, ela tentava controlar Sartre; mas assim que ele bebia um copo de uísque o álcool subia direto para sua cabeça. "'Agora chega', lhe dizia eu; mas para ele não chegava." Contra a vontade, Beauvoir preparava-lhe um segundo copo. Ele pedia um terceiro. Sartre rapidamente perdia o controle dos movimentos e da fala. "Agora chega", repetia Beauvoir. Por duas ou três vezes ela sofreu acessos de raiva, quebrando o copo no chão de azulejo da cozinha. Geralmente ela achava cansativo demais brigar antes do quarto copo.

Apenas Beauvoir, que testemunhava dia a dia o duro processo de adeus ao romance de Sartre, seu esforço deliberado, contra a própria natureza, de se lançar de cabeça na política, sabia o preço que ele pagava. "Pensar contra si mesmo está perfeitamente bem",[14] escreveu ela em seu diário. "Traz resultados férteis — mas a longo prazo dilacera a pessoa; abrindo caminho à força para novas ideias, ele provocou danos em seus nervos." Ela se tornou duplamente protetora em relação a seu *"petit homme"*, que por sua vez achava aquele tratamento maternalista sufocante.

Camus, nesse meio-tempo, redescobrira sua voz. Em poucas semanas, em 1956, escreveu *A queda*, sua resposta a *Os mandarins*. No livro, que conquistou o Prêmio Nobel de literatura no ano seguinte, ele retrata o protagonista, Clamence, no círculo exterior do inferno,[15] o círculo reservado aos traidores. Muita gente achou que se referia a Sartre.

Não há dúvida de que Sartre se posicionou contra Camus, tanto quanto contra si mesmo. Ele definira Camus como uma *vedette*,[16] querendo dizer tanto "vedete" (queridinho da mídia) como "vedeta" (barco patrulha), e a si mesmo como um couraçado. Mas o barco patrulha deslizou lepidamente à frente do couraçado com a conquista do Nobel, para irritação de Sartre. Após a morte de Camus, em janeiro de 1960, Sartre escreveu um generoso elogio fúnebre: *"Une brouille, ce n'est rien [...] tout juste une autre manière de vivre ensemble* [uma briga não é nada, apenas uma outra maneira de viver junto] e sem perder de vista um ao outro nesse mundinho estreito que nos foi dado."[17] Mas era mais do que isso. A hostilidade que Sartre e Beauvoir partilhavam em relação a Camus tanto os uniu como radicalizou, afetando profundamente a atitude de ambos em relação à violência entre 1952 e 1960.

Quando os tanques russos entraram em Budapeste em 1956 para esmagar o levante húngaro, viver em má-fé finalmente se provou demais para Sartre. Em *O fantasma de Stalin* ele condenou abertamente a agressão soviética, reservando particular veneno aos líderes do Partido Comunista Francês e seus "trinta anos de mentira e esclerose".[18]

Ele também voltou a achar a própria voz. O catalisador não foram apenas os eventos no Leste Europeu, mas também no Norte da África, onde a guerra argelina rumava para um clímax desde a queda de Dien Bien Phu para o exército de libertação do Viet Mihn, em maio de 1954, e Sartre vira que o colonialismo estava com os dias contados. Mas embora Pierre Mendès-France concordasse com a paz com a divisão do Vietnã, e Marrocos e Tunísia ganhassem sua independência, para os franceses a Argélia era diferente. Não só era importante, após a humilhação da guerra, recuperar a grandeza nacional, como também uma profundamente arraigada crença na missão civilizatória europeia solapava a oposição à descolonização. "Não é apenas o status do colonialismo que está em jogo, mas o destino da raça branca, e com ele o da civilização ocidental, do qual ele é a garantia, a única garantia",[19] argumentava o escritor conservador André Siegfried no *Le Figaro*, em janeiro de 1950, incapaz de reconhecer que a equação de civilização com cultura caucasiana, em si mesma inaceitável, não era justificativa para a conquista colonial. Logo ficou óbvio que tanto Mendès-France como Mitterand haviam desistido da Indochina a fim de consolidar um poder imperial mais restrito na África, e continuavam a acreditar em uma França que se estendesse "do Canal [da Mancha] ao Saara".[20] E, no contexto da Guerra Fria, uma derrota do colonialismo era vista por muitos como uma derrota do Ocidente.

Após 124 anos de ocupação, um milhão de *colons* europeus, provavelmente conhecidos como *pied-noirs* porque os soldados e colonos originais usavam botas pretas, sentiam pertencer à Argélia. Era essa sensação de partilhar uma cultura mediterrânea inclusiva, comum tanto a *pieds-noirs* como a muçulmanos, que anuviaria o juízo de Camus. Mas para Sartre, por outro lado, a questão da independência da Argélia era algo que despertava seus sentimentos mais passionais. Pelas lentes do existencialismo ele viu a opressão inerente do colonialismo, a sujeição do escravo ao senhor, em que os europeus faziam das raças negras o Outro: "A impossível desumanização do oprimido volta e se torna a alienação do opressor".[21]

Ironicamente, foi Sartre quem trouxe às lutas libertárias da segunda metade do século XX a revolta, liberdade e paixão tão poderosamente articuladas por Camus. O estoicismo e o sofrimento sisifistas seriam um quinhão seu, também, quando se alinhou em solidariedade com *Les Damnés de la terre*, os amaldiçoados da terra, o título epônimo do livro escrito pelo psiquiatra martinicano Frantz Fanon, no prefácio em que Sartre fez a notória declaração de que matar um europeu é "matar dois coelhos com uma cajadada só".

Em 1º de novembro de 1954, a Frente de Libertação Nacional da Argélia (FLN) começou uma insurreição: em agosto do ano seguinte, dezenas de europeus foram massacrados em Philippeville. Em janeiro de 1956, Camus embarcou em um voo para a Argélia, bem quando o novo primeiro-ministro, Guy Mollet, formava seu governo, para pedir uma trégua. Foi um pouco tarde demais, e Sartre provocou Camus chamando-o de *neocon* (neoconservador). Na Salle Wagram em Paris ele fez um apelo apaixonado ao povo francês para não dar seu respaldo ao colonialismo, mas "ajudá-lo a morrer",[22] e "combater lado a lado com o povo argelino". A partir dessa data sua fé no proletariado seria transferida aos povos colonizados.

Em 1958 Beauvoir começou um novo diário. Era, como sempre, uma forma de terapia para ela, em um ano em que suas aflições políticas e pessoais convergiram. "Louca de raiva"[23] com a tortura infligida contra os muçulmanos pelo exército francês, Sartre e Beauvoir agora sentiam-se exilados em seu próprio país. Em Paris, ela se encolhia ao cruzar com as pessoas nas ruas:

> todos assassinos, todos culpados. Eu também. "Sou francesa." As palavras queimavam minha garganta como a admissão de uma horrenda deformidade. Para milhões de homens, mulheres, velhos e crianças, eu era apenas mais uma daquelas pessoas que os torturavam, queimavam, metralhavam, cortavam suas gargantas, matavam-nos de fome: eu merecia seu ódio.[24]

Em Estocolmo, onde recebeu seu Prêmio Nobel, Camus, por outro lado, recusava-se a falar em favor dos árabes. Para ele, os *fellaghas* da FLN eram terroristas. Em vez disso, ele declarou: "Amo a justiça; mas lutarei por minha mãe antes da justiça"[25] — uma admissão, escreveu indignada Beauvoir, de que "estava do lado dos *pieds-noirs*".

Cúmplices involuntários da guerra, a fúria do casal aumentou quando o país clamou pela volta de De Gaulle. Em 26 de maio, enquanto os franceses lambiam as feridas após a batalha de Argel e De Gaulle partia de Colombey-les-Deux-Églises para Paris, Beauvoir despejava seu desespero no caderno. Na segunda-feira, 29 de setembro, chegaram notícias de que De Gaulle obtivera oitenta por cento no plebiscito: "Eu comecei a chorar. Nunca acreditei que isso podia me afetar tanto [...]. Pesadelos a noite toda [...]. Posso sentir a morte em meu íntimo".[26] Para os franceses, é "um repúdio a eles mesmos, um enorme suicídio coletivo".

Duas semanas mais tarde, um novo choque. Almoçando com sua produtora, Simone Berriau, para lhe mostrar o primeiro esboço de sua nova peça, Sartre cuidadosamente pousou o copo um palmo para fora da mesa. Quando o copo estilhaçou no chão, Berriau pegou o telefone na mesma hora e marcou uma consulta com o médico. "Dias de horror",[27] escreveu Beauvoir em 14 de outubro. "Ele tropeça nas palavras, tem dificuldade em caminhar, sua caligrafia e pronúncia são assustadoras, e eu estou assustada [...]. Nossa morte está dentro de nós, mas não como a semente da fruta, como o significado da vida; dentro de nós, mas uma estranha para nós, uma inimiga, uma coisa a temer." Transtornada demais para continuar a escrever, enfiou as páginas de seu diário numa pasta, que etiquetou: "Diário de uma derrota". Aos 53, Sartre escapara por pouco de um ataque cardíaco. "Ele é um homem muito emotivo", disse o médico. "Está sobrecarregado intelectualmente, mas, emocionalmente, mais ainda. Precisa de calma moral. Deixem-no trabalhar um pouco, se insistir, mas ele não deve tentar correr contra o relógio. Se o fizer, não lhe dou seis meses." Sartre recebeu ordens de ficar longe de álcool e cigarros. Quando Beauvoir perguntou se estava cansado, ele respondeu, confusamente: "Você sabe perfeitamente bem: as moitas do coração".

No fim do ano, mais um fio se rompeu. Lanzmann, que conhecera uma viúva rica de 35, decidiu se separar de Beauvoir. Ela estava com 50, e nunca se sentira mais velha.

Roma oferecia um refúgio da política francesa. No verão de 1958, a cidade se tornou a nova *querencia* deles. "Itália maravilhosa! A pessoa mergulha em sua atmosfera imediatamente",[28] escreveu Beauvoir, quando ela e Sartre chegaram a Milão, em 16 de junho. Em sua vigésima viagem a Veneza, recaíram no habitual ritmo de trabalho: levantar às 9h30, café da manhã prolongado escrevendo na Piazza San Marco. Trabalhar até as 14h30. Um lanche e visitar atrações. Trabalhar das 17h às 21h. Jantar. Um uísque no Bar do Harry. Um último uísque à meia-noite na Piazza, onde, finalmente livre de músicos, turistas e pombos, a praça recuperava a beleza captada por Tintoretto, pintor favorito de Sartre, em seu *Rapto de São Marcos*.

Em Ravenna, Beauvoir ficou deprimida: seis anos antes chegara ali com Lanzmann, no início do namoro. De início, Claude talvez houvesse ido morar com ela motivado por interesses egoístas, ou até simplesmente como uma experiência, mas o relacionamento entre ele e Simone fora profundo.

O irmão de Claude, Jacques, lembrou que quando viajava com o casal pela Espanha em 1954, escutara os dois fazendo amor e gemendo alto no quarto. "Eu achava Beauvoir uma bela mulher, bela e fria. Na cama, acho que era o contrário."[29] O mistério que era Beauvoir, austera de dia, apaixonada à noite, mostrou-se atraente para Lanzmann: "Achei você muito bonita, com seu rosto suave",[30] disse ele; "e queria ver o que havia por trás desse exterior impassível". No verso de sua fotografia favorita dos dois juntos, ele escreveu uma dedicatória: "Dia: para minha 'cabeça excelente', o gênio feminino mais brilhante da humanidade. Noite: para minha rainha africana".

Agora, em Roma, a chuva combinava com o estado de espírito cinzento dela. Sartre labutava no manuscrito de *Les Séquestrés d'Altona*, e Beauvoir, no segundo volume de suas memórias. No Hotel Senato, na Piazza Rotonda, eles escutaram o rumor do trovão, viram a chuva tamborilando no domo do Panteão. A tempestade limpou o ar, e caminhando pela Piazza Navona sob o céu azul-escuro, sentiram a calma da noite romana. Mas foi um momento amargo para Beauvoir quando deixou Sartre em Pisa com Michèle, com quem ele passava três semanas todo verão (além das duas semanas com Wanda), e voltou sozinha a Paris. Em seu *atelier d'artiste*, cercada pelas lembranças de viagens que fizera com Lanzmann, lastimava seu primeiro verão sem ele.

A ruptura era ainda mais difícil de suportar porque Sartre vivia um ardente relacionamento com a irmã mais nova de Lanzmann, Evelyne. Quando Claude a apresentou a Beauvoir, ela era apenas uma atriz ruiva e gorducha saída de uma cidade pequena, que não parecia representar ameaça. Um ano em Paris operou a mágica: Evelyne se reinventou como loira magra e acinzentada. Divorciou-se do marido, Serge Rezvani, e fez uma plástica, sacrificando o nariz semítico por um elegante *retroussé* da moda, que, assim esperava, a ajudaria a conseguir trabalho. Sua aparência sexualizada não correspondia a sua real personalidade: "Evelyne era [...] tão linda", escreveu Beauvoir falsamente, "que as pessoas se espantavam com sua inteligência."

Atuando com o nome artístico de Evelyne Rey, na primavera de 1953 a atriz de 23 anos ganhou entusiasmadas resenhas como Estelle em *Huis Clos*. Atiçado, Sartre pediu a Claude para arrumar um encontro. Após um jantar ao final de uma apresentação com Beauvoir, Claude e Evelyne, o empolgado dramaturgo iniciou um novo caso. Claude teria agido como um alcoviteiro para a irmã, como alegou posteriormente o antigo marido dela? Segundo Jacques Lanzmann, "Claude regularmente bancava a 'madame' para Evelyne."[31] Como membro da família sartriana, ele absorvera seus costumes.

Como era irônico para Beauvoir, e como era doloroso, ver Sartre e Evelyne como sua amante em um apartamento no número 26 da rue Jacob, logo na esquina do apartamento da mãe dele, na rue Bonaparte. Sartre estava apaixonado outra vez. "Evelyne foi uma das mulheres a que Sartre ficou mais ligado", contou Beauvoir posteriormente a John Gerassi. "Ele sentia muito ciúme."

Mais uma vez, Sartre escolhera uma "mulher morena e problemática", como Olga e Kos. Abandonada pela mãe, Paulette, com a idade de 6 anos, Evelyne fora criada pelo pai judeu e a madrasta católica, e se convertera ao catolicismo. Embora mais tarde houvesse redescoberto sua mãe, que morava em Paris com o segundo marido, o poeta judeu iugoslavo Monny de Boully, era também "um pouco louca", como o irmão Claude, que contou a Beauvoir, "sinto vontade de matar, o tempo todo". Insegura e melancólica, uma garota judia de olhos azuis que se recriara como ariana, trouxe seus próprios demônios para o relacionamento com Sartre. Para começar, seu caso com ele se sobrepôs ao de seu irmão com Beauvoir, e acompanhou o padrão incestuoso estabelecido pela primeira vez com Olga, pois Beauvoir confessou a Nelson que "o jovem rapaz com quem vivo agora (muito mais jovem que eu) é para mim mais uma espécie de filho incestuoso do que um namorado [...] ele pede mais ternura maternal do que qualquer outra coisa".[32] A "mágica" que tivera com Nelson se fora. "Já foi, e nunca será outra vez." Mas "o fato é que [Claude] ganhou meu coração com seu amor e fidelidade obstinados, e pelo modo como se devotou inteiramente a mim — como uma criança faria".

Depois que Lanzmann terminou com Beauvoir, Sartre teve Evelyne inteiramente para si. Sensualmente, ela o satisfazia muito, embora o preocupasse que, sendo tão mais alta, pudesse fazê-lo parecer uma figura ridícula. Mas o atrativo talvez residisse justamente na altura, lembrando-o de sua adorada, e agora muito velha, Anne-Marie, enorme junto ao pequeno Poulou. Vinte e cinco anos mais nova que Sartre, Evelyne também trouxe o "fogo e gelo" de um relacionamento proibido com o parceiro, fazendo as vezes de "irmã mais nova" que ele afirmara procurar inconscientemente, em *Les Mots* [As palavras].

Mas Evelyne nunca foi admitida em público, como Castor, Wanda e Michèle Vian, agora divorciada. Michèle foi mantida no escuro com tanta eficiência que jamais descobriu que Sartre, que continuava a manter relações sexuais com ela, também desfrutava de um ativo relacionamento amoroso com Evelyne. Jean Cau, escutando a rede de mentiras que saía dos lábios de Sartre quando ligava para suas namoradas, observou-o desligar o telefone:

— É difícil, às vezes.

— *Hé oui* — disse eu. — *Hé oui*. Fico pensando como você consegue. Que situação complicada.

— *Mon cher Cau*, é preciso ir direto ao ponto. Tem algumas situações que eu chamo de *horríveis*. Você tenta resolver, mas é impossível se safar incólume, externamente. *Vous voyez?*

— Ah, claro... Mas e internamente? Como consegue?

— É necessário, em alguns casos, adotar uma moral provisória.[33]

A moral de Michèle, contudo, podia ser tão "provisória" quanto a de Sartre. Mas no fatídico verão de 1958 a verdade veio à tona quando seu outro namorado, um músico chamado André Reweliotty, com quem andara traindo Sartre nos últimos nove anos, bateu na porta do quarto que ela dividia com Sartre em Roma. A despeito de sua própria infidelidade, Sartre ficou devastado. Em 14 de setembro, tomou o trem de volta a Paris, para se encontrar com a fiel Beauvoir, e trabalhou por 28 horas seguidas, sem dormir e quase sem fazer pausas, no artigo que prometera ao *L'Express* sobre De Gaulle.[34] Quando enfim apagou, Beauvoir juntou as páginas espalhadas, cheias de borrões e garranchos, e as editou a tempo para o fechamento.

Os satélites femininos de Sartre aumentaram ainda mais em 1956, talvez para competir com Camus, que tinha pelo menos quatro mulheres, Francine, Maria, Catherine Seller e sua mais recente aquisição, Mi. O mais novo planeta orbitando o sol sartriano era Arlette Elkaïm, uma estudante de 19 anos da Argélia, também com um passado problemático. Perturbada com o suicídio da mãe, que ocorreu quando Arlette estava com 14 anos, confusa quanto a sua identidade — o pai era um judeu sefardita, a mãe, árabe —, Arlette também logo se tornou emocional e financeiramente dependente de Sartre. Frágil como uma corça, ela também foi seduzida.

Em 1958, as atrizes estavam em guerra. Evelyne Rey queria usurpar o lugar de Wanda como estrela das peças de Sartre. Em Veneza com Arlette no verão de 1959, o dinheiro do escritor estava no fim, mas ele prometera uma peça a Evelyne: *Les Séquestrés d'Altona*. Ele e Arlette mudaram-se para um hotel decrépito perto da estação, uma lembrança dos lugares que havia morado em Le Havre. Sob o calor, pingando de suor, Sartre terminou o monólogo final. Tirando a camisa, andava de um lado para o outro, declamando "de um jeito muito lírico e dramático, imbuído do mesmo tipo de romantismo barato que o levava a tocar um Chopin extremamente lacrimoso ao piano",[35] recordou Arlette. "Foi tão esquisito que até fiquei assustada." A peça finalizada tinha um papel para Wanda, que ele também havia amaciado fazendo Gallimard imprimir dois exemplares especiais de *La Critique* dedicados "para Wanda", embora dedicasse o resto "para Castor". Mas após quatro anos de silêncio, e do fracasso de *Nekrassov*, poucos críticos esperavam que recapturasse o sucesso de *Kean*, sua adaptação da peça de Alexandre Dumas sobre o ator inglês Edmund Kean.

Mas dessa vez Sartre tinha algo a dizer. A questão da tortura na Argélia se tornara premente. Por intermédio de Francis Jeanson, autora de *L'Algerie hors la loi* (Argélia fora da lei), e fundadora de uma rede clandestina francesa, nos moldes da Resistência, de *porteurs de valises*, carregadores de bagagem, que contrabandeavam dinheiro arrecadado para a FLN para dentro da Argélia, ele ficou sabendo das atrocidades cometidas pelo exército francês e publicou-as no *Le Temps Modernes*, num artigo sarcástico, "Vous êtes formidables",[36] em maio de 1957. André Malraux, antigo membro da Resistência e ministro da Cultura, entrou na briga, acusando publicamente Sartre de jamais ter resistido aos alemães, e até de ter colaborado permitindo que suas peças fossem montadas durante a Ocupação. Quando, em maio de 1958, Malraux anunciou: "O uso da tortura acabou",[37] Sartre se inflamou. Desde a guerra o tema da tortura o obcecava, em *Huis Clos*, em *Morts sans sépulture*, em 1946, no roteiro de *As bruxas de Salem* (adaptação de 1956 da peça *The Crucible*, de Arthur Miller) e agora em 1959 em *Les Séquestrés*. Enfatizando a comparação entre os nazistas e o exército francês ao fazer de seu herói, Frantz von Gerlach, um oficial da SS, a forte mensagem de Sartre é de que a humanidade é responsável por suas ações. "Eis aqui meu século, solitário e deformado",[38] diz Frantz. "Eu, Frantz von Gerlach, aqui nesta sala, tomei o século em meus ombros e disse: 'Vou responder por ele. Hoje e sempre'." O monólogo final era o melhor trecho.

Beauvoir, escondida atrás de uma coluna na noite de estreia, estava tão apreensiva de que a peça fosse fracassar que quase desmaiou. Mas ao cair a cortina, os aplausos foram tão ruidosos que "eu soube que havíamos triunfado".[39] A peça de Sartre a afetou muito devido a seu próprio envolvimento em *La Question*, a questão da tortura. Em maio de 1960, a advogada radical Gisèle Halimi perguntara a Beauvoir se ela publicaria o caso de uma jovem argelina, Djamila Boupacha, que estava sendo julgada como militante e alegava ter sido vítima de tortura.[40] Foi a época do caso Alleg, quando o antigo editor de *Alger républicain*, cujo livro sobre sua prisão e tortura fora apreendido pela polícia, causava sensação. Beauvoir escreveu um artigo para *Le Monde*. O editor ligou para ela, censurando-a. Djamila, segundo ele, estava sob sérias suspeitas. "Não vejo em que isso justifica enfiar uma garrafa de Coca nela",[41] retorquiu Beauvoir. O editor suspirou. Será que ao menos ela podia mudar "vagina" por "útero" em seu artigo?

Juntando-se à delegação de Halimi que iria ao encontro do ministro da Justiça para falar em nome de Djamila, Beauvoir sentiu o primeiro gosto do que era fazer uma campanha. Posteriormente ela escreveu o prefácio para o livro de Halimi sobre o caso Boupacha. A essa altura, a hostilidade pública contra sua posição, e a de Sartre, crescera a tal ponto que ela se tornara quase uma prisioneira em seu estúdio.

Na década de 1960, Beauvoir fez uma última tentativa de recapturar a "mágica" que conhecera outrora com Nelson Algren, cuja vida se tornara ainda mais desenraizada e infeliz desde seu segundo divórcio de Amanda. Saindo de seu adorado chalé junto ao lago, brigando com Otto Preminger, produtor em Hollywood do filme *O homem do braço de ouro*, baseado em seu livro, e perdendo todo seu dinheiro, a fúria de Algren explodiu em 1956 quando leu a tradução para o inglês de *Os mandarins* e se reconheceu no personagem de Lewis. Ele solicitou à telefonista um chamado interurbano de Chicago para se queixar, e Beauvoir aguardou nervosamente pela ligação, pelo som de sua voz após cinco anos. Mas em vão.

O silêncio foi quebrado quando Beauvoir ficou sabendo que Algren caíra em um buraco no gelo e quase se afogara: "É tão a sua cara, querido, cair num buraco! Mas cuidado para não morrer. Senti uma pontada no coração quando ouvi dizer"[42]. Em setembro de 1959 ela insistiu com ele para "Ir a Paris na primavera para encher a sacola mágica!".[43] Vivendo de seus ganhos com o pôquer em um quarto mobiliado em Chicago, os pensamentos de Algren se voltaram ternamente para sua "rã", que lhe oferecia seu estúdio, seu carro e sua comida ("que eu sei que assusta você"). Ela tinha até um banheiro.

Quando Algren chegou, em fevereiro de 1960, Beauvoir estava em Cuba com Sartre: *"C'est la lune de miel de la Révolution"*,[44] a lua de mel da revolução, disse ele. Convidado pelo editor do maior jornal de Cuba, *Revolucíon*, o casal foi recebido por Fidel Castro e Che Guevara, então ministro das Finanças. "Em Cuba e no Brasil",[45] diz Sylvie Le Bon de Beauvoir, "Beauvoir e Sartre estavam totalmente de acordo." Politicamente, sim: a energia e o vigor do jovem Castro, com quem passearam pelas ruas de Havana em um carro aberto, deixaram-nos encantados. "Nada de velhos no poder!",[46] observou

Sartre. "Só conheci gente com idade para ser meu filho." As fotos mostram seu arrebatamento e o de Beauvoir, expressões de adoração escutando os discurso de Castro, ou acomodados em um sofá na frente de Che. "É minha culpa a realidade ser marxista?",[47] perguntou o jovem revolucionário. A pergunta retórica deixou Sartre tão impressionado que muitas vezes a repetiu, enquanto ele e Beauvoir embarcavam no *love affair* com uma série de líderes do Terceiro Mundo que marcaria seu futuro giro pelo mundo.

Em 20 de março Beauvoir tocou a campainha de seu próprio estúdio na rue Schoelcher. Nelson abriu a porta. "É você?", ele perguntou, surpreso, pois esperava a chegada dela para o dia seguinte. Beauvoir, por sua vez, mal reconheceu Nelson sem os óculos, que ele trocara por lentes de contato. Ambos estavam mais velhos; mas para Beauvoir só o que importava era "que era Algren".

Quando o americano segurou sua "pobre gaulezinha" nos braços outra vez, a raiva por causa de *Os mandarins* evaporou. Ele usava a mesma calça de veludo cotelê, o mesmo paletó surrado, o mesmo boné de 1947. Logo sentavam os dois lado a lado no divã lendo o *New York Herald Tribune* e escutando Bessie Smith e Charlie Parker. Algren dizia se sentir tão exilado na América quanto Beauvoir na França; mas quando ele pôs a máquina elétrica e as resmas de papel amarelo sobre a escrivaninha, e empilhou latas de comida americana, livros, jornais e discos no chão, "Chicago ganhou vida novamente em meu estúdio".

Certas ocasiões Algren se comportava como um turista, envergonhando Beauvoir ao acender a luzinha vermelha no meio de sua gravata-borboleta quando era apresentado a visitas, ou filmando as prostitutas na rue Saint-Denis até que cuspissem nele. Mas, no mais, o crocodilo e a rã sentiam-se tão próximos quanto "nos melhores dias de 1949". A reconciliação foi ainda mais agradável pelo tempo que haviam perdido. Simone segurava no braço de Nelson conforme passeavam por Paris, jantava com ele no Akvavit, assistiam ao flamenco no Les Catalans, tomavam sopa de cebola no Les Halles e iam ao show de striptease no Crazy Horse. Juntos viajaram para Istambul e Grécia. Pelos relatos de Beauvoir, aparentemente recomeçaram a fazer amor. Quando voltaram de uma última semana idílica em Creta, ela escreveu, suspirante: "Nem uma sombra de discórdia perturbou nossos cinco meses juntos".

Seria a última vez que ela o veria. "*J'ai quelque remords vers Algren*",[48] diria Beauvoir a Le Bon. O remorso que sentiu em relação a Algren, seu namorado homem mais importante, perdurou porque, na elegíaca serenidade de suas despedidas, "havia um lembrete de minha verdadeira condição. *J'étais vieille*"[49] — eu estava velha.

A harmonia política com Sartre ocultava seu sofrimento privado. Arrancada da intimidade com Algren para participar de uma exaustiva turnê política pelo Brasil com Sartre, a convite do romancista Jorge Amado, ela escreveu amargamente para seu *"Dearest wonderful thing"*,[50] seu *"beautiful flower"*, seu *"subversive beast of my heart, my faraway love"*,[51] sobre o desleixo de Sartre.

> Você ficaria orgulhoso de Sartre. Ele decidiu que não é suficiente ter uma garota argelina, uma russa de cabelo claro e duas loiras falsas. O que faltava? Uma ruiva! Encontrou uma e começou um *affaire* com ela. Tem 25 anos e é virgem.

Quando Sartre seguiu com a garota para o Recife, Beauvoir ficou seriamente doente. Conforme sua temperatura subia e o médico diagnosticava febre tifoide, Sartre "enlouqueceu".[52] Abandonando Beauvoir, passava seu tempo com a garota, que, quando ele tentou seduzi-la, decidiu que ele era o Demônio, quebrou vidros com as mãos nuas e ameaçou sangrar até morrer. Beauvoir a sedou com pílulas para dormir e ficou na cama com ela, segurando seus pulsos a noite toda para impedi-la de pular pela janela.

Mas o dom-juanismo de Sartre ficava em segundo plano em relação à política. Ele chegara ao Brasil na esteira de Malraux, ministro da Cultura desde julho de 1958, que passara o verão de 1959 fazendo viagens de propaganda pela América Latina. "No Brasil, quero ser o anti-Malraux",[53] disse, determinado a contra-atacar a ideologia gaullista de Malraux com seu próprio clamor pela autodeterminação da Argélia. Multidões acorriam para escutá-lo. "Viva Cuba! Viva Sartre!",[54] berravam os estudantes. "Cuba sí, Yankee no", diziam os cartazes. Instando os jovens da América Latina a seguirem o exemplo da Revolução Cubana e se unirem contra o "imperialismo norte-americano",[55] pregando tanto anarquia quanto marxismo, Sartre ficou inebriado com o poder da própria retórica. Mas também se tornou um boneco nas mãos de seus anfitriões, como reconheceu Beauvoir, com certo mal-estar. Advertido por Jeanson a não voltar de avião a Paris, onde membros da Organization Armée Secrète (OAS), organização terrorista de extrema direita que defendia l'Algérie Française, estariam a sua espera no aeroporto, o casal foi "sequestrado"[56] pelo cônsul cubano, voou para Cuba e ficou "sequestrado" uma semana na ilha.

"Tivemos de visitar uma grande fábrica, almoçar com os trabalhadores, depois ver Fidel", queixou-se Beauvoir a Nelson

Fantoches dos cubanos, pode ser, mas Sartre e Beauvoir também se tornaram símbolos poderosos e globais da revolução e da contracultura. Seu regresso à França em novembro foi um evento midiático que nutriu o apetite de Sartre pelo perigo,[57] sua necessidade profundamente arraigada de esmagar a "prisão de vidro" da sua juventude, de suprimir sua covardia e de se provar um herói. Em 5 de setembro de 1960, o julgamento da "rede Jeanson" tivera início no mesmo tribunal em que Dreyfus fora julgado, numa época em que inúmeros franceses se recusavam a pegar em armas contra os argelinos. Antes de partir do Brasil, Sartre e Beauvoir haviam assinado o "Manifesto dos 121", a declaração de escritores e artistas do "direito de insubordinação na Guerra da Argélia". "Usem-me como quiserem",[58] disse Sartre a seus lugares-tenentes, Lanzmann, Jean Pouillon, Péju e Bost. Eles forjaram sua assinatura em uma carta inflamada que ele ditou do Brasil, defendendo Jeanson, e o imenso prestígio de Sartre sacudiu a opinião por trás da luta pela independência da Argélia.

"Fuzilem Sartre!",[59] gritaram 5 mil veteranos marchando pelos Champs Élysées. "Al-gér-ie Fran-çaise", entoavam as buzinas diante do tribunal. Mas "A grande sombra de Sartre ficou diante de nós como um escudo, tremenda', disse o advogado de defesa, Roland Dumas. "Seu nome sozinho fez a balança pender para nosso lado, atraindo a intelligentsia de esquerda e iniciando uma reversão na opinião pública."[60]

Na fronteira espanhola, o comissário avisou Paris que o escritor estava de volta. Em Paris, ele e Beauvoir estavam determinados a receber uma acusação formal, mas De Gaulle anunciou: "Não se prende Voltaire". Em junho seguinte, uma bomba explodiu no corredor do número 42 da rue Bonaparte: Sartre mudou Mme Mancy para um hotel e se escondeu com Beauvoir.

Em Roma, em julho de 1961, Frantz Fanon, que estava morrendo de leucemia, foi ao encontro de Sartre. Foi uma reunião importante. Fanon, autor de *Peaux Noirs, Masques Blancs* [Peles negras, máscaras brancas], convenceu Sartre de que "é apenas pela violência que o oprimido pode atingir seu status humano".[61] O jornal católico *Témoignage chrétien* já argumentara que os próprios franceses eram responsáveis pela violência dos cidadãos da colônia devido ao desgoverno e brutalidade, e por toda a década de 1950 esse tema da "imagem no espelho"[62] de violência fora aplicada à Tunísia e ao Marrocos. Escrito no auge da Guerra da Argélia, em uma época em que os argelinos eram tocados como gado para dentro do Vel d'Hiv, assim como os judeus haviam sido, o livro de Fanon é uma acusação dolorida do colonialismo. Febril e agitado, o homem moribundo conversou até as 2h da manhã. Depois disso, Sartre escreveu em seu prefácio: "Essa impressionante violência [...] é o homem recriando a si mesmo".[63] Para seus críticos, era um convite ao terrorismo.

Mas o terror da Organisation de l'Armée Secrète se disseminou pela França metropolitana após De Gaulle afirmar o direito da Argélia à autodeterminação. Conforme Sartre continuava a falar por toda parte, era atingido com ovos podres e recebia ameaças de morte. Em janeiro de 1962, às 2h da manhã, Beauvoir foi despertada por um estampido surdo: uma bomba explodira na rue Saint-Guillaume. "Bom, parece que chegaram um pouco na nossa frente", disse ela para Sartre, que estava na sacada. Na verdade a bomba fora endereçada a um *pied-noir*. Três dias depois, em 7 de janeiro, o novo secretário de Sartre, Claude Faux, telefonou para dizer que o número 42 da rue Bonaparte havia sido explodido. "*Cette fois ils voulaient votre peau*" — dessa vez, queriam sua pele.

— Tenho as chaves — disse Faux ao policial montando guarda diante do apartamento.

— Ah, você não vai precisar de chaves.[64]

A bomba fora deixada no apartamento acima do de Sartre, e destruíra os dois apartamentos do quinto andar, arrancando a porta de seu apartamento. Acima do terceiro andar, a escada desabara. *Les plastiquers*, os terroristas, haviam cometido o atentado contra a vida de Sartre e Beauvoir como represália por sua última coletiva de imprensa em Roma.

O casal deixou imediatamente seu apartamento emprestado no boulevard Saint-Germain e se mudou para um novo esconderijo no Quai Louis-Blériot, com vista para o Sena, onde receberam proteção da polícia. Um dia após a publicação do livro de Halimi sobre Djamila Boupacha, ao qual Beauvoir emprestara seu nome como coautora, seu porteiro da rue Schoelcher recebeu uma ligação: "*Attention! Simone de Beauvoir saute cette nuit!*" — Simone vai explodir esta noite. Com estudantes mudando-se para seu apartamento para montar guarda, tanto Sartre como Beauvoir continuaram com os discursos e manifestações, a despeito dos riscos que corriam como principal alvo da OAS.

Em 1º de julho, a independência argelina foi declarada. Gente demais morrera durante os sete anos de guerra para que algum dos dois escritores comemorasse. Afastados de sua terra natal, eles haviam redescoberto seu antigo "paraíso", a Rússia soviética, e estavam ocupados em percorrer seus campos elísios.

34

Madame Z(artre)

Você é minha esposa.[1]

Jean-Paul Sartre para Lena Zonina,
julho de 1962

EM UM JANTAR NA embaixada soviética em Paris, em 1958, Elsa Triolet, de cabelos grisalhos e olhos azuis, sentou diante de Beauvoir e solidarizou-se com ela sobre os problemas da velhice; enquanto as duas cinquentonas concordavam rindo que gostariam de ver todos os espelhos destruídos, Triolet, uma agente do KGB e esposa de Louis Aragon, líder comunista do Comité National des Écrivains, congratulava a si mesma pelo trabalho bem-feito. O objetivo soviético era trazer Sartre e Beauvoir de volta à órbita comunista após a intervenção russa na Hungria. Seguindo-se à visita do casal a Cuba e uma apresentação a Kruschev em mais uma recepção de embaixada, foram convidados a retornar a Moscou pelo Sindicato dos Escritores da URSS. "Adoraríamos ir",[2] respondeu um deliciado Sartre.

A despeito da feroz denúncia da política soviética a partir da Segunda Guerra Mundial como "12 anos de terror e estupidez",[3] no *L'Express*, em 9 de novembro de 1956, e de sua declaração de que "Não é, nem nunca será possível, retomar relações com os homens que atualmente dirigem o Partido Comunista Francês", Sartre se mostrava um alarmante vira-casaca. A Guerra da Argélia e o fiasco da baía dos Porcos o aproximara dos comunistas, com o mundo parecendo prestes a entrar numa terceira guerra mundial. "Parece que esse seu Kennedy sujo pretende causar sérios problemas para Castro",[4] escreveu Beauvoir para Algren em 14 de abril de 1961. "Odeio esse menino sorridente e sua esposa sorridente." Quando o Muro de Berlim era erguido, o envolvimento de Sartre com o marxismo e a "contraviolência" revolucionária ficava cada vez mais firme. Repetindo para si mesmo a máxima de Che Guevara: "Não tenho culpa se a realidade é marxista",[5] ele se autopenitenciava, em seu prefácio a *Aden-Arabie*, de Paul Nizan, por não ter se rebelado antes, como o velho amigo, e concluiu que se Nizan estivesse vivo em 1961 ele teria reingressado no Partido.

Chegando a Moscou em 1º de junho de 1962, Sartre e Beauvoir foram recebidos no aeroporto por Lena Zonina, de 39 anos, "consultora"[6] da Comissão Exterior do Sindicato dos Escritores. Sua nova intérprete falava um francês imaculado e era uma crítica literária que já escrevera artigos sobre a obra deles. Magra, *petite* e com curvas, exibindo olhos escuros e cabelos escuros brilhantes, era também uma mulher forte e muito inteligente.

Mas Sartre estava com um pé atrás. Furioso de que em 1954 fora conduzido pela coleira para ouvir a mentira conveniente de que "a liberdade de crítica é total na URSS", estava determinado a não se deixar tapear novamente. Em vez de ver um canteiro de obras na rua Nove-Peschanaya, ou de ser forçado a assistir a uma conferência sobre fazenda coletiva, como em sua última visita a Moscou, de 25 de outubro a 1º de novembro de 1955, queria conhecer os *kolkhozes*, ver os camponeses. Na ocasião, como registra o relatório soviético não assinado sobre sua visita, Sartre protestara de que "Minhas perguntas não foram respondidas [...]. Eu necessitava de uma discussão sincera".[7] Ele se queixou de que o teatro de marionetes, *Processo de divórcio*, que fora levado a assistir, era "longo demais [...]. Não achamos nada engraçado nessa peça",[8] e de que na peça de Simonov, *Uma história de amor*, que viram no teatro Mossovet, os personagens eram "surrados" e estereotipados. Quando lhe mostraram a estação de metrô de Komsomolskaya, observou que "carecia de bom gosto [...] devido ao desejo de ostentar a riqueza da URSS".[9] Na Galeria Tretyakov, criticou a pintura soviética; ao ser levado a um passeio pela Glavnyi Universalnyi Magazin, a principal loja de departamentos soviética, comentou que "as vitrines em Moscou são muito mais vulgares"[10] do que as de Paris. Do ponto de vista de seus anfitriões soviéticos, era um freguês difícil.

Mas Sartre estivera ainda mais na defensiva com a mídia ocidental em Moscou. Quando o correspondente do *France-Soir* lhe perguntou se estava gostando da URSS, Sartre respondeu que sim, que se sentia entre amigos. "O senhor é uma pessoa com estilo de vida burguês e decadente",[11] replicou o jornalista. "Acredita mesmo que possam se sentir à vontade com sua presença?" "Que idiotas eles são",[12] disse Sartre para seus anfitriões soviéticos em

1955, a respeito dos "jornalistas reacionários" do *New York Herald Tribune* e outros jornais que o perseguiam. "Vivem na União Soviética e [...] não compreendem todas as mudanças que aconteceram." No fim da viagem, ele assegurara aos donos da casa que sua "principal impressão" da visita era que "o povo soviético" se tornara "mais simples e livre",[13] e expressou o desejo de voltar a visitar o país junto com Beauvoir, no verão de 1956.

A Hungria entrou no meio. Sinceramente chocado pelas brutais ações soviéticas em esmagar os verdes rebentos da democracia, Sartre foi cauteloso e desconfiado quando pisou em solo russo, em junho de 1962. Disso seus anfitriões soviéticos tinham plena consciência. "Ele deu declarações na imprensa sobre sua ruptura com os escritores soviéticos seguindo-se aos eventos na Hungria em 1956",[14] observa Zonina em seu primeiro relatório, "e continuou a encarar a União Soviética com desconfiança nos anos que se seguiram"; suas relações com o Partido Comunista Francês eram "complexas e tensas", de modo que foi difícil organizar seu programa: "Suas ligações literárias passadas tinham de ser refeitas com grande cautela".[15] Ela advertiu os superiores sobre a "intolerância absoluta de Sartre contra qualquer coisa que pudesse ser definida como 'propaganda'".[16]

Mas Sartre era um troféu e tanto. Que jogada de mestre para os soviéticos, no auge da Guerra Fria cultural, se conseguissem trazê-lo para seu lado outra vez. "A importância de sua visita não pode ser subestimada",[17] continua Zonina. "Ele hoje goza de imensa autoridade entre a *intelligentsia* progressista no exterior." Conhecido como escritor e filósofo no período pós-guerra, nos últimos dez anos ele se tornara "ainda mais famoso como figura social e política", exercendo "enorme influência sobre amplos círculos da *intelligentsia* que temem um renascimento do fascismo".[18] Seu periódico *Les Temps Modernes* era formador de opiniões, sua oposição à Guerra da Argélia tornara-o um símbolo maior da "luta antifascista, antiguerra e anticolonial", popular não só entre a classe intelectual francesa e argelina, como também na linha de frente do pensamento árabe, africano e latino-americano.

E Sartre estava pronto para o salto. Para marcar sua oposição a De Gaulle, ele e Beauvoir haviam rompido o acordo de intercâmbio cultural com o governo francês e se recusado a permitir que o Ministério do Interior pagasse suas passagens para Moscou. Além de usar dinheiro do próprio bolso, eles se recusaram a encontrar quem quer que fosse da embaixada francesa em Moscou. Sabendo quanto estava em jogo na visita, os soviéticos escolheram um intérprete com o máximo cuidado. Ao destacar Zonina para ser a guia de Sartre, iam conseguir seu objetivo de um modo ainda mais eficaz do que em 1954.

Seria Lena espiã? "Minha mãe não era nenhuma Mata Hari",[19] afirma sua filha, Macha, respondendo a alegações de que Lena trabalhava na inteligência. Zonina era "uma *grande dame* das letras russas e não uma agente direta ou indireta do KGB",[20] escreve Gilbert Dagron, na época adido cultural na embaixada francesa em Moscou, e amigo próximo de Zonina. "Uma mulher de beleza levemente austera e altiva, não uma espiã sedutora sob ordens de tapear um filósofo ingênuo." Outros que a conheceram na França tinham opinião diferente: *"Elle était effectivement agent du gouvernement"*,[21] afirma o editor de Sartre, Robert Gallimard.

"A história de que Lena Zonina era apenas uma intérprete que se apaixonou por Sartre é conversa para boi dormir",[22] declara Oleg Gordievsky, o oficial do KGB de patente mais elevada a ter trabalhado para a Inglaterra. Por 11 anos, de 1974 a 1985, Gordievsky, como agente duplo, reportou-se ao MI5 enquanto ainda trabalhava para o KGB, primeiro em Copenhague e depois em Londres; em 1963, ele já era um oficial do KGB familiarizado com as circunstâncias que cercavam o recrutamento dela. "Lena era judia, e sua história não pode ser compreendida sem se ter em mente o que significava ser judeu na URSS", diz. A campanha antissemita de Stalin, iniciada em 1948, começara lentamente, mas logo se tornou brutal:

> Judeus que houvessem adotado nomes russos eram obrigados a revelar seus "verdadeiros" nomes. O corajoso diretor de teatro Solomon Mikhoels, chefe do comitê antifascista judaico, foi morto pelo KGB em Minsk, na Bielo-Rússia, num acidente de carro forjado.

Em 1949, o pai de Lena Zonina, Alex Zonin, um escritor, foi preso por ser "inimigo do povo" e mandado para o gulag no Cazaquistão. Para Lena, um diminutivo de "Lenina", nome dado a ela por sua mãe bolchevique, ser a filha de um traidor constituía uma "grande desgraça". Proibida de terminar os estudos universitários, "teria ficado assustada com o que poderia lhe acontecer, sobretudo em 1952. Nessa época, corriam rumores de que toda a população judia seria enviada para a Sibéria". Nesse ponto Ilya Ehrenburg supostamente resgatou Lena da morte social empregando-a como sua secretária, e após a soltura de seu pai, em 1955, ela terminou sua pós-graduação em francês.

Mas os judeus russos havia muito tempo constituíam fonte de oficiais, incluindo "generais, coronéis e majores no topo da hierarquia", para o KGB, bem como para o órgão que a precedeu, o NKVD, além de um grande número de agentes, afirma Gordievsky: "Apenas membros do público, que jamais eram dispensados, mas, pelo contrário, recrutavam mais judeus, porque os judeus se sentiam ainda mais desamparados. Praticamente todo judeu exercendo alguma posição de influência era recrutado para o KGB. Eles assinavam um documento declarando: 'Eu me comprometo a cooperar clandestinamente com o governo soviético e estou preparado para manter minha ligação em segredo'. Eles assinavam papéis às centenas", recorda ele. Na guerra, Zonina serviu na marinha, possivelmente como oficial do serviço de informações, e não "esfregando conveses", como alegava.

> Ela teria sido recrutada na marinha ou na universidade, mas sem dúvida antes de ter se juntado a Ehrenburg, e possivelmente a indicação de seu nome tenha sido feita pelo KGB. Como sua secretária, certamente seria examinada de perto pelo KGB. Ehrenburg era uma figura nacional, um agente do KGB com uma grande folha de serviço, e um homem influente. Sua secretária era uma pessoa importante, a ser escolhida com muito cuidado.

Em 1962, o Sindicato dos Escritores era noventa por cento dominado pelo KGB. "Todos os tradutores e intérpretes eram do KGB, sem exceção, incluindo qualquer um com algum contato no além-mar", afirma Gordievsky. "Entre 1962 e 1966, o KGB era senhora absoluta de tudo que fosse internacional. Nessa época, o Quinto Diretório foi criado no KGB com uma função ideológica: era o responsável por espionar os intelectuais. Lena Zonina teria ficado sob suas ordens. Se se conduzisse bem, se os seus superiores a aprovassem, ganharia prêmios em dinheiro na data de seu aniversário, bem como no Natal."

Dos 200 mil agentes do KGB em Moscou na época, Lena teria sido cuidadosamente selecionada para trabalhar em "um objetivo tão importante". Mas ela não era a primeira opção do KGB. Outra intérprete, V. Gak, do Instituto de Relações Internacionais, foi escolhida. Gak, diz o relatório de Zonina, num linguajar que para o leitor russo indica "sem a menor sombra de dúvida" que se tratava de uma agente do KGB, "é membro do Partido[23] [e] entre seus conhecidos estão inúmeros de *nossos camaradas*[24] [grifo meu] que estudaram na mesma época que ela no Instituto Militar de Línguas Estrangeiras". Mas Gak enfureceu Sartre e Beauvoir com perguntas grosseiras sobre a relação deles com o Partido Comunista Francês.

— Que tipo de propaganda vocês andam fazendo por aqui? — quis saber Sartre. — Por quem vocês me tomam? — Até Simone de Beauvoir, que, como vim a saber posteriormente, em geral segura Sartre quando ele perde o controle dos nervos, explodiu com raiva e começou a repetir:

— Isso não é propaganda, é provocação. Por que está nos provocando? Qual a finalidade disso?[25]

De volta ao hotel, nessa primeira noite, ela e Sartre decidiram abreviar a visita. Zonina, de saída para um colóquio literário, recebeu ordens de cancelar a viagem e assumir o caso. "Custou-me muito esforço depois disso convencer Sartre de que as declarações de Gak de modo algum expressavam a atitude [...] da União Soviética",[26] relatou. "Esse incidente fez crescer a desconfiança de Sartre em relação a tudo que fosse soviético."

Ela era a última esperança do KGB de que o projeto deles não fosse por água abaixo. Mas ao pedir a Lena que cuidasse do casal belicoso, haviam feito a escolha ideal. Atraente, coquete, feminina e perceptiva, mas apreensiva quanto ao próprio futuro, e com uma filha para cuidar, a motivação de Zonina era alta. "Ela perguntava que ideias tinha de enfiar na cabeça de Sartre quando o encontrasse",[27] explica Gordievsky. A prosa fria e metódica de Zonina confirma isso: "O que se mostrou a Sartre [...] foi de extrema importância".[28] Sua "reação ao que vê atrairá interesse [...] no mundo todo". Desse modo, o programa dela era

agir de modo tal a lhe transmitir a completa ilusão de que ele se encontra com qualquer pessoa com quem gostaria de se encontrar, de que escolhe os temas das conversas e de que desenvolve seu próprio programa, não de que está seguindo um que lhe foi imposto.[29]

O quarto de hotel de Sartre, e de Beauvoir, estava grampeado. Havia microfones instalados nas paredes e um exército de "ouvintes", como a esposa de Gordievsky, Yelena, que transcrevia as gravações. Lapsos de tempo ou períodos de silêncio nas fitas recebiam abreviações próprias, como "PA", iniciais de *polovoi akt*,[30] relação sexual. Os ouvintes não teriam de esperar muito antes que "PA" surgisse em suas transcrições. Em poucos dias Sartre se apaixonava pela bela russa.

Beauvoir também caiu na lábia soviética. "Chega de banquetes [...] chega de propaganda",[31] escreveu ela no terceiro volume de suas memórias, *La force des choses*. Ela defendeu os campos, "verdadeiros centros de reabilitação", e argumentou que os prisioneiros que conheceram aprovavam "em princípio" o sistema que exigia a prisão deles. A Rússia, alegou ela em 1962, emergira da Idade das Trevas para uma Renascença em que Kafka, Saint-Exupéry e até o burguês Dostoievski voltavam a ser lidos, e estudantes por toda parte clamavam: "Traduzam Camus, Sartre, Sagan, tudo!".

O objetivo inicial de Sartre era conhecer os Solos Virgens (em russo, *tselina*), projeto favorito de Brejnev desde que a resolução do Partido Central de 2 de março de 1954 tomara a decisão de arar terra virgem, por exemplo a estepe do Cazaquistão, e repovoá-la. Mas Sartre nunca foi conhecer os solos virgens em torno de Kiev e Leningrado; em vez disso, ele e Beauvoir foram persuadidos a se dirigir a Rostov, uma grande cidade a 200 quilômetros de Moscou, para conhecer os *apparatchiks* do Partido. Sem ter conhecimento de que o "amigo" deles, Alexis Surkov,[32] primeiro-secretário do Sindicato de Escritores, era, segundo Gordievsky, "150% agente do KGB", ou de que Fadeev, chefe do sindicato, denunciara inúmeros dissidentes e os mandara para o gulag (ele cometeria suicídio quando prisioneiros fossem libertados e se visse obrigado a enfrentar o passado), o crédulo casal acreditou que quando jantavam com Simonov em sua *dacha* no campo, o desejo deles de conhecer "camponeses de verdade" estava sendo atendido. Foram apresentados ao historiador da arte Dorosh, que nas palavras efusivas de Beauvoir "ama tanto os camponeses" que alugou um quartinho simples em uma *isba* para conhecê-los melhor. Ele convence Sartre a abandonar a ideia dos "solos virgens". Muito melhor ir para Rostov, onde pode ser apresentado a "gente interessante [...] o camarada Karabanov, organizador do Partido", e "I. A. Fedoseev, delegado do povo e diretor aposentado de uma fazenda coletiva".

Vigiados de perto por Lena e três oficiais, Sartre e Beauvoir finalmente chegaram à cidade; disseram-lhe que os camponeses haviam voltado para casa. Uma mulher permanece em um celeiro. "Podemos visitar a *isba* dela?"[33] "Não, ela acabou de lavar toda a sua roupa." O casal observa uma lamparina queimando diante de um ícone. "Muitos camponeses são cristãos praticantes?" "Eles podem decidir por si mesmos", responde asperamente o chefe de Propaganda. Nesse ponto, Sartre começa a gritar, "estou interessado nas pessoas e sua psicologia, não nos feijões que vocês plantaram este ano". Mais uma vez, Lena tenta salvar o dia:

Fiz uma tentativa de conversar com os camaradas, tendo escolhido um momento conveniente, quando nem Sartre, nem Beauvoir estavam por perto. Os camaradas responderam que não podia confiar a Dorosh o papel de líder, já que sua opinião sobre o processo [...] no *oblast* [divisão territorial e administrativa na URSS] diferia da deles.

Como sustentam os comunistas, Sartre repete durante o jantar: "Amanhã vamos ver alguns camponeses". Na manhã seguinte, ele se recusa a visitar uma fazenda coletiva; Lena anuncia que está levando os dois para uma fábrica de sapatos. "Nós nos recusamos", disse Beauvoir. Quando regressaram a Moscou com um dia de antecedência, Zonina registrou sobre sua "missão":

Esse episódio mostrou que [...] formas "protocolares", padrão, de comunicação deixam-no irritado e trazem resultados indesejáveis.

A espiã redobrou seus esforços para criar um "elemento de 'espontaneidade'" nas reuniões com Sartre. A partir desse momento, tanto Sartre como Beauvoir voltaram a ser levados na rédea curta. A "ilusão" de que Sartre não era um "estrangeiro famoso", mas um "ser humano, um escritor com quem é interessante discutir questões prementes", foi cultivada por Lena; os camponeses foram esquecidos e substituídos por "encontros" informais. Era hora de jogar seu trunfo: sexo.

Encantada com as "noites brancas" em São Petersburgo, Beauvoir brindou com vodca no lugar onde Pushkin disputara seu derradeiro duelo, conheceu o pátio onde vivera a velha agiota assassinada por Raskolnikov e espiou as profundezas escuras do canal onde ele se livrara do machado. Mas enquanto ia ticando uma a uma as atrações turísticas de sua lista, no passeio de três semanas pela Rússia, as mãos de Sartre estavam em Lena, e as coxas dela o aqueciam. À noite, no hotel Peking, em Moscou, as câmeras ocultas gravavam Sartre fazendo amor com Lena. "*Je t'aime*",[34] sussurrava ele, sob o estrondar de uma orquestra wagneriana imaginária. Ele amava seu corpo e seu ser: ela era sua esposa. Na carta de dez páginas que escreveu ao voltar, ele se lembrou de como, na Rússia, ela fora sua esposa "oficialmente". Lá, eles nos casaram. "*Tu me manques terriblement*", você me faz uma falta terrível.

Sartre acreditava que Lena estava apaixonada por ele. Sexualmente, ela o excitava de um modo que, aos 57 anos, ele mal podia acreditar. "*Tout était pour moi sexuel*", escreveu admirado, lembrando como ela o rejuvenescera. Noites loucas, não mais noites brancas, encheram sua memória: a carne dela com seus *odeurs sauvages*, seus seios, sua pele macia. O sorriso dela quando fechava os olhos antes de dormir, à noite, e ficava deitada em seus braços. Você me ama tanto quanto eu a amo, escreveu ele: está tão ávida por mim quanto estou por você, você me completa, me satisfaz, me subjuga. "*Ton amour existe*", escreveu. Ela o convencera de que o amava. Ele era feio e mais velho, mas ela o presenteou com a dádiva de sua própria pessoa.

Um homem mais bonito talvez fosse menos ingênuo. "Sartre parecia uma barrica, e era feio até onde um ser humano pode ser",[35] escreveu o diretor John Huston em 1958, quando Sartre escreveu um roteiro sobre Freud para ele. "Tinha o rosto inchado e bexiguento, os dentes amarelos, e era zarolho. Vestia terno cinza, sapatos pretos, camisa branca, gravata e paletó." As outras mulheres de Sartre recordaram como ele ficava agradecido por receber favores sexuais. Em sua biografia de Flaubert, *L'idiot de la famille*, que é interpretada como uma "autobiografia disfarçada", Sartre ataca a mãe do romancista, Caroline, por transformar o filho na filha que ela queria: "Pondo sua marca sobre ele, ela o condenou para sempre a ter apenas uma vida sexual *imaginária*. Uma mulher irreal nas mãos dos homens, ele será um homem irreal em suas relações com as mulheres".[36] Sartre ainda culpava sua mãe, que alimentara a esperança de uma filha chamada "Annie", por criá-lo como uma garota, passivo e efeminado. Mas com Lena, fogosa e sexualmente experiente, o "homem irreal" sentiu o sangue correr em suas veias. Tão poderosa foi sua paixão que não lhe ocorreu que Lena pudesse ser uma farsa.

Mas Lena estava sob intensa pressão. Duas vezes casada e divorciada, ela vivia com a mãe, e a filha Macha, de dois anos, em um apartamento de quinto andar em Moscou. Doente de diabetes, estava muitas vezes à beira do desfalecimento. Sartre fala do corpo pesado dela esparramado na poltrona após o sexo, sem imaginar o que sua "entrega total" lhe custara. Dependente de insulina, Lena se injetava três vezes ao dia, e carregava pão na bolsa, para o caso de um ataque de hipoglicemia. Mesmo assim, certa ocasião ela desmaiou na frente de Sartre e Beauvoir. A insulina veterinária disponível na URSS não era adequada e ela acalentava a esperança de que o novo amante pudesse lhe trazer insulina de gente quando viesse da França.

A pressão era grande sobre Ehrenburg, também, cuja própria sobrevivência estava em jogo. À medida que mais intelectuais franceses fugiam do Partido Comunista Francês, o prestígio global de Sartre aumentava: o prêmio tinha de ser cortejado de modo assíduo e infatigável. Minha abordagem trouxe "resultados positivos", relata Zonina triunfante aos superiores do KGB. O objeto da missão tirara "certas conclusões políticas positivas relativas a mudanças na atmosfera de nosso país após o 20° e 22° Congresso do Partido", e agora o considera em um "período de florescimento". Ele dera uma entrevista à imprensa polonesa, publicada em 23 de junho de 1962 em *Politika*, na qual declara que atualmente "escritores russos e escritores europeus ocidentais de esquerda podem falar [...] com liberdade [...] sem medo de tropeçar em um tabu"; ele também concordara em publicar autores soviéticos regularmente em *Les Temps Modernes*. Antes que Sartre e Beauvoir deixassem a URSS, Ehrenburg e Zonina extraíram outra promessa dele: falar no próximo Congresso Mundial pela Paz e o Desarmamento.

A paixão de Sartre por Lena significava que dançava ao som da música soviética. Ele voltaria oito vezes nos quatro anos seguintes. Duas semanas depois de partir, Sartre se desvencilhara de Beauvoir e regressara sozinho a Moscou para falar sobre "A desmilitarização da cultura" no Congresso, de 11 a 16 de julho. A partir do momento que o projeto de um congresso de intelectuais contra o desarmamento foi proposto, escreveu Sartre em júbilo para Lena, ele tinha "um motivo válido para ir à URSS sem se retratar".[37] Sua presença emprestava peso à propaganda soviética pela "paz", numa época em que os russos desenvolviam e estocavam armamentos nucleares. Irresponsável e ingênuo, a motivação de Sartre era principalmente sexual: ficar a sós com Lena, mais uma vez sua intérprete, hospedando-se no mesmo hotel. Ali, atrás das cortinas puxadas, bebendo vodca juntos, Sartre se autocongratulava por sua habilidade maquiavélica de fugir dos outros delegados, bem como da cansativa tutelagem de Beauvoir.

"*On ne fait qu'un*" fora o mantra de Beauvoir e Sartre. Agora Sartre se recordava como, após o sexo com Lena, ele ficava deitado sobre a barriga dela enquanto ela dormia, e enfatizava as palavras: "*Tout à fait un, pas tout à fait deux*".[38] Eram completamente um só: outra vez ele ressaltava o fato de que dizia isso *pela primeira vez*. Havia deixado sua pele em Moscou, escreveu o velho Kobra, em uma derradeira morte, nas palavras que lembram a expressão francesa para o orgasmo, *la petite mort*. Agora a "*ancien serpent*" tinha nova pele em seus velhos ossos, e se tornara seu "*bébé serpent*". Em palavras que ecoam seu oferecimento de 1929 para Simone, ele propunha um "pacto" com Lena, em que prometia ser "fiel até a morte — ou a senilidade".

Apanhado em um furacão de paixão, Sartre mal reservava um pensamento a sua "velha esposa", Castor, que estava angustiada com a nova ameaça representada pela rival russa jovem e sensual. Era duro de aguentar. No pungente epílogo de *La force des choses*, que finalizou em março de 1963, Simone de Beauvoir afirma corajosamente: "Tem havido um sucesso indubitável em minha vida: meu relacionamento com Sartre. Em mais de trinta anos, tivemos uma única vez de dormir brigados".[39] Mas mesmo enquanto asseverava a perfeita harmonia deles, suas memórias traçavam a distância cada vez maior que separava um do outro.

Com medo de que Lena se tornasse "outra Dolorès", Beauvoir seguiu a usual prática de ficar amiga de sua rival. "Gostamos muito uma da outra", escreveu tristemente em suas memórias. Poucos leitores sabiam a que custo produzia essas linhas. Uma foto dela ao lado de uma "Madame Z" entusiasmada, triunfante, conta uma história diferente de dor e rejeição.

Solitária e sem ninguém, sua parceria com Sartre cada vez mais se distanciando da lenda do casal modelo, Beauvoir, aos 54 anos de idade, odiava a própria aparência: "Muitas vezes paro, pasma, diante da visão dessa coisa incrível que me faz as vezes de rosto [...]. As sobrancelhas curvando-se na direção dos olhos, as bolsas sob eles, o inchaço excessivo das bochechas, e esse ar de tristeza em torno da boca que as rugas sempre provocam".[40] Enquanto Sartre na meia-idade fazia amor com Lena, ela enfrentava um destino diferente: a "varíola do tempo", como chamava, para a qual não havia cura, roubara sua beleza. *"Jamais plus un homme"*[41] — um homem nunca mais, lamentava.

Sua depressão não era devida apenas ao envelhecimento, mas à hostilidade pública que ainda enfrentava. "Você venceu. Você fez todos os inimigos certos",[42] dissera Algren a Beauvoir em 1960, após o sucesso de *O auge da vida*. Mas insultos eram difíceis de aturar. "Na França, se você é escritora, ser mulher é simplesmente providenciar um pedaço de pau para ser espancada",[43] escreveu. "O fato é que escrevo — sou uma mulher escritora, o que não significa uma dona de casa que escreve, mas alguém cuja existência inteira é governada por sua escrita." Mas devido a sua mensagem de que as mulheres "não eram apenas uma tribo de aleijadas morais desde o nascimento", ela ficava com a turba maldosa a suas costas. Sussurros, olhares, risadas de zombaria tolhiam seus movimentos. Ela se escondia em seu estúdio e se recusava a dar entrevistas. Em março de 1963, na última página de suas memórias, escreveu com amargura: "Todas as promessas foram mantidas. E contudo, virando um olhar de incredulidade na direção daquela jovem e crédula garota, percebo com estupor quanto fui ludibriada".[44]

"Je mésure avec stupeur à quel point j'ai été flouée." "Em 1929, tudo era possível para Simone de Beauvoir",[45] recorda Le Bon. "Agora os sonhos da

juventude morreram. Ela sentia que fora tapeada devido à maldade e à hostilidade que lhe eram dirigidas." Mas não era o único motivo para Castor se sentir enganada; ela tinha pavor de perder o amor de Sartre.

Sartre fazia qualquer coisa para sua Lentchka, sua nova "esposa". Quando, no Congresso pela Paz de julho de 1962, Zonina e Ehrenburg criticaram duramente seu discurso de mesa-redonda, convocando os marxistas a assimilar as "melhores coisas da cultura ocidental",[46] e disseram-lhe que isso implicava uma rejeição da "luta ideológica", ele na mesma hora concordou em mudá-lo. Sua próxima conferência no Congresso enfatizava "a importância da luta ideológica". Lena ficava satisfeita de ver como ele era obediente. Sartre "é intolerante quando as ideias lhe são impostas", registrou, "mas respeita argumentos sensatos se forem apresentados com tato".

Nas novecentas páginas em que despeja seu amor, Sartre não dá sinais de suspeitar que Zonina possa ser *une espionne*. A despeito de seus dotes intelectuais e seu harém, ele era desgraçadamente despreparado para cair na cilada de uma mulher frágil mas habilidosa que sabia que sua vida dependia de conseguir seduzir um escritor de idade.

De Roma, onde ele e Beauvoir ficaram em agosto, Sartre escreveu que se sentia como Orfeu, proibido de olhar para sua Eurídice. Fisicamente, estava frustrado, no "inferno". Era perigoso demais confiar a correspondência deles ao correio, de modo que ele dependia de Ehrenburg, Surkov e outros como mensageiros. Mas dessa vez foi o escritor italiano Carlo Levi, recém-chegado de Moscou, que entregou a Sartre uma carta de Zonina.

Suas lembranças dela voltaram a fluir: sua Lentchka, infeliz, doente, cansada, mas viçosa como uma flor da noite. Sua Lentchka, segurando Macha nos braços. Mas a resposta de Sartre, que incluía seu diário sobre suas "mulheres" e seus passeios com Beauvoir, Olga e Bost, instalados em um estúdio nas imediações, pareceram despertar o ciúme de Lena.

Não fique com ciúme, protestou ele com sua *"petite bête sauvage et blessé"*,[47] animalzinho selvagem e ferido. Ele a amava, com diabetes e tudo. Há apenas duas pessoas em minha vida: "Você e le Castor". Suas outras namoradas não existiam, eram meramente suas "pacientes". Que a doença e vulnerabilidade de Lena pudessem ser parte da atração que ela sentia pelo "doutor" Sartre não parece ter-lhe ocorrido, conforme relatava *"la tournée du médécin"*,[48] suas "consultas médicas", em Paris, que consistiam em ir de uma mulher choramingas para outra. Suas pacientes lhe contavam seus problemas com os homens, as artimanhas deles, suas pequenas mentiras, sem pudores, como se ele fosse uma mulher, ou a mãe delas. Ele, por sua vez, tinha o hábito de mentir para elas. Levava apenas três segundos para uma "paciente" começar a chorar quando ele entrava em sua sala, relatou. Como um cão de estimação, ele cedia aos caprichos de suas namoradas: *"Bref, je m'ennuie à mourir"* — eu morria de tédio.

Cínico, embora no íntimo solidário com a fragilidade feminina, Sartre enfatizava para Zonina que ele meramente desempenhava um "papel maternal" para as mulheres. Seu amor era reservado para ela. Mas não foi coincidência que em 1963, enquanto escrevia *Les mots*, Sartre pedisse ao velho amigo, J. B. Pontalis, que o psicanalisasse. Sartre fizera um estudo intensivo de Freud, cuja biografia escrita por Ernest Jones fora traduzida para ele por Michèle Vian, e embora viesse a abandonar o filme que John Huston acabaria fazendo com Montgomery Clift, seu interesse por Freud permaneceu. Sabiamente, Pontalis se recusou a ser o terapeuta de Sartre, embora comentasse que a pouco confiável narrativa de "Jean-sans-terre" deveria ser intitulada "Jean-sans-père"[49] [João sem pai]. Sartre começou a analisar os próprios sonhos. Dali por diante ele se veria no papel de terapeuta de suas "pacientes", queixando-se, como o avô médico, do tédio das consultas diárias, que haviam, contou a Lena, lançado uma pesada sombra sobre seus anos recentes em Paris.

Olga era uma de suas principais "pacientes". Infeliz em seu casamento com Bost, que mantinha um caso com uma americana em Paris, Barbara Aptekman, ela brigava com ele o tempo todo. Em mais de uma ocasião Bost saiu de casa. Em 8 de setembro, Sartre explicou para Lena como era afeiçoado a Olga, a despeito de seu "rosto devastado", que parecia uma caveira, ou uma borboleta morta, marcada pelos efeitos da tuberculose e da anorexia e, para piorar tudo, de uma plástica malsucedida. Ela jogara com *"le hasard du couteau"*,[50] a sorte da faca, seis anos antes, quando seu septo nasal afundou, provavelmente devido ao vício da cocaína ou aos trapos embebidos em éter que costumava enfiar no nariz. Castor e ele, disse Sartre, embora a princípio contra cirurgias cosméticas, haviam lhe oferecido um "novo nariz". Mas Olga se sentira pouco à vontade entre as madames e suas peles na sala de espera e se recusara a comparecer aos retornos marcados pelo cirurgião. Como resultado, seu *"nez de nouveau"* tinha cartilagem no lugar errado, e ela se afligia com sua aparência, seus olhos pálidos, a pele ruim e o cabelo sem viço. Castor, suspirava Sartre, visitava Olga uma vez por semana, mas ela era um fardo.

Quanto a sua irmã de 44 anos, Wanda, estava "ébria de infelicidade e ódio". Ela atuara em suas peças sob o nome artístico de Marie Olivier, sem conhecer o menor sucesso. Ele escrevera *Huis Clos* para Wanda, explicou Sartre, mas o problema era que, quanto mais atuava, mais os críticos a faziam em pedaços. Ninguém a empregava além dele, e o resultado foi "um fracasso total [...]. Ela está louca *de verdade*". Michèle era nervosa, mas Wanda era psicótica, paranoica. Haviam sido íntimos de 1941 a 1944, até que ela havia tornado a ruptura inevitável dormindo com Camus. Mas, a despeito de seus acessos de raiva patológicos, ele não podia abandoná-la. Ele a via três vezes por semana, duas horas a cada vez.

Em 1º de outubro, após seu regresso a Paris, Sartre morou com Beauvoir na rue Schoelcher, e sua descrição da vida que levavam juntos sugere o caráter inexpugnável de sua rotina. Ele dormia no divã, Beauvoir, no pequeno quarto acima da escada em caracol. Havia uma grande *bay window* dando para o cemitério de Montparnasse. Castor costumava deixar sobras de presunto do dia anterior no peitoril, para os pássaros, até que a italiana do andar de cima reclamou dizendo que estava alimentando os mortos. Os túmulos no cemitério eram tão velhos, escreveu Sartre, que a tragédia da morte fora apagada. Ele e Castor gostavam da atmosfera pacífica, e da vista das árvores e flores do cemitério. No ano seguinte, quando se mudou para um apartamento no décimo andar do número 222 do boulevard Raspail, Sartre esboçou para Lena um cuidadoso mapa mostrando sua área, Montparnasse e "minha vista" dos verdes prados do cemitério.[51]

Sua próxima carta ia se tornar um "documento" de 128 páginas que ele não ousava confiar a qualquer um. Tudo que queria era passar o Natal nos braços dela.

Mas quando Sartre e Beauvoir voltaram a Moscou em dezembro, Zonina estava estranhamente indisponível. O fervor de Sartre atingiu patamares ainda mais atordoantes. Do lado de fora estava gelado, ali dentro ele ficava na cama, se masturbando. "Não é minha culpa, não é sua."[52] Outras pessoas os haviam separado, e ele explodia de frustração, como um gêmeo siamês isolado de sua outra metade. "*C'est que je te désire*", escreveu o infeliz apaixonado por Lena: "Quero entrar em você". Mas eles nunca eram deixados a sós, e tudo que podia fazer era sobreviver das lembranças de sua barriga arredondada, as maçãs rosadas de seu *derrière* e seu monte de vênus negro como a noite russa.

"Vivi no Inferno por duas horas", escreveu Sartre em 15 de dezembro. Ele prometera voltar a Paris no dia 10, e continuava a esperar no dia 15. Sem dúvida se tratava de algum mal-entendido. A temperatura era de menos de 20 graus; ele *tinha* de vê-la. Ele e Beauvoir tinham permissão de se encontrar com escritores dissidentes como Soljenítsin, cujo romance sobre sua experiência nos campos, *Um dia na vida de Ivan Denisovich*, fora publicado pelo *Novy Mir*: "Há grande esperança de que vençam nesta estúpida batalha os velhos acadêmicos e Kroutchtchev [Kruschev] vá contra eles",[53] escreveu Beauvoir para Algren em abril de 1963. Mas o degelo revertia abruptamente. Kruschev atacara a arte moderna após visitar uma exposição de pintura e escultura. Seu chefe de propaganda, Ilyichev, fez um discurso antissemita denunciando a "coexistência ideológica". Sartre, louco de desejo, permaneceu ofuscado. Preso na teia tecida por Lena, que devia ficar admirada com o grau de sua ingenuidade, ele, assim como Gide, deixou de aproveitar a oportunidade única de enxergar por baixo da superfície do totalitarismo soviético ou de dar sua opinião a partir da perspectiva da linha de frente.

Do ponto de vista soviético, Sartre e Beauvoir eram, afirma Gordievsky, "idiotas úteis [...].[54] Não resta a menor sombra de dúvida de que Lena Zonina era uma agente secreta do KGB".[55] Seus relatórios para o Sindicato de Escritores Soviéticos, alguns dos quais Sartre talvez tivesse tido permissão de ver, contam apenas parte da história. Suas "pastas de informação" do KGB sobre Sartre e Beauvoir, que revelam a verdadeira opinião quanto aos objetos de suas missões, estão enterrados nos arquivos do KGB, fechados a pesquisadores ocidentais.

Finalmente o KGB a liberou para apaziguar o fogo de Sartre. Noites no "grande quarto" com sua sedutora. Comovido com sua coragem, temendo por sua "*fragilité*" e enfermidade, ele jurou que nada senão uma guerra atômica o impediria de voltar para vê-la. "*Je t'aime, ma chérie* [...] *tu es ma femme, mon amour.*"

Ele manteve a promessa em agosto de 1963, quando, junto com Beauvoir, voltou à União Soviética para o encontro do Congresso Comes (Comunidade de Escritores Europeus), em Leningrado. O Comes fora marcado na Itália com a intenção de fazer uma ponte entre escritores do Oriente e do Ocidente, mas quando o casal de franceses chegou, os escritores soviéticos expressaram seu desprezo pela literatura ocidental, particularmente Proust e Joyce. A tese dostoievskiana de que, com a morte de Deus, tudo era permitido, foi plenamente concretizada no Ocidente "podre, corrupto", disse Leonov.

Em um voo rumo à Geórgia para se encontrar com Kruschev em sua *dacha*, Beauvoir ficou surpresa de ver a si mesma e Sartre submetidos a um discurso agressivo por parte do líder, como se fossem "apenas outros comparsas do capitalismo". "Você foi duro demais com eles"[56], disse Surkov mais tarde para Kruschev. "Eles precisam entender", replicou ele asperamente. Posteriormente Sartre ouviu dizer que Thorez ligara para Kruschev nessa manhã e o advertira para tomar cuidado contra os anticomunistas com quem ia se encontrar, ainda mais perigosos por fingirem pertencer à esquerda. Ehrenburg também foi acusado por Kruschev de incitar Sartre a deixar o Partido Comunista. Ehrenburg observou que Sartre jamais pertencera a ele; mas isso de nada adiantou.

Sartre e Beauvoir viajaram por seis semanas, pela Crimeia até a Armênia, acompanhados por Lena. Dessa vez, Sartre ficou na União Soviética tempo bastante para apreciar a situação política instável. *"Ma Lentchka, ma femme"*,[57] escreveu de Roma, ele a amava mais do que nunca: *"beaucoup plus"*. Preocupado com os riscos que corria, havia sugerido se casar com ela. Fora seu "anjo", vivia completamente sem sexo, contou a ela; se fosse a Paris, poderiam viver juntos, e ele poderia conseguir uma assistência médica melhor, para ela.

Mas Sartre também estava cada vez mais ciumento da *coquetterie* de Lena. Ela era *"très coquette"*, jogando seus encantos sobre os homens. Era um tema que se tornaria recorrente, conforme ele a repreendia por ser *"tellement coquette"*, tão flertadora, ao mesmo tempo em que repetia que confiava nela. "Não consigo imaginar nenhum motivo para que ela estivesse apaixonada por Sartre",[58] diz Gordievsky.

> A realidade soviética tornava as pessoas muito cínicas e duas caras. Era fácil para Zonina bancar a mulher apaixonada. É provável que o KGB tenha lhe designado outro homem como missão, também. Ela certamente exagerava sua doença, porque o próprio Sartre não era forte, e porque tinha muito interesse em mulheres doentes.

Lena ficou postergando quando Sartre insistiu com ela que fosse a Paris. Caso houvesse uma forte "necessidade médica", ela teria tido permissão para a visita, como fez em 1960. Mas "era perigoso demais permitir que *se estabelecesse* em Paris e se casasse com Sartre. Ela sabia demais sobre o KGB e sobre o gulag, numa época em que os soviéticos queriam que os ocidentais esquecessem sobre isso".

Enquanto aguardava a resposta de Lena no Hotel Minerva, seu hotel favorito em Roma, Sartre ficou contemplando sombriamente o elefante esculpido de Bernini e seu obelisco do outro lado da praça; ele se preocupava sem cessar com a saúde de sua namorada, e com sua fidelidade. Não conseguia escrever: a caneta caía de suas mãos. *"Je suis plongé dans la stupeur."* Com mãos trêmulas, abriu a carta dela.

Era o dobre fúnebre para suas esperanças. Lena havia lido as memórias de Beauvoir, *La force des choses*, que lhe propiciou a mentira conveniente. "Não depende só de nós",[59] escreveu para Sartre. "Quanto mais leio as memórias de Castor, mais entendo que nunca poderia decidir mudar as coisas. E isso mata alguma coisa dentro de mim. Sabe que sinto amizade por Castor. Eu a respeito. Admiro a relação que vocês têm [...]. Mas você e Castor juntos criaram uma coisa incrível e deslumbrante que é muito perigosa para as pessoas que se aproximam de você." "Ela nunca pretendeu se casar com ele",[60] recorda a filha de Lena, Macha. "Era uma escolha muito difícil, por minha causa, por ter de deixar a mãe dela, e porque ela não poderia retornar. Minha mãe era muito independente, ela nunca poderia aceitar a dependência."

O tormento de Sartre aumentou. "Você *é* o encontro do Oriente e do Ocidente, ou melhor, o Ocidente encontra o Oriente (sem nenhuma luta ideológica) em nossa cama",[61] ele escreveu. "*O mon bel Orient*, meu sol nascente." Como ele a amava, como ela o tornava feliz e jovem. O que faria sem ela? Pela primeira vez, tentou telefonar para Lena do apartamento de Castor. Ela não estava. Disseram-lhe que só voltaria à meia-noite. O que estava fazendo fora até a meia-noite? Na companhia de quem? Com quem estava flertando? "Confio em você", repetia ele, desesperado.

O amor de Sartre por Lena foi expressado em sua dedicatória de *Les mots*, "Para Madamae Z". No exemplar da própria Lena, ele escreveu uma dedicatória personalizada: "Para Madame Z(artre), meu lindo sol. *As palavras* jamais serão suficientes para expressar a força de meu amor por você".[62] Quando Arlette, Evelyne, Wanda e Michèle perguntaram, ele meramente respondeu que Zonina era a "amiga russa" dele e de Beauvoir.

Morosamente, Sartre voltou à rotina de suas consultas diárias: 12h30 às 14h, Arlette; 16h às 18h, Evelyne; 18h30 às 21h, Michèle; 21h a meia-noite, Wanda. Suas pacientes estavam mais problemáticas do que nunca. "*On m'a fait la gueule*", já estou de saco cheio, queixou-se com Lena. Arlette era inteligente mas doente; Sartre conseguira para ela um trabalho na Gallimard, mas tinha suas dúvidas se ia ou não funcionar.

Quanto a Evelyne (com quem se encontrava por duas horas, três vezes por semana), ficava chorando no sofá, transtornada com seu "duplo fracasso (teatro, amor)". Após o insucesso em *Les séquestrés d'Altona*, sua grande chance, ela se refugiara em um furioso caso com seu médico, Norbit Ben, um judeu argelino, que era desgraçadamente casado. "Escutei e lhe dei algum dinheiro", disse Sartre. "Sempre o melhor remédio."

Michèle chegara às 18h30, também aos prantos. Seu namorado, o jazzista André Reweliotty, morrera em um acidente de carro em 1962, e Michèle fora internada em uma clínica, mas continuava deprimida. Sentada sozinha em seu apartamento o dia todo, tocando discos de jazz, bebendo e chorando, não conseguia dormir, não conseguia trabalhar. Sartre levou-a para o bar Pont Royal, onde conversaram sobre a filha de Michèle, Carole, para quem ele conseguira uma excelente escola particular quando ela não conseguiu manter a média no *lycée*. Ele e Boris Vian haviam ajudado Michèle a comprar um apartamento de três dormitórios. Com apenas 43 anos, Michèle, "triste e louca", agarrada ao seu pequinês, já era uma mulher velha.

E havia um novo ralo na carteira de Sartre, bem como em seu tempo: Olga. Bost finalmente confessara que andara pulando a cerca com Barbara durante os últimos seis anos. A própria Barbara, por sua vez, mantinha um caso com o diretor de cinema Nico Papatakis,[63] e Bost, furioso, passou a dormir na casa de Beauvoir. Mas o problema era que Olga era orgulhosa demais para pedir dinheiro a Bost, que ele e Sartre davam, meio a meio, ao pai dela, todo mês. "Eu dei a ela 40 mil francos", suspirou Sartre. Sua generosidade compulsiva para com suas amantes arruinadas, em termos tanto de tempo como de dinheiro, contribuíam para a dependência delas. Mas, como Sartre escreveu sobre Flaubert, ele carregava uma ferida desde a infância. Sartre, o curador de feridas, precisava de suas "pacientes".

E em outubro foi a vez de a mãe de Beauvoir ficar doente. Avisada por um telefonema de Bost de que Françoise caíra e quebrara a bacia, Simone voltou correndo de Roma para ficar a seu lado. Sua mãe de 77 anos vivera sozinha em seu apartamento na rue Blomet desde 1942, sofrendo cada vez mais com a artrite. Quando escorregou no banheiro, levou duas horas para se arrastar até o telefone. No hospital, disseram-lhe que repousasse, mas também sofria de dores abdominais, no início diagnosticadas como diverticulite.

"Do not go gentle into that good night, old age should burn and rage at close of day; Rage, rage against the dying of the light"[*][64] foram os versos de Dylan Thomas que Beauvoir escolheu como epígrafe para *Une mort très douce*, o relato sobre os últimos dias de sua mãe. Ela o dedicou a sua irmã, Poupette, que a ajudara a cuidar da mãe. "Como essas mulheres velhas se agarram à

---

* Não entre mansamente nessa noite amena, a velhice deveria ser fogo e fúria ao final do dia; Fúria, fúria contra a morte da luz. (*N. do T.*)

vida",[65] escreveu para Algren. "Ela ficou mais perto de meu coração durante esse mês do que ficou desde minha mais tenra infância."

Poupette e Simone conspiraram numa mentira misericordiosa, dizendo à mãe que estava melhorando após uma cirurgia que revelou que tinha câncer de cólon. *"Un cancer! C'était dans l'air"*,[66] escreveu Simone. Dava para ver nos olhos de mamãe, nas bolsas sob seus olhos, em sua magreza. Simone se lembrou da coragem de sua mãe após a morte de seu pai. Ele a deixara sem um *sou* aos 54 anos; mas ela "virou a página", estudando para se diplomar como bibliotecária assistente, subindo outra vez na velha bicicleta e pedalando até o trabalho na Cruz Vermelha. Na juventude, sonhara em ser uma exploradora, e agora, como viúva, aceitava toda oportunidade oferecida para viajar. Havia feito novos amigos, reconstruído sua *petite vie*, como o médico dizia, paternal.

"Morrer é um trabalho duro, quando você ama tanto a vida", escreveu Beauvoir. Sua mãe aguentaria talvez dois ou três meses; mas Françoise desenvolveu escaras por permanecer muito tempo no leito e as irmãs não conseguiam assistir a sua dor. Os ouvidos dela se encheram com o som de nossas mentiras, escreveu Beauvoir, com sua mãe agarrando-se à esperança da recuperação: *"Ordenamos* aos médicos que lhe dessem bastante morfina, na verdade para matá-la lentamente".[67] Lembrando do tio, que pedira o revólver para se matar na agonia final de um câncer de estômago, as duas insistiram que Françoise não deveria sofrer. E em suas derradeiras semanas, Beauvoir redescobriu uma compaixão que perdera por aquela velha mulher a quem apenas poucas semanas antes havia ordenado rudemente, "Mais rápido!", numa visita que faziam ao túmulo da família, no cemitério Père Lachaise. "Para onde você e sua irmã vão?", perguntou Françoise, enquanto punha flores sobre a sepultura. "Só tem espaço para mim [...]. Claro que quero ir para o céu, mas não sozinha, não sem minhas filhas."

Por quatro noites, Beauvoir dormiu em um catre junto ao leito de morte da mãe. Sua mente regressou à época em que tinha 20 anos, e sua mãe se voltara timidamente para ela e dissera: "Sei que você não me acha inteligente".[68] Intimidada pela filha impetuosa e brilhante, Françoise acrescentou: *"Toi, tu me fais peur"*[69] — você me assusta.

"Você me assusta." Foi um comentário repetido com frequência por Françoise, encarando intensamente a mulher que sua filha se tornara. Mas, à medida que o tempo passou, o silêncio entre as duas se suavizara; materialmente, Françoise dependia de Simone: "Eu era o esteio da família, de certo modo, o filho dela".[70] A garotinha com cabeça de homem se tornara a chefe da família, a quem Françoise cedeu, aceitando sua "união livre" com Sartre, que considerava menos vergonhosa do que um casamento em cartório.

Ao final do "longo e triste mês" de novembro, e do enterro da mãe, Simone foi devorada por seu próprio câncer: remorso.[71] Sartre foi solidário. Ele e Castor não amavam muito suas mães, confidenciou a Lena. Haviam sido bons filhos até a idade de 10 ou 11 anos, e depois, não mais. Quanto a ele, rompera seriamente com a sua quando ela se casara outra vez: "Esse primeiro rompimento secou meu coração".[72] Quando Françoise ficou doente, no início, insistiu com Beauvoir que escrevesse sobre a morte de sua mãe. Beauvoir ficou chocada. "Não é agora", retrucou. Mas Sartre sabia que Castor embarcara numa "aventura trágica e apaixonada, para ser parte da agonia de outra".

Enquanto Sartre voava para Praga a fim de encontrar Lena, que em seus sonhos se tornara sua esposa, Beauvoir se voltava para uma nova amiga: Sylvie Le Bon, 33 anos mais nova.

35

~

Traição

Não compreendo por que tudo está tão negro em sua carta e em seu coração.[1]

Jean-Paul Sartre para Lena Zonina, 1966

SYLVIE LE BON ESTAVA com 17 anos quando conheceu Simone de Beauvoir. A estudante de Rennes, na Bretanha, viera a Paris a fim de se preparar para o exame de ingresso na École Normale, que agora admitia mulheres. Como sua heroína, Beauvoir, Sylvie esperava estudar filosofia, e escreveu-lhe uma carta de fã na primavera de 1960. Em novembro, Beauvoir convidou-a a visitar a rue Schoelcher.

Era a primeira vez que Sylvie entrava em um ateliê, e ficou impressionada com o sofá amarelo, os objetos de arte originais e, mais do que tudo, com sua anfitriã, que vestia uma saia grega preta e malva e usava brincos, mas nada de turbante: "Em Paris, nunca",[2] recorda Sylvie. "Só nas viagens ao exterior." Beauvoir perguntou a Le Bon se ela se interessava por política. "Eu disse: 'Não'. Ela ficou escandalizada. Foi até a banca e voltou com os braços cheios de jornais, que jogou em meu colo. *Elle avait une vitalité très grande.* Beauvoir era uma força da natureza. Era uma chama viva."

"Eu estava enganada em 1962 quando pensei que nada significativo iria acontecer comigo de novo, à parte calamidades",[3] recordou Beauvoir. "Agora, mais uma vez um bocado de sorte grande me era oferecido." Nessa noite ela levou Sylvie para jantar, e a estudante timidamente confessou que ganhara o primeiro lugar no seu *lycée*. Durante os dois anos seguintes elas se encontraram ocasionalmente. Beauvoir ficou surpresa, porém, de receber uma carta de Mme Le Bon, que havia lido o diário da filha e visto uma anotação mostrando que Beauvoir pensava que ela batia em Sylvie. Beauvoir escreveu uma resposta educada dizendo que Sylvie nunca falava a respeito de sua família, mas para

Sylvie a correspondência entre sua mãe e Beauvoir era uma traição. Quando estava com 14 anos, Sylvie ficara muito amiga de uma garota da mesma idade na escola, chamada Danièle, que seus pais tentaram interromper alegando que era "antinatural". *"Notre histoire à quatorze ans, c'était un grand amour"*,[4] lembra Sylvie. "Foi muito duro para mim." Beauvoir, lembrando de seu próprio relacionamento com Zaza, foi solidária com a posição de Sylvie, de uma filha se rebelando contra a mãe. A reconciliação após essa "quase briga" aproximou as duas mais ainda. Mas foi em 1963, na época em que sua mãe faleceu, quando o cão negro da depressão, a "fera gigante que se aloja em meu peito", causava uma dor tão opressiva que ela não conseguia nem respirar, que o socorro de Sylvie se tornou indispensável.

"Você é minha reencarnação", disse Beauvoir para a jovem acólita, quando o caminho profissional de Sylvie retraçou seus próprios passos. Depois de estudar em Sèvres, a faculdade de licenciatura para mulheres, Le Bon se candidatou a um cargo em Rouen, onde, assim como Beauvoir, deu aulas no Lycée Jeanne d'Arc. O notório Hôtel du Petit Mouton fechara, mas Sylvie encontrou outro igualmente sórdido: o Hôtel Le Rochefoucauld. "Quanto mais sujo, mais eu gostava", recorda ela. "Eu tinha pouco dinheiro." Mas ela conseguia viajar a Paris duas ou três noites por semana, para um apartamento no boulevard Jourdan e, quatro anos mais tarde, ao término de seu exílio provinciano, obteve uma vaga no Lycée Clemenceau, na capital.

"Beauvoir me fez pensar na morte." Sylvie inicialmente achou graça no medo que Beauvoir dizia sentir do terrível vazio na outra ponta da "linha negra", mas quando a mulher mais velha insistiu em conversar sobre a trágica verdade no âmago da vida, a angústia de saber que não existe Deus para perdoar, nenhuma remissão dos pecados, e que o homem é apenas o que ele faz de si mesmo, as duas ficaram mais íntimas. *"L'homme doit souffrir"*,[5] o homem deve sofrer, Sartre disse a Sylvie. Por outro lado, escreveu Beauvoir, quando a pessoa aproveita a vida, "seja em alegria, ação ou revolta, a morte recua".[6] Sylvie, como ela mesma, "era uma intelectual e apaixonadamente enamorada da vida. E era como eu de muitos outros modos [...]. Ela tinha um dom muito raro: sabia escutar [...]. Eu adorava seu entusiasmo e sua raiva, sua seriedade, sua alegria, seu horror ao lugar-comum, sua generosidade impensada".[7] Lentamente, o oxigênio da juventude operou sua mágica mais uma vez. O estado de espírito de Beauvoir melhorou. Sylvie "está totalmente envolvida em minha vida, assim como eu na dela",[8] escreveu ternamente em *Tout compte fait*, o último volume de suas memórias dedicado a Sylvie: "A gente lê os mesmos livros, vai aos mesmos espetáculos, e sai para longos passeios de carro. Há tanta troca entre nós que eu perco o senso de minha idade".

Em agosto de 1965, Beauvoir viajou com Le Bon nas férias pela primeira vez, para a Córsega. Sylvie recorda: "Foi nossa lua de mel".

Em 1963, Sartre também contemplava "a felicidade e alegria de *ma vie en rose*" com Lena. E ainda enxergava a União Soviética através de lentes cor de rosa. Nesse mês de novembro, ele elogiou o "otimismo comunista"[9] e enfatizou sua mensagem: "*Notre époque a de la chance*", nossa época tem sorte. Quando *Les mots* foi publicado, em janeiro de 1964, e amplamente saudado como sua volta à literatura, Sartre respondeu: "Em comparação com a morte de um filho, *A náusea* não chega aos pés".[10] Sua crença na violência revolucionária permanecia inalterada. Em maio de 1964, a despeito da publicação de um virulento panfleto antissemita por um professor da Universidade de Kiev chamado Kichko, ele e Beauvoir concordaram em comparecer às comemorações que teriam lugar em Kiev para homenagear o 150º aniversário do nascimento do poeta ucraniano Shevchenko.

Toda Moscou falava no episódio Brodsky,[11] o julgamento de um jovem poeta e tradutor judeu sentenciado a cinco anos de trabalhos forçados. Ehrenburg traduziu as atas do processo para Sartre, mas o homenzinho só tinha olhos para Lena, enquanto, acompanhados por Beauvoir, viajaram juntos durante seis semanas pela Estônia, antes de voltar para Leningrado. Sua paixão por sua Lentchka, estimulada pelo ciúme de que em sua ausência estivesse nos braços de outro homem, atingiu novas alturas. Quando ficavam de corpos colados, ele esquecia sua "confusão interior".[12] "Quando estava dentro de você, parasita de seu prazer, olhando para sua beleza", escreveu ele, "eu não mais existia, a não ser como testemunha de uma alegria." O sorriso dela, olhando para ele, era o de uma jovem.

O dinheiro chovia. Lena traduzira *Les mots* para o russo, e os direitos de Sartre na União Soviética se acumulavam. Pesarosamente, ele voltou para Roma, onde aguardou em desespero por uma carta da espiã, sonhando com seus cabelos negros, seu andar orgulhoso, suas mãos pequenas, as unhas vermelhas que o acariciavam. Finalmente, em 30 de agosto, a resposta chegou. Com lágrimas nos olhos, leu as palavras tranquilizadoras de que sua "Sainte Lena" o amava como ele a ela.

A correspondência de Sartre revela com dolorosa clareza de que modo o acesso a Zonina era usado como moeda de troca pelos soviéticos. Quando implora para vê-la em maio, Surkov lhe diz que não pode visitar a URSS até outubro. Às vezes, mostram-lhe um envelope contendo uma carta dela, mas não a entregam em suas mãos. Finalmente, recebe permissão para ir em 1º de junho. Magoado em descobrir que a imprensa soviética deturpou sua proposta de um "Congresso de Trabalhadores Culturais" internacional, que, relata Zonina, o escritor Korneichuck "pediu a Sartre para realizar",[13] como um plano de estabelecer um "governo internacional da intelligentsia", Sartre protesta amargamente que Korneichuck não fez coisa alguma para defendê-lo ou refutar essa "ideia absurda".

"Vim para a União Soviética como amigo",[14] queixa-se Sartre, na *dacha* de Korneichuck, em Kiev.

> Tenho o direito de esperar ser tratado como amigo [...]. Se querem jogar lama em mim pelas coisas que faço a pedido de meus amigos [...] terei de desistir de minha colaboração com meus amigos soviéticos [...]. Não posso permitir que mentiras sejam ditas sobre mim sem refutação por parte das pessoas que compartilham de meus ideais, lutando pela coexistência pacífica das nações, a proteção da cultura da ameaça de uma nova guerra e contra o ressurgimento da Guerra Fria.

Em defesa de Sartre, verdade seja dita que sua intenção de trabalhar pela paz e a coexistência cultural era sincera e de coração. Durante o longo verão em Novgorod, Tallin e Tartu, ele discutiu com os estonianos suas esperanças quanto à reunião iminente com Ben Bella, em outubro, para comemorar o Dia da Independência Argelina e para incrementar os contatos entre escritores europeus e africanos. Mas os russos sabiam que estava preso na armadilha amorosa deles e deram risada na sua cara: suas ameaças foram vãs. Debilmente, Sartre concordou em escrever outra vez para *Les lettres françaises*, após um intervalo de oito anos, e a fim de "facilitar nosso relacionamento com a URSS",[15] Beauvoir cedeu ao pedido do comunista francês Pierre Courtade de escrever um artigo sobre Yalta.

Jean Cau tinha razão em parte quando escreveu que Sartre adorava se gabar sobre como bebia mais que Simonov, mas que nunca se levou a sério como figura política: "*Sartre moquait son personnage politique* [Sartre zombava de sua persona política]. Sartre, o *homem*, encarava Sartre, a *personalidade*, com ironia".[16] A política o entediava. "Era uma tarefa chata. *L'ennui noir. La nausée.*" Sartre, que nunca lia um jornal, não era nenhum animal político, como Aron. Seu virtuosismo lhe permitia fazer um discurso sobre o marxismo, e depois voltar a seus "amores secretos e verdadeiros [...] Genet ou Flaubert".

Em outubro de 1964, os soviéticos realizaram seu maior golpe propagandístico: a recusa de Sartre do Prêmio Nobel de literatura. No início do outono, Sartre ficou perplexo quando um amigo italiano, o filósofo Enzo Paci, pédiu-lhe um texto para o discurso de aceitação. Ele hesitou quanto a sua decisão, mas não por muito tempo. Por mais tentadoras que fossem as 250 mil coroas, politicamente ele estava determinado a mostrar sua solidariedade com o bloco oriental — e com sua adorada Lena. Tivesse aceito o prêmio, isso teria significado uma mensagem para o mundo de que estava comprometido com o Ocidente.

Sartre sabia do destino do dissidente russo Boris Pasternak, que ganhara o Prêmio Nobel em 1958 com *Doutor Jivago*, romance que criticava a Rússia pós-revolucionária. Expulso do Sindicato dos Escritores, ele fora atacado pelo chefe do KGB como "um porco que defeca no próprio chiqueiro",[17] denunciado como "traidor" e ameaçado de exílio. Nenhum escritor soviético não dissidente havia recebido o prêmio. Camus sim, mas nenhum comunista ocidental.

Em meados de outubro, *Le Figaro littéraire* saudou Sartre como vencedor daquele ano, a despeito de seu "passado político controverso". Isso quer dizer que me perdoaram, Sartre contou a Lena, sarcasticamente. Lanzmann ligou na mesma hora, dizendo que precisava de um artigo sobre Sartre, que replicou que não queria o prêmio, tampouco qualquer publicidade. No dia seguinte, 14 de outubro, Sartre escreveu uma carta educada ao secretário da Academia Sueca rejeitando o prêmio "por motivos estritamente pessoais e outros de ordem mais objetiva, que não seria apropriado explicar aqui".[18] A carta não chegou a tempo a seu destino, e em 22 de outubro os suecos anunciaram que o Prêmio Nobel fora agraciado a Sartre "por sua obra, que, no espírito da liberdade e em nome da verdade, tivera um grande impacto em nossa era".

"As pessoas vão pensar que você está recusando porque Camus ganhou primeiro",[19] disse Castor. André Maurois alegou na *Paris-Jour* que Sartre receava deixar Simone com ciúme. Mas em 19 de outubro, Sartre almoçou com o jornalista Olivier Todd — "um cara de quem eu gosto de verdade" — e sua primeira esposa, a filha de Nizan, irritado, confessou, com o escândalo que estava prestes a estourar em cima dele. "Sartre era um gênio",[20] diz Todd:

Ele não era motivado por sentimentos mesquinhos, espicaçado por Camus ter recebido o prêmio primeiro. Quando Camus venceu, Sartre riu e disse: "*Il le mérite bien*", ele merece. Tampouco tinha a ver com publicidade: ele sabia que ganharia muito mais publicidade ao recusá-lo. Ele não estava transtornado, mas convencido de que tinha de recusar. Ele acreditava que se o aceitasse, viraria um boneco na relação Oriente-Ocidente.

Foi a primeira vez que alguém recusou o Nobel e o esconderijo de Sartre com Castor na rue Schoelcher foi rapidamente assediado pelos jornalistas. Ele fugiu dos paparazzi para o escritório de Simone Gallimard, onde deu sua única entrevista para um jornalista sueco, Carl-Gustav Bjurström, que esboçou uma declaração em francês, ao que Sartre acrescentou a nota, "traduzido do sueco", desejando não ofender o povo sueco. Ele sempre declinara de distinções oficiais, afirmava, como a Legião de Honra, após a guerra. Mas deixava clara sua posição política: "Hoje, o Prêmio Nobel parece ser uma distinção reservada a líderes do bloco ocidental e rebeldes do bloco oriental [...]. Não estou querendo dizer que o Prêmio Nobel seja um prêmio 'burguês' [mas] sou particularmente sensível ao conflito entre essas duas culturas [...]. Sem dúvida espero que 'o melhor vença', ou seja, o socialismo [...]. É lamentável que o prêmio tenha sido dado para Pasternak antes de Sholokhov, que a única obra soviética a merecer a honra deva ser uma obra publicada no exterior e banida em seu próprio país".[21]

As mulheres de Sartre ficaram furiosas com a perda da fortuna. Ele foi perseguido por uma vingativa Wanda: "Você está cuspindo em 26 milhões [de francos da época]!".[22] Antigos contatos, como Mauriac e René Maheu, louvaram a rejeição do prêmio. Outros viram nisso um exemplo do isolamento cada vez maior de Sartre, expressado tanto em seus textos como em seus atos.

No Natal, Sartre foi, como em tantas ocasiões, para o bar do Pont Royal. Dessa vez, estava à espera de Lena, que vinha passar três semanas com ele. Beauvoir lhe emprestou seu estúdio e se mudou para o apartamento espartano dele, mas, a despeito das doces noites com sua "linda bruxa", e dos dias preguiçosos na place de la Contrescarpe e na place des Vosges, uma nuvem pairava sobre a visita de Lena. Tanto ela como Ehrenburg, com quem ele "discutiu amigavelmente", não aprovavam sua recusa do Prêmio Nobel, que, assim lhe disseram, mandava a mensagem de que ele apoiava os sucessores neostalinistas de Kruschev, cada vez mais repressores, Brejnev e Kosygin. Tampouco o romancista cossaco Mikhail Sholokhov era digno do prêmio: ele fora um protegido de Stalin, uma cria do Estado. Em 1937, Sholokhov tivera um caso com a tiete literária Yevgenia Yezhova, esposa do chefe do NKVD, Nikolai "Amora" Yezhov, que grampeou o quarto de Sholokhov e escutou furioso o passo a passo detalhado do envolvimento amoroso.[23] Quando Sholokhov se queixou com Stalin e Beria, Stalin ordenou que Yezhov fosse ao Politburo pedir desculpas a Sholokhov. Agora, em 1964, o KGB escutava em detalhes o relacionamento amoroso de Sartre, e copiava, estudava e guardava nos arquivos do KGB (com inúmeras entradas sob o nome Sartre) suas cartas de quarenta páginas, antes de passá-las para Lena. Lena sabia muito bem disso: mas não ousava contar a ele.

Em seus relatórios, Zonina põe na boca de Sartre críticas ocasionais sobre encontros "arranjados",[24] por exemplo com Illitchev, chefe do "Departamento Ideológico" do Comitê Central, ou queixas sobre a influência perniciosa na França de Elsa Triolet, e elogios a escritores "ameaçados" como Tvardovski, Doroch e Voznenski, que escreveram para a revista "liberal" *Iunost*. Para Gilbert Dagron, mandar tais "mensagens hostis" para o Partido e seus *apparatchiks* exigia "uma certa coragem", mas na verdade criticar Tvardovski, editor do jornal literário *Novy Mir*, ou o popular jovem poeta Vosnenski, não era "nenhum pecado",[25] diz Gordievsky; de fato, estava muito na moda criticar Illitchev.

Segundo o obituário dela escrito por Lev Kopelev, que aparece no *Primeiro círculo* de Soljenítsin, e como Raïssa Orlova afirmou em 1985, Zonina foi uma das primeiras pessoas na Rússia a furar a cortina de ferro cultural com seu artigo sobre *Os mandarins*, em 1955, mas "ela nunca fez parte de qualquer grupo de oposição ou de dissidentes e nunca se opôs às autoridades. Não só por sentimento de responsabilidade em relação a sua família, mas também porque considerava a resistência aberta algo impossível."[26] Em vez disso: "*Toute sa vie, Lena Zonina joua le jeu d'une soumision au système*"[27] — toda a vida, jogou o jogo da submissão ao sistema.

Mas o jogo era perigoso. Com os colaboradores do KGB em um clima de antissemitismo odioso, a posição de Zonina e Ehrenburg estava em xeque. Muitas vezes Zonina insinuou os riscos que corria; mas Sartre era tão surdo quanto cego. Ele escreveu em março de 1965 que jamais deixara de ter em mente "as dificuldades de nossa relação", mas para ele as dificuldades se resumiam à enfermidade dela, a suas suspeitas de que ela tivesse um amante e à crise incipiente da decisão dele de adotar sua amante mais recente, Arlette Elkaïm.

Sartre entrou com a documentação para adotar Arlette, de 28 anos, em janeiro de 1965, e em 18 de março a adoção entrou legalmente em vigor. Para todas as suas mulheres isso pareceu uma traição; para Beauvoir, deve ter parecido um supremo ato de deslealdade. Falsos rumores haviam surgido em 1958 de que Arlette estava grávida de Sartre,[28] e que ele estava disposto a se casar com ela. Dizia-se que, diante do aborrecimento de Simone, ele voltara atrás, na ocasião. Agora o ciúme de Arlette contra Evelyne crescera, e a fim de apaziguá-la, afirma Le Bon, ele se propusera a fazer da Arlete de olhos de corça sua filha. Dessa vez, não se deixou dissuadir. Suas outras amantes, velhas e descartadas, ficaram ultrajadas ao ouvir a notícia. "Às 4h, na casa de Evelyne", relata Sartre para Lena. "Você não tem o direito de fazer isso comigo", enfureceu-se a atriz, fora de si. "Fui frio como um cubo de gelo", lembrou Sartre. Os motivos de Evelyne, que ele acreditava serem financeiros, o deixaram revoltado. Wanda ficou ainda mais histérica. *"Tuez-moi, achevez-moi!",*[29] gritou. Mate-me! Começou a quebrar a mobília. Mas Sartre estava irredutível. Ele sabia que Wanda queria que lhe comprasse um apartamento novo.

Mas se as tempestades de lágrimas das outras mulheres estavam baseadas na crença de que saíam perdendo financeiramente, Beauvoir tinha motivos verdadeiros para queixa. A adoção de Arlette a tornava herdeira literária de Sartre, a menos que fizesse um testamento em contrário. Beauvoir devotara seus últimos 36 anos a Sartre como sua "esposa morganática", sua "pequena juíza", alguém que editara, rascunhara e até escrevera a obra "dele"; pusera a lealdade ao pacto dos dois acima de seu amor por Algren; era a antiga esposa substituída pela nova em um ato final de desprezo sartriano pela burguesia, pois tornando a amante sua filha o Kobra criava a realização suprema de sua fantasia incestuosa.

Adotando Arlette numa época em que os argelinos na França estavam sob ameaça de deportação, Sartre lhe assegurava um futuro. Gerassi recorda a versão do próprio Sartre sobre os eventos: "Um dia, [ele] estava passeando com Arlette e a convidou para entrar na floricultura e escolher um buquê de flores. O comerciante perguntou ao 'Monsieur' o que gostaria de comprar para sua 'linda filha'".[30] Sartre olhou para Arlette e disse alguma coisa como, "Bom, já não sou mesmo grande coisa na cama e o que esse sujeito diz faz um bocado de sentido. Se você for minha filha, vai se tornar cidadã francesa, e então ninguém poderá deportá-la, porque não será mais uma judia argelina".

Sartre disse a Gerassi que precisava de alguém mais jovem que Castor para continuar a distribuir seus direitos às cinco mulheres que ele mantinha (incluindo Elkaïm) após sua morte. "Mas", acrescenta Gerassi, "Sartre certamente esperava que Castor decidisse quais de suas obras publicadas seriam publicadas postumamente, não Elkaïm."[31]

Beauvoir ficou devastada. Sempre presumira que seria a testamenteira literária de Sartre. "Ela possuía muitas coisas de Sartre",[32] recorda Le Bon. "Ele deixou todos seus papéis com ela. *Elle gardait tout.*" Arquivos, pacotes de cartas. "Arlette nunca disse nada, então Simone não fazia ideia de que haveria algum problema após sua morte."

Assumindo ares de bravura, Beauvoir agiu como protetora da adoção. E confortou a mais nova "filha" de Sartre, outra frágil judia chamada Liliane Siegel, conhecida como *la clandestine* porque sua existência deveria permanecer em segredo. Liliane se sentia próxima de Arlette, que conhecera Sartre apenas um pouco antes, também escrevendo uma carta. Ela ficou chocada quando Sartre anunciou:

> — A propósito, criança, pretendo adotar Arlette, mas nunca faria isso sem seu consentimento.
> Senti que eu empalidecia. Meu coração bateu mais rápido.
> — Você está brincando. É sério? Por que faria uma coisa dessas comigo? Adote qualquer uma, mas não Arlette!
> — ...Estou dizendo, não vou fazer isso sem seu consentimento.. [33]

O que Castor achava?, quis saber Liliane.

> — Ela é contra. Diz que vou prejudicar você e Evelyne.
> — Ah, é, isso é verdade, tem Evelyne, a pobre coitada! Você já contou para ela?
> — Não, ainda não. É como eu disse, estou pensando em fazer, mas não vai ser já.[34]

Mas poucos meses depois o *France-Soir* anunciou que Sartre adotara uma filha. Foi manchete. Chorando, Liliane ligou para Castor: "Ele prometeu! Sem meu consentimento..." Sartre acabou apaziguando Liliane com um "contrato" especial entre "Poulou" e a "Bastarda", assegurando que amava sua filha bastarda tanto quanto sua filha legal.

As mentiras de Sartre eram um páreo duro. Arlette recebera a descoberta da existência de Lena em Paris tão mal quanto Lena recebera a notícia de que seu namorado adotava outra mulher. A adoção compensava Arlette por sua destituição em favor de Lena, mas também ia de encontro à necessidade dele de uma presença dócil, aquiescente e musical em sua vida — papel previamente preenchido por sua mãe. Arlette estava aprendendo piano e flauta; ela e Sartre cantavam juntos à tarde após o almoço diário dele no La Coupole. Uma das árias favoritas era a do rei de Thule, do *Fausto* de Gounod, que ele cantava com muito brio.

O ano de 1965 assistiu a uma separação de caminhos, ao estabelecimento de cortes rivais. Em vez de Sartre e Beauvoir, o rei e a rainha do existencialismo, havia agora dois reis, conforme Beauvoir ficava cada vez mais próxima de Sylvie, com quem passava os fins de semana passeando de carro pelo campo nos arredores de Paris ou viajando de férias. Sartre passava mais tempo com Arlette, para quem comprara uma casa nas Junas, no Midi francês. As mulheres continuavam a existir como satélites em torno do sol sartriano, Arlette em um apartamento perto do La Coupole, Michèle Vian no boulevard du Montparnasse, Wanda na rue du Dragon e, é claro, Mme Mancy no boulevard Raspail. Sartre almoçava com ela todo domingo. O cardápio era sempre o mesmo: carne de porco com batata amassada.

Sylvie, que rejeitara a oferta de Beauvoir de sustentá-la caso desistisse da carreira de professora, a fim de manter a independência, não aprovava o modo como Sartre sustentava suas mulheres: "Todas essas parasitas",[35] como as descreve, "o oprimiam. Sua generosidade era desastrada, fora de lugar; ele queria ajudar, mas elas se tornaram dependentes [...] como prostitutas, sempre pedindo dinheiro." Uma vez tendo dormido com a mulher, Sartre se sentia responsável. Não era como o machismo de Camus, que levava a mulher para a cama e depois lavava as mãos [...]. Sartre era paternalista. Eu lhe disse:

— Você não as trata com a mesma igualdade com que dá dinheiro.

— *Oui, mais je ne peux pas changer.*

Como Castor previa, Evelyne ficou profundamente magoada com a atitude de Sartre. Em 18 de outubro de 1967, ela se matou. Evelyne tomou muito cuidado para não ser encontrada antes que os barbitúricos que engolira fizessem efeito; deixou seis cartas para a família Sartre, exonerando-os de culpa. Sartre ficou pasmo, porque Evelyne parecera prestes a dar uma virada em sua vida; fizera seu primeiro filme para a televisão e reatara com um antigo namorado chamado Lourçars, um produtor de tevê. Mas tinha, acreditava Beauvoir, "enormes cicatrizes"[36] de sua ligação com Sartre, que ele jamais assumiu publicamente. Ela queria filhos, coisa que ele não lhe daria.

"Sem dúvida, há culpa",[37] Sartre escreveu para Lena. "Você não foi culpado",[38] lhe disseram Castor e Sylvie. Mas Sartre ficou desolado ao contemplar o pobre fracasso de uma vida no caso de Evelyne. Sentia-se "envelhecido e fúnebre", olhando para a chuva parisiense e escrevendo seu Flaubert.

Talvez Sartre quisesse amenizar sua culpa em relação aos judeus adotando Arlette; se isso é verdade, a culpa era ainda maior com o suicídio de Evelyne, outra garota judia presa na teia sartriana. Yevgenia Yezhova fora descrita como uma "mulher tola e sensual que involuntariamente desempenhara o terrível papel da viúva negra: a maioria de seus namorados morria".[39] Sartre foi quase tão impiedoso quanto.

A visita de Lena a Paris, que ela repetiu no ano seguinte, revelou a imutabilidade do relacionamento Sartre/Beauvoir para ela. Com Zonina, como Bienenfeld, Sartre e Beauvoir foram tão implacáveis quanto um Jano de pedra com dois rostos. Castor a tratava com superioridade e a excluía. Em suas cartas, Sartre reprovava Lena por seu "ódio" a Castor, seu ciúme. *"Ma fausse Madame Z"*,[40] ele a chamou em outubro de 1965, queixando-se de sua inocência perdida. Ele tinha certeza de que ela tinha outro namorado em Milão.

O Ocidente despertava sentimentos ambíguos em Zonina. Ela desprezava o materialismo ocidental, mas queria uma vida melhor para ela e Macha. A oferta de Sartre para que vivessem em Paris com ele era tentadora. Ele declarava querer que fossem "um casal de verdade",[41] ele adorava "a vida dupla e o amor único" de ambos, mas ela tinha coisas demais que a prendiam à URSS. "Era uma tática do KGB manter reféns. Ela teria temido por sua mãe",[42] escreve Gordievsky. "Zonina não podia se casar com Sartre porque o KGB não queria que sua agente vivesse no exterior; tinha medo de que seu sigilo ficasse comprometido."

Ehrenburg insistia com Sartre para que escrevesse para Mikoyan e pedisse o perdão para Brodsky, que fora mandado para uma fazenda estatal nos arredores de Archangel. Ele o fez, numa carta notavelmente servil. Pouco depois, Brodsky foi perdoado. Mas em outubro de 1965, quando Sartre se encontrou com Ehrenburg, Surkov, Tvardovski e outros "amigos" russos em um Congresso Comes em Roma, ocorreu um ominoso novo acontecimento. Dois dissidentes russos, os escritores Andrev Sinyavski e Yuli Daniel, haviam sido presos e acusados de publicar livros antissoviéticos no exterior, embora houvessem expressado apenas uma "crítica tímida" do regime. A obra deles circulava clandestinamente, páginas datilografadas cheias de orelhas que eram passadas de mão em mão, conhecidas como *samizdat*. Lena Zonina entrou no abaixo-assinado, iniciado por Ehrenburg, pedindo a soltura de Sinyavsky e Danil; era um gesto aparentemente ousado. Ela foi um dos 62 membros do Sindicato dos Escritores a fazê-lo, num universo de 6 mil membros, embora não houvesse dado o passo mais extremo de se desligar do sindicato.[43] "O ato de assinar a petição por Sinyavsky e Daniel em 1967 não era exatamente uma atitude dissidente",[44] afirma Gordievsky. "Era encarado como uma atitude moral [...]. Muitos agentes óbvios do KGB o assinaram, a despeito de incomodar um pouco seus superiores." Doroch foi outro que o fez. A essa altura, alguns colaboradores do KGB aproveitaram a breve oportunidade para emigrar para Israel.

Beauvoir interpretou equivocadamente a situação quando escreveu que: "Pôr seu nome nesse abaixo-assinado significa assumir o risco de nunca mais ser mandado ao exterior, de perder o emprego e de permanecer sem ser publicado para sempre".[45] Como agente do KGB, Lena ia aonde fosse enviada. Mas, à medida que o tempo passava, Lena e Ehrenburg, ambos judeus vulneráveis fazendo um jogo perigoso, mas cujas genuínas simpatias em geral ficavam com os dissidentes, desprezavam Sartre privadamente, para quem ser "um amigo da URSS" significava dançar a música do Partido, em vez de usar sua imensa influência pela causa da liberdade. No Congresso Comes, em Roma, ele atacou ferozmente os escritores "de vanguarda fajutos", como Soljenítsin, James Joyce, Céline e Breton. Sua oposição ao PEN Internacional, a associação mundial de escritores que defende a liberdade de expressão, era virulenta. "Sartre era completamente contra o PEN Club",[46] relatou Zonina, e ele ficava "atônito" de que escritores soviéticos concordassem em sentar à mesma mesa de personalidades antissoviéticas. Em uma de suas últimas visitas a Moscou, em julho de 1965, Sartre assistiu aos filmes soviéticos mais recentes, *A grande guerra patriótica* e *O primeiro professor*, e louvou entusiasticamente a "essência revolucionária", antes de ir com Beauvoir à comemoração do 25º aniversário do estabelecimento do regime soviético na Lituânia.

"Quando descobri sobre Sartre e Beauvoir, perdi todo o respeito pela civilização ocidental",[47] recorda Gordievsky, que outrora depositara sua fé no desenvolvimento de um "socialismo com rosto humano". "Eles deveriam ter ficado do lado da justiça e da democracia, mas como se viu estavam do lado da brutalidade."

O julgamento de Sinyavsky e Daniel em fevereiro de 1966 foi seguido pelo 23º Congresso, no qual Sholokhov, que no ano anterior ganhara o Prêmio Nobel, como sugerido por Sartre, denunciou os "defensores burgueses" dos jovens escritores. Ele vociferou que sete anos no gulag era uma sentença muito branda: "Na época de Stalin, eles teriam sido fuzilados!".[48]

O julgamento perturbou os comunistas ocidentais. Na França, Aragon e o PCF o condenaram no *L'Humanité*, e o jornal foi banido em Moscou; o Partido Comunista Italiano procedeu igualmente. Quando Sartre e Beauvoir chegaram a Moscou em 2 de maio, sua mera presença ali proclamando o apoio do casal à linha dura de Brejnev e Mikoyan contra Sinyavsky e Daniel, de cujo tratamento brutal havia novos e alarmantes relatos, Ehrenburg voltou-se contra eles furioso. "O que vocês estão fazendo aqui, no meio disso tudo?",[49] quis saber. "A situação dos intelectuais é uma tragédia." Até mesmo um *samizdat* tinha de ser distribuído com a máxima cautela.

Sartre permaneceu teimosamente cego. Ele e Beauvoir pediram a Lena que arranjasse um encontro com Soljenítsin, cujo conto "A casa de Matriona" eles haviam publicado no *Les Temps Modernes*. O grande romancista telefonou: queria ver Zonina. Ela voltou com uma expressão sombria: "Ele não quer ver vocês dois",[50] disse para Sartre, que ficou magoado com a rejeição. Beauvoir o confortou. O que Soljenítsin queria dizer, na verdade, era isto: "Sartre, sabe como é, é um escritor cuja obra foi toda publicada. Toda vez que ele escreve um livro, ele sabe que vão ler. Então realmente acho que não posso conversar com ele: eu vou sofrer demais".

Mas o que o russo estava dizendo era bem diferente: não era seu *amour-propre* que estava ferido, mas sua consciência. "Ele não queria se encontrar com gente pela qual nutria profundo desprezo",[51] diz Gordievsky. "Ele se recusou a vê-los por uma profunda convicção ideológica."

O antiamericanismo virulento de Sartre prolongou o tempo que passou como um instrumento da União Soviética. Em fevereiro de 1965, os americanos bombardearam o Vietnã do Norte. Sartre estava prestes a viajar para os Estados Unidos para falar na Cornell University, mas cancelou a viagem imediatamente e foi para o Congresso pela Paz de Helsinque, em julho, determinado "a ser útil à causa soviética", ainda sem se dar conta de que o Movimento pela Paz era "um braço do KGB". Ehrenburg encontrou-se com ele em Moscou antes de tudo para assegurar que o discurso estaria dentro da linha do Partido. Esse encontro, relatou Zonina, deixou claro que Sartre estava:

> pronto para cooperar com a delegação soviética, que suas opiniões eram abertamente antiamericanas e que estava convencido de que uma [...] ajuda imediata seria dada ao povo vietnamita [...]. Atendendo a um pedido da liderança da delegação soviética, Sartre compareceu aos dois últimos dias do Congresso (14 e 15 de julho), quando discursou denunciando o imperialismo americano.[52]

Enquanto Sartre exigia que não houvesse concessão à "chantagem americana",[53] mas apoio sincero aos vietnamitas, Ehrenburg, com 74 anos de idade, o reprovava por tomar partido dos chineses. O fantoche se desviara de seu briefing. O velho manipulador ficou tão furioso que quase teve um ataque.

Beauvoir, também, sentia a pressão. Nas visitas regulares que o casal fazia à Itália, Sartre geralmente ia de avião, enquanto ela pegava a *autoestrada*, impaciente em dirigir por uma nova rodovia. Beauvoir gostava de correr: "Fiquei extasiada quando fui de Milão a Bolonha pela primeira vez em duas horas e meia". Mas no verão de 1965, correndo pela pista contrária na estrada de Milão a Paris para ir ao encontro de Sartre, um caminhão-pipa vermelho veio em sua direção. O caminhão deu uma guinada. A colisão de frente foi evitada, mas seu Peugeot 404 teve perda total. Milagrosamente, ela desceu do carro com apenas quatro costelas quebradas.

Em choque e em pânico, passou três semanas na cama. "Castor ficou com um enorme olho roxo",[54] informou Sartre a Lena em novembro. Era a única sequela, à parte uma certa dificuldade para respirar, de seu acidente. Mas no conto que escreveu no ano seguinte, "Mal-entendido em Moscou", Beauvoir revelou o sofrimento psicológico que Sartre lhe causou.

No conto, é junho de 1966, e André e Nicole, um casal de franceses na casa dos 60, chegou a Moscou para ver a filha dele, Macha (o nome da filha de Zonina). Nicole, uma professora aposentada, às vezes percebe o contraste entre sua aparência envelhecida e a da "linda jovem" que lhes serve de guia. André está deliciado de se ver de volta a Moscou; Nicole, por outro lado, acha a cidade odiosa. Mas não é a arquitetura, e sim o relacionamento afetuoso entre André, um famoso escritor, e Macha, que a deixa irritada. André e Macha sentam pertinho um do outro, olham dentro dos olhos, tratam-se intimamente por "*tu*". Ambos tratam Nicole respeitosamente pelo formal "*vous*". Ela conta os dias para a partida, sem saber que André prolongou a estada deles:

— Você decidiu isso sem nem me contar! — disse Nicole.

De repente, uma fumaça vermelha invadiu sua cabeça, um nevoeiro vermelho diante de seus olhos, alguma coisa vermelha gritava em sua garganta. Ele não está nem aí para mim! Não disse uma palavra... Todos seus sorrisos, toda sua ternura foram dirigidos a Macha.[55]

O final na ficção é feliz, a reconciliação entre André e Nicole; mas na vida real os laços não são tão facilmente reatados. Em "*Malentendu à Moscou*", Beauvoir provavelmente estava expressando não apenas seu ciúme de Lena, mas a miserável sensação de ter tido seu lugar usurpado por Arlette, a filha em cujo apartamento Sartre agora escrevia e também tocava música. Era um exílio duplo. E em setembro de 1966, quando ela e Sartre viajaram a Tóquio para serem recebidos por mais de cem fotógrafos no aeroporto, e uma guia japonesa pequena e bonita fez uma mesura sorrindo para Sartre, a tristeza a invadiu uma vez mais. Tomiko Asabuki se tornou sua amante. Como nos Estados Unidos, no Brasil e na Rússia, foi uma mulher que deu a Sartre um novo país. Sartre e Beauvoir viajaram ao Egito, onde as multidões gritaram, "Vida longa a Nasser! Vida longa a Sartre! Vida longa a Simone!" e a Israel. "Desiludido com a Rússia",[56] escreve a romancista Shusha Guppy, Sartre e outros companheiros viajantes "continuaram a encontrar terras prometidas, na China, em Cuba". Quando um deus tombava, fosse Stalin ou Kruschev, Sartre o substituía por uma figura jovem e viril, Castro, Nasser, perante a qual se prostrar. Como percebera Camus havia muito tempo antes, alguma coisa em Sartre aspirava à servidão.

"Nous étions complices",[57] escrevera Sartre para Lena no início do caso deles, com palavras que cheiravam às que usara com Castor. Mas os conluios ruíam sob o peso da traição, tanto pessoal como política. A maioria dos intelectuais europeus deixara o Partido ou havia sido expulsa após a revolta húngara de 1957, mas Sartre mantivera a fé: mais tarde, quando lhe perguntaram por que ocultara a existência dos campos de concentração, sobre os quais tinha ciência havia muito tempo, ele respondeu: "Não devemos levar o desespero a Billancourt [i.e., os operários da Renault]"[58] — citação que ganhou fama como um exemplo de *"la trahison des clercs"*, a traição dos intelectuais.

Em junho de 1966, após a viagem para a União Soviética sobre a qual Beauvoir mostrou tamanho descontentamento, ele ainda transbordava confiança: *"Mon amour, comme tu es belle"*,[59] escreveu para Lena. Ele carregava uma visão dela diante de si, corajosa e vívida, que o comovia profundamente; os últimos beijos que ela lhe dera na frente de Surkov e Georg continuavam quentes em seus lábios, ele sentia a pele dela contra seu rosto: estava dividido em dois. A despeito da atmosfera sisuda e deprimente de Moscou, ela lhe dera *"un bonheur si parfait"*, uma felicidade tão perfeita, que era capaz de suportar qualquer ausência, frase que lembrava aqueles "momentos perfeitos" que Roquentin saudosamente recordava com Annie em *A náusea*. "Continuo a ter momentos de confiança em nosso futuro", escreveu Sartre, "a despeito de tudo."

Mas a resposta de Lena provocou outra explosão no amante. Por que ela dizia que *tinha* de tocar o italiano, quis saber: "É muito fácil ficar com ciúme de você". Ao mesmo tempo, ele gostava do fato de que ela agradava os homens. Sartre prometeu voltar à URSS em setembro, depois do Japão. O combinado era que Lena traduziria *La nausée* e o último romance de Beauvoir, *Les Belles images*, mas a viagem foi suspensa depois que ele e Beauvoir aceitaram um convite de se juntar a Bertrand Russell num tribunal para investigar os crimes de guerra americanos no Vietnã, em julho. A agenda de Sartre ficou "cheia demais" para encontrar uma data para Lena. As cartas dela por sua vez estavam prenhes de significado.

"Não tenho sido capaz de entender sua vida, explique-me", escreveu ele, quando ela o acusou de enxergar apenas os detalhes. A mensagem cifrada intrigou Sartre. Ele sabia de todas as dificuldades dela, respondeu, ele a vira fraquejar, ele a vira à beira do desfalecimento, ele a vira com *mal au foie*, fígado ruim. *"Apesar disso tudo*, não compreendo por que tudo é negro em sua carta e em seu coração." Por que certa vez havia lhe dito: "Não *posso* continuar a viver"?

Em 31 de agosto de 1967, Ilya Ehrenburg faleceu. Sartre sentiu isso como "uma perda pessoal".[60] Privada de seu protetor, as trevas se fecharam sobre Lena. Ela enviou a Sartre uma última mensagem, em desespero: *"Ne me laisse pas tomber!"*[61] — Não me deixe cair.

Em 21 de agosto de 1968, os tanques soviéticos entraram na Tchecoslová-quia para esmagar a "Primavera de Praga". Sartre, de férias com Beauvoir em Roma, condenou os soviéticos como "criminosos de guerra" e, finalmente, rompeu relações com a URSS. "Creio que nunca mais voltarei a Moscou",[62] escreveu Beauvoir, não sem um suspiro de alívio.

Parte Cinco

A Cerimônia do Adeus

1969-1986

36

~

Mãe feminista

Simone de Beauvoir foi uma chama viva.[1]

Sylvie Le Bon, abril de 2005

Em 1969, *O segundo sexo* vendeu 750 mil exemplares nos Estados Unidos, quando o Movimento de Liberação Feminina veio à luz e acolheu Beauvoir como sua bíblia. Betty Friedan, que descrevera a "enfermidade"[2] da dona de casa em *The Feminine Mystique*, fundou o NOW em 1966, uma organização feminista que logo foi sobrepujada por grupos radicais como Scum, a Society for Cutting Up Men. Um dilúvio de novos livros fortaleceu a conscientização da mulher: *Sexual Politics*, de Kate Millett; *The Female Eunuch*, de Germaine Greer; *Dialect of Sex*, de Shulamith Firestone. Na França, o embrionário Mouvement de Libération des Femmes (MLF) voltou-se para Simone de Beauvoir, cuja confiança no socialismo evaporava rapidamente. Em 1949, ela escrevia: *"En gros, nous avons gagné la partie"*[3] (grosso modo, vencemos a partida). Agora já não tinha tanta certeza.

Seu caminho para a militância passava pela revolta estudantil de Maio de 1968 em Paris, um divisor de águas na trajetória revolucionária de Sartre e Beauvoir que estourou a bolha da celebridade e devolveu-os à política das ruas francesas. Em 1968 Sartre era uma figura gigantesca no palco mundial. Ele e Beauvoir eram estrelas, um casal globalmente itinerante tão polêmico e visado pela mídia quanto Burton e Taylor, que viviam em um universo paralelo de jatinhos particulares, seguranças e hotéis luxuosos. "Nada de jatinho particular, nada de banquetes suntuosos",[4] queixou-se Beauvoir em Israel, em março de 1967, embora, a despeito de se recusar a visitar o exército israelense, "um pequeno avião militar foi deixado à nossa disposição para o regresso a Tel Aviv", de modo que ela dispensou o chofer. Irritada porque o helicóptero destinado a transportá-los do King David Hotel, em Jerusalém, para o Sul do país não pôde voar devido ao mau tempo, de modo que foram forçados a viajar de carro, ela se mostrou decepcionada com o tamanho de sua comitiva ("Somente Monique e Ely foram conosco; nem um único jornalista [...]") e a comida "passável" em Tel Aviv.

Que contraste com o Egito, onde Nasser estendera o tapete vermelho para eles. Em fevereiro, após a costumeira coletiva de imprensa no aeroporto, o governo providenciou um "avião leve" para o poderoso casal literário, que planejava uma edição especial do *Les Temps Modernes* sobre o conflito árabe-israelense. Lanzmann e um "enxame" de fotógrafos e jornalistas os acompanharam. Em Abu Simbel, o ministro da Cultura ofereceu o avião dos engenheiros. Viagens de inspeção a uma fábrica de produtos químicos, a um complexo siderúrgico, ao deserto em flor se seguiram antes que Sartre e Beauvoir desfilassem em um jipe com um general do exército, saudados por fileiras de soldados dando vivas e acenando com bandeiras francesas e egípcias. Medalhas foram presenteadas em um banquete, e depois outra aclamação "espontânea" de camponeses teve lugar. Os aldeões mostraram "um interesse tão genuíno por nós",[5] escreveu Beauvoir, ingenuamente, que os guarda-costas tiveram de abrir caminho para ela entre a multidão. Em um banquete final com dervixes e dançarinas do ventre, ela e Sartre foram presenteados com duas máscaras funerárias de valor inestimável.

Quando Sartre pediu a Nasser para libertar 18 prisioneiros, ele o fez. "Uma atitude generosa", concluiu Beauvoir, parecendo não se dar conta do golpe publicitário que ela e Sartre representavam para a facção marxista. Em Israel, Sartre discursou para o general Dayan; em Nazaré, recebeu delegações árabes e se encontrou com o primeiro-ministro Levi Eshkol, embora, para horror dos amigos egípcios deles, Lufti el-Kholi,[6] editor de uma revista de esquerda, *Al Talia*, e a esposa Liliane, Sartre assinasse uma declaração apoiando a soberania de Israel, de cujo lado ele e Beauvoir ficaram na Guerra dos Seis Dias, em junho de 1967.

Como presidente do Tribunal Russell, Sartre censurou o presidente da república da França por recusar conceder um visto a Vladimir Dedijer, o escritor e militante iugoslavo designado para chefiar os trabalhos de um encontro do Tribunal planejado para Paris. "Quero crer, prezado senhor",[7] escreveu Sartre professoralmente para De Gaulle, em 13 de abril de 1967, em uma folha de papel quadriculado, do tipo usado por seus alunos de *lycée*, "que meus temores são injustificados e que nosso governo concederá um visto tanto para Dedijer como para todos os demais membros do tribunal".

"*Mon cher Maître*", respondeu De Gaulle, usando uma forma de tratamento que sugeria reconhecer a condição de Sartre como escritor, mas não como presidente do Tribunal: "não será o senhor quem vai me ensinar que toda justiça, tanto por princípio como na prática, cabe ao Estado".[8] Causar ofensa aos aliados americanos era algo fora de questão: De Gaulle proibiu qualquer conversa sobre atrocidades americanas em solo francês.

O escritor ultrajado deu uma entrevista para o *Le Nouvel observateur*. "Apenas garçons de café que sabem que eu escrevo têm o direito de me chamar de '*Maître*'",[9] afirmou Sartre, soltando fumaça. As dificuldades que De Gaulle e outros punham em seu caminho provavam a legitimidade do Tribunal. "As pessoas têm medo de nós. Não é claro de Bertrand Russell, que está com 94 anos de idade, ou de mim, a caminho dos 70 [...]. Então por que nos temem? Porque estamos tocando num problema que nenhum governo ocidental quer confrontar: o dos crimes de guerra, que todo mundo quer ter o direito de cometer."

Os direitos humanos dos povos colonizados nunca deixaram de provocar a ira de Sartre, fosse na Indochina, fosse na Argélia, e ele aceitou prontamente quando Ralph Schoenman, secretário americano de Russell, procurou Beauvoir em julho de 1966 e pediu a ela e a Sartre que se juntassem ao Tribunal. Em virtude da idade avançada de Russell, Schoenman convidou Sartre a assumir a presidência. Sob a insistência de Tito Gerassi, que já estava em campanha pelo povo vietnamita, Beauvoir, "completamente enojada com o desprezo dos [...] americanos pelo direito à autodeterminação dos vietnamitas",[10] concordou.

Em janeiro de 1967, Sartre encontrou-se com Schoenman em Londres. Após o veto de De Gaulle à reunião de Paris, Sartre e Beauvoir viajaram a Estocolmo em maio, onde o egocêntrico Schoenman já dava três coletivas de imprensa por dia e conversava precipitadamente com os jornalistas como se fosse seu superior em pessoa: "O senhor Russell não vai permitir... O senhor Russell insiste...".[11]

"Não se comporte como De Gaulle, que diz *France* quando quer dizer *eu*", protestou Sartre. A vanglória de Schoenman como porta-voz de um filósofo idoso divertia Sartre, embora ele muitas vezes ficasse furioso com seus modos dominadores, inconsciente do apelo que outros jovens ambiciosos logo exerceriam sobre ele.

Nesse meio-tempo, Beauvoir se envolvera profundamente com as reuniões do Tribunal, em que Sartre tomou a frente e acusou os americanos de genocídio. Sua conscienciosa companhia não passou sem se ligar na presença de Dedijer, um herói alto e de ombros largos da resistência iugoslava. Estilhaços da granada que o haviam atingido continuavam alojados em sua cabeça, que muitas vezes doía por causa do velho ferimento e disparava acessos de fúria. "Seu caráter intransigente, sua vida e seu ardor nos conquistaram inteiramente",[12] escreveu Beauvoir, timidamente, ao começar um relacionamento com o iugoslavo. Em novembro passaram noites juntos em Copenhague e em 1968 voltaram a se encontrar na Iugoslávia. Mas Dedijer, que era casado, também tinha um caso com Arlette,[13] a que acompanhara nas férias anuais dela com Sartre por três anos. Sylvie não aprovava nem a política, nem os relacionamentos pessoais de Dedijer, e influenciada por ela Beauvoir terminou o namoro. "Sylvie não gostou dele, então não vejo sentido em continuar",[14] disse Beauvoir para seu biógrafo. "Não foi nada sério e não durou muito tempo",[15] acrescentou Le Bon. "Ela terminou quando lhe contei o que pensava dele."

Em 1968, De Gaulle estava no poder havia dez anos, e seu governo, nos estertores. "A França está farta",[16] declarou o *Le Monde* em março. "Nossos jovens estão fartos."[17] A tampa da panela de pressão estourou quando estudantes tomaram as ruas de Nanterre, subúrbio a oeste de Paris que abrigava imigrantes magrebinos marginalizados. Em 22 de março, os estudantes de Nanterre, liderados por um alemão chamado Daniel Cohn-Bendit, que já invadira os bairros femininos, urrando "Abaixo os guetos sexuais", iniciou uma tomada pacífica da universidade. Eles invadiram a Sorbonne. Em 6 de maio a polícia confrontou os estudantes no Quartier Latin e logo o cheiro de gás lacrimogênio tomava conta do boulevard Saint-Michel. Seiscentos mil manifestantes bradaram *"Dix ans, ça suffit!"* ao erguer barricadas e arrancar as pedras de pavimentação da rua para atirar contra os policiais enquanto cantavam a "Internacional".

Em 9 de maio, Sartre, Beauvoir, Jacques Lacan e Lefebvre publicaram um manifesto declarando sua solidariedade com os alunos ou *contestaires* que desafiavam o establishment. Quando a Sorbonne reabriu e os estudantes a ocuparam, Beauvoir apressou-se em se juntar a eles: "Nunca em minha juventude de estudos, nem no começo deste ano de 1968, jamais eu poderia ter imaginado uma festa como essa". Havia bandas de jazz e orquestras, sanduíches e sacos de dormir. Com a bandeira vermelha tremulando acima da capela, Sartre, jubilosamente dando voz a sua anarquia juvenil, falou na Rádio Luxemburgo: "Esses jovens não querem o futuro de nossos pais —

nosso futuro — um futuro que já se provou covarde, exaurido, molesto [...]. A violência é a única coisa que resta, seja qual for o regime, pois os estudantes ainda não entraram no sistema de seus pais [...]. A única relação que podem ter com esta universidade é a de destruição".

Incapaz de resistir a vituperar contra o antigo rival, o acadêmico Raymond Aron, Sartre acrescentou, no *Le Nouvel Observateur*: "Quando um Aron de idade repete sem fim os princípios centrais de uma tese que escreveu em 1939 [...]. Devemos abolir o atual sistema [...]. Cada professor deve concordar em ser julgado e questionado por seus alunos [...]. Chegou a hora de os alunos verem [...] um Aron nu."[18] Empolgado com a energia de Cohn-Bendit, expressando sua repulsa arraigada contra as "sandices" da pedagogia tradicional, Sartre entrevistou o jovem líder para o *Le Nouvel Observateur*, ação que o investiu de respeitabilidade. Em 20 de maio, no dourado anfiteatro da Sorbonne, ele debateu com milhares de alunos que informalmente o trataram por Jean-Paul, nome que nem mesmo pessoas íntimas jamais usaram com ele.

A atmosfera era contagiosa. A bandeira vermelha da Sorbonne foi carregada até a fábrica de carros da Renault em Billancourt e logo nove milhões de trabalhadores faziam greve. Alan Geismar, o líder da união de estudantes, conduziu seus companheiros à Bolsa de Valores e ateou fogo no prédio. Mas, enquanto "beatniks, prostitutas e vagabundos"[19] se dirigiam à Sorbonne, e traficantes vendiam maconha pelos corredores, a maré começou a retroceder. Em junho, De Gaulle venceu a eleição. "A revolução",[20] escreveu Beauvoir, "era uma natimorta."

Depositando o fracasso justificadamente aos pés do Partido Comunista Francês, Sartre e Beauvoir permaneceram em contato próximo com os *gauchistes*. Em Roma, em 1969, encontraram-se com os dois irmãos Coh-Bendit e outros jovens extremistas desanimados, Marc Kravetz e François Georges, que costumavam criticar duramente o *Les Temps Modernes*, acusando o periódico de ter se tornado uma instituição. Em 1970 a Esquerda Proletária Maoísta estava em crise, fraca e isolada; seu jornal, *La Cause du peuple*, fora banido e confiscado, seus editores, presos. Sartre, que ficara irritado quando De Gaulle disse: "Não se prende Voltaire", agora enxergava o valor de sua posição privilegiada e se oferecia para se tornar seu editor nominal. O periódico grosseiramente impresso em vermelho e preto, com seu nome e o de Beauvoir na página de trás, se autoproclamava "comunista, revolucionário e proletário", e representou seu próprio gesto dramático na direção da esquerda, que dividiu a equipe editorial do *Les Temps Modernes* e levou até o leal Pontalis a se demitir. "Trata-se aqui",[21] declarou Sartre ao *Le Monde*, "de tornar possível pelo esforço prolongado [...] que 97 por cento do povo francês um dia façam uma revolução." Dali em diante, o velho Kobra seria *un nouvel intellectuel*,[22] sintonizado com as massas. Os eventos de 10 de maio de 1968 levaram-no a uma nova troca de pele: ele nunca mais usaria terno e gravata, mas apareceu em seu pulôver preto e jaqueta forrada de pele carcomida pelas traças para protestar no julgamento de Le Dantec e Le Bris, editores do jornal, que foram sentenciados a um ano e oito meses, respectivamente.

Beauvoir ficou igualmente revitalizada com a luta por "justiça e liberdade". Deu uma coletiva de imprensa em seu apartamento e formou uma associação com Michel Leiris, a dos "Amigos do *La Cause du peuple*". Uma semana mais tarde os principais grupos de esquerda formaram o Secours Rouge, uma organização para ajudar militantes na prisão. Trinta vendedores voluntários do jornal foram jogados atrás das grades sob acusação de reviver La Gauche Prolétarienne, então em 20 de junho de 1970 ela e Sartre decidiram vender eles mesmos o jornal, acompanhados pela inevitável multidão de paparazzi. "Leiam *La Cause du peuple! Pour la liberté de la presse!*"[23] Na avenue du Géneral-Leclerc, quando distribuíam o jornal em meio ao empurra-empurra da multidão, um *flic* agarrou Sartre pelo braço e começou a levá-lo para a delegacia.

Flashes espocaram. "*Vous arrêtez un prix Nobel!*"[24] — Vocês estão prendendo um Prêmio Nobel! (*sic*) — gritou alguém. O policial o soltou. Seis dias depois, Sartre e Beauvoir, ela ainda parecendo uma respeitável burguesa em sua impecável camisa branca de gola olímpica, tailleur escuro e turbante, repetiram o exercício, mas enquanto ela e seus amigos foram levados num furgão da polícia, ninguém encostou em Sartre. "Sua sede pelo martírio",[25] escreveu acidamente François Mauriac no *Le Figaro Littéraire*, "não era motivo para pôr essa pessoa incuravelmente insuportável na prisão."

Contudo, apesar dos discursos e aparições na tevê, a influência de Sartre começava a diminuir. Quando subiu ao atril no Mutualité para falar aos estudantes, em fevereiro de 1969, viu algumas palavras escritas em uma folha de papel: "Sartre, seja claro, seja breve".[26] Eram Michel Foucault, Lévi-Strauss e Jacques Lacan que lotavam auditórios, à medida que o estruturalismo tornava o existencialismo ultrapassado e o *nouveau roman* e Françoise Sagan deixavam a literatura *engagée* para trás.

E quando Sartre subiu num tonel em Billancourt para falar com os operários boquiabertos, parecia uma figura curiosamente diminuída. Para muitos veículos da mídia, ele se tornara objeto de escárnio, um homem que desprezavam. "Em toda manifestação, ele e Beauvoir estavam na linha de frente, como uma pantomima",[27] recorda Jean-Claude Sauer, fotojornalista da *Paris-Match*. "Virou uma piada para todo mundo. O maior erro de Sartre foi se permitir ser usado pelos outros. Ele estava completamente equivocado em dar esperanças aos jovens de que tudo ia mudar. Nada muda [...]. Eles foram ingênuos. Desonestos. Desempenharam um papel fictício [...]. E mesmo sendo meio que anão, ele atacou aquelas garotinhas."

É agosto de 1968. Na Piazza Santa Maria di Trastavere, Roma, quando Sartre desce do carro de Beauvoir, suas pernas vergam sob o corpo. Ele se agarra nos braços de Beauvoir e Sylvie, e as duas mulheres o apoiam até a tontura passar. "Não pensei que fosse alguma coisa", escreve Beauvoir, "mas fiquei surpresa, já que ele não havia bebido nada."

Sem ter consciência de que fumar dois maços de Boyards por dia, o cigarro grande, grosso e marrom de que Sartre gosta, está entupindo suas artérias, ela o enfia no trem de Roma a Paris em setembro de 1970, confiante de que sua condição se estabilizou. Quando ela volta, ele retoma sua rotina normalmente precisa, ficando duas noites por semana na casa de Arlette, mas passando as outras com Beauvoir na rue Schoelcher, na confortável intimidade usufruída por tantos velhos casais. No começo da noite fazem uma boquinha de ovos cozidos ou uma fatia de presunto, regado a "*un peu de scotch*", e escutam "concertos domésticos" no gramofone dela: Monteverdi, Gesualdo, Verdi, Mozart — principalmente *Così fan tutte* — entremeados a compositores modernos como Stockhausen e Xenakis. Depois Beauvoir sobe pela escada caracol até seu quarto, enquanto Sartre dorme no divã, no estúdio. De manhã tomam uma xícara de chá, antes que Liliane Siegel, a professora de ioga, chegue para se juntar a eles no desjejum, que consiste sempre de dois cafés *espressos* duplos e quatro fatias de pão com manteiga. Sartre pode ser observado dando notas de 500 francos para Liliane,[28] durante a refeição; depois, ele volta para seu estúdio no boulevard Raspail para escrever em circunstâncias precárias que segundo Liliane a deixavam aflita.

Em vez do cômodo que ela o vira ocupar na rue Bonaparte, onde Sartre desfrutava de uma "escrivaninha esplêndida",[29] flanqueada por "estantes majestosas — toda a atmosfera era o que eu julgava apropriada para um escritor", ele dispunha de uma sala modesta e moderna com uma mesinha minúscula coberta de livros empilhados, papéis, cigarros, cinzeiros, canetas e uma luminária. Encostada na parede há uma mesa de fórmica branca. Um abajur de pé comprado no mercado de pulgas é quase o único outro objeto no ambiente, à parte a quantidade de livros pelo chão, e uma cadeira de madeira, polida pelo uso, em óbvia desarmonia com o caráter indistinto do restante da mobília.

Sartre percebe o olhar de Liliane pousado sobre a cadeira.

— Você gosta? Foi do meu bisavô. Esta cadeira é a única coisa que tem importância pra mim — tirando meus livros, claro.

— É muito bonita, mas parece desconfortável.

— Gosto de ficar desconfortável. Não gosto de assentos que corrompem.[30]

Puritano até o fim, Sartre não conservava quase posse alguma à parte caneta e papel. Em vez disso, ele encontra conforto na regularidade de seus hábitos, invariavelmente saindo com Beauvoir para almoçar. Depois eles voltam para o apartamento dele, onde ela escreve na mesa de fórmica. Nas noites de sábado Sylvie se reúne a eles para o jantar, e no domingo todos os três almoçam juntos no La Coupole; mas certa noite no fim de setembro, após jantar com Sylvie no Dominique's, onde Sartre tomou muitas doses de vodca, ele pega no sono, deixando o cigarro cair no chão. Na manhã seguinte, quando Beauvoir e Sylvie vão buscá-lo para almoçar, ele tropeça na mobília. No La Coupole dá topadas contra as mesas, e quando as duas mulheres o levam para a casa de Wanda, na rue du Dragon, ele cai ao descer do táxi.

Na manhã seguinte, seu médico, o Dr. Zaidmann, o encaminha para novos exames, e se recusa a lhe dar permissão de ir com os maoistas numa visita a centros industriais. Sartre deve começar a tomar uma série de injeções para estimular sua circulação ruim. Deve repousar. Em vez disso, se esfalfa para conseguir terminar o tomo de 2 mil páginas de seu Flaubert, *O idiota da família*, no qual vem trabalhando da idade de 50 a 67 anos. Conforme especula sobre a infância de Flaubert, encontrando paralelos com a sua e enveredando pela autobiografia disfarçada,[31] Sartre mais uma vez recorre aos estimulantes: seus antigos favoritos, Corydrane, tabaco e álcool. "Dopando o animal",[32] seu antigo secretário, Jean Cau, chama isso, fascinado com o tique que Sartre desenvolveu, enquanto, sentado em sua escrivaninha, ele erguia o ombro direito e abria e fechava o braço dobrado.[33] Cau acreditava que isso datasse dos dias de boxe de Sartre, descrevendo seu mestre como um "boxeador intelectual", para quem toda conversa era uma disputa. Mas agora o tique de boxe se metamorfoseou em algo mais ornitológico. "Monsieur Poulou", como Eugénie, a empregada alsaciana, costumava chamar Sartre, está batendo os braços como um par de asas. O franguinho vive de acordo com seu apelido.

"Esses novos distúrbios",[34] escreve Beauvoir, "forçaram-me a ficar dramaticamente consciente de uma fragilidade sobre a qual na verdade eu sabia o tempo todo." Ela é invadida por uma sensação premonitória: da "vida entre parênteses": júbilo e temor.

A fragilidade da própria Beauvoir, que ela havia revelado aos leitores no fim de *La force des choses*, quando escreveu, "Fui tapeada", e pelo que fora amplamente insultada por mulheres que condenavam sua defesa hostil da união livre com Sartre e atribuíam a culpa por seu medo da velhice a sua rejeição insensata do casamento, fora temporariamente superada. Seu método havia sido o de sempre: a escrita, para a qual sempre se voltara, "como uma oração", em tempos de vulnerabilidade, dissecando a própria tristeza com habilidade de cirurgiá.[35]

Das "profundas feridas" da adoção de Arlette feita por Sartre em 1965 brotou um novo romance, *Les belles images*,[36] que Beauvoir escreveu apressadamente entre outubro e janeiro de 1966, quando se recuperava de seu acidente de carro. "Escrever sobre mim mesma teria significado pôr sal em cima de tudo."[37] Em vez disso, Beauvoir ambientou seu romance curto mas presciente em uma agência de publicidade, onde sua heroína, Laurence, é uma redatora que vende "belas imagens". Mãe trabalhadora promíscua e materialista que engole comprimidos e se preocupa com abdominoplastias enquanto manda a filha ao psiquiatra, Laurence acredita que "perdeu o jogo" e investe suas esperanças na menina. O romance entrou na lista dos best-sellers, a despeito das resenhas negativas acusando a autora de macaquear Sagan.

Mas foi o livro seguinte de Beauvoir, *La Femme rompue* (A mulher destruída), que fez uma tempestade desabar em sua cabeça. A crítica mais recorrente contra sua obra era de que suas histórias eram autobiográficas; e mais uma vez se dizia que ela era o tema desses três contos sobre a mulher abandonada e neurótica, que cutucava a ferida dos leitores. Segundo Le Bon, contudo, Beauvoir escrevia sobre "*la femme mariée qui n'avait pas gagné la vie*",[38] a mulher casada que não ganhava o próprio sustento, e Olga foi seu modelo para a "mulher destruída"[39] epônima, Monique, cuja dependência dos homens só traz infelicidade. O marido de Monique, Maurice, está prestes a deixá-la pela amante que ela odeia, Noëllie. "Mulheres que não fazem nada não aturam mulheres que trabalham",[40] diz Maurice, dando voz aos pensamentos da amante. Monique, engolindo bebida, tranquilizantes e pílulas para dormir, contempla o suicídio. Olga, o rosto devastado pela plástica malfeita, sentada ao lado de Beauvoir em uma reunião de feministas em 1972, Olga, que fala em se matar,[41] e em matar Bost, e "se enfurece, se encoleriza e às vezes morde",[42] representa a mulher como vítima nesse conto de moralidade moderna.

Murielle, outra solitária de quarenta e poucos anos cuja história é uma *prequel* de Bridget Jones, afunda na autopiedade sozinha em seu apartamento na noite de ano-novo:

> Eu faço a minha parte mas uma mulher sozinha é desprezada [...]. Morrer sozinha, viver sozinha não eu não consigo suportar isso. Preciso de um homem eu quero que Tristan volte droga de porcaria de mundo [...] estão rindo e eu aqui murchando e ficando pra titia: 43 é muito cedo [...]. Ninguém me convida mais pra sair eu vivo aqui dentro sufocada nessa merda. Estou de saco cheio disso de saco cheio de saco cheio de saco cheio. [...] Que baita roubada ter me enfiado naquele casamento eu tão cheia de vida queimando de desejo e ele um caxias de classe média um filho da puta desalmado como macarrão mole [...].[43]

Nesse monólogo Beauvoir transmite sua mensagem de que é a mulher que sai perdendo em um casamento, a menos que conquiste para si uma vida independente, mas há um subtexto não mencionado nesses retratos dolorosos de mulheres furiosas e decepcionadas. A autossuficiência financeira não é garantia contra as aflições do coração. *La Femme rompue* foi publicado em 1967, pouco antes de Beauvoir fazer 60 anos. Ela continuara a escrever para Nelson Algren, convidando-se para passar uma semana com ele em Chicago, em maio de 1965, quando Sartre planejava sua conferência na Cornell University. "Eu gostaria de vê-lo outra vez antes que *você* morra",[44] disse ela a seu "adorado rato" no Dia da Bastilha, 14 de julho de 1964.

Seu *timing* foi desastroso. A despeito do aparente perdão concedido em 1960, quando a visitara em Paris, Algren ficara magoado pela forma como fora retratado em *Os mandarins*. Quando ela regressou do Brasil para a rue Schoelcher, onde ele permanecera hospedado em sua ausência, antes de voltar para os Estados Unidos, ela não encontrou nenhuma carta sua, apenas algumas fotos de Istambul; para seu pesar, ele continuou a escrever longas cartas cheias de novidades para Olga. A escritora Gillian Tindall lembra-se de ter encontrado Algren em uma festa dada por Peggy Guggenheim, em 1961, quando ele estava "cuspindo bílis"[45] sobre Beauvoir a qualquer um que quisesse escutar. Guggenheim, nesse meio-tempo, escreveu um romance não publicado sobre seu caso com Algren, em que seu personagem fictício faz comentários injuriosos sobre seu *affaire* com uma francesa. Ela enviou o manuscrito para Beauvoir com uma carta sarcástica, que Beauvoir traduziu e reenviou para Algren. *"Dearest beast,* você ainda está respirando? Ou está morto, ou o quê?",[46] quis saber Beauvoir, em dezembro de 1961. "Você casou com Mary G, sem ousar me contar?"

Subsequentemente, Beauvoir mandou uma jornalista franco-canadense, Madeleine Gobeil,[47] de quem se tornara amiga, entrevistar Algren. Ele, bem ao estilo de Beauvoir, iniciou imediatamente um caso com a mulher, levando-a para o mesmo chalé em Miller em que ele e Beauvoir haviam ficado. Um relato pormenorizado do relacionamento feito por Gobeil foi enviado para Beauvoir, por instigação de Algren, assim ela acreditava. A guerra por intermédio de terceiros continuava.

Algren deu vazão a parte de sua melancolia em *Who Lost an American?*, dedicado a Simone de Beauvoir e publicado em 1963. Era um livro que "não tinha o menor direito de ter sido escrito", protestou com ele Beauvoir, em outubro, na esperança — talvez com um pé atrás — de que seu próprio livro novo, *La force de choses,* não fosse tão odiado, e de que ele não ficasse tão "aborrecido";[48] o livro foi, explicava ela, escrito "de todo coração".

Seus temores eram bem fundados. A raiva que Algren sentiu com *Os mandarins* não foi nada comparada à fúria vulcânica que explodiu quando leu *La force des choses,* que apareceu nos Estados Unidos no exemplar de dezembro de 1964 da *Harper's,* sob o título provocativo: "A Questão da Fidelidade". Ao abrir a revista, a venda finalmente caiu de seus olhos. Pela primeira vez ele compreendeu que Beauvoir arranjara um amante americano para dar o troco na amante americana de Sartre, Dolorès. Mas enquanto ela estava disfarçada como "M", ele era nomeado e humilhado como o caso de Beauvoir. Para piorar a ofensa, ele (como inúmeros amantes de Sartre e Beauvoir) começou a se sentir como um rato de laboratório em um experimento psiquiátrico, quando leu sobre o pacto:

Manter em todos os desvios do caminho principal uma "certa fidelidade".
"Fui fiel a ti, Cynara!, à minha maneira." Uma empreitada dessas tem seus riscos...
Se os dois aliados se permitem apenas ligações sexuais passageiras, então não há dificuldade, mas isso significa também que a liberdade que se permitem não é digna do nome. Sartre e eu fomos mais ambiciosos. Era nosso desejo vivenciar "amores contingentes": mas existe uma questão que evitamos deliberadamente: Como a terceira pessoa se sentiria quanto ao arranjo?

Resenhando o livro na *Harper's*, Algren deu vazão a sua afronta:

Qualquer um capaz de vivenciar o amor contingencialmente tem um cérebro que parou de funcionar há pouco. Como o amor pode ser *contingente*? Contingente em relação *a quê*? [...] Alcoviteiros são mais honestos que filósofos.[49]

Em lugar de suas cartas "boas, afetuosas" e de sua fita de áudio para Beauvoir, em dezembro de 1963, haveria apenas silêncio. Ele jamais perdoou sua "*frog wife*", embora, segundo Madeleine Gobeil, continuou a admirar suas realizações.[50] De sua parte, Beauvoir, a despeito da raiva com as observações "desdenhosas" de Algren sobre Sartre e ela em *Who Lost an American?*, guardou um afeto saudoso dele. Em sua última carta para Algren, em novembro de 1964, ela disse que o encontraria onde quer que estivesse escondido quando fosse para os Estados Unidos, em maio de 1965. Mas a Guerra do Vietnã impediu. Após se tornar presidente do Tribunal Russell na denúncia dos crimes de guerra americanos, Sartre cancelou sua visita a Cornell.

Algren permaneceu amargo em relação a sua falta de reconhecimento, diante da fama global de Beauvoir. Uma das evidências mais pungentes é uma fotografia mutilada nos arquivos da Universidade de Ohio, mostrando os antigos namorados na beira do lago Michigan, no verão de 1952; em outros exemplares dessa foto o cabelo de Beauvoir cai solto sobre seus ombros enquanto ela sorri para a câmera, mas nessa fotografia sua imagem foi rasgada. O autor parece ter sido Nelson.

Em maio de 1981, Algren estava ligeiramente apaziguado a ponto de se ver sendo eleito para a elitista Academia Americana de Artes e Letras. Estava com 72 anos, mudara-se recentemente para Sag Harbour, Nova York, e finalmente se sentia à vontade na comunidade literária de Long Island; ele decidiu chamar seus amigos para uma festa.

Mas quando W. J. Weatherby, o correspondente do *The Times*, chegou para entrevistar Algren, descobriu que os anos, afinal de contas, não haviam suavizado sua raiva. Mostrando os dentes para o jornalista, como o crocodilo ao qual Beauvoir outrora o havia comparado, declarou: "Estive em prostíbulos pelo mundo todo, e a mulher do lugar sempre fecha a porta [...] mas essa mulher deixa a porta aberta e convoca o público e a imprensa [...]. Não tenho nada contra ela, mas acho uma coisa pavorosa de se fazer".[51]

Quando o primeiro convidado da festa de Algren chegou, em 9 de maio, encontrou seu corpo, cercado por garrafas de bebida sem abrir. Ele tivera um ataque cardíaco.

"Não ficou triste?",[52] perguntou a irmã de Beauvoir, Poupette, quando a notícia chegava à França. "Não sente nada por ele?"

"Por que eu deveria?", respondeu Beauvoir, que nunca admitiu quão usadas e rejeitadas como uma luva velha ela e Sartre fizeram suas vítimas se sentir.

"O que ele sentia por mim, para ter escrito aquelas coisas horríveis?"

Mas ela continuou a guardar as cartas dele no quarto do andar de cima em seu estúdio, e a usar o anel até a morte.

O ódio chegava a Beauvoir de outra fonte. Wanda, drogada de cocaína,[53] fizera uma boneca vodu de Beauvoir e espetava alfinetes nela. Seu rancor era porque Beauvoir a deixara de fora de suas memórias, que, como Algren, ela considerava não autobiografia, mas "autoficção".[54] Em 1965, Sylvie ficou preocupada com o comportamento de Wanda quando a atriz comprou uma pistola e ameaçou matar Beauvoir. Fingindo ser uma jornalista da *Elle*, Sylvie e duas alunas amigas suas enganaram Wanda e conseguiram entrar em seu apartamento, mantendo-a embaixo enquanto davam uma busca. Sylvie voltou triunfante para Beauvoir, brandindo o revólver de Wanda. "[Wanda] era uma viciada terrível",[55] lembra Sylvie. Ela provara sua devoção a Beauvoir.

Pouca gente sabia melhor do que a decidida Sylvie, que fisicamente se parecia tanto com sua companheira, o preço que Beauvoir pagara pela independência. "A mulher independente", em *O segundo sexo*, pode ser vista como sua confissão pessoal dos sacrifícios envolvendo "uma vida de liberdade":[56]

> Um relacionamento ou o casamento [...] pode ser conciliado com uma carreira muito menos facilmente [para uma mulher] do que para o homem. Às vezes seu parceiro [...] lhe pede para que abra mão dela: ela hesita, como a Vagabonde de Colette, que deseja ardentemente a presença de um homem a seu lado, mas teme os grilhões do casamento. Se ela cede, torna-se uma vassala uma vez mais; se se recusa, condena-se a definhar na solidão.

Quão mais fácil era ser um Baladin ou Playboy do que uma Vagabonde. Sonhadoramente, Beauvoir imagina um "homem que aja como servo devotado", como o marido de George Eliot, Lewes, que cria a harmonia doméstica que "a esposa em geral cria em torno do marido-senhor". A mulher independente, por outro lado, fica "dividida entre seus interesses profissionais e os problemas de sua vida sexual; é difícil para ela encontrar um equilíbrio entre as duas coisas; se ela o faz, é ao preço de concessões, sacrifícios, malabarismos, que exigem dela ficar em permanente estado de tensão".[57] "Nervosismo e fragilidade" são o preço do celibato.

O pacto — tão casualmente descrito em *La force des choses* — se revelara um malabarismo quase impossível. Manter todas as bolas no ar, Sartre e seus outros namorados, custara caro a Beauvoir. Percebendo isso, os leitores dela identificaram Beauvoir com a mulher. Foi o segredo de sua popularidade. Nas viagens com Sartre era cercada por uma multidão, como o papa, dizia ela. Chegara a hora de deixar a sombra do homem que a tomara "sob sua asa" em 1929 e responder a pergunta que mulheres por toda parte andavam fazendo: ela era feminista?

Beauvoir havia esperado que o socialismo trouxesse a igualdade sexual. Isso não acontecera, e em 1970 ela cruzou seu Rubicão pessoal. Ela já notara nas manifestações de maio de 1968 que nem mesmo os homens *gauchistes* tratavam suas mulheres como iguais.

> Os homens faziam os discursos, mas quem os datilografava eram as mulheres. Os homens subiam nos caixotes de sabão e nos palanques, mas as mulheres ficavam na cozinha fazendo café. Assim, elas se encheram disso, porque eram mulheres inteligentes. Perceberam que teriam de tomar seu destino nas próprias mãos [...]. Concordei com elas porque compreendi que as mulheres não poderiam esperar que sua emancipação viesse da revolução geral, mas que teriam de fazer uma por conta própria. Os homens estavam sempre lhes dizendo que as necessidades da revolução vêm primeiro e que sua vez como mulheres vinha depois [...].[58]

Quando, no fim de 1970, Gisèle Halimi e outras participantes do Mouvement de Libération des Femmes pediram a Beauvoir que se unisse à campanha, ela concordou, assinando o "Manifeste des 343 salopes", que proclamava: *"Je me suis fait avorter"* — eu fiz um aborto. O manifesto, assinado não só por "nomões" como Colette Audry, Dominique Desanti e Simone Signoret, mas também por membros da família sartriana, Olga, Arlette, Michèle, Hélène de Beauvoir e Liliane Siegel, secretárias, funcionárias de escritório e donas de casa, foi publicado no *Le Nouvel Observateur* em 5 de abril de 1971. Importante demais para ser presa, como Sartre, Beauvoir acreditava que não era tão corajosa como mulheres comuns, que arriscavam perder seus empregos; quanto à publicidade negativa, estava acostumada a isso. Em novembro, ela e 4 mil mulheres marcharam através de Paris para exigir o direito de escolha da mulher: militantes distribuíam salsinha, símbolo do aborto clandestino, e na Nation algumas mais valentes escalaram uma estátua e queimaram panos de prato, símbolo da servidão feminina.

A própria Beauvoir jamais fizera um aborto,[59] afirma Le Bon, mas nunca deixara de mostrar ardente solidariedade por mulheres forçadas a recorrer a aborteiros de fundo de quintal. "Dava dinheiro prodigamente, permitindo que abortos fossem efetuados em seu apartamento",[60] lembra Michèle Vian, que também se juntava com suas amigas para obter instrumentos e toalhas a fim de realizar o procedimento em seu próprio apartamento. "Era muito difícil, muito duro, estávamos trabalhando ao mesmo tempo [...]. Havia *flics* por toda parte, era ilegal. Mas essas garotas grávidas estavam morrendo de vergonha, essas garotas violentadas pelo *patron*. As famílias delas lhes mostravam a porta da rua. Não tinham aonde ir."

Três meses depois, em julho de 1971, Halimi formou o Choisir la Cause des Femmes,[61] com o objetivo de revogar a lei de 1920 contra o aborto. Beauvoir foi sua primeira presidenta; entre os demais fundadores estava Jacques Monod, Prêmio Nobel de medicina. Ter homens distintos em seus quadros, alguns deles católicos, se provou vital na primeira batalha da associação contra o Estado: o famoso julgamento Bobigny, em que o Choisir assumiu a defesa de Marie-Claire, uma garota de 16 anos acusada de ter feito um aborto com a anuência da mãe.

"Halimi foi brilhante",[62] recorda Laurence Nguyen, membro do Secretariado Nacional do Choisir. "Para começar, era linda. Ela representou as mulheres muito bem." Mulheres eram julgadas pela aparência; no julgamento, enfrentaram o corredor polonês de uma multidão hostil e ruidosa que gritava insultos para elas: "Lésbicas!" "*Grosse et moche et mal baisée!*" Gordas, feias e malcomidas. "*Si nous sommes mal baisées, à qui la faute?*" Se a gente é malcomida, a culpa é de quem?

Encorajadas pela primeira vitória, *la loi Veil*, a reforma da lei do aborto conduzida pela ministra Simone Veil, as mulheres decidiram concorrer à Assembleia Nacional. Nas eleições de março de 1978, cem candidatas se apresentaram, tendo por slogan "*Cent femmes pour les femmes*", "Vote pelo Choisir", "Escolha a mudança",[63] mostrando que a mudança estava mesmo no ar. Os homens mal conseguiam acreditar. "Quando pedíamos a eles que ajudassem, não levavam a sério", recorda Nguyen, então a candidata de 36 anos por Fontainebleau. "Eles disseram que iam colar nossos cartazes, mas esqueceram a água para a cola. Voltaram rindo: a gente fez xixi na cola pra vocês."

Chocada de que o status das mulheres mal mudara nos últimos dez anos, em 1972 Beauvoir passara por uma conversão damascena: "*Je me déclare feministe*",[64] escreveu no fim de *Tout compte fait*. "Não, não ganhamos o jogo;

na verdade, não ganhamos quase nada desde 1950." Em 1949, ela baseara *O segundo sexo* em fundamentos filosóficos. Se fosse escrever outra vez, disse, ela ia basear a opressão das mulheres na economia, mas sem modificar seu princípio básico, "de que todas as ideologias masculinas são direcionadas para justificar a opressão das mulheres, e de que as mulheres estão tão condicionadas pela sociedade que consentem nessa opressão".[65] Convencida de que a criação, não a natureza, molda a mulher, defendia sua ideia original: "Não se nasce mulher; torna-se mulher [...]. Nenhuma feminista questiona a afirmação de que as mulheres são produzidas pela civilização, não biologicamente determinadas". Furiosa de que a "diferença" restringia as mulheres ao "ato de limpar — limpar bebês, doentes, velhos",[66] ela, como Firestone, advogava a abolição da família e deplorava a "escravidão"[67] da criação dos filhos.

Para que um escritor se metamorfoseie em ícone, ele ou ela deve personificar o espírito da época. Beauvoir personificou o feminismo dos anos 1970: forte, solteira, irascível. Seu estilo de vida era tão inspirador quanto suas ideias de mobilização das mulheres, embora algumas jovens feministas francesas tivessem reservas quanto a sua reputação de amor livre. "É difícil para nós",[68] diziam umas; "A gente admira o que ela escreveu, mas não gosta da vida que leva". Outras haviam respirado o mesmo *zeitgeist* que ela cultivara. "Não foram apenas *parapluies*, as figuras de ponta, que a fizeram",[69] diz Michèle. "Nós mulheres fizemos a revolução." *O segundo sexo* ultrapassou sua reputação na França católica como "*un truc scandaleux*": dera início a um processo irreprimível.

Na época da Libertação, Beauvoir escrevera que era sua vez, de Sartre e dela, de carregar a tocha. Após o *boom* do existencialismo, Beauvoir tomara essa tocha em suas mãos e a carregara em uma direção completamente diferente. Ela pegara a mensagem existencialista de liberdade e autorrealização e a aplicara a seu próprio sexo. Ela a tornara relevante para milhões de mulheres no mundo todo; havia se tornado uma inspiração, um modelo e uma mãe adorada. Não é de admirar que as mulheres esticassem o braço para tocar a barra de sua saia: ela carregava a aura da realeza, a santidade e a mística de Madre Teresa.

Lutando por uma causa diferente da de Sartre, Beauvoir finalmente triunfara no jogo da fama. Ela era, enfim, uma mulher por seus próprios méritos. Mas atrás da persona pública ocultava-se a privada. Ela acendera o fogo da liberação feminina, mas antes, no passado, traíra a confiança de suas pupilas: Olga, Bianca, Nathalie, mulheres agora prejudicadas ou mortas. Ela violentara adolescentes e servira de cafetina para Sartre. Em 1972, fez questão de se retratar de outra importante afirmação em *O segundo sexo*: "a primeira penetração é sempre um estupro".[70] Beauvoir não esquecera seu passado. Sua mudança de pensamento está enraizada em sua própria história sinistra de má-fé. Não poderia haver contradição mais gritante do que entre os princípios sacralizados em *O segundo sexo* e sua prática passada do que foi, por qualquer padrão contemporâneo, abuso de menores. Aos 64 anos, seria tarde demais para salvar suas "crianças"?

37

O sequestro de um velho

Comment expliquer ce "détournement de vieillard"?
Como explicar esse "rapto de um velho"?[1]

Simone de Beauvoir, *La Céremonie des adieux*

EM ST PAUL-DE-VENCE na primavera, as laranjeiras estavam em flor. No canto dos jardins do Hôtel Colombe d'Or, Simone e Sylvie dividiam um pequeno chalé, enquanto Sartre e Arlette se hospedavam no próprio hotel. Os dias passavam agradavelmente, reunindo-se para o almoço e visitando a Fondation Maeght para admirar os quadros. De noite, Sartre se juntava a Beauvoir na sala de estar fresca e branca, decorada com pinturas de Calder, onde conversavam, tomavam uísque e comiam *saucisson* e chocolate.

Quando regressaram a Paris, em maio de 1971, Sartre carinhosamente abriu a caixa pesada que recebera da Gallimard; estava cheia de exemplares de *O idiota da família*. Ele contou a Beauvoir que o livro de 2 mil páginas lhe dera tanto prazer quando a publicação de *A náusea*. Ela estava mais preocupada, contudo, com os perigosos pastos aonde os maoistas o andavam levando. Em 13 de fevereiro, Sartre acompanhara Lilliane ao Sacré Coeur, que La Gauche Prolétarienne decidira ocupar após um jovem militante, Richard Deshayes, ter sofrido desfiguração com uma granada de gás lacrimogêneo durante uma manifestação. Os maoistas asseguraram a Sartre que haviam recebido a anuência do padre, Monseigneur Charles. Mas quando Sartre e Liliane entraram tudo que havia eram alguns paroquianos de idade rezando. "Me levaram para passear outra vez",[2] disse Sartre a Liliane. "É só uma jogada publicitária idiota."

Pouco a pouco, a igreja se encheu de homens jovens. As portas foram fechadas. Minutos mais tarde um tropel de policiais invadiu o prédio. Sartre, jogado contra a parede, escapou de se ferir, mas no violento confronto que se seguiu um homem teve a coxa perfurada por uma grade pontuda. Furioso com a armadilha que lhe havia sido armada, e alarmado com o poder dos maoistas dentro do Secours Rouge, Sartre deixou de seguir suas diretrizes.

Continuava visitando Michèle Vian na capela de St. Bernard, na estação de Montparnasse, onde ela fazia uma greve de fome em solidariedade a Geismar, trancafiado na prisão Santé; ela e Sartre haviam reacendido a antiga intimidade contra um cenário público de hostilidade contra os *gauchistes*, cada vez mais encarados como terroristas. "Eu ia a todas as manifestações",[3] recorda Michèle. Cada vez mais, conforme o Choisir demandava o tempo de Beauvoir, ela deixava que Michèle e Liliane acompanhassem Sartre em suas andanças com os maoistas, a cujas manifestações ele continuava comparecendo. "Castor sempre manteve as mulheres de Sartre como suas amigas", diz Michèle. Em questões práticas, como suas férias anuais, planejadas segundo suas velhas *heures de professeur*, "Ela era a líder, ela ditava as regras". Embora seus caminhos políticos divergissem, com Beauvoir no comando a rígida rotina sartriana ainda funcionava como um relógio.

Castor ficava de olho em Sartre, que muitas vezes se hospedava em sua casa porque o elevador quebrava em seu bloco de apartamentos e era demais para ele subir dez lances de escada. Mas na terça-feira, dia 18 de maio, quando ele apareceu diante dela vindo da casa de Arlette, Beauvoir perguntou casualmente, "*Comment ça va?*",[4] ao que ele respondeu, "Mais ou menos". Sua boca estava retorcida, suas palavras eram indistintas, e mal conseguia andar. Tivera um terceiro derrame. Nessa noite, depois de Sartre ter ido ao médico, Sylvie o levou à casa de Beauvoir. Enquanto Sartre bebericava seu suco, e Sylvie enfiava um novo cigarro em seus lábios paralisados, Beauvoir punha o *Réquiem* de Verdi. "Bem apropriado", murmurou Sartre.

Em uma semana, Sartre recuperara sua capacidade de falar e seu bom humor, embora quando Bost aparecesse para jantar Beauvoir lhe dissesse que ia ser um problema para ela quando tentasse persuadir Sartre a cortar o consumo de álcool, cafeína e estimulantes. Em silêncio, Sartre subiu a escada para o balcão que ficava acima do estúdio. Sua voz de tenor tão leve e pura como na juventude, cantou: "Não quero causar à minha Castor o menor sofrimento".[5]

Nesse mês de junho seu próprio sofrimento aumentou quando uma língua dolorida tornou difícil comer.

— Que ano horrível — observou Beauvoir. — *Tout le temps vous avez eu des ennuis.*

— *Oh! Ça ne fait rien* — respondeu Sartre. — Quando a gente fica velho, isso não tem mais importância.

— Você quer dizer, porque a pessoa vai morrer?

— É. É natural ir se desfazendo aos poucos.[6]

A partir dessa época Beauvoir notou um novo distanciamento em Sartre. Ele estava, se não triste, remoto e indiferente quanto a seu destino. E quando, nesse verão, fizeram um último almoço juntos no La Coupole antes de se separar, ele para Junas com Arlette, ela para a Itália com Sylvie, ele sorriu e disse: *"Alors, c'est la cérémonie des adieux!".*[7]

— Não vou viver além dos 70 — confidenciou Sartre a Beauvoir em dezembro. — Você mesma me disse que é difícil a pessoa se recuperar de um terceiro derrame.

— Mas seus derrames foram muito leves — protestou Beauvoir.

Sartre continuou:

— Receio que não vou conseguir terminar o Flaubert.

— Isso deixa você aflito?

— É, deixa.[8]

Ele começou a fazer planos para seu funeral, insistindo, acima de tudo, que não deveria ser enterrado no jazigo familiar em Père Lachaise, entre sua mãe, que morrera em janeiro de 1969, e seu padrasto, Joseph Mancy.

No enterro de Overney, um operário desempregado da Renault morto por um segurança, Sartre penou para acompanhar o caixão com Beauvoir e Michèle. Suas pernas não aguentavam seu peso. Embora seu entusiasmo pela "violência, espontaneidade e moralidade" dos maoistas o metessem em mais uma aventura temerária, em que foi levado às escondidas para a fábrica da Renault na traseira de um furgão, em fevereiro de 1972, sua relação com o álcool cobrava seu tributo. Beauvoir observou que após um único copo de uísque ele começava a falar coisas sem sentido e cambaleava a caminho da cama. E quando seu secretário, Puig, chegou ao apartamento de Arlette, onde Sartre ficara assistindo à televisão enquanto ela estava fora, ele o encontrou caído no chão, bêbado. Levou meia hora para Puig acordar Sartre, e quando amparava o escritor cambaleante até em casa, Sartre caiu e bateu com o nariz, que sangrou.

Começava a ficar óbvio que Sartre necessitava de cuidados maiores. Quando, em agosto, Beauvoir foi à estação em Roma para encontrá-lo, ele não apareceu. Ela o encontrou no hotel, a fala emplastrada.

— Vou ficar pronto daqui a um minuto — disse ele. Havia se aproveitado dos momentos sozinho para tomar duas meias garrafas de vinho no vagão restaurante.

— Por que bebe tanto sempre que tem chance? — perguntou Beauvoir.

— *C'est agréable* — foi a resposta desafiadora.[9]

Mas gostar de álcool não era resposta suficiente para Beauvoir, que suspeitava que Sartre perdera o interesse em "seu jardim, Flaubert". Após entregar o terceiro volume para a Gallimard, ele cogitou basear o quarto volume sobre *Madame Bovary* no estruturalismo, que ela sabia não ser de seu agrado. Em vez de escrever, o casal começou a jogar damas, passatempo pelo qual logo se apaixonaram.

Certa tarde, quando caminhavam na direção do Panthéon, Sartre parou e disse:

— Os gatos mijaram em mim.[10]

Sylvie deu risada e acreditou; Beauvoir não disse nada. Ela já havia notado que ele muitas vezes deixava uma mancha úmida na cadeira, em seu estúdio, e enfrentara o touro à unha:

— Você está com incontinência urinária. Precisa contar ao médico.

Para sua surpresa, Sartre confessou que já o fizera.

— Já faz um bom tempo. Foram as células que eu perdi.

— Você não acha isso embaraçoso? — protestou Beauvoir. Ele respondeu com um sorriso.

— Quando você é velho, não pode esperar demais, suas reivindicações devem ser modestas.

Talvez fosse para fugir a esse interrogatório sobre suas funções corporais que Sartre se submetesse a um outro interrogatório. Em novembro, ele concorda em ser entrevistado por dois *gauchistes*, um jovem judeu egípcio sem pátria chamado Benny Lévy, que na época usa o pseudônimo de Pierre Victor, e o jornalista Philippe Gavi. Victor, um filósofo graduado da École Normale e líder do La Gauche Prolétarienne com Geismar, conhecia Sartre desde 1970. Sartre gostou dele imediatamente, detectando naquele sujeitinho magro e desgrenhado com "perfil de águia"[11] "qualidades femininas"[12] que o atraíram. Para surpresa da "família", Victor, em sua parca verde-acinzentada, barba falsa e óculos escuros, um disfarce bem anos 70, cafona mas eficaz, evoca em Sartre o protótipo do "intelectual-trabalhador", *un mec*, um cara com quem pode ter o tipo de conversa que "gosta muito mais de ter com mulheres".

"Sartre não queria debater ideias com Beauvoir nessa época de sua vida",[13] recorda Michèle. "Ele admirava a juventude e a filosofia dessa idade. Preferia os jovens, os homens por suas ideias, as mulheres por seu charme." Irreverentes, sem-cerimônia, Philippe e Pierre se dirigem a Sartre por *tu*.[14] Os dois *jeunes camarades* que, nessas entrevistas publicadas como *On a raison de se révolter* (Temos motivo para nos revoltar), tratam Sartre sem deferência, como um igual, revivem para ele a alegria de sua juventude com Nizan, com que ele formou um "casal" antes de Beauvoir.

Sartre se acredita livre de ilusões. "Claro que existo para você apenas na medida em que lhe sou útil",[15] diz a Victor. A idade, diz, o transformou numa "mera imagem", capaz de se juntar aos jovens numa manifestação apenas se for levado de carro e com uma cadeira dobrável para sentar. Há tensões com os maoistas: ele discorda do sequestro de Nogrette, o funcionário da Renault responsável pela demissão dos trabalhadores, efetuado por um grupo clandestino, La Nouvelle Résistance Populaire. "Não sou maoista",[16] afirma várias vezes, mas assume a editoria de outros dois jornais maoistas, *Tout* e *J'Accuse*, que se fundem com *La Cause de Peuple* para servir de escudo contra o governo. Radicalizado por essas editorias, instado por Victor a abandonar Flaubert, em fevereiro de 1973 Sartre, junto com Victor, Serge July e Gavi, dá um passo ousado e provocativo em lançar um novo jornal diário, *Libération*, e anunciar: "Eu acredito na ilegalidade".[17]

Independente, sacrílego,[18] o jornal revolucionário publica cartuns escatológicos e temas que são tabu sexual. Também dá voz ao anticolonialismo de Sartre, sentido ainda mais visceralmente após o massacre de May Lai, e sua oposição ao PCF, numa época em que a tradução de *O arquipélago gulag* de Alexander Soljenítsin está revelando aos jovens intelectuais de toda parte a verdadeira natureza assassina do totalitarismo. Quando, durante o verão em Roma, Beauvoir lê em voz alta para Sartre a maior obra do romancista exilado que no passado se recusara a apertar a mão deles, a percepção plena da URSS como "paraíso perdido" talvez entrem em suas cabeças; mas é de se duvidar se, mesmo com os olhos bem abertos, eles são corajosos o suficiente para admitir um para o outro o papel que desempenharam em prolongar a agonia dos povos russo e chinês ao apoiar um sistema corrupto.

— Você não se arrepende de nada em sua relação com o comunismo e os comunistas? — pergunta Olivier Todd.

— *Non* — responde Sartre. — *Je ne regrette rien*. Não poderia ter agido de forma diferente.[19]

"Ninguém nunca vai fazê-lo admitir que cometeu um erro se tornando o camarada itinerante mais famoso de todos os tempos", comenta Todd. Sartre tampouco admitiria publicamente que seu velho amigo, o liberal de direita Raymon Aron, que atacara o marxismo como "o ópio dos intelectuais" anos antes, estivera com a razão o tempo todo. Mas em seu estúdio, sozinho com sua consciência, Sartre encontra pouco conforto quando escreve as palavras: "Eu me tornei um traidor e continuei sendo".[20]

Outros esqueletos começam a sair do armário. Em 1971-72, o documentário para a televisão de Marcel Ophuls,[21] *Le chagrin et la pitié*, que investiga o colaboracionismo francês durante a Ocupação e mostra que a França jamais foi a *nation résistante* do mito gaullista, é exibido em cinemas lotados, a despeito de sua proibição na tevê. Muitos acreditam que isso abria uma lata de vermes. Entretanto, nesse ano o presidente Pompidou perdoa o notório líder da Milice em Lyon, Paul Touvier, que sai do esconderijo vinte anos após ser sentenciado à morte por caçar membros da Resistência. O governo, como muitos indivíduos, prefere passar uma conveniente borracha no passado: Sartre é um dos que fazem campanha para salvar Touvier da guilhotina.

Até então Sartre permanecera inteiramente lúcido, embora, talvez ciente da deterioração de sua saúde, e admitiu: "Maio de 68 pode ter chegado tarde demais para mim" Em 5 de março de 1973, uma crise ocorreu. Sartre fora forçado a cumprir um prazo apertado no dia anterior, escrevendo um artigo sobre as eleições parlamentares para o primeiro número do *Libé*; ele ficou orgulhoso de produzi-lo com tanta rapidez e eficiência em meio à agitação da redação, na rue de Bretagne. No dia seguinte, depois de almoçar com Michèle no La Coupole — "que sempre o fazia beber demais",[22] resmungou Beauvoir —, ele teve um novo derrame. Seu braço ficou paralisado. Na manhã seguinte, ela entrou em pânico. Sartre murmurava coisas sem sentido.

Apenas dois dias depois Sartre ficou em condições de ver um neurologista no hospital Salpêtrière. Este disse a Beauvoir que o paciente tivera um ataque de anoxia, falta de oxigênio no cérebro, causada em parte pelo tabaco, mas também pelo estado de suas artérias, e ordenou a Sartre que parasse de fumar e diminuísse a bebida. A advertência entrou por um ouvido e saiu pelo outro. Alarmada com seu estado mental confuso, Arlette o levou para umas férias no Midi, onde ele tomava banho de sol lendo *romans policiers*. "Posso saber por que estou aqui?",[23] perguntou ele. "É porque estamos esperando Hercule Poirot?"

Sempre chorando muito, Beauvoir passeou pelo Languedoc com Sartre e Sylvie, mas enquanto ela dirigia através de *garrigues* e vinhas, árvores frutíferas em flor e colinas azuladas e distantes, ele continuava a dizer coisas sem sentido, engrolando as palavras e imaginando que havia um rapaz na traseira do carro. De volta a Paris, o neurologista aferiu sua pressão: 200/120. "Não sou idiota. Mas estou vazio", disse Sartre ao especialista. Seus episódios de tontura aumentaram, e em junho ele sofreu uma hemorragia tripla atrás de seu olho "bom".

A cegueira cada vez mais agravada de Sartre ia se tornando fonte de constrangimento, embora não para ele. Em Menton, entornou uma tigela de sopa de peixe nos próprios pés; em Veneza, derrubou espaguete e o sorvete que seu apetite de diabético o fazia desejar, e se recusou a deixar que Beauvoir cortasse sua carne. A aflição dela aumentou: dividida entre a compaixão por Sartre e a preocupação com uma Sylvie cada vez mais entediada, ela tentava agradar duas pessoas com necessidades incompatíveis. Wanda, também em Veneza para cuidar de Sartre, lhe dava remédios com meticuloso zelo, mas ficou preocupada quando ele, incapaz de determinar as horas, começou a se vestir no meio da noite.

Estava claro que Sartre não podia mais morar sozinho. Mais uma vez, Beauvoir voltou-se para suas mulheres em busca de ajuda. Em 1973, Arlette e Liliane acharam para ele um apartamento maior, de dois quartos, também no décimo andar, mas com dois elevadores, no boulevard Edgar-Quinet, perto da nova Tour Montparnasse. A vista continuava sendo das copas a se agitar no cemitério, mas isso já não era um conforto para Sartre, que nesse outono mergulhou no vale das trevas. "Minha ocupação de escritor está completamente destruída",[24] disse a Michel Contat, que ficou inconformado de ver aquele "sujeito maravilhoso", um grande escritor que vivia com toda a simplicidade, "não desesperado, mas cruelmente lúcido" quando o entrevistou às vésperas de seu septuagésimo aniversário, em junho de 1975, para o *Le Nouvel Observateur*. Sartre queria que seu autorretrato fosse severo como o que Rembrandt pintara de si mesmo na velhice. Não mostrou o menor interesse na mudança para o novo apartamento, que não apreciava. "Esse apartamento é o lugar onde eu não escrevo mais",[25] explicou categoricamente a Beauvoir.

Beauvoir e Arlette dividiam os cuidados com Sartre à noite, Beauvoir ficando cinco noites por semana e Arlette, duas. Quase toda manhã Beauvoir lia em voz alta para ele resenhas do *Le Monde*, capítulos de *Madame Bovary*. No sábado, 15 de dezembro, ela chegou e o encontrou sentado à escrivaninha. Com voz alquebrada, ele disse: "Estou sem ideias". Sua tarefa era esboçar um pedido de socorro para o *Libération*, que ia muito mal e no qual ele já depositara 30 mil francos do próprio bolso, todo dinheiro que recebera por *On a raison de se révolter*. Beauvoir sentou a seu lado. Ele lhe passou, escreveu ela em *La cérémonie des adieux*, "as linhas essenciais", e quando Gavi chegou para buscar o artigo, ficou satisfeito. Não pela primeira vez, Beauvoir o escrevera. Depois disso, quando lhe dava seus remédios, Sartre disse: "Você é uma boa esposa".[26]

Mas os cuidados "esponsais" a estavam exaurindo. A prosa dessecada de suas últimas memórias, a linguagem "seca como pó", trai a depressão cada vez mais profunda de Beauvoir quando Sartre se refere a si mesmo como *"un mort vivant"*, ou quando disse a Lanzmann, ao lhe dar um beijo de despedida, que o amigo beijava "um pedaço de túmulo". Sua pergunta comovente, "Será que minha visão vai voltar?", ecoava nos ouvidos dela. "Completamente, não." A mentira inofensiva era necessária, pois Sartre confessara a Contat: "Obviamente, é suportável apenas se você achar que é temporário". Liliane notou os "olhos preocupados" da própria Beauvoir quando, após dar os três toques costumeiros de campainha que eram o código especial entre as duas, ela entrou apressada no apartamento para seu turno da noite, perguntando: "Teve um bom dia?". A cegueira e apatia de Sartre significavam que Beauvoir também carregava o fardo do *Les Temps Modernes* em seus ombros. Nas reuniões de pauta da rue Schoelcher, ele geralmente dormia no meio da conversa, e era de Lanzmann e Bost que dependia. Quando, assim, ela soube por Sartre, em setembro de 1973, que ele decidira contratar Pierre Victor como secretário, além de Puig, sua primeira reação foi de alívio.

Sartre, de sua parte, tinha a amizade com Pierre em demasiada alta conta para vê-la terminada, agora que não conseguia mais exercer o jornalismo. Ele pediu a Liliane para agir como intermediária. Mas quando ela sugeriu a Pierre que fosse ao apartamento de Sartre às segundas, quartas e sextas, das 11h à 1h, para ler para ele e ajudá-lo a escrever, Pierre fitou os próprios pés e permaneceu em silêncio por um longo tempo, antes de responder bruscamente:

— Tenho umas coisas pra fazer. Vou pensar a respeito.

Liliane ficou pasma.

— Como tem coragem de dizer que tem coisas pra fazer? Você o espremeu como um limão por três anos, sem dúvida pode lhe dedicar umas poucas horas por semana!

— Tenho umas coisas pra fazer.[27]

No fim, Liliane foi forçada a revelar que o próprio Sartre estava por trás da proposta. Geismar contara a ele que desde o fim do La Gauche Proletarienne nesse ano, Victor, cuja família fugira do Egito após a crise de Suez, em 1956, corria perigo de ser deportado: Georges Pompidou se recusara a conceder-lhe a naturalização. Depois de muita conversa, o jovem militante concordou com o novo papel. Os *sous* pagos por Sartre o tirariam das dificuldades financeiras. Arlette, por outro lado, dava telefonemas furiosos para Liliane e Castor: ela estava com medo de que Victor se tornasse o Schoenmann de Sartre.*[28]

Em 1972, Beauvoir tornou público seu relacionamento com Sylvie. Comentários circulavam quanto à verdadeira natureza de sua amizade, ao serem vistas lado a lado nas manifestações do MLF, como o que ocorreu no Bois de Vincennes, em 22 de junho de 1974. Sylvie, o cabelo escuro e brilhante preso no alto da cabeça como uma versão jovem e mais fashion de Beauvoir, os olhos pestanejantes ocultos atrás de óculos escuros, o sorriso impetuoso quando se vira na direção da companheira, a expressão resoluta da boca ao fitar o horizonte sendo indicativa de seu papel visionário, para a devotada discípula da mulher que lhe mostrou, quando leu pela primeira vez *Memórias de uma moça bem-comportada*, que a pessoa podia "inventar uma vida livre, orgulhosa e alegre, fora dos velhos caminhos".[29] Mas a foto sugere uma intimidade mais profunda, também.

"Não pense que estou me vangloriando",[30] disse Sylvie, "mas Beauvoir muitas vezes me contou: 'Meu relacionamento com você é quase tão importante quanto o que tenho com Sartre. Eu não poderia ter uma relação dessas com outro homem, porque estou com Sartre. Mas com uma mulher eu sempre desejei ter, e desde Zaza só encontrei isso em você'. Então é importante dizer que comigo ela tinha algo diferente que sempre quis ter, sempre sentiu falta, e tentou ter em sua vida com outras mulheres, mas com as outras nunca funcionou. Na minha frente um dia, ela disse para Sartre: 'Sempre desejei, vamos dizer assim, uma amizade feminina'. Ora, ele disse que sempre soube disso, e então a encorajou a tê-la. 'Ótimo, ótimo', dizia, 'leve sua amiguinha, leve-a para Roma junto conosco'."

Cresciam as especulações de que Beauvoir fosse lésbica. A feminista alemã Alice Schwartzer perguntou se algum dia tivera "um relacionamento sexual com uma mulher". "Não", respondeu Beauvoir. "Tive alguns relacionamentos muito importantes com mulheres, claro, alguns muito íntimos, às vezes íntimos no sentido físico. Mas eles nunca despertaram paixão erótica de minha parte."[31] "Por que não?", quis saber a jornalista. Porque sua criação a orientou para a heterossexualidade, respondeu Beauvoir.

---

* Ralph Schoenmann, secretário de Bertrand Russell, que desempenhou importante papel em seu tribunal de crimes de guerra e monopolizou o escritor na velhice. (*N. do T.*)

— Quer dizer que aceita o homossexualismo em um nível teórico, também para você?

— Claro, inteiramente. As mulheres não deveriam se deixar ser condicionadas exclusivamente pelo desejo masculino [...]. Em todo caso, acho que hoje em dia toda mulher é um pouco [...] um pouco homossexual. Pura e simplesmente porque as mulheres são mais desejáveis que os homens.

— Como assim?

— Porque elas são mais atraentes, mais delicadas, a pele é mais bonita. E geralmente são mais charmosas. Quase sempre é assim com um casal normal, a mulher é mais agradável, mais cheia de vida, mais atraente, mais divertida, mesmo no nível intelectual.

Esses comentários provocativos para Schwartzer deviam divertir Beauvoir, cujas cartas para Sartre provam sem sombra de dúvida que mulheres jovens provocavam uma "paixão erótica" nela que invariavelmente levava à sedução. Mas Le Bon nega isso em seu próprio caso: "Simone de Beauvoir era profundamente heterossexual [...]. Fizera muito pouco sexo com Olga. Bienenfeld desejou isso, e foi bem importante para ela. Simone de Beauvoir e eu partilhávamos *un amour très fort*, partilhávamos carinho e afeto, *je l'admirais tellement. Pour moi, c'était l'amour.* Mas mesmo na Córsega, que Castor chamou de nossa *lune de miel*, o sexo estava fora de questão".[32]

Beauvoir não era bissexual, no sentido de que se sentia atraída por ambos os sexos, assevera Le Bon: "Ela admirava a beleza feminina, apreciava a intimidade, ternura, sensualidade; não estava interessada no lado sexual [...]. Seu amor por Zaza não era um amor carnal". Mas fora um amor ardente, pleno, como as memórias de Beauvoir e suas tentativas obsessivas de ficcionalizar a experiência mais formativa de sua juventude. A morte de Zaza ficara gravada a ferro e fogo na consciência de Beauvoir. Ao descobrir uma "Zaza renascida" na pessoa de Sylvie, seu instinto foi mergulhar de cara em um relacionamento que, no fim, curou a ferida da perda.

"Ela me encorajava a tudo, a experimentar tudo",[33] recorda Sylvie. Seguindo o caminho heterossexual já trilhado por Beauvoir, Sylvie teve um caso com Bost: "Sartre era muito *séduisant*, charmoso, cativante, tanto para homens como para mulheres. Era seu modo de ser, tão inteligente, atencioso e generoso [...] mas não bonito. Bost era *beau et séduisant*". Em Roma, lembra Le Bon, "Sartre contou um milhão de histórias: ele foi divertido, despreocupado, sem uma ponta de tristeza". Em 1977, após um almoço no domingo de pato recheado e um excelente vinho, em companhia da antiga intérprete japonesa de Sartre,

Tomiko, na casa dela em Versalhes, Sylvie, "que estava um pouco de fogo, fez declarações ardorosas para Sartre, que ficou deliciado",[34] registrou Beauvoir. Teria Sylvie também mantido um caso com Sartre? Ela não respondeu, repetindo apenas que Beauvoir queria que experimentasse *tudo* que quisesse".

O que Beauvoir não queria era ser definida como lésbica radical dentro do movimento feminista, embora defendesse o direito de ser homossexual. Nos anos 1970, após publicar seu monumental ensaio, *La Vieillesse* (A velhice), Beauvoir planejava escrever uma sequência para *O segundo sexo*. Mas o MLF cindiu em facções divergentes: não havia espaço no topo para divas feministas competitivas, e Beauvoir e Halimi se tornaram rivais empedernidas. Estando na berlinda como editora do periódico *Nouvelles féministes*, onde, como Sartre fizera pelo *Libération*, Beauvoir concordou em servir de escudo contra a perseguição do governo, ela se viu numa saia justa entre esquerdistas e separatistas da diretoria editorial. Beauvoir tomou o partido de Christine Delphy, Emmanuèle de Lesseps e Claude Hennequin contra as que "orgulhosamente proclamaram seu separatismo e definiram sua luta como estritamente lésbica".[35] Em 1976, embora louvando o fato de que agora era possível para as mulheres assumirem seu lesbianismo, ela objetou a outras que "se tornaram lésbicas por causa do engajamento político [...] que acham que é uma atitude política ser lésbica"[35] e desse modo "dogmaticamente" excluíram os homens de sua luta.

Quando a feminista americana Margaret A. Simons perguntou a Beauvoir se a diferença biológica entre homens e mulheres era uma diferença *essencial*, que deveria ocupar "o centro da existência feminina", ela respondeu:

> Sou contra essa oposição [...]. Tem essas mulheres que exaltam a menstruação, a maternidade etc. [...]. Sou absolutamente contra tudo isso, já que significa cair mais uma vez na armadilha masculina de desejar nos cercear por nossa diferença [...]. A pessoa não deve tornar o corpo o centro do universo [...]. É jogar o jogo dos homens dizer que a mulher é essencialmente diferente do homem. Existe uma diferença biológica, mas essa diferença não é a base da diferença sociológica.[36]

Em 1982 ela foi ainda mais franca sobre o desgaste que levou ao fim da revista em 1980. "O que essas mulheres não estão lhe dizendo é que elas não são apenas 'separatistas', mas 'separatistas lésbicas'. Embora eu apoie o direito de toda mulher de escolher como expressar sua sexualidade, não posso dar meu apoio a nenhuma ideologia que exalte um e exclua outro."[37]

Ao contrário de Sartre, Beauvoir nunca se desviou de um pressuposto existencialista: liberdade de escolha.

Suas "filhas" feministas continuaram a criticá-la, muitas vezes com violência, e particularmente em plena França: a maioria de seus obituários seria hostil. A mesma reverência prestada a Simone Veil, Marguerite Duras ou Nathalie Sarraute não foi concedida a Beauvoir. Feministas pós-estruturalistas francesas como o grupo Psych et Po consideravam-na "uma mulher fálica, cúmplice das formas dominantes de poder masculino".[38] Dizia-se que sua resposta à "questão feminina"[39] era adoção pelas mulheres de valores e hábitos masculinos, e que ao aconselhar as mulheres contra o casamento e a maternidade e rejeitar o lar e os trabalhos domésticos, ela sofrera uma lavagem cerebral do patriarcado. Sua mensagem era confusa: acaso o clamor contra a subordinação feminina significava simplesmente tornar-se um homem postiço? Mas Beauvoir foi uma pioneira em seu tempo, para quem ingressar numa profissão masculina era a chave da emancipação. Olhando em retrospecto, é fácil ver que se tornar um médico ou advogado pode significar um fardo duplo ou triplo para quem tem de suportar tudo sozinho. Beauvoir consumou sua própria natureza apaixonadamente intelectual; ela nunca acreditou que a mesma solução se aplica a todos os casos, apenas que os homens não deveriam tornar a mulher a "Outra" em um relacionamento ou na sociedade.

"Muitas vezes senti vontade de largar tudo",[40] disse Benny Lévy, o novo secretário de Sartre, que continuava a usar o nome de Pierre Victor. Sartre, pequeno, cego e corpulento, também andava sonolento. Ele cochilava em sua cadeira quando Lévy lia para ele: "Era uma luta constante contra a morte [...]. No início, fiquei envolvido numa espécie de ressuscitação". Em pouco tempo o jovem abandonou Flaubert para voltar à filosofia. Ele havia estudado a obra de Sartre a fundo e o escritor ficou deliciado em descobrir que o discípulo se lembrava de suas ideias melhor do que ele mesmo. Os olhos e a energia de Lévy permitiram a Sartre fugir da prisão de seu corpo decadente. As aventuras do Capitão Pardaillon nas traseiras das caminhonetes haviam terminado; restava apenas a aventura da mente. Sartre, que por toda a vida pensara "contra si mesmo", solitário na escrivaninha, que dissera certa vez, "pensar é pensar sozinho", agora declarava que *nous formons les pensées ensemble*.[41]

Foi uma ilusão. Lévy estava em busca de sua própria identidade. Após chegar à Europa via Suez, "Meu problema",[42] escreveu, "compartilhado pela maioria dos judeus em situação similar, era o de 'avaliar' em que chão pisava, e o que a França representava para mim [...]. Sartre me ajudou a resolver isso, quando eu tinha 14 ou 15 anos: por seu intermédio, me senti parte da língua francesa". Agora Sartre ajudava o rapaz de 28 anos, que imaginava como um "prolongamento vivo de si mesmo",[43] a se tornar um cidadão francês, escrevendo ao presidente Giscard d'Estaing, que responde de próprio punho dizendo ficar feliz em fazer esse favor para Sartre.

Mas a busca de Lévy o conduzia "de Mao para Moisés".[44] No início desconfiada do líder militante, Arlette rapidamente se tornou amiga e cúmplice de Lévy, e, depois de Aron e Lanzmann, ele se tornou "a quarta figura judia" (sem falar de Bianca Bienenfeld) na vida de Jean-Paul Sartre. Juntos, Benny Lévy e Arlette aprenderam hebraico e estudaram a Cabala. "E essa agora? Quem sabe ele decide se tornar um rabino!",[45] gracejou Sartre. Mas em novembro de 1976, na embaixada israelense em Paris, Sartre recebeu um título honorário da Universidade de Jerusalém e fez um discurso cuidadosamente memorizado, dizendo: "Sou um amigo de Israel há muito tempo", observando pouco depois que teria escrito *Réflexions sur la question juive* de forma diferente, caso escrevesse presentemente. Desafiado por Lévy, ele admitia o sangue judeu que corria em suas próprias veias como um Schweitzer. E, após o fracasso da série de tevê planejada por Sartre sobre "O significado da revolta no século XX", em setembro de 1975, ele começou a contar cada vez mais com os convites do jovem para comer com ele na periferia em Groslay, onde sua "comunidade" de esposa e amigos praticava o judaísmo ortodoxo e o absorvia numa nova "família"rival, fazendo piadas e refeições muito diferentes dos velhos rituais em Montparnasse.

Havia tensões com a agora militante Beauvoir, sua consciência voltada para a luta feminista. Em um debate com Sartre em 1975 sobre a "questão feminina", ela o acusa de defender todos os grupos oprimidos, trabalhadores, negros e judeus, menos as mulheres. Sem se alterar, Sartre responde que, tendo tido uma criação cercado de mulheres, *"J'ai toujours pensé qu'il y a avait en moi une sorte de femme"*[46] — Sempre achei que havia em mim uma espécie de mulher.

— Mas você é um adulto, agora! — ralha com ele Beauvoir. — Por que ignorou essa opressão que torna as mulheres vítimas?

— Porque a obediência é um traço feminino característico, responde Sartre, com mais presença de espírito que sua adversária. Elas até gostam do "imperialismo" masculino.

Beauvoir muda de estratégia: relendo seus livros, ela detectou "traços de machismo, até mesmo de chauvinismo".

— Você está exagerando um pouco — murmura Sartre. — Mas presumo que seja verdade.

— Mas você não se sente um chauvinista?

Em uma resposta comovente, Sartre protesta que, no que toca a ela, ele jamais se considerou superior, ou mais inteligente, ou mais produtivo: "Nós somos iguais". Amansada, Beauvoir concede que ele nunca a "oprimiu". Assegurando-lhe que aprova plenamente *la lutte féministe*, Sartre profetiza que ela vai abalar as fundações da sociedade e poderá até ocasionar uma completa reviravolta. Mas, magoado com suas acusações de ser um porco chauvinista, começa a passar cada vez mais tempo com Arlette e Lévy.

O confronto veio em 1978. No *Les Temps Modernes*, onde a surdez de Bost o impedia de participar das reuniões de pauta e Lanzmann estava ocupado demais fazendo seu filme sobre o holocausto, *Shoah*, Beauvoir cometera o erro de cooptar Lévy para o comitê, na esperança de que sua presença encorajaria Sartre a comparecer: a vaidade do secretário logo se tornou evidente. Em fevereiro, na esteira da visita do presidente egípcio Sadat a Israel, Sartre foi levado por Lévy e Arlette a Jerusalém. Uma cadeira de rodas foi providenciada; o céu estava azul. Ele apreciou o passeio de cinco dias, e seus encontros com Eli Ben Gal e outros intelectuais judeus e palestinos. Mas ao voltar, quando Lévy apressou-se em escrever um artigo sobre a visita para o *Le Nouvel observateur*, sugerindo que ele próprio poderia continuar a missão de Sadat, Sartre foi reticente. "Vocês maoistas sempre andam rápido demais para o meu gosto",[47] resmungou. Entretanto, permitiu que Victor assinasse o artigo em nome de ambos. Bost ligou: *"C'est horriblement mauvais.* Aqui no jornal, está todo mundo horrorizado. Convença Sartre a voltar atrás".[48] Tendo lido o artigo ela mesma e o achado "muito fraco", Beauvoir informou Sartre de que estava horrorizada com "a ideia de Benny Lévy como o novo Messias — aquele pelo qual todos esperávamos para trazer paz ao mundo".[49] Sartre ficou "furioso",[50] recorda Jean Pouillon, com o veto dela. Lévy teve um acesso de raiva, e saiu de uma reunião na casa dela acompanhado por Pouillon, Horst e os editores do *Les Temps Modernes*, gritando: *"Vous êtes tous des morts!"* — Vocês não passam de cadáveres!

Nunca mais ele permitiria que Beauvoir levasse a melhor sobre ele. Dali em diante, as conversas de Lévy com Sartre seriam secretas.

"Nunca fui tão popular com as mulheres!", gabou-se Sartre para Beauvoir, com "autocomplacência ingênua". Seu harém ficava maior e mais jovem. A mais recente aquisição era uma jovem grega chamada Hélène Lassithiotakis, que ele conhecia desde 1972, quando ela batera em sua porta em Paris para lembrá-lo que haviam se conhecido em Atenas. Dizendo-se apaixonado outra vez, Sartre arranjou um apartamento para ela em Paris, em cujas ruas ela passaria por um surto psicótico. Estabilizada à base de medicação, que a deixava inchada e calada, ela voltou para a Universidade de Atenas, onde convidou Sartre para dar uma palestra em fevereiro de 1977. Após falar uma hora sobre "O que é filosofia?", ele foi ovacionado pelo público de 1.500 pessoas, mas, ao voltar para Paris, alguns dias depois, desmaiou na rua. Sua pressão sanguínea estava 220. Beauvoir e Liliane o levaram para o hospital Brossuet, onde, após exames, seu médico o advertiu severamente de que, se não largasse o cigarro, corria o risco de ter as pernas amputadas. Sartre era diabético, e sofria de doença arterial periférica: "o jeito diabético de morrer".[51] "Seus dedos dos pés terão de ser amputados, depois seus pés, e finalmente suas pernas." "Sartre ficou assustado", lembrou Beauvoir. Dois dias depois, deu a ela seus Boyards e seu isqueiro. Era a renúncia final: do tabaco e também de Hélène.

Quando Beauvoir e Liliane bisbilhotaram o relatório do neurologista, abrindo-o no vapor, descobriram que Sartre tinha apenas trinta por cento de circulação nas pernas. "Com cuidados", escreveu o professor Housset, "pode ser que viva mais alguns anos." *Mais alguns* anos![52] "Eu desabei." Beauvoir correu para o tubo de Valium que tirara do apartamento de Sartre e engoliu as pílulas junto com uísque. Em julho desse ano, de férias na Áustria com Sylvie, ela bebeu tão pesado nas noites que quase caiu em um lago.

Em 1978, Sartre sofria uma hemorragia, mas de dinheiro. Em dívida com a Gallimard, pagando salários mensais para Puig e Victor, também dava uma mesada para um número crescente de mulheres. Percebendo que Sartre não viveria muito mais tempo, Liliane decidiu apresentá-lo a um bando de novas amigas, com quem ele almoçava e conversava sobre sexo. "Você percebe, menina, que sem contar Castor e Sylvie",[53] comentou ele, "existem nove mulheres em minha vida nesse momento!" Alquebrado e cego, apoiado no braço de uma jovem, Sartre dava passos vagarosos e prudentes para o La Coupole, onde sua companhia cortava a carne no prato para ele, conversando enquanto ele bebia uma garrafa de Bordeaux branco, e limpava sua boca quando ele encerrava a refeição com um *Irish coffee*. Quando Beauvoir lhe disse que ele precisava de um novo par de sapatos, ele respondeu: "Não tenho dinheiro". Mas estava sempre disposto a pagar uma refeição para que alguma linda jovem o fizesse se sentir vivo.

Entretanto, as advertências médicas persuadiram Sartre a fazer dieta. Só comia uma vez por dia, filé *au poivre* e vagens,[54] até perder os seis quilos que ganhara na última estada em Roma. Por cinco semanas ele não comeu outra coisa até atingir sua meta, para então voltar à cozinha alsaciana que conhecera na infância, e pela qual nunca perdera o paladar: *saveloy* (salsichão) e chucrute com um enorme copo de cerveja.

Até então, Beauvoir tolerara a presença das mulheres de Sartre. Mas em um domingo, após Michèle ter passado a noite anterior no apartamento de Sartre, ele apareceu para almoçar no La Palette em um estado de estupor. No fim do dia, estava tão mal que Beauvoir chamou ajuda: a pressão sanguínea de Sartre subira a 250. "Ele andou bebendo?",[55] perguntou o médico. Acabaram descobrindo que Michèle dera meia garrafa de uísque para Sartre. Beauvoir ligou para ela furiosa, proibindo-a de passar outra noite de sábado com Sartre. Michèle ficou irritada; ela e Beauvoir haviam sido boas amigas por vários anos. "*Bravo!*", Beauvoir costumava dizer, quando Michèle lhe entregava Sartre ao final das férias deles. "*Il est bien bronzé.* Você foi uma boa enfermeira." Agora Michèle foi desafiadora: "É, dei álcool mesmo. Ele está cego; não consegue fazer amor, não consegue escrever, não pode fumar; só sobrou o álcool. *Je n'aime pas boire seule,* não gosto de beber sozinha. E ele estava triste".[56] Beauvoir começou a esconder a garrafa de uísque, depois de lhe dar um pequeno gole. Sylvie costumava batizar a garrafa com água. Mas Sartre era alcoólatra e rações reduzidas o levavam a acessos de fúria. Começou a ver Beauvoir como sua carcereira, e se ressentia de seu controle. Ela, por outro lado, normalmente o tratava como um menino levado.

A batalha se desenrolava em duas frentes. Beauvoir e Victor não conversavam mais entre si: "Foi uma situação desagradável. Até então, os amigos de verdade de Sartre eram meus, também".[57] Ela observou a distância quando Victor organizou um encontro de israelenses e palestinos em Paris, em março de 1979, que a antiga equipe editorial do *Les Temps Modernes* boicotou. Ela ficou mais preocupada do que nunca quando, pouco depois disso, um paciente psiquiátrico belga bateu na porta de Sartre pedindo dinheiro e deu uma facada em sua mão. Mas Sartre sempre voltava a surpreendê-la com sua capacidade de emergir do abismo e parecer uma vez mais, a despeito do fato de mal conseguir andar, *vraiment lui-même* — verdadeiramente ele mesmo. Em seu último aniversário, 21 de junho de 1979, Françoise Sagan lhe enviou uma "Carta de Amor para Jean-Paul Sartre", e uma nova amizade começou. Diferentemente de Beauvoir, a quem ela criticava por sua crônica clínica do declínio de Sartre, Sagan ria e ignorava a sujeira, e os olhares em torno, quando o grande intelectual derrubava comida na calça.

Contudo, as últimas férias juntos em Roma foram pacíficas. Sartre e Beauvoir se hospedaram nos costumeiros quartos com ar-condicionado do Albergo Nazionale, com vista para o domo "fantasmagoricamente branco" da catedral de São Pedro. O velho casal voltou à amena rotina da leitura em voz alta, cochilos, sorvetes e ver gente passar. Amigos que esperavam encontrar um Sartre destruído, escreveu Beauvoir, em tom de bravata, ficaram espantados com sua "indomável vitalidade". Ela, que outrora escrevera a frase pungente, "eu sabia que nenhum mal me adviria por intermédio dele, contanto que ele não morresse diante de mim", continuava a cuspir na cara da morte. Mas Raymond Aron ficou chocado quando, em 26 de junho, na penúltima aparição pública de Sartre, pela causa dos refugiados vietnamitas, teve de sussurrar *"mon petit camarade"* em seu ouvido a fim de ser reconhecido pelo velho amigo e rival ao usá-lo de apoio para subir a escadaria do Palácio Elysée. Sartre, pensou Aron, "estava no corredor da morte".

Certo domingo de manhã, no início de março de 1980, Arlette quase tropeçou no corpo de Sartre, caído de costas no chão de seu quarto, quando chegou no apartamento. Ele estava caído de bêbado. Suas jovens mulheres vinham lhe trazendo garrafas de uísque e vodca e escondendo-as atrás de livros. Beauvoir na mesma hora deu uma busca geral pelos esconderijos, ligou para as mulheres e pediu que não trouxessem mais álcool, e passou um belo sabão em Sartre. Furioso, ele protestou: "Você também gosta de beber".[58] Era verdade. Beauvoir não era melhor do que o resto, queixou-se Arlette. "Arlette acha que Castor vai me condenar à morte se me encorajar a beber, porque ela também bebe", confidenciou Sartre a Liliane, que também enfrentou a ira dele quando tentou limitar seu consumo de vodca.

— Me dê alguma coisa pra beber, esses copinhos são minúsculos.
— É o último, estou avisando!
— Avisando o quê! Você me tira do sério, tentando controlar minha vida!
Ele erguera a voz.
— O álcool não é sua vida, é sua morte.[59]

— O que anda fazendo ultimamente? — perguntou Olivier Todd, em sua última visita a Sartre, em fevereiro de 1980.
— Estou escrevendo um *bouquin de philo* com Victor — foi a resposta.[60]
Mas "escrevendo" era modo de dizer. Sartre ainda conseguia pensar, mas muito lentamente; Victor falava pelos cotovelos. Afogado numa torrente de palavras, incapaz de reler o que Victor escrevia, Sartre confessou para Contat que a autocrítica de escritor, sempre presente "quando você lê um texto com seus próprios olhos, nunca fica muito clara quando alguma outra pessoa está lendo em voz alta para você".[61] Com Liliane, ele foi ainda mais direto: "Pierre

adoraria me absorver. Tem dias que ele me atormenta, a gente briga, às vezes acho graça nisso e o enfrento, mas outras vezes fico tão cheio que nem discuto".[62] Entorpecido de álcool, intimidado e confuso, Sartre, que certa vez discordara quando Victor havia insistido que "a origem da moral está toda na Torá", se tornou o porta-voz do judaísmo messiânico.

Ou assim pareceu para os sartrianos, quando leram o primeiro trecho de "Poder e liberdade" no *Le Nouvel Observateur* de março de 1980. Quando Beauvoir leu o manuscrito das conversas de Sartre com Lévy, desabou em lágrimas e o jogou no chão do apartamento dele.[63] Faltavam apenas algumas semanas para a publicação programada, porque até aquele momento Sartre a enganara, dizendo que a transcrição de oitocentas páginas "ainda não estava pronta". Beauvoir implorou a Sartre que não publicasse. *"Elle était folle de fureur"*[64] — Ela ficou louca de raiva —, recorda Michèle. Ultrajada com o tom das conversas, o *tutoiement* de Sartre feito pelo desconhecido, nunca publicado, Lévy, seu ar de "superioridade arrogante", Beauvoir ficou ainda mais horrorizada ao descobrir que Sartre traíra o próprio pensamento para submeter suas opiniões a um arremedo de filósofo. Metralhado pelas perguntas de Lévy, o autor da *Náusea* gagueja que "nunca sentiu desespero",[65] que somente estudou Kierkegaard porque era a moda, até que "Minhas obras são um fracasso".[66] Em uma derradeira apostasia, o boneco de ventríloquo é levado a recitar os próprios pensamentos confusos de Lévy: "Bem, essa ideia de ética como fim último da revolução — é por meio de uma espécie de messianismo que se pode verdadeiramente concebê-la".[67]

Contudo, Sartre começara cheio de ambiciosas esperanças. Ele tinha assuntos filosóficos ainda por terminar: a famosa "Moral" prometida ao fim de *O ser e o nada*. Derrotado por Hegel em *A crítica*, ele voltou a sua premissa: a "morte de Deus". Há indicativos de que Sartre estivesse hesitando em sua descrença. "Ateísmo é um negócio longo e cruel",[68] escrevera em *Les mots*. "Sou um homem que não faz mais a menor ideia do que fazer com sua própria vida. Tornei-me mais uma vez o viajante sem bilhete que fui aos 7 anos." O "silêncio do transcendental é tão permanente quanto o anseio por Deus do homem",[69] confessou antes. "Tudo em mim clama por Deus, não sei como esquecê-lo." Fascinado com a coragem de Gide em enfrentar suas dúvidas, contou a Jeanson, em 1951: "A coisa mais preciosa que Gide nos oferece é sua decisão de viver até o último momento a agonia e a morte de Deus".[70] Questionado por Beauvoir em 1974, ele finalmente admitiu:

Não me vejo tanto como o pó que surgiu no mundo, mas como sendo algo esperado, pressagiado, antecipado. Em resumo, como um ser que só poderia, assim me parece, ter vindo de um criador; e essa ideia de uma mão criadora me remete a Deus.[71]

Procurando uma corda que o resgatasse do vazio existencial, Sartre agarrou-se a Lévy e ao Deus de Israel.

Foi sua derradeira traição; mas uma que cometeu de livre e espontânea vontade.

A fim de evitar o "furor" de 1978, Lévy levou o texto pessoalmente para Jean Daniel, editor do *Le Nouvel Observateur*. O telefone deste tocou a noite toda com ligações de sartrianos implorando-lhe que não o publicasse. Lanzmann telefonou em nome de Beauvoir; Bost e Jean Pouillon fizeram coro à súplica. O editor hesitou. "Estão todos defendendo o Templo", disse André Horst, que era a favor da publicação. No dia seguinte, o próprio Sartre ligou. Disse em alto e bom som, com autoridade:

> Eu, Sartre, quero que publique este manuscrito, e que publique na íntegra [...]. Sei que meus amigos entraram em contato com você, mas os motivos para fazerem isso estão completamente equivocados: o itinerário de meus pensamentos lhes escapa, a todos eles, incluindo Simone de Beauvoir.[72]

Depois disso, segundo Arlette, Beauvoir e Sylvie se comportaram friamente em relação a Sartre. Supostamente, ele teria se referido a elas como aquelas "duas musas austeras",[73] queixando-se com ela de que no almoço não lhe dirigiram a palavra sequer uma vez; a discussão tampouco "se esgotou completamente" durante os dois últimos meses de vida que lhe restavam. Beauvoir e Le Bon, por outro lado, alegam que foram mais "carinhosas e solícitas" do que nunca após a publicação da entrevista, na medida em que desejavam tranquilizá-lo de que, fosse lá o que escrevesse, nada ia interferir em seu relacionamento pessoal. "A discussão existiu, sem dúvida",[74] disse Beauvoir, "mas nunca, jamais foi uma ruptura."

Mesmo assim, a entrevista com Lévy passou a assombrar Sartre. "No *Temps Modernes* hoje de manhã, alguém comentou sobre isso?",[75] perguntou o preocupado escritor, depois que a primeira parte foi publicada em 10 de março no *Le Nouvel Observateur*. "Respondi que não, o que era verdade", registrou Beauvoir; outros que participaram da reunião lembraram que quase não se falou de outra coisa. Nervosamente, Beauvoir negou os fatos porque tinha medo de aumentar o abismo entre Sartre e ela e a velha guarda. Ela ficou comovida com sua resposta: "Como se eu fosse uma criança pequena, que tivesse de escutar com delicadeza algo de que não quer saber", falou. "Sabe, Castor, ainda estou vivo e pensando. Precisa me permitir continuar assim."

Mas dias depois Sartre descobriu a força da reação dos antigos colegas: as entrevistas "sinistras", publicadas sob o título conspicuamente não sartriano de "L'Espoir maintenant" (A esperança hoje), em 10, 17 e 24 de março, foram "constrangedoras, horríveis, palavras de Victor, não de Sartre",[76] escreveu Todd. Sartre ficou muito magoado; a intelectualidade parisiense arrasando seu artigo, provavelmente até rindo à sua custa. "Sartre se deu conta, depois disso, de que a coisa toda era muito ruim, e que não refletia de modo algum seu pensamento", disse Claude Lanzmann. "Pior ainda, o artigo foi mal recebido." Lanzmann chegou a ponto de sugerir que o furor significou "o *coup de grâce* em Sartre", o golpe de misericórdia.

Sem dúvida, as datas dão sustentação a essa possibilidade; dois dias após a publicação da segunda conversa, em 17 de março, Bost passou um fim de tarde com Beauvoir e Sartre. Evidentemente, nenhuma referência foi feita ao "sequestro" efetuado por Lévy. Na manhã seguinte, 20 de março, quando Beauvoir foi acordar Sartre, às 9h, encontrou-o sentado na beirada da cama, ofegante, sem ar. Ela tentou ligar para uma ambulância, mas o telefone havia sido cortado: Puig esquecera de pagar a conta. Enfiando suas roupas, Beauvoir correu em busca do *concièrge*, que ligou para o serviço de emergência. Sartre foi levado para o hospital Broussais. Sem maiores preocupações, Beauvoir compareceu a um almoço marcado com os Pouillon.

Quando chegou ao hospital, Sartre estava na UTI. Tinha um edema pulmonar, fluido no pulmão, febre alta e delirava. Mas sua febre cedeu e Beauvoir alimentava a esperança de recuperação; conversaram sobre ir para Belle-Île, na Bretanha, para passar a Páscoa. As horas com Sartre eram estritamente divididas, Arlette ficando com as manhãs e Beauvoir com as tardes. Victor voltou do Cairo; Jean Pouillon fez uma visita. Junto ao leito de Sartre, trouxe-lhe um copo d'água. "Da próxima vez, um uísque na minha casa", disse o filósofo moribundo.

— Quando ele sai daqui? — perguntou Beauvoir ao professor Houssuet.

— Não dá para dizer — respondeu o médico, hesitante. — *Il est très fragile, très fragile.*

Sartre voltou para a UTI. Com Beauvoir fazendo vigília a seu lado, ficou agitado: — Não gosto deste lugar —. Ela apertou sua mão.

— Ainda bem que a gente vai embora logo — murmurou ele:

— Adorei a ideia de ir para uma ilha pequena.

Sartre se preocupava constantemente com o custo de seu próprio enterro, mas Beauvoir o tranquilizou dizendo que o hospital e tudo mais ficaria ao encargo do governo. Quando apareceram as úlceras de decúbito, ela percebeu que o fim estava próximo, e desabou nos braços do professor Houssuet aos prantos, pedindo que não deixasse Sartre sofrer. "Prometo, madame", disse o médico. Chamando-a no corredor, ele lhe assegurou que manteria sua palavra.

Sartre dormia conforme passavam os dias, em abril, mas certa tarde, de olhos fechados, segurou Beauvoir pelo pulso e disse, "Eu te amo muito, Castor querida".[77] Em 14 de abril ele estava adormecido quando ela chegou; acordou e disse algumas palavras sem abrir os olhos, e então ergueu os lábios na direção de Beauvoir. "Eu beijei sua boca, suas bochechas". No dia seguinte, ele entrou em coma; Beauvoir ficou a seu lado o dia todo até as 6h da tarde, quando Arlette chegou. Às 9h, Arlette ligou: "Acabou".

Sylvie ligou para Bost, Pouillon e Horst, que vieram na mesma hora. Ficaram a noite toda com Beauvoir, bebendo uísque e conversando sobre Sartre. Do lado de fora, ocorria um tumulto: dois jornalistas disfarçados de enfermeiros tentaram entrar, mas foram pegos pelos funcionários. A certa altura, Beauvoir pediu para ser deixada a sós com Sartre, e tentou deitar a seu lado sob os lençóis. Uma enfermeira a impediu. *"Non. Attention... la gangrène."*[78] Foi só então que Beauvoir compreendeu a extensão das feridas de Sartre. Ela deitou por cima da roupa de cama e dormiu de maneira intermitente até as 5h, quando o corpo foi levado.

"Você está em sua pequena caixa; não vai sair dela, e não me juntarei a você aí",[79] escreveu Beauvoir em *Adieux*. "Mesmo que eu seja enterrada a seu lado, não haverá comunicação entre suas cinzas e as minhas."

38

Adieux

A morte dele nos separou. Minha morte não vai nos reunir [...].
É esplêndido que tenhamos sido capazes de viver nossas vidas
em harmonia por tanto tempo.[1]

Simone de Beauvoir

A MULTIDÃO COMEÇOU a se formar cedo pela manhã diante do hospital Broussais, na rue Didot. Estudantes com exemplares do *Libé* enfiados nos bolsos, donas de casa com cestos de compras, franceses, ingleses, judeus e árabes esperavam em silêncio na rua. Era um sábado, 19 de abril de 1980, quatro dias após a morte de Sartre. Ele estava em seu caixão, vestido com o terno de veludo bordô e a gravata que Sylvie lhe comprara da última vez em que ele saíra para ir à ópera com ela e Beauvoir; sob seu rosto uma mão anônima depositara uma rosa vermelha. Beauvoir se curvou para beijá-lo, e os funcionários da funerária fecharam a tampa.

Entre os que haviam comparecido previamente ao hospital para uma visita estava Giscard d'Estaing, que disse aos sartrianos que ele sabia que Sartre não teria desejado uma cerimônia oficial, mas que estava disposto a pagar as despesas do enterro. Beauvoir, escondida na casa de Sylvie para fugir da imprensa, recusou. Os sartrianos se cotizaram para pagar o enterro de Sartre no cemitério de Montparnasse, perto de onde vivera por tanto tempo. Seu jazigo ficaria a poucos metros do lugar onde Baudelaire estava, condenado a um destino que Sartre se determinara a evitar, o de ser enterrado no mesmo túmulo do padrasto, o general Aplink.

Na manhã do enterro, Beauvoir estava prostrada de dor. Quase sem conseguir caminhar, entorpecera seu pesar na base de uísque e valium, permitindo-se ser confortada apenas pela irmã, Hélène, e o cunhado, Lionel de Roulet, que haviam chegado da Alsácia. Lanzmann, Bost, Pouillon e Sylvie haviam cuidado dos detalhes do enterro; de Arlette, quase não se sabia.

Escorada por Sylvie e Poupette, Beauvoir entrou em uma limusine. Quando os portões do hospital se abriram e o carro funerário passou, a multidão, que logo somava 50 mil pessoas, veio para a frente, se espremendo contra o veículo. Equipes de TV e fotógrafos apontaram as câmeras para as janelas, e os flashes espocaram quando Beauvoir abriu a bolsa e procurou suas pílulas, enfiando-as na boca com o rosto banhado em lágrimas. Sylvie as limpava com um lenço. Do lado de fora, os "obscenos"[2] paparazzi perseguiam Yves Montand e Simone Signoret, conforme o cortejo seguia seu caminho ao longo da avenue Général Leclerc. Estudantes treparam no Leão de bronze de Belfort, assim como haviam feito em maio de 1968, e a multidão entoou o grito da Resistência: *"Nous sommes tous des Juifs allemands"*[3] — Somos todos judeus alemães. Foi a derradeira manifestação da qual Sartre participou.

Um desvio simbólico foi feito pelo boulevard Raspail até o cruzamento Vavin, passando diante do número 222, onde Sartre vivera. Vagarosamente, o cortejo seguiu seu caminho, passando pelo La Coupole, onde o lugar de Sartre num canto permanecia vazio, e os garçons, de cabeça baixa; subiram o boulevard Montparnasse até o cemitério, onde uma cadeira de dobrar foi colocada para Simone, ao lado do túmulo aberto. Em um gesto final e tocante de amor, ela jogou uma rosa branca no caixão. Ao final da cerimônia, Lanzmann e Georges Michel, amigo de Sartre, tentaram ajudá-la a ficar de pé, mas o empurra-empurra da multidão quase fez com que caísse dentro da cova; um espectador de fato caiu, enquanto Beauvoir foi, meio arrastada, meio empurrada, levada de volta ao carro e para o apartamento de Lanzmann, na rue Boulard.

A velha guarda se reuniu para jantar essa noite no Café Zeyer, ali perto, na rue d'Alésia. Beauvoir estava inconsolável. "Chega, Castor... cuidado... é demais, vai ter uma overdose",[4] advertia Sylvie, enquanto Simone, ignorando todos em torno, engolia outro valium e bebia mais uísque, as lágrimas ainda correndo sem cessar. À meia-noite ela pediu que a levassem para casa, e Michel e Sylvie a puseram no carro de Michel. "Pela segunda vez nesse dia tive de pôr os braços em torno de seu pescoço e ampará-la alguns metros até seu apartamento",[5] recorda Michel. "Eu a pus no sofá. Sylvie cuidou de tudo: 'Eu tiro a roupa dela e a levo para a cama'. Abracei as duas e saí."

Em 23 de abril o corpo de Sartre foi desenterrado e levado para o Père Lachaise para ser cremado, após o que as cinzas foram levadas de volta ao túmulo em Montparnasse. Beauvoir estava mal demais para comparecer. Quando Sylvie e Lanzmann voltaram da cremação para o apartamento de Sylvie, onde a haviam deixado, ela caíra da cama e estava febril e delirante, conversando com um Sartre imaginário. No Hôpital Cochin, foi diagnosticada com pneumonia e depressão. Poucos acharam que fosse sobreviver. Beauvoir passou um mês no hospital, em desintoxicação e repouso. O amargo período de sete anos aturando a subserviência de Sartre a Lévy haviam-na levado ao limite, e durante o tão postergado colapso ela também fora vítima da deterioração física. "Eu tomei tranquilizantes demais e bebi muito álcool quando ele ficou doente, para tentar aguentar, não desabar. Eu estava péssima quando ele morreu. Meus pulmões ficaram congestionados, não conseguia mais andar",[6] contou aos seus biógrafos, Francis e Gontier, em 1985. "Mas no hospital eu fui curada. Deram-me medicação para me fortificar e me trouxeram de volta à vida. Quando voltei para casa, estava cansada e fraca, mas andando, e desde então melhorei."

A crise imediata passara; o medo de Sylvie de que Beauvoir, como tantas vezes jurara que o faria, se suicidasse após a morte de Sartre, foi mitigado quando, em agosto, ela lhe pediu que fossem à Noruega. Mas antes que pudesse passear pelos fiordes com Le Bon, outra crise surgiu.

"*Vipère, sale bonne femme*",[7] remoi-se Michèle Vian à menção do nome de Liliane Siegel, cuja descrição do último ato do "sequestro" forneceu as tintas para a memória pública do período imediatamente posterior à morte de Sartre, quando Arlette e Lévy limparam seu apartamento de tudo que havia dentro. Arlette, que ficara do lado de Lévy durante a infame briga a respeito dos artigos do *Nouvel Observateur*, e que não falava mais com Beauvoir, externou o desgosto com sua rival para Liliane: "Castor o quer só para si, agora que ele está morto".[8] Nem a própria Medusa, com a cabeça cheia de serpentes, poderia demonstrar mais fúria do que Elkaïm-Sartre, como agora passara a se chamar, e Beauvoir, duas mulheres, uma velha, a outra jovem, cada uma de seu lado acreditando ser a sumo sacerdotisa e guardiã autêntica da tocha sartriana, que se lançaram numa guerra de proporções amazônicas. No covil das cobras, as duas lutaram sujo.

Enquanto Beauvoir repousava em seu leito hospitalar, Arlette e Lévy se atracaram com Liliane pelos poucos objetos pessoais de Sartre. A briga girou em torno da cadeira herdada do bisavô. Liliane já estava furiosa por Lévy ter pego o abajur que era da mãe dela, que ela havia emprestado a Sartre, além de "esvaziar" o apartamento, levando todos os livros e a mobília. Ela exigiu um encontro com Arlette no Dôme.

— Vim aqui pedir a cadeira. Castor tem uma ligação especial com ela.

— Eu também tenho uma ligação especial com a cadeira.

— Como pode se comparar com Castor? Acha que Sartre teria gostado disso?

— Você veio aqui me dar um sermão...?

— Vim aqui pedir a cadeira, você não tem direito...

— Sou tão ligada naquela cadeira quanto ela.[9]

Doze dias depois, a cadeira foi entregue no apartamento de Castor. Era uma vitória de Pirro. O estúdio suburbano de Lévy logo ficou mobiliado com a escrivaninha de Sartre, seus livros e luminárias, imitando seu mestre. Nem "o menor suvenir, o cachimbo mais velho"[10] foi entregue a Beauvoir, recordou Bianca Lamblin. "Eu tremia só de pensar como eles a odiavam." A contragosto, após posteriores discussões entre Sylvie e Arlette, a coletânea de peças da Pleiade, de Sartre, abarcando o repertório da Comédie-Française, que Beauvoir havia herdado dos pais e presenteado a ele, foi-lhe devolvida; Arlette ficou com o desenho de Picasso que o artista dera a Sartre e Beauvoir.

Beauvoir mal conseguira acreditar em seus ouvidos quando ficou sabendo que Arlette estava esvaziando o apartamento de Sartre, já que a lei francesa exige que a residência de um cidadão que morre sem testamento permaneça selada até que o conteúdo seja avaliado para fins tributários. Arlette teve de pagar uma multa pesada por desobedecer a lei, mas para ela era um preço que valia a pena ser pago. Havia muito mais em jogo do que algumas peças de mobília: os manuscritos e artigos de Sartre.

Michèle Vian defende as ações de Arlette: "Após a morte de Sartre, ele deixou dívidas de 40 mil francos [70 mil euros]. Foi terrível para ela. Teve de vender o apartamento bem rápido [...]. Todo o dinheiro foi gasto com dívidas". As mulheres dependentes de Sartre, Michèle entre elas, agora se voltavam para Arlette querendo suas mesadas: "Ela me deu meu dinheiro, porque eu não tinha nenhum".

Beauvoir, por outro lado, tinha certeza de que o principal objetivo de Arlette era deter o controle dos originais. Era o cerne da questão. Por mais que lhe fosse ultrajante ter de suplicar favores para a filha adotiva de Sartre e testamenteira literária, Beauvoir mal deixou o hospital quando tomou um táxi para o apartamento de Arlette e "se humilhou"[11] para pedir o manuscrito que queria acima de qualquer outra coisa: o de *Cahiers pour une morale*, as seiscentas páginas inéditas sobre ética prometidas como conclusão para *O ser e o nada*. Sartre dera para ela o manuscrito de seu maior trabalho filosófico, e o dedicou a Castor; agora ela queria o manuscrito que o completava. Mas Arlette teimou: sua resposta era *non*.

A dura revelação do poder legítimo da herdeira levou Beauvoir a ratificar a decisão que tomara quando ainda estava no hospital, de adotar Le Bon como sua filha. A corça Arlette parecia tão delicada que "Beauvoir nunca imaginou que haveria qualquer problema após a morte dele",[12] disse Sylvie. "Nem passou por sua cabeça." Mas agora "a corça se transformava em um abutre",[13] nas palavras de Georges Michel. E havia, aos olhos de Beauvoir, outro abutre no festim, sua irmã, Hélène, a parente mais próxima e herdeira. "*J'ai tous les droits*",[14] tenho todos os direitos, disse Hélène. "Sou da família." "Vi a irmã chegar no hospital e ir atrás de mim", recorda Sylvie, que antevia uma querela similar explodindo entre ela e Hélène como a que ocorria então entre Castor e Arlette. E Beauvoir dissera "coisas terríveis" contra Poupette em suas cartas, assim como Sartre dissera "coisas terríveis" contra Arlette em suas cartas a Lena Zonina. Se essas cartas caíssem em mãos erradas, corriam o risco de serem destruídas. Beauvoir sabia que em Sylvie encontraria uma testamenteira literária culta e devotada, mais jovem e mais cheia de energia que sua irmã.

Durante o verão de 1980, Beauvoir insistiu com Sylvie que aceitasse, mas sua primeira reação foi de consternação. "Éramos um casal, tínhamos *une amitié d'amour*, uma amizade amorosa. Odiei a ideia de ser igual a Arlette, uma filha adotada. Mas de férias na Noruega, Beauvoir disse: 'Estou doente, você precisa aceitar'. Ela ficava repetindo isso o tempo todo […]. Tinha um monte de coisas de Sartre; ele costumava deixar seus papéis com ela. Havia inúmeros pacotes, envelopes, e ela vivia mexendo nos arquivos. *Elle gardait tout*. Havia suas cartas para Sartre e as dele para ela. Havia alusões à ligação dela com Bost, que Beauvoir não queria tornar pública porque queria proteger Olga." No fim, Sylvie concordou.

Hélène no fim aceitou a decisão da irmã mais velha. Beauvoir estava com 72 anos, mas Poupette era apenas dois anos mais nova, e compreendeu os motivos da escolha de Le Bon. O medo de Beauvoir, de que se estivesse frágil demais para cuidar de si mesma sua irmã pudesse levá-la para morar com ela na fazenda, a mais de 600km de Paris, no vilarejo de Goxwiller, na Alsácia, retrocedeu.

Em uma entrevista com Alice Schwarzer, Beauvoir aludiu a seus segredos sexuais:

Sempre levei meu espírito em consideração, na medida em que fui capaz. Sempre segui meus desejos e meus impulsos [...]. Se tivesse de reescrever minhas memórias, faria um relato franco e equilibrado de minha própria sexualidade. Um verdadeiramente sincero, de um ponto de vista feminista; gostaria de contar às mulheres sobre minha vida em termos de minha sexualidade porque não se trata apenas de uma questão pessoal, mas política, também.

Não escrevi isso na época porque não soube avaliar a importância da questão, ou da necessidade de honestidade pessoal.[15]

A reticência de Beauvoir em suas memórias não encontrara um paralelo em suas cartas, que ela sabia serem uma bomba-relógio tiquetaqueante no que dizia respeito a sua reputação. Ela as manteve dentro dos envelopes, confiando no julgamento de Sylvie, assim como Sartre confiara no dela. A história das garotas que ela manipulara a fim de manter Sartre mais próximo à medida que seu próprio poder sexual enfraquecia, as "*liaisons dangereuses*" em que ela e Sartre haviam conspirado como os viciosos visconde de Valmont e marquesa de Merteuil do romance de Laclos podiam esperar. Nesse meio-tempo, foi a afeição de Sylvie que a manteve viva. "Eu tinha certeza de que, sem Sylvie, Castor não continuaria a viver", disse Liliane, lembrando do dia em abril de 1982 em que levara Sylvie, que havia quebrado o tornozelo em Londres, para uma clínica. Sylvie precisava de cirurgia. Quando Liliane contou a notícia a Beauvoir:

Ela começou a chorar e a gemer:

— Não, não Sylvie, não minha Sylvie, não hoje.

Eu me ajoelhei, e ela se atirou em meus braços.

— E se ela não acordar, não hoje...[16]

Liliane concordou em levar Beauvoir para a clínica, onde esperaram Sylvie deixar a sala de operações. Quando saiu, Sylvie viu que Beauvoir estivera chorando. "Castor, vá para casa e arrume alguma coisa para a coitada da Liliane comer", disse, apertando forte a mão de Liliane para fazê-la entender que não devia deixar Castor sozinha. Tranquilizada, Beauvoir concordou em ir para casa. Sylvie havia abastecido a geladeira: a comida estava pronta. Enquanto Liliane punha a mesa, Beauvoir escolhia uma boa garrafa de Bordeaux tinto.

Na opinião de Bianca, Beauvoir tirava vantagem da devoção de Le Bon. "Sylvie fazia todo o trabalho doméstico, dirigia",[17] recorda Bianca. "Eu disse para Castor,

— Cette Sylvie, elle fait le ménage de votre studio. Não se sente envergonhada?

Fiquei em choque. Ela era uma *professeur* no *lycée*. Beauvoir corou:

— Eu me sinto culpada. Mas Sylvie gosta de fazer isso [...] e não é trabalho demais.

A tarefa de Le Bon nem sempre era fácil. Na clínica de *thalassothérapie* na Bretanha em que Beauvoir comparecia após deixar o hospital, massagem e água do mar não curariam os danos provocados ao seu fígado pelo abuso de álcool e substâncias: ela tinha cirrose, e foi alertada pelos médicos a parar de beber. Ela se recusava a abrir mão do uísque e da vodca. "Sylvie nem sempre era boazinha com ela",[18] disse Michèle. "*Elle faisait la gueule três souvent à Beauvoir*, ela muitas vezes ficava emburrada." Mas se Sylvie podia ser ranheta de vez em quando, era devido a sua ansiedade quanto à extensão do vício de Beauvoir.

Entrevistada às 5 horas de um dia de maio de 1985, a primeira pergunta "ritual" de uma frágil Beauvoir para seus biógrafos é: "Que tal alguma coisa para beber?".[19] Caminhando vagarosamente até a geladeira, apanha três copos resfriados e uma garrafa gelada de uísque. Ela serve a bebida cuidadosamente com o dosador. Senta-se confortavelmente em seu lugar favorito do sofá, sob a luminária Giacometti, com suas pílulas, o telefone e o caderno de apontamentos ao lado. Beauvoir, em um roupão cereja, turbante combinando, o anel de prata de Algren cintilando no dedo indicador, bebe o uísque enquanto o gravador roda. Logo serve-se outra dose.

A raiva impulsionou a recuperação de Beauvoir no verão de 1980. Ela estava determinada a mostrar ao mundo o que significara para Sartre. Em um ano publicou seu relato dos últimos dez anos, *La cérémonie des adieux*, às vezes descrito como seu quinto volume de memórias, junto com as conversas que registrara com ele em Roma, em 1974. A voz desapaixonada, relatando, em impiedosos detalhes, a deterioração física de Sartre, atraiu críticas, mas não surpreendeu os leitores já familiarizados com *Une mort si douce*, o pungente relato de Beauvoir sobre a morte da mãe. Escrever contra a morte sempre fora seu modo de exorcizar o medo da aniquilação, mas na *Cerimônia do adeus* sua voz se ressente da falta de energia e ternura que havia quando escreveu sobre

Françoise: é uma voz monótona e cansada, lutando para ocultar a devastação que sentiu com a traição final de Sartre, sua escolha de privilegiar a juventude, Lévy e Arlette, em detrimento do pacto. Ali estava uma Beauvoir no fim das forças, exibindo amor, lealdade — e terror.

Seu ataque inicial provocou a reação de Arlette, que publicou uma "carta aberta" no *Libération* em dezembro de 1981:

> Sartre está bem morto e enterrado, então, aos seus olhos, é o que parece, uma vez que você tira vantagem disso com tanta crueldade e deliberadamente pisa em cima das pessoas que ele amou, com o objetivo de desacreditar as entrevistas que fez no ano em que morreu, com Benny Lévy [...].
>
> Antes de morrer, Sartre estava bem vivo [...] ele ouvia e compreendia, e você o tratou como um homem morto que muito inconvenientemente aparecia em público — a comparação não é minha, é dele.[20]

Beauvoir não respondeu. Um urubu beliscando o cadáver já era o bastante. Sombriamente, preparava seu próximo ataque, a publicação das cartas de Sartre para ela, que começara a planejar antes mesmo de sua morte. Embora as cartas estivessem em sua posse, fisicamente, os direitos cabiam a Arlette, como a testamenteira literária. Os sartrianos insistiram com ela para que não arranjasse briga com a filha de Sartre, temendo que ela não desse a permissão. Beauvoir fez ouvidos moucos. "Afinal", disse, "ele escreveu essas cartas para mim e elas estavam em minha posse. Por que não poderia publicá-las?"

Olga ficou "furiosa"[21] quando Beauvoir lhe disse que pretendia incluir também as cartas de amor de Sartre para ela, e se recusou a lhe dar permissão. *"Je le ferai tout de même"*,[22] disse a escritora determinada. "Vou fazer assim mesmo." Bianca ficou igualmente chocada quando ouviu Beauvoir dizer que, "completamente por acaso", encontrara 19 cartas que Sartre escrevera para Bianca. Convencida antes que ela havia jogado todas as cartas de Sartre no fogo, na casa de um amigo, após um acesso de raiva, em 1942, ela então se lembrou de ter emprestado algumas para que Beauvoir lesse, em 1939: "Ela 'esqueceu' de devolver, e eu esqueci de pedir. Em outras palavras, guardou-as cuidadosamente em algum canto por quarenta anos, planejando trazê-las à tona outra vez quando lhe parecesse conveniente."[23]

Chateada com a "hipocrisia" de Beauvoir, mas solidária a sua dor durante a piora de Sartre, Bianca relutantemente concedeu a permissão, sob a condição de que recebesse um pseudônimo. Arlette, enquanto isso, corria à frente de Beauvoir na guerra literária, publicando os *Cahiers pour une morale* e os *Diários de guerra* de Sartre, em 1983. Finalmente, em triunfo, Beauvoir publicou as *Lettres à Castor*: "Todo mundo que ler as cartas dele para mim saberá o que eu significava para ele".[24]

Mas Bianca e Olga não queriam que as pessoas soubessem o que elas haviam significado para Sartre. "Eu fui uma vítima, fui enganada",[25] diz Bianca, "mas não fui a única. Sartre queria brutalizar a própria feiura. Era por causa de sua feiura que tinha tanta necessidade de mulheres, para se autoafirmar [...]. Mais tarde eu queria destruir todas as cartas, sem exceção." Ultrajada em se ver disfarçada com um nome francês, "Louise Védrine", o nome da babá da infância de Beauvoir, ela perguntou a Beauvoir por que apagara sua identidade judia. Não houve resposta; tampouco, quando pediu as cartas de volta, foi atendida por Beauvoir.

> Mês após mês, durante quase três anos, ou seja, até a morte dela [...]. Ela chegava de mãos abanando aos restaurantes onde nos encontrávamos.
> — Trouxe as cartas de Sartre?
> Não, tinha esquecido outra vez[26]

Na última vez em que almoçaram juntas, em um restaurante na avenue de Neuilly, perto do apartamento de Bianca, Beauvoir chegou e exclamou: "Ai! Preparei o envelope para você, mas deixei em cima da mesa". Após a morte de Beauvoir, Bianca se encontrou com Sylvie e perguntou por que Beauvoir nunca havia devolvido as cartas que prometera. "É óbvio", disse Sylvie. "Ela tinha medo de que você as queimasse." Sylvie devolveu pessoalmente as cartas para Bianca.[27] Quanto a Olga, morreu sem sequer voltar a falar com Beauvoir novamente.

As cartas de Sartre para Castor causaram sensação, permitindo aos leitores vislumbrar as vidas privadas atrás da imagem pública, e deixando-os ávidos por mais. O "casal modelo" do amor livre e da contracultura se metamorfoseava em algo mais destrutivo e amoral. A necessidade simbiótica de Beauvoir e Sartre um pelo outro, firmada no pacto de cinquenta anos antes, passou por cima de todos os outros relacionamentos. "Nunca conheci nada da dimensão de seu amor um pelo outro; sua certeza tranquila de que apenas a morte os separaria [...] a autenticidade de seu relacionamento",[28] escreveu Liliane. "Eu os amava como uma entidade única." No centro de suas vidas recíprocas, dois rostos de um único Jano de pedra, Sartre e Beauvoir haviam cumprido a promessa de existir, pensar e escrever como se fossem um só.

Mas e as cartas de Castor para Sartre?, perguntaram os críticos. Uma Beauvoir "enfurecida"[29] insistia com jornalistas e biógrafos que as havia perdido. Ela fora até onde estava preparada para explorar a demanda insaciável por celebridade, a ponto de se expor em toda nudez e revelar seu "verdadeiro" âmago para o público. As amantes de Sartre haviam sido penduradas para secar. Ela mostrara as falhas no coração do artista, e instigara o público. Mesmo assim, segurava com força a própria máscara. Mas uma vez começado o striptease, o público queria ver o espetáculo até o fim. Como no Moulin Rouge, queriam um show completo. Beauvoir, contudo, mais insinuava do que mostrava; apenas Sylvie conhecia o paradeiro das cartas incriminadoras. Apenas postumamente Beauvoir se desnudaria por completo.

Ela continuou a receber louros. Vencedora de um prêmio em Jerusalém por promover a liberdade individual em 1975, Beauvoir fez um filme autobiográfico com Josée Dayan e Malka Ribowska, que foi realizado ao mesmo tempo que o filme *Sartre por si mesmo*, de Alexandre Astruc e Michel Contat. Em 1983, o governo dinamarquês lhe concedeu o Sonningprisen por sua obra, e ela usou o prêmio em dinheiro de 23 mil para viajar com Sylvie em um Concorde até os Estados Unidos, onde se encontrou com Kate Millett. A influência de Beauvoir levou diretamente ao estabelecimento do primeiro Ministério de Direitos da Mulher na França, sob Yvette Roudy, e à Comissão Beauvoir de Mulheres e Cultura. Ela assinou petições, fez uma adaptação televisiva para *O segundo sexo*. A rebelde se tornara um ícone.

Em abril de 1986, Beauvoir foi levada às pressas para o hospital, com apendicite. Após a cirurgia, desenvolveu um edema pulmonar, assim como acontecera com Sartre. Sylvie ligou para Liliane em 14 de abril para contar que Castor havia falecido. As duas mulheres voltaram juntas para o hospital, onde o corpo de Beauvoir foi levado para o quarto, em seu roupão vermelho. O anel de Algren continuava em seu dedo. Sylvie pediu a Liliane para erguer a cabeça de Castor, e, segurando a cabeça fria em suas mãos, "com paciência e ternura, como tantas vezes o fizera no passado, Sylvie enrolou o lenço vermelho em torno do rosto de Castor pela última vez".

Em 19 de abril, mesmo dia do enterro de Sartre, 5 mil pessoas seguiram o cortejo de Beauvoir. Enquanto era depositada no mesmo túmulo de Sartre, no cemitério de Montparnasse, Claude Lanzmann leu seu adeus a Sartre: "Sua morte nos separou. Minha morte não vai nos reunir".[30]

Bibliografia

Esta bibliografia inclui apenas os livros, artigos e entrevistas mencionados no **texto**.

Obras de Simone de Beauvoir

L'Invitée (Paris: Gallimard, 1943); *She Came to Stay,* traduzido por Yvonne Moyse e Roger Senhouse (Londres: Flamingo, 1984).

Pyrrhus et Cineas (Paris: Gallimard, 1944).

Le Sang des Autres (Paris: Gallimard 1945); *The Blood of Others,* traduzido por Yvonne Moyse e Roger Senhouse (Londres: Penguin, 1964).

Tous les Hommes sont Mortels (Paris: Gallimard, 1946), *All Men Are Mortal,* traduzido por Euan Cameron (Londres: Virago, 1995).

The Ethics of Ambiguity, traduzido por Bernard Frechtman (Nova York: Citadel Press, 1948).

L'Amerique au jour le jour (Paris: Gallimard, 1948); *America Day by Day,* traduzido por Carol Cosman (Phoenix, 1991).

Le Deuxieme Sexe, vols. 1 e 2 (Paris: Gallimard, 1949); *The Second Sex,* traduzido por H. M. Parshley (Londres: Everyman's Library, 1993).

Les Mandarins (Gallimard, 1954): *The Mandarins,* traduzido por Leonard M. Friedman (Londres: Flamingo, 1984).

La Longue Marche (Paris: Gallimard, 1957).

Mémoires d'une jeune fille rangée (Paris: Gallimard, 1958); *Memoirs of a Dutiful Daughter,* traduzido por James Kirkup (Londres: Penguin, 1963).

La Force de l'Age (Paris: Gallimard, 1960); *The Prime of Life,* traduzido por Peter Green (Londres, Penguin, 1965).

Djamila Boupacha, com Gisèle Halimi (Paris: Gallimard, 1962), traduzido por Peter Green (Nova York: Macmillan, 1962).

La Force des choses, 1 e 2 (Paris: Gallimard, 1963); *Force of Circumstance 1,* traduzido por Richard Howard (Nova York: Putnam); *Hard Times, Force of Circumstance II,* 1952-1962, traduzido por Richard Howard, com nova Introdução por Toril Moi (Nova York: Paragon House, 1992).

Une Mort Tres Douce (Paris: Gallimard, 1964).

Les Belles Images (Paris: Gallimard, 1966).

La Femme Rompue (Paris: Gallimard, 1968); *Woman Destroyed,* traduzido por Patrick O'Brian (Nova York: Putnam, 1974).

La Vieillesse (Paris: Gallimard, 1970); *The Coming of Age* (Nova York: Putnam, 1974).

Tout Compte Fait (Paris: Gallimard, 1972); *All Said and Done,* traduzido por Patrick O'Brian (Londres: André Deutsch e Weidenfeld & Nicolson, 1974).

Les Écrits de Simone de Beauvoir. Claude Francis e Femande Gontier (org.) (Paris: Gallimard, 1979).

Quand prime le Spirituel (Paris: Gallimard 1979); *When Things of the Spirit Come First,* traduzido por Patrick O'Brian (Londres: Flamingo, 1983).

La Cérémonie des Adieux (Paris: Gallimard, 1981); *Adieux, A Farewell to Sartre,* traduzido por Patrick O'Brian (Londres: Andre Deutsch e Weidenfeld & Nicolson, 1984).

Publicações póstumas

Correspondance Croisée 1937-1940, Simone de Beauvoir, Jacques Laurent Bost. (org.) Sylvie Le Bon de Beauvoir (Paris: Gallimard, 2004).

Lettres à *Sartre,* org. Sylvie Le Bon de Beauvoir (Paris: Gallimard, 1990); *Letters to Sartre,* traduzido e editado por Quintin Hoare (Londres: Vintage, 1992).

Journal de Guerre, Septembre 1939 Janvier 1941. (org.) Sylvie Le Bon de Beauvoir (Paris: Gallimard, 1990).

Beloved Chicago Man: Letters to Nelson Algren 1947-1964. (org.) Sylvie Le Bon de Beauvoir (Phoenix, 1999), publicado originalmente em tradução francesa pela Gallimard, 1997.

Obras de Jean-Paul Sartre

La Nausée (Paris: Gallimard, 1938); *Nausea,* traduzido por Robert Baldick, com Introdução de James Wood (Londres: Penguin, 2000).

Le Mur (Paris: Gallimard, 1939); *The Wall and Other Stories,* traduzido por Lloyd Alexander (Nova York: New Directions, 1948).

L'Etre et le Néant (Paris: Gallimard, 1943); *Being and Nothingness,* traduzido por Hazel E. Barnes, com Introdução de Mary Warnock (Routledge: 1989).

Les Chemins de la Liberté (The Roads to Freedom):

Vol. I, *L'Âge de Raison* (Paris: Gallimard, 1945); *The Age of Reason,* traduzido por Eric Sutton (Londres: Penguin, 1961).

Vol. II, *Le Sursis* (Paris: Gallimard: 1945); *The Reprieve,* traduzido por Eric Sutton (Londres: Penguin, 2001).

Vol. III, *La Mort dans l'âme* (Paris: Gallimard, 1949); *Iron in the Soul*, traduzido por Gerald Hopkins (Londres: Penguin, 1963).

Baudelaire (Paris: Gallimard, 1947).

L'Existentialisme est un humanisme (Paris: Nagel, 1946); *Existentialism and Humanism*, traduzido por Philip Mairet (Londres: Methuen, 1973).

Réflexions sur la question juive (Paris: Gallimard, 1948); *Anti-Semite and Jew*, traduzido por George J. Becker (Nova York: Schocken, 1948).

Qu'est-ce que la Littérature? (Paris: Gallimard, 1948); *What is Literature?* traduzido por Bernard Frechtman (Londres: Routledge, 2001).

Existentialism and Human Emotions (Nova York: Philosophical Library, 1957), traduzido por Bernard Frechtman e Hazel E. Barnes.

Huis Clos (Paris: Gallimard, 1944), traduzido por Stuart Gilbert, in *No Exit and Three Other Plays*, *The Flies*, *Dirty Hands*, *The Respectful Prostitute* (Londres: Vintage, 1989).

Morts sans sepulture (Paris: Gallimard, 1946); *Men Without Shadows* (Londres: Penguin, 1962).

Situations I, Critiques littéraires (Paris: Gallimard, 1947).

Situations I and III (Paris: Gallimard, 1955); *Literary and Philosophical Essays*, traduzido por Annette Michelson (Rider, 1955).

Situations X (Paris: Gallimard, 1975), traduzido por Paul Auster e Lydia Davis como *Life/Situations: Essays Written and Spoken by Jean-Paul Sartre* (Nova York: Random House, 1977).

Le Diable et le Bon Dieu (Paris: Gallimard, 1951); *The Devil and the Good Lord and Two Other Plays* (Nova York: Knopf, 1960).

Saint Genet, comédien et martyr (Paris: Gallimard, 1952); *Saint Genet, Actor and Martyr*, traduzido por Bernard Frechtman (Nova York: Pantheon, 1983).

Les Séquestrés d'Altona (Paris: Gallimard, 1959); *The Condemned of Altona*, traduzido por Sylvia e George Leeson (Nova York: Knopf, 1961).

Critique de la raison dialectique (Paris: Gallimard, 1960); *The Critique of Dialectical Reason*, traduzido por Alan Sheridan-Smith (Londres: Verso, 1976).

Les Mots (Paris: Gallimard, 1964); *Words*, traduzido por Irene Clephane (Londres: Penguin, 1967).

Les Écrits de Sartre. (org.) Michel Contat and Michel Rybalka (Paris: Gallimard, 1970).

The Family Idiot, Gustave Flaubert, 1821-1857, vols. 1 e 2 (Paris: Gallimard, 1971), traduzido por Carol Cosman (University of Chicago Press, 1981 e 1987).

On a raison de se révolter, com Philippe Gavi e Pierre Victor (Paris: Gallimard, 1974).

Un théâtre de situations. (org.) Michel Contat e Michel Rybalka (Paris: Gallimard, 1972); *Sartre on Theater*, traduzido por Frank Jellinek (Nova York: Pantheon Books, 1976).

Publicações póstumas

Oeuvres Romanesques. (org.) Michel Contat e Michel Rybalka (Paris: Pleiade, Gallimard, 1981).

Les Carnets de la Drôle de Guerre: Novembre 1939-Mars 1940 (Paris: Gallimard, 1983); *War Diaries: Notebooks from a Phoney War*, traduzido por Quintin Hoare (Verso, 1984).

Lettres au Castor et à quelques autres, vols. 1 e 2 (Paris: Gallimard, 1983).

Critique de la raison dialectique (Paris: Gallimard, 1985).

La Reine Albermarle ou le dernier touriste (Paris: Gallimard, 1991).

Witness to My Life: The Letters of Jean-Paul Sartre to Simone de Beauvoir, 1926-1939. (org.) Simone de Beauvoir, traduzido por Lee Fahnstock e Norman MacAfee (Hamish Hamilton, 1992).

Quiet Moments in a War: The Letters of Jean-Paul Sartre to Simone de Beauvoir, 1940-1963. (org.) Simone de Beauvoir, traduzido por Lee Fahnstock e Norman MacAfee (Nova York: Charles Scribner's Sons, 1993).

Beauvoir e Sartre: Documentos, artigos, entrevistas, material audiovisual

Beauvoir, diários inéditos, 1926-30, Bibliothèque Nationale de France (BNF).

Beauvoir, Sylvie Le Bon de, cartas inéditas para Simone de Beauvoir.

Galster, Ingrid, "Le couple modèle?", *L'Histoire, Numéro Spécial, Sartre: portrait sans tabou*, fevereiro de 2005.

Gobeil, Madeleine, "Interview with Simone de Beauvoir", *American Vogue*, 1965.

Maugarlone, Francois, "Une drôle de famille", *L'Histoire*, fevereiro de 2005.

Ophuls, Marcel, *Le Chagrin et la Pitie (The Sorrow and the Pity)*, filme, 1969.

"Sartre et les femmes", entrevista com Catherine Chaine, *Le Nouvel observateur*, 31 de janeiro de 1977.

"Sartre, autoportrait à 70 ans", entrevistas com Michel Contat, 6CD (Gallimard/France Culture, 2001), transcrições completas das gravações feitas em 1975 como base para "Self-Portrait at Seventy", entrevista com Michel Contat, *Le Nouvel observateur*, junho e julho de 1975, republicado em *Life/Situations*.

Sartre, cartas inéditas para Lena Zonina, arquivo particular de Macha Zonina.

Scruton, Roger, "The Power of Negative Thinking", *Spectator*, 25 de junho de 2005.

Weatherby, W.J., "The Life and Hard Times of Nelson Algren", *The Times,* 10 de maio de 1981.

Winock, Michel, 'Que reste-t-il de Sartre?', entrevista com Michel Winock, em *Chroniques de la Bibliothèque Nationale de France,* n. 30, abril-junho de 2005.

Zonina, Lena, "Reports on Working with Jean-Paul Sartre and Simone de Beauvoir", 1962-1965, Archives on the Writers' Union of the USSR, Moscow State Archives of Art and Literature.

Fontes secundárias

Algren, Nelson, *Who Lost an American?* (Londres: Macmillan, 1963).

Algren, Nelson, *Conversations with Nelson Algren* (Hill & Wang, 1964).

Appignanesi, Lisa, *Simone de Beauvoir* (Londres: Penguin, 1988).

Aronson, Ronald, *Camus and Sartre: The Story of a Friendship and the Quarrel that Ended It* (University of Chicago Press, 2004).

Bair, Deirdre, *Simone de Beauvoir: A Biography* (Londres: Vintage, 2001).

Beach, Sylvia, *Shakespeare and Company* (University of Nebraska Press, 1991).

Beever, Anthony, e Cooper, Artemis, *Paris After the Liberation* (Londres: Hamish Hamilton, 1994).

Berard, Ewa, *La Vie tumultueuse d'Ilya Ehrenburg, Juif, Russe et Soviétique* (Paris: Ramsay, 1991).

Berne, Mauricette (org.), *Sartre,* catálogo da Exposition Sartre, Paris, 2005 (Bibliothèque Nationale de France/Gallimard, 2005).

Bonal, Gerard, e Ribowska, Malka, *Simone de Beauvoir* (Paris: Seuil/Jazz Editions, 2001).

Brassaï, *The Secret Paris of the Thirties,* traduzido por Richard Miller (Londres: Thames & Hudson, 1976).

Brinnin, John Malcolm, *Truman Capote, A Memoir* (Londres: Sidgwick & Jackson, 1987).

Camus, Albert, *L'Etranger* (Paris: Gallimard, *1939), The Outsider* (Londres: Penguin, 1961).

Camus, Albert, *Le Mythe de Sisyphe* (Paris: Gallimard, 1942), *The Myth of Sisyphus* (Londres: Penguin, 1975).

Camus, Albert, *La Peste* (Paris: Gallimard, 1947), *The Plague* (Londres: Penguin, 1960).

Camus, Albert, *L'Homme revolté* (Paris: Gallimard, *1952), The Rebel* (Londres: Penguin, 1971).

Camus, Albert, *Essais* (Paris: Gallimard, *1965).*

Camus, Albert, *Carnets III, mars 1951-decembre 1959* (Paris: Gallimard, 1989).

Caracalla, *Montparnasse: L'Age d'or* (Paris: Denoel, 1997).

Card, Claudia (org.), *The Cambridge Companion to Simone de Beauvoir* (Cambridge University Press, 2003).

Cocteau, Jean, *Journal: Le Passé Défini* (Paris: Gallimmrd, 1985).

Cohen-Solal, Annie, *Sartre: a Life* (Londres: Heinemann, 1987).

Contat, Michel, *Sartre, L'invention de la Liberté* (Paris: Editions Textuel, 2005).

Crosland, Margaret, *Simone de Beauvoir: The Woman and her Work* (Londres: Heinemann, 1992).

Curtis, Michael, *Verdict on Vichy: Power and Prejudice in the Vichy France Regime,* (Londres: Weidenfeld & Nicolson, 2002).

Dayan, Josée, e Ribowska, Malka, *Simone de Beauvoir,* texte integral de la bande sonore du film, *Simone de Beauvoir* (Paris: Gallimard, 1979).

Drew, Bettina, *Nelson Algren: A Life on the Wild Side* (Londres: Bloomsbury, 1990).

Evans, Mary, *Simone de Beauvoir: A Feminist Mandarin* (Londres: Tavistock, 1985).

Fanon, Frantz, *The Wretched of the Earth* (Londres: Penguin, 1967).

Francis, Claude, e Gontier, Fernande, *Simone de Beauvoir,* traduzido por Lisa Nesselson (Londres: Sidgwick & Jackson, 1987).

Friedan, Betty, *The Feminine Mystique* (Londres: Penguin, 1963).

Fryer, Jonathan, *Oscar and André* (Londres: Constable, 1997).

Fullbrook, Kate, e Fullbrook, Edward, *Simone de Beauvoir and Jean Paul Sartre: The Remaking of a Twentieth-Century Legend* (Harvester Wheatsheaf, 1993).

Galster, Ingrid, *Sartre, Vichy et les intellectuels* (Paris: L'Harmattan, 2001).

Gerassi, John, *Jean-Paul Sartre, Hated Conscience of His Century* (University of Chicago Press, 1989).

Gide, André, *Journal* (Paris: Gallimard, 1946); *The Journals of André Gide,* traduzido por Justin O'Brien (Londres: Secker & Warburg, 1947).

Gide, André, *Les Nourritures Terrestres* (*Fruits of the Earth*), 1897.

Gildea, Robert, *Marianne in Chains: In Search of the German Occupation of France 1940-45* (Londres: Pan, 2003).

Guéhenno, Jean, *Journal des Années Noires* (Paris: Gallimard, 1947).

Guppy, Shusha, *A Girl in Paris* (Londres: Minerva, 1992).

Hawthorne, Melanie C. (org.), Contingent *Loves:* Simone de Beauvoir and Sexuality (University Press of Virginia, 2000).

Hayman, Ronald, *Writing Against: A Biography of Sartre* (Londres: Weidenfeld & Nicolson, 1986).

Heller, Gerhard, *Un Allemand à Paris: 1940-1944*, avec le concours de Jean Grand (Paris: Seuil, 1981).

Hewitt, Leah D., *Autobiographical Tightropes: Simone de Beauvoir et al* (University of Nebraska Press, 1990).

Jeanson, Francis, *Sartre par lui-meme* (Paris: Seuil, 1955); *Sartre* dans sa vie (Paris: Seuil, 1966).

Joseph, Gilbert, *Une si douce Occupation: Simone de Beauvoir et Jean Paul Sartre, 1940-1944* (Paris: Albin Michel, 1991).

Kedward, Rod, *La Vie en bleu: France and the French since 1900* (Londres: Penguin, 2006).

Klarsfeld, Serge, *Le Mémorial de la déportation des Juifs de France* (Paris: 1978).

Koestler, Arthur, *Darkness at Noon* (1940), traduzido por Daphne Hardy (Londres: Vintage, 2005).

Lamblin, Bianca, *Mémoires d'une jeune fille dérangée* (Paris: Balland, 1993); *A Disgraceful Affair: Simone de Beauvoir, Jean-Paul Sartre and Bianca Lamblin*, traduzido por Julie Plovnick (Boston: North Eastern University Press, 1996).

Lanzmann, Claude et al., *Témoins de Sartre* (Paris: Gallimard, 2005).

Lanzmann, Claude, *Shoah*, texto completo do filme sobre o Holocausto, com prefácio de Simone de Beauvoir (Nova York: Da Capo Press, 1995).

Lehmann, John, *Christopher Isherwood: A Personal Memoir* (Nova York: Henry Holt, 1987).

Lévy, Bernard-Henri, *Le Siècle de Sartre: enquête philosophique* (Paris: Grasset, 2000).

Lévy, Claude, e Tillard, Paul, *La Grande Rafle du Vel d'Hiv* (Paris: Laffont, 1967).

Lottmann, Herbert R., *Albert Camus: A Biography* (Corte Madera, CA, 1997).

Madsen, Axel, *Hearts and Minds: The Common Journey of Simone de Beauvoir and Jean-Paul Sartre* (Nova York: William Morrow and Company, 1977).

Merleau-Ponty, Maurice, *Phenomenologie de la perception* (Paris: Gallimard, 1945).

Michel, Georges, *Mes Années Sartre: Histoire d'une amitié* (Paris: Hachette, 1981).

Miles, Rosalind, *The Women's History of the World* (Londres: Paladin, 1989).

Moi, Toril, *Feminist Theory and Simone de Beauvoir* (Londres: Blackwell, 1990).

Moi, Toril, *Simone de Beauvoir: The Making of an Intellectual Woman* (Londres: Blackwell, 1994).

Moreau, Jean-Luc, *Sartre, voyageur sans billet* (Paris: Fayard, 2005).

Murdoch, Iris, *Sartre: Romantic Rationalist* (Londres: Fontana, 1969).

Nizan, Paul, *Aden-Arabie* (Paris: Maspero, 1960).

Nizan, Paul, *Le Cheval de Troie* (Paris: Grasset, 1935).

Papatakis, Nico, *Tous les désespoirs sont permis* (Paris: Fayard, 2003).

Paxton, Robert O., *Vichy France: Old Guard and New Order, 1940-1944* (Londres: Barrie & Jenkins, 1972).

Perrin, Marius, *Avec Sartre au Stalag XIID* (Paris: Delarge, 1980).

Pryce-Jones, David, *Paris in the Third Reich: A History of the German Occupation 1940-1944* (Londres: Collins, 1981).

Rees, William (org. e trad.), *The Penguin Book of French Poetry 1920-1850* (Londres: Penguin, 1990).

Rousso, Henry, *The Vichy Syndrome: History and Memoir in France since 1944*, traduzido por Arthur Goldhammer (Cambridge, Mass.: Harvard University Press, 1991).

Rowley, Hazel, *Tête-à-Tête: Simone de Beauvoir and Jean-Paul Sartre* (Londres: HarperCollins, 2005).

Russell, Bertrand, *History of Western Philosophy* (Londres: George Allen and Unwin, 1961).

"Simone de Beauvoir aujourd'hui: Six entretiens" (Paris: Mercure de France, 1984).

Schwarzer, Alice, *After "The Second Sex": Conversations with Simone de Beauvoir 1972-1982*, traduzido por Marianne Howarth (Londres: Chatto & Windus, 1984).

Sebag Montefiore, Simon, *Stalin: The Court of the Red Tsar* (Londres: Phoenix, 2004).

Showalter, Elaine, *Inventing Herself: Claiming a Feminist Intellectual Heritage* (Londres: Picador, 2001).

Siegel, Liliane, *In the Shadow of Sartre*, traduzido por Barbara Wright (Londres: Collins, 1990).

Signoret, Simone, *Nostalgia Isn't What It Used to Be* (Londres: Weidenfeld & Nicolson, 1978).

Stonor Saunders, Frances, *Who Paid the Piper? The CIA and the Cultural Cold War* (Londres: Granta Books, 2000).

Strachey, Ray, *The Cause: A Short History of the Women's Movement in Great Britain* (Londres: Virago, 1978).

Thibault, Richard, *Les Normands sous l'Occupation: vie quotidienne et années noires* (Paris: Charles Corlet, 1998).

Thompson, Kenneth A. (org.), *Sartre, Life and Works* (Nova York: Facts on File, 1984).

Todd, Olivier, *Albert Camus: A Life,* traduzido por Benjamin Ivry (Nova York: Alfred A. Knopf, 1997).

Todd, Olivier, *Un fils rebelle* (Paris: Grasset & Fasquelle, 1981).

Warnock, Mary, *Existentialism* (Oxford University Press, 1970).

Notas

Detalhes completos sobre as obras citadas nestas notas podem ser encontrados na Bibliografia da página 525. Onde outro tradutor não for citado, eu traduzi do francês.

Prefácio

1. JeanPaul Sartre, anotação de próprio punho datada de "29.6.71", Michel Contat, *Sartre, l'invention de la liberté* (Paris: Les Éditions Textuels, 2005) p. 147.
2. BernardHenri Lévy, *Le Siècle de Sartre* (Paris: Grasset, 2000) p. 407.
3. Sylvie Le Bon de Beauvoir, org., introdução a *Simone de Beauvoir, Lettres à Sartre, 1930-39* (Paris: Gallimard, 1990) p. 9.
4. Ibid., p. 10.
5. Quintin Hoare, tradutor, Introdução a Simone de Beauvoir, *Letters to Sartre* (Vintage: 1992) p. viii.
6. *Les Mots*, p. 210.

Capítulo 1: Transformação

1. Entrevista com Sylvie Le Bon de Beauvoir, 29 de novembro de 2005.
2. Simone de Beauvoir, *The Prime of Life*, traduzido por Peter Green (Penguin, 1965), p. 22, publicado originalmente como *La Force de L'Age* (Gallimard, 1960).
3. Sartre, citado por Madeleine Gobeil, entrevista com Jean-Paul Sartre, *American Vogue*, 1965.
4. Simone de Beauvoir, *Memoirs of a Dutiful Daughter*, traduzido por James Kirkup (Penguin, 1963), p. 345, publicado originalmente como *Mémoires d'une jeune fille rangée* (Gallimard, 1958).
5. Entrevista com Stepha Gerassi, *née* Estepha Awdykovicz, em Deirdre Bair, *Simone de Beauvoir* (Vintage, 1991), p. 116.
6. Simone de Beauvoir, "Marguerite", em *When Things of the Spirit Come First*, traduzido por Patrick O'Brian (Flamingo, 1983), publicado originalmente como *Quand prime le spirituel* (Gallimard, 1979), p. 187; em seu prefácio à edição inglesa, Beauvoir escreve (p. 8): "I give Marguerite my own childhood

at the Cours Désir, and my own adolescent religious crisis... In the end her eyes are opened; she tosses mysteries, mirages and myths overboard, and looks the world in the face... I wrote it... with a fellow-feeling for the heroine. [Dei a Marguerite minha própria infância no Cours Désir, e minha própria crise religiosa adolescente... No fim seus olhos se abriram; ela jogou os mistérios, miragens e mitos pela janela, e encarou o mundo frente a frente... Eu escrevi... com um sentimento de solidariedade pela heroína.]"

7. Ibid., p. 187.

8. Bair, *Simone de Beauvoir*, p. 116.

9. Brassaï, "Sodom and Gomorrah", em *The Secret Paris of the 30s* (Gallimard, 1976), traduzido do francês por Richard Miller (Thames & Hudson, 1978), descreve Le Monocle [sem números de página].

10. Simone de Beauvoir, 31 de dezembor de 1928, diário inédito, Bihliothèque Nationale de France.

11. Beauvoir, *Memoirs of a Dutiful Daughter*, p. 307.

12. Ibid.

13. Ibid., p. 5.

14. *Histoire Genealogique et Chronologique de la Maison Royale de France, des Pairs, Grand Officiers de la Couronne et de la Maison du Roy*, Tome second (La Compagnie des Librairies), M.DDC.XXVI, pp. 14, 16, 236; Tome huitième, p. 654.

15. Beauvoir, *Memoirs of a Dutiful Daughter*, p. 33.

16. Ibid.

17. Simone de Beauvoir, *Une Mort tres douce* (Gallimard), 1964, p. 49 (tradução minha).

18. Claude Francis e Fernande Gontier, *Simone de Beauvoir*, traduzido do francês por Lisa Nesselson (Sidgwick & Jackson), 1987, p. 370.

19. Beauvoir, *Memoirs of a Dutiful Daughter*, p. 11.

20. Beauvoir, *Mémoires d'une jeune file rangée*, p. 18; "Poor little thing [Coitadinha]": Beauvoir, *Memoirs of a Dutiful Daughter*, p. 11.

21. Ibid., p. 13.

22. Beauvoir, *Une Mort très douce*, p. 48.

23. Beauvoir, *Memoirs of a Dutiful Daughter*, p. 16.

24. Beauvoir, *Une Mort très douce*, p. 51.

25. Ibid., p. 51.

26. Ibid., p. 51.

27. Ibid., p. 50.

28. Ibid., p. 54.

29. Ibid., p. 56.

30. Beauvoir, *Memoirs of a Dutiful Daughter*, p.104.

31. Beauvoir, *When Things of the Spirit Come First*, pp. 187-8.

32. Beauvoir, *Memoirs of a Dutiful Daughter*, p. 66.

33. Ibid., p. 72.

34. Ibid., p. 121.

35. Ibid.

36. Ibid., pp. 612.

37. Beauvoir, *Mémoires d'une jeune fille rangée*, p. 141.

Capítulo 2: O príncipe Sapo

1. JeanPaul Sartre, *Words* (Penguin, 1967), traduzido por Irene Clephane, publicado pela primeira vez como *Les Mots* (Gallimard, 1964), p. 104.

2. Ibid., p. 20.

3. Jean-Baptiste Sartre, citado em Annie Cohen-Solal, *Sartre* (Heinemann, 1987), p. 15.

4. Ibid., p. 24.

5. Sartre, *Words*, p. 14.

6. Ibid., p. 16.

7. Ibid.

8. CohenSolal, *Sartre*, p. 32; Charles Schweitzer estava lendo *L'Art d'être grandpère*, de Victor Hugo.

9. Sartre, Words, p. 50.

10. Ibid., p. 53.

11. Ver François George Maugarlone, *Une drôle de famille*, *L'Histoire*, fevereiro de 2005, p. 46.

12. Beauvoir V L Bost, 31 de maio de 1939, S de Beauvoir–Jacques Laurent Bost, *Correspondance croisée* (Gallimard, 2004), p. 380.

13. Sartre, *Words*, p. 84.

14. Ibid., p. 85.

15. Ibid., p. 65.

16. JeanPaul Sartre, "The Childhood of a Leader", em *The* Wall (Nova York: New Directions Paperback, 1948), traduzido por Lloyd Alexander, p. 84.

17. Sartre, *Words*, p. 66.

18. Sartre, *The Wall*, p. 90.

19. Tristan Corbière, "Le Crapaud", *The Penguin Book of French Poetry 1820-1850*, seleção e tradução de William Rees (Penguin, 1990); Corbière, autoconsciente e cáustico, caricaturava a si mesmo como "o sapo", e, segundo seu tradutor, ocultava as inseguranças e os fracassos amorosos atrás de uma máscara de ironia e humor negro, mas a máscara não escondia sua dor mais do que a ironia de Sartre faz em *Les Mots*.

20. Sartre, *Words*, p. 97.

21. Ibid., p. 96.

22. Ibid., p. 137.

23. Ibid., p. 142.

Capítulo 3: Jacques

1. Beauvoir, *Memoirs of a Dutiful Daughter*, p. 89.

2. Ibid., p. 73.

3. Ibid., p. 75.

4. Ibid., p. 107.

5. Ibid., p. 137.

6. Citado em Gerard Bonal e Malka Ribowska, *Simone de Beauvoir* (Paris: Seuil/ Jazz, 2001), p. 13.

7. Beauvoir, *Memoirs of a Dutiful Daughter*, p. 120.

8. Beauvoir, *All Said and Done*, traduzido por Patrick O'Brian (André Deutsch e Weidenfeld & Nicolson, 1974), p. 10, publicado originalmente como *Tout Compte Fait* (Gallimard, 1972); nas memórias (*Memoirs of a Dutiful Daughter*, p. 150, *Mémoires d'une jeune fille rangée*, p. 209), Beauvoir relata, porém, como Monsieur Lacoin, um engenheiro, exigia que sua filha fizesse o *baccalauréat*, mais "masculino" e difícil, a fim de conseguir boas notas em ciências, bem como o novo *bac*, mais fácil, introduzido em 1902, conhecido como "latim e línguas", que a maioria das garotas fazia, deixando filosofia e matemática para os meninos. Uma professora de reforço era trazida para ensinar álgebra, trigonometria e física para Zaza no Cours Désir, e Simone tinha permissão de se juntar a ela nas lições. As duas garotas fizeram *bacs*; sem essa oportunidade, não teria sido possível para Simone estudar filosofia no nível universitário.

9. Beauvoir, *Memoirs of a Dutiful Daughter*, p. 141.

10. Ibid., p. 140.

11. Ibid., p. 95.

12. Beauvoir, diário inédito, 12 de agosto de 1926 (minha tradução).

13. Beauvoir, *Memoirs of a Dutiful Daughter*, p. 100.

14. Ibid., p. 60.

15. Ibid., p. 90.

16. Beauvoir, diário inédito, 12 de agosto de 1926.

17. Ibid.

18. Ibid., 17 de agosto de 1926.

19. Beauvoir, *Memoirs of a Dutiful Daughter*, p. 200.

20. Ibid., p. 201.

21. Ibid., p. 198.

22. Ibid., p. 202.

23. Ibid., p. 209.

24. Ibid., p. 104.

25. Ver Toril Moi, *Simone de Beauvoir: The Making of an Intellectual Woman* (Oxford: Blackwell, 1994), pp. 42-7.

26. Beauvoir, *Memoirs of a Dutiful Daughter*, p. 160.

27. Citado em Elaine Showalter, *Inventing Herself: Claiming a Feminist Intelectual Heritage* (Picador, 2001), p. 205. Leontine Zanta, em seu romance de 1921, *La Science et l'amour*, defende que o professor de filosofia deve ter "uma alma elevada, galvanizada pela luta e o constante autoaperfeiçoamento", e compara o magistério ao sacerdócio; Moi, *Simone de Beauvoir*, p. 58.

28. Beauvoir, *Memoirs of a Dutiful Daughter*, p. 160; a École Normale Supérieure (ENS) só foi aberta às mulheres a partir de 1927.

29. Beauvoir, *The Second Sex*, e *Toute Compte Fait*, p. 623.

30. Beauvoir, *The Prime of Life*, p. 292.

31. Beauvoir, diário, 16 de setembro de 1926.

32. Ibid., 6 de setembro de 1926.

33. Ibid., 7 de outubro de 1926.

34. Ibid., 20 de outubro de 1926.

35. Beauvoir, *Memoirs of a Dutiful Daughter*, p. 212

36. Ibid., 20 de outubro de 1926.

37. Citação de Oscar Wilde em Beauvoir, diário, 29 de outubro de 1926.

38. Ibid., 29 de outubro de 1926.

39. Ibid., 6 de novembro de 1926.

40. Ibid., 7 de novembro de 1926.

41. Beauvoir, *Memoirs of a Dutiful Daughter*, p. 215

42. Ibid., p. 209.

43. Ibid., p. 217.

Capítulo 4: La Rochelle

1. Sartre, *Words*, p. 69.

2. Sartre, entrevista com Gerassi, citado em Sartre, *Oeuvres romanesques* (Paris: Pleiade, Gallimard, 1981) e Cohen-Solal, *Sartre*, p. 42.

3. JeanPaul Sartre, *The Reprieve (Le Sursis)*, originalmente publicado em 1945, traduzido por Eric Sutton (Penguin, 2001), p. 161.

4. Simone de Beauvoir, *Adieux: A Farewell to Sartre*, traduzido por Patrick O'Brian (André Deutsch e Weidenfeld & Nicolson, Londres, 1984), p. 292.

5. Ibid., pp. 312-16.

6. Sartre, *Words*, p. 36, nota; "Eu tinha uma irmã mais velha, minha mãe, e queria uma mais nova", escreve Sartre. "Mesmo hoje — 1963 —, é o único relacionamento familiar que me atrai. Cometi o grave engano de sempre procurar nas mulheres essa irmã que nunca apareceu."

7. Beauvoir, *Adieux*, p. 147.

8. John Gerassi, *Jean-Paul Sartre: Hated Conscience of his Country* (University of Chicago Press, 1989), p. 61.

9. Beauvoir, *Adieux*, p. 309.

10. Sartre, *Words*, p. 69.

11. Beauvoir, *Adieux*, p. 220.

12. Ibid., p. 144.

13. Ibid.

14. Ibid., p.431.

15. Ibid., p. 134.

16. "Jésus la Chouette", *Les Écrits de Sartre*. (org.) Michel Contat e Michel Rybalka (Gallimard, 1970), p. 511; o professor francês dessa história também prometeu a Anne-Marie "fazer um homem" de Poulou ("Je lui ai juré de faire de vous un homme").

17. "Jésus", Gerassi, *JeanPaul Sartre*, p. 59. Na verdade, Michel Contat e Michel Rybalka apuraram que o professor em questão nunca se matou, embora Sartre continuasse a acreditar que sim.

18. Sartre, *Words*, p. 155.

19. Ibid.

20. Beauvoir, *Adieux*, pp. 146-7.

21. Sartre, *Words*, p. 79.

22. Ibid., p. 56.

23. Gerassi, *JeanPaul Sartre*, p. 60.

24. Sartre, *Words*, p. 130.

25. "Une Vie pour la Philosophie", entretien avec Jean-Paul Sartre, 1975, choisi par Michel Rybalka à partir du texte original français, *Le Magazine littéraire*, n. 7, março-maio de 2005, p. 56, excertos de *The Philosophy of Jean-Paul Sartre*. (org.) Paul A. Sclulpp (Open Court, 1981). Sartre leu Henri Bergson, *L'Essai sur les données immédiates de la conscience*.

26. Citado em Cohen-Solal, *Sartre*, p. 57.

27. Sartre, *War Diaries: Notebooks from a Phoney War*, novembro de 1939-março de 1940, traduzido por Quintin Hoare (Verso, 1984), p. 268.

28. Texto inédito, publicado parcialmente em *Le Magazine littéraire*, exemplar sobre Sartre, 1970, citado em Cohen-Solal, *Sartre*, p. 56.

29 Sartre, *War Diaries*, pp. 267-8.

30. Camille, nas memórias de Beauvoir. *Née* SimoneCamille Sans, escolheu Simone Jollivet para seu nome artístico.

31. JeanPaul Sartre a Simone Jollivet (1926), *Witness to My Life, The Letters of Jean-Paul Sartre to Simone de Beauvoir 1926-1939*. (org.) Simone de Beauvoir, traduzido por Lee Fahnestock e Norman MacAfee (Hamish Hamilton, 1992), publicado originalmente como *Lettres au Castor et à quelques autres* (Gallimard, 1983), p. 3.

32. Beauvoir, *Adieux*, p. 310.

33. Gerassi, *Jean-Paul Sartre*, p. 61.

Capítulo 5: Zaza

1. Beauvoir, diário, 29 de setembro de 1928.

2. Claude Francis e Fernande Gontier, *Les Écrits de Simone de Beauvoir* (Gallimard, 1979), p. 39; Beauvoir pretendia que sua coletânea de contos fosse intitulada *Primauté du spirituel* (título do livro de Jacques Maritain), quando começou a escrever, em 1935, mas por motivos de direitos autorais mudou para *Quand prime le spirituel* (*When Things of the Spirit Come First*).

3. Simone de Beauvoir, prefácio para a tradução inglesa, *When Things of the Spirit Come First*, p. 9.

4. Beauvoir, "Marguerite", ibid., p. 169.

5. Ibid., pp. 167-8.

6. Beauvoir, *Memoirs of a Dutiful Daughter*, p. 269; a ideia do *acte gratuit* é explorada por Beauvoir tanto em suas memórias como em sua ficção.

7. Ibid., p. 270.

8. Francis e Gontier, *Les Écrits de Simone de Beauvoir*, p. 376.

9. Beauvoir, *Memoirs of a Dutiful Daughter*, p. 247.

10. Beauvoir, "Anne", *When Things of the Spirit Come First*, p. 119.

11. Beauvoir, diário, 24 de setembro de 1928.

12. Ibid., 29 de setembro de 1928.

13. Ibid., 2 de outubro de 1928.

14. "Clairaut" nas memórias; *talas* também pode ser uma contração de *ils vont à la messe*, eles vão à missa, i.e., católicos praticantes.

15. Beauvoir, diário, 31 de dezembro de 1928.

16. Ibid., 31 de dezembro de 1928.

17. Ibid., p. 239.

18. Ibid.; Beauvoir cita seu diário, p. 265.

19. André Gide, *Les Nourritures terrestres (Fruits* of *the Earth)*, 1897.

20. André Gide, citado em Justin O'Brien, tradução e introdução para *The Journals of André Gide*, vol. 1, 1889-1913 (Seeker & Warburg, 1947), p. ix.

21. Citado em Jonathan Fryer, *Oscar and André* (Constable, 1997), p. 202.

22. Beauvoir, *Memoirs of a Dutiful Daughter*, p. 273.

23. Sartre para Simone Jollivet, "Summer 1928", *Witness to My Life*, p. 29.

24. Sartre a Simone Jollivet, "1926", ibid., p. 13.

25. Ibid., p. 21.

26. Sartre a Simone Jollivet, "1928", ibid., p. 15.

27. Sartre a Simone Jollivet, "1927", ibid., p. 24.

28. "Une Défaite", pp. 81-2, em Cohen-Solal, *Sartre*, p. 72.

29. *Witness to My Life*, p. 8.

30. Citado por Bernard-Henri Lévy, *Le Siècle de Sartre* (Paris: Grasset, 2000), p. 393.

31. Gerassi, *JeanPaul Sartre*, p. 59.

Capítulo 6: Rivais: o Kobra e o Lhama

Citações de diário neste capítulo são do inédito "Cahier de 1929", de Simone de Beauvoir, Bibliothèque Nationale de France (BNF), Paris.

1. Beauvoir, diário, 10 de setembro de 1929.

2. Beauvoir, *Memoirs of a Dutiful Daughter*, p. 313.

3. Ibid., p. 322.

4. Ibid., p. 323.

5. Ibid., p. 315.

6. Beauvoir, *Mémoires d'une jeune fille rangée*, p. 441.

7. Gerassi, *Jean-Paul Sartre*, p. 91.

8. Sartre, entrevista com Madeleine Gobeil, *American Vogue*, 1965, citado em Ronald Hayman, *Writing Against: A Biography of Sartre* (Weidenfeld & Nicolson, 1986), p. 70.

9. Gerassi, *Jean-Paul Sartre*, p. 91.

10. Sartre a Simone Jollivet, 25 de maio de 1927, *Witness to My Life*, p. 25.

11. Entrevista com Sartre, "Sartre et les femmes", Catherine Chain, *Le Nouvel observateur*, fevereiro de 1977.

12. Beauvoir, *Mémoires d'une jeune fille rangée*, p. 452

13. *Memoirs of a Dutiful Daughter*, p. 323.

14. *Memoirs of a Dutiful Daughter*, p. 323.

15. Ibid., p. 321.

16. Ibid., pp. 3245.

17. Ibid., p. 325.

18. Ibid., p. 324.

19. Bair, *Simone de Beauvoir*, p. 129.

20. Ibid.

21. Beauvoir, diário, 11 de setembro de 1929.

22. Entrevista com Sartre, 26 de março de 1971, Gerassi, *Jean-Paul Sartre*, p. 90.

23. Maheu, conversa telefônica com John Gerassi, 5 de outubro de 1989, em Bair, *Simone de Beauvoir*, p. 628, nota.

24. Bair, *Simone de Beauvoir*, p. 628.

25. Entrevista com Sylvie Le Bon, 29 de novembro de 2005.

26. Beauvoir, *Mémoires d'une jeune fille rangée*, p. 460.

27. Beauvoir, *Memoirs of a Dutiful Daughter*, p. 332.

28. Ibid., p. 334.

Capítulo 7: O verão do amor

Citações de diário neste capítulo são do inédito "Cahier de 192930", de Simone de Beauvoir, Bibliothèque Nationale de France (BNF), Paris.

1. Beauvoir, diário, 8 de agosto de 1928.

2. Beauvoir, *Memoirs of a Dutiful Daughter*, p. 337.

3. Ibid., p. 335.

4. Ver Jean-Luc Moreau, *Sartre, voyageur sans billet* (Paris: Fayard, 2005), pp. 57-88,

para uma análise da questão do homem solitário, e do relacionamento entre Sartre e Nizan.

5. Beauvoir, *Memoirs of a Dutiful Daughter*, p.15.

6. Sartre, "Camus's *The Outsider*", em *Literary and Philosophical Essays*, traduzido por Annette Michelson (Rider & Co., 1955), p. 27.

7. Beauvoir, *Memoirs of a Dutiful Daughter*, p. 336.

8. Beauvoir, *Mémoires d'une jeune fille rangée*, p. 473; *Memoirs of a Dutiful Daughter*, p. 339.

9. Beauvoir, *Memoirs of a Dutiful Daughter*, p. 340.

10. Ibid., p. 343.

11. Esta carta perdida para Simone Jollivet está sintetizada em Gerassi, *Jean-Paul Sartre*, p. 87.

12. Søren Kierkegaard, *The Concept of Dread* (Londres, 1944), em Sartre, *War Diaries*, pp. 131, 132.

13. Beauvoir, *Memoirs of Dutiful Daughter*, p. 343.

14. Ver Sartre para Simone Jollivet, *Lettres au Castor*, p. 15

15. Beauvoir, *Mémoires d'une jeune fille rangée*, p. 480.

16. Beauvoir, *Memoirs of a Dutiful Daughter*, p. 344.

17. Ibid., p,. 345.

18. Beauvoir, *Mémoires d'une jeune fille rangée*, p. 481

19. Beauvoir, *Memoirs of a Dutiful Daughter*, p. 344.

20. Beauvoir, *Mémoires d'une jeune fille rangée*, p. 480.

21. Ver Moi, *Simone de Beauvoir*, p. 15.

22. Maurice de Gandillac, citado em Bair, *Simone de Beauvoir*, pp. 145-6; ver também Gerassi, *JeanPaul Sartre*, p. 91; Kate Fullbrook e Edward Fullbrook, *Simone de Beauvoir and Jean-Paul Sartre: The Remaking of a TwentiethCentury Legend* (Harvester Wheatsheaf, 1993), p. 61

Capítulo 8: Um mês no campo

Citações de diário neste capítulo são dos inéditos "Cahier de 192829" e "Cahier 192930", de Simone de Beauvoir, Bibliothèque Nationale de France (BNF), Paris

1. Sartre, *War Diaries*, p. 282.

2. Simone de Beauvoir, *The Prime of Life*, traduzido por Peter Green (Penguin, 1965), publicado originalmente como *La Force de l'Age* (Gallimard, 1960), p. 13.

3. Sartre, *War Diaries*, p. 44.

4. Sartre, *Words*, p. 99.

5. Sartre, *War Diaries*, p. 73.

6. Carta inédita, JeanPaul Sartre a Simone de Beauvoir, "mai 1948", arquivo pessoal de Sylvie Le Bon de Beauvoir.

7. Sartre, *War Diaries*, p. 282.

8. Beauvoir, dois capítulos inéditos de *L'Invitée*, Francis e Gontier, *Les Écrits de Simone de Beauvoir*, p. 279 (minha tradução).

9. Beauvoir, *Prime of Life*, p. 63.

10. Ibid., p. 14.

11. Bair, Simone de Beauvoir, pp. 150, 155, 156. Em 1984, Beauvoir disse, "Ah, ele achava que tinha de me pedir em casamento depois que meu pai nos pegara em La Grillère". Ver também Fullbrook e Fullbrook, *Simone de Beauvoir and JeanPaul Sartre*, p. 62.

12. Beauvoir, *Memoirs of a Dutiful Daughter*, p. 345.

13. Beauvoir, prefácio a *Prime of Life*, pp. 89.

14. Diário de Beauvoir, 10 de setembro de 1929.

Capítulo 9: Um casamento "morganático"

Citações de diário neste capítulo são do inédito "Cahier 192930", de Simone de Beauvoir, Bibliothèque Nationale de France (BNF), Paris.

1. Sartre, 1º de dezembro de 1939, *War Diaries*, p. 75.

2. Beauvoir, *Prime of Life*, p. 11.

3. Ibid., p. 28.

4. Sartre a Beauvoir, 1930, *Witness to My Life*, p.32.

5. Beauvoir, *Memories of a Dutiful Daughter*, p. 346.

6. Bair, *Simone de Beauvoir*, p. 156. O negócio de Jacques fracassou e ele morreu de alcoolismo com 46 anos de idade.

7. Beauvoir, *Prime of Life*, p. 22.

8. Sartre, 1º de dezembro de 1939, *War Diaries*, p. 75.

9. Entrevista com Sylvie Le Bon de Beauvoir, 29 de novembro de 2005.

10. Beauvoir, *Prime of Life*, p. 22.

11. Ibid., p. 23.

12. Beauvoir, *L'Invitée* (Gallimard, 1943), p. 29, traduzido por Yvonne Moyse e Roger Senhouse como *She Came to Stay* (Flamingo, 1984).

13. Beauvoir, *She Came to Stay*, p. 17.

14. Beauvoir, *Prime of Life*, p. 23.

15. Ibid., p. 28.

16. Ibid., p.19.

17. Ibid., p. 14.

18. Beauvoir, *Memoirs of a Dutiful Daughter*, p. 359.

19. Beauvoir, *Mémoires d'une jeune fille rangée*, p. 502.

20. Beauvoir, *All Said and Done*, p. 10.

Capítulo 10: Lua de mel em Paris

1. Beauvoir, *The Second Sex*, traduzido por H. M. Parshley (Jonathan Cape, 1953; Everyman's Library, 1993), p. 674, publicado originalmente como *Le Deuxième Sexe* (Gallimard, 1949).

2. Beauvoir, diário, "Sunday night", 3 de novembro de 1929.

3. Beauvoir, *Prime of Life*, p. 25.

4. Beauvoir, diário, 20 de setembro de 1929; ver também "Il avait emprunté à Synge le mythe du 'Baladin', éternel errant qui déguise sous de belles histoires mensongères la mediocrité de la vie [Havia tomado de empréstimo a Synge o mito do 'Baladin', eterno errante que disfarça sob as belas histórias mentirosas a mediocridade da vida]", Beauvoir, *La Force de l'Âge*, p. 25.

5. Sartre, *War Diaries*, p. 326.

6. Beauvoir, *Prime of Life*, p. 15.

7. Beauvoir, diário, 9 de novembro de 1929.

8. Beauvoir, *Prime of Life*, p. 23.

9. Ibid., p. 53.

10. Alice Schwarzer, *After the Second Sex: Conversations with Simone de Beauvoir* (Nova York: Pantheon Books, 1984), p. 110.

11. Beauvoir, *Prime of Life*, p. 27.

12. Beauvoir, diário, 10 de setembro de 1929.

13. Beauvoir, diário, 12 de dezembro de 1929.

14. Carta de Maheu para Beauvoir, copiada por Beauvoir para Sartre, 6 de janeiro de 1930, *Letters to Sartre*, traduzidas e editadas por Quintin Hoare (Vintage, 1992), p. 4.

15. Beauvoir a Sartre, 6 de janeiro de 1930, *Letters*, p. 5.

16. Beauvoir, diário, 8 de janeiro de 1930.

17. Beauvoir, *Prime of Life*, p. 63.

18. Ibid.

19. Beauvoir, diário, 8 de janeiro de 1930.

20. Beauvoir, *The Second Sex*, pp. 411, 417, 674, 724.

21. Sartre, *War Diaries*, p. 293.

22. Beauvoir, *Adieux*, p. 314.

23. Ver Asa Moberg, "Sensuality and Brutality: Contradictions in Simone de Beauvoir's Writings about Sexuality", em Melanie C. Hawthorne (org.), *Contingent Loves: Simone de Beauvoir and Sexuality* (University Press of Virginia, 298), pp. 98-9.

24. Beauvoir, *Beloved Chicago Man: Letters to Nelson Algren 1947-64* (Phoenix, 1999), p. 212.

25. Beauvoir, *Second Sex*, p. 403.

26. "It was as though he were a doctor preparing for an operation, and I had only to let myself be taken [Era como se ele fosse um médico se preparando para uma cirurgia e tudo que eu tivesse a fazer fosse me deixar manipular]", recorda Bianca Bienenfeld Lamblin, *A Disgraceful Affair*, p. 44; Anne Dubreuilh, na cama com Victor Scriassine em *The Mandarins*, diz: "I sensed a presence without feeling it, as you sense a dentist's steel tool against a swollen gum [Percebi uma presença sem sentir de fato, como a pessoa sente o aço de um dentista encostando na gengiva adormecida]"; em *The Second Sex* a comparação entre fazer amor e a atmosfera fria do consultório médico ou dentário é feita várias vezes, como observa o tradutor Asa Moberg; o próprio Sartre, descrevendo como achava difícil suportar "the pressure of another presence constantly upon me [a pressão de outra presença constantemente sobre mim]", afirmou que a partir dos 17 anos "a pitiless clarity ruled over my mind: it was an operating-room, hygienic, without nooks or crannies, without microbes, beneath a cold light [uma claridade impiedosa dominou minha mente: era uma sala de operações, higiênica, sem reentrâncias ou fendas, sem micróbios, sob uma luz fria]", *War Diaries*, p. 271.

27. Beauvoir, *Prime of Life*, p. 41.

28. Beauvoir, *Memoirs of a Dutiful Daughter*, p. 337.

29. Ver Mauricette Berne (org.), *Sartre*, catálogo da exposição "Sartre", apresentada na Bibliothèque Nationale de France (8 de março31 de agosto de 2005) (Gallimard, 2005), p. 41.

30. Sartre, *War Diaries*, pp. 82-4.

31. Ibid.; ver "Spinoza and the Good", Bertrand Russell, *History of Western Philosophy* (Allen & Unwin, 1961), p. 553.

32. Beauvoir, *Prime of Life*, p. 52.

33. Beauvoir, diário, 9 de junho de 1930.

34. Sartre a Beauvoir, "1930", Beme, *Sartre*, p. 38; Beauvoir, *Witness to My Life*, p. 32.

35. Francis and Gontier, *Simone de Beauvoir*, p. 379.

36. Sartre a Beauvoir, "1930", *Witness to My Life*, p. 34.

37. Beauvoir, *Prime of Life*, p. 56; Guille é "Pagniez" nas memórias, Maheu, "Herbaud".

38. Fair, *Simone de Beauvoir*, p. 172.

39. Entrevista com Sylvie Le Bon de Beauvoir, 21 de abril de 2005.

40. Sartre, *Situations 1*, citado em Moreau, Sartre, p. 9.

41. Beauvoir, *Prime of Life*, p. 15.

42. *Witness to My Life*, pp. 160, 376.

43. Beauvoir, *Prime of Life*, pp. 65-6.

44. *Sartre by himself*, filme de Michel Contat.

45. Beauvoir, *Prime of Life*, p. 78.

46. Entrevista com Sylvie Le Bon de Beauvoir, 21 de abril de 2005.

Capítulo 11: Atolado na Cidade da Lama

1. Sartre, *Words*, p. 157.

2. Beauvoir, *Prime of Life*, p. 207.

3. Sartre, *Nausea* (publicado originalmente como *La Nausée*, Gallimard, 1938), traduzido por Robert Baldick (Penguin, 2004), p. 22.

4. *Witness to My Life*, p. 37.

5. Beauvoir, *Prime of Life*, p. 106.

6. Citado em Sartre, *Oeuvres Romanesques*, p. xliv (minha tradução).

7. Sartre, *War Diaries*, 14 de março de 1940, p. 338.

8. CohenSolal, *Sartre*, p. 82.

9. Gerassi, *JeanPaul Sartre*, p. 107.

10. Ibid., p. 108.

11. Sartre, *La Mort dans l'âme* (Gallimard 1949); *Iron in the Soul*, traduzido por Gerard Hopkins (Penguin, 1963); Cohen-Solal, *Sartre*, p. 83.

12. CohenSolal, *Sartre*, pp. 789.

13. Ibid., p. 81.

14. Sartre, *Nausea*, p. 22.

15. Ibid., p. 31; Iris Murdoch, *Sartre: Romantic Rationalist* (1953; Fontana, 1969), p. 11.

16. Sartre's summary of *Nausea*, Gerassi, *Jean-Paul Sartre*, p. 118.

17. Murdoch, *Sartre*, p. 12.

18. Michel Contat e Michel Rybalka, em *Oeuvres Romanesques;* Moreau, Sartre, p. 34.

19. Sartre, *Nausea*, p. 111.

20. James Wood, introdução a *Nausea*, p. viii.

21. Sartre, *Nausea*, p. 57.

22. Beauvoir, *Prime of Life*, p. 91.

23. Bair, *Simone de Beauvoir*, p. 177.

24. Beauvoir, *Prime of Life*, p. 100.

25. Ibid., p. 93.

Capítulo 12: A pequena russa

1. Beauvoir, *She Came to Stay*, p. 246.

2. Beauvoir, *L'Invitée*, p. 45 (tradução modificada), *She Came to Stay*, pp. 29-30.

3. Bonal e Ribowska, *Simone de Beauvoir*, p. 48.

4. Beauvoir, *Prime of Life*, p. 288; ver Serge Julienne Caffié, "Variations on Triangular Relationships", *Contingent Loves*, p. 41.

5. Sartre a Beauvoir, 3-4 de setembro de 1934, *Witness to My Life*, p. 45, n. 5, nota dos tradutores sobre a linguagem particular do casal; Lee Fahnestock e Norman MacAfee dão o exemplo do neologismo *"vous autre"* inventado por Sartre.

6. Beauvoir, *L'Invitée*, p. 30, *She Came to Stay*, p. 17.

7. Entrevista com Colette Audry, em Bair, *Simone de Beauvoir*, p. 183.

8. Olivier Todd, citado em JulienneCaffié, "Variations on Triangular Relationships", em *Contingent Loves*, p. 44.

9. Citado ibid., p. 45.

10. Beauvoir a Sartre, 7 de novembro de 1939, *Letters*, p. 100.

11. Beauvoir a J.-L. Bost, Sylvie Le Bon de Beauvoir (org.), *Simone de Beauvoir, Jacques Laurent Bost, Correspondance croisée 19371940* (Gallimard, 2004), p. 212 (minha tradução).

12. Beauvoir, *When Things of the Spirit Come First*, pp. 323.

13. Hawthorne, "Leçon de Philo", em *Contingent Loves*, p. 67; Sylvie Le Bon de Beauvoir se refere à força e vitalidade de Beauvoir como "uma chama viva", entrevista com Sylvie Le Bon de Beauvoir, 21 de abril de 2005.

14. Beauvoir, *Prime of Life*, p. 227.

15. Beauvoir a Olga Kosackiewicz, julho de 1934 (sem data), arquivos de Sylvie Le Bon de Beauvoir, citado em Hazel Rowley, *Tête-à-Tête: Simone de Beauvoir and Jean-Paul Sartre* (Harper Collins, 2005), p. 54.

16. Ibid. p. 17.

17. Sartre, *Baudelaire* (Gallimard, 1947), p. 18 (minha tradução).

18. Ibid. p.19.

19. Ibid., p. 22.

20. Paul Nizan, citado por Olivier Todd, *Un fils rebelle* (Grasset, 1981), pp. 656; Todd achou o retrato de Sartre feito por Nizan "tendencioso mas revelador".

21. Citações de Paul Nizan, *Le Cheval de Troie* (1935), em Moreau, *Sartre, voyageur sans billet*, pp. 60-62 (minha tradução).

22. Sartre, *Nausea*, p. 183.

23. Ibid., p. 188.

24. Ibid., p. 2212.

Capítulo 13: Berlim

1. Beauvoir, *La Force de l'âge*, p. 191, *Prime of Life*, p. 165.

2. John Lehmann, *Christopher Isherwood: A Personal Memoir* (Nova York: Henry Holt and Co., 1987), p. 13.

3. Beauvoir, *La Force de l'âge*, p. 157, *Prime of Life*, p. 135.

4. Sartre, *War Diaries*, pp. 284-5.

5. Gerassi, *Jean-Paul Sartre*, p. 120.

6. Sartre, *War Diaries*, p. 284.

7. Ibid., p. 281.

8. Beauvoir, *Prime of Life*, p. 165.

9. Ibid., p. 180.

10. Ibid.

11. Beauvoir, *Prime of Life*, p. 192.

12. Gerassi, *Jean-Paul Sartre*, p. 120.

13. Beauvoir, *Prime of Life*, p. 193.

14. Ibid., p. 184.

15. Gerassi, *Jean-Paul Sartre*, p. 105.

16. Beauvoir, *Prime of Life*, p. 184.

17. Sartre, *War Diaries*, p. 328.

18. Ibid., p. 184.

19. Sartre, *Oeuvres romanesques*, p. 1.728.

20. Sartre, *War Diaries*, p. 232.

21. Ibid., p. 14. .

22. "La Transcendance de l'ego; esquisse d'une description phénoménologique", em *Recherches philosophiques*, vol. 6, 19367, republicado em Paris: Librairie Vin, 1965; *The Transcendence of the Ego*, pp. 85123, traduzido por Forrest Williams e Robert Kirkpatrick (Nova York: Farrar, Straws & Giroux, s.d.), p. 93.

23. Sartre, *War Diaries*, p. 232.

24. Axel Madsen, *Hearts and Minds: The Common Journey of Simone de Beauvoir and Jean-Paul Sartre* (Nova York: William Morrow and Co.,1977), p. 64.

25. Beauvoir, *Prime of Life*, p. 184.

26. Ibid., p. 158.

27. Beauvoir, *La Force de l'âge*, p. 228.

28. Beauvoir, *She Came to Stay*, p. 27.

29. Ibid., p. 13.

30. Ibid., p. 246.

31. Ibid., p. 148.

32. Ibid., p. 246.

33. Beauvoir, *Prime of Life*, p. 230.

34. Entrevista com Sylvie Le Bon de Beauvoir, 29 de novembro de 2005.

Capítulo 14: Enfeitiçados

1. Sartre, *War Diaries*, p. 78.

2. Beauvoir, *Prime of Life*, p. 149.

3. Ibid., p. 138.

4. Sartre, *Nausea*, pp. 249-51.

5. Ibid., p. 252.

6. Justin O'Brien, introdução a *The Journals of André Gide*, vol. 1: 1889-1913 (Seeker & Warburg, 1947), p. ix.

7. Ibid, p. xii.

8. Beauvoir, *Prime of Life*, p. 141.

9. Beauvoir, *La Force de l'âge*, pp. 166-8, *Prime of Life*, pp. 143-5.

10. Sartre, *Being and Nothingness*, publicado originalmente como *L'Être et le Néant* (Gallimard, 1943) traduzido por Hazel Barnes (Methuen, 1958), pp. 48-9, 55-6.

11. Ibid.

12. Beauvoir, *Prime of Life*, p. 128.

13. Beauvoir, *La Force de l'âge*, p. 168 (minha tradução).

14. Beauvoir, *Prime of Life*, p. 221.

15. Beauvoir, *She Came to Stay*, p. 49.

16. Ibid., p. 45.

17. Ibid., p. 54.

18. Ibid., p.10.

19. Beauvoir. *Prime of Life*, p. 157.

20. Sartre, *War Diaries*, p. 77.

21. Sartre, *Nausea*, p. 116.

22. Beauvoir, *Prime of Life*, p. *210*.

23. Ibid., p. 213.

24. Colette Audry, *La Statue* (Paris: Gallimard, 1983), p. 212.

25. Sartre, *The Age of Reason*, traduzido por Eric Sutton (Penguin, 1961), p. 56, publicado originalmente como *L'Âge de Raison* (Gallimard, 1945).

26. Sartre, *War Diaries*, p. 78.

27. Marthe Kosakiewicz a Beauvoir, 11 de agosto de 1935; arquivos Sylvie Le Bon de Beauvoir, em Hazel Rowley, *Tête-à-Tête*, p. 57.

28. Beauvoir, *Prime of Life*, p. 243, *La Force de l'âge*, p. 278 (tradução modificada).

29. Sartre, *Age of Reason*, p. 58.

30. Beauvoir, *Prime of Life*, p. 240.

31. Ibid., p. 242.

Capítulo 15 : O trio

1. Hegel. Citação escolhida por Beauvoir como epígrafe de *L'Invitée*.

2. Beauvoir, *She Came to Stay*, p. 126.

3. Ibid., p. 81.

4. Ibid., p. 139.

5. Beauvoir, *Prime of Life*, p. 242.

6. Sartre, *War Diaries*, p. 145. Sartre perdeu "Le Soleil de minuit".

7. Um conto em Sartre, *Oeuvres Romanesques*. (org.) Michel Contat e Michel Rybalka (Gallimard: Bibliothèque de la Pléiade, 1981), apêndice 1, p. 1549.

8. Beauvoir, *Prime of Life*, p. 241, *La Force de l'âge*, p. 276.

9. Beauvoir, *La Force de l'âge*, p. 278.

10. Beauvoir, *She Came to Stay*, p. 112.

11. Ibid., *p. 160.*

12. Beauvoir, *Prime of Life*, p. 242.

13. In Sartre, "Dépaysement", *Oeuvres Romanesques*, apêndice 1, pp. 1.549-55 (minha tradução).

14. Beauvoir, *Prime of Life*, p. 246.

15. Beauvoir, *La Force de l'âge*, p. 282, n. 1

16. Sartre, *War Diaries*, pp. 273-4.

17. Beauvoir, *Prime of Life*, p. 246.

18. Sylvie Le Bon confirma que a certidão de casamento de Olga (na *mairie* do sexto *arrondissement*) está incorreta. Como sua certidão de nascimento era da URSS, ela pôde inventar sua data de nascimento como sendo 6 de novembro de 1917, para parecer mais nova que Bost. Rowley, *TêteàTête*, p. 359, n. 30.

19. Sartre, *War Diaries*, p. 276.

20. Beauvoir, *La Force de l'âge*, p. 292.

21. Beauvoir, *She Came to Stay*, p. 97.

22. Ibid., p. 105, *L'Invitée*, p. 135 (tradução modificada).

23. Ibid., p. 57.

24. Citado em Bair, *Simone de Beauvoir*, p. 194.

25. Beauvoir, *Prime of Life*, p. 257, *La Force de l'âge*, p. 294 (tradução modificada).

26. Moreau, *Sartre*, p. 23 (minha tradução).

27. Sartre, entrevista nº 11, Gerassi, *Jean-Paul Sartre*, p. 124.

28. Sartre a Olga Kosackiewicz, verão de 1936, *Witness to My Life*, p. 51.

29. Ibid, p. 57.

30. Sartre, "Dépaysement", *Oeuvres Romanesques*, p. 1.544.

31. Gerassi, *Jean-Paul Sartre*, p. 123.

32. Carolyn Smith, *Cutting it Out: A Journey through Psychotherapy and Self-Harm* (publicado por Jessica Kingsley, 2006); "Unkindest Cut of All", *The Times*, 4 de fevereiro de 2006.

33. Ver Beauvoir, *Prime of Life*, p. 258.

34. Beauvoir, *She Came to Stay*, pp. 284-5, *L'Invitée*, p. 354 (tradução modificada).

35. Sartre, *Age of Reason*, pp. 194-5, *L'Âge de Raison*, p. 240.

36. Conversa com o psiquiatra Dr. Jonathan Pimm, do University College, Londres, 16 de junho de 2006; o Dr. Pimm conduziu uma "autópsia psicológica" em Olga, na qual enfatizou a significativa divisão entre pessoas que se autoinfligem ferimentos superficiais ou profundos, e que "ferimentos mais graves são um sinal de que o paciente sofreu de profundos danos psicológicos em tenra idade". Na GrãBretanha, de 15 a 20% das pessoas que se autoflagelam chegam a ponto de cometer suicídio, e após o primeiro episódio de ferimentos autoinfligidos, a probabilidade de suicídio é multiplicada em cem vezes.

37. Beauvoir, *Prime of Life*, p. 258.

38. Beauvoir, *L'Invitée*, p. 354.

39. Sartre, *L'Âge de raison*, p. 239.

40. Beauvoir, *She Came o Stay*, p. 343.

41. Beauvoir, entrevista em Gerassi, *JeanPaul Sartre*, p. 99.

Capítulo 16: Notoriedade

1. Mme Mancy a Sartre, citado em *Correspondance croisée*, p. 239.

2. Sartre a Beauvoir, abril de 1937, *Witness to My Life*, p. 76.

3. Beauvoir, *Prime of Life*, p. 293.

4. Sartre a Beauvoir, 15 de setembro de 1937, *Witness to My Life*, p. 122.

5. Beauvoir, *Adieux*, pp. 304-6.

6. Beauvoir, *Prime of Life*, p. 294.

7. Ver Simon Sebag Montefiore, *Stalin: The Court of the Red Tsar* (Phoenix, 2004), pp. 191-2; a ficha médica de Gorky nos arquivos do NKVD sugerem que ele na verdade morreu de morte natural, com tuberculose e pneumonia.

8. André Gide, citado em Justin O'Brien, introdução a *The Journals of André Gide*, vol. 1 (Seeker & Warburg, 1947), p. xiii.

9. Beauvoir, *Prime of Life*, p. 288.

10. Moreau, Sartre, p. 302 (minha tradução).

11. Sartre a Beauvoir, Laon, abril de 1937; Beme, *Sartre*, p.46.

12. Sartre a Simone Jollivet, março de 1937, *Witness to My Life*, p. 75.

13. Beauvoir, *Prime of Life*, p. 299.

14. Beauvoir, *La Force de l'âge*, pp. 33942, *Prime of Life*, pp. 296-9; *Witness to My Life*, p. 92.

15. Sartre, *War Diaries*, p. 78.

16. SartreBeauvoir, 3 de maio de 1937, *Witness to My Life*, p. 100.

17. Sartre a Beauvoir, 26 de abril de 1937, ibid., p. 91.

18. Beauvoir a Sartre, provavelmente no início de 1937, *Letters to Sartre*, p. 8.

19. Sartre a Beauvoir, 3 de maio de 1937, *Witness to My Life*, p. 99.

20. Sartre a Beauvoir, "Wednesday", ibid., p. 105.

21. André Gide a Jean Paulhan, 27 de julho de 1937, Jean Paulhan Archives, citado em Cohen-Solal, *Sartre*, p. 120.

22. Sartre, Oeuvres *Romanesques*, pp. 1.70111.

23. Sartre, "L'Enfance d'un Chef [The Childhood of a Leader]", *The Wall*, traduzido por Lloyd Alexander (Nova York: New Directions Paperback, 1975), p. 144.

24. Mme Mancy a Sartre, citado por Simone de Beauvoir, 7 de fevereiro de 1937, *Simone de Beauvoir–Jacques-Laurent Bost, Correspondance croisée*, p. 239.

25. Sartre a Beauvoir, 34 de setembro de 1934, *Witness to My Life*, p. 44.

26. Sartre a Beauvoir, setembro de 1937, ibid., pp. 1424.

27. Sartre a Serge Roullet, 10 de janeiro de 1967, Contat e Rybalka, *Les Écrits de Sartre*, pp. 7071 (minha tradução).

28. "Lettres à Wanda", em "Témoins de Sartre", *Les Temps modernes*, nº 5313, 1990, citado em Moreau, *Sartre*, p. 115 (minha tradução).

29. Ibid., p. 134.

30. Sartre a Beauvoir, 26 de abril de 1937, *Witness to My Life*, p. 90.

31. Bonal e Ribowska, *Simone de Beauvoir*, p. 51 (minha tradução).

32. Sartre a Beauvoir, 15 de setembro de 1937, *Witness to My Life*, p. 128.

33. Beauvoir, *Prime of Life*, p. 260.

34. Bair, *Simone de Beauvoir*, p. 194.

35. Sartre a Beauvoir, 5 de maio de 1937, *Witness to My Life*, p. 106.

Capítulo 17: Quebrando as regras

1. Beauvoir a J.L. Bost, 28 de novembro de 1938, *Correspondance croisée*, pp. 1356, 5 de fevereiro de 1939, p. 233.
2. Entrevista com Bianca Bienenfeld Lamblin, 8 de novembro de 2004.
3. Bianca Lamblin, *A Disgraceful Affair: Simone de Beauvoir, JeanPaul Sartre, Bianca Lamblin*, traduzido por Julie Plovnick (Northeastern University Press: Boston, 1996), p. 15; Lamblin, *Mémoires d'une jeune fille derangée* (Paris: Editions Balland, 1993), p. 23.
4. Entrevista com Sarah Hirschmann, 11 de outubro de 2002.
5. Entrevista com Bianca Bienenfeld Lamblin, 8 de novembro de 2004.
6. Lamblin, *A Disgraceful Affair*, p. 19.
7. Ibid., p. 23.
8. Entrevista com Bianca Bienenfeld Lamblin, 8 de novembro de 2004.
9. Ibid.
10. Beauvoir a Sartre, 15 de julho de 1938, *Letters to Sartre*, p. 16.
11. Sartre a Beauvoir, 14 de julho de 1938, *Witness to My Life*, p. 151.
12. Sartre a Beauvoir, [julho de] 1938, ibid., p. 156.
13. Beauvoir a Sartre, 22 de julho de 1938, *Letters to Sartre*, pp. 1920
1. Beauvoir a Sartre, 27 de julho de 1938, ibid., p. 21.
15. Sartre a Beauvoir, *Witness to My Life*, pp. 1578

Capítulo 18: À sombra da guerra

1. Beauvoir, *Prime of Life*, p. 319.
2. Beauvoir a J.L. Bost, 30 de julho de 1938, *Correspondance croisée*, pp. 323 (minha tradução).
3. Beauvoir a J.L. Bost, 31 de julho de 1938, ibid., p. 35.
4. Beauvoir a J.L. Bost, 3 de agosto de 1938, ibid., p. 49.
5. Beauvoir to J.L. Bost, 30 de agosto de 1938, ibid., p. 66.
6. Sylvie Le Bon de Beauvoir, *Avantpropos*, ibid., p. 12.
7. Beauvoir, preface to *The Prime of Life*, p. 8.
8. Le Bon, *Avantpropos*, *Correspondance croisée*, p. 12 (minha tradução); ao editar e publicar essa importante correspondência, Le Bon remediou essa omissão, mas as cartas ainda esperam por uma tradução para a língua inglesa.
9. Beauvoir a J.L. Bost, 30 de agosto de 1938, Le Bon, *Correspondance croisée*, p. 69.
10. Beauvoir a J.L. Bost, 25 de agosto de 1938, ibid., p. 60.

11. Beauvoir, *Prime of Life*, p. 334.
12. Ibid., p. 318.
13. Sartre a Beauvoir [setembro], *Witness to My Life*, pp. 1756.
14. Beauvoir a J.L. Bost, 21 de setembro de 1938, *Correspondance croisée*, p. 85.
15. Beauvoir, *Prime of Life*, p. 321.
16. Ibid.
17. Entrevista com Bianca Bienenfeld Lamblin, 28 de abril de 2005.
18. Lamblin, A *Disgraceful Affair*, p. 34.
19. Beauvoir a J.L. Bost, 7 de novembro de 1938, *Correspondance croisée*, p. 93.
20. Sartre a Beauvoir, [fim de julho] 1938, *Witness to My Life*, p. 172.
21. Sartre a Beauvoir, domingo de manhã, [julho de] 1938, ibid., p. 167.
22. Sartre a Beauvoir, [fim de julho] 1938, ibid., p. 172.
23. Sartre a Beauvoir, [setembro] 1938, ibid., p. 179.
24. Sartre a Jean Paulhan, segunda [outono] 1938, ibid., p. 180.
25. Beauvoir a J.L. Bost, [9 de novembro] 1938, *Correspondance croisée*, p. 104.
26. Beauvoir, *Prime of Life*, p. 338.
27. Ibid., p. 340.
28. Beauvoir a J.L. Bost, [11 de novembro de] 1938, *Correspondance croisée*, p. 106.
29. Beauvoir a J.-L. Bost, [24 de novembro de] 1938, ibid., p. 122.
30. J.L. Bost a Beauvoir, 29 de novembro de 1938, ibid., p. 138.
31. Lamblin, *A Disgraceful Affair*, p. 36.
32. Entrevista com Bianca Bienenfeld Lamblin, 8 de novembro de 2004.
33. Lamblin, *A Disgraceful Affair*, p. 43.
34. Entrevista com Bianca Bienenfeld Lamblin, 28 de abril de 2005.
35. Ibid., 8 de novembro de 2004.
36. Beauvoir a J.L. Bost [18 de janeiro de] 1939, *Correspondance croisée*, p. 207.
37. Sartre a Louise Védrine (o nome que Beauvoir deu a Bianca nas cartas de Sartre, que ofenderam profundamente Bianca, já que era o nome da antiga empregada de Beauvoir), julho de 1939, *Witness to My Life*, p. 190.
38. Sartre a Louise Vedrine, [julho de] 1939, ibid., p. 191.
39. Sartre a Beauvoir, [julho de] 1939, ibid., pp. 200-202.
40. Sartre a Beauvoir, [junho de] 1939, ibid., p. 185.
41. Albert Camus, resenha de *Le Mur*, *Alger républicain*, 12 de março de 1939, Michel Contat, *Sartre: L'Invention de la Liberté* (Paris: Les Éditions Textuel), p. 54.
42. Sartre, "M. François Mauriac et la Liberté", *Situations 1* (Gallimard, 1947), p. 52.
43. Beauvoir a J.L. Bost, 17 de fevereiro de 1939, *Correspondance croisée*, p. 257.
44. Sartre a Beauvoir, [junho de] 1939, *Witness to My Life*, p. 183.
45. Beauvoir a J.L. Bost, 22 de fevereiro de 1939, *Correspondance croisée*, p. 262.

46. Beauvoir a J.L. Bost, [4 de junho de] 1939, ibid., p. 386.

47. J.-L. Bost a Beauvoir, [7 de junho de] 1939, ibid., p. 391.

48. Beauvoir a J.L. Bost, [8 de junho de] 1939, *Correspondance croisée*, p. 397.

49. J.L. Bost a Beauvoir, [19 de agosto de] 1939, ibid., p. 414.

50. Beauvoir to J.L. Bost, 6 de junho de 1939, ibid., p. 390.

51. Beauvoir a J.L. Bost, [12 de abril de] 1939, ibid., p. 325.

52. Sartre a Louise Vedrine, 31 de agosto de 1939, Witness to *My Life*, p. 225.

53. J.L. Bost a Beauvoir, [25 de agosto de] 1939, *Correspondance croisée*, p. 419.

54. Beauvoir, *Prime of Life*, p. 359.

Capítulo 19: Mulheres apaixonadas

1. Beauvoir a J.L. Bost, 9 de outubro de 1939, *Correspondance croisée*, p. 546.

2. Sartre a Beauvoir, terça, 5 de setembro de 1939, *Witness to My Life*, p. 233. Sartre se referia a suas cartas como "testemunho da minha vida", como observa Beauvoir em seu prefácio, mas ele também descreve Beauvoir como sua "testemunha". A expressão lembra as memórias de Adèle Hugo sobre o marido: *Victor Hugo, by a Witness to His Life*. O funeral de Hugo foi mais grandioso do que o de qualquer outra personalidade literária no século XIX, assim como o de Sartre, no século XX. Essa é uma comparação com a qual Sartre, que gostava de se ombrear com os imortais, teria ficado deliciado.

3. Sartre a Beauvoir, 7 de setembro de 1939, *Witness to My Life*, p. 237.

4. Sartre a Beauvoir, 3 de setembro de 1939, ibid., p. 230.

5. Sartre a Beauvoir, 9 de setembro de 1939, ibid., p. 240.

6. Sartre a Beauvoir, 23 de setembro de 1939, ibid., p. 262.

7. Sartre a Beauvoir, 12 de setembro de 1939, ibid., p. 243.

8. Sartre a Beauvoir, 28 de setembro de 1939, ibid., p. 267.

9. Sartre a Beauvoir, 16 de setembro de 1939, ibid., p. 249.

10. Sartre, 24 de novembro de 1939, *War Diaries*, p. 38.

11. Ovídio, *Metamorphoses*, VII, 20.

12. Sartre a Beauvoir, 14 de setembro de 1939, *Witness to My Life*, p. 250.

13. *Das Schloss* (1926), de Franz Kafka, traduzido como *O castelo* (1937), pode ser interpretado como uma teologia existencialista kierkegaardiana; retrata a sociedade como destituída de sentido e irracional.

14. Sartre a Beauvoir, 12 de setembro de 1939, ibid., p. 241.

15. Sartre a Beauvoir, 13 de setembro de 1939, ibid., p. 247.

16. Sartre a Beauvoir, 2 de outubro de 1939, ibid., p. 275.

17. Sartre a Beauvoir, 6 de outubro de 1939, ibid., p. 280.

18. Sartre a Beauvoir, 26 de setembro de 1939, ibid., p. 264.

19. Sartre, *War Diaries*, p. 139.

20. Entrevista com Sylvie Le Bon de Beauvoir, 29 de novembro de 2005.

21. Beauvoir a J.-L. Bost, 3 de setembro de 1939, *Correspondance croisée*, p. 439.

22. Beauvoir a Sartre, 7 de setembro de 1939, *Letters to Sartre*, p. 43.

23. Beauvoir a Sartre, 8 de setembro de 1939, *Letters to Sartre*, p. 47.

24. Beauvoir a Sartre, 10 de setembro de 1939, *Letters to Sartre*, p. 52.

25. J.L. Bost a Beauvoir, 17 de setembro de 1939, *Correspondance croisée*, p. 469.

26. J.L. Bost a Beauvoir, 16 de setembro de 1939, ibid., p. 467.

27. Beauvoir a Sartre, 17 de setembro de 1939, *Letters to Sartre*, p. 63.

28. Beauvoir a Sartre, 20 de setembro de 1939, ibid., p. 72.

29. Beauvoir, *Prime of Life*, p. 367.

30. Beauvoir a J.L. Bost, 25 de setembro de 1939, *Correspondance croisée*, p. 500.

31. Beauvoir a J.L. Bost, 20 de setembro de 1939, ibid., p. 483.

32. Beauvoir a J.L. Bost, 21 de setembro de 1939, ibid., p. 486.

33. Beauvoir a J.L. Bost, 22 de setembro de 1939, ibid., p. 491.

34. Beauvoir a Sartre, 22 de setembro de 1939, *Letters to Sartre*, p. 77.

35. Beauvoir a Sartre, 21 de setembro de 1939, ibid., p. 74.

36. Beauvoir a Sartre, 5 de outubro de 1939, ibid., p. 95.

37. Beauvoir a J.L. Bost, 29 de setembro de 1939, *Correspondance croisée*, p. 512.

38. Beauvoir a Sartre, 23 de setembro de 1939, *Letters to Sartre*, p. 78.

39. Beauvoir a J.L. Bost, 5 de outubro de 1939, *Correspondance croisée*, p. 531.

40. Beauvoir a J.-L. Bost, 10 de outubro de 1939, ibid., p. 551.

41. J.L. Bost a Beauvoir, 8 de outubro de 1939, ibid., p. 545.

42. Beauvoir: a J.L. Bost, 9 de outubro de 1939, ibid., p. 546.

43. Beauvoir a J.L. Bost, 11 de outubro de 1939, ibid., p. 557.

44. Beauvoir a Sartre, 11 de outubro de 1939, *Lettres à Sartre*, p. 178, *Letters*, p. 111.

45. Beauvoir a J.L. Bost, 12 de outubro de 1939, *Correspondance croisée*, p. 561.

46. J.L. Bost a Beauvoir, 1939.

47. Beauvoir a Sartre, 15 de outubro de 1939, *Lettres à Sartre*, p. 191.

48. Beauvoir a J.L. Bost, 22 de outubro de 1939, *Correspondance croisée*, p. 594.

49. J.L. Bost a Beauvoir, 25 de outubro de 1939, ibid., p. 608.

50. Beauvoir a Sartre, 10 de novembro de 1939, *Letters*, p. 155.

51. Beauvoir a J.L. Bost, 20 de dezembro de 1939, *Correspondance croisée*, p. 831.

52. Sartre a Beauvoir, 2 de outubro de 1939, *Witness to My Life*, p. 275.

53. Sartre, *L'Âge de raison*, p. 21, *The Age of Reason*, p. 15.

54. Sartre, *The Age of Reason*, p. 44, *L'Âge de raison*, p. 62.

55. Sartre, *War Journal*, pp. 122, 138.

56. Sartre a Beauvoir, 7 de novembro de 1939, *Witness to My Life*, p. 329.

57. Sartre a Beauvoir, 6 de novembro de 1939, ibid., p. 327.

58. Sartre a Beauvoir, 8 de novembro de 1939, ibid., p. 330.

59. Beauvoir, *Prime of Life*, p. 418.

60. Ibid.

61. Beauvoir a J.L. Bost, 31 de outubro de 1939, *Correspondance croisée*, p. 632.

62. J.L. Bost a Beauvoir, 4 de novembro de 1939, ibid., p. 654.

63. J.L. Bost a Beauvoir, 6 de novembro de 1939, ibid., p. 661.

64. Beauvoir a J.L. Bost, 14 de outubro de 1939, ibid., p. 565.

65. Beauvoir a J.L. Bost, 15 de dezembro de 1939, ibid., p. 814.

66. Beauvoir–Sartre, 7 de novembro de 1939, ibid., p. 150.

67. Beauvoir a Sartre, 10 de dezembro de 1939, *Letters to Sartre*, p. 202.

Capítulo 20: A volta do parafuso

1. Diário de Bost, 24 de dezembro de 1939, *Correspondance croisée*, p. 843.

2. Sartre, *War Diaries*, p. 29.

3. Beauvoir, 18 de dezembro de 1939, *Journal de Guerre*. (org.), Sylvie Le Bon de Beauvoir (Gallimard, 1990), p. 203.

4. Beauvoir a J.L. Bost, 27 de dezembro de 1939, *Correspondance croisée*, p. 854.

5. Beauvoir a Sartre, 11 de novembro de 1939, *Letters to Sartre*, p. 157.

6. Beauvoir a Sartre, 12 de novembro de 1939, ibid., p. 160.

7. Beauvoir a Sartre, 17 de dezembro de 1939, ibid., p. 217.

8. Beauvoir a J.L. Bost, 10 de novembro de 1939, *Correspondance croisée*, p. 673.

9. Beauvoir a J.L. Bost, 13 de novembro de 1939, ibid., p. 690.

10. J.L. Bost a Beauvoir, 15 de novembro de 1939, ibid., p. 696.

11. Beauvoir a J.-L. Bost, 11 de novembro de 1939, ibid., p. 678.

12. Beauvoir a Sartre, 12 de novembro de 1939, *Letters*, p. 161.

13. Beauvoir a Sartre, 22 de dezembro de 1939, ibid., p. 226.

14. Beauvoir a Sartre, 5 de janeiro de 1940, ibid., p. 242.

15. Beauvoir a Sartre, 12 de janeiro de 1940, ibid., p. 252.

16. Entrevista com Bianca Bienenfeld Lamblin, 8 de novembro de 2004.

17. Bair, *Simone de Beauvoir*, p. 242.

18. Beauvoir, 10 de dezembro de 1939, *Journal de Guerre*, traduzido por Lamblin, *A Disgraceful Affair*, pp. 70-71.

19. Beauvoir a Sartre, 14 de janeiro de 1940, *Letters*, p. 255.

20. Beauvoir a Sartre, 24 de janeiro de 1940, ibid., p. 268.

21. Beauvoir, 25 de janeiro de 1940, *Journal de Guerre*, p. 258.

22. Sartre a Beauvoir, 15 de novembro de 1939, *Witness to My Life*, p. 345.

23. Sartre a Beauvoir, 20 de dezembro de 1939, ibid., p. 419.

24. Beauvoir, 1º de fevereiro de 1940, *Journal de Guerre*, p. 162.

25. Beauvoir, fevereiro de 1940, *Journal de Guerre*, p. 165.

26. Beauvoir a J.L. Bost, 16 de novembro de 1939, *Correspondence croisée*, p. 703.

27. Sartre, 24 de novembro de 1939, *War Diaries*, p. 40.

28. Ibid., p. 38.

29. Lévy, *Le Siècle de Sartre*, p. 182.

30. Beauvoir a J.L. Bost, 5 de fevereiro de 1939, *Correspondance croisée*, pp. 232-3.

31. Beauvoir a J.-L. Bost, ibid., 10 de fevereiro de 1939, p. 244.

32. Sartre a Beauvoir, 16 de novembro de 1939, *Witness to My Life*, p. 340.

33. *Bifur*, 8, ed. du Carrefour, citado em Levy, *Le Siècle de Sartre*, pp. 179-80 (minha tradução).

34. Ver Murdoch, Sartre, p. 8.

35. Sartre, 27 de novembro de 1939, *War Diaries*, pp. 53-4.

36. Sartre, 9 de janeiro de 1940, *Lettres au Castor*, vol. 2, p. 27, tradução extraída de Cohen-Solal, *Sartre*, p. 142.

37. Sartre, *Sartre by Himself*, filme dirigido por Alexandra Astruc e Michel Contat, traduzido por Richard Seaver (Nova York: Urizen, 1978), pp. 29-30.

38. Beauvoir, *She Came to Stay*, p. 54.

39. Ver Fullbrook e Fullbrook, *Simone de Beauvoir and Jean-Paul Sartre*, p. 111.

40. Ver Margaret A. Simons, "Beauvoir and Sartre: The philosophical relationship", *Yale French Studies*, n. 172, 1986, pp. 165-79.

41. Sartre, "The Look", *Being and Nothingness*, p. 259.

42. Ibid., p. 364.

43. Fullbrook e Fullbrook, *Simone de Beauvoir and Jean-Paul Sartre*, p. 116.

44. Sartre, 17 de fevereiro de 1940, *War Diaries*, p. 197.

45. Sartre, 18 de fevereiro de 1940, ibid., p. 208.

46. Citado em Fullbrook e Fullbrook, *Simone de Beauvoir and Jean-Paul Sartre*, p. 119.

47. Beauvoir a Sartre, 16 de fevereiro de 1940, *Letters to Sartre*, p. 273.

48. Sartre, *War Diaries*, p. 29; "It's true; I'm not authentic [É verdade; não sou autêntico]", p. 61.

49. Beauvoir a Sartre, 27 de fevereiro de 1940, *Letters to Sartre*, p. 279.

50. Entrevista com Bianca Bienenfeld Lamblin, 28 de abril de 2005.

51. Beauvoir, 16 de fevereiro de 1940, *Journal de Guerre*, p. 284.

52. Beauvoir, 17 de fevereiro de 1940, ibid., p. 286.

53. Beauvoir a Sartre, 18 de fevereiro de 1940, *Letters* to Sartre, p. 277.

54. Sartre a Beauvoir, 28 de fevereiro de 1940, *Quiet Moments in a War: The Letters of Jean-Paul Sartre a Simone de Beauvoir 1940-1963* (Paris: 1983), traduzido por Lee Fahnstock e Norman MacAfee, p. 233.

55. Beauvoir, 18 de fevereiro de 1940, *Journal de Guerre*, p. 287.

56. Beauvoir, 21 de fevereiro de 1940, *Journal de Guerre*, p. 291.

57. Beauvoir–Sartre, 19 de março de 1940, *Letters to Sartre*, p. 299.

Capítulo 21: Ocupação

1. Sartre, *Iron in the Soul*, p. 95.

2. Ibid., p. 79.

3. Robert Gildea, *Marianne in Chains: In Search of the German Occupation of France 1940-45* (Pan Books, 2003), p. 88.

4. Beauvoir, *Adieux*, p. 388.

5. Citado em Gilbert Joseph, *Une si douce Occupation: Simone de Beauvoir et Jean-Paul Sartre 1940-1944* (Paris: Albin Michel, 1991), p. 29.

6. Citado em Gildea, *Marianne in Chains*, p. 43.

7. Sartre, *Iron in the Soul*, p. 179.

8. Ibid., pp. 217, 218.

9. Ibid., p. 225.

10. J.L. Bost a Beauvoir, 3 de fevereiro de 1940, *Correspondance croisée*, p. 967.

11. Cohen-Solal, *Sartre*, p. 139.

12. Sartre, *Iron in the Soul*, p. 329.

13. Beauvoir, *Adieux*, p. 389.

14. Ibid., p. 345.

15. Beauvoir, *Prime of Life*, p. 436.

16. Ibid., p. 437.

17. Lamblin, *A Disgraceful Affair*, p. 25.

18. Beauvoir, *Prime of Life*, p. 438.

19. Lamblin, *A Disgraceful Affair*, p. 77.

20. Beauvoir, *Journal de Guerre*, p. 304.

21. Sartre, *The Reprieve*, citado em Lamblin, *A Disgraceful Affair*, p. 72.

22. Benny Lévy, entrevista com Jean-Paul Sartre, *Le Nouvel observateur*, março de 1980, citado em Lamblin, *A Disgraceful Affair*, p. 179.

23. Ibid., p. 78.

24. Beauvoir, *Prime of Life*, p. 444.

25. Ibid.

26. Ibid., p. 454.

27. Ibid., p. 445.

28. Citado por Michael Curtis, *Verdict on Vichy: Power and Prejudice in the Vichy France Regime* (Weidenfeld & Nicolson, 2002), p. 12.

29. Ver Gildea, Marianne in Chains, p. 14.

30. Sartre a Beauvoir, 8 de julho de 1940, *Quiet Moments*, p. 233.

31. Beauvoir, *Prime of Life*, p. 457.

32. Sartre a Wanda, 26 de maio de 1940, arquivos Sylvie Le Bon de Beauvoir, citado em Rowley, *Tête-à-Tête*, p. 363, nota 45.

33. Sartre a Beauvoir, 12 de maio de 1940, *Quiet Moments*, p. 180.

34. Niko Papatakis, *Tous les désespoirs sont permis* (Paris: Fayard, 2003), pp. 26061.

35. Sartre, *The Age of Reason*, p. 62.

36. Ibid., p. 44.

37. Sara Heinaman, "The Body as an Instrument of Expression", em Claudia Card (org.), *The Cambridge Companion to Simone de Beauvoir* (CUP, 2003), p. 66.

38. Beauvoir, *Le Sang des autres* (Gallimard, 1945), p. 125, *The Blood of Others*, traduzido por Yvonne Moyse e Roger Senhouse (Penguin, 1964), p. 97.

39. Beauvoir, *The Blood of Others*, p. 99.

40. Beauvoir, *The Blood of Others*, p. 100, *Le Sang des autres*, p. 129.

41. "At the Bay", em *The Short Stories of Katherine Mansfield*, pp. 27980, citado em Beauvoir, *The Second Sex*, p. 537.

42. Beauvoir, *Le Sang des autres*, p. 131, *The Blood of Others*, p. 102.

Capítulo 22: Stalag

1. Sartre, *Bariona, ou le Fils de tonnerre*, em *Écrits de Sartre*, pp. 565-633.

2. Beauvoir a Sartre, 11 de julho de 1940, *Letters to Sartre*, p. 313.

3. Citado em CohenSolal, *Sartre*, p. 150.

4. Beauvoir, *Adieux*, p. 390.

5. Sartre, entrevista com John Gerassi, 1973, citado em *Oeuvres Romanesques*, p. lxi.

6. *Les Temps modernes*, setembro de 1982, p. 472.

7. Beauvoir, *Adieux*, p. 410.

8. *Les Temps modernes*, setembro de 1982, p. 457.

9. Joseph, *Une si douce Occupation*, p. 73.

10. Sartre a Beauvoir, 29 de julho de 1940, *Quiet Moments*, p. 240.

11. Sartre a Beauvoir, dezembro de 1940, *Quiet Moments*, p. 244.

12. Marius Perrin, *Avec Sartre au Stalag XII D* (Paris: Delarge, 1980), pp. 128-9, tradução citada em Cohen-Solal, p. 154.

13. Joseph, *Une si douce Occupation*, p. 59.

14. Sartre a Beauvoir, dezembro de 1940, *Quiet Moments*, pp. 244-5.

15. Sartre, 31 de outubro de 1962, *Les Écrits de Sartre*, p. 565.

16. Beauvoir, *Adieux*, p. 183.

17. Sartre, Scene VII, *Bariona, ou le Fils de tonnerre*, *Écrits de Sartre*, p. 627 (minha tradução).

18. *Sartre on Theatre*. (org.) Michael Contat e Michael Ryhalka, traduzido por Frank Jellinek (Nova York: Pantheon Books, 1976), p. 39.

19. Sartre a Beauvoir, 27 de maio de 1943, *Lettres au Castor*, p. 251, *Quiet Moments*, p. 203 (tradução modificada).

20. Perrin, *Avec Sartre*, p. 463.

21. *Sartre*, carta não enviada, citado em Hayman, *Writing Against*, p. 158.

22. Perrin, *Avec Sartre*, pp. 127-8, Cohen-Solal, *Sartre*, p. 157.

23. Sartre a Beauvoir, s.d. 1940, *Quiet Moments*, p. 246.

24. Sartre a Beauvoir, s.d. 1940, *Quiet Moments*, p. 247.

25. Joseph, *Une si douce Occupation*, p. 101.

Capítulo 23: A nova ordem

1. Sartre, "La République du silence", em *Situations III*, pp. 1113.

2. David PryceJones, *Paris in the Third Reich: A History of the German Occupation, 19401944* (Collins, 1981), p. 94.

3. Léon Blum comparou a França a uma "vítima de acidente", Robert Paxton, *Vichy France: Old Guard and New Order, 1940-1944* (Battle & Jenkins, 1972), p. 237.

4. Apelido do zelador, Pierre Theodore, em Serge Lifar, *Ma Vie*, citado em Pryce-Jones, *Paris in the Third Reich*, p. 1.2.

5. Beauvoir, *Prime of Life*, p. 471.

6. Depoimento de testemunha, *Le Chagrin et la Pitié*, filme de Marcel Ophuls (1969).

7. Beauvoir, *Prime of Life*, p. 464.

8. *La Force de l'âge*, p. 549, *Prime of Life*, p. 464.

9. *Prime of Life*, p. 459.

10. Ibid., p. 460.

11. Beauvoir a Sartre, 31 de dezembro de 1940, *Letters to Sartre*, p. 360.

12. Beauvoir, *Journal de Guerre*, p. 335.

13. Lamblin, *A Disgraceful Affair*, p. 91.

14. Citado em Pryce-Jones, *Paris in the Third Reich*, p. 138.

15. Ibid.

16. Lamblin, *A Disgraceful Affair*, p. 100, *Mémoires d'une jeune fille dérangée*, p. 118.

17. Beauvoir, *Prime of Life*, p. 512.

18. Simone Signoret, *Nostalgia Isn't What It Used To Be* (Weidenfeld & Nicolson, 1978), p. 49.

19. Lamblin, *A Disgraceful Affair*, p. 90, *Mémoires d'une jeune fille dérangée*, p. 107.

20. Beauvoir a Sartre, 11 de julho de 1940, *Letters to Sartre*, p. 319.

21. Beauvoir a Sartre, 14 de julho de 1940, ibid., p. 329.

22. Beauvoir a Sartre, 29 de novembro de 1940, ibid., p. 349.

23. Beauvoir a Sartre, 1º de janeiro de 1941, ibid., p. 361.

24. Beauvoir a Sartre, 7 de janeiro de 1941, ibid., p. 365.

25. Sartre a Beauvoir, s.d. 1941, *Quiet Moments*, p. 251.

26. Beauvoir, *Prime of Life*, p. 478.

27. Ibid., p. 479, *La Force de l'âge*, p. 549.

28. Para uma discussão do antifascismo de Sartre, e sua continuidade na vida política dele, ver Lévy, *Le Siècle de Sartre*, pp. 360406.

29. Beauvoir, *Prime of Life*, p. 480.

30. Beauvoir a Sartre, 24 de julho de 1940, *Letters to Sartre*, p. 38.

31. Sartre a Beauvoir, 29 de julho de 1940, *Quiet Moments,* p. 240.

32. Sartre, *Qu'estce qu'un collaborateur? Situations III* (Gallimard, 1976), pp. 516.

33. Lévy, *Le Siècle de Sartre*, pp. 400406.

34. Conversa com Dominique Descanti, 11 de janeiro de 2008, *Colloque Simone de Beauvoir 2008*, Paris.

35. Conversa com George Chazelas, citado em Cohen-Solal, *Sartre*, p. 167.

36. Citado ibid., p. 165.

37. Ibid., p. 164.

38. Ver Gildea, "Trimmers", em *Marianne in Chains*, p. 175.

39. Em Ingrid Galster, *Sartre, Vichy et les inteltectuels* (Paris: L'Harmattan, 2001), pp. 108-9: "Il valait mieux donner le poste à Sartre qu'à un pétainiste." Beauvoir, *Prime of Life*, p. 481.

40. Gerassi, entrevista de outubro de 1971, *JeanPaul Sartre*, p. 175. É provável que Sartre tenha assinado o juramento e mentido para Gerassi.

41. Beauvoir, citado em Bonal e Ribowska, *Simone de Beauvoir*, p. 53.

42. Beauvoir, *Prime of Life*, p. 495.

43. Ibid., p. 496.

44. Ibid., p. 490.

45. Lévy, *Le Siècle de Sartre*, p. 407.

46. Jean Daniel, editorial de 16 de outubro de 1997, *Le Nouvel observateur*, citado por Galster, *Sartre, Vichy et les intellectuels*, p. 87; Dreyfus foi mandado embora de acordo com o Estatuto dos Israelenses em uma carta do Ministério de novembro de 1941, e provisoriamente designado a um posto em Lyon, mas na

verdade permaneceu como professor de filosofia no Condorcet até 21 de janeiro de 1941, Galster, ibid., p. 100.

47. Citado em ibid., p. 102, Galster entrevista com o filho e a nora de Dreyfus, Dr. Michel DreyfusLeFoyer e a esposa, junho de 2000.

48. Sartre, *Réflexions sur la question juive* (Gallimard, 1954), citado em Galster, Sartre, *Vichy et les intellectuels*, p. 89. A ênfase de Sartre no papel do olhar é expressada em seu comentário: "Le Juif en un homme que les autres hommes tiennent pour Juif".

49. Sartre, *Les Temps modernes*, n.º 1, outubro de 1945, p. 5.

Capítulo 24: Pacto com o demônio

1. Sartre, *Huis Clos*.

2. Joseph, *Une si douce Occupation*, p. 220; ver também Rowley, *TêteàTête*, p. 130; a mãe de Sorokine alegou isso em seu relatório ao Ministério da Educação, e Sylvie Le Bon de Beauvoir confirmou que Sorokine dormiu com os dois.

3. John Weightman, "The End of the Affair", *Times Literary Supplement*, 25 de dezembro de 1981, p. 1.482, citado em Galster, Sartre, *Vichy et les intellectuels*, p. 157.

4. Sartre a Beauvoir, 24 de fevereiro de 1940, ibid., pp. 756.

5. Galster, Sartre, *Vichy et les intellectuels*, p. 161.

6. Sartre a Beauvoir, 24 de fevereiro de 1940, *Quiet Moments*, p. 75.

7. Sartre a Beauvoir, s.d 1941, *Quiet Moments*, p. 251.

8. Sartre a JeanLouis Barrault, 9 de julho de 1942, carta inédita, citado em Galster, *Sartre, Vichy et les intellectuels*, p. 41; Beauvoir, *Prime of Life*, p. 485.

9. Citado em Joseph, *Une si douce Occupation*, p. 243.

10. Beauvoir, *Prime of Life*, p. 500.

11. Citado em Joseph, *Une si douce Occupation*, p. 172.

12. Sartre a Judge Zoussman, em ibid., p. 174.

13. *Comoedia*, 5 de fevereiro de 1944, *Les Écrits de Sartre*, p. 95.

14. Gerhard Heller, *Un Allemand à Paris 1940-1944, avec le concours de Jean Grand* (Éditions du Seuil,1981), p. 28.

15. Olivier Todd, *Albert Camus: A Life*, traduzido por Benjamin Ivry (Nova York: Alfred A. Knopf, 1997), p. 176.

16. Heller, *Un Allemand à Paris*, p. 100.

17. Ibid., p. 144.

18. Ibid., p. 146.

19. As lembranças de Heller contradizem a afirmação de Beauvoir em *Prime of Life*, p. 475, de que foi ao Flore "onde nenhum membro da Ocupação jamais pôs o pé".

20. Heller, *Un Allemand à Paris*, p. 159.

21. Sartre a JeanLouis Barrault, 9 de julho de 1942, carta inédita citada em Galster, *Sartre, Vichy et les intellectuels*, p. 43.

22. Marc Bénard em Joseph, *Une si douce Occupation*, p. 266.

23. Michel Contat, *Le Monde*, 25 de julho de 1985, citado em Galster, Sartre, *Vichy et les intellectuels*, p. 14.

24. Carta a Ingrid Galster, 1º de julho de 1981, Galster, Sartre, *Vichy et les intellectuels*, p. 21. No filme *Sartre par lui-meme*, Sartre alegou que *Les Mouches* o haviam comprometido.

25. Em *Das Reich*, semanário alemão que foi o órgão oficial de Goebbels; ver Galster, *Sartre, Vichy et les intellectuels*, p. 23.

26. Entrevista inédita com John Gerassi, citado em CohenSolal, *Sartre*, p. 190.

27. Gerassi, *JeanPaul Sartre*, p. 176.

28. Beauvoir, *Prime of Life*, p. 529.

29. Ibid., p. 533.

30. Sartre , "La République du silence", *Les Lettres françaises*, 7 de setembro de 1944.

31. Boris Vian, citado em Pryce-Jones, *Paris in the Third Reich*, p. 168.

32. Beauvoir, *Prime of Life*, p. 540; Joseph, *Une si douce Occupation*, p. 220.

33. Joseph, *Une si douce occupation*, p. 221.

34. Em 30 de julho de 1945 Beauvoir foi readmitida como professora no Lycée Fénelon, mas ela rejeitou o posto e nunca mais voltou a lecionar.

35. Beauvoir, *Prime of Life*, p. 540.

36. Ibid., p. 514.

37. Sartre a Beauvoir, "Thursday, 8" [verão de] 1943, *Quiet Moments*, p. 255.

38. Paxton, *Vichy France*, pp.181-3. Leval negociou para enviar judeus franceses apenas se faltassem judeus estrangeiros para cumprir a cota de Himmler. Cerca de 60 mil a 65 mil judeus estrangeiros foram deportados da França, e 6 mil judeus franceses. Apenas 2.800 deportados voltaram.

39. Beauvoir, *Prime of Life*, p. 558.

40. Jean Cocteau, *Journal 1942-1945* (Gallimard, 1989), citado em Joseph, *Une si douce Occupation*, p. 302.

41. Em Pryce-Jones, *Paris in the Third Reich*, p. 165.

42. Raymond Queneau, citado por Patrick Lorriot em *Le Nouvel observateur*, 21-27 de abril de 1980, Gerassi, *Jean-Paul Sartre*, p. 180.

43. Mary Warnock, introdução, *Being and Nothingness: An Essay on Phenomenological Ontology*, traduzido por Hazel Barnes (Routledge, 1989), p. xiii.

44. Ibid., p. x.

45. Ibid., p. 615.

46. *Lettres au Castor*, vol. L.

47. Bair, *Simone de Beauvoir*, pp. 290-92.

48. Todd, *Albert Camus*, p. 174.

49. Sartre a Beauvoir, verão de 1943, *Lettres au Castor*, vol. 2, p. 312.

50. *No Exit (Huis Clos)* (Vintage, 1989), p. 17.

51. Galster, *Sartre, Vichy et les intellectuels*, p. 31; Beauvoir, *Prime of Life*, p. 362.

52. Sartre a Beauvoir, verão de 1943, *Quiet Moments*, p. 254.

53. Sartre a Beauvoir, julho de 1945, ibid., p. 266.

54. Beauvoir, *Prime of Life*, p. 562.

55. Entrevista com Olivier Todd, 20 de abril de 2005.

56. Beauvoir, *Prime of Life*, p. 570.

Capítulo 25: Libertação

1. Beauvoir, *Prime of Life*, p. 566.

2. O plano de plantar uma bomba programada para explodir durante a reunião militar diária de Hitler foi instigado pelo coronel Claus Schenk von Stauffenberg, que enviara um dos líderes da conspiração, o conde Fritz von der Schulenberg, para buscar apoio entre os militares na França no fim de 1943; Heinrich von Stülpnagel foi contatado por der Schulenberg, segundo o diário de Ernst Junger, 31 de maio de 1944, Pryce-Jones, *Paris in the Third Reich*, p. 193.

3. Ibid., p. 141.

4. A definição francesa estrita de um judeu, que incluía os não praticantes da religião, era mais usada do que a definição alemã de um que tivesse dois avós judeus e pertencesse à fé judaica; ver Robert Gildea, *Marianne in Chains*, p. 273.

5. Telegrama de Dannecker, "President Laval has proposed...", 6 de julho de 1942, Pryce-Jones, *Paris in the Third Reich*, p. 142. Quando Oberg chegou, Reinhard Heydrich, chefe do *Sicherheitsdienst* (SD), que respondia a Himmler, informou o SD e a Gestapo da decisão, tomada em fevereiro de 1942 na Wannsee Conference pelos líderes do SD e da Gestapo, de matar todos os judeus. Ele subsequentemente deu uma conferência no Ritz, em 5 de maio, com Oberg, Bousquet e Darquier de Pellepoix, onde, com o intuito de deportar judeus para a "Solução Final", exigia que as forças policiais francesas fossem subordinadas diretamente a Oberg.

6. Robert Paxton, *Vichy France*, p. 184.

7. Ibid., p. 298.

8. Edith Thomas em *Les Lettres françaises*, n. 2, citado em Claude Lévy e Paul Tillard, *La Grande Rafle du Vél d'Hiv* (Paris, 1967), p. 176. Houve 85 transportes de Drancy, e os nomes dos deportados foram rastreados por Serge Klarsfeld em seu *Le Mémorial de la déportation des Juifs de France* (1978).

9. Carta de Max Jacob, citada em Francis Steegmuller, *Cocteau*, e Pryce-Jones, *Paris in the Third Reich*, p. 146.

10. Beauvoir, *Prime of Life*, p. 578.

11. Ver Klarsfeld, *Le Mémorial de la déportation des Juifs de France*. O nome completo de Bourla era BourlaBenjamin.

12. Todd, *Albert Camus*, p. 174.

13. Albert Camus, "On Jean-Paul Sartre's *The Wall and Other Stories*", em *Lyrical and Critical Essays*, p. 206, citado em Ronald Aronson, *Camus and Sartre: the story of a friendship and the quarrel that ended it* (University of Chicago Press, 2004), p. 13.

14. JeanPaul Sartre, "Camus's *The Outsider*", em *Literary and Philosophical Essays*, citado em Aronson, *Camus and Sartre*, p. 13.

15. Todd, *Albert Camus*, p. 179.

16. Ibid., p. 170.

17. Aronson, *Camus and Sartre*, p. 52.

18. Todd, *Albert Camus*, p. 180.

19. Sartre, "Reply to Albert Camus", em *Situations I*, p. 71, citado em Aronson, *Camus and Sartre*, p. 37.

20. Beauvoir, *Adieux*, p. 267; ao afirmar, "Je suis entré dans son groupe de résistance, peu avant la Libération", Sartre sugere um nível de envolvimento que nunca teve.

21. Entrevista com Olivier Todd, 19 de abril de 2005.

22. Hervé le Boterf, *La Vie parisienne sous l'occupation*, em Pryce-Jones, *Paris in the Third Reich*, p. 30.

23. Beauvoir, *Prime of Life*, pp. 5735.

24. Carta inédita, J.L. Bost a Beauvoir, abril de 1944, citado em Rowley, *TêteàTête*, p. 144.

25. CohenSolal, *Sartre*, p. 233.

26. Entrevista com Olivier Todd, 19 de abril de 2005; ver também Todd, *Albert Camus*, p. 231.

27. Michel Contat e Michel Rybalka (org.), *Un théâtre de situations* (Paris: Gallimard, 1972), *Sartre on Theater*, traduzido por Frank Jellinek (Nova York: Pantheon Books, 1976), p. 199.

28. Alfred FabreLute, citado em Joseph, *Une si douce Occupation*, p. 340.

29. Brassaï, *The Secret Paris of the 30s*, p. 5.

30. Jean Daniel, *Le Temps qui reste: Essai dune autobiographie professionelle* (Paris, 1984), p. 72.

31. Beauvoir, *Prime of Life*, p. 590.

32. Ibid., p. 594.

33. *Un Promeneur dans Paris insurgé*, série de sete artigos sobre a Libertação de Paris, *Combat*, 28 de agosto de 1944, escrito, segundo Michel Contat e Michel Rybalka, com "a colaboração de Simone de Beauvoir"; *Les Écrits de Sartre*, p. 103.

34. Citado em Aronson, Camus and *Sartre*, p. 24.

35. Bair, *Simone de Beauvoir*, p. 293.

36. Ver Lamblin, *A Disgraceful Affair*, p. 118.

37. Todd, *Albert Camus*, p. 188, tradução modificada, Aronson, *Camus and Sartre*, p. 25. No original diz: "Tu as mis ton fauteuil dans le sens de l'histoire", Todd, ed. francesa, p. 355.

38. Sartre, "Paris under the Occupation", *Sartre Studies International* 4, n. 2 (1998), 8, citado em Aronson, *Camus and Sartre*, p. 40.

39. Citado em Pryce-Jones, *Paris in the Third Reich*, p. 204.

40. Rod Kedward, *La Vie en bleu: France and the French since 1900* (Penguin, 2006), p. 303.

41. PryceJones, *Paris in the Third Reich*, p. 204.

42. Ver Henry Rousso, *The Vichy Syndrome*, p. 16. Apenas no fim desse discurso De Gaulle menciona "nossos estimados e admiráveis aliados".

Capítulo 26: Retribuição e remorso

1. Beauvoir, *La Force des choses* (Gallimard, 1963*)*, p. 13.

2. Beauvoir, *Force of Circumstance*, publicado originalmente como *La Force des choses*, traduzido por Richard Howard (Nova York: G. Putnam's Sons), p. 4.

3. Beauvoir, *Adieux*, p. 362.

4. Sartre, "La République du silence", em *Les Lettres françaises*, 9 de setembro de 1944 (primeira edição legal), texto reproduzido em Mauricette Berne (org.), *Sartre*, catálogo, p. 93 (minha tradução).

5. Depois da guerra, o Ministério de Antigos Combatentes reconheceu que durante a Ocupação em Paris havia 28.817 membros da resistência, uma porcentagem anual de 0,5% da população, Henri Michel, *Paris resistant* (Albin Michel, 1982), citado em Joseph *Une si douce Occupation*, p. 358.

6. Aronson, *Camus and Sartre*, p. 38, cita a introdução a uma compilação americana, *The Republic of Silence* (1947), que fornece o texto do artigo de Sartre.

7. Kedward, *La Vie en bleu*, p. 308.

8. Gerassi, *Jean-Paul Sartre*, p. 179; Beauvoir, *Force of Circumstance*, p. 6.

9. Beauvoir, *Force of Circumstance*, p. 4.

10. Todd, *Albert Camus*, p. 198.

11. Ibid., p. 182.

12. Ibid., p. 199.

13. Ibid., pp. 200201.

14. Beauvoir, *Force of Circumstance*, pp. 2022.

15. Paxton, *Vichy France*, p. 381.

16. Sartre, Gallimard Archives, citado em Joseph, *Un si douce Occupation*, pp. 3612.

17. CohenSolal, *Sartre*, p. 218.

18. Diário de Jean Cocteau, citado em Joseph, *Un si douce Occupation*, p. 361.

19. Ibid., p. 366.

20. Beauvoir a Sartre, 13 de dezembro de 1945, *Letters to Sartre*, pp. 389-90.

21. JacquesLaurent Bost, *Combat*, em CohenSolal, *Sartre*, p. 247.

22. Lamblin, *A Disgraceful Affair*, p. 132.

23. Entrevista com Sylvie Le Bon de Beauvoir, 29 de novembro de 2005.

24. Beauvoir, *Pyrrhus and Cinéas*, traduzido por Christopher Freemantle, *Partisan Review*, vol. 3, pt 3, 1946, p. 333.

25. Fullbrook e Fullbrook, *Simone de Beauvoir and JeanPaul Sartre*, p. 142.

26. Entrevista com Bianca Bienenfeld Lamblin, 28 de abril de 2005.

27. Kedward, *La Vie en bleu*, p. 314.

28. *Le Chagrin et la pitié* foi feito em 1971, mas só foi transmitido pela TV francesa em 1981. O documentário foi condenado por Sartre, "cujo 'complexo' quanto ao assunto sobre seu comprometimento com a Resistência é notório": Henry Rousso, "The Broken Mirror", em *The Vichy Syndrome*, pp. 98130.

29. Bianca Lamblin a Ingrid Galster, outubro de 1996, carta citada por Galster em Sartre, *Vichy et les intellectuels*, p. 82.

30. Beauvoir, *Force of Circumstance*, p. 11.

31. Ibid., p. 13.

32. Ibid., p. 15.

33. Ibid., p. 16.

34. Ibid., p. 17.

Capítulo 27: Dolorès

1. Todd, *Albert Camus*, p. 218.

2. Sartre, "On *The Sound and the Fury*: Time in the Work of Faulkner", em *Literary and Philosophical Essays*, p. 84, e "John Dos Passos and '1919'", ibid., pp. 88, 89.

3. Sartre, "New York, the Colonial City", ibid., p. 118.

4. Sartre, "American Cities", ibid., p. 115.

5. Beauvoir, *Adieux*, p. 236.

6. Todd, *Albert Camus*, p. 218.

7. Depoimento de Dolorès Vanetti, 4 de maio de 1983, CohenSolal, *Sartre*, p. 237.

8. Citado em CohenSolal, *Sartre*, p. 228.

9. *New York Times*, 1º de fevereiro de 1945, CohenSolal, *Sartre*, p. 231.

10. Beauvoir, *Cérémonie*, p.336.

11. *Le* Figaro, 1112 de março de 1945, *Les Écrits de Sartre*, p. 119.

12. *Vogue*, julho de 1945, *Les Écrits*, p. 124.

13. Citado por Aronson, *Camus and Sartre*, p. 54; Cohen-Solal, *Sartre*, p. 233; ver discussão de Aronson sobre dívida de Sartre com Camus, pp. 52-5.

14. Albert Camus, *The Myth of Sisyphus* (Penguin, 1975), p. 62.

15. Roger Scruton, "The Power of Negative Thinking", *Spectator*, 25 de junho de 2005, p. 30.

16. Introdução a *Les Temps modernes*, citado em Aronson, *Camus and Sartre*, pp. 567.

17. Anedota contada por Pizella, *Les Nuits*, citado em Cohen-Solal, *Sartre*, p. 242.

18. *Situations III*, pp. 99100.

19. Sartre, *The Respectful Prostitute* (Nova York: Vintage Books, 1989) p. 254.

20. Ibid., p. 273.

21. Sartre, "Individualism and Conformism in the United States", *Essays*, p. 98.

22. Ibid., p. 101.

23. *Cérémonie*, p. 342, *Adieux*, p. 239.

24. Beauvoir, *Force of Circumstance*, p. 16.

25. Ibid., p. 23.

26. Ibid., p. 25.

27. Entrevista com Sylvie Le Bon de Beauvoir, 29 de novembro de 2005.

28. Rowley, *TêteàTête*, p. 152.

29. LS, 26 de julho de 1945, pp. 387, 388.

30. Beauvoir, *All Said and Done*, p. 91.

31. Jean Cau, "Croquis de mémoire", *Témoins de Sartre* (Gallimard, 2005), pp. 47, 48.

32. Beauvoir, *Force of Circumstance*, pp. 689.

33. Bair, p. 302.

34. Ibid., p. 58; segundo depoimento de Beauvoir a Deirdre Bait, esse almoço com Salacrou teve lugar em maio de 1945, não de 1946, como aparece em *Force of Circumstance*.

35. *La Force de l'Âge*, p. 625, *Prime of Life*, p. 547.

36. Sartre, *Existentialism and Human Emotions*, traduções de Bernard Frechtman e Hazel E. Barnes (Nova York: Citadel Press, 1987), p. 23.

37. Beauvoir, *Second Sex*, p. 686; ver Moi, *Simone de Beauvoir*, p. 218, para uma discussão do papel da *amoureuse*, "the speechless mermaid", na ficção de Beauvoir.

Capítulo 28: O abismo

1. Beauvoir, *La Force de l'âge*, p. 688, *Prime of Life*, p. 603.

2. Roger Garaudy, um intelectual comunista, atacado por Sartre em *Les Lettres françaises*, 28 de dezembro de 1945; Camus também estava sendo atacado por Pierre Hervé no *Action*, que descrevia tanto Sartre como Camus como "papas do existencialismo".

3. Beauvoir, *Force of Circumstance*, p. 91; o trocadilho é com as palavras francesas para *vida* e *pênis*.

4. "Voici comment vivent les troglodytes de SaintGermaindesPrès", 3 de maio de 1947, *SamediSoir*.

5. Beauvoir, *Force of Circumstance*, p. 111.

6. Beauvoir a Sartre, 13 de dezembro de 1945, *Letters to Sartre*, p. 392.

7. Beauvoir, *Force of Circumstance*, p. 53.

8. Beauvoir a Sartre, 13 de dezembro de 1945, *Letters to Sartre*, 391

9. Beauvoir a Sartre, 27 de dezembro de 1945, ibid., p. 395.

10. Sartre a Beauvoir [janeiro de] 1946, *Quiet Moments in a War*, p. 275.

11. Sartre a Beauvoir, [janeiro de] 1946, ibid., p. 274.

12. Sartre a Beauvoir, [fevereiro de] 1946, ibid., p. 275.

13. Todd, *Un fils rebelle*, p. 116.

14. Depoimento de Vanetti, maio de 1983, Cohen-Solal, *Sartre*, p. 278.

15. Beauvoir, *Prime of Life*, p. 606; Moi, *Simone de Beauvoir*, pp. 244-51.

16. Beauvoir, *All Said and Done*, p. 135.

17. Beauvoir, *Force of Circumstance*, p. 75.

18. Beauvoir, *Prime of Life*, p. 603.

19. Ibid., p. 604.

20. Ibid., p. 607.

21. Beauvoir, *Force of Circumstance*, p. 82.

22. Beauvoir, *Prime of Life*, p. 606.

23. Jacqueline Rose, introdução a *All Men Are Mortal*, traduzido por Euan Cameron (Gallimard, 1946, Virago, 1995), p. viii.

24. Beauvoir, *All Men Are Mortal*, p. 403.

25. Beauvoir, *The Ethics of Ambiguity* (*Pour une morale de l'amibiguité*), traduzido por Bernard Frechtman (Nova York: Citadel Press, 1948), p. 10; Beauvoir argumenta que "a síntese do emsi [consciência] e o parasi [objetos dotados de essências]" pela qual o homem tenta fazer de si mesmo um deus é impossível.

26. Sartre, "Ethical Implications", *Being and Nothingness*, p. 626.

27. *Second Sex*, p. 686.

28. Beauvoir, *Ethics of Ambiguity*, p. 11.

29. Beauvoir, *Force of Circumstance*, p. 67.

30. Beauvoir, *Prime of Life*, p. 599.

31. Beauvoir, *La Force de l'âge*, p. 685, *Prime of Life*, p. 600, tradução modificada; ver Moi, *Simone de Beauvoir*, p. 228, sobre a "esquizofrenia" de Beauvoir.

32. CohenSolal, *Sartre*, p. 279.

33. *Écrits de Sartre*, pp. 132-4.

34. *Les Nouvelles littéraires*, novembro de 1945, em CohenSolal, *Sartre*, p. 263.

35. Entrevista em *Paru*, dezembro de 1945, ibid.

36. "Lucie" em *Morts sans sépulture* talvez tenha sido inspirada na história de Lucie Aubrac, uma famosa combatente da Resistência que libertou o marido da Gestapo em Lyon; *Galster, Sartre, Vichy et les intellectuels*, p. 50, n. 26. Sartre situou a peça no Vercors, possivelmente influenciado pelo relato de Bianca Lamblin sobre a Resistência no Vercors, da qual ela havia participado.

37. Galster, *Sartre, Vichy et les intellectuels*, pp. 5960.

38. Vladimir Jankelevitch, *Libération*, 10 de junho de 1985, p. 35, citado em Galster, *Sartre, Vichy et les intellectuels*, pp. 93-4; Jankelevitch foi professor de filosofia na universidade de Lille antes de ser demitido sob as leis raciais de Vichy.

39. Beauvoir a Sartre, 18 de janeiro de 1946, *Letters to Sartre*, p. 395.

40. Todd, *Albert Camus*, p. 232.

41. Beauvoir, *Les Mandarins* (Gallimard, 1954), *The Mandarins*, traduzido por Leonard M. Friedman (Flamingo, 1984), pp. 98-9.

42. Beauvoir a Nelson Algren, 28 de setembro de 1947, *Beloved Chicago Man: Letters to Nelson Algren 1947-1964* (Gallimard, 1997, Orion 1999), p. 72.

43. Citado em Asa Moberg, "Sensuality and Brutality", em *Contingent Loves*, p. 105.

44. Depoimento de Beauvoir a Deirdre Bair, em Bair, *Simone de Beauvoir*, p. 644, n. 14, no qual Beauvoir afirma que Koestler não foi "o único modelo [...] para Scriassine".

45. *Mandarins*, p. 97.

46. Depoimento de Beauvoir a Deirdre Bait: "Todo mundo sabe que Michèle se entregou a Sartre pouco depois de se conhecerem, quando ele ainda estava envolvido com Dolorès", Bair, *Simone de Beauvoir*, p. 644, n. 13.

47. Beauvoir, *Force of Circumstance*, p.85.

48. Ibid., pp. 120.

49. Ibid., p. 119.

50. Beauvoir, *La Force des choses*, 1, p. 135. *Force of Circumstance*, p. 94; Shusha Guppy, "Feminist Witness to the Century", *The Times Higher Educational Supplement*, 25 de fevereiro de 2000.

Capítulo 29: Nelson, meu doce crocodilo

1. Beauvoir a Nelson Algren, 4 de junho de 1947.

2. Mary McCarthy, citado em Elaine Showalter, *Inventing Herself: Claiming a Feminist Intellectual Heritage* (Picador, 2002), p. 197.

3. Beauvoir, *America Day by Day*, traduzido por Carol Cosman (*L'Amérique au jour le jour*, Gallimard, 1954, Phoenix, 1999), p. 123.

4. President Truman, citado em Frances Stonor Saunders, *Who Paid the Piper? The CIA and the Cultural Cold War* (Granta Books, 2005), p. 25.

5. Dean Acheson, ibid., p. 25.

6. Beauvoir, *America*, p. 51; Maurice MerleauPonty, "The Yogi and the Proletarian", *Les Temps modernes*, n. 3 (dezembro de 1945) foi uma crítica a *O iogue e o comissário*, de Koestler.

7. Ibid., p. 322.

8. Showalter, *Inventing Herself*, p. 198.

9. Beauvoir, *America*, pp. 589.

10. Ibid., p. 60.

11. Ibid., p. 325.

12. Ibid., p. 323.

13. Betty Friedan, *The Feminine Mystique* (1963), em Rosalind Miles, *The Women's History of the World* (Paladin, 1989), p.274.

14. Beauvoir, *Force of Circumstance*, p. 189; ver Mary Evans, *Simone de Beauvoir: A Feminist Mandarin* (Tavistock, 1985), pp. 56-9, para uma discussão sobre o despertar de Beauvoir para o problema da opressão feminina em 1947.

15. Beauvoir, *Force of Circumstance*, p. 122.

16. Bair, *Simone de Beauvoir*, p. 329.

17. Beauvoir, *Force of Circumstance*, p. 122.

18. Bait, *Simone de Beauvoir*, pp. 329-30.

19. Beauvoir a Sartre, 31 de janeiro de 1947, *Letters to Sartre*, p. 417.

20. Beauvoir a Sartre, 30 de janeiro de 1947, ibid., p.425.

21. Ibid.

22. Nelson Algren a Mary Guggenheim, 10 de fevereiro de 1947, em Betting Drew, *Nelson Algren: A Life on the Wild Side* (Bloomsbury, 1990), pp. 1778.

23. Beauvoir, *America*, pp. 1034.

24. Nelson Algren, *Conversations with Nelson Algren* (Hill & Wang, 1964), p. 180.

25. Bait, *Simone de Beauvoir*, p. 330.

26. Beauvoir. (org.) Sylvie Le Bon de Beauvoir, *Beloved Chicago Man: Letters to Nelson Algren 1947-64* (Victor Gollancz, 1999), p. 13.

27. Nelson Algren, "Last Rounds in Small Cafes: Remembrances of Jean-Paul Sartre and Simone de Beauvoir", *Chicago*, 1980, p. 213, em Bair, *Simone de Beauvoir*, p. 335.

28. Algren, *Conversations*, p. 180.

29. Nelson Algren, *Who Lost an American?* (Macmillan, 1963), p. 96.

30. Beauvoir, *America*, p. 105.

31. Beauvoir, *Mandarins*, p. 423.

32. Bair, *Simone de Beauvoir*, p. 336.

33. Entrevista com Ted Liss, novembro de 1987, Drew, *Nelson Algren*, p. 180.

34. Beauvoir a Sartre, 28 de fevereiro de 1947, *Letters to Sartre*, p. 434.

35. Beauvoir, *America*, p. 109.

36. Beauvoir a Nelson Algren, 23 de fevereiro de 1947, *Beloved Chicago Man*, p. 14.

37. Drew, *Nelson Algren*, p. 180.

38. Entrevista com Ted Liss, novembro de 1987, Drew, *Nelson Algren*, p. 180.

39. *Mandarins*, p. 436.

40. Depoimento de Ivan Moffatt, Bair, *Simone de Beauvoir*, p. 337.

41. Beauvoir, *America*, p. 47.

42. Ibid., p. 231.

43. Beauvoir a Sartre, 9 de março de 1947, *Letters to Sartre*, p. 441.

44. Beauvoir a Sartre, 13 de março de 1947, ibid., p. 442.

45. Beauvoir a Sartre, 14 de abril de 1947, ibid., p. 449.

46. Beauvoir a Sartre, 8 de maio de 1947, ibid., p. 454.

47. Beauvoir, *Force of Circumstance*, p. 126.

48. Beauvoir a Nelson Algren, 17 de maio de 1947, *Beloved Chicago Man*, p. 17.

49. Bair, *Simone de Beauvoir*, p. 333.

50. Beauvoir, *Force of Circumstance*, p. 126.

51. Depoimento de Mary Guggenheim, Bair, *Simone de Beauvoir*, p. 334.

52. Beauvoir, *Second Sex*, p. 681.

53. Beauvoir a Nelson Algren, 17 de maio de 1947, *Beloved Chicago Man*, p. 17.

54. Beauvoir a Nelson Algren, 3 de outubro de 1947, ibid., p. 74.

55. Beauvoir, *Force of Circumstance*, p. 126.

56. Beauvoir, *Beloved Chicago Man*, p. 17.

Capítulo 30: Ponto de ruptura

1. Beauvoir, *Force of Circumstance*, p. 261.
2. Arthur Koestler, *Darkness at Noon* (Vintage, 1994), p. 18.
3. Sartre, *What is Literature?* (Librairie Gallimard, 1948), traduzido por Bernand Frechtman (Routledge, 2001), p. xxii.
4. John Malcolm Brinnin, *Truman Capote: A Memoir* (Sidgwick & Jackson, 1987), p. 8; Capote discutiu isso com Brinnin na colônia de artistas de Yaddo em 1946.
5. Sartre, *What is Literature?*, p. 5.
6. Ibid., p. 15; Sartre citava uma observação feita por Bruce Parain.
7. Ibid., p. 197.
8. Ibid., p. 220.
9. Ibid., p. 222.
10. Ibid., introdução de David Caute, p. xii.
11. Ibid., p. xiii.
12. Camus, *Neither Victims nor Executioners, Combat*, 19 e 30 de novembro de 1946 (Nova York, 1960), traduzido por Dwight Macdonald, Aronson, *Camus and Sartre*, p. 97.
13. Camus, *Carnets II, 194251* (Gallimard, 1964), pp. 1478, em Aronson, *Camus and Sartre*, pp. 889.
14. Beauvoir, *Force of Circumstance*, p. 126.
15. Beauvoir a Nelson Algren, 18 de maio de 1947, *Beloved Chicago Man*, p. 18.
16. Beauvoir a Nelson Algren, 21 de maio de 1947, ibid., p. 19.
17. Beauvoir a Nelson Algren, 2 de julho de 1947, ibid., p. 42.
18. Beauvoir a Nelson Algren, 4 de junho de 1947, ibid., p. 46.
19. Beauvoir, *La Force des choses*, p. 179.
20. Beauvoir, *Force of Circumstance*, p. 128.
21. Beauvoir, *Adieux*, p. 305.
22. Beauvoir, *Force of Circumstance*, p. 124.
23. CohenSolal, *Sartre*, p. 323.
24. Beauvoir, *Force of Circumstance*, p. 133.
25. Beauvoir a Nelson Algren, 19 de julho de 1947, *Beloved Chicago Man*, p. 53.
26. Depoimento de Beauvoir, 1983, Bair, *Simone de Beauvoir*, p. 356.
27. Beauvoir a Nelson Algren, 23 de julho de 1947, *Beloved Chicago Man*, p. 54.
28. Beauvoir a Nelson Algren, 3 de julho de 1947, ibid., p. 43.
29. Beauvoir a Nelson Algren, 10 de agosto de 1947, ibid., p. 61.

30. Art Shay, citado em Bonal and Robowska, *Simone de Beauvoir*, p. 88.

31. Ibid., p. 86.

32. Beauvoir a Nelson Algren, 26 de setembro de 1947, *Beloved Chicago Man*, p. 69.

33. Beauvoir a Nelson Algren, 28 de setembro de 1947, ibid., p. 71.

34. Beauvoir a Nelson Algren, 21 de outubro de 1947, ibid., p. 88.

35. *Combat*, 11 de março de 1948.

36. CohenSolal, *Sartre*, p. 304.

37. Beauvoir, *Force of Circumstance*, p. 169.

38. Entrevista com Oleg Gordievsky, 12 de maio de 2006; Ewa Bérard, *La vie tumulteuse d'Ilya Ehrenbourg, Juif, Russe et Soviètique* (Ramsay: Paris, 1991), p. 199, relata que Hemingway tinha muitas dúvidas sobre Ehrenburg para permitir que ingressasse na Brigada Internacional, embora houvessem trabalhado juntos no filme *Terre d'Espagne*.

39. Stonor Saunders, *Who Paid the Piper?*, p. 61.

40. Maurice MerleauPonty e Sartre assinaram juntos o artigo no exemplar de janeiro de 1950 do *Les Temps modernes*, citado em Hayman, p. 262.

41. A CIA foi criada pelo National Security Act de 26 de julho de 1947.

42. Beauvoir, *Force of Circumstance*, p. 176.

43. Stonor Saunders, *Who Paid the Piper?*, p. 61.

44. Beauvoir, *Force of Circumstance*, p. 140.

45. Sartre a Beauvoir, inédito, "Mai 1948", arquivo Sylvie Le Bon de Beauvoir (minha tradução).

46. Sartre a Beauvoir, 18 de maio de 1948, *Quiet Moments*, p. 282.

47. Sartre a Beauvoir, "Mai 1948", arquivo Sylvie Le Bon de Beauvoir (minha tradução).

48. Ibid.

49. Ibid.

50. Drew, *Nelson Algren*, p. 190.

51. Beauvoir a Nelson Algren, 19 de abril de 1948, *Beloved Chicago Man*.

52. Beauvoir, *Force of Circumstance*, pp. 15860.

53. Diário conjunto de Nelson Algren e Simone de Beauvoir, cortesia Ohio State University Libraries.

54. Camus, "Première Réponse", *Essais*, em Aronson, *Camus and Sartre*, p. 107.

55. Beauvoir, *Adieux*, p. 268.

56. Beauvoir, *Force of Circumstance*, pp. 231-2.

57. Beauvoir a Nelson Algren, 30 de outubro de 1947, *Beloved Chicago Man*, p. 94.

58. Beauvoir a Nelson Algren, 2 de abril de 1948, ibid., p. 191.

59. Beauvoir, *Force of Circumstance*, p. 160.

60. Beauvoir a Nelson Algren, 19 de julho de 1948, *Beloved Chicago Man*, p. 206.

61. Beauvoir, *Force of Circumstance*, pp. 166-7.

62. Beauvoir a Nelson Algren, 17 de julho de 1948, *Beloved Chicago Man*, p. 203.

63. Angela Carter, "Colette", *London Review of Books Anthology One*, org. Michael Mason (Londres: Juncton Books, 1981), p. 135: Moi, *Simone de Beauvoir*, p. 253.

64. Beauvoir–Nelson Algren, 19 de julho de 1948, *Beloved Chicago Man*, p. 205.

65. Beauvoir, *La Force des choses*, p. 231.

66. Ibid., p. 232.

67. Beauvoir, *Force of Circumstance*, p. 182.

68. Drew, *Nelson Algren*, p. 324.

69. Beauvoir, *Force of Circumstance*, p. 226.

70. Sartre, prefácio a Louis Dalmas, *Le Communisme yougoslave depuis la rupture avec Mouscou*, julho de 1950, *Écrits de Sartre*, p. 223.

71. *Défence de la culture française par la culture européenne*, palestra de Sartre, 24 de abril de 1949, *Écrits*, p. 214.

72. Grifo de Sartre, *Saint Genet, Comédien et Martyr* (Gallimard, 1952), p. 549, *Écrits*, p. 244.

73. Beauvoir, *Force of Circumstance*, p. 243.

74. Koestler, *Darkness at Noon*, p. 122.

75. Beauvoir, *Force of Circumstance*, p. 261.

76. Henri Martin, carta de Saigon, em Cohen-Solal, *Sartre*, p. 326.

77. *Action*, 24 de janeiro de 1952, *Écrits*, p. 246.

78. Beauvoir, *La Force des choses*, p. 281.

Capítulo 31: Corpo problemático

1. Beauvoir, *Second Sex*, p. 61.

2. Beauvoir, *La Force des choses*, p. 266, *Force of Circumstance*, p. 191.

3. Beauvoir, *La Force des choses*, p. 258, *Force of Circumstance*, p. 185.

4. Beauvoir, *Second Sex*, pp. xl, xliv.

5. Balzac, *Physiologie du marriage*; *Second Sex*, p. 117.

6. Beauvoir a Nelson Algren, 9 de fevereiro de 1949, *Beloved Chicago Man*, p. 267.

7. Rosalind Miles, *The Women's History of the World*, p. 229.

8. Ray Strachey, *The Cause: A Short History of the Women's Movement in Great Britain* (1928, Virago, 1978), p. 275.

9. Beauvoir, *Force of Circumstance*, p. 191.

10. Sartre, *Being and Nothingness*, p. 387.

11. Para uma discussão sobre o tema, ver Moi, *Simone de Beauvoir*, pp. 16471; sobre a ambivalência de Beauvoir em relação ao corpo feminino, ver também Evans, *Simone de Beauvoir*, pp. 667.

12. Beauvoir, *Second Sex*, p. xxxvi.

13. Ibid., p. 406.

14. Sartre, *Being and Nothingness*, p. 606.

15. Ibid., p. 609.

16. Ibid., pp. 61314.

17. Beauvoir, *Mandarins*, p. 683.

18. Lamblin, A *Disgraceful Affair*, p. 136.

19. Beauvoir, *Second Sex*, p. 154.

20. Ibid., p. 104.

21. Ibid., p. 103.

22. Ibid., p. 520.

23. Ibid., p. 438.

24. Ibid., p. 439.

25. Renée Vivien, *Sortilèges*; *Second Sex*, p. 438.

26. Bair, *Simone de Beauvoir*, pp. 414-15.

27. Beauvoir a Nelson Algren, 30 de setembro de 1950, *Beloved Chicago Man*, p. 376.

28. Beauvoir a Nelson Algren, 5 de março de 1951, ibid., p. 420.

29. Beauvoir a Nelson Algren, 27 de março de 1951, ibid., p. 422.

30. Beauvoir a Nelson Algren, 13 de julho de 1951, ibid., p. 437.

31. Beauvoir a Nelson Algren, 24 de agosto de 1951, ibid., p. 441.

32. Beauvoir a Nelson Algren, 23 de julho de 1951, ibid., p. 438.

33. Beauvoir, *Force of Circumstance*, p. 267.

34. Ibid., pp. 25051.

35. Beauvoir a Nelson Algren, 30 de outubro de 1951, *Beloved Chicago Man*, p. 442.

Capítulo 32: Meu último bom amigo

1. Camus a John Gerassi em Todd, *Albert Camus*, p. 426.

2. Beauvoir, *Force of Circumstance*, p. 259.

3. Francis Jeanson, "Albert Camus ou l'âme revoltée [Albert Camus ou a alma revoltada]", *Les Temps modernes*, n. 79, maio de 1952, *Écrits*, p. 250.

4. Herbert R. Lottman, Albert Camus (Weidenfeld & Nicolson, 1979); p. 476.

5. Todd, *Albert Camus*, p. 280; em 1945 Camus publicara um artigo de 15 páginas, "Remarks on Revolt", na revista *L'Existence*. Os comentários que fez

sobre a revolta foram repetidos quase que *ipsis litteris* no primeiro capítulo de *L'Homme revolté*.

6. Ibid., p. 295.

7. Ibid., p. 295.

8. Ibid., p. 300.

9. Beauvoir, *Force of Circumstance*, p. 262.

10. Sebag Montefiore, *Stalin*, p. 625.

11. Albert Camus, *Carnets III, mars 1951-decembre 1959* (Gallimard, 1989), p. 90; Camus dirigiu a Sartre e aos progressistas uma citação originária do livro *De la Démocratie en Amérique*, de Tocqueville, ao dizer que "Ces esprits 'qui semblent faire du goût de la servitude une sorte d'ingrédient de la vertu. S'applique a Sartre et aux progressistes'."

12. Camus, *Carnets*, p. 62.

13. Jeanson, "Albert Camus ou l'âme revoltée", *Écrits*, p. 250.

14. Jeanson, em Aronson, *Camus and Sartre*, p. 141 (tradução de Adrian van den Hoven).

15. Camus, "Remarque sur la Révolte" (em *Essais*, 1945), citado por Todd, *Albert Camus*, p. 300.

16. Aronson, *Camus and Sartre*, p. 116.

17. André Breton em *Arts*, outubro de 1951, citado em ibid., p. 133.

18. Albert Camus, *The Rebel*, p. 226.

19. Jeanson, em Todd, *Albert Camus*, p. 307.

20. CohenSolal, *Sartre*, p. 332.

21. Aronson, *Camus and Sartre*, p. 145.

22. "Réponse à Albert Camus", *Les Temps modernes*, n. 82, agosto de 1952, em *Situations* (Nova York), p. 71, e Cohen-Solal, *Sartre*, pp. 332-3.

23. *Situations*, p. 71, Aronson, *Camus and Sartre*, p. 150 (tradução modificada por Adrian van den Hoven).

24. Aronson, *Camus and Sartre*, p. 151.

25. Ibid., p. 152.

26. Beauvoir, *Force des choses*, p. 347.

27. Beauvoir, *Force of Circumstance*, p. 254.

28. Ibid., p. 255.

29. Beauvoir, *Force des choses*, p. 349, *Force of Circumstance*, p. 255.

30. Entrevista com Olivier Todd, 27 de abril de 2005.

31. Beauvoir, *Force of Circumstance*, p. 252.

32. Bair, *Simone de Beauvoir*, p. 70.

33. Beauvoir, *Force des choses II*, p. 10, *Force of Circumstance*, p. 279 (tradução modificada).

34. Beauvoir, *Force des choses II*, p. 10, *Force of Circumstance*, p. 280.

35. Entrevista com Olivier Todd, 27 de abril de 2005.

36. Beauvoir, *Force of Circumstance*, p. 282.

37. Claude Lanzmann, *Témoins de Sartre* (Gallimard, 2005), pp. 34-5 (minha tradução).

38. Beauvoir, *Force of Circumstance*, p. 285.

39. Essa conversa teve lugar em 23 de junho de 1950; Stonor Saunders, *Who Paid the Piper?*, pp. 73-4.

40. Jo Starobin, citado em Cohen-Solal, *Sartre*, p. 337.

41. Beauvoir, *Force of Circumstance*, p. 288.

42. Carol Brightman em Stonor Saunders, *Who Paid the Piper?*, p. 101.

43. Diana Josselson em ibid.

44. *Écrits*, pp. 704-8.

45. Sebag Montefiore, *Stalin*, p. 669.

46. Ibid., p. 559.

47. Beauvoir, *Force of Circumstance*, p. 290.

48. Ibid., p. 288.

49. Ibid., p. 304.

50. Beauvoir, *La Force des choses*, p. 45.

51. Beauvoir, *Force of Circumstance*, p. 307.

52. Email de Oleg Gordievsky, 27 de abril de 2006.

53. Ewa Bérard, *La Vie tumultueuse d'Ilya Ehrenbourg, Juif, Russe et Soviétique* (Ramsay, 1991), pp. 304-5.

54. Entrevista com Oleg Gordievsky, 12 de maio de 2006.

55. Beauvoir, *Force of Circumstance*, p. 307.

56. Stonor Saunders, *Who Paid the Piper?*, p. 36.

57. *Libération*, 15 de julho de 1954, *Écrits de Sartre*, p. 279.

58. Ver Moreau, *Sartre*, p. 309.

59. Sartre, *Entretiens avec moimême*, entrevistas com Michel Contat, 1975, *Situations X*, p. 220.

60. Carta citada por Ewa Bérard–Zarzika, em Moreau, *Sartre*, p. 315 (minha tradução).

61. Michel Contat, citado em ibid., p. 316 (minha tradução).

62. Ilya Ehrenhurg a Emmanuel Astier de la Vigerie, diretor do *Libération*, em ibid., pp. 331-2 (minha tradução).

63. *La Force des choses II* (Gallimard, 1963), p. 51.

64. Camus, 12 de dezembro de 1954, *Carnets III*, p. 209.

65 Ibid.

66. Todd, *Albert Camus*, p. 322.

67. Beauvoir, *Force of Circumstance*, p. 315.

68. Aronson, *Camus and Sartre*, p. 180.

69. Todd, *Albert Camus*, p. 322.

70. Ibid., p. 325.

71. Entrevista com Olivier Todd, 27 de abril de 2005.

Capítulo 33: Combatentes da liberdade

1. Sartre, prefácio a Franz Fanon, *The Wretched of the Earth*, traduzido por Constance Farrington (Penguin, 1967, originalmente publicado em 1961), p. 19.

2. Beauvoir, *Force of Circumstance*, p. 324.

3. Beauvoir, "Merleau-Ponty et le pseudosartrisme", *Les Temps modernes*, junho de 1955, *Écrits*, p. 6.

4. Beauvoir, *Force of Circumstance*, p. 326.

5. Ibid., p. 344.

6. Ibid., p. 352.

7. Ibid., p. 334.

8. Aronson, *Camus and Sartre*, p. 170.

9. Elogio fúnebre para Merleau-Ponty, ibid., p. 172.

10. Sartre, "Albert Camus", 7 de janeiro de 1960, elogio fúnebre para Camus, em Aronson, *Camus and Sartre*, p. 217.

11. Beauvoir, *Adieux*, pp. 214-15.

12. Ibid., p. 215.

13. Beauvoir, *Force of Circumstance*, p. 385.

14. Ibid., p. 453.

15. Camus se refere em *A queda* a um "inferno burguês", onde, quando se atravessam os círculos, os crimes se tornam "mais densos e sombrios. Aqui estamos no último círculo. O círculo do... Ah, você sabe disso?", citado em Aronson, *Camus and Sartre*, p. 199.

16. Segundo Jean Cau, em Todd, *Albert Camus*, p. 310.

17. Sartre, "Albert Camus", *France-Observateur*, 7 de janeiro de 1960, *Écrits*, p. 352

18. "Après Budapest, Sartre parle", *L'Exprèss*, 9 de novembro de 1956, *Écrits*, p. 306.

19. André Siegfried, em Kedward, *La Vie en bleu*, p. 325.

20. Ibid., p. 329.

21. Sartre, "Portrait du colonisé", *Les Temps modernes*, julhoagosto de 1957, *Écrits*, p. 313 (minha tradução).

22. Sartre, *Le colonialisme est un système, Les Temps modernes*, março-abril de 1956, *Écrits*, p. 297.

23. Beauvoir, *Force of Circumstance*, p. 340.

24. Ibid., p. 384.

25. Ibid., p. 383.

26. Beauvoir's "Diary of a Defeat", ibid., pp. 4489.

27. Ibid., p. 451.

28. Ibid., p. 414.

29. Jacques Lanzmann, em Rowley, p. 372, n. 25.

30. Claude Lanzmann a Beauvoir, Bonal e Ribowska, *Simone de Beauvoir*, p. 126 (minha tradução).

31. Jacques Lanzmann, em Rowley, *TêteàTête*, p. 223.

32. Beauvoir a Nelson Algren, 15 de fevereiro de 1954, p. ???.

33. Jean Cau, "Croquis de Mémoire", *Témoins de Sartre*, pp. 55-6 (minha tradução).

34. Era o "Les Grenouilles qui demandent un roi [As rãs que querem um rei]", *L'Express*, 25 de setembro de 1958, *Écrits*, p. 320, e *Situations V.*

35. Em CohenSolal, *Sartre*, p. 383.

36. Sartre, *Les Temps modernes*, maio de 1957, *Écrits*, p. 309, e *Situations V.* Sartre fora convidado pelo *Le Monde* a comentar os depoimentos de jovens soldados que haviam testemunhado incidentes de tortura, mas seu artigo foi considerado "violento demais". Subsequentemente, ele o publicou no *Les Temps modernes*.

37. Beauvoir, *Force of Circumstance*, p. 469.

38. Sartre, *The Condemned of Altona* (*Les Sequestrés d'Altona*), traduzido por Sylvia e George Leeson (Nova York: Knopf, 1961), p. 177.

39. Beauvoir, *Force of Circumstance*, p. 473.

40. *La Question*, de Henri Alleg (Éditions de Minuit), 1958, foi apreendido em 27 de março de 1958 sob acusação de desmoralizar o exército e ser prejudicial à defesa nacional.

41. Beauvoir, *Force of Circumstance*, p. 501.

42. Beauvoir a Nelson Algren, janeiro de 1958.

43. Beauvoir a Nelson Algren, setembro de 1959.

44. *La Force des choses II*, p. 286, *Force of Circumstance*, p. 491.

45. Entrevista com Sylvie Le Bon de Beauvoir, 21 de abril de 2005.

46. Sartre, "Ouragan sur le sucre [Furacão sobre o canavial]", *FranceSoir*, 10 e 11 de julho.

47. Che Guevara, em Bonal e Ribowska, *Simone de Beauvoir*, p. 139.

48. Entrevista com Sylvie Le Bon de Beauvoir, abril de 2005.

49. *La Force des choses II*, p. 310, *Force of Circumstance*, p. 509.

50. Beauvoir a Nelson Algren, Rio, 26 de agosto de 1960, p. 545.

51. Beauvoir a Nelson Algren, 23 de setembro de 1960, pp. 3478.

52. Beauvoir a Nelson Algren, Havana, 28 de outubro de 1960, p. 549.

53. Sartre in CohenSolal, *Sartre*, p. 400.

54. Beauvoir, *Force of Circumstance*, p. 543.

55. CohenSolal, *Sartre*, p. 402.

56. Beauvoir a Nelson Algren, 28 de outubro de 1960, p. 550.

57. Gerassi, JeanPaul Sartre, p. 187, cita Vladimir Jankelevitch: "o envolvimento pós-guerra de Sartre foi uma espécie de deturpada compensação, remorso, avidez pelo perigo que ele não quis confrontar durante a guerra. Ele investiu tudo no pós-guerra."

58. Conversa com Dionys Mascolo, Cohen-Solal, *Sartre*, p. 417.

59. Beauvoir, *Force of Circumstance*, p. 567.

60. Roland Dumas, em Cohen-Solal, *Sartre*, p. 420.

61. Beauvoir, *Force of Circumstance*, p. 591.

62. Kedward, *La Vie en bleu*, p. 328.

63. Sartre, prefácio a Fanon, *The Wretched of the Earth*, p. 18.

64. Beauvoir, *Force of Circumstance*, p. 611.

Capítulo 34: Madame Z(artre)

1. Sartre a Lena Zonina, s.d. [julho de 1962], carta inédita, arquivos particulares de Macha Zonina; estas cartas, que incluem longos trechos dos diários de Sartre, em geral não têm data. Todas as citações das cartas de Sartre para Lena Zonina são tiradas de suas cartas inéditas, dos arquivos privados de Macha Zonina.

2. Beauvoir, *Force of Circumstance*, p. 576.

3. Sartre, 9 de novembro de 1956, *L'Express*.

4. Beauvoir a Nelson Algren, 14 de abril de 1961, p. 559.

5. Ronald Hayman, *Writing Against: A Biography of Sartre*, p. 342.

6. "Consultora para a Comissão Estrangeira do Sindicato de Escritores da URSS" é o título que Lena Zonina deu a seu primeiro "Relatáorio sobre trabalho com Simone de Beauvoir e JeanPaul Sartre (1-24 de junho de 1962)", inédito, RGALI Fond 631/Op.26/Delo 2950 (Arquivos do Sindicato dos Escritores da URSS nos Arquivos Estatais de Moscou de Arte e Literatura), traduzido pela dra. Lyuba Vinagradova. Existe seis relatórios, o primeiro um resumo sobre a visita anterior do casal em 1955. Cinco relatórios assinados por Zonina registram

suas visitas entre junho de 1962 e agosto de 1965: Relatório 1, 124 de junho de 1962, com adendo sobre a visita solitária de Sartre ao Congresso pela Paz em Moscou; Relatório 2, 28 de dezembro de 196213 de janeiro de 1963, Relatório 3, 4 de agosto-14 de setembro de 1963, Relatório 4, 1º de junho10 de julho de 1964, Relatório 5, 1º de julho5 de agosto de 1965. Algumas breves citações dos relatórios de Zonina apareceram em Ewa BérardZarzycka , "Sartre et Beauvoir en URSS", em *Commentaire* 14, n. 53 (primavera de 1991), pp. 1618.

7. "Relatório Não Assinado para o Sindicato dos Escritores da USSR, Jean-Paul Sartre and Simone de Beauvoir (1955)", RGALI, Fond 631/Opus 26/D2672.

8. Ibid.

9. Ibid.

10. Ibid.

11. Ibid.

12. Ibid.

13. Ibid.

14. Lena Zonina, Relatório 1, 1-24 de junho de 1962.

15. Ibid.

16. Ibid.

17. Ibid.

18. Ibid.

19. Entrevista com Macha Zonina, 2 de maio de 2006.

20. Gilbert Dagron, "Pour l'honneur de Mme Z…", artigo inédito, s.d., arquivo particular de Macha Zonina.

21. Conversa com Robert Gallimard, que leu as cartas de Sartre para Zonina, 26 de abril de 2005.

22. Entrevista com Oleg Gordievsky, 12 de maio de 2006.

23. Lena Zonina, Relatório 1, Visita de Sartre e Beauvoir, 1-24 de junho de 1962.

24. A Dra. Lyuba Vinagradova, tradutora russa desses relatórios, assegura que "para qualquer russo isso soaria o mesmo que 'inúmeros camaradas nossos do KGB'. Não há a menor sombra de dúvida sobre isso". Email de Vinagradova, 14 de agosto de 2007.

25. Zonina, Relatório 1, junho de 1962.

26. Ibid.

27. Entrevista com Oleg Gordievsky, 12 de maio de 2006.

28. Zonina, Relatório 1, junho de 1962.

29. Ibid.

30. Oleg Gordievsky, ver *Next Stop Execution: The Autobiography of Oleg Gordievsky* (Macmillan, 1995), p. 181; em julho de 1985 Gordievsky fugiu para o Ocidente.

Ele, mais do que qualquer outro indivíduo no Ocidente, é considerado responsável por acelerar o colapso do comunismo.

31. Beauvoir, *Force of Circumstance*, p. 633.
32. Surkov foi "um agente do KGB 150%", e-mail de Oleg Gordievsky, 27 de abril de 2006.
33. Beauvoir, *Force of Circumstance*, p. 634.
34. Sartre a Lena Zonina, s.d., arquivo particular Macha Zonina .
35. John Huston, *An Open Book* (Nova York: Knopf, 1980), p. 295.
36. Sartre, *L'Idiot de la Famille*, p. 657.
37. Sartre a Lena Zonina, 2526 de maio de 1962, arquivo particular Macha Zonina.
38. Sartre a Lena Zonina, s.d., arquivo particular Macha Zonina.
39. Beauvoir, *Force of Circumstance*, p. 642; ver Toril Moi, introdução a Hard Times, *Force of Circumstance II*, 1952-1962, traduzido por Peter Green (Nova York: Paragon, 1992), D. IX, para uma discussão de como Beauvoir achou difícil admitir sua depressão, que pôs na conta dos pensamentos sobre envelhecimento e morte.
40. Beauvoir, *Force of Circumstance*, p. 656.
41. Beauvoir, *La Force de choses II*, p. 506.
42. Beauvoir, *Force of Circumstance*, p. 646.
43. Ibid., p. 645.
44. Ibid., p. 658, *La Force des choses II*, p. 508 (tradução modificada).
45. Entrevista com Sylvie Le Bon de Beauvoir, 29 de novembro de 2005.
46. Zonina, adendo manuscrito ao Relatório 1 sobre o Congresso pela Paz e Desarmamento, 10-16 de julho de 1962; Sartre planejara regressar à Europa em 14 de julho, mas ficou até o dia 16 a pedido de A. A. Surkov. Seu primeiro discurso sobre a "Desmilitarização da cultura" não agradou o KGB.
47. Sartre a Lena Zonina, 31 de agosto de 1962, Roma, arquivo particular Macha Zonina.
48. Ibid.
49. Pontalis é citado por Haymym, *Writing Against*, p. 364.
50. Sartre a Lena Zonina, s.d., arquivo particular Macha Zonina.
51. Mapa de Montparnasse, esboçado por Sartre, mostrando a posição de seu apartamento e do de Beauvoir dos dois lados do cemitério, Sartre a Lena Zonina, 27 de outubro de 1963, arquivo particular Macha Zonina.
52. Sartre a Lena Zonina, s.d., "Moscow", arquivo particular Macha Zonina. O "Relatório do Trabalho com Simone de Beauvoir e Jean-Paul Sartre, 28 de dezembro de 1962-13 de janeiro de 1963", de Zonina, deixa claro que o propósito soviético era acompanhar as reuniões entre Surkov e Sartre que tiveram lugar em novembro de 1962 em Paris, com o objetivo de estabelecer um "Encontro

Internacional de Escritores após a proposta de Sartre no Congresso de julho de 1962. Seu relatório sobre as negociações entre Surkov e Sartre, seguido da promessa de Sartre de formar um comitê em Paris e publicar E. Dorosh e outros escritores soviéticos no *Les Temps modernes*, numa edição especial dedicada à literatura soviética, mostra como a agenda dela era diferente da de Sartre.

53. Beauvoir a Nelson Algren, abril de 1963, *Beloved Chicago Man*, p. 567.

54. Entrevista com Oleg Gordievsky, 12 de maio de 2006.

55. E-mail de Oleg Gordievsky, 21 de abril de 2006.

56. Beauvoir, *Tout Compte Fait*, p. 398, *All Said and Done*, p. 290.

57. Sartre a Lena Zonina, s.d. [após regressar da URSS] 1963, arquivo particular Macha Zonina.

58. Entrevista com Oleg Gordievsky, 12 de maio de 2006, e-mail 21 de abril de 2006.

59. Lena Zonina a Sartre, s.d., cortesia Macha Zonina, citado por Gonzague de Saint-Bris e Vladimir Fedorovksi em *Les Egéries russes* (Paris: JeanClaude Lattès, 1994), p. 282, e Rowley, *TêteàTête*, p. 278.

60. Entrevista com Macha Zonina, 29 de novembro de 2005.

61. Sartre a Lena Zonina, s.d. [1963], arquivo particular Macha Zonina.

62. Sartre escreveu essa dedicatória no exemplar de *Les Mots* que presenteou a Lena; arquivo privado Macha Zonina.

63. Nico Papatakis fez *Les Abysses* em 1963.

64. Dylan Thomas, epígrafe para Beauvoir, *Une mort très douce*.

65. Beauvoir a Nelson Algren, s.d. [dezembro de 1963], *Beloved Chicago Man*, p. 571.

66. Beauvoir, *Une mort très douce*, p. 36.

67. Beauvoir a Nelson Algren, *Beloved Chicago Man*, p. 571.

68. Beauvoir, *Une mort très douce*, p. 98 (minha tradução).

69. Ibid., pp. 94, 98.

70. Ibid., p. 96.

71. Ibid., p. 80.

72. Sartre a Lena Zonina, s.d. [de outubro de 1963], arquivo particular Macha Zonina.

Capítulo 35: Traição

1. Sartre a Lena Zonina, 1966.

2. Entrevista com Sylvie Le Bon de Beauvoir, 21 de abril de 2005.

3. Beauvoir, *All Said and Done*, p. 58.

4. Entrevista com Sylvie Le Bon de Beauvoir, abril de 2005.

5. Entrevista com Sylvie Le Bon de Beauvoir, 29 de novembro de 2005.

6. Beauvoir, *All Said and Done*, p. 159.

7. Ibid., p.63.

8. Ibid., p. 64.

9. Sartre a Lena Zonina, novembro de 1963, arquivo particular Macha Zonina.

10. *Le Monde*, 18 de abril de 1964.

11. Beauvoir, *All Said and Done*, p. 304.

12. Sartre a Lena Zonina, 11 de julho de 1964, arquivo particular Macha Zonina.

13. Lena Zonina, Relatório 3, "Sobre Trabalho com JeanPaul Sartre e Simone de Beauvoir (1º de junho-10 de julho de 1964)", RGALI Fond 631/Op 26/D 2995.

14. Ibid.; Sartre queria que a Associação Europeia de Escritores promovesse enriquecimento cultural.

15. Sartre a Lena Zonina, s.d. [novembro de 1963], arquivo particular Macha Zonina; Sartre permitiu que *Les Lettres françaises* publicassem sua *Hommage à Nazim Hikmet*, 1016 de dezembro de 1964, *Écrits*, p. 407.

16. Jean Cau, "Croquis de mémoire", *Témoins de Sartre*, p. 61.

17. Bérard, *Ehrenbourg*, p. 328.

18. Sartre a Lena Zonina, cópia da carta de 14 de outubro de 1964 à Academia Sueca.

19. Sartre a Lena Zonina, 19 de outubro de 1964, arquivo particular Macha Zonina.

20. Conversa com Olivier Todd, 6 de maio de 2006.

21. CohenSolal, *Sartre*, p. 448.

22. Sartre a Lena Zonina, s.d. [janeiro de 1965], arquivo particular Macha Zonina.

23. Ver Sebag Montefiore, *Stalin*, p. 26.

24. Gilbert Dagron, "Pour l'honneur de Mme Z…", artigo inédito, s.d., arquivo particular Macha Zonina.

25. Entrevista com Oleg Gordievsky, 12 de maio de 2006.

26. Artigo (em russo) de Lev Kopelev e Raissa Orlova, *Russkaja mysl* (Pensamento Russo), Paris, 12 de fevereiro de 1985, arquivo particular Macha Zonina (minha tradução).

27. Dominique Dhombres, *Le Monde*, 8 de fevereiro de 1985.

28. Axel Madsen, *Hearts and Minds*, pp. 194, 206; Kenneth A Thompson: *Sartre: Life and Works*, p. 111; Le Bon nega isso. Carta à autora, 5 de dezembro de 2007.

29. Sartre a Lena Zonina, s.d., arquivo particular Macha Zonina.

30. Bair, *Simone de Beauvoir*, p. 496, cita entrevista de John Gerassi, 7 de dezembro de 1971.

31. Gerassi, *Sartre*, p. 158.

32. Entrevista com Sylvie Le Bon de Beauvoir, 21 de abril de 2005; Hayman descreve a adoção de Arlette como um "ato de agressão [...] e um ato de vingança", p. 374.

33. Liliane Siegel, *In the Shadow of Sartre* (William Collins, 1990) publicado originalmente como *La Clandestine* (Maren Sell, 1988), traduzido por Barbara Wright, p. 56.

34. ibid., p. 58.

35. Entrevista com Sylvie Le Bon de Beauvoir, 29 de novembro de 2005. Não era a adoção que incomodava Beauvoir, afirma Le Bon, mas o fato de que Sartre não insistisse com Arlette para trabalhar, e em vez disso a sustentasse; carta de 5 de dezembro de 2007.

36. Bair, *Simone de Beauvoir*, p. 462.

37. Sartre a Lena Zonina, novembro de 1967, arquivo particular Macha Zonina.

38. Entrevista com Sylvie Le Bon de Beauvoir, 29 de novembro de 2005.

39. Sebag Montefiore, Stalin, p. 287.

40. Sartre a Lena Zonina, ʻde outubro de 1965, arquivo particular Macha Zonina.

41. Sartre a Lena Zonina, s.d. [1965].

42. Entrevista com Oleg Gordievsky, 12 de maio de 2006.

43. Entrevista com Macha Zonina, 30 de novembro de 2005; Lena Zonina não saiu do sindicato "enojada", como alega Rowley em *Tête-à-Tête*, p. 291.

44. Email de Oleg Gordievsky, 24 de abril de 2006.

45. Beauvoir, *All Said and Done*, p. 320.

46. Lena Zonina, "Relatório sobre o trabalho com Jean-Paul Sartre e Simone de Beauvoir (1º de julho-5 de agosto de 1965)", RGALI Fond/Op 26/D 3017. Zonina informa que Sartre discutiu com Surkov sua oposição aos escritores soviéticos participantes das reuniões do PEN, e concordou em aceitar a vice-presidência da Associação de Escritores Europeus, se eleito, no Congresso de outubro de 1965, a fim de fortalecê-lo contra o PEN Internacional.

47. Entrevista com Oleg Gordievsky, 12 de maio de 2006.

48. Ibid.

49. Beauvoir, *All Said and Done*, p. 321.

50. Ibid.

51. Entrevista com Gordievsky, 12 de maio de 2006.

52. Lena Zonina, "Relatório sobre trabalho com Jean-Paul Sartre e Simone de Beauvoir (1º de julho-5 de agosto de 1965)", RGALI Fond 631/Op 26/D3017.

53. Beauvoir, *All Said and Done*, p. 318.

54. Sartre a Lena Zonina, 9 de novembro de 1965.

55. Beauvoir, "Malentendu à Moscou", *Roman d'étude du* XX *siècle* 13 (junho de 1992), citado em Rowley, *TêteàTête*, p. 293.

56. Shusha Guppy, *A Girl in Paris* (Minerva, 1992), p. 248.

57. Sartre a Lena Zonina, primeira carta, arquivo particular Macha Zonina.

58. Guppy, *A Girl in Paris*, p. 248.

59. Sartre a Lena Zonina, s.d. [1966], arquivo particular Macha Zonina.

60. Sartre e Beauvoir, declaração pessoal sobre o falecimento de Ilya Ehrenburg, *L'Unità*, 3 de setembro de 1967, *Écrits*, p. 451.

61. Sartre a Lena Zonina, s.d., 1966, arquivo particular Macha Zonina.

62. Beauvoir, *All Said and Done*, p. 337; em suas memórias, Beauvoir escreveu que "não sem remorso" ela acreditava que nunca mais veria Moscou outra vez; como é tantas vezes o caso, a versão oficial não reflete seus verdadeiros sentimentos.

Capítulo 36: Mãe feminista

1. Entrevista com Sylvie Le Bon de Beauvoir, 21 de abril de 2005.

2. Beauvoir, *All Said and Done*, p. 453.

3. Beauvoir, *Tout Compte Fait*, p. 623.

4. Ibid., p. 398.

5. Ibid., p. 376.

6. Ibid., p. 402.

7. Sartre, *Lettre au Président de la République*, *Le Monde*, 25 de abril de 1967, *Écrits*, p. 446; Cohen-Solal, *Sartre*, p. 456.

8. Hayman, *Writing Against*, p. 389.

9. Sartre, entrevista, *Le Nouvel observateur*, 26 de abril-3 de maio de 1967, *Écrits*, p. 447; Cohen-Solal, *Sartre*, p. 456.

10. Beauvoir, *All Said and Done*, p. 338.

11. Ibid., p. 345.

12. Ibid., p. 342.

13. Rowley, *TêteàTête*, p. 318.

14. Bair, *Simone de Beauvoir*, p. 520, p. 672, n. 14.

15. Ibid.

16. Pierre VianssonPonté, 15 de março de 1968, citado em Cohen-Solal, Sartre, p. 457.

17. Hayman, *Writing Against*, p. 393; em sua transmissão de 12 de maio Sartre repetiu sentimnetos que já expressara no prefácio a *AdenArabie*.

18. *Le Nouvel observateur*, 19 e 26 de junho, 1968, Cohen-Solal, *Sartre*, p. 461.

19. Beauvoir, *All Said and Done*, p. 429.

20. Ibid., p. 430.

21. *Le Monde*, 17-18 de maio de 1970, citado em Hayman, *Writing Against*, p. 407.

22. Beauvoir, *Cérémonie*, p. 13; contra o "intelectual clássico", Sartre antepunha o "novo intelectual", que luta para se integrar com as massas.

23. Beauvoir, *Tout compte fait*, p. 593, *All Said and Done*, p. 434.

24. *Tout compte fait*, p. 594.

25. Hayman, *Writing Against*, p. 408.

26. CohenSolal, *Sartre*, p. 463.

27. Entrevista com JeanClaude Sauer, 19 de abril de 2005; Sauer acredita que Jean Cau fosse particularmente maltratado por Sartre, pois se recusou a ser um "puxasaco". Quando Cau ganhou o Prix Goncourt, Sartre sequer enviou uma palavra de congratulações.

28. Conversa com Olivier Todd, 14 de junho de 2007.

29. Siegel, *In the Shadow of Sartre*, p. 23.

30. Ibid. p. 24.

31. Hayman observa que "quanto mais um biógrafo especula, mais provável é que enverede pela autobiografia disfarçada", *Writing Against*, p. 384.

32. Jean Cau, "Croquis de mémoire", *Témoins de Sartre*, p. 51.

33. Ibid., p. 42.

34. *Adieux*, p. 20.

35. Ver Moi, *Simone de Beauvoir*, p. 251.

36. *Les Belles images* (Gallimard, 1966) foi dedicado a Claude Lanzmann; ansiosa em não incorrer no pecado do didatismo, que sentiu ter marcado seus romances precedentes, Beauvoir disse: "Não estou dando nenhuma lição", em uma entrevista a Jacqueline Piatier, *Le Monde*, 23 de dezembro de 1966, mas afirmou que sua motivação era transmitir seu senso de apreensão do moderno "mundo de mentiras". *Écrits*, p. 224.

37. Bair, *Simone de Beauvoir*, p. 524.

38. Entrevista com Sylvie Le Bon de Beauvoir, 29 de novembro de 2005.

39. Ibid.

40. Beauvoir, *The Woman Destroyed*, publicado originalmente como *La Femme Rompue* (Gallimard, 1967), traduzido por Patrick O'Brian (Collins, 1969), p. 154.

41. Beauvoir a Nelson Algren, abril de 1964, *Beloved Chicago Man*, p. 573.

42. Beauvoir a Nelson Algren, novembro de 1964, ibid., p. 575.

43. Beauvoir, "The Monologue", *The Woman Destroyed*, pp. 913; Beauvoir usou as palavras de Flaubert em sua epígrafe: "O monólogo é sua forma de vingança".

44. Beauvoir a Nelson Algren, 14 de julho de 1964, *Beloved Chicago Man*, p. 574.

45. Conversa com Gillian Tindall, 4 de junho de 2007.

46. Beauvoir a Nelson Algren, dezembro de 1961, *Beloved Chicago Man*, p. 561.

47. Bait, *Simone de Beauvoir*, p. 501.

48. Beauvoir a Nelson Algren, outubro de 1963, *Beloved Chicago Man*, p. 570.

49. Citado em Rowley, *Tête-à-Tête*, p. 303.

50. Conversa com Madeleine Gobeil-Noël, 11 de janeiro de 2008. Colloque Simone de Beauvoir, Paris.

51. W. J. Weatherby, "The Life and Hard Times of Nelson Algren", *The Times*, 10 de maio de 1981.

52. Bair, *Simone de Beauvoir*, pp. 502-3.

53. Entrevista com Sylvie Le Bon de Beauvoir, 29 de novembro de 2005.

54. Bair, *Simone de Beauvoir*, p. 500.

55. Entrevista com Sylvie Le Bon de Beauvoir, 29 de novembro de 2005.

56. Beauvoir, "The Independent Woman", *Second Sex*, p. 728.

57. Ibid, p. 731.

58. Deirdre Bair, entrevista com Beauvoir, "Women's Rights in Today's World", 1984 *Britannica Book of the Year*, p. 25.

59. Carta de Sylvie Le Bon de Beauvoir, 5 de dezembro de 2007.

60. Entrevista com Michèle Vian, 25 de junho de 2007.

61. Folheto, março de 2005.

62. Entrevista com Laurence Nguyen, 24 de junho de 2007.

63. Folheto de eleição do Choisir, "Avec Gisèle Halimi et Laurence Nguygen", março de 1978; na época, Halimi era presidente do Choisir.

64. Beauvoir, *Tout Compte Fait*, p. 623. *All Said and Done*, p. 455.

65. Ibid., p. 448.

66. Ibid., p. 453.

67. Ibid., p. 457.

68. Entrevista com Laurence Nguyen, 24 de junho de 2007.

69. Entrevista com Michèle Vian, 25 de junho de 2007

70. Retratação em Beauvoir, *All Said and Done*, p 458.

Capítulo 37: O sequestro de um velho

1. *Cérémonie*, p. 166, *Adieux*, p. 119; Beauvoir usa a expressão "détournement de vieillard" (variante da usual "détournement de mineur", o rapto ou sequestro de uma pessoa jovem, normalmente para fins imorais), que foi usado por Olivier Todd para descrever a influência que Bénny Lévy exerceu sobre Sartre em *Un fils rebelle;* CohenSolal se refere à "corrupção de um velho", Sartre, p. 498.

2. Siegel, *In the Shadow of Sartre*, p. 117.

3. Entrevista com Michèle Vian, 26 de junho de 2007.

4. *Cérémonie*, p. 31, *Adieux*, p. 17.

5. *Adieux*, p. 19 (tradução modificada).

6. *Cérémonie*, p. 35, *Adieux*, p. 19.

7. *Cérémonie*, p. 35, *Adieux*, p. 20.

8. *Adieux*, p. 22.

9. Ibid., p. 33.

10. *Adieux*, p. 34.

11. Lévy, *Sartre*, p. 724.

12. *Pouvoir et Liberté*: actualité de Sartre: entrevista com Benny Lévy, *Libération*, 6 de janeiro de 1977, em Lévy, *Sartre*, p. 726; nessa entrevista, Benny Lévy enfatiza que a despeito de quaisquer traços homossexuais identificados por Sartre, ele não era homossexual.

13. Entrevista com Michèle Vian, 26 de junho de 2007.

14. Lévy, *Sartre*, pp. 736-7; Lévy defende Benny Lévy contra a acusação de manipular ou intimidar Sartre, pelo menos no início de seu relacionamento.

15. Beauvoir, *Adieux*, p. 37.

16. Sartre, *Life/Situations*, p. 162.

17. Beauvoir, *Adieux*, p. 39.

18. Kedward, *La Vie en bleu*, pp. 461-3.

19. Todd, *Un fils rebelle*, p. 14.

20. Sartre, *Words*, p. 148.

21. Kedward, *La Vie en bleu*, p. 459; Paul Touvier foi condenado à morte em 1945 e 1947, e depois duas vezes a cinco anos de prisão e dez anos de banimento local por roubo em 1949. A despeito de manifestações furiosas das organizações ligadas à Resistência, em setembro de 1972 Pompidou defendeu seu perdão de Touvier. Sartre objetou em termos legais à manchete em *La Cause du peuple*: "A guilhotina, menos para Touvier." Beauvoir, *Adieux*, p. 38.

22. Ibid., p. 40.

23. Ibid., p. 42.

24. *Sartre, autoportrait à 70 ans, entretiens avec Michel Contat*; Contat registrou suas conversas com Sartre em março de 1975 na casa de Arlette em Junas, e foram publicadas em junho no *Le Nouvel observateur*, e republicadas em CD em 2005, seu centenário.

25. Beauvoir, *Adieux*, p. 64.

26. Ibid.

27. Siegel, *In the Shadow of Sartre*, p. 125.

28. Beauvoir, *Adieux*, p. 65.

29. Beauvoir disse de Herbaud (Maheu) em *Mémoires d'une jeune fille rangée*, "Il m'avait montré qu'on pouvait, en dehors des sentiers battus, inventer une vie libre, orgueilleuse et joyeuse". Citado com fotografia de Beauvoir e Sylvie Le Bon de Beauvoir em manifestação do MLF (Mouvement pour la Libération

des Femmes) na Cartoucherie du Bois de Vincennes, 22 de junho de 1974, em Bonal e Ribowska, *Simone de Beauvoir*, pp. 1525.

30. Bair, *Simone de Beauvoir*, p. 510.

31. Schwarzer, *After the Second Sex*, pp. 1089.

32. Entrevista com Sylvie Le Bon de Beauvoir, 29 de novembro de 2005

33. Ibid.

34. Beauvoir, *Adieux*, p. 102.

35. "*Le Deuxième Sexe* vingtcinq ans après", entrevista de John Gerassi, *Society*, janeiro-fevereiro, 1976, em *Écrits de Simone de Beauvoir*, p. 555.

36. Margaret A. Simons e Jessica Benjamin, "Simone de Beauvoir: an interview", Bair, *Simone de Beauvoir*, p. 551.

37. Ibid., p. 552.

38. Moi, *Simone de Beauvoir*, p. 77; Elaine Marks, em sua antologia *Critical Essays on Simone do Beauvoir*, observa que mais da metade dos ensaios incluídos em seu livro são "discreta ou obstrusivamente sarcásticos". Beauvoir é apresentada como "uma figura ligeiramente ridícula, ingênua em suas paixões, relaxada em seu conhecimento, imprecisa na documentação, em geral aquém da tarefa e inferior no que escreve. De fato, o tom de superioridade que muitos críticos, de ambos os sexos, adotam quando escrevem sobre Beauvoir merece atenção especial" (p. 2).

39. Evans, *Simone de Beauvoir*, p. xi.

40. Entrevista com Benny Lévy em CohenSolal, *Sartre*, p. 496.

41. Beauvoir, *Adieux*, p. 120

42. *Le Monde*, 16 de janeiro de 1982, ibid., p.556.

43. Beauvoir, *Adieux*, p. 12.

44. Lévy, *Le Siècle de Sartre*, p. 725.

45. CohenSolal, *Sartre*, p. 510.

46. "Simone de Beauvoir interroge JeanPaul Sartre", *L'Arc*, n. 61, 1975, p. 312, *Écrits*, p. 53346 (minha tradução).

47. Beauvoir, *Adieux*, p. 110.

48. Beauvoir, *Cérémonie*, p. 154, *Adieux*, p. 110.

49. Bair, *Simone de Beauvoir*, p. 576.

50. CohenSolal, *Sartre*, p. 511.

51. Dr. Thomas Stuttaford, *The Times*, 5 de julho de 2007.

52. Beauvoir, *Adieux*, p. 105.

53. Siegel, *In the Shadow of Sartre*, p. 157.

54. Ibid., p. 135.

55. Beauvoir, *Adieux*, p. 100.

56. Entrevista com Michèle Vian, 26 de junho de 2007.

57. Beauvoir, *Adieux*, p. 110.

58. Ibid., p. 118.

59. Siegel, *In the Shadow of Sartre*, p. 145.

60. Todd, *Un fils rebelle*, p. 12.

61. Beauvoir, *Adieux*, p. 120.

62. Siegel, op. cit., p. 137.

63. Entrevista com Arlette ElkaïmSartre em CohenSolal, *Sartre*, p. 514.

64. Entrevista com Michèle Vian, 26 de junho de 2007.

65. *Pouvoir et Liberté*, em Lévy, *Le Siècle de Sartre*, p. 729.

66. Ibid.

67. Tradução de Hayman, *Writing Against*, p. 472.

68. Sartre, *Words*, p. 157.

69. "Un nouveau mystique", *Situations I*, pp. 1423.

70. Francis Jeanson, "Gide vivant" (1951), em *Sartre dans sa vie* (Paris: Seuil, 1974), p. 271 (minha tradução).

71. Beauvoir, *Adieux*, p. 438.

72. Conversa com Jean Daniel em Cohen-Solal, *Sartre*, p. 514.

73. Ibid., p. 515.

74. Bair, *Simone de Beauvoir*, p. 582.

75. Beauvoir, *Adieux*, p. 120.

76. Todd, *Un fils rebelle*, p. 12.

77. Beauvoir, *Adieux*, p. 120.

78. Beauvoir, *Cérémonie*, p. 174.

79. Beauvoir, *Adieux*, p. 3.

Capítulo 38: Adieux

1. Beauvoir, *Adieux*, prefácio.

2. Todd, *Un fils rebelle*, p. 300.

3. Ibid.

4. Bair, *Simone de Beauvoir*, p. 587.

5. Georges Michel, *Mes Années Sartre* (Paris: Hachette, 1981), p. 41.

6. Francis e Gontier, *Simone de Beauvoir*, p. 356.

7. Entrevista com Michèle Vian, 26 de junho de 2007.

8. Siegel, *In the Shadow of Sartre*, p. 170.

9. Ibid., p. 177.

10. Lamblin, *A Disgraceful Affair*, p. 160.

11. Bair, *Simone de Beauvoir*, p. 589.

12. Entrevista com Sylvie Le Bon de Beauvoir, 21 de abril de 2005.

13. Michel, *Mes Années Sartre*, p. 201.

14. Entrevista com Sylvie Le Bon de Beauvoir, 21 de abril de 2005.

15. Schwarzer, *After the Second Sex*, pp. 84-5.

16. Siegel, *In the Shadow of Sartre*, pp. 178-9.

17. Entrevista com Bianca Bienenfeld Lamblin, 28 de abril de 2005.

18. Entrevista com Michèle Vian, 26 de junho de 2007.

19. Francis e Gontier, *Simone de Beauvoir*, p. 357.

20. Arlette Elkaïm-Sartre, *Libération*, 3 de dezembro de 1981, p. 26.

21. Entrevista com Bianca Bienenfeld Lamblin, 28 de abril de 2005.

22. Ibid.

23. Lamblin, *A Disgraceful Affair*, p. 163.

24. Bair, *Simone de Beauvoir*, p. 599.

25. Entrevista com Bianca Bienenfeld Lamblin, 28 de abril de 2005.

26. Lamblin, *A Disgraceful Affair*, pp. 167-8.

27. Entrevista com Bianca Bienenfeld Lamblin, 28 de abril de 2005.

28. Siegel, *In the Shadow of Sartre*, p. 174

29. Bair, *Simone de Beauvoir*, p. 601; Beauvoir mentiu para Deirdre Bair sobre a existência das cartas por três anos, de 1983 até sua morte.

30. Beauvoir, *Adieux*, prefácio.

Índice

Este livro foi composto na tipologia Adobe Garamond
Pro, em corpo 11/14, e impresso em papel off-white
no Sistema Cameron da Divisão Gráfica
da Distribuidora Record.